普通高等教育"十二五"系列教材

U0662014

管理信息系统

（第二版）

张建华　主　编

吴继兰　袁胜军　副主编

刘元洪　张荣博　杨　岚　温丹丹　叶诗凡　张　翔　参　编

中国电力出版社

CHINA ELECTRIC POWER PRESS

内 容 提 要

本书为普通高等教育"十二五"系列教材。它从"社会—技术"双重视角,全面、系统地阐释了管理信息系统(MIS)的基础理论、开发方法、管理策略、应用领域及选型技巧等知识。

全书分为 5 篇:第一篇为基础理论篇,对管理信息系统学科领域的相关概念、基本管理理论与相关信息技术等进行简单但不失系统地归纳与阐释;第二篇为系统开发篇,详细介绍 MIS 开发进程与方法策略,包括 MIS 系统规划、分析、设计与实施等内容;第三篇为系统管理篇,旨在帮助读者实现对上线系统的有效管理,内容包括 MIS 运行管理、系统评价与二次开发等;第四篇为系统应用篇,介绍 MIS 在实践应用领域的典型样态,内容包括 DSS、ERP 系统、CRM 系统、KMS、电子商务与电子政务系统等;第五篇为系统选型篇,旨在帮助那些试图通过外购方式实现 MIS 实施的读者选好、选准系统产品,内容包括 MIS 选型的要素、原则、策略与步骤等。

本书是多位高校教师 MIS 教学与科研工作的结晶。全书结构完备合理、内容翔实丰富、理论和实践相结合、管理与应用相呼应。本书可作为高等院校信息管理与信息系统、管理科学与工程、工商管理、计算机应用等专业的本科生或研究生教材,也可作为相关领域从业人员的参考资料。

图书在版编目(CIP)数据

管理信息系统 / 张建华主编. —2 版. —北京:中国电力出版社,2014.12(2021.3 重印)
普通高等教育"十二五"规划教材
ISBN 978-7-5123-6695-4

Ⅰ. ①管… Ⅱ. ①张… Ⅲ. ①管理信息系统—高等学校—教材 Ⅳ. ①C931.6

中国版本图书馆 CIP 数据核字(2014)第 249891 号

中国电力出版社出版、发行
(北京市东城区北京站西街 19 号 100005 http://www.cepp.sgcc.com.cn)
北京九州迅驰传媒文化有限公司印刷
各地新华书店经售
*
2008 年 8 月第一版
2014 年 12 月第二版 2021 年 3 月北京第九次印刷
787 毫米×1092 毫米 16 开本 27.5 印张 677 千字
定价 55.00 元

前　言

本书第一版自 2008 年 8 月出版以来，已先后重印 5 次。在此，首先感谢广大读者朋友对其给予的肯定与好评；同时，更要感谢那些为本书的改进与完善建言献策、付诸行动的朋友们。

在过去的 6 年里，我们在自己用书的过程中，仔细复查、认真审视该书内容，及时发现其中存在的问题或不足；同时，我们也珍惜各种机会，通过各种渠道广泛收集有益于本书改进的意见或建议。在此基础上，我们充分利用每一次教材重印的机会，对其给予了持续地修正与完善。它是我们的作品，我们悉心雕琢；它是集体智慧的结晶，我们倍感珍惜。

管理是一门多学科交融的人文科学。近年来，微观、中观乃至宏观环境的快速变化，驱动了管理的因应之变、与时俱进。同时，以宽带网、大数据、云计算、移动商务、智能决策为代表的信息技术（IT）领域，发展日新月异、一日千里。管理信息化是提升管理活动效率和有效性的基础途径。在管理体系内部需求拉动及外部技术驱动的双重作用下，管理信息化实现着广度与深度的双维演进。在前述过程中，无论是在理论研究方面，还是在实践应用领域，管理信息系统（MIS）的相关知识与技术也都有了新的发展与进步。

在我们这个时代，"变化"——多变、速变、巨变、弱规则乃至无规则变化，已成为其突出特征。变化孕育机会、促成进步，却也导致知识的环境适应性降低、生命周期持续缩短。为进一步提升这本教材的活性与适应性，在中国电力出版社的有力支持与配合下，我们对其进行了再版修订。

为确保本书的连贯性、承继性，再版后的教材仍沿用其第一版的章节结构，包括管理信息系统的基础理论、系统开发、系统管理、系统应用及系统选型等 5 篇 17 章。各章节对本书第一版 6 年来逐步沉淀、成熟的内容予以继承，对其中新被发现的不足乃至谬误予以纠正；同时，还补充了新出现的相关理论、技术与方法，调整了一些发生了变化与演进的知识点，并删除了一些过时的内容。

本书第二版由郑州大学管理工程学院张建华担任主编并统稿与校阅，上海财经大学信息管理与工程学院吴继兰、桂林电子科技大学商学院袁胜军担任副主编，参加本书编写工作的其他老师还有：南昌航空大学经济管理学院刘元洪、郑州大学管理工程学院张荣博、郑州大学机械工程学院杨岚、河南牧业经济学院电子商务系温丹丹、信阳师范学院工商管理学院叶诗凡、上海大学管理学院张翔。其中，张建华编写了本书第一、二、三、四、十五章，吴继兰编写了第五、六、七章，袁胜军编写了第八、九、十章，张荣博编写了第十一、十二章，温丹丹与叶诗凡分别编写了第十三、十四章（第一版此两章由张翔编写），刘元洪编写了第十六章，杨岚编写了第十七章。

教材是对既定领域成熟知识体系的系统化归纳与呈现。在本书第一版与再版编写的过程中，一些优秀的参考资料让我们深受启发。在此，向这些文献资料的作者们致以由衷的谢意。感谢中国电力出版社对本书再版工作的大力支持。此外，研究生赵亚敏、位霖和曹悦参与了部分书稿的文字校对工作，向他们表示感谢。最后，再一次向管理信息系统专家、同济大学经济与管理学院刘仲英教授致敬，感谢她对本书作者们给予的悉心指导与一贯支持。

科学的发展永不停息，没有止境。限于编者水平，书中难免还有不妥之处，敬请读者朋友批评指正。作者联系方式：E-mail：tjzhangjianhua@163.com，微信订阅公账号：tjzhangjianhua。

张建华

2014 年 10 月

第一版前言

马克思曾指出,任何一门学科,只有和数学进行了较好的融合,它才能称得上是一门成熟的学科。"科学技术是第一生产力"。自 20 世纪中后期以来,随着信息技术(IT)的飞速发展,人们生产与生活的各层次、各领域都受到了 IT 的深刻影响,并且受影响的幅度和强度还在进一步加大。于是,我们可以大胆预言,在不远的将来,任何学科只有较好地融合 IT、有效运用 IT,它的发展才更具生机和活力。管理学科也不例外,其与 IT 相融合的管理信息化进程几乎是与 IT 的发展保持同步的,这也正是现代管理的效率得以稳步提高的重要原因之一。

在管理信息化的理论研究与实践应用的过程中,管理信息系统扮演了重要角色。它将现代管理理论与先进的信息技术进行有机整合,同时融入系统科学、行为科学、经济学、运筹学、统计学等诸多学科的养分与精华,已经成为现代企业运营与管理不可或缺的基础平台。在巨大实践效益与应用潜力的推动下,对管理信息系统的教学与科研工作一直在高校管理专业建设中处于重要地位,受到广泛关注。仅在国内,近年来出版的管理信息系统教材就已经呈现出百花齐放、百家争鸣的局面。每一本教材都融入了作者的汗水,都是其辛勤耕耘、刻苦钻研的结晶,有其闪光的一面。然而,这些教材要么在体系的完备性方面,要么在内容安排的合理性等方面,也都或多或少地存在这样或那样的不足。事实上,缘于主客观因素的限制,这也是无法避免的。对于读者而言,要学习和认识的是"管理信息系统"这门课程,而绝不仅仅是其中的哪一本教材,目前乃至将来都不会有哪一本教材能够完全代表"管理信息系统"这门课程。这就需要读者能够博览群书,多方涉猎,勤于思辨,各取所长。

作为高校教师,我们在管理信息系统教学与科研过程中也逐渐产生并积累了新的经验、体会与认识,并随时间的推移有了一吐为快的欲望和冲动。于是,我们几位分别来自郑州大学、上海财经大学、上海大学、桂林电子科技大学、南昌航空大学的老师走到了一起,各抒己见、集思广益、协同工作,共同编写了这本教材。一方面,希望它能够满足广大管理信息系统读者朋友多方涉猎的需要;另一方面,也希望它能够成为管理信息系统教材百花园中的一朵小花,以自己独特的姿态与色泽绽放。

全书分为 5 篇,共 17 章。第一篇为基础理论篇,包括"管理信息系统导论"、"MIS 管理基础"、"MIS 技术基础" 3 章。首先,依"信息—系统→信息系统→管理信息系统"这样一条逐步深入、层层递进的思路,对有关 MIS 的基础知识进行概要阐释;而后,对于管理理念和信息技术相融合而形成的具有"社会—技术"双重属性的 MIS,分别从管理基础和技术基础两个方面对相关知识进行了归纳和介绍。第二篇为系统开发篇,包括"MIS 开发概述"、"MIS 规划"、"MIS 分析"、"MIS 设计"和"MIS 实施" 5 章。本篇首先对 MIS 开发内涵、主体、方式、原则与常用方法进行了介绍,而后依项目管理视角深入讨论了 MIS 开发项目管理的相关事宜。本篇随后的 4 章依 MIS 开发生命周期理论,分别对 MIS 规划、分析、设计与实施等内容进行了深入分析与详细说明。第三篇为系统管理篇,包括"MIS 运行管理"和"MIS 评价与二次开发"两章,分别对已上线 MIS 的运行管理方法与策略、系统评价内容与方法以及系统二次开发的相关事宜展开了全面而深入的分析与介绍。第四篇为系统应用篇，首先对 MIS 应用层次架构与典型应用领域进行了分析和总结，而后对企业运营与管理实践中 MIS 的典型应用样态进行了介绍和讨论。本篇内容包括"MIS 应用层次与领域"、"决策支持系统"、"ERP 系统"、"CRM 系统"、"知识管理系统"以及"电子商务与电子政务系统" 6 章。第五篇为系统选型篇，以一整章的篇幅对"不采用自行开发或合作开发，而是通过外购方式实现 MIS 实施"这一"特殊"但又十分普遍的现象进行单独讨论，内容包括 MIS 选型的要素、原则、方法策略与实施步骤等。

本书由郑州大学管理工程系张建华担任主编并统稿；上海财经大学吴继兰、桂林电子科技大学袁胜军担任副主编；参加本书编写工作的其他老师还有上海大学国际工商与管理学院张翔、南昌航空大学经济管理学院刘元洪、郑州大学管理工程系张荣博、郑州大学机械工程学院杨岚。其中，张建华编写了本书第一章～第四章和第十五章，吴继兰编写了第五章～第七章，袁胜军编写了第八章～第十章，张荣博编写了第十一章、第十二章，张翔编写了第十三章、第十四章，刘元洪编写了第十六章，杨岚编写了第十七章。

在本书编写的过程中，参考了大量文献资料，无奈于版面限制仅在书末列出了其中的主要部分。在此，向这些文献资料的作者们致以由衷的谢意。郑州大学缪亚军、张智兴、昝晓光、董丹丹、王艳艳、张颖等参与了书稿的校对工作，中国电力出版社对本书的出版给予了大力支持与帮助，一并向他们表示感谢。此外，还要特别感谢同济大学经济管理学院刘仲英教授，正因为有她对本书作者们的悉心指导，才有了这本书的最终完成。

科学的发展永不停息，没有止境。限于编者水平，书中难免有不妥之处，敬请读者批评指正。作者联系方式：E-mail:tjzhangjianhua@163.com。

张建华

2008 年 6 月

目 录

第三篇　系 统 管 理 篇

第四篇　系 统 应 用 篇

第五篇　系 统 选 型 篇

第一篇 基础理论篇

第一章 管理信息系统导论

管理信息系统（Management Information System，MIS）就其简单的字面意义而言，不难发现它的 3 个基本组分：管理（Management）、信息（Information）、系统（System），即管理理念与方法、信息科学技术、系统科学思想与策略。然而，我们必须清楚的是，管理信息系统不是 3 个基本组分的简单堆砌，而是各组分的有机整合；管理信息系统是以系统科学思想与策略为方法论指导，将成熟的信息科学技术与先进的管理理念与方法相集成，从而建立起来的能够将先进管理模式与方法由"理念"层面成功导入"实践应用"层面的系统化支撑平台。

"管理信息系统"是一个内涵丰富、外延广阔的概念，是一个具有"社会—技术"双重属性的复杂系统，是一个涵盖多学科知识的交叉性学科。要全面深入地领会和理解管理信息系统的内涵、掌握学科技能，绝不能奢望一蹴而就，它需要一个切实努力、相对漫长的过程。在该过程中，首先要对与管理信息系统相关的若干基本概念展开学习。

本章将引领读者逐步深入、循序渐进地完成对这些基本概念与知识的学习；一步一步深入，依次推开那一扇扇知识之门，直至将双足踏入光怪陆离、熠熠生辉的"管理信息系统"学科殿堂。

第一节 信 息 概 述

管理信息系统作为将先进管理模式与方法从理念层次导入实践应用层次的支撑平台，是一个用以支撑企业基层运作、中层控制、高层决策的平台系统。然而，就其系统本身而言，并不能直接完成上述职能——它是通过对管理领域三大流（物流、信息流和资金流）中的信息流的操作与控制，间接实现上述功能的。如图 1-1 所示，管理信息系统相当于一座工厂，通过其产成品——"管理信息"指导或辅助人们有效地完成不同管理层次内的工作，进而实现系统的终极目标。作为"产成品"，管理信息不是管理信息系统由无到有地生产出来，而是通过对原材料——"管理数据"（亦包括较低层次的信息）的有效组织与操作完成了到产成品的加工过程。一套管理信息系统功能再完备、性能再先进，如果只是空空的系统，没有管理数据的输入与加工过程，没有管理信息的产出过程，它将毫无意义；当然，管理信息系统的"生产效益"如何，还取决于信息加工过程中的参与者（甚至主导者）——"人"的业务素质及其主观能动性。

如此，对管理信息系统的讨论，我们首先来认识它的客体对象——数据和信息。

一、数据与信息

人类文明发生与发展的过程，可以概括为人类认识与改造世界的过程。我们所面对的客

图 1-1　管理信息系统作用机理示意

观世界可被看作是事物及其关系的整合体。人类对客观世界的有效改造起步于对客观世界的良好认知与描述。数据（Data）是人们对客观世界中的事物属性及其相互关系的抽象表示；

它是可以被记录和鉴别的符号，是描述客观实体及其关系的属性值。在人类认识和改造客观世界的过程中，其对现实世界中的各种事物及其间关系的认知就是通过对其各种属性加以区划，并进行度量和表述实现的。

　　如图 1-2 所示，对于客观实体"学生"和"图书"，人们通过学号、姓名、性别、出生年月以及书号、书名等属性对其加以描述和表征；而对上述两实体间的关系——"借书"，则通过学号、书号、时间、地点等属性实现表征与描述。对于具体的实体关系，如某一位学生借阅某一本图书，则通过对上述属性分别进行测度后得到其相应的值作为表征。

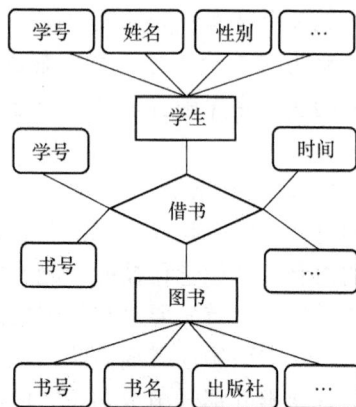

图 1-2　客观实体及其关系的属性化描述

　　例如，这位学生的学号为"ZD20070757"、姓名为"张建华"、性别为"男"……。如此，一个具体的学生就被确定并描述了。实体"图书"的属性化描述与此相同。当实体关系——"借书"的各个属性也被测度与描述，例如，学号为"ZD20070757"、书号为"ZTG32007012"、时间为"2014 年 05 月 16 日"……，则一个具体借书事件便也被确定和表征了。在这个例子中，"ZD20070757"、"张建华"、"ZTG32007012"以及"2008 年 05 月 16 日"等，这些描述客观实体及其关系的属性值就是数据。

　　单一的数据并无完整时空意义，亦即任何客观实体及其关系都要通过一系列属性值的有机整合才能被完整表征。当对若干数据进行加工和有机整合后，形成的有机的数据集便可完备地描述客观实体及其关系了。这个有机的数据集就是信息。

　　例如，单独的数据"2014 年 05 月 16 日"并不能表征完整意义上的实体或其间关系，但学号为"ZD20070757"、书号为"ZTG32007012"、时间为"2014 年 05 月 16 日"等有机地整合在一起形成的数据集，则可以描述一个完整的借书事件，亦即完备地描述了一个实体关系（学生和图书之间的"借书"关系）。

　　信息（Information）是有目的、有用途、有完备意义和有机联系的数据集，是对数据进行再加工与再组织的产物。简单讲，数据和信息之间是原料和成品的关系。各应用领域内的信息系统（Information System）是将数据加工成相应信息，或将较低层次信息进一步加工为较高层次信息的系统平台；管理信息系统作为信息系统的子集，将管理领域各类型数据进行加工与组织，使其成为管理信息。管理信息系统专家、华东理工大学陈智高教授指出，管理信息是加了管理约束的一类信息，是关于管理对象与管理活动的状态及其变化方式的反映；管理信息客观存在，它对把握管理对象和支持管理活动有着重要的作用。

对于一般意义上的信息，本体论与认识论有着不同视角下的认知。

本体论者将"信息"定义为事物内部结构和外部联系的运动状态与方式。此处的"运动"泛指一切意义上物质与精神方面的变化。其中，"运动方式"是指事物运动在时间维度上所呈现出来的变化过程与规律，"运动状态"则是指事物运动在空间维度上所展示出来的位移状态与精神态度。一切事物都在运动，都有其特定的运动状态及其状态改变方式。因而，一切事物均产生信息。这是信息的绝对性与普遍性。另一方面，由于同一事物的运动状态与方式相对于不同参照系其测度结果会有所不同，则信息又具有相对性与特殊性。

认识论者将"信息"定义为认知主体所感知或所表述出来的事物运动的状态与方式。比较经典的阐释有，维纳（Norbert Wiener）在《控制论和社会》中把认识论意义上的信息定义为："信息是我们在适应外部世界并且使这种适应为外部世界所感知的过程中，同外部世界进行互相交换的内容的名称"；信息论的创始人申农（Claude Elwood Shannon）指出，"信息是能够用来消除不确定性的东西"；意大利学者朗高（G. Longo）则精辟地提出"信息就是差异"。对于这些定义，请读者结合所学，仔细推敲。

按照主体认识深度的不同，又可将认识论信息分为 3 个层次，其一为语法信息，即认知主体所感知或所表达出来的事物运动状态和方式的形式化关系，这是最低层次的信息；其二为语义信息，即认知主体所感知或所表达出来的事物运动状态和方式的逻辑含义；其三为语用信息，即认知主体所感知或所表达出来的事物运动状态与方式相对某种目的的效用，这是最高层次的信息。人们往往将认识论意义上的信息做格式化描述后，将其记录在各种媒体（如图书、报刊、胶片、磁带、磁盘、光盘等）上，从而使信息表现为在媒体上按空间顺序排列的字符序列。此时，认识论意义上的信息便能够在形式上独立于其认知主体而存在。也正因为如此，才使得人类文明在时空双维度得以有效传承。

作为管理信息系统客体对象的信息是认识论意义上的信息子集。组织内各层次管理主体的所有管理活动均需要及时、完备、有效的信息资源支撑；不同管理活动需要的信息是有差异的，表现在信息单元的整合粒度、提炼精度等方面，这些差异也导致了不同信息的不同效用。

认知主体对其所掌握的信息资源进行再加工与组织，即对其做进一步挖掘与整合，便得到信息的本质与内容，此即知识（Knowledge）。

Turban 在 1992 年将知识定义为经过组织和分析的信息，能够用来支持决策和解决问题。著名知识管理专家 Wiig 于 1993 年指出，知识包括真理信念、观点概念、判断期望、方法和技能。1997 年 Beckman 指出，知识是数据和信息发展的更高层次，能够提高性能、解决问题、支持决策、学习和传授。1999 年版的《韦伯新辞典》（Webster's new dictionary）对知识的定义是，知识是经过组织的信息，能够用来解决问题。现代认知心理学将知识定义为，个体通过与其外部环境相互作用后获得的关于外部世界的反映与观念的总和，它通过符号系统得以表达。类似的观点还有，知识是对信息进行深加工，经过逻辑或非逻辑思维，在认识事物本质的过程中而形成的经验与理论，它是信息、经验、价值观与洞察力的组合；知识是经过分析和组织的，能够用于指导人的思想和行为、支持决策、解决问题，对于客观对象、属性、关系以及重要过程的描述，在内涵上它包括客观真理、判断、观点和洞察力等。

可见，知识是以信息为原料，进一步深加工而形成的完整的、精制的、深刻的和系统化的信息本质与内容（表现为编码后的显性知识以及认知主体的隐性技能），是信息的更高层次样态。知识是人们经过对信息的再分析和再组织，而形成的对客观对象属性、关系以及重要过程的完备的本质认知，在内涵上包括结构化信息、判断、经验、客观真理、价值观和洞察力等；它能够用于指导人的思想和行为、支持决策、解决问题。随着人类社会从后工业经济时代向知识经济时代转进，知识逐渐取代劳动力和资本而上升为社会的核心生产资料和价值创造的核心来源。

1998 年，世界银行发布《1998 年世界发展报告——知识促进发展》，对数据、信息和知识之间的联系与区别给予了全面而深入的阐释。感兴趣、学有余力的读者，可查阅并进一步学习它。

另一个与信息相关的概念是情报（Information/Intelligence）。情报是关于某种情况的报道，是激活了的信息本质或内容（知识），一般以编码形式存在而具有较高的明晰状态。情报的外在形式是信息，其内在本质是信息效用，其报道特征在于传递过程。同信息相比，情报是动态的，而信息则更多地表现为静态。情报不能独立于接收者而存在，具有强时效性；情报价值与接收者原有知识状态及其在时间维度上的变化密切相关。

二、信息的特征

一般而言，信息具有如下特征。

1. 价值性

信息的主要特征首先表现为价值性，即信息相对于信息主体是可使用、有效用的，能够满足其生产与生活需要。周鸿铎先生在《信息开发利用策略》中指出，资源是自然界和人类社会中一切可以用于创造物质或精神财富的原始的达到一定量的客观存在形态。简言之，资源就是一切可被人类开发和利用的客观存在，资源的本质属性在于价值。信息的价值属性与资源的价值本性相吻合，如此"信息是一种资源"，于是"信息资源"概念便容易为公众所接受了。

信息是有价值的，越来越多的人认识到信息就是机会，就是财富。在确认"信息是有价值的"这一结论后，人们自然要问"信息的价值该如何度量？"有关信息价值测度的问题，理论界和实践界早已展开了各种研究，也出现了许多观点；然而缘于该问题的复杂性，至今没有一个为各方所接受、放之四海而皆准的论断。但有一点是被公认的，那就是信息的价值不仅包括可货币化的现实价值组分，也包括尚未货币化或难以货币化的潜在价值组分；而且，大多情况下，非货币化组分的潜在价值要比货币化组分大得多。

此外，对信息的价值测度要在信息的全生命周期内进行，即评估其全生命周期价值，而不能简单地用信息生命周期内某一子时域的价值充当信息价值全部。显然，这首先需要信息主体对既定信息的完整生命周期给予准确界定。

下面，我们给读者介绍两种有关信息价值测度的观点，供读者借鉴，希望能够引起读者对该问题的主观重视与积极思辨。

观点一，有学者通过下述公式表征信息价值："信息价值＝使用该信息所取得的平均经济效益值×该信息的使用概率－该信息的全生命周期成本"。从表面上看，上述公式以"应用收益与使用成本的差额"表征信息价值，似乎已经很合理；然而，稍加思考，不难发现它只是一个看着舒心、实则无用的花架子。原因很简单，实际生产过程中，既定主体一定时域内取得的经济效益是由错综复杂的若干生产投入要素（有形的、无形的）通过生产过程共同作用的结果。所取得的期望经济效益似乎不难确定，但如何将该效益分成到每一生产投入要素上去，并最终确定由应用特定信息所导致的期望效益组分，却往往难以实现，甚至根本无法操作。例如，某企业今年比去年利润增长 1500 万元人民币，其作用要素可能同时包括：原材料供应市场竞争加剧导致的原材料降价、企业强化供应商关系管理后导致的原材料采购成本降低、企业内物流业务外包导致的物流成本降低、企业文化再造带来企业内生产氛围的改观、企业流程优化与再造导致的生产流程效益提高、人力资源管理改善促成的人力资源素质提高、应用新的生产技术导致的生产率提高、强化客户关系管理导致忠诚客户群的膨胀……当然，还包括应用了某方面的生产信息。如何将货币化了的 1500 万元人民币准确地分成到上述全部（包括前面没有列举出来，但也确实发生了作用的要素）作用要素上去？这显然是一个异常复杂、极难准确解决的问题。另一方面，如前所述，信息价值不仅包括货币化组分，还涵盖非货币化组分。上述观点只从货币化角度测度信息价值，完全忽视信息价值的非货币化组分，其结果是片面的。

观点二，也有学者通过"期望风险损失"表征信息价值。其理论依据正是前述申农（Claude Elwood Shannon）有关信息的论断，即"信息是能够用来消除不确定性的东西"。不确定性即风险，交易双方在交易中所掌握信息的不同，即人们通常所说的"信息不对称"。信息不对称对信息弱势主体而言，就意味着交易活动的不确定性，亦即风险。简言之，信息不对称意味着风险。另一方面，对生产活动中的单一信息主体而言，其对某一事物或事物间关系理应掌握的信息数量和质量与其实际掌握水平间的落差（Gap），也是一种变相的信息不对称，自然也意味着风险。于是，有人认为，信息的价值可以通过信息主体（包括交易二元主体中的弱势主体）在获得并应用该信息后，降低其信息不对称程度，进而降低的潜在风险损失作为信息价值的表征和测度。该观点独辟蹊径，放弃传统以正面收益表征信息价值的思维观点，转而以潜在损失的降低程度表征信息价值，丰富了信息价值测度的理论体系；然而，该观点也无法避免观点一中存在的问题与不足，更多的只是作为理论讨论，实践应用价值不大。

2. 共享性

信息不同于有形实体，它是可以被不同信息主体完整共享的。对于有形实体，如一个苹果，它对于一个人而言是一个完整的苹果；然而，对于两个或两个以上的人而言，则每个人只能分到苹果的一部分。信息则不然，一条信息对一个人而言是完整的信息，将其共享给多个人以后，对于每个人而言，所获得的仍是一条完整的信息。

另一方面，对于主体而言，将有形实体和其他人共享，己方则不能维持原有的效用水平；然而，将所掌握的信息与他人共享，在信息应用领域市场空间足够大的前提下，信息主体仍能够维持原有的效用水平，甚至还可通过提成、佣金等方式提高其原有的效用水平。信息所具有的天然共享性蕴含传播特性，使得其能够在不同信息主体之间跨越时间与空间进行双维度传播与同享。

对于组织而言，信息的价值不在于信息本身的固有存在属性，而在于通过信息应用过程的价值转化与创造。当信息在组织内部安全框架允许的范围内得到尽可能充分的传播与共享后，便可实现单一信息的多路应用，其应用收益将呈现显著的放大态势。下面通过一个极其简化的例子进一步说明。

假设某家电公司的饮水机产品只通过本企业销售部门直接向终端潜在客户推销，并且饮水机市场潜在需求空间相对于企业产能足够大。每销售一台饮水机企业获利 300 元。销售部共有职员 20 人，通常情况下，每人每月平均销售饮水机 10 台。销售人员中有一人（大张）掌握着一条极其重要的市场信息，凭借此信息其每月可销售饮水机 40 台。此时，公司在饮水机产品领域月平均销售获利 300 元/台×（10 台/人×19 人＋40 台/人×1 人）＝69 000 元。倘若大张将其所掌握的信息与销售部门内其他职员一起共享，即让其他职员也知晓并应用该市场信息，则每一职员的饮水机月平均销售量均可达到 40 台。此时，公司在饮水机产品上月平均销售获利 300 元/台×40 台/人×20 人＝240 000 元，显然，获利水平大大提高。这是组织层面极愿意看到的结果。

信息具有天然的传播与共享特性，然而这并不意味着其可以在自然条件下就能够无障碍实现。其原因在于，传统组织内的固有惰性妨碍了信息传播与共享；另一方面，信息的拥有者往往会出于各种考量意图垄断其所掌握的信息，而信息的接收方也不一定会"欣然接受"信息拥有者传递过来的信息。下面，对此稍作深入讨论。

从组织环境方面看，传统组织结构内形成的等级观念导致职员间的沟通障碍、疏于交流，不同主体间价值观、兴趣爱好、心智模式和个人风格等方面的差异进一步加大了沟通难度，进而束缚了组织内的信息交流与共享。对信息拥有者而言，信息的价值性意味着拥有更多信息的人将获得更多的收入，能够在更大程度上被组织所认可和尊重；许多员工将自己掌握而别人缺乏的信息或技能作为向组织讨价还价的本钱；同一部门内员工之间原本具有竞争性，与别人共享信息意味着将自己的职业置于风险之中；掌握了更多的信息和知识就能够做出科学决策，这使许多管理者认为知识和信息是一种权力，只有对其保密和严控才能维持他们的权力；信息的获取需要成本，而信息的生命周期在加速缩短，信息拥有者为了回避风险、收回投资，自然会对其所拥有的信息有意"垄断"，以最大限度谋求利益。上述因素使得信息拥有者不会轻易将其所掌握的信息主动与他人共享。另一方面，对于相对弱势的信息接收方而言，即便信息具有价值性，但其也不一定会对他人传播过来的信息主动接纳。其原因在于，这些人可能对所谓的"面子"过于看重，接受和应用其他人提供的信息就意味着承认其比自己强、比自己知道得更多，这会让他们在心理上难以接受。

综上所述，对于组织的领导者与管理者而言，基于信息的价值性与共享性考量，应该尽可能采取措施促进组织内职员间在安全框架约束下实现信息充分有效共享。这种共享不仅包括横向部门员工之间的信息共享，也应包括组织内纵向不同层次人员之间的信息共享。为有效实现组织内信息的纵、横向充分交流与共享，组织的领导者与管理者需要积极主动地分析其内部制约信息传播与共享的可能因素，并在组织结构、工作流程、企业文化、激励机制等方面做出及时、有效的改良与变革。

3. 时效性

世间万物均有其发生、发展、成熟、衰退乃至消亡的过程，信息也不例外。无形化的信息（认识论范畴）也有其识别、获取、表示、精炼、存储、传播、应用、进化，乃至消亡的过程，我们称上述过程所涵盖的时域为信息的全生命周期。

伴随信息全生命周期的持续发展，信息的价值也在发生变化。如图 1-3 所示，从信息识别到存储过程，信息的价值从无到有，且逐渐上升并最终趋于稳定；此时信息进入成熟时期，这是其价值创造与实现的黄金时期。信息的价值决定于其对信息应用者需求的满足程度，更多地表现为对广义问题的解决能力；这种能力不仅在于信息本身的内容，更在于信息内容与

应用环境的匹配特性。处于"发展"阶段（识别、获取、表示、精炼）的信息，信息主体会
对信息及时修正，使其与外部环境较
好适应。信息一旦得到存储，将被格
式化编码，并相对稳定下来；然而，
环境是处于永恒的绝对变化之中的。
进入成熟期以后的信息，相关修正与
改进将会逐步落后于应用环境的变
化，或是修正方向、幅度与环境变化
不相吻合，导致两者间的匹配差异越

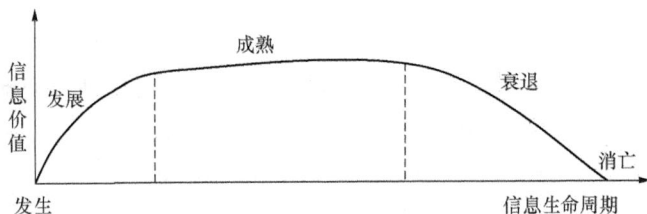

图 1-3　信息时效性示意

来越大。如此，同样的信息在反复的应用中，信息主体会发现其应用效果正在持续走低，亦
即信息的价值在相对稳定一段时间后，开始呈现持续下降趋势，信息进入了衰退期。此时，
信息将面临进化选择。对于刚刚进入衰退期、与环境差异不大的信息，基于其与环境间的匹
配差异特征做相应的修正与完善，可使其重获生机，从而延长信息的全生命周期以获取更高
的信息全生命周期价值。对于衰退已经很严重、与环境特征相去甚远、维护（修正与完善）
成本高，甚或毫无维护意义的信息，则果断地将其转入休眠信息库（预期未来信息应用环境
可能会出现反复，信息有被重新激活的可能）或干脆放弃（预期环境变化不可逆，适合于该
信息的环境特征不可能再次出现）。此时，信息的全生命周期终结，价值归零。

通过上述分析，我们不难发现，信息价值表现出对时间维度的强依赖性，此即信息的时
效性特征。对于信息管理与维护者而言，应该及时侦知信息应用环境的变化，并及时对数据
库中的信息进行有效的更新与完善，尽可能延长其全生命周期。如果疏于维护，未能及时侦
知环境的变化；或发觉环境变化，但未能做出准确测度；或者侦知并准确测度了环境变化，
但未能及时对信息进行调整与完善；抑或进行了及时的调整或完善，但调整或完善的幅度与
环境变化幅度不相匹配，等等，都将导致所拥有的信息对环境的适应性降低，积聚而引发质
变，最终不得不宣告信息全生命周期的终结。

信息的时效性启示我们，无形的信息与有形的汽车相似，及时、有效的维护可以延长其
使用寿命，进而为其拥有者创造更大的价值；另一方面，对于重要问题的求解，为确保求解
效果，人们对于其他途径传递过来的信息在应用之前，也要从信息的时效性角度考察一下当
前该信息所处的生命周期阶段及其所具有的活力，然后有针对性地选择、应用，或者调整、
应用。

4. 增值性

对已有信息的再加工与再组织，可以产生新的信息；以现有信息为基础，可以获取新的
信息。此即信息的增值性。

正是由于信息的增值性，使赢得信息优势的社会实体具有"先发优势"，相对于其竞争
者能够做到"一步领先，步步领先"。当信息主体拥有的有效信息达到一定量（阈值）以后，
无论是基于现有信息创造新信息，还是基于现有信息获取新信息，都将变得容易。信息的增
值性也启示我们，对于信息价值的测度，不仅要看其本身直接创造货币价值的能力，还应考
察其在创造或获取新信息等方面非直接地创造价值的能力。例如，一些既定领域内的基础性
信息，其本身似乎并不能直接应用于生产实践，从而直接创造价值；然而，这些信息是一些
生产技能信息的支撑基础，离开它们则无法获得或难以理解更高层次、更先进的生产技能信

息。组织在信息识别和价值测度时，要对信息的增值性给予全面考量。

5. 层次性

对于管理信息而言，其是构成管理活动（涵盖输入、输出与约束等组分）的重要组分，如图 1-4 所示。基于管理活动的层次性，信息则相应地也具有明显的层次性。组织内的管理活动一般可以粗略地划分为 3 个主要层次，即基层运作层（作业操作层）、中层控制层（战术管理层）和高层决策层（战略指挥层）。这也是通常意义上的"管理三角"，如图 1-5 所示。相应地，管理信息也可划分为基层运作信息、中层控制信息以及高层决策信息 3 个层次，即管理三角对应信息三角。

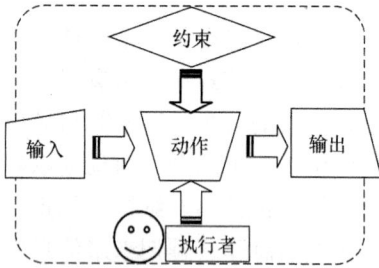

图 1-4　管理活动要素与结构　　　　　　　图 1-5　管理三角

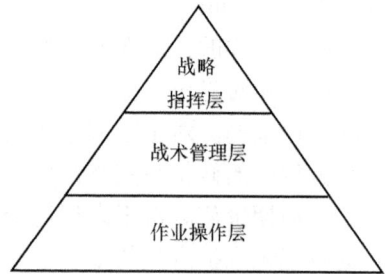

处于不同层次的管理信息具有不同的特征，主要表现在信息来源、信息存量、生命周期、提炼精度、加工方法、保密要求以及结构化程度等方面的差异，如表 1-1 所示。

表 1-1　　　　　　　　　　不同层次信息之间的特征差异

信息所处层次		信息来源	使用频率	信息存量	生命周期	提炼精度	加工方法	保密要求	结构化程度
高层决策信息	信息三角	外源多	很低	相对少	相对长	相对低	不固定	很高	不高
中层控制信息		特征处于高层决策信息和基层运作信息之间							
基层运作信息		内源多	很高	量大	较短	很高	固定	不高	很高

上表中的"结构化"是衡量信息应用的频率、规律性、编码化程度等特征的综合性指标。例如，对于基层运作信息，其应用频率较高、应用过程有规则可循且信息很容易实现编码化存储与管理，则称其结构化程度较高；反之，对于高层决策信息而言，其应用频率相对较低、在应用过程中少有规则可循且信息很难编码以便格式化存储与组织，更多时候是以非编码化的隐性样态存在，则称其结构化程度较低。

6. 滞后性

如前所述（见图 1-1），信息是在信息主体——人的参与下通过信息系统对数据进行加工的产物；另一方面，更高整合与精炼程度的信息也是在人的参与下通过信息系统对较低层次（整合与精炼程度）信息进行再加工的产物。信息的价值性必须通过上述加工或再加工过程才能获得潜在保障。然而，对数据的加工以及对较低整合与精炼程度信息的再加工均需要一个过程、一个时间区域Δt，即"数据（较低整合与精炼程度信息）→Δt→信息（更高整合与精炼程度信息）"。我们所谈论的"信息的滞后性"就是对上述"Δt"的直观表征，亦即信息的产生与精炼都需要一个过程（时域）；为确保信息应用效果，考虑信息应用之前，要对Δt进行充分评估，以便预留足够的用于信息获取与精炼的提前期。

显然，上述加工与再加工过程都是通过信息系统实现，Δt 则表征了相应信息系统的灵敏度。如今，市场竞争环境瞬息万变，人们生活与生产节奏持续加快，信息的全生命周期加速缩短。为确保社会实体对外部环境及时有效的响应、最大化信息价值，自然要求 Δt 尽可能的小。这不仅对信息系统的使用者提出了更高的业务素质要求，也要求包括读者在内的信息系统研究与从业人员在规划、分析、设计、开发信息系统时，在确保功能完备与正确实现的前提下，尽可能提高信息系统的运行效率。这也是本书后续章节所要讨论的主要内容以及写作的指导原则之一，请读者在学习过程中仔细体会。

7. 事实性

管理信息系统专家、复旦大学薛华成教授曾指出，"事实是信息的中心价值，不符合事实的信息不仅没有价值，而且可能价值为负，既害别人，也害自己"。

就信息本身而言，其内容通过信息应用过程可能被证实也可能被证伪。事实上，即便一段时间内得到证实了的信息，随着信息应用环境的持续变化，未能得到及时调整与完善的信息也可能在后续的应用过程中被证伪。如此，事实性并非信息的固有属性，但它是信息应用创造价值的必然要求。只有被证实了的信息才能被正常应用并创造出信息主体所期望的价值，只有具有较高价值和活力的信息才能更好地与环境相匹配，进而更好地解决问题。鉴于其重要意义，我们决定给予进一步说明，以提醒读者重视。

用于辅助企业生产运营的管理信息系统，其内部信息存量会随着系统运营时间的推移而持续增加，支撑企业日常运作的业务型信息系统的中央数据库的信息累积速度则更是快得惊人。随着信息系统中央数据库规模的持续膨胀，系统的运行速度尤其是与数据库的交互操作（如对信息的增、删、改等）的效率将呈下降趋势。这对数据库维护与周期重构提出了更高要求，同时也对于信息系统的使用者在其日常的系统应用过程中的工作原则与态度提出了新的要求。简言之，信息系统用户对存入信息系统中央数据库中的信息必须在日常工作中把好关。对于所有欲输入信息系统的信息，首先对其事实性（包括价值与活性）进行主观评估，只有那些对生产运营确实具有现实重要意义的信息才被输入；否则暂缓输入或果断放弃之。另一方面，在信息系统使用过程中，如发现其内部存储的信息事实性出现问题，则要及时进行相应的进化操作。

"垃圾进—垃圾出（Garbage in-Garbage out）"是计算机模拟研究中的一条著名原理。管理信息系统专家、同济大学刘仲英教授曾经教导笔者，"对于计算机系统，输入的是垃圾，输出来的仍是垃圾"。初闻此言，似乎可笑；然而，此后十多年的求学、教学与科研阅历使笔者深感此言之意义。随着计算机硬件技术的突飞猛进，计算机存储容量（包括内存和外存）迅速大幅提高，千兆字节（GB）、兆兆字节（TB）成了基本容量；同时，随着计算机网络尤其是因特网（Internet）迅速普及与发展，网络内容极大丰富，网络带宽持续提高。于是，信息系统用户总以为其计算机硬盘容量大得很、空着浪费，总有一种将其填满的冲动；他们在网络上徜徉，对所遇到的信息（包括文字、图形图像、音频、视频等）走马观花般浏览而过，只要看着稍微顺眼，便奉行"拿来主义"，不假思索地将其下载并存入本地计算机。久而久之，计算机内的硬盘可用空间迅速缩小，导致系统运行速度持续降低。与此同时，由于计算机内存储的信息太多，增大了管理与组织难度，甚至干脆疏于管理而将海量信息杂乱无章地存储着；当用户真正需要检索某一重要信息时，在漫长的检索过程结束后，系统给出了太多的检索结果信息，而其中的绝大多数却是与用户检索的真正需求"貌合神离"的垃圾信息。于是，用户不得不再花上较长的时间，对检索结果逐条进行手工筛查。如果用户的时间充足、耐心足够，则也许会最终找到真正想要的信息；否则，粗略筛查的结果可能是把不合适、不适用的信息仓促付诸应用，最终导致信息应用效果大打折扣，甚至应用过程完全失败，造成浪费和损失。

要知道，前述情况对于家庭内辅助生活的计算机系统而言，已经造成用户的不便和烦恼；对于企业生产运作中的计算机系统而言，无论是信息应用的效率低下、效果不佳，还是浪费与损失，都是绝不允许的。欲避免之，用户在日常的信息系统使用过程中，对所有相关信息的操作都要坚持事实性原则；避免垃圾信息的输入与存储，确保信息系统数据与信息的活力与规模，才能确保系统在用户需要时能够迅速、准确地输出对其真正有用的信息。

三、信息的类型

对事物分类是人们深化对其认识与理解的重要途径。关于信息的分类，不同的认知主体从各自不同的视角出发，给出了不同的信息分类观点。表 1-2 列出了主要的信息分类角度及其类型，供读者参考。

表 1-2   信息分类角度与内容

信息分类角度	该分类角度下的信息类型
信息来源	内源信息、外源信息
信息作用域	局部信息、全局信息
信息存储媒介	传统信息、电子信息
内容的确定性	确定性信息、非确定性信息
信息加工深度	一次信息、二次信息和三次信息
对应主体层次	个体信息、团队信息和组织信息
信息应用领域	气象信息、地理信息、社会信息、管理信息等
对应管理层次	基层运作信息、中层控制信息和高层决策信息
信息外在形式	文字信息、图形图像信息、音频信息和视频信息等
信息产生领域	物理信息、化学信息、生物信息、文学信息、医学信息等

四、信息的度量

信息作为一种客观存在，人们自然要对其存在的量进行度量；然而，对于无形化的信息，其度量要比对有形实体度量（如通过质量、体积等）甚或对肉眼看不见的空气的度量（以"摩尔"为单位）复杂得多。面对信息度量难题，人们不得不转而继续思考信息的本质，希望通过对其本质的分析与深入认知以获得有关信息度量的启示。

自申农（Claude Elwood Shannon）有关"信息"的著名论断——"信息是能够用来消除不确定性的东西"提出并为广大学者所接受后，人们对信息的度量问题找到了新的视角，即由"信息本身"转到"信息的抽象化效用"上面来。尽管信息价值创造的形式多样，难以做归一化描述；但是，"对不确定性的消除"是信息价值的最根本、最本质表征。显然，不同信息对其应用领域内不确定性的消除程度是不同的。如此，人们以"对不确定性的消除程度"来间接描述具体信息的量。

在物理学的热力学分支领域以及系统科学中，"熵（Entropy）"是对系统不确定性或无序状态的度量；熵值越大，表明系统不确定性（无序程度）越高。由于信息的本质效用在于对不确定性的消除，于是我们可以将信息看做是系统发展过程中的"负熵"。也基于此，一些学者将信息描述为系统的有序性与组织性的标志。

下面，我们基于对信息消除不确定性程度的测度来间接实现对信息的度量。早在 1985 年，黄学忠先生在其《经济信息与管理》一书中便介绍了这一信息度量的思路与方法，而后哈尔滨工业大学黄梯云教授在其主编的《管理信息系统》中以及其他一些相关教材中都沿用了这一方法。

我们知道，对于不确定性，人们通常采用概率的方式进行度量；显然，对不确定性的消除程度，亦即对信息的度量也可通过概率的方式实现。我们来看该领域一个最经典的例子。张三到某工厂去找未曾谋面的李四，该工厂共有职员 1000 人，而张三只知道李四在这个工厂中，但对于李四到底长相如何、在何部门、干什么工作都一无所知。如此，对于张三而言，李四所处的可能空间是该工厂内的 1000 名员工；要最终找到李四，他需要一个一个问下去，不确定性很大。当工厂门卫师傅告诉张三（或说给了张三一条信息），"李四在工厂东北角的信息技术部工作，该部门共有员工 100 人"。如此一条信息，就使得张三寻找李四的可能空间降至 100 人，为原来的 1/10，不确定性大大降低。此时，用 1/10 的负对数表示信息——"李四在工厂东北角的信息技术部，该部门共有员工 100 人"的量，即 $-\log(1/10)=\log10$。当张三到信息技术部以后，部里有员工告诉他"李四在系统测试组，那里面有 10 个人"。此时，张三寻找李四的可能空间再降至原来的 1/10。至此，张三获得的信息量为 $\log10-\log(1/10)=\log100$。

通过上面的例子，我们可以得出如下结论：如果所获得的信息使得信息主体面对的不确定性减小（可能空间缩小），则其信息量为正；如果所获得的信息扩大了信息主体的搜索空间，亦即不确定性不降反增，则其所获得的信息其量值为负；如果所获得的信息对信息主体消除不确定性毫无裨益，亦即搜索的可能空间与获得该信息之前毫无变化，则该信息的量为 $-\log1=0$。

对于一个既定系统，其内涵盖 n 个等概率的独立状态（事件），则彻底消除该系统不确定性所需要的信息量为

$$H(x)=-\sum_{i=1}^{n}P(X_i)\log_2 P(X_i) \quad i=1, 2, \cdots, n \tag{1-1}$$

式（1-1）中，$H(x)$ 为用以彻底消除既定系统不确定性所需的信息量，X_i 代表系统中的第 i 个状态，$P(X_i)$ 代表出现第 i 个状态的概率，n 为系统状态空间容量。

特殊地，对于一个只涵盖 2 个等概率独立状态（事件）的系统，例如，正常情况下新出生婴儿的性别有"男"或"女"两种独立状态，且出现的概率均等（都为 1/2），通过式（1-1）计算信息量如下：

$$\begin{aligned}
H(x) &= -\sum_{i=1}^{2}P(X_i)\log_2 P(X_i) \\
&= -[P(X_1)\log_2 P(X_1)+P(X_2)\log_2 P(X_2)] \\
&= -\left[\frac{1}{2}\log_2\frac{1}{2}+\frac{1}{2}\log_2\frac{1}{2}\right]=-\left[-\frac{1}{2}-\frac{1}{2}\right]=1
\end{aligned}$$

一般地，把上述情况下的信息量，亦即"彻底消除只含两个独立均等概率状态（事件）的系统所具有的不确定性"的信息量作为衡量信息量大小的基本单位，即 1 比特（bit）。

五、信息的管理

信息的价值本性表明信息是一种重要的经济资源，对资源的有效组织与管理可以最优化其价值转化过程，从而实现信息资源的最大化全生命周期价值。要达成这一目标，我们需要了解信息管理的发展历程，领会其概念内涵、基本过程及其相关策略。

自人类文明发端起，伴随人类认识和改造世界的过程，人类的信息管理活动就已经起步了。然而，在早期漫长的岁月里，人类的信息管理活动更多的是作为其他物理生产活动的辅助行为，人类对信息与信息管理的认知程度以及管理手段、方式都十分有限，未能将其独立出来而成为一门学科。现代意义上的信息管理在 19 世纪晚期才开始萌芽。

概括而言，信息管理的发展大抵经历了如下阶段。

1. 文本管理阶段（19 世纪晚期至 20 世纪 50 年代）

在这一阶段，随着现代印刷技术的飞速发展，人类社会的纸质文献量显著增长，信息传播速度大幅提速。源于信息的增值性，社会实体所面对的信息量开始急剧增加。如何对所掌握的海量信息进行有效组织与管理，以便更好地向社会实体提供信息支持，成为当时一些社会公益性机构（如图书馆）所关注的焦点。

在该阶段，图书文献管理迅速发展，成为信息管理的早期形式和主体领域。文本管理阶段的主要特征表现为，管理对象以纸面信息为主，管理形式以手工操作为主，管理理念以信息拥有者（组织者）视角下的效用优化为出发点，管理活动以对信息的保存和整序为主。

2. 信息系统管理阶段（20 世纪 50 年代末至 70 年代末）

在这一阶段，随着计算机应用逐步由科学计算领域向更广阔领域拓展，计算机软件技术也得到了快速发展，促进了生产的各领域由手工操作向自动化实施的转型。在信息管理领域，各种层次、各种类型的信息系统相继出现，逐步将信息管理由"以手工操作为主"转变为"通过计算机辅助管理提高操作的自动化程度与工作效率"，如此将信息管理的发展阶段由文本管理阶段推进到信息系统管理阶段。

在该阶段，各类型信息系统发展迅速，成为信息管理的基础平台。该阶段的主要特征表现为：管理对象由纸面信息为主转化为以电子信息为主，管理形式由以手工操作为主转化为在信息系统辅助下的自动化、半自动化操作，管理理念由以信息拥有者（组织者）视角下的效用优化为出发点转变为以信息需求特征为出发点，管理活动涵盖了信息表示、存储、检索、编辑与应用等诸多方面。然而，在该阶段，信息管理与组织者往往将注意力过分集中于信息资源本身，对"技术"因素倍加推崇，却忽视了信息管理的其他要素。

3. 基于"资源"观的集成管理阶段（20 世纪 70 年代末至 80 年代中后期）

在这一阶段，人们进一步认识到信息的资源属性，基于"资源"观和系统科学、协同学思想，谋求对信息资源的集成化、协同化管理。自 20 世纪 70 年代末起，在霍顿（Forest W. Horton）、马钱德（Donald A. Marchand）以及威廉·德雷尔（William Durell）等人的推动下，信息资源管理（Information Resources Management，IRM）作为新概念正式诞生，并且迅速为人们所接受和追捧。1979 年，美国《文牍削减法》提出了联邦政府的信息资源管理问题，并在联邦机构中设立了政府信息主管（Chief Information Officer，CIO）；而后，众多企业也相继在其决策层设立了专门负责信息资源管理的 CIO，在全局高度统筹技术与信息的开发与利用。

在该阶段，信息资源管理成为信息管理发展的新理念、新模式，其主要特征是：以"对资源的有效利用"为出发点，信息管理不仅注重信息资源本身，还关注各种对信息处理的活动及其关系；不仅注重信息管理的"技术"因素，还关注信息管理的"社会"因素（如管理因素、人文因素等）；主张以系统化思维将信息资源到价值转化过程中的各种因素进行综合考量，谋求协同管理，以最大化信息资源的应用价值。

4. 知识管理阶段（20 世纪 80 年代中后期至今）

随着全球经济由后工业经济时代逐步向知识经济转型，在德鲁克（Peter F. Drucker）、维格（Wiig）以及野中郁茨郎（Ikujiro Nonaka）等人的推动下，知识管理（Knowledge Management，KM）逐步从理念走向产业实践，并且取得了显著效益。在信息管理领域，人们开始强调对信息资源的深层次挖掘与再组织，加强对新型社会主体生产资料——"知识"的有效管理与组织。首席知识官或知识主管（Chief Knowledge Officer，CKO）成为引入先进管理理念的企业中新的重要职位，其工作重点在于推动组织创新与提高组织智能。

在该阶段，多学科交叉与融合成为信息管理发展的新动向，其主要特征为，将传统相对狭隘的信息资源管理与管理学、心理学、社会学、人工智能（Artificial Intelligence，AI）、数据仓库（Data Warehouse，DW）、数据挖掘（Data Mining，DM）、商业智能（Business Intelligence，BI）等有机整合，强调以"人"为本，谋求提高知识工作者的生产效率和组织应变能力，强化组织的知识共享、应用与创新能力，帮助组织培育与知识经济相适应的新型核心竞争力。

伴随信息管理的发展历程，对"信息管理"概念的理解与界定也处于动态发展与演进之中。如前所述，早期狭义的信息管理是仅指对信息本身即信息内容实施简单管理的过程；而后，信息管理概念逐步拓展为对信息内容及与信息内容相关的资源（如设备、设施、技术、投资、信息人员等）进行管理的过程。美国信息资源管理理论的奠基人之一，霍顿（Forest W. Horton）指出，信息管理是一种使有价值的信息资源通过有效的管理与控制，实现某种利益目标的活动集。

如今，人们一般认为，信息管理是在先进管理理念的指导下，以"人"为主导、以社会实体的现实信息需求为导向，基于现代信息技术，充分运用经济、人文等手段，对社会中存在的各种信息资源以及信息活动（包括活动要素及其间关系）进行有效管理，以满足社会各层实体的信息需求，最大化信息资源价值。满足信息主体的信息需求，最大化信息资源的价值实现，这是信息管理的主体目标。目标的达成需要通过过程实现，即由若干具有顺承与反馈关系的活动序列组成的信息管理过程。就管理视角而言，信息管理就是信息主体——"人"通过辅助平台（包括计算机与网络硬件、信息系统、相关设备等），在系统科学与协同学方法论的指导与相关环境条件的约束下，对其所掌握的信息资源进行的一系列操作过程，最终达成信息管理目标。

显然，信息管理过程要覆盖信息全生命周期，涵盖信息资源价值实现与增值的全部活动。就其一般性而言，它应该能够反映信息流转的普遍流程；它需要对组织信息资源管理的完整目标给予全面考虑，亦即要具有系统性和完备性。我们认为，比较完整的信息管理过程包括对信息的辨识、收集、精炼、编码、存储、集成、传播、应用、价值评估、增值以及进化等活动，如图 1-6 所示。

在图 1-6 中，信息辨识活动增强了信息主体对信息收集与管理的针对性，提高了信息管理的整体效率和有效性；通过信息精炼活动，信息主体可以进一步对所收集的信息作预处理（如去噪声、消畸变等），提高编码并存储信息的精度和有效程度；通过信息价值评估与进化

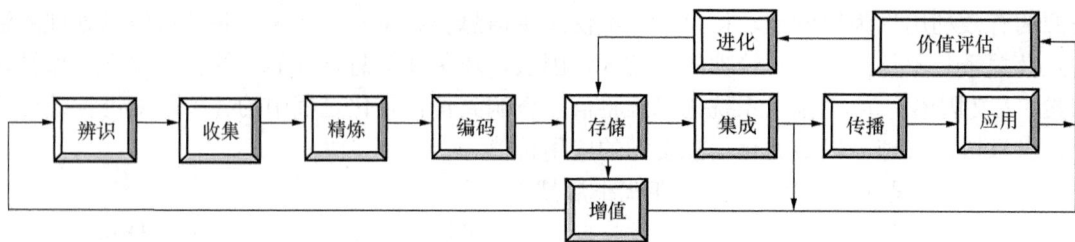

图 1-6 信息管理活动及其结构关系

活动，信息主体可以基于信息固有应用条件与当前环境变化特征之间的差异，对所掌握的信息进行更新与完善、休眠与淘汰等操作，以维持所存储信息资源的有效规模与活力；信息增值活动确保不断产生新信息并及时补充到现有信息集中，从而持续扩大信息主体的信息资源规模。信息管理各活动间构成一个闭合回路，形成一个循环往复的过程；各活动间的整合程度与协同性能决定了信息管理的整体实施效果。

为确保信息管理的有效实施，信息主体必须明确以下几点。

（1）信息管理的目的是为了满足信息用户的生产与生活需求，信息的价值实现过程即是对信息用户使用价值的满足过程。因此，信息管理的所有活动在实施过程中，都要以信息用户的现实信息需求特征为思考的基点，以满足信息用户的使用价值为活动设计与实施的核心目标。

（2）信息管理的所有活动都是在信息主体——"人"的参与、设计与主导下完成的，信息管理的实际效果不仅取决于信息系统等平台设施的优良程度，还决定于信息主体的业务素质与主观能动性的发挥程度。花费 8000 元人民币购买的手机质量肯定是上乘，把它送给一位偏远山区的文盲老太太使用。过一个月去问她使用情况如何，老人答曰："这东西不错，走时老准确哩！"——尽管手机功能完备甚至于强大，但老太太只把它当作钟表使用着，未能物尽其用。在信息管理领域，必须对"人"的因素给予高度重视，以"人"为本，努力提高信息主体的综合业务素质及其参与信息管理的积极性与主观能动性。

（3）有效的信息管理需要坚持系统化、协同化思想与方法，在关注"技术"维度的同时，也要将管理维度、社会维度、文化维度等方方面面制约信息管理的因素做综合考量，力求将这些因素进行有效协同、有机整合。

（4）有效的信息管理不仅要关注信息内容，更要关注信息活动（包括活动要素及其结构）。信息内容的充分、准确与活力（与当前环境的适应性）是信息价值实现的前提与基础，信息活动实施的效率和有效性则是信息价值实现的渠道保障。

（5）信息管理的对象是认识论意义上的信息资源，而非本体论意义上的信息范畴；它需要以认识论意义上的信息全生命周期为依据，实施全程管理，以"最大化信息全生命周期价值"为最终目标。

第二节 系 统 概 述

系统科学思想与方法是"管理信息系统"的学科组分，是将信息科学技术和管理学基础理念与方法进行有机整合与集成的方法论，是提高管理信息系统各要素间协同性、系统整体性的润滑剂与黏合剂。

另一方面，完备意义上的管理信息系统是具有"社会—技术"双重属性的复杂系统，其不仅涉及诸多要素，并且每一要素又由复杂基元组成。这使得管理信息系统在整体上呈现出较强的层次结构特征。与此同时，管理信息系统的建设、维持与发展仍然离不开与其外部的系统环境之间的交互作用。管理信息系统的高度复杂性使得对其研究与应用必须引入诸多相关学科（如管理学、计算机科学、通信技术、人工智能、社会学、经济学、法学、伦理学、心理学等）的先进研究成果与实践经验。鉴于管理信息系统的高度复杂性及其跨学科特征，人们通常将管理信息系统建设与应用看做一项系统工程，引入系统科学、协同学与信息论中的思想和方法作为方法论指导，以切实提高系统建设与应用的效率和有效性。

作为一门独立学科，相信读者已经在相关先修课程中对系统科学思想与方法进行了比较全面、深入的学习与认知。因此，在本节我们将只做简要介绍，希望帮助有先修课基础的读者完成对相关知识点的回顾与复习；同时，也为尚无先修课基础的读者奠定相关领域内的初步知识基础。

一、系统的概念

所谓系统（System），即由处于一定环境中的相互联系和相互作用的若干部分组成的能够实现特定功能、达到整体目的的整合体。

任何系统都是由若干要素构成的。要素在构成系统之前，可以由部分要素先行整合与集成而形成子系统；而后，子系统再作为更大粒度的要素参与更高层次子系统的整合与集成。如此，系统往往表现出较强的层次性，而要素与子系统的概念也是相对的。例如，将一所大学看做一个系统，其内的要素包括各个研究所和教研室；具有学科相关性的若干教研室或研究所组成了系（子系统），系可以直接作为大学的要素，也可以由相关性较强的若干系先行整合成学院（更高层次的子系统），而后再构成大学系统。

虽然"集合"也是由要素组成，然而构成系统的要素与构成集合的要素不同。集合中的要素是无结构的，要素间是相互独立的；系统中的要素之间不是简单堆砌，而是相互联系和相互作用的，表现为复杂的关系，是有结构的。系统内各要素之间的关系决定了系统的整体性、影响了系统的整体效能。当系统各要素之间建立并维持了和谐、有序的关系与结构，要素间的协同效应会使系统的整体效能远远高于各要素功效的简单叠加水平，即实现"1＋1＞2"的效果。"人心齐，泰山移"，便是这个道理。反之，当系统内各要素之间的关系没有理顺，甚至存在障碍与矛盾，则会产生严重内耗，最终导致系统整体效能低于其各要素功效之和，即出现了"1＋1＜2"的结果。"一个和尚挑水喝，两个和尚抬水喝，三个和尚没水喝"，便是系统内耗的结果。显然，人们都希望能够达成前一种系统样态，这就要求我们对既定系统的各要素特征尤其是要素结构进行深入分析与持续改进，从而建立起和谐、有序的要素关系。

细心的读者会发现，上述讨论中忽略了"1＋1＝2"的情况，即系统整体功效与各要素功效之和相等同的特殊状态。事实上，如果出现了上述情况，其结果也是不值称道的。将若干要素整合成系统，必定要付出一定的组织、协同与整合成本，其目的也正是要增强系统的全局功效水平。如果付出了大量投入（物力、财力、人力等），最终由于协同不力、关系未能较好理顺致使取得的成果与整合前的水平相同，则总体而言仍是负收益。如此，将若干要素整合、集成而成为系统，就必须要争取"1＋1＞2"的效果；任何系统的组建都是有明确目的的，情况不同，目的表象各异，然而从根本上讲都是为了实现"1＋1＞2"的效果。

对于一个既定系统，讨论其复杂性程度，不仅要考察其组成要素的数量与规模，还要充分考虑到系统各要素之间的关系情况。即便系统要素众多，但如果要素间的关系很简单，则系统的复杂性仍是较低的。例如，在某一大学中的一个由80人组成的新生班和一个由60人组成的毕业班，我们分别将其看作两个系统。新生班系统在要素组成规模上要大于毕业班系统，然而系统的每一新生成员之间尚且陌生，彼此之间只是简单的同学关系。毕业班则不然，虽然系统要素数目相对少些，但大学四年的共同生活使得60人彼此之间的关系变得相对复杂。出于各种利益、兴趣考量，同学们三五成群，结成了各种形式非正式团队；个体同学之间也形成了明显的亲疏远近关系。如此，从复杂性而言，要素数目相对少的毕业班系统要高于要素规模相对大的新生班系统。

组成系统的要素共同界定了系统的边界，边界之外则是系统环境；任何系统都是处于一定环境之中的。离开了环境，系统也就失去了存在的意义。处于环境"怀抱"中的系统需要与环境进行持续的物质、能量和信息的交互，以确保系统的活力以及对环境的适应性。环境是处于永恒的绝对变化之中，系统要能够时刻侦知并准确测度环境的变化，并通过摄入负熵（信息）流及时适度调整其内部结构以改善系统功能，避免被环境所淘汰。

二、系统的特征

不同学者对于系统特征的认知与表述各异。美籍奥地利理论生物学家、系统论的创立者贝塔朗菲（Luding Von Bertalanffy）是最早探索一般系统特征的科学家。他在《一般系统论》中指出，系统在不同领域中表现出结构上的相似性或同构性，并将系统普遍性质总结为整体性、关联性、动态性、有序性和预决性。而后，一些学者在此基础上进行完善，指出系统还具有稳定性、目的性、适应性、等级性和历时性。

一般地，系统具有如下主要特征。

（1）整体性。系统由若干要素或子系统构成，这些要素和子系统之间从系统全局高度着眼，建立和谐关系、达成协同效应，使系统整体功能大于其组成部分的功能之和。

（2）层次性。系统的组成部分都可看做其要素，但要素具有不同的粒度和层次。若干原子级要素可以先行整合成为子系统，子系统之间还可以进一步集成为更高层次的子系统。原子级要素以及不同层级的子系统共同构成了目标系统，从而使系统呈现出明显的层次性。分析并理清系统的层次性是认识系统的基础。

（3）目的性。目的性是构成系统的若干要素与子系统整合与集成的原动力。构成系统的要素与子系统进行整合与集成的初衷在于实现更高系统层次的既定目标，而后在该目标的导引下建立系统结构、实现系统功能。

（4）相关性。构成系统的诸多要素与子系统之间不是独立的，而是彼此相互作用与相互联系的。这种联系通常表现为功能联系、因果联系以及结构联系等。相关特性决定了系统的运行机制，是系统功能实现的机理基础。

（5）开放性。任何系统相对于其所处的环境都应该是开放的，这样系统才能与环境之间保持良好沟通与交互，维持与改善系统与环境间的匹配性；非开放的系统即封闭系统，由于无法通过系统边界从环境中摄入负熵（信息）流，系统内固有的熵增加将会使其走向无序，直至窒息死亡。

（6）历时性。同任何事物一样，系统也有其发生、发展、成熟、衰退乃至消亡的过程，亦即系统也是有其生命周期的。系统建设与维护要基于系统所处具体的生命周期阶段特征，坚持发展的观点、动态的眼光,进而采取有针对性的应变措施。

(7)环境适应性。系统存活与发展的基点在于其环境适应性。环境是永恒变化的,具有较高柔性、能够伴随环境变化而及时做出应变调整的系统,将会具有较高的环境适应性,从而生存发展下去;反之,不能适应环境变化的系统,将会被环境无情淘汰。伴随系统生命周期的发展,系统的环境适应性也会相应地发生变化(逐步增强→达到极值且稳定一段时域→逐步降低)。当系统的适应性开始持续走低时,它将面临越来越严重的环境压力,同时也表明系统即将走完其全生命周期并消亡。

三、系统的类型

依据不同的分类标准,可将系统划分为不同类型,如表 1-3 所示。

表 1-3 系 统 的 分 类

分 类 标 准	此标准下的系统类型
要素的存在状态	实体系统和抽象系统
系统状态是否随时间变化	静态系统和动态系统
与环境沟通与交互情况	封闭系统和开放系统
能否较好地适应环境变化	非适应系统和适应系统
要素间是否存在比例关系	线性系统和非线性系统
对系统的认知程度	黑色系统、白色系统和灰色系统
系统复杂程度	简单系统、简单巨系统和复杂巨系统
系统形成是否与人类活动有关	自然系统、人工系统与复合系统

四、系统科学思想与方法

系统科学思想与方法是将管理理念与模式和信息科学技术进行有机整合的方法论,同时也是管理信息系统项目实施的方法论。下面将对主要系统方法与思想进行简要介绍。

(1)系统特征带给人们的启示。在系统实施过程中,过分关注系统的某一(些)要素或要素间关系、忽略系统整体特性是常见的主要问题。作为开放的复杂巨系统,管理信息系统不仅要素众多且涉及的范围广泛,要素间关系也异常复杂。因此,我们要站在系统角度,依据一般系统特征对管理信息系统进行规划与设计。

系统特征启示我们,管理信息系统项目建设应从整体观点、相互联系与相互作用的观点、运动变化的观点展开规划、分析与设计,做到整体考虑、总体分析,调整控制系统性能不仅达到局部优化还要实现全局最优。

(2)一般系统方法。一般系统方法是用系统的概念和基本思想去认识和解决各种系统问题的基本方法论体系,它是功能方法、结构方法和历史方法的辩证统一。一般系统论认为,系统结构与其功能存在多对多的关系,它们互为前提、互为因果,统一于过程。

功能方法是面向系统外部的研究方法,在系统与环境的相互作用中把握系统的功能。该方法通过对系统环境特征及其未来变化趋势的观察、分析与预测,并结合系统自身特征(如所处领域与层次等)确定系统的目标与功能。这样,能够使建立的系统具有较强的环境适应性,其现实功能才有意义。

结构方法是面向系统内部的研究方法,由既定系统功能分析其所依赖的结构。这是一种目标导向的方法，通过对确定的系统功能进行深入分析并反向回馈，设计、建立并完善实现该功能所依赖的系统结构。

历史方法要求揭示系统随时间变化产生、发展、老化和消亡的过程，弄清系统及其要素的寿命，研究系统及其要素的进化机制。该方法要求人们以发展的视角、变化的眼光审视系统，结合系统生命周期特征适时制定合适的因应措施。

一般系统方法为人们提供了求解复杂问题的过程性思维模式与方法，它是辩证统一的方法论体系，能够有效地指导管理信息系统的建设与维护过程，如图 1-7 所示。一般地，通过功能方法分析目前企业所面临的外部环境特征，如知识经济背景下，信息/知识的地位日益凸现；企业所面对的外部环境变化日趋快速、激烈并呈现出非线性、非连续趋势。在"与思考等快"的环境变化面前，企业的环境适应能力与应变能力渐渐成为其发展的瓶颈。如此，确定管理信息系统建设目标为：提高企业信息与知识

图 1-7 一般系统方法对系统建设与维护的指导作用

获取、共享、应用与创新能力，增加企业信息与知识的存量，提高企业的环境适应能力与应变能力，从而提高企业的核心竞争力。当通过功能方法确定了管理信息系统目标与功能后，采用结构方法分析实现该目标（功能）所依赖的系统要素及其结构，并对系统中的各要素及其间联系作出调整与优化，以达成实现特定目标与功能的最佳系统结构。在此基础上，以历史方法分析管理信息系统的生命周期，以动态、发展的眼光研究系统各要素及其关系，并进行及时有效的调整、完善与进化。

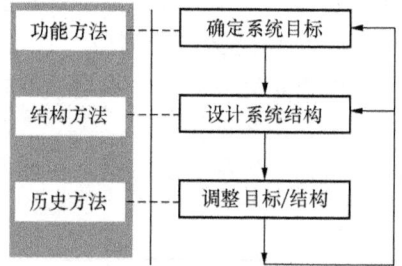

（3）霍尔三维结构。为解决对大型复杂系统的规划、组织与管理问题，1969 年美国贝尔电话公司工程师亚瑟·大卫·霍尔（Arthur David Hall）提出了霍尔三维结构（Hall Three Dimensions Structure），即人们常说的"系统工程形态图"，如图 1-8 所示。由时间维、逻辑维和知识维所组成的霍尔三维结构为系统工程提供了一种被广泛采用的方法论。

霍尔三维结构将系统工程整个过程分为前后紧密衔接的 7 个阶段（系统规划→拟定总体方案→研制实施技术与路线→组织生产与建设→系统安装与调试→系统运行与维护→系统更新与改进）和 7 个步骤（明确面临的问题→确定系统建设目标→系统逻辑分析→系统方案综合→系统方案优化→实施方案选择与确定→系统实施），即霍尔三维结构中的时间维和逻辑维。依据霍尔三维结构中的时间维和逻辑维对包括管理信息系统开发项目在内的任何复杂问题进行阶段划分与深入分析，会使人们眼前豁然开朗，有效地提高项目工程实施的有序性、效率和效益。

与此同时，霍尔三维结构中的第三个维度——"知识维"还给出了借以完成前述阶段和步骤所需的各种专业知识与技能。该维度内的相关知识随具体的系统工程变化而调整，具有很大灵活性。通过对系统工程实施过程中各阶段与步骤进行全面、深入的知识维分析，可以使工程项目实施主体提前做好充足的知识与技能储备，并制定各种有效预案，为确保系统工程的有效实施奠定了坚实的基础。霍尔三维结构形象地描述了系统工程研究的框架与方法，对其中任一阶段和每一个步骤又可进一步展开，从而形成分层树状体系。

（4）耗散结构理论和协同学思想。前面已经谈到，在热力学研究与系统科学中，人们往往通过"熵"来表征系统的无序状态与不确定性。熵增加原理表明，在自然状态下，封闭系

统将从有序走向无序，系统的熵总是呈现增加态势。

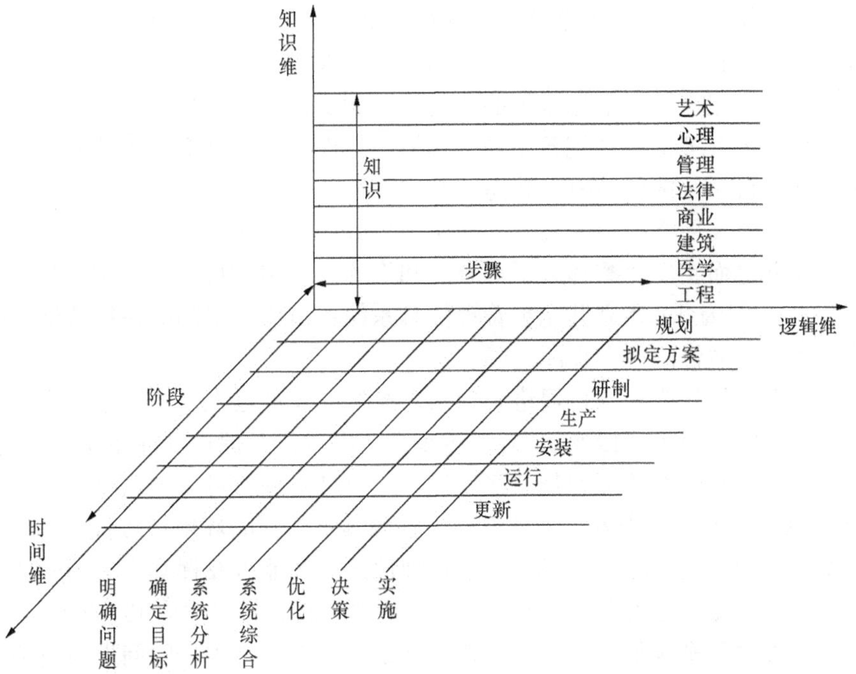

图 1-8 霍尔三维结构

伊利亚·普里高津（Ilya Prigogine）的耗散结构（Dissipative Structure）理论认为，多基元多层次的开放系统在远离平衡态时，由于同外部环境进行持续的物质、能量与信息交换，可以形成某种有序结构。耗散结构的实现需要满足如下条件：①系统内大量的多层次基元与组分之间存在错综复杂的相互作用，尤其是正反馈机制使系统内部涨落被放大并能够达到临界值，从而使系统能够实现某种突变过程。②系统需要不断地从外部环境摄入负熵流（信息流）以进行"新陈代谢"过程；如果"代谢"不畅或停止，系统就会"窒息而死"。因此，任何系统（包括管理信息系统）都必须是开放的，这样才能从外界引入足够强的负熵流来抵消系统本身的熵增加而使系统总熵不变或减少，从而使系统进入并维持相对有序的状态。

功能完备、结构完整的管理信息系统是具有多基元、多层次的开放的复杂巨系统，要实现耗散结构的自组织特性，就需要建立相应的正反馈机制以及系统与外部环境间的负熵流（信息流）摄入通道。具体讲，就是要建立管理信息系统的外部环境监测机制以及系统的自学习机制，同时建立有效的信息获取接口。管理信息系统的自组织特性是决定其运营活力与效益以及生命周期长短的重要属性；显然，一个自组织特性不良的管理信息系统将会很快在外部环境的快速、剧烈的变化中遭到淘汰。依据耗散结构理论，在管理信息系统的系统边界设置性能良好、数量充足的通道，建立有效的系统外部环境监测与负熵流摄取机制以及系统自学习机制，切实提高管理信息系统的自组织特性，是管理信息系统规划、分析与设计人员时刻牢记并为之持续努力的主要目标之一。

如果说耗散结构论解决了系统与其外部环境的关系问题，协同学（Synergetics）则进一步解决了系统进化的内在动力问题，即系统各要素或子系统间的协同作用。20 世纪 70 年代，赫尔曼·哈肯（Herman Haken）以各类开放系统所共有的"协同性"为研究对象，探讨了各类开放系统发展演化的原因及其规律，并建立了协同学。协同学从系统演化的角度研究开放系统在外部环境的作用下，其内部诸要素之间如何通过相互作用而形成协同现象和相干效应，进而在宏观上表现出新的有序的自组织现象的内部机理和规律。

协同学思想可为建立管理信息系统的自组织机制提供两点指导。

其一，通过改进管理信息系统各要素间的协同特性，实现并提高系统的整体性。管理信息系统要实现和保持系统的整体有序状态以及实现系统的进化过程，不仅需要从系统外部环境中摄取负熵流，更需要系统诸多要素之间实现良好合作与协调。只有这样，才能使管理信息系统整体有序并进而实现"整体大于部分之和"的系统实施目标；否则，只能是"整体等于或小于部分之和"。因此，建立并完善管理信息系统各组成要素间的协同特性是确保管理信息系统运营效率和有效性的内在保障。

其二，以"序参量"为突破口促进管理信息系统的发展过程。协同学的序参量概念和伺服原理表明发展最终取决于"慢变量"，即序参量；序参量是促进开放系统发展的真正动力。对于管理信息系统，其生态环境即是其序参量，这也是管理信息系统双重属性中的"社会"属性（"管理"属性）的对应内容。信息与知识资源具有很强的环境依赖性，其价值创造与潜能发挥都需要与其相配套的环境支撑。一套管理信息系统能否发挥其应有的效益不仅在于系统硬件设施性能的高低，更在于实施系统的企业能否培育并提供适合其"生根、发芽、成长"的生态环境。管理信息系统生态环境的培育与营建主要涉及"人"的问题（包括系统实施与应用人员的业务素质、企业的组织结构、业务流程、企业文化、激励机制等诸多方面），内容丰富、过程复杂，需要相对漫长的过程，远难于技术系统建设。我们知道，同样的种子种植于不同环境下，其秋实可能会差异很大；同理，生态环境的质量与适应性将直接决定管理信息系统的实施效果。因此，对管理信息系统生态环境的培育与改造将是建立管理信息系统自组织机制的关键所在。

第三节　信 息 系 统 概 述

在对"信息"和"系统"相继进行了介绍和分析后，这一节我们来学习"信息系统"。

一、信息系统的概念

伴随人类文明的发展，人类认识和改造世界的能力在不断增强，人类对信息资源的认知深度和重视程度也在不断提高，信息资源的价值属性得到了充分认识和重视。如何更有效地获取信息、如何将所拥有的信息尽可能转化为价值，成为越来越多的人思考的焦点。渐渐地，人们理清了数据和信息之间的关系，对信息所具有属性特征的认识也日趋全面和深入；更主要地，人们对于获取信息以及促进信息向价值转化过程中的诸多要素及其间关系也在逐步深化理解。随着系统科学的产生与发展，人们从系统的概念与方法出发，研究对诸多与信息获取和价值转化相关的要素进行有机组织与管理，并将其集成为"信息系统"以最优化信息获取及价值转化过程。如此，信息系统产生了。

早期的信息系统与如今我们所感知的信息系统在形态上有着很大的差异。在计算机诞生并应用于信息管理之前，人们对信息资源的管理主要通过手工操作的方式完成。因此，早期的信息系统主要表现为手工系统（如早期的图书文献手工管理系统），信息主体通过手工操作完成对数据进行加工而成为信息的过程，并通过手工方式实现对信息资源的修正、集成与检索等活动。此时的信息系统主要表现为数据、信息管理方法、信息操作主体、信息有形媒介及其基础设施（如图书馆、档案馆、资料室等）等相关要素及其间关系的整合体。随着计算机诞生并逐步应用于信息资源管理后，信息管理的技术、手段与方式逐渐发生变化，信息管理的自动化与智能化程度逐步提高，信息系统的组成要素及其外观样态也在发生改变。

如今一般认为，信息系统（Information System，IS）是系统的子集，它对数据进行加工与管理以有效获取信息以及辅助信息价值的最优实现为目的，将数据资源、硬件设施（包括计算机、网络以及其他办公设施）、计算机软件、信息管理理念与方法以及信息主体（包括系统建设者、操作者、管理者以及信息用户）等诸多要素进行有机集成与整合而形成的"人—机"系统，是一个具有"社会—技术"双重属性的复杂系统。

信息系统作为系统的子集，自然继承了一般系统所具有的全部特征。按不同标准，可将系统划分为不同类型（见表1-3），信息系统的相应类别归属则如表1-4所示。

表1-4   信 息 系 统 定 位

系统分类标准	此标准下的系统类型	信息系统类别归属
要素的存在状态	实体系统和抽象系统	实体和抽象结合的系统
系统状态是否随时间变化	静态系统和动态系统	动态系统
与环境间沟通与交互情况	封闭系统和开放系统	开放系统
能否较好地适应环境变化	非适应系统和适应系统	适应系统
要素间是否存在比例关系	线性系统和非线性系统	非线性系统
对系统的认知程度	黑色系统、白色系统和灰色系统	灰色系统
系统复杂程度	简单系统、简单巨系统和复杂巨系统	复杂（巨）系统
系统形成是否与人类活动有关	自然系统、人工系统与复合系统	人工系统

信息系统是典型的人工系统，是在信息主体的组织与建设下产生的系统。信息系统涵盖诸多要素，且要素间具有复杂关系，它是复杂（巨）系统。人们对信息系统的认知过程没有终点，正处于不断发展的过程中，对其工作机理的认知也在不断完善，因此它属于灰色系统。信息系统诸多要素之间存在错综复杂的相互作用与联系，要素间很少表现为简单的比例关系，因此它是非线性系统。任何一个具体的信息系统都是处于特定领域、特定环境中的系统，它需要有效观察与记录环境特征、及时侦知或预测环境的变化，并因应这种变化调整其内部结构以适应新的环境，因此它是适应性系统。信息系统需要通过系统边界从其外部环境中摄取原始数据，融入先进的管理理念、方法与技术，并将有价值的信息作用于环境以获取信息价值；同时，它也将与环境间的匹配信息作为系统的反馈输入组分。因此，它是开放的系统。信息系统也是有其生命周期的，系统效能会随其生命周期阶段的变化而变化，系统结构与功能会随着外部环境变化而做出动态调整与完善，它是动态的系统。信息系统既涵盖信息管理理念与方法、数据与信息资源等抽象化组分，也包括计算机硬件、网络设施以及相关办公设备等实体组分，因此它是实体和抽象结合的系统。

二、信息系统的功能

系统都有其明确的目标与功能，信息系统也是这样。信息系统以辅助信息主体完成信息资源组织与管理、提高管理的效率和有效性为目标，在该目标导引下的信息系统具体功能表现在如下 4 个方面。

（1）辅助信息主体提高其信息获取与加工能力，提高信息管理的效率和有效性。信息系统相当于一座工厂，信息主体将相关数据输入信息系统，并通过它完成对数据的加工与操作、产生相应的信息，完成数据到信息的价值提升过程。在早前手工信息管理时代，该过程的效率和有效性很低，且只能完成相对简单的信息加工与处理过程。信息系统的产生就是为了解决信息主体日益增长的信息需求与其相对低下的手工生产效率之间的矛盾。因此，提高信息主体的信息获取能力、加工能力以及相关过程的效率和有效性，便自然成为信息系统所应具有的最基本功能。

（2）辅助信息主体提高对信息的应用效益。信息只有在应用过程中才能实现向价值的转化。单纯的手工信息管理条件下，信息应用的效益较低，主要表现为：手工信息检索能力相对低下；对信息很难做到有效的全生命周期管理；对所拥有的信息很难做到基于环境变化而进行及时的进化处理（更新与完善、休眠与淘汰）；同时，信息应用过程完全交给信息应用人员独立完成，手工系统不能为其提供任何过程辅助与支持。现代意义上的信息系统出现后，就必须解决上述问题，切实提高信息向价值转化的效益，从而提高信息管理终极目标的实现水平；事实上，它也的确具备了该功能。如今，信息系统的机器检索大大提高了信息检索能力；可以对第一节中如图 1-6 所示的全部信息管理过程进行辅助操作，显著提高了信息主体的信息全生命周期管理（包括对信息的进化）能力；此外，其还能对信息用户的信息应用过程给予力所能及的辅助支持，主要表现在对应用过程提供实时信息支持。

（3）提高信息传播与共享能力，放大信息价值效应。信息具有天然的传播和共享特性。信息在预设安全框架范围内传播得越广泛、共享得越充分，其增值效应越明显、信息价值实现的程度就越高。当信息系统与网络结缘以后，可轻易地实现信息资源的有效传播与共享，有效地提高组织层面信息的价值实现水平。

（4）信息系统可改善信息用户的工作效率、提高其管理决策能力。前面介绍了信息系统在信息资源管理方面所具有的功能。对于从事具体物理业务的信息用户而言，其各项业务操作包括较高层次的业务管理与决策活动都离不开相应的信息支持。信息系统能够为信息用户提供有效的信息支持，进而改善其工作效率，提高其业务管理与决策能力。

三、信息系统的类型

按照信息系统所完成的主要信息管理功能，可将其分为信息处理系统和信息传输系统。前者在功能上主要表现为对数据进行加工与组织（如编码、精炼与存储）以便产生信息用户所需要的信息，对信息进行再加工与再组织（如信息集成）以获取更高层次的信息，以及对信息的进化操作等；后者在功能上主要表现为对信息的有效传播以尽可能提高组织层面的信息价值，信息在该系统内流转的过程中其样态并不发生变化。

理论上，对于完备意义上的信息系统，信息处理系统和信息传输系统都是不可或缺的。如此，只能说两者是完备信息系统的必要组分，而并不是完备信息系统的类型。然而，对于信息系统的实际开发与建设而言，往往由于认识局限及项目建设投入（物力、财力、人力等）限制，人们将所建设的一个个信息子系统依然界定为信息系统。如此，上述分类仍具有一定的现实意义。不过，当信息系统与网络结缘后，一个实践系统即便在功能和结构上并不完备，其也往往兼具信息处理与传播功能，从而表现出复合系统特征。

此外，也有人按信息系统对生产业务活动支持的主要层次差异，将其划分为作业信息系统、控制信息系统以及决策信息系统。任何组织的生产活动都可在纵向上分为基层的作业操作活动、中层的控制调度活动以及高层的决策指挥活动；相应地，对生产活动进行信息支持的信息系统也可分上述三个层次。其中，作业信息系统用于辅助作业操作人员迅速准确地收集、检索、定位生产信息，帮助其高效完成相应的物理业务活动；控制信息系统则面向组织中层管理人员，辅助其收集有关业务运作状态的相关信息，并结合现实与标准间的差异及其成因产生相应的控制与调度信息；决策信息系统负责向组织高层领导提供有效信息支持，以提高其决策的效率和有效性。

在实际运作中，人们更多的是按信息系统的应用领域对其进行类别归属。随着信息系统的发展与普及，其应用领域也在迅速拓展，相应的信息系统的类型也日渐丰富，如军事信息系统、地理信息系统、气象信息系统、医疗信息系统、法律信息系统、水文信息系统以及管理信息系统等，不一而足。本书后续章节所要讨论的重点就是信息系统在组织（包括企业单位和事业单位）管理领域应用的具体形态——管理信息系统。

四、信息系统的结构

信息系统结构（Information System Architecture，ISA）指组成信息系统的各要素及其间的相互联系与作用。从不同视角出发，可以得到信息系统结构的不同视图。

研究信息系统的概念内涵，对其系统要素及其关系进行分析，可得到信息系统的概念结构，如图 1-9 所示。

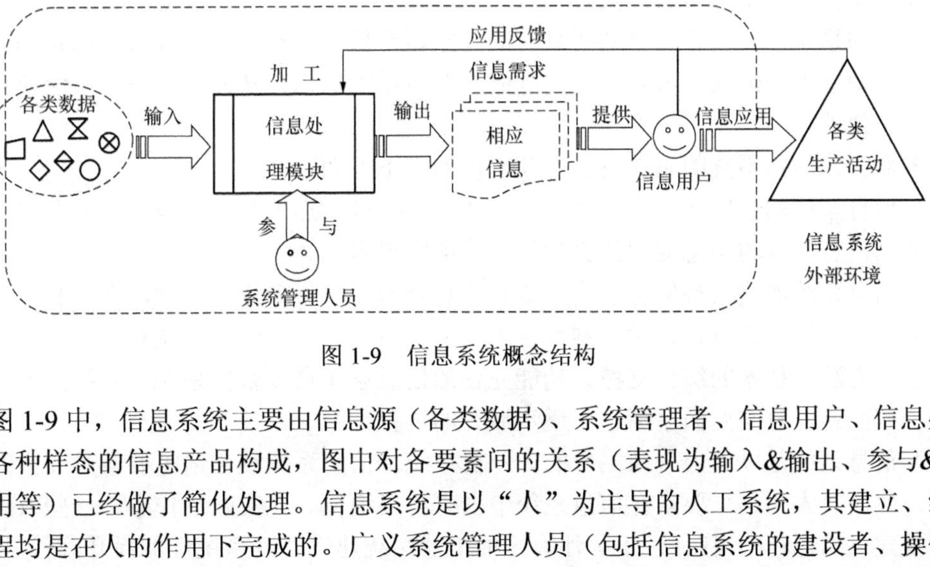

图 1-9 信息系统概念结构

在图 1-9 中，信息系统主要由信息源（各类数据）、系统管理者、信息用户、信息处理模块以及各种样态的信息产品构成，图中对各要素间的关系（表现为输入&输出、参与&主导、反馈作用等）已经做了简化处理。信息系统是以"人"为主导的人工系统，其建立、维护与应用过程均是在人的作用下完成的。广义系统管理人员（包括信息系统的建设者、操作者以及管理与维护者）与信息用户（主要表现为组织内物理生产业务的承担者）是信息系统的必要组分，其对信息系统的建设、维护、应用能力以及对信息需求和信息应用反馈信息的收集、分析与应用能力将直接决定信息系统应用的效率和有效性。信息处理模块是一个相对复杂的子系统，是信息系统的核心部分；它是相关硬件设施（包括计算机、网络以及其他办公设施）、计算机软件、信息管理理念与方法等诸多要素的有机整合体。信息系统与其外部环境之间存在频繁的"输出"与"摄入"的交互关系。

在纵横双方向对信息系统的功能层次与领域进行分析，可得到信息系统的功能结构，如图 1-10 所示。依复旦大学薛华成教授的观点，完备信息系统就其纵向功能层次而言，一般可

细分为业务处理子系统、运行控制子系统、管理控制子系统以及战略规划子系统 4 个功能子
系统,分别对组织生产运营管理的不同层次提
供信息支持。较高层次子系统功能的有效实现
以较低层次子系统功能的有效实现为基础,同
时又对更高层次子系统功能的实现提供信息
支持。此外,较高层次子系统能够在功能上引
导较低层次子系统结构的改进与优化。当一个
信息系统功能在纵向上涵盖了上述结构,其便
可以对特定领域既定组织的生产活动提供功
能完备的信息支持。

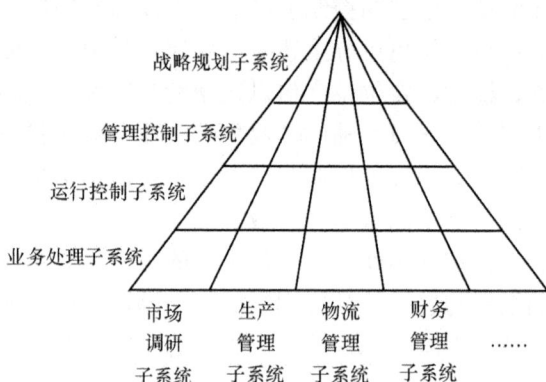

图 1-10　信息系统功能结构示意

　　就信息系统横向功能结构而言,其涵盖既
定组织内横向的全部生产运营活动。例如,就
企业管理领域而言,信息系统的特例——管理
信息系统在功能上就要涵盖企业生产运营管理的全部领域,如市场调研、生产运作管理、物
流管理、财务管理、人力资源管理等。对于每一个子领域,都应该有相应的子系统与其对应,
以便对该领域的生产管理活动提供有效的信息支持。

五、信息系统的属性特征

　　信息系统作为系统的实例,具备一般系统所具有的全部特征,此处不再赘述。此外,作
为特殊类型的系统,其也表现出其所具有的一些属性特征。对这些属性特征的正确认识与理
解,将会有助于人们消除对信息系统的片面乃至错误的认识,从而提高信息系统建设与应用
的效率与有效性。

　　一般而言,信息系统的属性特征主要表现为如下方面。

　　(1)信息系统的目标在于,辅助信息主体对数据进行加工与管理以有效获取相应信息;
同时,提高信息主体的信息应用能力和信息价值实现水平。

　　(2)信息系统能够支持信息主体完成对信息资源的全生命周期管理。在学科范畴上,信
息系统需要管理学、计算机科学、网络技术、通信科学、社会学、系统科学、心理学等诸多
学科思想、方法与技术的综合支撑。功能完备的信息系统是复杂巨系统,系统开发与实施不
能追求一蹴而就,它需要循序渐进、逐步展开的过程。

　　(3)信息系统是以“人”为主导的人—机系统。信息系统涵盖诸多要素且要素间关系较
为复杂,然而“人”这一要素在信息系统中占有重要地位。在实践运作中,一些人或组织在
信息系统建设的过程中,往往过于关注有形的机器系统建设及其系统性能提升,而忽视了“人”
的作用。事实上,信息系统是人工系统,信息系统的全生命周期各阶段都需要人的参与与主
导。信息系统相关人员的业务素质、积极性与主观能动性将直接决定信息系统的综合性能、
生命周期时域以及应用效益水平。

　　(4)信息系统具有“社会—技术”双重属性。信息系统是在系统科学思想与方法的指导
下,将先进的信息管理理念与方法和信息科学技术相集合而形成的平台系统;同时,对于特
定应用领域的信息系统,它还要和该领域内的管理思想与模式相整合。如此,信息系统的开
发、建设与应用不仅要关注其技术属性,更要充分重视其社会属性,要对管理思想与技术、
既定应用领域业务流程与特征、信息主体素质、组织结构与组织文化等信息系统的“生态”

环境给予关注、建设与培育。信息系统更多地表现为组织系统的一个子系统，如果其"社会"属性没有得到足够关注或者相应的建设与培育工作做得不够，则信息系统就像组织系统中的一块异物，不能与组织系统较好整合，自然也就无法有效达成信息系统的目标。有数据表明，20世纪最后20年，美国全国在信息系统方面的投入超过一万亿美元。然而，进入21世纪后，有组织对其效益进行评估后却发现远未达到预期效果，分析其原因发现，信息主体对信息系统"技术"维度过于强调，而对其"社会"维度却重视不够。

六、信息系统发展的阶段模型

信息系统是有生命周期的，在宏观上表现为其作为一门学科或一般系统的实例系统的发生、发展、成熟、衰退乃至消亡的过程；在微观上，其表现为一个进行信息管理的组织建设并完善其信息系统的阶段与步骤。对信息系统发展阶段的深入认知与合理划分，将有助于信息系统的普及与发展，也有助于切实提高信息系统实施的效率和有效性。

伴随信息系统学科的发展，人们对信息系统的认知与应用也在逐步深入和成熟，对信息系统的发展阶段相继提出了不同的模型。

1. 诺兰模型

自20世纪70年代早期至80年代初，美国哈佛大学教授、著名信息管理专家理查德·诺兰（Richard L. Nolan）一直致力于对信息系统的发展进程进行建模研究，通过总结200多个公司、部门发展信息系统的实践经验，提出了著名的诺兰模型。该模型明确界定了信息系统的发展阶段，并分析了对应于各阶段的预算费用情况。

早期的诺兰模型提出了信息系统发展的四阶段理论，即开发期、普及期、控制期和成熟期。当时，信息系统主要应用于对组织手工业务的电子化，以简单的数据操作与加工为主，信息系统投入与效益间关系相对简单、明确。到20世纪80年代，随着信息系统应用于更广阔的领域、应用层次逐渐拓展，系统投入与系统效益之间的关系变得愈发复杂与模糊。为细化分析与讨论，诺兰将其早前提出的模型进一步改进与完善，形成了信息系统发展的六阶段理论，即初始应用期、普及发展期、控制调整期、系统整合期、数据整合与管理期和成熟应用期，如图1-11所示。诺兰认为，作为一个信息系统发展的客观规律，模型中的各阶段是不能超越的。

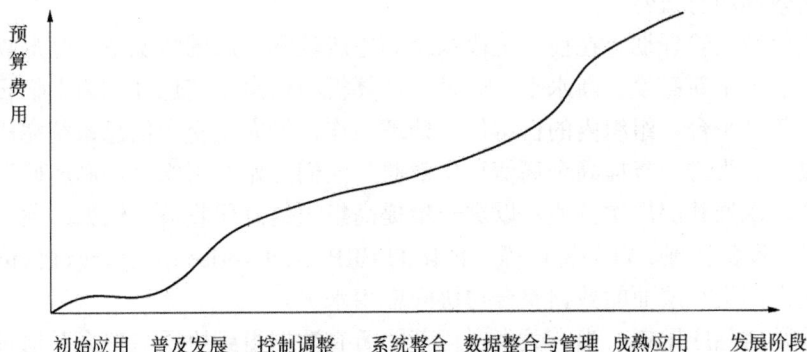

图1-11 信息系统发展的六阶段诺兰模型

第一个阶段是初始应用期。在这个阶段，人们对计算机及信息系统应用尚缺乏了解，在组织外脑或标杆行为的影响、宣传、启蒙作用下，开始尝试引入计算机与信息系统处理简单业务（如尝试通过计算机及 Excel、Word 等办公系统处理简单的办公业务）。该阶段信息系统应用并不过分追求实际经济效益的大小，更多的是出于尝新目的；其具体特征表现为：应用数量少、计算机未联网、信息系统较简单。

第二阶段是普及与发展期。初始应用期达到甚至超出预期的应用体验，使人们对计算机与信息系统产生了实际的、基于自身工作需要的兴趣与需求。于是，组织开始加大计算机及信息系统的购置、建设与应用力度；随着单机系统的增多，开始出现了小范围联网以实现信息共享与 E-mail 通信。作为普及与发展期，该阶段最突出的特点在于学习和普及，即通过学习和培训深化对信息系统的认知，在组织较低层次，信息系统应用逐渐拓展与普及。不过，该阶段信息系统对中高层生产运营管理活动的支持尚且不足。

第三阶段是控制调整期。随着信息系统在各领域、各部门应用的逐渐增多，人们对信息系统新鲜感逐渐消退。伴随信息化规模的持续膨胀，一些问题也逐渐暴露出来，主要表现为：信息系统开发与实施日益复杂，相应管理技术与方法的缺失与不足严重束缚了系统实施效益；即便各领域、各部门内的单项信息系统应用取得了一定效益，但由于缺乏相对更高层面的统一规划与协同，导致组织范畴内重复建设频发、系统间协同与整合性差，以致于总体效果达不到预期水平；从投资效益角度看，该阶段效益甚至会低于前一阶段。于是，人们开始冷静下来，从实际应用效益出发，逐渐重视投入收益情况、系统集成问题，强调对信息化过程的有效调整与控制。该阶段突出特征表现为：各项专项信息系统（如财务管理系统）得到了广泛应用，计算机网络有了较大发展；基于投入效益比、全局效益等视角，人们开始关注从部门级应用向组织级应用发展；从"资源"观视角出发，开始逐步理解和强调资源整合的重要性。

第四阶段是系统整合期。基于前一阶段产生的问题与教训，人们开始着手对信息资源的整合与集成，从系统科学与协同学的思想与方法出发，在全局高度统一规划信息系统建设；从生产应用的实际需要出发，进行信息系统的建设、改造与集成。例如，将组织内各部门之间的办公自动化系统进行整合与集成，或者在组织全局高度对服务于各部门的办公自动系统进行统一规划与建设。在该阶段，基于中央数据库的应用数据与规模在增加，对信息资源的有效利用成为信息化的思考基点，在全局高度统一规划与整合的信息系统提高了组织层面信息系统的应用效率和有效性。

第五阶段为数据管理期。在前一阶段系统间集成基本完成的情况下，全局视角下的信息系统应用达到了一个新高度、新水平。此时，计算机与信息系统已经成为人们日常工作与管理不可或缺的基础平台，组织内的日常信息处理工作已经完全交由信息系统完成，信息化投资效益日渐显著。为进一步提高全局信息化效益，人们开始在组织全局高度研究对业务数据的协调与整合、挖掘其深层次价值，以进一步提高组织信息化收益。例如，通过使用需求计划、生产制造、设备管理、财务管理等一体化的 ERP（Enterprise Resources Planning，企业资源计划）系统提高组织层面的数据整合与协同应用水平。

第六阶段是成熟应用期。当有关生产运营的所有数据得到协同与整合并通过整合信息系统平台统一应用于组织运营后，人们进一步对这些数据进行再加工与再组织，谋求对组织的中高层管理活动进行信息支持、提高决策活动的效率和有效性；通过流程优化、组织再造等辅助措施，进一步加强决策支持信息的应用效果，使信息系统真正发挥对各级决策活动的支持作用。例如，通过改进与优化业务流程等相关措施，将信息化的机械方法与生态方法良好整合，全方位提高组织的信息效益。此时，信息系统不仅对日常的生产活动同时也对全方位不同层次的管理活动给予了有效支持；对于一个国家和地区而言，表明它已经真正进入了信息时代。

此外，诺兰还对信息系统评价的相关函数变量进行提炼和完善，并将其归纳为如下 5 个主要变量：信息系统目标、信息系统实施人员素质、系统关键技术、系统实施计划与控制水平、系统用户与信息系统之间的整合程度等。人们可以基于上述 5 方面对具体的信息系统的应用状况与水平进行评价。

诺兰模型是在总结了早期信息系统在全球尤其是美国近 20 年发展与应用成果后提出的，作为第一个描述信息系统发展阶段的抽象化模型，它具有重要意义。20 世纪 80 年代，诺兰模型已经被全球信息系统研究与应用领域普遍接受，成为信息系统实施个体与组织制定信息系统项目实施计划的指导方法；同时，其也为信息系统研究与评测主体评估既定信息系统实施阶段及其完善程度提供了有力工具。不过，如今的时代特征不同于诺兰模型的提出年代，应用诺兰模型要结合现实情况，不可教条化；一个组织的信息系统应用不一定要经历诺兰模型中的早期阶段，它可在充分酝酿与有效组织后直接进入较高的阶段。

2. 西诺特模型

1988 年，美国信息系统专家西诺特（William R. Synnott）参照诺兰模型提出了西诺特模型。该模型转换思维视角，不直接研究信息系统自身发展样态及其变化，而是间接研究信息系统客体对象的变化与发展历程。

通过分析，西诺特将信息系统发展归结为 4 个阶段：其一，"数据"阶段。在该阶段，信息系统只是对原始数据进行一些简单操作，如收集、存储、修改、删除等，并未对其进行深层次加工（提炼、集成与整合）以获取信息；不过，其完成了数据管理由手工操作到系统辅助下的半自动或全自动操作，从而提高了数据管理与组织的工作效率。其二，"信息"阶段。在该阶段，信息系统对原始数据进行较深层次的加工与整合，进而获得相应信息并存储、应用；该阶段完成了数据到信息的加工与转化过程，初步实现了数据到信息的增值过程。其三，"信息资源"阶段。在该阶段，信息系统建设与实施强调从"资源"视角强化信息增值与价值实现功能，以便最大限度挖掘信息资源的价值潜力。其四，"信息利器"阶段。在该阶段，信息系统研究与应用从系统观出发，力求将社会与技术方面的诸多要素进行有机整合，全方位提高组织的信息资源管理以及应用能力，将信息优势视为组织参与市场竞争的利器，帮助组织打造基于信息优势的新型竞争力。

3. 米歇模型

诺兰模型包括其后的西诺特模型都把系统集成和数据整合与管理分割开来，主张先实现信息系统集成再进行数据的整合与管理。然而，此后的大量实践证明这是行不通的。美国南加州大学教授、著名信息系统专家米歇（Michael A. Mische）通过对诺兰模型和西诺特模型进行分析与完善，指出信息系统集成与数据管理密不可分，系统集成期的一项基础工作就是数据的整合与组织，或者说信息系统集成的实质就是以数据整合为核心的数据管理。在 20 世纪 90 年代，信息技术发展迅速，集约化管理的需求日趋强烈，信息系统集成化建设的理论、方法和技术日益成熟；信息技术被作为整个组织的发展要素与组织管理的其他要素（主要是管理、人文要素）一起融入其经营管理体系。在此背景下，米歇提出了新的模型，即米歇模型，如图 1-12 所示。该模型以"四个阶段、五项指标"来刻画信息系统的发展阶段及其发展水平，每一阶段在五项指标上都有其既定内涵。

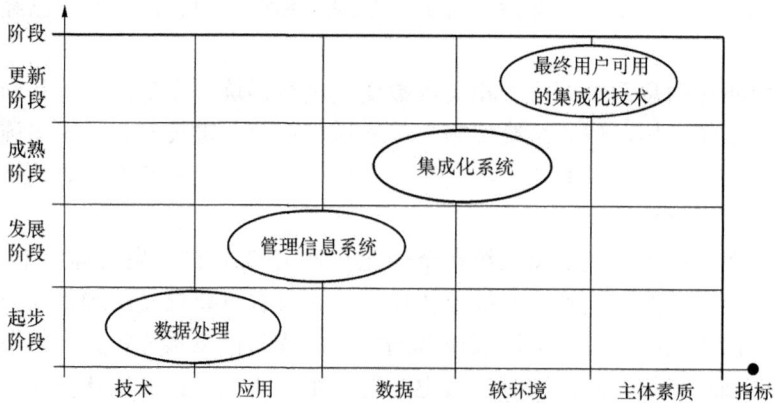

图 1-12　米歇（Mische）模型

米歇模型将信息系统发展历程分为如下阶段：其一，起步阶段，自 20 世纪 60 年代初信息系统开始萌芽到 20 世纪 70 年代末，信息系统初具形态。其二，发展阶段，自 20 世纪 80 年代初至 20 世纪 80 年代中期，信息系统在这一时期得到了飞速发展和广泛应用。其三，成熟阶段，自 20 世纪 80 年代后期到 20 世纪 90 年代早期，信息系统理论研究与产业应用都取得了丰硕的成果，信息系统发展走向成熟。其四，更新阶段，自 20 世纪 90 年代中后期开始至今，人们开始研究信息系统的新模式，其应用的广度与深度都在不断拓展。通过上述阶段的连续演进，信息系统不仅在数据处理技术和管理标准化方面突飞猛进，而且在管理理念与模式、信息科学技术、系统科学思想以及企业文化、组织结构等诸多要素的整合方面也取得了显著成果，从而使信息系统能够较好地融入到组织大系统之中，为组织系统提升其核心能力提供全方位的有效信息支持。

米歇模型也给出了对信息系统所处阶段归位的五项评价指标，以便对现实中既定组织的信息系统的实施样态进行评估。这五项指标包括：其一，信息技术应用情况；其二，信息系统的典型应用及其集成化程度；其三，数据库性能与信息系统的存取能力；其四，信息技术与组织软环境的整合程度；其五，信息系统相关人员的业务素质、主观态度及其系统视野。对于上述每一指标都可以进一步细分，从而形成一棵可操作性强的多层次指标树。应用这一指标体系，信息系统分析与评估人员可以很容易地对既定组织的信息化水平及其信息系统的实施状况（包括所处阶段）做出评估。

米歇模型有助于信息系统实施单位与系统开发机构把握既定信息系统的发展水平，明确信息技术综合应用在现代信息系统的发展阶段中所处的具体位置；它为评估主体研究信息系统结构、所处样态以及制定相应改进措施与方案提供了方法，为确定组织信息化的新的发展方向与改进目标提供了指导。

有调查表明，许多组织的信息系统在开发时并未在全局角度进行科学有效的构思与规划，也未能深入研究如何将信息技术与组织业务流程、管理要素及外部环境有效整合起来；在考虑系统集成时，一般只侧重于计算机系统和通信网络方面，集成与整合的视角不够开阔，以致于达不到预期的信息系统整合与集成的目标。上述信息系统发展阶段模型不仅有助于信息系统实施主体准确把握自身信息化的实现水平与所处阶段，还为其向更高样态跃迁指明了方向。

第四节 管理信息系统概述

信息就其应用领域而言表现为诸多类型，其中的管理信息随着 200 多年现代管理学的普及与发展，已经得到社会实体的普遍重视。管理活动涉及物流、资金流、商流和信息流等诸多方面，其中信息流的效率和有效性直接决定管理活动的效益水平。加强管理主体对管理信息的组织与管理能力，提高信息流的效率和有效性，需要信息系统的特例——管理信息系统（Management Information System，MIS）的辅助与支持。

我们在前面对有关信息、系统以及信息系统的基础知识进行了介绍，本节将带领读者正式对管理信息系统展开概要学习。其内容包括管理信息系统产生与应用的基点——管理信息化，管理信息系统的概念、功能、特征、发展历程、系统要素与结构以及管理信息系统的应用体系等。希望读者能够基于前面的学习成果在完成本节的学习后，能够对"管理信息系统"轮廓有一个基础但清晰的认识。

一、管理信息化

自人类诞生起，伴随其认识和改造世界的过程，管理也在实践中发展演变着。随着人类生产技术的不断进步、生产力不断提高，管理的思想也在同步发展和创新。18 世纪中叶的工业革命推动了人类科学技术的迅猛发展，"工厂制度"作为一种新的生产管理方法诞生并得到了良好发展；到 19 世纪末 20 世纪初，现代意义上的系统化的管理理论基本成型。

管理是管理主体基于既定管理目标，通过对各种有形与无形的管理资源进行有效组织与调配，辅助组织内不同领域不同层次的责任主体有效完成其生产作业、过程控制与战略指挥活动。管理资源是管理活动实施的基础和保障，包括人力资源、财务资源、物质资源（如设备与厂房）以及信息资源等。伴随人类社会由农业经济到工业经济再到知识经济的演进过程，人类社会的主体生产资料也先后经历了由土地、劳动力（工业经济早期）、资本（工业经济晚期）到知识的演变过程。在这一过程中，人们对信息资源地位和作用的认知逐渐深化；人们发现信息资源不仅具有直接的价值实现属性，还可以通过对人类利用其他资源（如物质资源、人力资源、财务资源等）过程的指导与控制作用，作为一种催化剂确保甚至放大其他资源的价值实现效益，从而表现出巨大的潜在间接价值。

例如，物流、信息流和资金流作为企业管理活动中的"三大流"，是管理实施与绩效评估的主要着眼点。物流的发生必然伴着信息流，同时也可能催生资金流；信息流反过来又指导和控制物流和资金流，信息流的效率和有效性直接影响甚至决定了物流和资金流的效率和有效性，最终决定了实际管理效益。信息流的效率和有效性如何，一方面取决于信息内容的有效性程度，另一方面也决定于信息管理方法、技术与系统平台的有效性与适应性。

如此，管理首先要对管理信息资源进行有效组织，最优化其直接价值；另一方面，还要将信息资源及其相关技术作为一种触媒融入到管理主体对其他资源的利用与管理的过程中，发掘其间接价值。这是管理信息化的基本内涵与要求。管理信息化不仅要借鉴传统信息资源管理领域的优秀成果以提高对管理信息的直接管理效益，还要在基本管理活动（包括计划、组织、领导与控制等）中更多地融入信息资源组分，依靠合适的信息技术手段与系统平台，提高管理的效率和有效性。

管理信息发端于组织运营管理中的管理对象和管理活动，是对管理对象与管理活动的状态和变化方式的反映。管理信息不仅来源于组织内部，还来自于组织外部，因为管理对象与管理活动均涵盖组织内外组分。例如，管理对象既包括组织内的人力资源、财务资源、设备设施等，也包括组织之外的供应商关系、客户关系等；与之相应，管理活动既包括对组织内部各种资源与生产活动的管理，也包括对组织外部供应商、客户等组分的管理。如此，管理信息天生具有数量大、关系复杂的特点。要做好组织的运营管理工作，就要深入认识管理对象、准确把握管理活动。从本源上讲，就是要依靠管理信息，组织、管理和运用好相应管理信息。

管理信息化促成信息系统与管理结合，以实现对管理信息的有效组织与管理，充分发掘管理信息的直接与间接价值是管理信息化的基础内容。这也催生了信息系统在管理领域的实例系统——管理信息系统。管理信息化在传统信息资源管理的基础上，要求管理信息系统能够对企业管理的基本活动（职能）给予有效的信息支持。关于管理的基本职能，不同学者有不同的观点；不过，彼此间只是表述不同，并无本质差异。下面，基于同济大学经济与管理学院尤建新教授的管理职能说（即管理的基本职能包括计划、组织、领导和控制职能），讨论管理信息化所要实现的管理信息系统对基本管理职能的信息支持。

诺贝尔奖获得者、决策理论学派的代表人物西蒙（Herbert A. Simon）对决策活动尤为重视，提出"管理就是决策"，指出决策贯穿于管理的全部过程；决策不仅存在于管理的计划职能中，同时也存在于组织、领导和控制职能中。在计划职能中，决策处于核心地位。因此，我们将管理信息化对管理决策的支持与其对计划职能的支持一起讨论。

1. 对计划职能的支持

当管理目标确定后，目标的实现过程便始自于计划活动。管理通过其计划职能向行动主体提供可行方案，降低行动风险、提高行动效率；同时，管理计划的制定在管理目标的导引下完成，蕴含了行动目标与标准，它可为后续的过程控制与效果评估提供依据。

计划工作实施的效果同时决定于组织内外的环境条件。就组织内部而言，组织的运营目标、人力资源状况、资本实力、管理制度、业务流程、文化氛围、硬件设施等都会成为管理主体制订计划的着眼点；就组织外部环境而言，国家法律法规、行政措施、社会实体的消费动向与购买能力、同行竞争者情况、替代商品情况、科技发展状况等也是管理主体制订计划的基本依据。计划工作的最终效果如何，主要取决于计划的制订者对组织内外环境条件的把握程度；换言之，取决于计划主体对组织内外环境条件信息的识别、收集、理解、加工与应用的能力及实现水平。

在传统管理模式下，计划主体对组织内外环境条件信息的识别、收集、加工与应用完全通过手工方式实现，效率和有效性均很低。在管理信息化的大背景下，计划主体可以通过管理信息系统迅速有效实现上述过程。例如，在编制计划时，人们需要对制定的若干方案进行预演或试算，以评估其可能效果。对多方案的反复试算在手工模式下，既费时又易出错。然而，将相关数据输入管理信息系统的相应计算模块，则可迅速准确地得出各种方案下的结果数据，大大提高了计划工作的效率和有效性。此外，管理信息系统通过对组织长期运营数据的存储与组织，可向计划主体及时准确地提供相应参考数据。通过相关预测与优化模型，其还可为计划方案的评价、选择与优化提供有力支持。

决策是决策主体为实现某一既定目标而实施的有意识、有选择的管理活动。决策的实际效果如何，既取决于决策主体的决断能力（隐性知识的一种），也决定于决策主体所掌握的有关决策问题的数据与信息的数量和质量。简言之，信息支持状况将直接影响甚至决定决策的效率和有效性。管理信息系统通过对决策主体提供有力的信息支持、完成或辅助决策主体完成决策过程，提高决策活动的实际效益。

要对决策活动给予有效信息化支持，首先要明确决策活动的发生过程与环节。西蒙在其决策过程模型中指出，决策过程包括 3 个阶段：其一，情报收集、处理与分析阶段，决策主体在该阶段对与决策相关的数据进行识别、收集和处理，研究决策环境并分析相关决策要素；其二，可行性方案制订阶段，在该阶段决策主体发现、制定和分析各种可能的行动方案（一般要制定多个方案）；其三，方案抉择阶段，决策主体在该阶段审时度势、统筹兼顾，对若干行动方案分别进行评估，选择一个“最优”方案并交付实施，如图 1-13 所示。在决策过程中，决策主体需要根据行动结果进行及时反馈与方案调整、强化过程控制，以加强决策的实施效果。

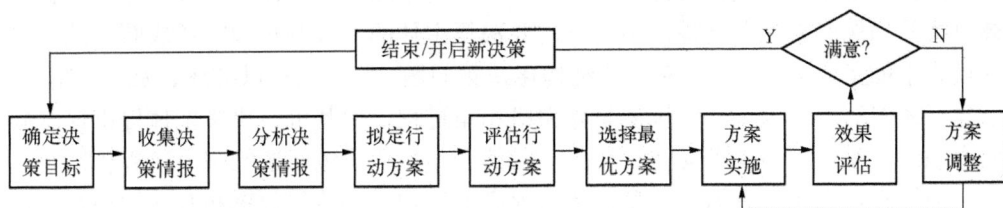

图 1-13　一般决策过程

一般决策过程的各环节均需要管理信息系统提供及时有效的信息支持，有些环节（如评估行动方案）还需要管理信息系统的高效试算支持。如今，“方案调整”环节也能够通过“人机交互”模式实现系统辅助下的智能化调整，大大提高了决策主体的工作效率。

按结构化程度不同，可将管理决策问题分为结构化决策、非结构化决策和半结构化决策 3 类，各类型决策问题的相应特征如表 1-5 所示。值得注意的是，结构化决策问题多发生在企业基层，非结构化决策问题多发生在企业高层，这只是大多数情况下的统计特征。事实上，在传统管理三角的各层次都对应有结构化、半结构化和非结构化决策问题。例如，在表 1-5 中，对应于每一类型决策问题都给出了 3 个例子，每组的 3 个例子自上而下分别对应于管理三角的战略指挥层、战术控制层和基层运作层。此外，某一决策问题的结构化程度是相对于决策主体而言的，并随决策主体认知过程的深入而逐渐提高。

表 1-5　　　　　　　　　　　　　不同结构化程度的决策类型

决策问题类型	相 应 特 征	决策问题举例
结构化决策	• 决策问题相对简单、直接，能用明确的语言和模型加以准确描述； • 发生频率高、多发生在组织基层，可事先制定决策规则； • 决策过程与方法有章可循，可依决策模型或规则通过计算机编程实现自动化决策	厂址选择问题 作业计划问题 库存补充问题
非结构化决策	• 决策过程复杂，较难进行准确描述； • 发生频率较低，多发生在组织高层，无固定规律可循； • 决策者的个人能力（学识、经验、直觉、判断力、洞察力、个人偏好和决策风格等）对决策效果影响显著； • 常常临时提出数据要求，往往通过探索法、经验法和反复试验法完成	企业管理体制确定问题 企业广告部署问题 销售对象识别与选择问题

决策问题类型	相 应 特 征	决策问题举例
半结构化决策	• 介于上述两者之间，其决策过程与方法有一定规律可以遵循，但又不能完全确定； • 决策主体对决策问题有所了解，但尚不够全面、深入； • 一般可适当建立模型，但最优方案的确定仍需要决策主体基于模型计算结果通过主观决断完成	企业资金调度问题 作业调度问题 车间奖金分配问题

　　管理信息化对管理决策职能的支持程度随决策问题类型的不同而有差异。对于结构化决策问题，因其具有较高的可描述性和规律性，可以将相应的决策模型（如生产计划模型、财务管理模型、库存管理模型等）进行计算机编程形成管理信息系统的决策支持子系统（或功能模块），而后通过信息系统实现对结构化决策问题的自动化求解。对于半结构化决策问题，也可以设计并实现相应的决策支持子系统，但鉴于其半结构化特征，外显规律并不稳定、决策主体对决策问题尚未完全把握，因此仍需要决策主体的积极参与和临场决断，从而形成人机交互模式下的半自动化决策。对于非结构化决策问题，鉴于其难以描述、无章可循等特征，管理信息系统对这类问题无法直接参与并完成决策过程，但其可向决策主体提供最基础的、及时而准确的决策数据与信息支持。如此，虽然非结构化决策问题的解决过程仍以全人工方式完成，但管理信息系统有力的信息支持对提高非结构化决策的效率和有效性裨益十足。

　　2. 对组织职能的支持

　　组织理论经历了以"工作"为中心的古典组织理论、以"人"为中心的新古典组织理论以及以"系统和环境"为中心的权变组织理论的 3 个演进阶段，其所强调的焦点也由权威性到参与性，再到适应性。古典组织理论主张通过严格的命令链将权力逐层作用到组织的各个角落；新古典组织理论强调组织内部的双向沟通，鼓励下属参与决策以提高决策的科学性、降低命令执行的难度和阻力，试图将组织成员的个人发展与组织整体目标的实现紧密结合起来；权变组织理论则主张组织应能够侦知内外环境的变化及其幅度，并及时做出准确的因应变化与调整，组织内权力的集中与分散程度决定于组织环境特征及其系统目标与特点。

　　可见，随着组织理论的演进与发展，人们对组织内部各组分之间以及组织与环境之间的信息交流与互动愈发重视。当组织内信息管理不佳、信息流不畅，便会导致内部沟通不灵、业绩下滑、决策频繁失误以及与环境间差距拉大、环境压力倍增等问题。此时，需要通过组织诊断与变革以走出困境，否则组织将陷入瓦解崩溃的危险境地。

　　引入适宜的信息管理理念、方法与技术，建立并应用相应的管理信息系统，将能极大地增强组织的信息资源管理能力、提高组织内信息流的效率和有效性，从而使组织焕发生机。完备的管理信息系统相当于组织内的大脑神经系统，它将组织内不同层次、不同部门、不同职员有机地整合在一起，使其协同工作。与此同时，有效的管理信息系统的实施与应用将能够使组织纵向上原本低效、不畅的信息流（传统官僚式组织结构所致）变得高效、通畅，将使部分决策权下移，从而使扮演"上传下达"角色的组织中间层的作用得以弱化，直至将其整合或削减，实现组织"扁平化"。如此，一方面降低了组织人力成本、管理成本以及内部信息交流成本；另一方面，也拉近了组织决策层和执行层之间的距离，提高了组织应变的灵活性与有效性。

　　3. 对领导职能的支持

　　管理的领导职能是组织领导者在特定环境条件下，引导、协调和激励组织内的被领导者去有效实现组织既定目标的影响力和行为过程。显然，领导不能脱离被领导者而独立存在，也不能游离于特定环境之外。对领导行为所处的环境特征与领导条件的把握以及对被领导者需求层次和内容、行为特征与趋势的有效侦知和预测，是有效实施领导行为、充分发挥领导效益的前提和基础。

领导者的影响力来源于权力性和非权力性两方面。有效领导的关键在于被领导者对领导者领导行为的认同、接受与拥护，亦即强大的非权力性影响力。这就要求领导者对领导环境与过程以及被领导者需求特征、行为特征与倾向等有全面而准确的把握，并在领导活动中给予充分考量与尊重。如此，领导者需要掌握足够充分和准确的相关信息，通过信息的获取与应用来抵消因不确定性导致的潜在领导风险。

在实际运作中，无论是领导环境特征，还是被领导者的需求特征、行为特征与倾向及素质结构等，都是处于动态变化之中的。这对领导者的侦知能力、信息识别、获取与预处理能力提出了更高要求。当领导环境变得愈发复杂、被领导者群体规模膨胀、领导目标日益提高，同时其在时间维度上的变化日益剧烈、不连续甚至呈现跳跃性，仅凭个人经验与能力实施领导行为的领导者便会感受到越来越大的压力，甚至危机。如此，实施领导过程信息化、借助信息系统的辅助与支持来提高领导者的领导水平，已经成为必要和必然。

另一方面，增进组织内部不同部门、不同人员之间的协同与交流以提高整合效能，是领导工作的一个重要组分。在组织结构相对简单、领导活动相对单一的情况下，领导者可凭借自身的纵横捭阖能力勉强维系。随着现代组织规模的不断扩大、生产管理活动日益复杂，此时领导者必须借助基于计算机网络平台的管理信息系统来实现组织内部的有效整合与协同。通过网络信息系统平台，组织内横向和纵向的不同部门、不同人员之间可以实现无障碍沟通，并能提高信息交流的效率、降低沟通与协同成本。

4. 对控制职能的支持

管理的控制职能指控制主体在计划执行的过程中，对计划执行的具体情况进行实时测度并与执行标准进行比较分析，当两者差距超过既定阈值时，采取有效的纠正措施以确保计划的正常执行、管理目标的有效实现。

控制发生在计划执行的过程中，具有实时的动态发展特性。显然，对有关信息的收集、分析与应用的效率和有效性将直接决定控制工作的实际效果。要实现有效的控制，控制主体就必须能够对计划执行过程进行动态跟踪，及时准确地采集、处理相关信息并与执行标准做比较分析。当偏差超过既定阈值时，控制主体应能够掌握足够的成因信息以及相应的因应调整信息，并据此做出及时、有效、经济的调整措施，以此确保计划目标的良好实现。

随着市场环境的变化、科学技术的发展，人们的生产与生活节奏都在提速。于是，纯手工样态下的事中控制已经远远不能满足生产运营的实际需求。对于组织内的控制主体而言，无论是采用预算控制方法还是非预算的控制方法，都对相应信息的识别、获取、分析与应用的速度和质量提出了更高要求。在此背景下，管理信息系统的支撑与辅助变得越来越重要。通过基于计算机网络平台的管理信息系统，各计划执行主体可以将有关计划执行样态的信息实时输入系统，或者干脆由系统自动检测并获取。相应的控制子系统则可以实时地将计划执行信息与标准信息进行对比分析，当执行偏差超过既定阈值时，触发系统预设的控制规则或由系统内嵌的相关模型自动生成控制指令，系统执行部件或相关控制主体据此可有效完成控制过程。对于相对复杂、多变、结构化程度较低的控制过程，管理信息系统的控制子系统也可向控制主体提供尽可能详细、完备的控制信息，辅助其在人机交互模式下完成半自动控制过程。

总之，在管理信息系统的辅助和参与下，无论是全自动控制还是半自动控制方式，相对于传统纯手工样态下的控制方式而言，都极大提高了控制工作的灵敏度和有效性，满足了环境变化对管理之控制职能的新要求。

二、管理信息系统的概念

20世纪中后期，计算机诞生并迅速在科学计算以外的业务领域广泛应用开来。其中，一个重要的应用领域便是将计算机应用于管理领域，实现对管理信息的有效组织与管理。20世纪60年代，美国经营管理协会及其事业部首先提出要建设管理信息系统（Management Information System，MIS）的构想，主张建立一个有效组织与管理经营管理领域相关信息的信息系统，通过它使组织各管理部门都能及时准确地了解到有关组织经营活动的相关信息，并为组织各层决策人员提供有力的信息支持。由于当时软硬件技术与实施水平相对低下，上述MIS构想并未在实践领域产生显著效果，但其作为一种思想的发端已经引起了许多专业人士的高度关注和积极探讨。

早在20世纪70年代，美利坚大学（AU）教授瓦尔特·肯尼万（Walter T. Kennevan）从系统功能视角出发，对当时已经受到普遍关注的MIS进行概念界定。他指出，管理信息系统以书面或口头的形式，在合适的时间向合适的人员（包括经理、职员甚至组织外部人员）提供合适的信息。这些信息既包括有关企业内部运营及外部环境的过去和现在的信息，也包括能够预测未来的信息，系统提供信息的目的是帮助相关人员进行决策。

细心的读者会发现，肯尼万对MIS的界定并没有提及计算机硬件设施及其相关技术。这对现在的一些读者来讲，是难以理解和接受的。事实上，管理信息系统就其概念本质而言，只是对管理信息进行加工和应用的系统平台，这种系统化平台完全可能只是一般意义上的人造系统（手工系统）；只是随着计算机技术的飞速发展和成熟应用，信息系统逐渐由手工样态发展变化为基于计算机的软件系统，管理信息系统的系统样态也相应地发生了变化。因此，读者必须要清楚，在计算机诞生之前，管理信息系统已经存在并发挥作用了。

肯尼万已经认识到对管理信息的组织与管理不仅要着眼于组织内部，还要关注组织外部的有关信息。限于当时软件系统并不算发达和成熟，肯尼万的MIS界定并没有强调计算机组分及其作用。与此同时，肯尼万所界定的MIS功能只是对相关运营管理人员的管理决策给予信息支持，对其他基本管理职能（如计划、组织、领导和控制）并没有给予关注。这似乎受到了西蒙"管理就是决策"论断的影响。无论怎样，限于当时的MIS研究与应用状况，肯尼万的MIS界定还是有其积极意义的。

到了20世纪80年代，随着计算机软硬件技术的飞速发展和广泛应用，明尼苏达大学卡尔森管理学院教授、著名管理信息系统专家高登·戴维斯（Gordon B. Davis）进一步完善了MIS概念。他指出，MIS是一个利用计算机硬件、软件与手工作业，具有分析、计划、控制和决策模型以及数据库的"用户—计算机"系统；它能够提供支持企业或组织运行、管理和决策的信息。

戴维斯对MIS的概念界定引入了计算机软硬件组分，更接近于人们今天认识层面上的管理信息系统；与此同时，戴维斯还强调引入计算机软硬件组分的MIS系统并不是单纯意义上的机器系统，它包括手工作业组分，是"用户—机器"系统，即MIS是人机系统。该论断在时下仍具有重要意义。

此外，戴维斯对 MIS 的定义指出，MIS 系统要对组织管理的各层次活动（包括基层运作、中层控制与管理以及高层决策等）、管理的各项基本职能给予全方位的信息支持，而不仅仅限于支持决策；同时，该定义还强调了模型的重要作用，指出模型是 MIS 系统决策支持的数理基础。

20 世纪 70 年代末 80 年代初，在国内一些从事管理信息系统工作的学者根据我国的具体特点，也对"管理信息系统"进行了概念界定，并登载于《中国企业管理百科全书》上。该定义指出，管理信息系统是一个由人、计算机等组成的能进行信息的收集、传送、储存、加工、维护和使用的系统。国内最早从事 MIS 研究与教学工作的著名专家、复旦大学薛华成教授在其 1999 年出版的《管理信息系统（第三版）》中，重新对管理信息系统的概念进行了阐释，指出："管理信息系统是一个以人为主导，利用计算机硬件、软件、网络通信设备以及其他办公设备，进行信息的收集、传输、加工、储存、更新和维护，以企业战略竞优、提高效益和效率为目的，支持企业高层决策、中层控制、基层运作的集成化的人机系统"。

基于上述观点，我们给出本书对"管理信息系统"的概念界定：管理信息系统是信息系统在组织运营管理领域的一个子集，它是一个以"人"为主导，利用计算机硬件、软件、网络通信设备以及其他办公设施，自动完成或辅助信息主体实现对相关管理信息的识别、收集、传输、加工、存储、更新、维护与应用过程，以"组织战略竞优、提高效率和有效性"为目的，支持组织高层决策、中层控制、基层运作的集成化"人—机"系统。

管理信息系统是人机复合系统，系统功能能否得到有效发挥要看人机融合与协同程度。作为人工系统，管理信息系统从开发到应用都离不开"人"的参与和主导，人仍然是管理信息系统的核心要素。从功能上讲，管理信息系统要支持组织不同层次的管理者完成对管理信息全生命周期的有效管理工作，实现对管理对象和管理活动的高效管理与组织，进而帮助组织有效实现其规划目标。管理信息系统的实施主体不仅包括企业单位，也包括事业单位，在本书中统一称为组织。

美国麻省理工学院（MIT）的一些教授曾经试图以 IT（信息技术）代替 MIS，引起了理论界和应用界的普遍抵制，激起了不小的风波。目前，在国内也有一些人将所有与计算机技术相关的事物都划为 IT 范畴。例如，将从事 MIS 研发、销售、实施的企业统一归入 IT 行业，企业从计算机专业毕业生中招聘信息管理人员，等等。这是将 MIS 技术化、片面化的表现，对有效推进 MIS 实施、充分发挥 MIS 效能十分有害。MIS 技术论关注 MIS 系统的技术与设施层面，崇尚"技术制胜"，过分强调甚至放大技术与硬件的作用，缺乏系统性思维；在他们看来，只要软件技术先进、硬件设施优良，就能做好 MIS 项目，对于与系统相关的组织软环境以及人员的业务素质和主观能动性则予以忽略，这是非常危险的。事实上，MIS 研究与应用要从系统角度出发，探讨与管理相关的诸要素及其间的有序结构，其实质是管理。在现代意义上的 MIS 系统中，IT 仅是提高管理效率和有效性的手段与工具，而非核心更非全部。正因为如此，在我国教育部的专业划分、科学院的学科划分中，已将 MIS 明确归入管理学门类。

管理信息系统自诞生以来，受到了理论研究与应用领域的普遍关注，得以迅速发展、广泛应用。如今，其已经成为应用量最大、应用效果最为显著的信息系统分支。在国外，即便人们都清楚管理信息系统（MIS）是信息系统（IS）在运营管理领域应用的一个子系统，但由于 MIS 已经成为最复杂、最成熟和最典型的 IS，还是有越来越多的人将 IS 代替 MIS。在国内，由于电子技术专业抢先使用了"信息系统"一词，且该信息系统主要侧重于硬件与软件技术，缺乏管理成分、社会属性，所以不能简单地以 IS 代替 MIS。

三、管理信息系统的功能

管理信息系统是帮助信息主体实现对管理信息的全生命周期有效管理的系统平台，其一般功能可以从其概念界定中寻求答案。从信息全生命周期的各处理环节看，管理信息系统能够辅助组织内的相关管理人员有效实现对管理信息的识别、收集、传输、加工、存储、更新、维护与应用过程。从组织的管理层次讲，功能完备的管理信息系统能够对组织内部管理三角的各层管理活动给予有效的信息支持，表现为支持组织基层运作、中层控制和高层决策。就组织的运营目标而言，管理信息系统能够有效支持组织对环境变化与自身运营状况做出灵敏反应、增强组织管控能力、降低组织的管理和运营成本、支持其战略竞优、提高其整体运营的效率和有效性。

从技术层面考察管理信息系统的功能，它能够支持组织日常业务运作的自动化甚或智能化，并能实时地检测、侦知组织的具体运营样态；它能够识别、收集、存储有用的运营信息，测度运营实况与标准间的偏差，并能够及时给出控制提示或发出准确的控制指令；它能够基于系统所存储的有关组织运营的历史与实时数据，并通过预测模型计算出有关组织未来运营状况的预测数据，指导组织规划部署与制订计划；它能够从组织全局角度出发，基于全局优化算法与模型对组织决策给予全方位的信息辅助与支持，提高决策过程的自动化与智能化水平，提高决策的效率和有效性；它能够帮助组织的管理主体及时准确地掌握相关的管理信息，进而有效把握和控制相应的管理对象与管理活动，使其始终沿着实现组织规划目标的方向发展。

从管理层面考察管理信息系统的功能，它能够反向促进组织管理体制的优化与变革。任何一套管理信息系统都是既定业务领域先进管理理念与模式的外显化，都蕴含了一套先进的管理思想与流程。管理信息系统开发的首要工作就是对既定业务领域的调查，包括组织结构、目标与功能调查、业务流程调查以及数据流程调查等，这是其后续开发过程赖以实施的基础。然而，管理信息系统绝对不是对原有手工管理系统的简单自动化与信息化，它需要一个在对原有调查结果进行深入分析与审视后的优化和革新过程。管理信息系统的开发是基于优化与革新后的调研数据展开的。对原有调查结果的分析、审视与优化过程，都融入了业内先进的管理理念与思想。管理信息系统开发与应用过程就是将既定领域先进管理模式与方法从理念层面导入实践层面的过程，一套新的管理信息系统是既定业务领域先进管理理念与方法的化身。因此，组织实施一套新的管理信息系统，就必须要从组织内部对其原有管理体制进行相应的优化与变革，以适应管理信息系统的要求，为其打造适宜的"生态"环境，如调整组织结构与目标、改善人力资源结构、培育新型组织文化、完善激励机制、改进或变革业务流程（Business Process Reengineering，BPR）等。作为 BPR 理论的创始人之一，迈克尔·哈默（Michael Hammer）曾指出，信息系统是 BPR 的使能器。前面已经谈到，在美国信息系统一般就是指管理信息系统。一套新的管理信息系统能够向实施该系统的组织在管理层面施加上述压力，反向诱导其开启相应的优化与变革过程。既定组织能否预测、侦知这种压力并提前或及时做出因应反应，将直接决定其管理信息系统的实施效益，并进一步影响到组织的未来发展样态。

从具体业务领域考察管理信息系统的功能，它因不同业务领域的实际特点而表现出不同的业务功能。例如，对于一套生产企业的管理信息系统而言，它要能够对企业的生产管理、物资供应、库存管理、人事管理、财务管理、市场销售、决策支持等具体业务给予有效的信息支持；而对于一套教学管理信息系统而言，它要能够对教学主管部门的主要业务（如学生信息管理、教师信息管理、教学过程管理、教学设备设施管理等）给予有效支持，但不会赘附库存管理、销售管理等功能。

四、管理信息系统的特征

管理信息系统作为一般信息系统的实例系统，具有一般信息系统的全部特征。为进一步深化对管理信息系统概念内涵的认识与理解，我们对 MIS 的如下特征作进一步阐释。

（1）管理信息系统具有"社会—技术"双重属性。管理信息系统不仅是一个技术系统，同时也是一个社会系统、管理系统。管理信息系统不是通过先进的信息技术模仿手工工作，而是将先进管理思想、方法与现代信息技术进行有机整合，支撑组织运营管理系统的优化与改进。管理信息系统蕴含着管理制度与管理模式，对管理信息系统的理解、开发与应用，不仅要注重相关信息技术及其硬件设施的性能状况，还要从其"社会"属性出发，充分研究在组织内部包括管理制度、组织结构、人力资源等方面建立和培育适合管理信息系统生根、发芽、成长乃至结出硕果的生态环境。

（2）管理信息系统是开放的人机系统。现代意义上的管理信息系统在要素组成上，既包括计算机软硬件、网络平台设施以及其他相关办公设备，同时也包括系统应用、管理与维护人员，配套的手工作业仍然是管理信息系统中重要的工作方式与组分。管理信息系统的整体效能取决于相关人员要素与非生命要素之间的整合与协同程度。另一方面，管理信息系统还继承了一般信息系统特征，具有开放性。开放性确保管理信息系统能够与环境之间进行有效的交互，因应环境变化做出相应调整与改进，使系统在动态发展中保持活力。

（3）管理信息系统是组织系统的一个子系统。管理信息系统的目标功能是对组织运营管理的各层活动予以支持，它是组织（包括企业单位）系统的一个子系统。管理信息系统实现对组织的管理信息资源实施有效管理，并通过管理信息的有效组织与管理实现对组织各种管理对象和管理活动的有效组织与把握。要达到上述目标，管理信息系统需要与组织系统的其他子系统（如人力系统、生产系统等有形系统以及计算机辅助制造 CAM、计算机辅助设计 CAD 等系统）进行有机整合，实现协同工作，共同致力于组织目标的达成。

（4）管理信息系统是一个集成化系统。管理信息系统要素众多、结构复杂，要完成系统目标、提高系统的整体性，就必须理顺系统诸要素间关系、提高其协同性能，打造有机集成的一体化系统。这就要求管理信息系统在规划上要着眼于全局和长远，建立统一规划的数据库，提供统一格式的信息。将各个子系统、各条业务流程及其附着的各种资源进行有机集成与整合。就学科特征而言，管理信息系统是基于管理科学、计算机科学、通信科学、数学、社会学和系统科学等的一门综合性、边缘性、交叉性的学科，是将各学科知识与技术进行有效互补和有机集成的产物。最后，功能完备的管理信息系统是一个对既定组织进行全面管理的综合系统。受限于组织的实施能力与资源，往往将应用不同业务领域的各个 MIS 子系统分阶段逐步实施；不过，组织必须要将分别实施的各个子系统进行有机集成，才能有效实现企业 MIS 实施的整体目标。

五、管理信息系统的发展历程

纵观现代意义上的管理信息系统的发展历程，可将其大致划分为如下阶段。

1. 萌芽期（20 世纪 50 年代至 60 年代中）

20 世纪上半叶，现代管理体系得到了快速发展与完善。以西蒙（Herbert A. Simon）、维纳（Norbert Wiener）为代表的专家学者已经在概念体系上对管理、信息、决策、控制论、数据处理等做出明晰化描述与完整阐释。1946 年 2 月 14 日，世界上第一台数字计算机"埃尼阿克"（ENIAC）诞生。计算机诞生之初，其应用领域主要是科学计算。然而，在商业利益与消费者好奇心的驱动下，计算机很快便开始在各领域尝试应用。20 世纪 50 年代至 60 年代，在企业运营管理领域，电子数据处理系统（Electronic Data Processing System，EDPS）出现，并得到迅速普及与发展。EDPS 的出现标志着 MIS 发展进入萌芽期。

在该阶段，受限于当时相对低下的计算机软硬件技术水平，同时系统实施主体的实施经验与能力也明显不足，致使 EDPS 只能部分地代替手工操作，完成一些简单的单项数据处理工作，如计算应收账款、统计销售量、登记库存账等。从对组织管理活动的覆盖面讲，EDPS 面向组织既定部门的单项业务，尚无法全面满足部门的信息化要求，更谈不上对组织层面管理的集成化信息支持。

2. 发展期（20 世纪 60 年代中至 70 年代初）

随着计算机软硬件技术的快速发展，CPU 的计算速度与存储器的容量都得到了极大改进，出现了简单的远程联机多用户系统；信息系统在管理领域的普及与发展也使实施主体积累了大量经验、提高了研发技能；同时，在应用领域，对企业内部相对更为复杂的业务自动化支持以及业务整合与集成的要求越来越强烈。在应用导向与实践积累的保障下，事务处理系统（Transaction Processing System，TPS）出现，标志着 MIS 发展进入了发展期。

在该阶段，信息系统对管理的支持已经由对单项业务的简单处理发展到对组织内既定部门的多个过程相关业务数据的综合处理，TPS 将相关联的若干单项数据处理功能有机地整合在一起，实现了面向部门的事务协同与整合操作。例如，一套机票销售系统既可以实现对机票的预定、出票，也可以实现票务查询、改签，还可以支持退票操作等。简言之，它实现了对航空公司售票部门的综合业务支持。当然，TPS 只在部门级或一定业务范围内提高组织运营效率和有效性，从组织层面看，其尚无法给出组织层面的全局解决方案，组织内各个 TPS 之间往往因为缺乏统一规划与有效协同，以至于严重束缚了组织层面的管理信息化成效。

3. 成熟期（20 世纪 70 年代初至今）

到了 20 世纪 70 年代初，随着数据库（Data Base，DB）技术、网络技术的飞速发展，在肯尼万（Walter T. Kennevan）和戴维斯（Gordon B. Davis）等人的推动下，计算机在组织管理领域的应用日臻完善，管理信息系统逐渐成熟起来。

成熟的、功能完备的管理信息系统面向组织全面的管理活动，能够对组织横向各部门、各领域以及纵向上管理三角内的各层管理活动给予全方位信息支持。它立足于组织全局角度，统一规划组织内的各个业务子系统（不同时间、不同部门实施的管理信息系统的子系统模块），以确保其间的协同与整合特性；统一规划数据格式与存储策略，打造组织层面有机的信息管理平台；促进组织内部在信息安全框架允许的范围内，进行充分的数据与信息共享和交流。随着计算机网络的普及与发展，基于网络的管理信息系统不仅能够将组织内部各级、各领域的管理活动有机地整合在一起，还可以跨越时间与空间，将分布在不同区域内的组织或部门有机地联系起来，实现彼此间的业务协同与整合。

20 世纪 80 年代以后，管理信息系统的一个分支——决策支持系统（Decision Support

System，DSS）出现，并迅速发展。20世纪70年代后期，由于MIS研发过分强调集中、追求大而全的系统，并且MIS开发经验尚不丰富、开发方法还欠成熟、项目管理能力不高，导致当时MIS实施的成功率低下（低于50%）。于是，一些学者开始呼吁，MIS研发要结合企事业单位时下的突出问题，集中能力与精力有针对性地提出解决方案。在MIS几十年的发展历程中，针对管理三角基层运作、中层控制的解决方案已经相对成熟，并且在广泛的实践应用中取得了显著的经济效益与社会效益。然而，由于决策机理的复杂性、决策理论与人工智能等技术相对低下，并且决策频率也低于作业操作和过程控制的发生频率等原因，MIS对管理三角中的最高层——战略决策层的支持力度尚且不够。如此，到20世纪80年代初，研究MIS对管理决策的支持、提高MIS对管理三角顶层的支持水平，已经成为MIS理论研究与应用实践的热点。

DSS通过数据库（Data Base，DB）、模型库（Model Base，MB）等构成的信息系统来支持组织的管理决策。如今，经过几十年的发展与完善，DSS理论体系以及产业应用都取得了长足的进步。DSS的发展与演进首先集中在系统的智能特性，人们力图营建智能决策支持系统（Intelligent Decision Support System，IDSS）；同时，鉴于决策的复杂性以及充分发挥群体智慧提高决策质量的需要，群体决策支持系统（Group Decision Support System，GDSS）也得到了良好发展与应用；而后，一些人又将上述两个研发倾向相融合，既要尽量提高系统智能，也要充分整合群体智慧，从而形成群体智能决策支持系统（Group Intelligent Decision Support System，GIDSS）。作为MIS的独立子系统，DSS不仅较好地实现了对组织内部结构化问题决策的自动化、智能化支持，还极大地提高了对组织高层半结构或非结构化决策的辅助能力。

鉴于DSS的快速发展与良好应用，有些学者主张将其从MIS体系中剥离出来，从而成为一门独立的学科。还有人进一步夸大其功能，盲目拓展其概念外延，主张用DSS代替MIS，或者将DSS视为MIS发展的全新产物。也有部分认识不清者将MIS和DSS概念混淆，认为DSS涵盖MIS，MIS是DSS的系统子集。上述观点虽说是人们在学术认识上的见仁见智，但读者还是需要通过理性思维判断，追求合理的、本原的结论。

回顾前面我们给出的MIS概念，不难发现MIS有其丰富的概念内涵与外延。MIS既要对组织基层运作给予支持，也要对组织的中层控制与高层决策给予支持与辅助；既要支持决策，也要支持计划、组织、领导与控制。MIS的系统核心是广义数据库，从数据支持层次看，既包括支持组织业务运作的传统意义上的数据库（以关系型数据库RDB为主），也包括辅助支持组织决策的数据仓库（Data Warehouse，DW）；从库储内容看，既包括文档库，也包括规则库、案例库、模型库、算法库等。可见，无论从系统功能还是系统结构论，DSS只是MIS体系中的一个高层子系统、一个分支而已，只不过DSS将系统功能集中定位在对组织高层决策的辅助与支持。DSS的决策辅助与支持性能一方面取决于系统的决策模型与决策算法的先进性和适应性，另一方面还决定于系统中对相关业务领域历史数据累积的数量与质量。大量精确历史数据则主要来源于业务运作层面MIS子系统的数据库。因此，薛华成教授曾指出，没有业务运作层面MIS子系统的数据支持，DSS就成了"梁上君子"，上不着天，下不着地，难以发挥作用。

六、管理信息系统要素与结构

管理信息系统是一个具有高度整合与协同特性、具有"社会—技术"双重属性的人机系统；管理信息系统能够将先进的管理模式与方法从理念层次导入应用实践，通过对管理信息的有效组织与管理提高管理主体对其他组织资源的调配和应用水平，从而有效提高组织的管理能力。系统的目标功能对其要素与结构具有反向要求，功能完备的管理信息系统则具有复杂的系统要素及其间关系。

一般而言，完备意义上的管理信息系统包括如下要素：理论要素、主体要素、客体要素、平台要素、技术要素和生态要素。

（1）理论要素。理论要素作为一种无形组分，在管理信息系统中处于基础地位。该要素是一种复合组分，它主要包括企业（组织）管理理念与方法、信息资源管理方法与策略以及系统科学思想与方法。管理理念与方法是管理信息系统的基础理论要素，管理信息系统是基于成熟的、先进的管理理念与方法而开发营建的管理平台。管理理念与方法具有较强的环境依赖性、明显的领域特征，并且始终处于动态发展与完善的过程中。管理信息系统规划、分析与设计人员需要立足特定的管理领域与环境，分析其特征及该领域主流的、先进的、高效且富有生机的管理理念、模式与方法。在此基础上，研究将其系统化、实践化的系统平台要素与结构以及系统开发的方法、步骤与策略。管理信息是信息资源的一种，对管理信息的组织与管理不仅要基于既定领域的管理理念与方法，还要充分借鉴和应用信息资源管理领域的先进方法与技术。系统科学思想与方法是管理信息系统中的润滑剂与黏合剂，是系统整体功能强于局部功能简单叠加的有效保障，通过它能够使系统中的其他组分或要素协同工作。

（2）主体要素。管理信息系统的主体要素即与管理信息系统相关的所有的人。此处的"人"既包括管理信息系统的营建主体，也包括应用主体与维护主体。管理信息系统离不开"人"的要素，并且该要素在系统中处于主导与核心地位。作为人工系统，管理信息系统的规划、分析、设计、实施、应用与维护都是在人的作用下实现的；人的素质与主观能动性以及人与由计算机软硬件设施构成的机器系统间的整合特性，即"人机合一"（如武侠小说中的"人剑合一"）的程度，将直接决定所建成的管理信息系统的系统性能与应用效能。

（3）客体要素。管理信息系统的客体要素即管理数据与管理信息。管理数据与管理信息是管理信息系统的客观实体与操作对象，管理信息系统通过对组织内外各种管理数据的识别、收集与加工过程获得管理信息，并通过对管理信息的再组织以及辅助应用，实现对组织内其他管理资源的优化调配与应用，进而提高组织的管理能力和水平。管理信息系统性能优劣的评判标准就在于其对管理数据与管理信息的有效组织与管理能力。输入管理信息系统的管理数据与信息来自于组织内管理对象和管理活动等信息源，也来自于生产控制子系统、财务管理子系统、设备管理子系统等组织内的其他子系统，还来自于市场、客户群、合作伙伴、竞争对手、政府机构以及其他各种相关的外部组织与个体等信息源。管理信息系统输出的信息不仅流向组织内相关业务人员，还可能发布到组织外部，以此提升组织系统与环境之间的匹配特性。

（4）平台要素。管理信息系统的平台要素即机器子系统，它是支持管理主体对管理数据与管理信息实施具体操作与应用的物理平台。机器子系统包括计算机硬件系统、软件系统（包括系统软件和应用软件）、计算机网络设施与系统以及其他必需的办公设备（如电话、传真机、打印机、绘图仪）等。机器子系统的要素组成视管理信息系统具体应用而略有差异。机器子系统只是管理信息系统的可见组分、物理平台，一些人将其视为完整意义上的管理信息系统，这是对管理信息系统认识不清、理解不深的表现。

（5）技术要素。管理信息系统的技术要素是支持系统开发、应用与维护的所有技术的集合，技术要素的先进性、成熟性与适宜性直接决定管理信息系统的系统性能。从内容组成上讲，管理信息系统的技术要素主要包括计算机软硬件开发技术、网络技术、通信技术、数据库与数据仓库技术、人工智能技术、软件工程技术、系统建模技术、各种集成（数据、信息、系统）技术、传统信息资源管理与操作技术，等等。实际操作中，对各种技术组分的选择与确定既要考虑到技术的先进性与主流程度，也要考虑到其与当前应用领域的适宜程度，还要考虑到各种技术组分之间的匹配程度。

（6）生态要素。管理信息系统作为组织系统的一个子系统，其需要与组织系统中的其他子系统进行协同与整合。管理信息系统的生态要素就是管理信息系统与组织内其他子系统进行协同与集成的接口要素，管理信息系统通过该要素实现向组织内有效导入与移植的过程。在组成形式上，生态要素包括信息化导向下的组织文化变革与培育、组织结构调整、业务流程优化与再造、激励机制调整与完善、工作思维与模式转变等；虽然这些组分往往是组织系统传统要素在管理信息化维度上的投影，但其是管理信息系统不可或缺的必要软性组分，是管理信息系统在组织中得以生存、发展乃至有效应用的基础保障。

管理信息系统的概念结构高度抽象地描述了系统诸要素组成及其间的关系，同时也对系统与其外部环境之间的相互关系进行了描述。对管理信息系统上述要素及其间关系进行深入分析，可得到管理信息系统的概念结构，如图 1-14 所示。

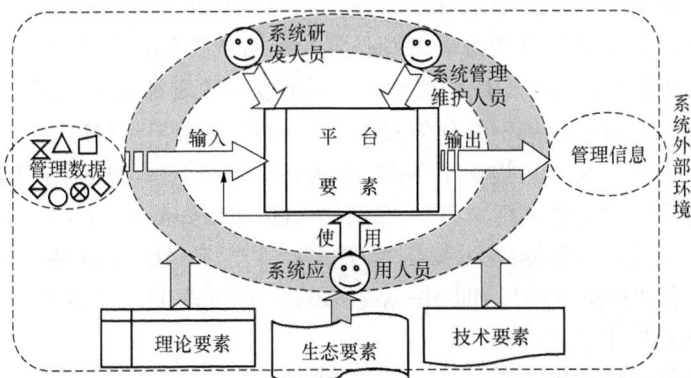

图 1-14 管理信息系统概念结构

管理信息系统的功能结构描述了管理信息系统在组织纵向不同管理层次与横向不同管理职能上的对应功能及其间关系，每一功能的实现对应于管理信息系统的一个子系统（如生产管理战略决策子系统），如图 1-15 所示。在纵向上，低层系统向上一层系统提供信息支持，同时又受到上一层系统的反向约束。在横向上，组织内不同的管理职能部门对应于不同的管理信息系统的

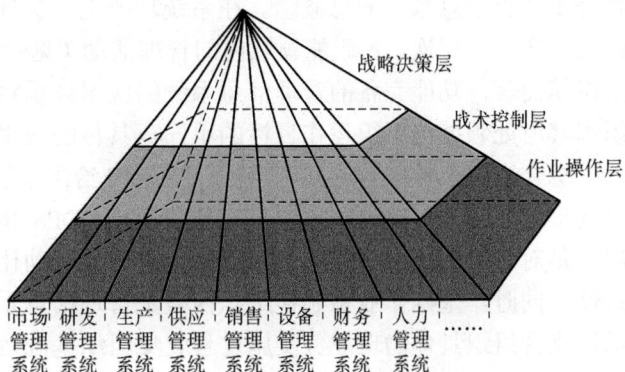

图 1-15 管理信息系统功能结构

子系统；各管理职能子系统共享统一的系统数据库，相互间需要较好地协同与整合，以实现组织的整体目标。

对于管理信息系统结构，除概念结构和功能结构外，也有人提出了物理结构。主流的管理信息系统物理结构主要是基于传统意义上的计算机系统结构提出的，如图1-16所示，对管理信息系统的平台要素（物理系统）进行描述。图中，裸机指尚未安装任何软件系统的纯物理样态的计算机硬件系统，它由中央处理器（CPU）、内存（RAM）、主板（Mother Board）、各种功能板卡、机箱、显示器、键盘、鼠标等构成。操作系统（Operating System，OS）是对裸机的第一次扩充，其主要功能包括处理机（CPU）管理、内存管理、设备管理和文件管理；常

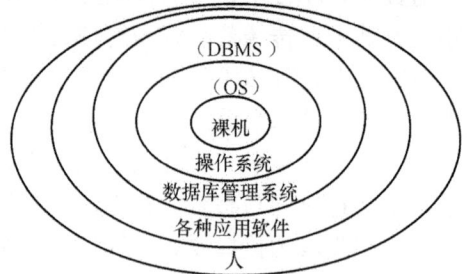

图 1-16 计算机系统结构

见的操作系统如 Windows 系列产品、Unix、OS2 等。数据库管理系统（Data Base Management System，DBMS）提供强大的数据存储与管理功能，主要的产品包括微软（Microsoft）公司的 Access 与 SQL Server、甲骨文（Oracle）公司的 Oracle 与 MySQL、IBM 公司的 DB2 等。应用软件基于计算机用户不同使用需求，向其提供高端应用；用户需求的多样化，致使应用软件种类繁多；管理信息系统的软件系统就位于这一层。计算机系统作为人工系统，人是计算机系统不可或缺的必要组分；虽然处于最外围，但人却在系统中处于主导地位。

值得注意的是，管理信息系统是理念和技术相融合的产物，具有"社会—技术"双重属性，上述物理结构仅描述其物理构成与属性，尚不足以有效表征完备意义上的管理信息系统。

此外，随着管理信息系统的网络化发展，基于计算机网络的 MIS 与单机 MIS 之间的数量比值逐渐增大。于是，又有人提出了 MIS 的网络结构。这种 MIS 结构主要是基于计算机网络的体系结构提出的，主要包括主机/终端结构（Host/Terminal，H/T）、客户机/服务器结构（Client/Server，C/S）以及浏览器/Web 服务器/数据库服务器（Browser/Web Server /DB Server，B/W/D）结构（简称"B/S 结构"，即 Browser/server 浏览器/服务器结构）。这些内容将在第三章"MIS 技术基础"中予以介绍。

七、管理信息系统的应用体系

管理信息系统是一个内涵和外延都十分广泛的概念，是企事业单位（统称"组织"）内各种管理类信息系统的总概念。在系统功能上，管理信息系统要能够有效支撑组织纵横双方向上的各管理层次、各职能领域内的管理活动（见管理信息系统的功能结构）。因此，对于既定组织而言，功能完备的管理信息系统的应用体系将是十分复杂、庞大的；同时，不同的组织因其所处领域与组织运作目标的不同，具体的应用体系也会有所差异。

综合企业单位运营的共有特征，图1-17给出了管理信息系统的应用参考体系。图中，各种基础作业系统包括组织内较早实施的各种 EDPS 和 TPS 系统，对应于组织管理三角的最底层，是对组织内部各传统业务活动的信息化与自动化支持，以提高物理业务实施的效率和有效性；同时，基础作业系统在组织内整个管理信息系统的应用体系中具有数据采集功能，它通过支持组织具体物理业务实施过程收集组织基础运营数据，为更高层系统提供数据支持。办公自动化系统（Office Automation System，OAS）支持组织内各部门的无纸化办公，提高办公效率和有效性、降低办公成本，同时又可增强各部门办公的协同性和整合性。企业资源

计划（Enterprise Resources Planning，ERP）系统对组织所拥有和所能触及的各种资源（包括有形资源和无形资源）进行有效计划、集中控制与组织，改善资源的整体利用情况和配置效率，提高组织生产的整合性、有序性，在整体上提高生产活动的效率和有效性；ERP 系统在功能上涵盖组织财务管理、生产控制、物流管理、人力资源管理等诸多领域，具体的子系统有数十个之多。当然，不同的 ERP 产品在功能上会有所差异。此外，对于生产企业，计算机集成制造系统（Computer Integrated Manufacture System，CIMS）是确保企业生产有序化、自动化、智能化和高效化的基础系统。

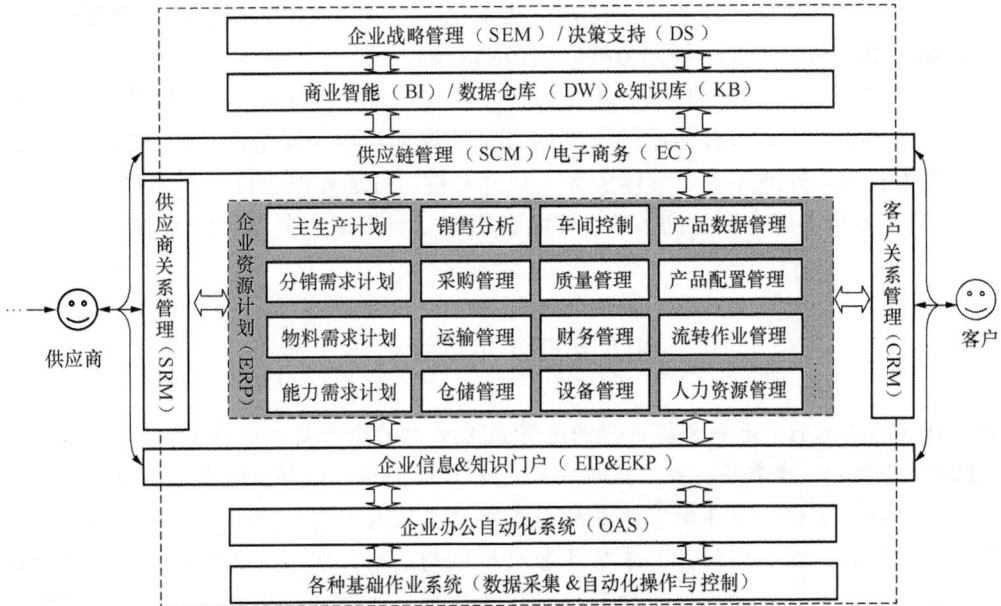

图 1-17　管理信息系统应用参考体系

20 世纪 80 年代，营销管理大师菲利普·科特勒（Philip Kotler）提出"大市场营销"理论，促成了关系营销的产生与发展；关系营销把营销活动看作是一个企业与客户、供应商、竞争者、政府机构及社会公众等实体之间发生互动作用的过程，其核心是建立和发展与这些实体间的良好关系。供应商关系管理（Provider Relationship Management，PRM）系统以及客户关系管理（Customer Relationship Management，CRM）系统则分别支持企业对上游的供应商（群体）及下游的客户（群）进行有效组织与管理，增进彼此间的理解与认同、有效改善相互间关系。随着市场环境的变化，市场竞争已经由单点企业之间的"有你没我"玩命式的竞争逐渐发展成为企业联盟之间的合作竞争；为了达成"向终端客户提供最优商品（包括服务）"这一共同目标，具有供需关系、在资源或能力方面互补的若干企业组成联盟（相对于终端客户的供应链），联盟内各企业之间是合作竞争关系、崇尚双赢。供应链管理（Supply Chain Management，SCM）系统则可以帮助企业理顺与联盟内其他企业间的关系，增进彼此间的交流与整合性能，提高联盟的综合竞争力。随着因特网（Internet）特别是移动互联网的迅速普及与发展，网民规模空前膨胀，在虚拟世界潜在市场的巨大诱惑下，传统商务开始搭乘信息化快车，发展到电子商务（Electronic Commerce，EC）阶段。借助电子商务系统平台，企业可有效突破时间与空间限制，显著提高其商务活动的效率和效益。企业信息门户（Enterprise

Information Portal，EIP）与企业知识门户（Enterprise Knowledge Portal，EKP）是企业对外独立的、单一的信息或知识交互通道，在有效提高企业对外交互效率的同时，也避免了企业内各部门分别与外界打交道而产生的信息与知识矛盾问题，较好地维护了企业对外形象。

商业智能（Business Intelligence，BI）、数据仓库（Data Warehouse，DW）、各种基于知识库（Knowledge Base，KB）的系统、决策支持系统（Decision Support System，DSS）、企业战略管理（Strategic Enterprise Management，SEM）系统以及主管信息系统（Executive Information System，EIS）等在功能上略有重叠，均对组织决策活动给予支持，并且更多地集中在对组织高层决策活动的智能化支持。这些系统在职能层次上对应于组织管理三角的战略决策层，是组织实施有效战略规划与战略决策的基础保障。

作为参考模型，上述应用体系并不是每一个实施管理信息系统项目的组织都要严格遵照完成的。在生产实践中，具体组织的管理信息系统规划与实施要结合其自身的行业特征、组织目标、能力状况、外部环境等具体情况而有针对性、有选择地进行。图 1-17 中各功能模块（子系统）的建设与实施也不是同步的，要结合组织自身发展需要与实施能力，统一规划、分步实施。

案例 MIS 支持沃尔玛缔造商业奇迹

沃尔玛（Wal-mart）是全球超市行业运营最为成功的企业之一。在 IT 行业，很多企业以戴尔（Dell）为楷模；在零售行业，沃尔玛则是大多数企业的榜样。沃尔玛的创始人山姆·沃尔顿（Sam Walton）通过多年对零售业的全面观察与深入理解，将沃尔玛在零售行业中的优势发挥得淋漓尽致。沃尔顿认为，零售业客户群结构复杂，零售企业只有让它的客户从其购物活动中体验到实实在在的好处与便利，客户才能对企业满意乃至忠诚。为此，零售企业一切工作的出发点都应放在满足客户的物质与心理需求上。向客户提供物美价廉的商品则是赢得客户满意度的根本保障。沃尔顿提出，向客户提供所在城市同行业价格最低的商品；"为顾客省钱，让他们生活得更好"。较低的商品售价以企业较高的运营效率和有效性为前提，沃尔玛通过有效的 MIS 实施确保了这一前提要件。

沃尔顿早年服役于美国陆军情报部队，参加了第二次世界大战。情报领域的从业经历使得他特别重视企业的信息沟通和信息系统建设。在沃尔玛庞大的集团式购销网络中，以卫星通信为主的联络沟通平台、基于计算机网络的功能完备的管理信息系统占有举足轻重的地位。早在 1969 年，沃尔玛便建立了零售行业中最早的计算机库存跟踪系统。到 20 世纪 70 年代，沃尔玛的物流管理信息系统（Logistics Management Information System，LMIS）已经初具规模。1980 年公司建成并开始使用条形码系统，这大大提高了公司商品管理与物流管理的效率和有效性。1983 年，公司建成并开始使用零售服务点（Point Of Sales，POS）系统，显著提高了结算速度与准确性。1985 年，公司建成电子数据交换（Electronic Data Interchange，EDI）系统，实现了公司贸易与相关作业操作的无纸化，降低了运营成本；同时，也实现了与供货商间的高效信息交互与协调。为提高企业数据通信能力，公司于 1986 年与戴姆勒奔驰公司签订合约，斥资 2400 万美元，建立了一套卫星交互式通信系统。此后，沃尔玛相继投入 6 亿多美元建起了基于卫星通信的信息系统，到 1988 年沃尔玛拥有了全球最大的私有卫星通信网络。凭借卫星通信系统，公司能在其所有的商店、分销中心之间进行通信；在总部举行的会议可以通过卫星传送到沃尔玛设在全球的各分店，也可以进行新产品演示。这个高科技的通信系统成为沃尔玛高效管理的基础，它使信息得以在公司内部及时、快速、通畅地流动，极大地提高了企业各部门间的沟通效率、提高了各业务流程运转的有效性。1986 年，公司基于强大的信息化基础，建成快速反应（Quick Response，QR）系统，进一步增强了公司对市场需求变化的快速反应能力。20 世纪 80 年代末，沃尔玛建成并使用无线扫描系统与设备。20 世纪 90 年代，随着互联网的迅速普及与发展，沃尔玛及时敏捷地搭乘了互联网班车，进一步提高了企业信息化的实施能力与实现水平。

沃尔玛建立了全球物流数据处理中心，实现集团内部全球范围内的 24 小时物流动态跟踪与监控，使其采购、库存、订货、配送和销售真正实现了一体化。顾客在某家沃尔玛超市购物并通过 POS 机系统打印发票的同时，公司负责生产计划、采购计划的工作人员以及相关供应商的计算机系统上会做同步信息更新，相关人员随时可以根据最新数据及时、高效地完成本职工作，降低了时耗、加快了物流速度。商品在沃尔玛的配送中心停留不超过 48 小时，配送中心向每家零售商店每天至少送 1 次货（竞争对手则是每 5 天 1 次），这大大降低了公司库存、节约了库存成本。在思科公司的帮助下，沃尔玛将原有系统升级为基于因特网的系统，进一步提高了系统效率和有效性。沃尔玛网站系统向客户提供功能强大的服务支持，极大地提高了客户满意度，增强了企业竞争力。沃尔玛的网络信息系统将其分布在全球的 2400 多个连锁店和 100 多个区域中心连接起来，在提高公司内部整合能力的同时，也使得公司始终能够保持较低的价格出售商品。沃尔玛的电子商务系统连接着上万个供货商和合作伙伴，公司通过该系统平台可以选择确定最优的商品供应商，并且直接从生产商进货，尽量避开中间的流通环节，有效节约了商品采购成本。

沃尔玛在实施企业信息化、大力推进管理信息系统建设的过程中，能够全面深入地认识和领会管理信息系统的"社会—技术"双重属性。在信息系统建设过程中，沃尔玛并不是一味强调技术实施，而是将公司业务优化与创新和技术创新相融合，从而使二者协调发展、彼此支持。通过对业务模式创新、企业流程优化与变革、培育和提高员工技能以及调动员工主观能动性等措施，努力培育和完善与公司信息化相适应的软环境，确保了各项管理信息系统的实施与应用效益，有效地实现了企业各项信息化目标，明显地降低了公司的运营成本。

沃尔玛始终坚持把最好的商品以最低的价格卖给消费者，其成功的管理信息系统建设是其运营目标得以实现的基础保障。沃尔玛公司管理信息系统建设的主要特点表现为：投入高、功能全、效率高、系统化、智能化、全球联网。沃尔玛在信息系统投入方面不遗余力，仅在人力投入方面，公司内专门负责软件研发的工程师就有 2000 多位；庞大的技术团队辅以有效的组织与领导，使得沃尔玛能够敏锐地嗅到每一新技术的商业价值，并领先于竞争对手将其投入应用，以科技手段增强企业核心竞争力。在公司管理信息系统功能体系规划方面，沃尔玛力图主导与供应商间的配送渠道、强力控制和有效把握商品流通与异动情况；沃尔玛时刻全面准确地掌握着每一商品从订购到运输、入库以至销售的全部信息，并据此制定公司内部最优运营方案。统计数据表明，沃尔玛的配送成本只占其销售额的 2%，而其大多数竞争对手的该指标值一般在 10% 左右，有些食品行业甚至高达 20%～30%。通过管理信息系统平台的有效运作，沃尔玛在大幅提高企业运营效益的同时，也大大提高了与供应商间的物流和资金流的效率和有效性，调动了供应商的积极性，与供应商建立起了良好的合作关系。例如，当美国第三大零售商凯马特（K-mart，已破产）对其供应商所供应的商品平均付款期限为 45

天的时候，沃尔玛通过全球化的高带宽网络及其功能强大的管理信息系统支持，对其供应商所供应的商品平均付款期限则已缩短到 29 天。如此高的财务结算效率极大地刺激了广大供应商与其合作的欲望，大大拓展了沃尔玛对供应商的选择范围，进而确保了沃尔玛能够以比同行更优的价格采购商品。

依靠科技进步不断革新商业模式与运营理念，在功能强大、体系完备的管理信息系统支持下，沃尔玛如虎添翼，取得了长足的发展，创造了世界零售业的一大奇迹。1962 年，沃尔玛诞生；1979 年，沃尔玛年销售额首次达到 10 亿美元；1991 年，沃尔玛年销售额突破 400 亿美元，成为全球大型零售企业之一；1993 年，沃尔玛销售额高达 673.4 亿美元，比上一年增加 118 亿多，超过了 1992 年排名第一的西尔斯（Sears），雄居全美零售业榜首；1995 年沃尔玛销售额持续增长，达到 936 亿美元，创造了零售业的一项世界纪录，在《财富》杂志 1995 年美国最大企业排行榜上名列第四；在 2000 年，沃尔玛全球销售总额达到 1913 亿美元，超过美国通用汽车公司，仅次于埃克森—美孚石油公司，位居世界第二；公司 2009 年净利润 258 亿美元，2013 年位列世界 500 强第 2 位。如今，沃尔玛的年销售额相当于全美所有百货公司的总和，而且仍保持着强劲的发展势头。截至 2014 年，沃尔玛在全球拥有超过 10 700 家分店，员工数目达到了 200 万人。在短短几十年中，沃尔玛有如此迅猛的发展，不得不说是全球零售业的一个奇迹。

本 章 小 结

作为全书导论，本章分为"信息概述"、"系统概述"、"信息系统概述"以及"管理信息系统概述"4 节，在内容上将读者逐步引入管理信息系统的学科之门。

在"信息概述"一节，首先向读者分别介绍了数据、信息、情报和知识的概念，并分析了上述各概念之间的关系；而后，归纳了信息的基本特征，即价值性、共享性、时效性、增值性、层次性、滞后性与事实性等，并对每一特征进行了深入阐释。对事物分类是人们深化对其认识与理解的重要途径，本节按不同的分类标准对信息进行了详细的类别划分。对具体信息的量进行度量是个比较复杂的问题，本节基于对信息消除不确定性程度的测度方法，间接实现了对信息的度量。最后，对信息管理的发展阶段进行了划分，总结了各阶段的主要特征，分析了信息管理所涵盖的完备活动序列及其结构，并指出了信息主体有效实施信息管理所应注意的问题。

"系统概述"一节主要帮助读者对本课程的先修知识——系统科学思想与方法进行回顾与学习。在内容上，对系统的概念、系统与集合之间的区别、系统复杂程度、系统边界与系统环境等进行了简要介绍；而后，归纳了一般系统所具有的主要特征，基于不同分类标准对系统进行了类别划分。最后，本节重点分析了系统科学思想与方法（包括一般系统特征、一般系统方法、霍尔三维结构、耗散结构理论和协同学思想）对管理信息系统项目实施的现实指导意义。

在"信息系统概述"一节，向读者介绍了信息系统的诞生背景，给出并分析了信息系统概念；结合一般系统类型划分方法，对信息系统进行了归类；而后，归纳了信息系统的具体功能，分析了其所具有的属性特征。对信息系统结构，本节从概念结构和功能结构两个维度分别进行了介绍。最后，本节对描述信息系统发展阶段的诺兰模型、西诺特模型以及米歇模型依次进行了详细介绍，并分析了其对信息系统的有效实施所具有的重要作用。

在"管理信息系统概述"一节，首先回顾了管理信息化的简要发展脉络，并基于尤建新教授的管理职能说（即管理的基本职能包括计划、组织、领导和控制职能），讨论了管理信息化所要实现的管理信息系统对基本管理职能的信息支持问题。而后，依管理信息系统发展的时间维度，对不同时期"管理信息系统"的典型概念进行了介绍与分析，并给出了本书对管理信息系统的概念界定，同时也指出了一些错误认识。对管理信息系统的功能，本节从其概念界定、技术层面、管理层面以及具体业务领域分别进行了归纳与分析。为了帮助读者深入理解管理信息系统概念，进一步总结并强调了管理信息系统的主要特征。纵观管理信息系统的发展历程，将其划分为萌芽期、发展期与成熟期三个阶段，分别归纳了各阶段的基本特征，分析了管理信息系统的发展趋势以及新的系统形式与管理信息系统之间的关系。对于管理信息系统的要素与结构，首先给出了由理论要素、主体要素、客体要素、平台要素、技术要素与生态要素等构成的系统组分，进而给出并分析了管理信息系统的概念结构，同时也介绍了其功能结构、物理结构以及网络结构。最后，基于企业单位运营的共有特征，本节介绍了组织内部管理信息系统的应用体系，并对各系统组分进行了简单介绍。

习 题

1．"管理信息系统"就其字面意义而言，由哪些主要组分构成？彼此间具有怎样的简单关系？管理信息系统是如何发挥作用的？

2．对数据、信息、情报和知识，分别如何定义？它们彼此间具有怎样的关系？

3．申农和朗高对信息的定义鞭辟入里、言简意赅。对他们给出的论断，你如何理解？

4．为什么说"信息是一种资源"？信息的价值如何测度？

5．信息共享与有形实体共享有何区别？妨碍信息交流与共享的因素有哪些？如何建立有利于信息交流和共享的良好机制？

6．什么是信息全生命周期？它涵盖哪些阶段？如何理解信息的时效性？

7．对信息的增值性、层次性与滞后性，你如何理解？

8．管理信息系统专家、同济大学刘仲英教授曾经指出，"对于计算机系统，输入的是垃圾，输出来的仍是垃圾"。对上述论断的现实意义，你如何理解？

9．通常信息的分类标准有哪些？各自分别对应怎样的信息分类内容？

10．回顾在"信息的度量"一节的那个经典例子，请思考：当张三到信息技术部以后，如果部里有职员告诉他"李四已经在一个月前跳槽到具有 200 人的 A 软件公司了，具体做什么工作不知道。"对于信息技术部这位职员提供给张三的信息，该如何度量？

11．信息管理的发展相继经历了哪些阶段？各阶段的主要特征是什么？后一阶段相对前一阶段而言，分别有哪些改进？

12．完备的信息管理包括哪些活动？彼此间有着怎样的关系？

13．为确保信息管理的有效实施，信息主体需要明确哪些内容？

14．什么是系统？其与集合的区别是什么？如何对系统进行分类？系统的复杂程度与哪些因素有关？

15．一般而言，系统具有哪些特征？对于每个特征，你如何理解？

16．系统科学思想与方法对管理信息系统项目建设与实施具有怎样的现实指导意义？

17．什么是信息系统？它是在怎样的背景下诞生的？信息系统具有哪些系统特征？计算机诞生之前存在信息系统么？为什么？

18．信息系统有哪些类型？信息系统有哪些主要功能？作为系统子集，信息系统有哪些属性特征？

19．信息系统具有怎样的概念结构与功能结构？你如何理解？

20．描述信息系统发展阶段的模型有哪些？对信息系统的有效实施，它们各自具有怎样的现实意义？

21．你如何理解管理信息化的发展脉络？企业管理活动中的"三大流"各指什么？它们之间具有怎样的关系？

22．管理的基本职能有哪些？管理信息化对上述各基本职能给予怎样的支持？

23．如何理解管理信息系统的概念？肯尼万、戴维斯和薛华成对管理信息系统的概念界定各自具有怎样的时代意义？

24．从不同视角看，管理信息系统具有怎样的功能？

25．管理信息系统作为一般信息系统的实例系统，它表现出哪些特征？

26．纵观管理信息系统的发展历程，它大致可被划分为哪些阶段？各阶段的主要特征是什么？后一阶段相对前一阶段而言，分别有哪些改进？

27．管理信息系统与决策支持系统之间的关系如何界定？

28．一般而言，管理信息系统包括哪些要素？各要素之间的关系怎样？

29．如何理解管理信息系统的功能结构、物理结构以及网络结构？

30．企业内功能完备的管理信息系统通常包括哪些系统组分？各系统组分的主要功能是什么？各组分之间具有怎样的关系？

31．请基于你的知识积累并通过有效的资料查询过程，对企业内管理信息系统应用体系中各系统组分作进一步深入了解，掌握当前产业界在各系统组分上主要有哪些典型的产品系统在使用？同一系统组分内的不同供应商提供的各产品系统之间有哪些区别？

32．在"MIS支持沃尔玛缔造商业奇迹"这一案例中，你得到了哪些启示？

第二章　MIS 管理基础

信息化管理与传统手工管理的关系类似于电子商务和传统商务之间的关系。电子商务是对传统商务运作理念的演进和提高、运作方式的变化与革新，其核心内容是"商务"而非"电子"；类似地，信息化管理的核心问题在于"管理"，而非信息技术。作为将传统手工管理提升到信息化管理的实施平台，管理信息系统是通过系统科学思想与方法将先进管理理念、模式与现代信息技术相融合的产物，信息技术只是新型实施手段和方式，人们在管理信息系统上所关注的核心仍然是管理问题；管理信息系统的实施目的就在于提高企业全方位（各层次、各领域）的管理效率和有效性。如此，要做好管理信息系统的规划、分析、设计与实施等工作，就必须要具备扎实的管理理论基础。

作为一门课程，对管理信息系统的学习需要读者已经具备相关的管理学基础知识。为了确保本书体系的完备性，同时也为方便读者对该课程的学习，本章将引领读者对与管理信息系统相关的管理学基础知识进行简单回顾与学习（读者可根据自己对管理知识的把握程度，对本章有选择地学习）。

第一节　管理的现代化发展

一、管理学科发展脉络及其理论观点

人类社会诞生与发展的过程与其认识和改造世界的过程是相合的，管理活动也在这一实践过程中萌芽、发展与演进着。随着人类生产技术的不断进步、生产力不断提高，社会分工进一步细化，各种管理问题的影响因素也变得日趋复杂，管理的方法理论体系也得到了不断丰富和创新。

18 世纪中叶的工业革命推动了人类科学技术的迅猛发展，"工厂制度"作为一种新的生产管理方法诞生并得到了良好发展。对工厂制度的广泛调研与深入分析，极大地刺激了管理学科的发展与完善，出现了一批著名的管理学的思想者、启蒙者。

18 世纪中叶，亚当·斯密（Adam Smith）以人性的观点作为建立管理理论的依据，创立了劳动价值论和劳动分工理论。罗伯特·欧文（Robert Owen）是工业革命时期的另一位著名学者，他在努力创办实业的过程中认识到人力资源的重要性，是最早提出关心员工的企业家；同时，在工作环境和劳动用工方面他也提出了许多改革措施。剑桥大学教授查尔斯·巴贝奇（Charles Babbage）深入工厂一线，对其作业操作和制造费用进行深入调查与分析，于 1832 年完成了《论机器与制造业的经济》这一著作。巴贝奇高度推崇劳动分工的意义与价值，提出要逐步建立和完善能够确保劳资双方利益一致、关系和谐的工厂制度，工人工资和奖金的衡量应以其专业技能为依据。19 世纪中叶，以铁路建设为主导的美国工业化如火如荼。经由长期的实践历炼与理论摸索，丹尼尔·麦卡勒姆（Daniel Craig McCallum）成为当时最具影响力的管理学者。麦卡勒姆推崇劳动分工、合理授权、统一指挥及个人责任制，主张建立严明的纪律规范、明确的职责范畴、科学的组织细则、完备的管理制度；同时，他还利用当时

先进的电报技术建立了"时报表"系统，强化了对管理信息的有效收集、整理与应用。

经过一个多世纪的孕育与发展，到 19 世纪末 20 世纪初，现代意义上的系统化的管理理论——古典管理理论开始形成。

美国学者弗雷德里克·泰勒（Frederick Winslow Taylor）通过长期对工厂管理实践的研究与总结，于 1911 年出版了其代表作《科学管理原理》，奠定了科学管理理论基础。泰勒指出，管理的核心问题是发展生产力、提高劳动生产率，为此就要实施科学的管理，具体的做法包括：工作定额、挑选和培训"第一流工人"、推行标准化制度、实施刺激性薪酬制度、管理职能与作业职能分离，等等。法国人亨利·法约尔（Henri Fayol）长期担任工程师、执行董事和总经理，1916 年出版了《工业管理和一般管理》一书，提出了著名的十四条管理原则，即劳动分工、权力和责任、纪律约束、统一指挥、统一领导、集权与分权、等级层次、合理报酬、秩序、个人利益服从整体利益、公平、人事稳定、首创精神、团结精神。古典组织理论代表人物、德国柏林大学教授马克斯·韦伯（Max Weber）穷其毕生精力著就了《社会组织与经济组织理论》一书，在书中他主张建立高度结构化、非人格化的、正式的思想行政组织体系，以明确的岗位、作业、规章、纪律以及组织成员之间的关系等确保组织整体的生产效益。这一时期的其他代表人物还包括吉尔布瑞斯夫妇（Frank B. Gilbreth &Lillian M. Gilbreth）、亨利·甘特（Henry L. Gantt）以及英国人林德尔·厄威克（Lyndall Fownes Urwick）等。吉尔布瑞斯夫妇是劳动科学的首创者，主张深入观察和分析完成某项作业的每一动作，找出基本动作、放弃不必要的动作、理顺动作关系，从而建立"最优工作法"以提高劳动效率。甘特在工资制度方面主张工资与奖金相融合，实施"作业奖励工资制"；1917 年，他提出了"甘特横道图"，成为人们普遍接受和应用的安排和控制生产计划进度的图表工具。毕业于牛津大学的厄威克则将泰勒、法约尔、韦伯等人的理论系统化，将古典科学管理理论与古典组织理论结合起来，形成了古典管理理论。厄威克完成了《管理要素》、《管理备要》与《组织的科学原则》等著作，提出了组织的八项原则，即明确的目标、权力与责任相符、上级对下级负责、等级层次清晰、适宜管理幅度、合理分工与专业化、协调性以及明确性原则。

19 世纪末 20 世纪初出现的上述管理学派及其管理理论在管理学的发展历程中被统称为古典管理理论。古典管理理论将管理视为有组织的社会的一个特殊要素，将劳动生产率作为关注和研究的焦点；通过长期的实践调研与理论提炼，古典管理理论明确了管理的目标、领域、职能与原则等重要问题，强调了管理的科学性和客观性，切实提高了劳动生产率；然而，古典管理理论在对人性假设的认识上，认为人是"经济人"、"机器人"，尚未对人的主观能动性与人的社会属性形成足够清醒和深入的认识。

古典管理理论基于"经济人"假设认为，激励员工生产积极性的动因来自于外部环境条件；人是由外在环境因素所驱使的，优劣不同的工作条件将对应高低不同的生产率。然而，从 1924 年开始，美国国家科学院下属的全国科学研究委员会在西方电气公司下属的霍桑工厂所做的实验却发生了在当时令人费解的现象，工人（实验组）实际生产率的变化情况居然与人们的预期正好相反。例如，即便照明条件持续下降到 0.06 烛光水平，工人的生产效率仍在持续提高。该实验持续到 1927 年，仍然无人能够解释所发生的现象。1928 年，哈佛大学副教授乔治·梅奥（George Elton Mayo）加入到霍桑实验。到 1932 年，在梅奥的指导下，霍桑实验系列拓展为照明度实验、福利实验、访谈实验、群体实验等。在 1933 年和 1945 年，梅奥相继出版了《工业文明的人类问题》和《工业文明的社会问题》两部著作，对霍桑实验的研究成果进行了总结，概括起来主要包括如下两个方面：其一，"经济人"假设是不正确的，人是"社会人"；在生产管理中关注和处理好人的心理情感以及人际关系比物质刺激和强硬约束更有意义；生产效率取决于工人的"士气"。其二，在正式组织中存在非正式组织，非正式组织对其成员的行为有较大影响，管理者要对非正式组织给予重视并合理引导，要具备平衡正式组织的经济需要与非正式组织的社会需要的能力素质。

前后持续九年的霍桑实验否定了传统"经济人"的人性假设，提出了"社会人"的人性假设。"社会人"假设指出，员工不是被动、孤立的个体，每一个人都是处在一定社会关系中的群体成员。员工动机、行为与生产效率不仅受物质因素的影响，更决定于其通过与同事之间的互动关系而得到的归属感及社会接纳程度（即社会需要的满足程度）。来自群体的对于员工的社会影响力要强于管理者对员工的经济刺激与控制力。被管理者只有在其社会需要与其他要求得到满足时，才会对管理做出响应。

霍桑实验的研究成果是对古典管理理论的修正与突破，它将管理研究的重点从工作本身与物质因素转移到人的因素上来，促成了将管理学、社会学与心理学结合起来的新的管理研究学派——行为科学学派。该学派的代表人物首推梅奥。此外，耶鲁大学教授、组织学习理论的奠基人——克瑞斯·阿吉里斯（Chris Argyris）及麻省理工学院（MIT）教授道格拉斯·麦格雷戈（Douglas McGregor）也对"人性"问题进行了深入研究，前者提出了"不成熟——成熟理论"，后者提出了"X 理论—Y 理论"。研究需求、动机与激励问题的亚伯拉罕·马斯洛（Abraham H. Maslow）于 1943 年和 1954 年分别出版了《人类的动机理论》与《激励与个人》两部著作，系统地提出了"需求层次理论"，将人的需求划分为生理需求、安全需求、社交需求、尊重需求和自我实现的需求 5 个层次；美国犹他大学教授弗雷德里克·赫茨伯格（Frederick Herzberg）提出的双因素（激励因素与保健因素）理论、耶鲁大学教授维克托·弗鲁姆（Victor H. Vroom）的期望理论及哈佛大学教授伯尔赫斯·斯金纳（Burrhus Frederic Skinner）的强化理论也对人的需求内容与层次展开了深入研究。在非正式组织研究方面，爱荷华州立大学教授库尔特·勒温（Kurt Lewin）于 1944 年提出了"团体动力学"理论指出，非正式组织与正式组织一样，有其组织目标、要素、规范、结构、领导方式、参与者与应变反应等。德克萨斯大学教授罗伯特·布莱克（Robert R. Blake）与简·穆顿（Jane S. Mouton）合著并于 1978 年出版了《新管理方格》（1964 年二人曾合著出版《管理方格》），对领导方式进行了深入研究，指出效率最高的领导方式是将对生产的高度关心与对员工的高度关心结合起来。

行为科学学派对人的个体行为、群体/团队行为、组织行为与领导行为展开了广泛而深入的研究，并对人性本质及人的需求、动机与激励问题等进行了深入分析与探讨。该学派的研究成果开辟了管理研究的新领域，奠定了现代行为科学发展的基础，进一步完善了管理学的学科体系，对管理学的理论研究与实践应用产生了深远的影响。

古典管理学派与行为科学学派主要以定性研究为主，缺少定量化与系统化分析。第二次世界大战期间以及战后迅速发展起来的现代管理学派则基于古典管理的理论基础，吸纳行为科学学派的思想精髓，融入自然科学研究的优秀成果，从而揭开现代管理研究的新篇章。现代管理学派的研究主要有以下特征：以系统分析为研究手段、以运筹学为研究基础、以管理决策为主要着眼点，它又可进一步细分为社会系统学派、系统管理学派、管理科学学派、决策理论学派、权变管理学派等。

　　社会系统学派的主要代表人物是切斯特·巴纳德（Chester I. Barnard）博士。该学派认为，组织是一个协作系统，其基本要素包括协作意愿、共同目标和信息联系；对组织的经营与管理需要做好组织内部的平衡工作以及组织对外部环境的适应工作。该学派主张建立并逐步完善组织的信息系统以增进信息联系，正确认识并积极引导组织内的非正式组织。此外，巴纳德等人还是最早将决策概念引入管理理论的管理学者。英国学者，美国宾夕法尼亚大学沃顿商学院教授埃里克·特里斯特（Eric Lansdown Trist）等人通过对煤矿企业"长臂采煤法"的深入研究指出，管理不仅要着眼于社会协作系统分析，还要充分研究技术系统的作用；管理的绩效不仅取决于员工的行为、态度及其相互作用，还决定于其所使用技术系统的性能。特里斯特等人在科学技术对个人与群体行为的影响方面进行了深入研究，并分析了科技对组织与管理绩效的影响，主张将组织同时作为社会系统和技术系统进行综合研究。上述观点与理论是对传统社会系统学派相关理论的补充与发展，也有人将其称为社会—技术系统学派。

　　系统管理学派盛行于20世纪60年代，其代表人物有华盛顿大学（UW）教授弗里蒙特·卡斯特（Fremont E. Kast）与詹姆斯·罗森茨韦克（James E. Rosenzweig）、里查德·约翰逊（Richard A. Johnson）等，代表作有三人合著并于1963年出版的《系统理论与管理》以及由卡斯特与罗森茨韦克合著并于1970年首次出版的《组织与管理：系统与权变的方法》。系统管理学派以系统的概念、原理与方法来研究与分析组织及其管理活动与过程，以此提高组织的整体效率。该学派指出，企业是由人、物资、机器和其他各种资源组成的开放的社会技术系统，组成系统的各要素对组织目标的完成均有作用和影响，人是组织系统的唯一主体。系统管理学派将组织系统进一步划分为目标与准则子系统、技术子系统、社会心理子系统、组织结构子系统和外界因素子系统，每一个子系统还可进一步细分，从而深化了人们对组织与管理的认识。

　　管理科学学派也称为管理数量学派，其代表人物是美国加利福尼亚大学教授埃尔伍德·伯法（Elwood Spencer Buffa），著有《现代生产管理》（1975）。在第二次世界大战中，以英国物理学家、社会活动家帕特里克·布莱克特（Patrick Maynard Stuart Blackett）为首的科学家们为解决雷达的合理布置问题，建立并发展了运筹学（Operational Research）。运筹学研究在特定物质条件约束下，为实现既定目的，通过数学分析与计算，统筹兼顾研究对象及其各个活动环节，为选择确定最优方案提供数量依据，以便最经济、最有效的应用资源达到最优效果。第二次世界大战后，以伯法为代表的管理学家基于运筹学思想与方法，建立和发展了管理科学学派。该学派认为，管理就是应用各种数学模型来表征管理的计划、组织、领导、控制与决策等合乎逻辑的程序，求解最优方案以实现组织目标。管理科学学派充分利用现代自然科学和技术科学的优秀成果（如规划论、排队论、库存论、对策论、搜索论以及网络分析等运筹学方法以及统计学、系统论、信息论、控制论与计算机科学技术等），对管理活动中的各种资源与活动进行综合定量分析，以便做出最优管理规划与管理决策。由美国兰德公司（Rand Corporation）提出的系统分析理论则是对管理科学学派的有益补充与完善。系统分析理论从系统观角度看待管理问题，从全局高度着眼对管理系统进行数学建模与分析，以获得最优的战略决策。

　　需要指出的是，管理科学学派将管理研究由定性提高到定量阶段，在管理学的发展史中有其重要意义。然而，该学派的理论基点是"经济人"假设，认为组织是由"经济人"组成的谋求经济利益最大化的系统，这显然忽视了人的社会属性，是该学派的一大不足；实践中的管理问题复杂多变，通过数学模型将各管理因素全部进行数量化表征并不容易做到，而过于简化的数学模型则难以准确描述管理问题；此外，在实际研究领域，有些人过于偏激，认为只有数理分析才是真正的管理学研究，以致于模型越做越复杂，而高深的数理分析却往往远离了管理实践。事实上，管理既是一门技术也是一门艺术，管理方法研究需要在"有效"和"简易"之间寻求平衡，管理学研究应力求用尽可能简单的方法解决相对复杂的管理问题。

决策理论学派从社会系统学派发展并独立出来，吸收了行为科学、系统理论、运筹学以及计算机科学的优秀成果，其代表人物是诺贝尔经济学奖获得者赫尔伯特·西蒙（Herbert A. Simon）。该学派认为，管理的关键是决策，管理的过程就是决策的制定与执行的过程；决策的制定过程不仅要应用先进的定量分析方法与计算技术，还要对心理因素、人际关系等社会因素给予重视。西蒙等人对管理决策问题进行了系统的研究，包括决策的过程、准则、技术、组织结构以及程序化决策和非程序化决策的区别等，指出理性人往往只具有"有限理性"，提出用"满意标准"取代"最优标准"的方案决策模型。

权变管理理论又称为情景管理理论，其代表人物是美国内布拉斯加大学教授弗雷德·卢山斯（Fred Luthans）与华盛顿大学（UW）教授弗雷德·菲德勒（Fred E. Fiedler）等人。20世纪70年代以来，世界政治、经济、科学技术、消费观念等变化加快，组织内部的员工素质结构等因素也在快速变化，这使得权变管理理论自诞生以来一直为人们所推崇。权变管理学派认为，实际运作中不存在普遍适用、固化的、最好的管理理论与方法，管理要根据组织内外环境的变化特征而权宜应变；把组织内外环境条件作为自变量，将管理方法与技术作为因变量，管理研究就是要确立两者之间的函数关系，管理运作则是根据环境自变量的现有特征通过函数关系求得所应采用的有效管理方法与技术；环境条件的动态变化将会通过函数对应关系传递到管理方法与措施上，使得管理者能够做出及时、有效的因应措施。此外，权变管理学派通过对大量案例的调研与分析，将管理的权宜应变概括为几种基本类型（其内容涵盖组织结构、领导方式、管理方式等），并为每一类型确定了因应模式。

在整个20世纪，管理领域呈现出百家争鸣、百舸争流的局面。各管理学派在相互借鉴与补充的过程中，共同织就了管理学发展的美好图景。从古典管理学派到行为科学学派再到现代管理学派，管理作为一门独立的学科，其学科理论体系在扬弃中不断丰富与完善。自20世纪后期起，因应管理环境的巨大变化，管理学理论与实践迎来了新一轮的大发展，通常被统称为"后现代管理理论"。我们将在第二节对后现代管理的经典理论与方法进行简要介绍。

二、企业所处管理环境的变化

企业作为一个系统，总是处于一定的环境背景之中；企业管理活动则发生于企业内外既定环境条件下，管理活动的效率和有效性取决于其管理模式与企业内外环境之间的匹配程度。企业所处管理环境始终处于不断变化与发展的过程中，管理工作者必须及时侦知、测度、分析上述变化过程，并基于分析结果对其管理理念、方法与过程做出及时、适度的调整与改进。如此，才能确保实际运作中的管理效益。

按对企业影响的直接程度，可将企业所处的外部环境分为宏观环境与微观环境两大类，如表2-1所示。其中，前者是某一特定社会中的对一切企业发生间接影响的环境；后者则是直接作用于企业的环境。

表 2-1   企业所处外部环境

宏观环境	• 经济环境 • 科技环境 • 自然环境	• 政治法律环境 • 社会文化环境 • ……
微观环境	• 市场环境	• 产业环境

　　企业所处的宏观环境包括政治法律环境、社会文化环境、经济环境、科技环境以及自然环境等。政治法律环境是保障企业生产经营的基本环境组分，是制约和影响企业生产运作的政治体制与法律环境的运行样态，前者包括国家政治制度、权力机构、方针政策和政治形势等因素；后者包括国家制定的法律、法规、行政法令以及司法机构与人员等因素。社会文化环境指企业所处区域居民的价值观念、风俗习惯、行为规范、生活方式、文化传统以及人口规模、素质结构与地理分布等因素的实际情况与变动趋势。经济环境指企业生存和发展所赖以依存的社会经济状况以及国家经济政策，包括国家经济体制、经济结构、宏观经济政策、经济发展状况等要素；国内生产总值、就业水平、居民消费指数、消费支出分配规模、国际收支状况以及利率、汇率、通货供应量等国家货币和财政政策等是衡量经济环境的主要指标。科技环境是企业所处环境中的科学技术发展水平以及与科技直接相关的各种社会现象，包括国家科技体制与政策、科技发展水平与趋势等。自然环境指企业所处区域的自然资源与生态环境，包括土地资源、水资源、林木资源、矿产资源、各种能源、生物物种、环境保护以及生态平衡等方面的发展现状与变化趋势。

　　企业所处的微观环境主要包括市场环境与产业环境两个方面。市场环境是企业所处的供应环境、竞争环境与客户环境等因素的现状与趋势。任何企业都以向客户提供既定产品与服务为运营目标，都可归入到特定的产业类型之中；产业环境则是企业所属产业竞争状况、产业内的群体结构以及产业所处的生命周期特征等因素的集合。

　　人类社会经历了从渔牧经济、农业经济、工业经济到知识经济的发展与演变，伴随该过程企业亦经历了诞生、发展与演变的过程。外部环境的持续变化与演进以及企业运营管理活动因应这种变化而做相应的调整与完善，是企业得以发展与演变的动力源泉，也是现代企业管理理论不断丰富与完善的基础动因。自第二次世界大战结束起，世界各国迎来了相对稳定的和平发展时期；然而，从20世纪后期开始，企业所处的外部管理环境发生了巨大变化。在中国，自改革开放以来，随着国内政治民主化进程的持续推进、法制建设的不断完善，越来越有序的政治法律环境为企业运营管理活动提供了切实可靠的环境保障；政企分开、政府职能转变，则为企业管理者的自由发挥、大展宏图提供了广阔的空间。国民经济的持续高速发展、民众购买力的不断提高，促进市场规模不断扩大；科学技术的突飞猛进为企业飞速发展注入了强大动力，也为管理工作者提供了一个良好的发展舞台；物质文明的发展与进步带动了社会文化建设的高速发展，丰富了消费者的需求层次与结构。

　　如今，顾客需求、科学技术、产品生命周期、市场发展规律等，都在高速变化与演进着，而且变化的速度在加快、幅度在加大、规律性在降低。任何事务都具有双面性，外部环境的变化在带给企业机遇的同时，也对企业管理者提出了巨大挑战。

　　在宏观环境方面，随着国家政治法律环境的不断改进与完善，企业的管理活动必须要做出相应的调整。例如，随着新的《劳动合同法》的颁布与实施，企业原有的人事管理制度就必须要做出及时、准确的调整与完善；2014年3月15日，新版《消费者权益保护法》施行，企业的产品策略、销售策略、客服策略也要做相应调整。在世界经济从国际化（Internationalization）向全球化（Globalization）的演变过程中，企业在引进外资、技术以及管理理念与方法的同时，也必须要直面来自全球的更为激烈的竞争；当知识经济逐步取代工业经济、当知识逐步取代劳动力和资本而上升为企业的主体生产资料的时候，企业的原有管理模式与理念就必须做出相应调整，而这种调整短期内是没有固定模式可循的。科学技术的突飞猛进在改善人们生活、提高劳动生产率的同时，也因持续缩短技术与产品的生命周期而将企业的研发活动置于高度的风险中；同时，对企业的反应能力、应变能力、创新能力也提出了更高要求。信息技术的飞速进步，尤其是因特网（Internet）的迅速普及与发展，在带给企业通信便利、提高其信息流效益的同时，也对企业管理者的信息甄别、收集、处理、应用与集成能力提出了更高要求；企业的管理者要有能力尽快摸索并制定出将先进科技与企业运营管理模式相融合的良好机制。此外，随着人们对自然环境重视程度的日益提高，尤其是对能源消耗、环境保护、生态平衡等方面的关注度的不断提高，迫使企业管理者重新审视原有的生产理念与方式，不断提高企业对自然环境的保护意识与实现水平；不求改进、改进不及时以及改进力度不够、改进措施不当的企业都将被社会无情淘汰。

　　在微观环境方面，人们用 3C 描述当前企业所处市场环境中的三股主体力量，即顾客（Customer）、竞争（Competition）和变化（Change）。在这三股力量中，"变化"是最本质的内容。科技的进步（尤其是信息技术不断创新与广为应用）、知识经济时代的来临，使人们的生产与生活节奏持续加快，"变化"的速度"与思考等快"。此时，只有那些能够及时、准确预测变化、侦知变化、适应变化、应用变化甚至创造变化的企业才能赢得生存与发展，这显然对全体管理者而言都意味着巨大挑战。自 20 世纪 80 年代以来，随着生产力的持续提高以及消费者知识素质与消费观念的变化，买卖双方的关系发生了巨大转变，卖方市场已经演变为完全的买方市场。如今，福特将黑色的 T 型车卖给整整一代美国人的时代一去不复返；随着商品品种的日益丰富、质量日益提高，顾客也在消费过程中不断变化与成熟，其对商品的要求与期望以及议价能力也在日益提高。顾客对商品的功能、质量、可靠性、品种规格、花色样式、交易方式等的要求不断变化，多样化、个性化需求日益强烈；顾客对商品交货期的要求及对产品与服务的期望越来越高。企业只有较好地持续满足顾客需求，才能赚取利润、赢得生存与发展；显然，不断变化、日趋个性化的顾客需求对企业的管理者而言意味着永恒的压力和动力。另一方面，随着区域性乃至全球化市场的逐步建立，使得原本激烈的市场竞争形势变得更为严峻。发生在 1998 年的东南亚金融危机及 2008 年的美国次贷危机，由一个国家引发而迅速波及全球，对全球经济构成重大影响，充分彰显了全球经济一体化的巨大威力。此种背景下，企业管理者必须要树立全球竞争的战略思维，具备在全球范围内对资源与生产活动的优化统筹能力。与此同时，随着市场规模的不断增大、科学技术不断进步，企业所面对的行业内既有竞争者的压力、潜在市场进入者的威胁、供应商与客户不断改进的议价策略以及与其所提供商品功能相似的替代品的威胁等（详见后文的"竞争战略理论"），也在不断增大。此外，在产业环境方面，产业生命周期在持续缩短。任何产业都具有开发期、成长期、成熟期和衰退期 4 个阶段，在以"变化"主导的时代背景下，替代品、换代品层出不穷，产业发展的各阶段时域都在萎缩。企业的经营状况取决于其所在产业的整体发展状况及其在该产业中所处的竞争地位。为赢得生存与发展，企业的管理者就必须要能够对企业所从属的产业状况做出动态、及时、准确的评估，并依具体的阶段特征制定有针对性的调整战略。

　　企业的管理系统作为企业大系统的一个子系统，管理效能的发挥程度不仅取决于企业外部环境特征及其变化趋势，还受制于企业内部环境的具体特征与发展态势。企业管理所处的内部环境指，在企业大系统中，其管理子系统正常运作与发挥效能所赖以支撑的企业内部诸多要素的集合，如企业的物质条件（设备设施等）、文化氛围、组织结构、人力资源状况、财务资源状况、社会关系状况等。企业管理要充分发挥效能，就需要对上述企业内部环境要素的现状特征与变化趋势进行评估与分析，而后采取有针对性的管理策略与措施。相对于企业外部环境，管理子系统对企业内部环境的作用与改造能力要强得多；管理者要谋求将企业管理子系统与企业内部环境较好融合与协同，使两者在交互过程中相互促进、共同发展。

　　显然，企业内部环境的诸要素会随企业发展的时间维度的延伸而不断变化，并且这种变化的可能方向既有"正"向也会有"负"向。企业的管理者要及时洞察企业内部环境的变化特征与趋势，并相应地调整管理措施与方法，通过管理子系统与企业内部环境的交互作用，对企业内部环境施加影响，使其作"正"向演进。此外，企业内部环境也会受到企业外部大环境的间接作用与影响，进而发生变化。例如，随着信息技术革命的不断推进，企业物质环境中的信息化设备与设施会在不知不觉中丰富起来，计算机软硬件系统应用逐渐增多，打印机、扫描仪、数码相机等逐渐成为基本办公设备，企业内联网（Intranet）开始建立并逐步完善，等等；与此同时，随着教育体制的不断完善，劳动力素质持续提高，企业的人力资源结构也必将随之发生变化；当企业间交流与合作逐渐增多，外联网（Extranet）与因特网（Internet）不断普及与发展、企业与外界之间的信息交互日趋频繁，企业文化也将在不知不觉中被注入外生成分；20 世纪 80 年代，营销管理大师菲利普·科特勒（Philip Kotler）提出"大市场营销"理论，促进了关系营销（Relationship Marketing）的产生与发展，企业的管理者越来越关注对企业与其他社会实体之间良好关系的维持与改进。这些内部环境的变化在带给企业管理者机会与激情的同时，也将使他们切实感受到巨大的压力与挑战；只有那些能够及时准确地预测变化、侦知变化、测度变化，进而因应变化做出及时、合宜的管理改进与调整的管理者，才能够带领企业赢得竞争、获得发展。

三、管理因应环境变化的调整与发展

　　自 20 世纪后期始，面对企业内外环境持续发生的变化，管理理念与方法需要因应变化而做出了相应的调整与改进。具体而言，主要表现在如下方面。

　　（1）随着市场竞争的逐步加剧，人们开始在战略层面思考管理问题。哈佛大学商学院迈克尔·波特（Michael E. Porter）教授建立了竞争战略理论，系统地阐释了企业所面对的五大市场竞争驱动力，并提出了 3 种基本的市场竞争战略；密歇根大学战略与国际商务教授哥印拜陀·普拉哈拉德（Coimbatore K. Prahalad）教授和加里·哈默尔（Gary Hamel）博士建立的企业核心竞争力理论，对企业核心竞争力（Core Competence）的内涵与打造途径进行了深入分析。

　　（2）管理视野突破组织边界，在更大范围内谋求资源共享与能力整合。随着市场竞争的日益加剧以及顾客需求的迅速变化，单个企业在应对顾客需求、迎接市场竞争的过程中越来越感到力不从心。于是，具有需求与供应关系、资源或能力互补的若干企业之间开始谋求联合，通过整合彼此间的资源与核心能力，实现"1＋1＞2"的联盟整合效应。如此，企业间的竞争已经由单点企业之间"有你没我"玩命式的竞争发展成为企业联盟之间、供应链（Supply

Chain）之间的合作竞争关系。此时，管理也要突破原有的视野范围，不仅要着眼于组织内部的资源配置与能力整合，还要充分考虑到具有合作关系的联盟企业的资源共享与能力整合问题。例如，研究供应链节点企业之间的协同机制、核心能力互补机理及利益均衡问题等。管理视野突破组织边界，企业不仅要整合合作伙伴的资源与能力，还要重新定位、努力打造自己的核心竞争力。一个没有自己核心竞争力企业，将会丧失参与竞争、整合的资本。此外，企业还要整合与其相关的各种社会实体的资源，发展培育与各社会实体之间的良好关系，确立关系营销理念，尤其要维护好与供应商和客户的良好关系。其中客户关系管理（Customer Relationship Management，CRM）在理论研究与实践应用两方面都取得了巨大成就。

（3）基于环境的快速变化，谋求建立有效的快速反应机制。当今企业内外环境的一个突出特征就是变化，变化的速度在加快、幅度在加大、频率在提高，并且越来越难以把握变化的规律性。企业作为一个协作系统，其必须要能够适应环境的变化；否则，只能被无情淘汰。进一步地，这种适应性是一种动态的适应过程。环境发生的新变化就会打破原有的企业与环境间的适应关系，企业必须做出及时、适宜的调整以重建新的适应关系。当环境变化越来越快、幅度越来越大、越来越无规则可循，企业必须做出全方位调整，建立起足够有效的快速应变机制。对此，企业管理已经在以下方面进行调整与强化：其一，调整组织结构。适度压缩原有组织结构中的中间层，提高组织内部纵向信息流的效率和有效性，进而增强组织决策对外部环境（包括市场需求）的反应速度和准确性。其二，优化、再造业务流程。随着外界环境与组织内部生产条件的持续变化，原有业务流程自然会越发显得过时以至效率低下。此时，就需要基于新环境与业务流程建立时的旧环境之间的特征差异，对既有业务流程进行适配与优化；如果两者间的差异大到难以弥合或调整成本令人难以承受，则彻底放弃原有业务流程，再造新的流程。其三，建立学习型组织，打造柔性运营管理机制。"再造"过程的彻底性通常会给组织带来巨大振荡，运作不好会造成组织不稳甚至崩溃。于是，人们谋求通过建立组织的渐进化机制，提高组织自学习、自适应能力，降低组织运作管理刚性，从而使组织在环境的变化中同步发展与调整，而不是等组织与环境间差异累积到一定程度时才做调整与变革。其四，改进原有制造模式，提高企业对市场需求的反应速度。市场需求瞬息万变，反应速度不够不仅会浪费市场机遇还会造成巨大的投入损失。如此，传统制造理论被不断调整与改进，出现了准时生产（Just In Time，JIT）、敏捷制造（Agile Manufacturing）、并行工程（Concurrent Engineering）等制造管理理论。

（4）随着人们对资源与环境关注度的日益提高，有效保护环境、充分利用资源实现最优运作目标、降低运营成本成为管理思考的新焦点。企业资源计划（Enterprise Resources Planning，ERP）对企业所拥有和所能触及的各种资源（包括有形资源和无形资源）进行有效计划、集中控制与组织，改善企业对资源的整体利用情况和配置效率，在整体上提高生产活动的效率和有效性。TOC（Theory Of Constraints）约束理论通过对束缚组织改进的各种约束因素（如资源与能力局限）的深入分析，谋求实现改进的最优方案。精益生产（Lean Production，LP）理论则以组织利润最大化为目标，研究如何消除生产运营环节中的一切浪费问题。此外，循环经济与回收物流、绿色物流、合同能源管理等新理念也是对减少资源浪费与环境污染的因应调整与发展。

（5）及时、充分利用科技进步的优秀成果，提高管理的效率和有效性。"科学技术是第一生产力"，科技环境中的每一项技术进步都将改变人们的生产与生活方式或内容。管理的理念与模式必须依托一定的方式、渠道与平台才能作用到管理实践中，管理的效率和有效性不仅取决于管理理念与模式的先进性和适应性，还决定于管理作用的方式、渠道与平台的先进性和适应性。科学技术尤其是信息科学技术及其产品为提高管理效率与有效性提供了广阔空间和切实保障。将管理理念与先进信息技术相融合，不断提高管理的信息化水平，成为现今管理研究与应用的热门话题。

（6）以知识管理弥补既有管理体系应对知识经济时代崭新特征的乏力与不足。现代意义上的管理学体系是在 18 世纪中叶工业革命的动因下催生的，并在工业经济二百多年的发展过程中得到不断改进与完善，其理论体系相对于工业经济时代背景下的管理应用已经相当完善。今天，我们可以在书店买到一本又一本厚厚的管理学经典，内容几乎覆盖了组织管理的各领域。然而，以这些有形的管理学经典所支撑起来的既有管理学体系，是与工业经济的发生与发展相伴产生的，其所关注的核心对象大多聚焦于工业经济时代的主体生产资料——劳动力（前工业经济时代）和资本（后工业经济时代）。正如管理学大师彼得·德鲁克（Peter F. Drucker）在《Challenges for the 21st Century》中所指出的，在 20 世纪，"管理"的最重要、最独特的贡献是在制造业中将体力工作者的生产率提高了 50 倍之多；与此同时，在金融资本运作方面，既有管理学体系也已经具备了相当丰富的理论成果和运作管理实践。然而，当全球经济逐步由工业经济向知识经济转型，当主体生产资料逐步由劳动力、资本向知识转型，以劳动力与资本为核心对象的既有管理体系势必无法较好地满足知识经济时代背景下的全部管理问题。显然，既有管理体系必须做出相应的调整与补充，其方向便是知识管理（Knowledge Management，KM）。在《Challenges for the 21st Century》中德鲁克同时也指出，在 21 世纪，"管理"所能做的与其在 20 世纪同样重要的贡献就是增加知识工作和提高知识工作者的生产率。这是在知识经济的背景下，对整个管理领域提出的全新挑战。

第二节 后现代管理方法简介

一、竞争战略理论

在战略管理研究领域，哈佛大学商学院教授迈克尔·波特（Michael E. Porter，32 岁即获哈佛商学院终身教授之职）建立的"竞争战略理论"迅速占领了战略管理研究的高地。波特毕业于普林斯顿大学，后获哈佛大学商学院企业经济学博士学位。他潜心研究，著作颇丰，其中最有影响力的有《品牌间选择、战略及双边市场力量》（1976 年）、《竞争战略：产业与竞争者分析技巧》（1980 年）、《竞争优势：创造与保持优异业绩》（1985 年）、《国家竞争优势》（1990 年）等。其中，后三部著作被称为"竞争三部曲"，奠定了波特在世界战略研究领域的大师地位。波特取得的巨大研究成就使他成为当今世界在竞争战略和竞争力方面公认的第一权威；他先后获得过威尔兹经济学奖、亚当·斯密奖，并 5 次获得麦肯锡奖，拥有瑞典、荷兰、法国等国多所大学的名誉博士学位。鉴于其在竞争战略领域内的卓越成就，在 1999 年《商业周刊》评选出了"20 世纪对全球经济影响最大的 50 位人物"中，波特位居第三；在 2002 年 5 月埃森哲（Accenture）公司对当代最出色的 50 位管理学者排名中，波特位居第一。

波特的竞争战略理论从产业经济学的实际应用出发，以经济学方法分析企业内部活动与成本，进而分析外部产业结构，再扩展至分析区域产业集群与国家政策的影响。波特的研究在产业经济学和管理学之间架起一座桥梁，建立了完整的竞争战略研究模式与分析方法。其

"竞争三部曲"从企业外部产业结构、内部活动成本、地区产业集群等不同层次，对与企业战略相关的内外竞争环境进行了全面深入的解剖，为人们了解竞争本质提供了广泛的视角。其中，"竞争三部曲"之首——《竞争战略：产业与竞争者分析技巧》对企业外部的产业环境与竞争者情况进行了全面深入分析，提出了著名的五力模型与三大一般性战略；《竞争优势：创造与保持优异业绩》讨论了企业内部价值创造活动与成本驱动因素，提出了著名的价值链分析方法；《国家竞争优势》则探讨了以国家、州（省）等地域为对象的"产业集群"以及整体竞争力的构建问题，提出了"钻石理论体系"。在本节，我们将对"五力模型"和"三大一般性战略"作简要介绍。

五力模型（如图 2-1 所示）是帮助企业管理者分析产业环境的结构化方法，它指出在企业所处的产业环境中有 5 种主要的竞争驱动力量，企业对这些竞争驱动力的准确把握与有效应对是其生存与发展的关键所在。这 5 种竞争驱动力包括：行业内现有竞争者的威胁、行业新进入者（潜在竞争者）的威胁、供应商的议价能力、顾客的议价能力以及替代品（包括服务）厂商的威胁。五力模型作为行业竞争驱动力与战

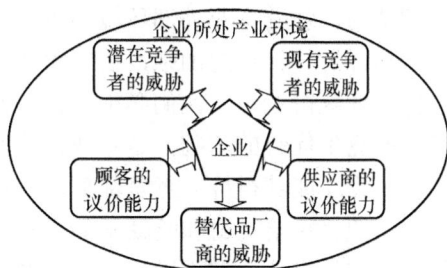

图 2-1　迈克尔·波特的五力模型

略环境分析的经典方法，其关注的重点在于如何增强企业自身的竞争地位，从而在行业竞争中获得主动权。例如，对于潜在竞争者，企业为其设置入市壁垒（包括规模化、差异化）以及渠道壁垒、资本壁垒、成本壁垒、政策壁垒等；对于现有竞争者，则通过成功的广告战、价格战、渠道争夺、公关战、产品研发、客户服务、成本优势等应对其挑战与竞争；对于替代品厂商的威胁，则要联合产业内既有厂商，采取集体行动；对于顾客的议价能力，则可通过提供差异化的产品或服务削弱这种威胁。

波特认为，企业在与上述 5 种竞争力量的对抗中，可以采取 3 种基本的一般性战略。

其一，总成本领先战略（Low-cost Strategy）。该战略以规模效应和经验效应为基础，通过建立高效的规模化生产设施、不断归纳总结运营经验，全力以赴控制并降低运营管理（包括研发、服务、销售、物流、广告等方面）的总成本，使之低于竞争对手水平。如此，一方面提高了企业相对于竞争对手的获利水平；另一方面，也使得企业在提供与竞争对手同质商品时拥有更大的价格竞争优势。实施总成本领先战略要求企业具备较高的相对市场份额或其他优势（如规模化优势、良好的供应商关系等）。企业一旦获得总成本领先优势，就能够获得较高的边际利润；同时，也有能力扩大对新设备与设施的再投入，形成良性循环。

其二，差异化战略（Production Differentiation Strategy）。该战略要求企业提供有别于行业内其他竞争对手的特色产品或服务以增强对特定顾客的吸引力，如在产品设计、品牌形象、外观特点、客户服务、营销网络等方面打造企业独有特色。差异化战略是一个在既定产业中赢得高水平收益的积极战略，它所建立起来的商品特色是对付前述 5 种竞争驱动力量的防御阵地，可极大增强企业的竞争能力。波特认为，差异化战略一般伴随较高的成本代价，其与总成本领先战略两者难以兼容；此外，企业在具体实践中一般要在多方面营建差异化特色。

其三，细分市场集中战略（Market Segmentation Strategy）。该战略亦称为目标集聚战略、专一化战略，即"集中兵力、击其弱旅"。该战略首先对目标市场进行准确细分和定位，而后

在狭窄的市场范围内集中资源和能力主攻某个特定的顾客群、产品线或区域市场。该战略能够使企业集中资源和能力以较高的效率和有效性为某一狭窄的目标市场服务，并在这个市场内超过竞争对手。波特认为，细分市场集中战略使企业在相对狭窄的市场区段内获得相对于竞争对手的成本优势或差异化优势，从而使其盈利潜力超过产业的平均水平。

二、核心竞争力理论

1990年，美国密歇根大学战略与国际商务教授普拉哈拉德（Coimbatore K. Parahalad）和哈默尔（Gary Hamel）博士在《哈佛商业评论》上撰文，驳斥了传统的组合战略，主张应该围绕共享的竞争核心来构建企业，并且首次提出了"核心竞争力（Core Competence）"概念。他们认为，随着企业外部环境的飞速发展与剧烈变化、市场竞争加剧、产品生命周期缩短以及全球经济一体化的加强，依靠短暂、偶然的产品开发优势或灵机一动式的市场战略已经难以使企业赢得竞争，他们必须要打造并依赖企业的核心竞争力。核心竞争力是企业获得长期稳定的竞争优势的基础，是企业持续竞争优势之源；在激烈的市场竞争中，企业只有拥有核心竞争力才能获得持久竞争优势，保持长盛不衰。

按照普拉哈拉德和哈默尔的观点，核心竞争力是组织内经过整合了的知识和技能，尤指整合不同技术、协调不同生产技能的知识和技能；核心竞争力是企业在经营过程中形成的不易被竞争对手效仿的、能带来超额利润的、独特的能力。核心竞争力建立在企业内部核心资源基础上，在市场上得以反映；在形式上包括生产技术、产品或服务、管理模式、企业文化等。现实运作中，企业的核心竞争力可以是各种具体的、整合的或应用型的知识、技能、态度与文化等的不同组合。

一般而言，可通过以下标准识别企业核心竞争力：其一，高价值性，即这种能力能够使企业很好地满足顾客需求、实现顾客所关注的价值（例如，能够有效地提高产品和服务的质量、显著降低成本、满足客户的潜在期望等），在满足客户需求的同时也能为企业带来丰厚利润；其二，高稀缺性，即这种能力只有该企业掌握，或者只有少数几家企业所拥有，而绝大多数竞争对手并不具备；其三，难以模仿性，即尚不具备该核心能力的竞争对手在短期内难以效仿、复制、拥有该能力，从而使企业拥有足够的获利时域；其四，不可替代性，即该能力的作用过程是在企业为顾客创造价值过程中不可或缺的，是其他能力无法替代的。

在准确识别和定位企业的核心竞争力后，其构建过程不是一蹴而就的，它需要通过一系列的持续改进和强化过程。企业的资源与能力配置过程要围绕核心竞争力的打造展开。需要指出的是，创新是核心竞争力的灵魂，核心竞争力需要在组织与环境的交互作用中做持续调整与培育。对于一个组织而言，学习、培养核心竞争力难，遗忘、抛弃核心竞争力同样困难。市场环境与顾客需求是持续变化的，企业的核心竞争力也要做持续调整与改进；当企业不遗余力地构建了一项核心竞争力，却又忽略了市场环境与顾客需求的新变化时，企业的核心竞争力将会演变为核心僵化，成为制约企业发展的桎梏。

波特的竞争战略理论以"五力模型"作为企业竞争战略的主要分析工具，其分析的出发点在于企业外部的产业环境，例如现有与潜在的竞争对手、供应商与客户及替代品厂商等。这是一种自外而内（Outside-in）的战略分析方法。核心竞争力理论则相反，其战略流程的出发点是企业的核心力量；企业的竞争优势取决于其能否以较低成本并以超过竞争对手的速度构建、调整与完善其核心竞争力。这是一种自内而外（Inside-out）的企业战略，是对波特竞争战略的有益补充。

三、供应链管理

进入 21 世纪，供应链管理（Supply Chain Management）被看做企业应对全球竞争的一个有效途径，在理论研究与实践应用领域持续升温。

在 20 世纪 90 年代之前，市场环境相对稳定，企业生产多采用垂直分工的"纵向一体化"运作模式。这是一种"大而全"、"小而全"的运作模式。在该模式下，企业为了提高对原材料供应环节的控制与管理能力，大多采用直接投资建设、投资控股或兼并的方式实现对原材料（包括零部件和半成品）供应企业的有效管控。一个典型的例子是，为了确保用于生产汽车坐垫的羊毛供应，福特汽车公司曾拥有一个牧羊场。不过，20 世纪 90 年代以后，随着科技发展、全球市场的形成，高速变化成为时代主体特征；消费需求的多样化、个性化特征越来越突出，产品（包括服务）的生命周期越来越短，顾客对商品质量、价格、交货期、服务等的期望越来越高。此种环境下，只有那些能够快速响应市场变化与客户需求并向客户提供高质量、低价格产品与服务的企业才能够赢得竞争与发展。显然，仅凭一个企业所拥有的资源和能力已经越来越难以应付市场竞争，"纵向一体化"的管理运作模式已不能满足市场需求。于是，便有管理者将管理视野延伸到企业外，谋求借助其他企业的资源与能力达到快速响应市场需求的目的。"横向一体化（水平分工）"的思维方式与运作模式就这样出现了。

如今，每一个管理者都已清楚，没有哪个企业能够在所有业务领域都能做到最优；企业管理必须摒弃那种从设计、制造到销售全部由自己完成的经营模式，转而在区域内乃至全球范围内寻求最佳合作伙伴（包括供应商和销售商），并与其结成战略联盟，形成利益共同体。此时，每个企业都将全部资源与能力倾注于自己的核心业务，对于自己不擅长、非核心的业务则交给擅长该业务、以该业务为核心业务的伙伴企业完成，即业务外包（Outsourcing）。如此，通过利用其他企业优势资源与能力实现"强强联合"，企业提高了对终端市场的响应速度与质量，并能够有效提高产品和服务质量、降低成本。

"横向一体化"运作模式使得在生产及流通过程中，由那些涉及将产品或服务提供给终端消费者活动的上下游企业形成了一条网链结构，即供应链（Supply Chain）。此时，市场竞争不再是单一企业的竞争，而是供应链之间的竞争；供应链内部节点企业之间则更多地表现为合作关系。在供应链中，相邻节点企业表现出供应与需求的关系；供应链不仅是连接从供应商到终端客户的物料链、资金链、信息链与知识链，它也是一条价值增值链，供应链各节点企业之间通过建立战略伙伴关系或战略联盟实现价值链增值的最大化。供应链上各节点企业必须协调同步，才能真正实现"1＋1＞2"的效果，从而使所有节点企业都能受益。要达成上述目的，就需要实施有效的供应链管理（Supply Chain Management，SCM）。

美国供应链协会（Supply Chain Council，SCC）将 SCM 定义为"为了生产和提供最终产品，包括从供应商的供应商到顾客的顾客的一切努力"；日本经营学杂志则认为，SCM 是"跨越企业组织的边界，作为一个完整的流程共享经营资源和信息，以整体优化为目标，彻底消除流程中各种浪费的管理技术"；也有学者认为，SCM 是通过前馈的信息流和反馈的物料流与信息流，将供应商、制造商、分销商、零售商，直到最终客户连为一个整体的管理模式[1]。SCM 是一种基于协作的策略、是企业间资源与能力整合的桥梁，它通过协调和整合企业内外

---

[1] 国内文献均认为该观点出自美国学者伊文斯（Evans），然而却未见一篇文献给出该观点的具体出处，甚至连其被提出的时间也未有标明，令人唏嘘不已。如该观点确系伊文斯所提，笔者怀疑其作者可能是英国卡迪夫大学（Cardiff University）的伊文斯（G. N. Evans）。欢迎感兴趣、有能力的读者继续考证。

资源与能力来共同满足消费者需求；它以节点企业间的集成、同步化的生产计划为指导，信息技术的飞速发展与系统平台（包括内联网 Intranet 和外联网 Extranet）的有效实施为上述协同与整合提供了有力支持。

供应链管理的目标在于提高终端客户的满意度，塑造客户忠诚；同时，有效降低供应链层次的总交易成本，并在两者间寻求平衡。在研究内容上，供应链管理在战略层面包括制定 SCM 的指导战略、选择供应链运作方式（包括推式和拉式）与供应链结构设计、营建信息支持系统、战略性合作伙伴关系管理、确定供应链绩效评估与测量体系；在运作层面，SCM 主要涉及物料供应、生产计划、商品流通及客户需求 4 个领域，既包括供应链客户需求管理（预测与计划）、订单管理、采购管理、产品技术保证、流程管理、库存控制、仓储管理、分销管理等领域，也包括服务管理、会计核算、人力资源管理等领域。在指导原则上，SCM 一般遵循以下原则：以客户需求为中心；节点企业间利益共享、风险共担；充分应用 IT 技术，主要是利用外联网（Extranet）实现供应链层次的信息共享。

供应链管理的主要参考模型有 SCOR 模型、VSC 模型以及 ASCM 模型。其中，SCOR 模型全称为"供应链运作参考模型（Supply Chain Operation Reference Model）"，它由美国供应链协会（SCC）提出，是供应链管理领域的一个跨行业标准，也是先进的管理改进方法论和崭新的流程管理工具。到 2002 年，SCOR 发展到 5.0 版本。SCOR 模型具有层次结构，其第一层表述了计划、采购、生产、发运和退货 5 个基本流程；第二层是配置层，由 26 种核心流程类型构成；第三层为信息层，描述了确保整条供应链运作效率和有效性的信息支撑体系。截至 2014 年 5 月，能查到的 SCOR 最新版本为 11.0 版[1]。VSC 模型即虚拟供应链模型（Virtual Supply Chain Model），由英国桑德兰（Sunderland）大学电子商务中心提出，是合作伙伴基于专门的信息服务中心提供技术支持和服务而组成的动态供应链。VSC 模型的 3 个结构要件为：电子商务、电子企业和电子经济，它需要 3E 系统的支撑，即企业信息门户（EIP）、企业资源计划（ERP）系统和电子供应链管理（ESCM）系统。ASCM 模式即敏捷供应链管理（Agile Supply Chain Management），其试图在快速多变的市场环境下，通过对企业内外各种资源进行优化与整合，寻求在速度、柔性、质量、获利能力、创新性等方面取得竞争优势，从而使企业与供应链的业务活动与客户需求无缝对接，达到低成本、高质量及快速响应的目的。

在具体运作中，SCM 一般经历从企业内部到外部、从低级到高级的演变历程。美国学者查尔斯·鲍瑞尔（Charles C. Poirier）在其《高级供应链管理》一书中指出，SCM 的实施过程一般经历面向活动、面向过程、面向企业和面向网络四个阶段，即采购和物流、内部优化、网络建设和总体集成。其中，在实施的第一阶段，一般由企业的采购经理担纲，SCM 实施的主要工作在于通过改善采购、库存和储运物流活动降低企业的运营成本；第二阶段则一般由企业的首席信息官（Chief Information Officer，CIO）负责，强调网络和信息共享环节与平台建设，增强企业对市场需求信息的预测、收集、应用与响应能力；第三阶段由企业内一位强有力的事业部经理或得到总经理授权的高级经理来领导，整合企业全部资源与能力，提高对客户需求的满足速度与质量；第四阶段由总裁领导、企业各级管理团队全员参与，SCM 贯穿整个供应网络与流程。在信息技术应用方面，第一阶段要求企业建立各种业务处理信息系统；第二阶段要求企业建立并应用电子数据交换（Electronic Data Interchange，EDI）系统、

---

❶　参见：https://supply-chain.org。

MRP/ERP 系统；第三阶段要求企业建立并逐步完善内联网（Intranet），实现企业内部较好的资源与能力整合；第四阶段要求企业建立外联网（Extranet）以增强节点企业间的资源共享与整合力度，充分应用因特网（Internet）平台搭建并完善其电子商务环境。

供应链管理包括对商流、信息流、资金流与物流等活动的管理。全美物流管理学会（CLM/CSCMP）认为，物流是供应链流程中的一部分，然而物流管理却非 SCM 的完全子集。

四、物流管理

物流（Logistics）是联系生产与消费的纽带，它能够弥合其间的时空裂隙。在微观层面上，物流能够为企业生产的连续性提供保障，物流状况对生产环境、生产秩序、生产效益具有决定性影响；在宏观层面，先进的物流管理体系是一个国家社会经济发展的基础之一，是社会再生产和生产规模扩大的必要保障，是有效利用财力、物力的重要途径。物流过程是一个增值过程，具有空间效用、时间效用、品种效用、批量效用、信息效用和风险效用等方面的巨大增值空间。随着人们对物流意义的深入认识，物流管理作为一个独立的管理学分支得到了确立。自 20 世纪 90 年代后期起，物流研究与实践在国内持续升温。

早在 1915 年，美国学者阿奇·萧（Arch W. Shaw）在哈佛大学出版社出版了《市场流通中的若干问题》一书，提出了实质为销售物流的"实物分配"式物流概念（Physical Distribution，PD）。而后，美国营销协会（AMA）将 PD 进一步定义为：在物资和服务从生产地到消费地流动过程中伴随的各种经济活动（单向输出）。第二次世界大战期间，美国军方创立了涵盖物资生产、采购、运输和分配等活动的"后勤（Logistics）"理论。20 世纪 50 年代，上述理论逐步在企业界应用。经过 20 世纪 60 至 70 年代的发展与完善，到 20 世纪 80 年代 Logistics 作为新型物流形式得到普遍认可。美国物流管理协会（CLM）将 Logistics 定义为：有计划地对原材料、半成品及产成品由生产地到消费地的高效流通活动。

现代物流按不同的标准可作不同的类型划分，如表 2-2 所示。

表 2-2　　　　　　　　　　　　现 代 物 流 分 类

分 类 标 准	分 类 内 容
所处层次	宏观物流&微观物流
空间范围	区域物流&国内物流&国际物流
相应规模	企业物流&行业物流&社会物流
所处环节	供应物流&生产物流&销售物流&回收物流&废弃物物流等
执行主体	第一方物流（1PL）&第二方物流（2PL）&第三方物流（3PL）（& 4PL & 5PL）

其中，第一方物流（the 1st Party Logistics，1PL）由物资提供方负责向物资需求者送货，从而实现物资空间转移；第二方物流（the 2nd Party Logistics，2PL）由物资需求者承担所需物资的空间转移业务；第三方物流（the 3rd Party Logistics，3PL）则由货物供需双方以外的具有专业物流业务能力的企业进行物流系统设计，并对系统运营承担责任；第四方物流（the 4th Party Logistics，4PL）即物流代理行业，这些企业凭借其所拥有的专业化系统以及所掌握的物流信息与知识从事物流服务，包括综合性物流代理服务和功能性物流代理服务；第五方物流（the 5th Party Logistics，5PL）是专门从事物流业务培训的行业，即物流人才培养。

当前，对于 4PL 和 5PL 尚未形成统一的观点与认识。3PL 又被称为合同物流、外包物流，被誉为企业发展的"加速器"、21世纪的"黄金产业"。20世纪80年代美国物流管理协会首次提出3PL概念。该机构认为，3PL是相对于发货人和收货人以外的第三方在不拥有商品、不参与商品买卖的情况下，为客户提供以合同为约束、以联盟为基础的系列化、个性化、信息化的物流代理服务。经过不断发展与完善，目前3PL具有关系契约化、服务个性化、功能专业化、管理系统化以及信息网络化等主要特征，成为现代物流业的主流形式。目前，3PL企业所提供的主要服务包括与运营相关、与管理相关或两者兼具的服务，具体形式有：物流系统设计、报表管理、货物集结、选择承运人、海关代理、信息管理、仓储管理、业务咨询、价格谈判、产品回收、运输管理、搬运装卸和订单管理等。

现代物流管理的主要特征包括：以信息流为核心，通过先进信息技术与物流信息系统平台提高物流管理效率；注重整合效应，寻求全局最优的物流解决方案，优化物流运作成本；提高物流实施效率与提高有效性并重；引入客户关系管理（CRM）理念，优化客户服务质量，提高客户满意度与忠诚程度；注重物流一体化管理，强调物流功能集成以及战略规划，研究虚拟组织间、合作伙伴间在供应链层次上的整体物流效率和有效性。

随着信息技术的飞速发展，基于供应链理论的企业联盟物流管理成为物流管理新的发展趋势。

五、客户关系管理

20世纪80年代，营销管理大师菲利普·科特勒（Philip Kotler）提出"大市场营销"理论，促成了关系营销的产生与发展；另一方面，资源能力学派由关注企业有形资源转向重视无形资源，认为对客户资源价值的有效挖掘与利用同样能够带给企业成本优势、规模优势、差异化优势、品牌优势以及网络化市场优势，且这种优势不易被竞争对手模仿与获得。这为客户关系管理（Customer Relationship Management，CRM）的诞生奠定了理论基础。在技术层面，计算机软硬件技术、通信技术、网络技术以及人工智能（AI）技术等的突飞猛进，为CRM的有效实施奠定了坚实的技术基础。在企业运作层面，进入21世纪，随着全球一体化进程的进一步推进，企业竞争模式由以"产品"为中心向以"客户"为中心演进；传统企业内部各部门、各层次对客户信息共享、协同与整合以实现客户价值的迫切要求，成为促进企业实施CRM的内在动力。

对于CRM的概念，美国高德纳咨询公司（Gartner Group）提出，CRM是企业的一项商业策略，它按照客户分割情况有效组织企业资源，培养以客户为中心的经营行为，实施以客户为中心的业务流程，并以此为手段来提高企业的获利能力和客户满意度。卡尔森营销集团（Carlson Marketing Group）提出，CRM是通过培养公司每一位员工、经销商或客户对该公司更积极的偏爱或偏好，留住他们并以此提高公司业绩的一种营销策略。赫尔维茨集团（Hurwitz Group）提出，CRM的核心是自动化以及改善销售、市场营销、客户服务与支持等领域与客户关系有关的商业流程。IBM认为，CRM包括企业识别、选择、获取、发展和保持客户的整套商业过程，涵盖商业管理、流程管理和接入管理。

CRM依托强大的应用实施能力，将企业"以客户为中心，以市场为导向"的经营理念与CRM技术相融合，成功导入企业运营实践，持续培育和改善客企关系，提高企业的盈利能力、培育持久的核心竞争优势。CRM是选择和管理有价值客户及其关系的一种商业策略，CRM要求通过"以客户为中心"的商业哲学和企业文化来支持有效的市场营销、销售与服务流程。关系营销（Relationship Marketing）中的3个推进层次、客户忠诚（Customer Loyalty）理论以及客户生命周期与全生命周期价值、客户关系周期特征与对策、客户满意陷阱形成机理与应对策略、客户知识及客户智能的实现机制、企业 CRM 实施战略、企业 CRM 能力评价与提升策略、CRM 系统架构、CRM 项目管理等子领域共同构成了 CRM 理论体系，并且该理论体系仍处于快速演变与完善的过程中。

CRM 对企业营销、销售、客服等部门而言，其在部门之间建立客户信息交流与共享平台，帮助协调和改进企业原有业务流程，使企业在所有业务上更好地满足客户需求，以留住老客户、吸引新客户，进而提高企业的整体盈利能力；CRM 对企业研发、采购、生产、储运以及财务等部门而言，其能够提供客户需求、市场状况、销售业绩等方面的信息，为企业实施有效管理与决策提供科学依据。

六、学习型组织

对企业组织管理模式的研究一直是管理理论研究的热点之一，对未来组织模式的探索也一直是管理理论发展的一个前沿领域。自 20 世纪 80 年代起，随着科技发展、经济全球化加剧，尤其是知识经济逐步逼近，企业竞争环境发生了剧烈变化，传统组织模式和管理理念已越来越无法适应环境的变化要求。在这种背景下，系统动力学研究表明，一般大企业的平均寿命只有 40 年。如何尽可能地延长企业的寿命成为管理学界和企业界普遍关注的课题。美国麻省理工学院（MIT）教授彼得·圣吉（Peter Senge）从系统动力学出发，对组织模式与管理理论进行了广泛而深入地研究后认为，所有企业面临的主要问题究其实质，就是因为企业成员是"很差劲的学习者"。1990 年，彼得·圣吉在其《第五项修炼——学习型组织的艺术与实务》一书中全面阐释了"学习型组织（Learning Organization）"的概念与相关理论体系。如今，学习型组织已经作为一种全新概念与培育目标在西方管理界引起强烈反响并被广泛付诸实践，也深刻地影响当今政府和各类教育组织的改进与变革。鉴于圣吉在学习型组织研究方面取得的重大成就，世界企业学会将 1992 年的最高荣誉——"开拓者"奖颁给了他，同年的美国《商业周刊》也推崇他为当代最杰出的新管理大师之一；2005 年底，《金融时报》基于全球 20 多万种管理图书，对全球商业领袖做了一项调查，评选最具影响力作品，《第五项修炼》荣居榜首。

学习型组织是指通过培养弥漫于整个组织的浓厚学习气氛，充分发挥全体组织成员的学习力、创造力而建立起来的一种有机、柔性、灵活、人性化、可持续发展的组织。学习型组织理论认为，企业竞争本质上是组织整体学习能力的竞争，学习型组织应是全体成员全身心投入并有能力进行较好学习的组织；组织的所有目标（包括学习目标）均需要全体成员的主观努力才能得以实现，学习型组织应是全体成员积极学习、协同工作的组织；学习的目的在于应用、在于创新，学习型组织应是通过学习不断创造自我、发展自我的组织。学习型组织理论指出，良好的学习机制能够确保组织生存与发展，使其具备不断改进的能力，从而提高其竞争力；同时，其也实现了个人与组织、家庭与工作的真正融合，使组织成员能够在工作中体验到生命的意义。

学习型组织中的组织成员拥有共同愿景（Shared Vision）。共同愿景是组织成员的共同理想与目标，是具体的能够激发所有成员为之奉献的愿望和远景；它能把组织内不同个性的人凝聚在一起，朝着共同目标前进。共同愿景是经过组织成员较好沟通、深度交流与充分协同后形成的，它像凸透镜将光能聚集于焦点一样，为组织学习提供焦点和能量。共同愿景首先要有能够为组织内的个人成长和组织发展指明方向的高远目标，以激发组织成员学习与创新的热情，培养其承担风险、开拓进取的精神；共同愿景也要在组织内培育共同的价值观，形成组织成员在实现愿景过程中一切行动的最高依据和在日常生活中的共同行为准则；共同愿景还要树立明确的使命感，从而使组织成员深刻领会到其个人对组织、国家、社会所应承担的责任和义务。

学习型组织要学会学习。它推崇和强调团队学习（合作学习）、全员学习、全过程学习、自主学习、终身学习、无边界学习，并且学后要有新行为；约翰·瑞定（John C. Redding）博士在其提出的"第四种模型"的学习型组织理论中主张，不要把学习和工作相隔离，应强调边学习边准备、边学习边计划、边学习边推行，从而将工作学习化、学习工作化（即将学习和工作合二为一）。学习型组织的学习活动注重信息反馈、组织反思与成员共享三个环节，力求建立以信息反馈为基础、多元回馈开放的组织自学习系统。实际运作中，需要在组织结构、组织文化等方面做出积极调整。例如，通过组织扁平化过程，将决策权向组织下层转移，让下层单位拥有充分的自主权。

传统组织内会存在一些束缚学习型组织建设的亚文化，圣吉将其称为"习惯性防卫"。习惯性防卫是团队学习的主要障碍，是隐藏于人们心智模式中用来保护自己或他人免于因说出真实想法而受窘或受到威胁的根深蒂固的习性，其主要表现有：为了保护自己，不提没有把握的问题；为了维护团结，不提有分歧性的问题；为了不使大家难堪，不提质疑性的问题；为了使大家接受，只发表折中性的意见，等等。创建学习型组织需要培养良好的学习型组织文化，消除上述文化障碍，从而在组织内部营建起良好的学习互动氛围。

学习型组织理论深入分析了企业生命力问题，提出了增强企业核心竞争力的有效途径；它剖析了传统组织中存在的缺陷，并以"五项修炼（自我超越、改善心智模式、建立共同愿景、团队学习与系统思考）"作为改进方法与策略，为组织创新提供了可操作性强的技术方案。

七、精益生产与准时生产理论

自美国福特汽车公司 20 世纪初创建第一条汽车生产流水线以来，大规模的生产流水线一直是现代工业生产的主要特征。它通过标准化、大批量生产来降低生产成本、提高生产效率，适应了当时的美国国情。大规模流水线的产生一举把汽车从少数富翁的奢侈品变成了大众化的交通工具，使汽车工业迅速成长为美国最大的支柱产业之一，并带动了包括机电、钢铁、玻璃、橡胶与交通服务业等一大批上下游产业的发展。该生产方式在生产管理史上具有重要意义。第二次世界大战结束时，位于底特律的福特轿车厂一天能生产 7000 辆轿车，比日本丰田公司的年产量还高。另一方面，到 20 世纪后半期，市场需求多样化、个性化、速变性的发展趋势日益明显；与此同时，顾客对产品质量的要求也越来越高。新的变化与趋势给全球制造业提出了崭新课题，企业必须放弃传统生产模式，转向有效地实施多品种、小批量生产；同时，强化计划与协调、提高厂内物流效率，进而提高生产效率，减少库存、缩短市场响应时间，尽最大可能减少浪费、节约成本。这是企业重塑竞争力、获得生存和发展的必然要求，对于本已竞争激烈的全球汽车制造业更是一种迫切需要。

早在 1950 年，日本丰田公司创始人丰田英二与大野耐一到美国取经，考察了福特公司位于底特律的轿车厂。他们对福特的生产方式进行了深入调查与分析，不仅归纳了对方的优势，同时也分析出了问题；丰田英二在考察报告中认为，"那里的生产体制还有改进的可能"。回国后，丰田英二与大野耐一立足于日本的具体国情（如特有的社会文化背景、严格的上下级关系、良好的团队合作精神等），进行了广泛深入的探索与实验。另一方面，为了应对市场环境的崭新特征与变化趋势,1953 年大野耐一带领丰田逐步建立了一种在多品种、小批量混合生产条件下高质量、低消耗的灵活生产方式。该生产方式经过不断改进与完善,到 20 世纪 60 年代已经相当成熟;在 20 世纪 70 年代,该方式帮助丰田成功渡过第一次能源危机。经过二三十年的探索与实践,丰田逐步创立并完善了一套适合日本国情的新的管理模式。它使丰田汽车的质量、产量和效益都跃上一个新台阶,逐步成为世界"汽车之王"。日本其他汽车公司乃至于其他行业也纷纷效法丰田的管理模式,从而促进了日本经济的飞速发展。

20 世纪 80 年代以后,日本企业在国际市场上的优异表现引起了西方理论界与产业界的浓厚兴趣与广泛关注。美国麻省理工学院(MIT)组织了来自 14 个国家的著名专家学者,对以丰田为代表的日本企业生产运营管理模式进行了长达 5 年的潜心研究,对其进行了系统化的理论归纳与总结。精益生产(Lean Production,LP)与准时生产(Just In Time,JIT)的理论体系得到了明确与完善。

LP 也称精良生产,它通过对组织结构、生产模式、供应方式以及生产系统的优化与改造,消除生产运作环节中的一切浪费,以达到降低成本、提高质量、快速响应顾客多元化与个性化需求的运营目标。LP 综合了大批量生产与单件生产方式的优点,避免了技艺性生产的高成本与大批量生产的高刚性,力求在大批量生产中实现多品种、小批量、高质量产品的低成本生产。在精益生产模式中,团队工作法(Team Work)、需求拉动(Pull)式准时生产(JIT)、全面质量管理(TQM)乃至于并行工程(Concurrent Engineering)的管理方法与思想都得到了较好体现、应用与发展。

与传统大批量生产相比,LP 只需要一半的制造空间、一半的设施投资、一半的产品研发时间,并在库存大量降低、废品大量减少的情况下,实现产量提高、质量改善与品种增加的运营效果。LP 与传统大批量生产之间的区别如表 2-3 所示。

表 2-3   精益生产与大批量生产对比分析

比较内容	精 益 生 产	大 批 量 生 产
生产目标	追求完美	"足够"好
组织特征	精简机构	机构臃肿
工作特征	并行工作	以串行工作为主
工作方式	团队工作	高度分工,个体工作
柔性程度	高度柔性化	较低柔性,较高刚性
质量主体	生产线上的每一位员工	质检部门
管理方式	权力下移,分散决策	宝塔式权力结构,集中决策
库存特征	较少的库存,追求零库存	较大的库存量
产品质量	高质量、少返修,追求零缺陷	返修率较高
关系维持	与员工、合作伙伴之间维持良好、稳定关系	关系不够稳固
产品特征	研发周期短,较好地满足顾客多样化、个性化需求	高度同质的标准化产品,无法满足顾客的多样化、个性化需求

传统生产模式下,生产浪费的形式很多。例如,冗余的人员与活动、闲置的商品库存与设备、残次产品、超过需求的产品、不必要的商品搬运与生产等待,等等。上述这些浪费现

象都将导致企业生产的不精益，而 LP 理念是与浪费直接对立的，它反对和致力于消除任何形式的浪费。只有当企业所有资源与生产活动都在致力于为顾客创造价值时，其运营现状才符合精益生产的要求。精益生产以准时制（JIT）生产为核心，寻求精益的方式进行产品研发、生产与销售，其精益思想主要体现如下方面：根据顾客需求重新定义价值，以顾客需求拉动价值流，依据价值流重新组织企业的全部生产经营活动，持续改进、追求完美。

JIT 模式的实质是，通过对生产的有效计划与控制以及高效的库存管理，在生产过程中保持物流和信息流的高度同步与协同，实现根据需要将合适（数量与质量）的物料在合适的时间送达生产线的恰当环节，从而达到降低库存、减少浪费、节约成本、缩短工时、提高效率的目的。

JIT 以准时生产为出发点，首先分析定位生产过程中的各种浪费点，然后对设备、人员等进行调整与淘汰，以实现降低成本、简化计划和提高效率的目的。传统生产过程中前道工序主动向后道工序送货，JIT 则恰好相反。它以最后一个生产工序（总装配线）为生产的出发点，由后往前推，依次确定前驱工序的具体内容并恰当地安排生产流程。生产计划只下达给总装配线，总装配线在需要的时候向前驱工序领取恰当数量和质量的物料；前驱工序提供该物料后，为了补充因生产被领走的量就会向它的前驱工序领取相应物料。如此，各个生产工序都有机地连接起来，实现了同步化生产。资源配置的合理化是有效降低成本、实现生产同步化的基础保障。JIT 模式要求在生产线内外，采取有效的设备、零部件与人员配置方法，实行弹性配置策略。为此，JIT 青睐"多面手"、"通才"式的作业人员。JIT 尽量减少物资在生产现场的停滞与搬运，让物资在生产流程上毫无阻碍地流动。

作为现代管理技术，实施 JIT 生产模式，企业可以较好地根据市场与顾客的新型要求，实施多品种、小批量式的生产。库存成本是企业生产运营过程中的重要隐性成本，JIT 致力于有效降低库存、追求零库存，从而提高企业利润水平。此外，JIT 模式强调永恒地、渐进地持续改进。它以"零库存、零浪费、零缺陷"为运作目标，但不追求一蹴而就，而是要永无休止地朝该目标努力。

八、敏捷制造与虚拟企业

20 世纪 80 年代，在日本和原联邦德国高质量商品的强势竞争下，美国企业制造策略的重心被迫由成本转向质量。到 20 世纪 90 年代，买方市场进一步增强，顾客需求快速变化、要求不断提高。于是，美国企业的制造策略不得不再次进行调整与完善，在降低成本、提高质量的基础上增加"快速响应市场"这一重要组分。此时，美国汽车产品的更新换代速度已经比日本企业慢了一倍以上，行业竞争环境也将"速度"提高到前所未有的关注高度。与此同时，为提高国防用品的制造能力，美国国防部委托通用汽车公司（GM）和里海（Leigh）大学的亚柯卡（Iacocca）研究所，研究制定一个体现工业界和国防部共同利益的中长期制造技术规划框架。该课题前后有波音公司、IBM、德州仪器公司等 100 多家企业参加。1988 年该课题的研究报告《21 世纪制造企业战略》完成，其中首次提出敏捷制造（Agile Manufacturing，AM）概念。1990 年，当报告向社会半公开以后，立即引起全球范围内的广泛关注。1992 年，美国政府将敏捷制造模式定位为 21 世纪制造企业战略；同年，由美国国防部高级研究计划署（ARPA）和美国国家科学基金会（NSF）共同组建了敏捷制造论坛（Agile Manufacturing Forum），简称敏捷论坛（Agility Forum）。该论坛组织有关敏捷制造理论和实践的探讨，每年召开一次有关敏捷制造的国际会议。

美国敏捷制造论坛将 AM 定义为，能在持续变化、难以预测的市场竞争环境中，使企业面对由顾客需求驱动的市场时具备快速响应能力，从而赢得生存和发展的先进制造战略与运营管理模式。AM 能系统全面地满足高效率、高质量、高柔性、低成本、多品种、快响应、动态适应等要求，是适应 21 世纪社会发展的生产管理新模式。

AM 使企业完全按订单生产、充分把握市场的每一个机会，使其长期获取经济效益。它以市场需求为导向，追求以最短的交货期、最经济的方式按客户需求生产出令客户满意的产品。AM 包括 3 个基本要素：生产技术、管理手段、组织方式。在生产技术方面，它采用先进制造技术与强柔性、高智能、集成化、模块化的产品设计方法以及可重组的工艺设备，在产品设计和开发过程中通过计算机模拟实现对产品、服务和信息的任意组合，有效缩短了产品研发周期、确保了对顾客需求的快速响应；它通过仿真平台让客户参与到产品设计中来，对所生产的产品进行全生命周期的质量跟踪，使产品功能能够根据客户需求及时进行调整与完善，确保产品性能符合客户需求；它将对生产过程的各种功能和信息的关注提升到企业与企业之间的系统集成层面，通过建立标准结构（包括通信基础结构、信息交换标准等软硬件平台），使得企业有效整合、充分利用各种资源（包括企业外资源）。在管理手段方面，AM 强调以"人"为中心，最大限度地发掘人的潜能；AM 通过建立以任务为中心的动态组合——多决策团队（Multi-decision Team），实现以分散决策代替集中控制、用协商机制代替递阶控制机制，充分发挥人的主观能动性；AM 强调创新与合作意识，重视全过程管理，将先进科学的管理方法与计算机管理技术以及 BPR 等管理理念相融合。

市场响应速度与满足顾客能力已成为 21 世纪企业竞争的关键所在。要提高这种速度和能力，仅凭一个企业的资源和能力已经越来越不能满足要求。它需要将企业内部优势与外部不同企业的优势整合起来，组成灵活的经营实体共同应对市场竞争。因此，在组织方式方面，AM 模式要求在企业内部建立柔性组织，在企业外部建立虚拟企业（Virtual Enterprise）。

虚拟企业也称动态联盟，是指当市场出现新的机遇时，为了共同开拓市场、共同应对其他竞争者，具有不同资源与能力优势的若干企业依托先进的信息网络与协同整合机制，组成共享信息、技术与知识，共同分担费用，联合开发、互惠互利的企业联盟体。它一般是由某个企业基于市场机遇和生产任务，而与供货商、销售商、设计单位甚至客户组成的联合体。合作伙伴的选择以资源或能力的优势互补为基本原则，同时参考竞争能力和商业信誉等指标。虚拟企业能把与生产任务相关各领域的精华力量整合起来，通过强强联合形成单个企业所无法比拟的竞争优势，从而提高对市场的响应速度以及对客户需求的满足能力。虚拟企业是一种动态组织结构。当市场机会消失、既定生产任务完成，虚拟企业即行解体；当新的市场机会出现时，则再重新组织起来。这种灵活的组织方式适应了 AM 快速响应市场的要求。

虚拟企业是一种突破时空阻隔的新型组织形式，它不是法律意义上的完整经济实体，不具备独立的法人资格。依据资源与能力优势互补的原则，一个企业可以与其供应商、客户乃至行业内的竞争对手组建虚拟企业，虚拟企业模糊了传统的企业边界。有效的信息交流与共享、协同与整合是虚拟企业正常运作的基本前提，它需要以发达的信息网络作为企业间交互与整合的基础保障。在美国，作为国家工业网络的全美工业网络能够把综合性工业数据库与服务整合起来，成为虚拟运作的强大保障。虚拟企业在完成生产任务时，按照并行工程的思想将任务分解成相互独立的多个工作模块，承担具体模块任务的各企业能够充分调动和使用己方资源而不必担心其核心技术与知识外泄；各个合作模块可以并行作业，虚拟企业的主持者利用先进的信息通信手段在其间不断地沟通与协调，以保证各个工作模块最终的无缝衔接。虚拟企业在当今快速多变的市场环境中是企业获取竞争优势以提高竞争力的有效途径，正被越来越多的企业所认识、采纳并付诸实施。

九、并行工程

1986 年美国国防分析研究所（Institute for Defense Analyses，IDA）在其 R-338 研究报告中指出，并行工程（Concurrent Engineering，CE）是对产品及其相关过程（包括制造过程与支持过程）进行并行的、集成的、系统化和一体化设计的系统方法论与工作模式；它力图使开发者从一开始就考虑到产品全生命周期中的各种因素，包括质量、成本、功能、进度与客户需求等。

CE 并非只是简单地并行工作，它具有较高的预见性和预防性。它要求在设计新产品时，整合企业的所有资源，前瞻性地思考和设计与产品全生命周期相关的所有过程，即在设计阶段就要预见到产品的制造、装配、检测、成本与可靠性等活动与因素，使后续环节中可能出现的问题在设计阶段就被发现并得到预防与解决，使产品在设计阶段便具有良好的可制造性、可装配性、可维护性以及回收再生等方面的特性，从而最大限度地减少设计重复，有效缩短设计、生产准备和制造的周期。CE 注重企业各部门的工作协同，通过建立有效的信息交流与沟通机制，改善生产与运营管理人员间的协同性能。CE 的主要研究领域包括并行设计技术、CE 管理与过程控制技术及快速制造技术等。

自 20 世纪 80 年代 CE 被提出以来，美国、欧盟和日本等发达国家均给予了高度关注，相继成立了研究中心，实施了一系列政府支持计划。很多大公司，如波音、西门子、IBM 等都进行了 CE 尝试，并取得了良好效果。20 世纪 90 年代以后，CE 逐渐成为中国制造业和自动化领域的研究热点。在 1995 年，CE 正式作为关键技术被列入 863/CIMS 研究计划。

十、企业资源计划

企业资源计划（Enterprise Resources Planning，ERP）的诞生经历了一个孕育、发展与完善的渐进过程。在 20 世纪 60 年代，西方制造业通过物料需求计划（Material Requirement Planning，MRP）解决手工订货、交货的延迟和误差问题，降低了成本。MRP 根据产品结构层次的从属关系，以产品零件为计划对象，以完工日期为计划基准，倒排计划，按提前期的长短来区别各物料下达订单的优先级。MRP 综合利用主生产计划（Master Production Schedule，MPS）、产品结构和物料清单（Bill Of Material，BOM）、产品提前期及库存信息，实现在规定的时间、地点以规定的数量输送物料，从而实现低库存甚至零库存。进入 20 世纪 70 年代，闭环 MRP 日益受到重视，并被广泛推行。它将生产能力需求计划、执行物料计划、执行能力计划、车间作业计划、采购作业计划纳入 MRP 中，在计划执行过程中加入来自车间、供应商和计划人员的反馈信息，利用这些信息对计划进行平衡与调整，从而使生产的全过程围绕着物料需求计划形成一个统一的封闭系统；其工作过程为：计划→实施→评价→反馈→计划。到 20 世纪 80 年代，闭环 MRP 逐渐被另一种先进的制造模式所取代，即制造资源计划（Manufacturing Resources Planning，MRPII）。MRPII 基本思想是把企业看作一个有机整体，从整体最优的角度出发，运用科学的方法对企业的各种制造资源和供、产、销等各个环节进行有效的计划、组织和控制，使它们彼此协调并充分发挥作用。MRPII 的主要功能包括主生产计划、需求管理、能力需求计划、成本管理、库存管理、作业管理和采购管理等；

MRPII 将物料流同资金流结合起来，形成完整的生产经营管理模式。它运用管理会计的概念，以货币形式说明了执行企业"物料计划"所带来的效益，实现了对物料信息与资金信息的有效集成；它把生产、财务、销售、工程技术与采购等各个子系统集成为一体。

自 20 世纪 90 年代起，作为一种崭新的制造理论与模式，对企业资源计划（ERP）的理论研究与产业应用持续升温。ERP 对企业内部的所有资源进行有效计划和控制，并充分利用外部资源（如客户、供应商、分销商等）组成一条增值的供应链，将客户的需求、企业的制造活动和供应商的资源集成在一起。ERP 管理思想集中体现在以下方面：对整条供应链资源进行管理；引入精益生产、同步工程和敏捷制造理念；事先预测与计划、事中强化控制。功能完备的 ERP 系统体系庞大，其主要功能模块涵盖财务管理、生产控制、物流管理、人力资源管理等领域，功能模块达数十个之多。

ERP 作为 MRPII 的再发展，同 MRPII 关系密切。两者之间的区别主要表现在以下方面：在资源管理范围上，MRPII 主要侧重于对企业内部人、财、物等资源的管理；ERP 则把客户需求、企业内部的制造活动以及供应商的制造资源整合在一起。在生产管理方面，MRPII 把企业归纳为几种典型的生产方式（如重复制造、批量生产、按订单生产、按库存生产等）进行管理；ERP 则能很好地支持和管理混合型制造模式，满足了企业多元化经营需求。在管理功能方面，ERP 除了 MRPII 的制造、分销、财务管理等功能外，还增加了支持整条供应链上物料流通体系中供、产、销各环节之间的运输管理和仓储管理，支持生产保障体系的质量管理、实验室管理、设备维修和备品、备件管理，支持对工作流的管理。在事务处理控制方面，MRPII 通过计划的滚动来控制整个生产过程，它的实时性较差；ERP 支持在线分析处理（OLAP），具有较强的实时分析能力。

此外在系统实施方面，ERP 系统已逐步取消客户端应用程序而代之以广大用户所熟悉的浏览器，这为企业将所有应用逐步转移、集成到内联网（Intranet）提供了机会。通过计算机网络平台，客户需求可以零等待地传递至整条供应链，交易和供给几乎同时发生，企业内外的界限逐渐模糊，真正体现网络经济时代"以客户为中心"的思想以及电子商务"端到端"的实质。

中国企业目前管理的内耗很大，而 ERP 系统刚好是一个有效集成现有分散系统的框架平台。企业在实施 ERP 的过程中，要注意区域、行业与自身特色，对引进的 ERP 系统应进行必要的改造与调整，甚至进行二次开发。

十一、TOC 约束理论

约束理论（Theory Of Constraints，TOC）是 20 世纪后期以色列的戈德拉特（Eliyahu M. Goldratt）博士在优化生产技术（Optimized Production Technology，OPT）的基础上发展起来的。诞生之初，TOC 作为一种制造管理理念对制造业优化管理、解决瓶颈问题提供了一种有效方法。后来，其逐渐发展成为以"产销率、库存与经营成本"为基础的指标体系，成为有效提高产销率的管理理论和方法，并最终拓展到企业管理的各个职能领域。人们对 TOC 的深入研究与广泛应用，使其得到了美国生产及库存管理协会（American Product and Inventory Control Society，APICS）的高度关注。APICS 将 TOC 称为"约束管理（Constraint Management）"，将其正式定格为一套管理理念与管理工具。所谓约束，即在企业实现其运营目标的过程中，现存的或潜在的各种制约因素。约束管理就是通过逐个识别和消除这些约束，使企业的改进方向与策略明确化、科学化，从而帮助企业更有效地实现其运营目标。

TOC 理论认为，任何系统至少存在着一个约束，否则它就可能有无限的产出；要提高系统（如企业生产系统）的产出，必须要突破与消除系统约束。任何系统都是由若干要素及子系统构成的，木桶原理则表明，系统的综合效能最终决定于系统中最弱要素或子系统的性能状况。对于企业生产系统，其运营目标的最终完成程度取决于系统中的弱性元素（瓶颈或约束）的现实状况；只有将企业的约束或瓶颈要素逐一识别、缓解或消除，企业生产才能实现最优绩效。

TOC 理论应用于企业生产实践的基本步骤是：分析、定位企业生产系统中存在的约束；研究、拟定突破这些约束的策略与方法；协调企业其他要素与活动，建立执行上述策略与方法的良好环境；执行上述策略与方法，消除约束；返回起点，寻找、分析下一个约束，再次执行上述过程。如此，TOC 理论的应用实践过程将在循环往复中不断改进、追求完美，从而使企业生产系统得到持续完善，相应地产销量也将会稳步提高。需要指出的是，TOC 理论是以客户的价值导向为原则，在客户需求拉动下实现对系统约束的分析与定位。

十二、标杆管理

标杆管理（Benchmarking）产生于 20 世纪 70 年代末 80 年代初美国企业学习日本经验的实践中。施乐（Xerox）公司首开标杆管理先河。当时，一直保持着世界复印机市场实际垄断地位的施乐遭遇了日本竞争者的全方位挑战。佳能、NEC 等公司以施乐的成本价销售其复印机产品且依然能够获利，而其产品开发周期比施乐短、设计与开发人员数量则只有施乐的一半。短短几年，施乐复印机的市场份额从 82% 直线下降到 35%。面对竞争威胁，施乐公司发起向日本企业学习的运动，从而开展了广泛、深入的标杆管理。施乐公司从生产成本、营销成本、零售价格、产品周期等方面入手，以佳能等主要竞争对手在这些方面上的优异表现为参照，明确彼此差距，分析对手运作机理，进而全面调整了企业经营战略、战术，改进了业务流程。在很短的时间里，施乐取得了明显的成效，把失去的市场份额逐渐夺了回来。同时，对于交货水平低和低值货品浪费大的问题，施乐以比恩公司为标杆，并选择 14 个经营同类产品的公司逐一考察，找出了问题的症结并采取了有效措施，从而使其仓储成本下降了 10%，每年节省低值品费用数千万美元。在施乐实施标杆管理取得巨大成就后，西方企业群起仿效，掀起了标杆管理研究与应用的热潮。据统计，全球 500 强企业中有近 90% 的企业应用了标杆管理，如 Mobil、AT&T、GE、Kodak、Ford、IBM 等世界知名企业都成功实施了标杆管理。标杆管理的出现在西方管理学界掀起了巨大的波澜，它与企业流程再造、战略联盟一起并称为 20 世纪 90 年代三大管理方法。

标杆（Benchmark）是既定的明确的参考基准，它能够指引人们前进的方向。标杆依其分类视角不同，可划分为不同的类型，如表 2-4 所示。标杆管理是以确定的标杆基准为参照的分析、改进与提高的程序、策略与方法。运营管理专家、南加州大学马歇尔商学院教授理查德·蔡斯（Richard B. Chase）认为，标杆管理将企业在特定领域的绩效表现与业内领先甚至世界一流企业的绩效水平相比较，以其为标杆寻找差距，从而确定提高企业绩效水平和竞争力的改进方案。施乐公司的大卫·科恩斯（David T. Kearns）将标杆管理定义为：一个将己方产品、服务与实践与最强竞争对手或行业领导者相比较并持续改进与提高的过程。美国生产力与质量中心（APQC）指出，标杆管理是一个系统的、持续性的评估过程，它通过不断地将企业流程与世界上居领先地位的企业相比较，从而获得帮助企业改善经营绩效的信息。

表 2-4   标 杆 分 类

分类标准	分 类 内 容
应用层次	战略标杆（Strategic Benchmarking） 战术标杆（Tactical Benchmarking） 操作标杆（Operational Benchmarking）
主体层次	个体标杆（Individual Benchmarking） 团队标杆（Group Benchmarking） 组织标杆（Organizational Benchmarking）
标杆特征	内部标杆（Internal Benchmarking） 竞争标杆（Competitive Benchmarking） 职能标杆（Functional Benchmarking） 通用标杆（Generic Benchmarking）

  标杆管理实施的起点就是确定己方企业在哪些方面存有不足，哪些方面对企业发展意义重大，选择需要持续改进与提高的领域，界定标杆学习的明确主题。分析与挖掘出企业最需要实施标杆管理的领域，是有效实施标杆管理的前提和基础。基于标杆管理的流程分析，可通过如下途径了解市场发展动向与趋势、主流客户心声及其变化，从而确定企业需要优先实施标杆管理的服务流程以及服务要素：向客户提供服务的交互活动、向客户提供咨询的交互活动、向客户宣传与促销的交互活动、市场调研与预测、洞察与分析服务传递系统的外环境。

  标杆管理先驱、著名的倡导者——施乐公司的罗伯特·开普（Robert C. Camp），根据其在施乐公司成功实施标杆管理的经验，将标杆管理实施步骤划分为 5 个阶段，即计划→分析→整合→行动→完成。在计划阶段，企业需要做的工作有：明确对哪个对象领域进行标杆管理，确定用于做比较的标杆企业，组建标杆学习团队，决定收集资料的方法并收集资料。在分析阶段，通过对己方和标杆企业的标杆管理对象做详细调研、比较分析，逐步勾勒出标杆企业的标杆概貌，把握其所有细节，准确确定己方与标杆企业在标杆对象领域内的绩效差距及其原因，并拟定该企业未来可行的目标绩效水平和行动建议。期间，要尽可能地理解、掌握标杆企业信息，充分利用向标杆企业学习的机会。在整合阶段，实施标杆管理的企业需要将自己的标杆管理同企业的运营战略及愿景目标紧密结合起来，整合企业各部门资源，协调各部门间的目标与流程，寻求实现企业整体最优的方案与策略。在行动阶段，实施标杆管理的企业针对己方与标杆企业之间在标杆对象领域内的绩效差距以及本企业现状，制定具体行动方案并付诸实施，实现企业改进目标。在该阶段，首先要制定有针对性的详细实施计划，包括人事安排、预算、培训、所需资源、方法策略等；此外，还要对具体方案的实施进行有效的过程控制，防止意外发生、扩大以至于失控。在完成阶段，企业要对其标杆管理项目进行事后评估与反馈，重新调整标杆，为新一轮的标杆管理打下基础。

十三、知识管理

  随着后工业经济向知识经济转型，知识的地位逐步凸显，并以其强大的潜能成为社会主体生产资料与最主要的财富来源。1993 年，彼得·德鲁克（Peter F. Drucker）在其《后资本主义社会》中指出，人类正在进入知识社会，在这个社会中最基本的经济资源不再是资本、自然资源和劳动力，而应该是知识；在这个社会中，知识工作者将发挥主要作用。资料表明，在 20 世纪最后 20 年美国在信息技术上的投资超过了一万亿美元，但最终对知识工作者的工作效率和工作能力改进方面收效甚微。究其原因，传统的变革相对较慢、以预期为基础的经济正在被快速变化、非连续、跳跃式的新经济形态——知识经济所替代，企业基于信息的竞争优势正在向基于知识的竞争优势转变。企业生产在经历了由"基于资源的积累过程"到"基于能力的资源配置过程"的转变后，当前正在向"基于知识的能力创新过程"跃进。如果说资源的积累与转化是企业价值形成过程的直接表现形式，能力配置是优化企业价值形成过程的手段，那么知识的应用和创新则是企业价值形成的源泉。当知识成为企业的核心资源和价值创造的主体来源时，管理的焦点将从以资本为核心转移到以知识为核心要素上来。这种核心要素的转移，促使企业采用知识管理（Knowledge Management，KM）模式来适应知识经济的到来。

早在 1986 年，卡尔·维格（Karl M. Wiig）在联合国国际劳工组织于瑞士召开的一次会议中便首次提出 KM 概念，并将 KM 定义为"为最大化与企业知识相关的效率及知识资产的回报率，企业系统地、显性地、审慎地建立、更新与应用知识的过程"。此后，KM 研究热潮持续兴起，人们以不同的视角和侧重点给出了对 KM 的各种定义。日本学者野中郁茨郎（Ikujiro Nonaka）认为，KM 要求致力于基于任务的知识创新、传播与应用，并具体体现在产品、服务和系统中。幺戈什（Malhotra Yogesh）博士将 KM 定义为，当组织面对日益增长的非连续的环境变化时，针对组织的适应性、组织的生存及组织的能力等重要方面而采取的一种迎合性措施；在本质上，KM 推进了组织的发展进程，并寻求将信息技术所提供的对数据和信息的处理能力与人的发明创造能力两方面进行有机结合。此外，类似的观点还有：KM 乃是对知识进行系统地、明确地、仔细地确立、更新与应用，使企业与知识有关的活动得到最佳效果、从知识资产中得到最大回报；KM 是将所有的专业知识，不论是在纸面上、数据库里还是在人的头脑中的都掌握起来，并分配到能够产生最大效益的地方去；KM 是获取适当的知识，并在适当的时候交给适当的人，使他们能做出最好的决策；KM 涉及发现和分析已有的和需要的知识，并规划和控制开发知识资产的行动，以达到组织的目标；KM 是系统地处理、寻求、理解和使用知识以创造价值；KM 是将经验、知识、专业能力成型并获取，以产生新的能力、获得卓越的成效，推动创新和增加客户价值；KM 是一个系统地发现、选择、组织、过滤和表达知识的过程，从而改善雇员对特定问题的理解。

综上所述，KM 是一种理念和技术相融合的新型管理模式，也是一个具有明确目的性的集成化的动态过程。作为管理模式，其新颖之处在于所管理的对象已经不再是传统意义上的有形资产，如土地、劳动力和资本，而是无形资产——知识（包括隐性知识和显性知识）；作为一个集成化的过程，它要完成对整条知识链的各环节与要素的整合与管理，既包括对知识的辨识、获取、表示、求精、编辑、存储、集成、传播、内化、应用、创新和进化等环节的优化与整合，还包括对知识、人、工具和环境等要素的集成与管理。KM 有着明确目的性，即提高企业知识生产率、增值知识资本，提高知识资本的投资回报率，增强企业员工的协同工作能力，提高企业对市场、客户环境的应变能力以及知识共享和创新能力，从而增强企业的核心竞争力。

在知识经济时代，企业所面对的环境将更加多变、速变，企业间的竞争将更加激烈。企业能否立于不败之地已经不再依赖于其核心产品，而是取决于其基于知识的核心能力。这表现为其在知识获取、共享、应用与创新等环节上的效率和有效性，或者说取决于其 KM 实施能力。企业的 KM 实施能力与实施效果进一步决定于其能否培育、营建 KM 借以实施的有效平台——知识管理系统（Knowledge Management System，KMS）。

以上对典型的后现代管理理念与方法进行了简要介绍。从管理信息系统的要素分析可知，任何管理信息系统都蕴含着先进的管理思想与成熟的管理方法。管理科学的发展为企业信息化与管理信息系统的发展与应用奠定了坚实的理论基础。

第三节　企 业 流 程 管 理

一、企业流程概述

企业流程（Business Process）也称业务流程，是为实现企业某项既定目标而进行的一系列逻辑相关的业务活动的有序集合。企业作为盈利性组织，其所有运营活动都围绕着既定目标展开。为实现某项具体目标或任务而展开的若干紧密联系的业务活动序列即构成一条业务流程。企业运营管理系统的各组分均通过相应的业务流程发挥效能、完成其相应的运营管理职能。管理信息系统的研发过程就是对目标组织业务流程进行调研、分析、优化、固化与信息化的过程，尤其在系统开发周期的规划、分析与设计阶段，其大量工作都是基于业务流程展开的。

由企业流程定义，可以分析出它所具有的以下特征：其一，目的性，任何企业流程都是为了实现企业某项具体任务或目标；其二，结构性，企业流程内的各个活动之间不是杂乱无章地堆砌着，而是依特定结构有机地整合在一起；其三，动态性，企业流程不是固化不变的，它会随企业内外环境的变化而相应地做出因应调整；其四，普遍性，任何企业都有其运作目标体系，均通过业务流程实现。

一般而言，企业流程由若干业务活动及其间的结构关系构成。企业流程的现实绩效不仅取决于组成该流程的各个活动的绩效水平，还依赖于活动间结构关系的有效性与适应程度。其中，活动（Activity）是对实现过程逻辑步骤的基本工作任务的抽象描述，能够实现特定功能，是组成业务流程的基本单元。企业各层生产经营目标均通过相应活动及其组合策略（结构关系）得以完成，活动是企业生产经营的基本组分。作为实体对象，活动一般包括以下要素（如图 2-2 所示）。其一，输入组分，即活动所要处理的对象以及活动完成所必需的辅助因素。输入组分既可以是有形的物质资料，也可以是无形的数据、信息和知识等。其二，输出组分，即活动执行的结果，包括有形产品输出与无形产品（如知识产品）的输出。其三，动作，即活动所要执行的具体操作，表现为某种处理逻辑，在活动结构中居于核心地位；此外，动作要素蕴含了动作的执行方式（如自动化程度等）。其四，约束，指环境因素、输入差异等对活动的制约与决定作用。其五，动作执行者，指具有完成活动动作相关技能的

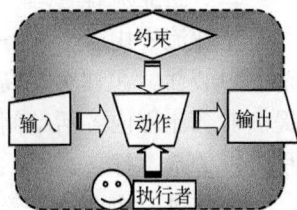

图 2-2　活动要素与结构

活动操作者；深入细腻的劳动分工使活动与其执行者之间往往形成稳定的对应关系。此外，输入与输出组分是一个活动与其他活动或外部环境的接口，实现与外界活动的交互。

活动间的结构关系指为实现既定业务功能与目标而整合成业务流程的各个活动之间的逻辑关系，主要表现为串行关系、并行关系与复合关系三种，如图 2-3 所示。其中，串行关系指组成业务流程的各活动之间按时间序列构成一对一的输入与输出关系，即前一个活动（流程中的尾活动除外）的输出组分是其直接后继活动的输入组分；并行关系指在组成业务流程的各个活动中，一个活动的输入组分由两个或两个以上活动的输出组分提供的活动间关系。

在实际运作中，企业流程各活动间往往并不是单一串行或并行关系，而是兼有上述两种关系的复合结构。需要指出的是，组成业务流程的各个活动间的输入与输出关系有时会突破单一前进方向，从而呈现出反馈关系，这主要是源于提高流程绩效的需要。

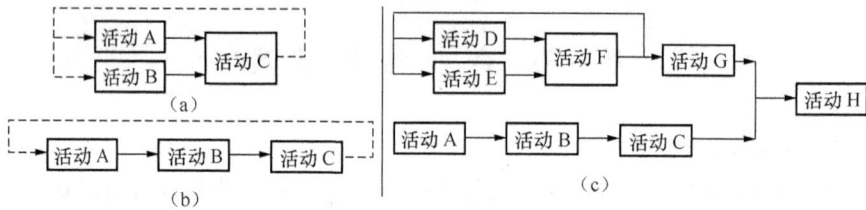

图 2-3 业务流程中活动间的结构关系

（a）并行结构；（b）串行结构；（c）复合结构

对企业流程的有效管理以及管理信息系统的高效研发与应用，都离不开对企业流程的准确识别与表征。一般可通过两种视角实现对企业业务流程的识别：其一，在企业既定任务与目标的导引下，依时间维度逐一识别与完成该任务或实现该目标相关的各个活动，进而分析和确定活动间的结构关系。其二，企业流程实施的过程是物流、信息流、资金流与商流的流动过程。例如，企业流程的展开过程同时也是对数据与信息的采集与系列处理过程。因此，可以通过对某一"流"的变化与演进阶段的分析识别企业流程。需要说明的是，在依时间维度进行分析与识别时，既可以通过正演方法实现，也可以采用反演方法完成；此外，对具体活动的定位可参照前一章提到的霍尔三维结构的时间维或逻辑维展开。

对企业流程的描述与表征，既可以通过结构化语言完成，也可以通过相应的图件工具实现。语言文字描述对人的语言表达能力提出了更高要求，同时对于流程的识读人员也带来一定压力，因此被较少应用；对企业流程进行绘图描述与表征，相对于文字描述要直观、简单得多，因此被广为应用。常见的用来描述企业流程的图件工具包括业务流程图（Transaction Flow Diagram，TFD）和数据流程图（Data Flow Diagram，DFD）。有关这两种图件的具体应用，将在第六章"MIS 系统分析"中详细介绍。

二、企业流程管理

企业流程由若干业务活动及其间的复杂结构关系构成，而每一项业务活动又都是一个复杂的封装体。在切实提高每一项业务活动绩效的同时，设计和调整好各活动间的结构关系、提高业务流程内各活动间的协同效能，进而持续改善既定企业流程的运营绩效，这是企业流程管理的基本任务。

应该讲，企业流程管理伴生于现代意义上的管理学发展的全过程。毕竟，企业绩效目标通过具体的业务流程及其组合得以实现，通过提升企业流程管理的效率和有效性来提高企业运营绩效自然成为管理活动的工作焦点。例如，从 20 世纪中期开始的通过现代信息技术及其系统平台改进企业流程内的信息流效益，就是通过改进企业流程运作方式谋求管理改进的。在企业流程管理的发展历程中，必须对企业流程再造（Business Process Reengineering，BPR）进行全面、深入的了解与认识。

20 世纪 80 年代以后，经济信息化和全球化从根本上改变了企业生存的内外环境，要求企业从内部到外部建立合作、协调、高效的运营机制。随着"变化"（具体表现为速变、多变、突变、巨变、弱规则或无规则变化等）逐步成为市场环境的主旋律以及全球经济一体化进程的进一步推进，美国企业愈发感受到前所未有的竞争压力，理论界和产业界被迫对企业竞争能力的不断下降进行深刻反思。当时，美国企业对日本同行的学习便是其反思与求变的集中体现。然而，大多数企业简单地将日本企业的成功经验直接移植过来，并没有产生明显效果。当企业运营状况与崭新市场环境需求特征之间的距离越来越大以至于难以弥合时，便有学者提出了"置于死地而后生"式的因应策略。1990 年，美国麻省理工学院（MIT）教授迈克尔·哈默（Michael Hammer）在《哈佛商业评论》上发表题为"再造：不是自动化，而是重新开始"的论文，率先提出"企业再造"的思想；而后，1993 年他和 CSC Index 顾问公司执行董事长詹姆斯·钱皮（James Champy）共同出版了《再造企业——工商业革命宣言》一书，主张对现有企业管理观念、组织原则和工作方法进行基础性的再思考与根本性的再设计，以显著提高企业成本、质量、服务和速度等关键指标绩效。

企业再造理论以变革与再生的思想重新审视企业，对传统管理学劳动分工理论提出了质疑，是管理学发展史中的一次巨大变革。以亚当·斯密（Adam Smith）为代表的管理学先驱推崇劳动分工，认为分工可以提高劳动者的专业化水平，进而提高生产效率；分工可使劳动者长时间专注于一项工作，减少工作变换造成的时间耽搁和效率降低；分工可促进大量有利于提高劳动效率的机器设备和工作方法的研发与应用。然而，劳动分工理论在提高生产效率的同时，也有其负面作用。它使劳动者成为机器的附属物，将原本连贯的业务流程分解为若干独立的工作片段，从而增加了企业内部的交流与协同成本；以劳动分工理论为依托的科层制组织结构严重束缚了员工的积极性、主动性和创造性；在劳动分工背景下，员工"只见树木，不见森林"，只了解和关注自己所从事的业务活动，对于整条业务流程则缺乏认知。于是，企业流程再造（BPR）成为企业再造理论的核心内容。

BPR 的实施以"流程"为导向，对企业现有流程进行深入分析与彻底重建，提高流程的完整性和实施效益。一般而言，具有以下特征的企业流程将会成为"再造"对象：企业的核心业务流程、瓶颈业务流程、与客户直接相关的业务流程、不完整的业务流程以及跨越多个部门的业务流程。对企业流程进行再造的基本原则是：以顾客为中心，强调顾客满意而非上司满意；让员工参与，充分发挥员工的主观能动性；着眼于提高业务流程的整体绩效，改善业务活动间的协同特性。企业流程再造的主要方法有：删繁就简，剔除非必要的业务活动；利用先进的信息技术及其系统平台，提高流程内的信息流效益；应用系统科学和协同学的思想与方法，改进流程内各活动之间的整合性能。再造完成后的企业流程一般具有如下特征：企业流程的执行者由职能部门转变为流程执行小组；企业人员原来简单、专一的任务变为综合、多方面的复合任务；管理方式由控制转变为授权；绩效评估的基点由活动绩效转变为流程绩效；人事管理由重工作成绩转变为重工作能力；生产理念由维护型转变为开拓型；管理人员角色由监工转变为伙伴和老师；组织结构由科层式向扁平化转变。

BPR 追求的是使企业绩效发生突变性的质的飞跃。哈默和钱皮曾为"质的飞跃"描绘了目标图景："周转期缩短 70%，成本降低 40%，顾客满意度和企业收益提高 40%，市场份额增长 25%"，从而使美国企业竞争力赶上或超过日本对手。为此，BPR 要对企业原有的基本信念提出挑战，进行根本性重建；要对企业原有的管理模式、业务流程、组织结构进行根本性再设计。在实践运作中，BPR 的成功实施给一些企业（如福特汽车公司、IBM、AT&T 等）带来了巨大效益。然而，从全球范围观之，BPR 项目的成功率并不高，至少有 70% 的项目没有取得预期效果，甚至有一些 BPR 项目使企业运营状况变得更糟。究其原因，BPR 诞生时间不长,理论探讨与产业实践尚需一个不断深入和完善的过程。另一方面,其对企业原有组织结构与业务流程等的彻底性重建与根本性的再设计,无疑会对企业造成伤筋动骨式的冲击;彻底解决积弊很深的诸多问题,有效应付来自诸多利益主体的责难与对抗,营建崭新的、富于生命力的企业运营机制等,都要在短时间内以突变、巨变的方式一蹴而就式地完成,个中困难可想而知。即便有人主张依托有效的团队、实施"一把手"工程,但其成功实施的阻力依旧很大,失败几率很高。

于是,以美国哈林顿研究所首席运营官詹姆斯·哈林顿(H. James Harrington)为代表的一些学者主张放弃 BPR 这种"革命"式的突变模式,转而采用"改良"式的渐变方法,对企业流程进行平和地、持续地改进与优化,从而使其永葆生机。此即业务流程优化(Business Process Improvement,BPI)。BPI 基于企业整体发展战略,建立并持续完善支撑企业流程运转的管理配套体系和信息系统平台,整合企业资源与能力,培育持续改进型的企业流程优化体系。

企业信息化与管理信息系统的开发过程不仅是改变企业原有业务流程的实现方式(由"手工"到"自动")的过程,它还是而且应该是一个对企业现有业务流程的调研、分析与优化的过程。仅扮演"翻译"角色的管理信息系统项目,其实施效果是十分有限的;更有甚者,如果将企业原有流程中的一些弊端也搬进、固化到管理信息系统中,将会使管理信息系统成为制约企业发展与成长的桎梏。因此,管理信息系统的研发人员要具备深厚的管理学基础知识,掌握企业流程分析与优化技能,深入企业业务流程展开调研,分析、定位现有企业流程中的不足与问题,并制定有针对性的优化与改进方案。

案例　福特公司通过 BPR 重获新生

福特(Ford)汽车公司是美国三大汽车巨头之一。在 20 世纪 80 年代初,美国汽车业受到来自日本同行的强大竞争,运营状况岌岌可危。福特公司设在北美的采购应付账款部门当时有 500 多名员工,庞大的员工队伍反而使得工作效率低下。为了有效削减成本,公司决定应用信息技术、实施计算机信息系统,同时裁撤 20% 的人员,以提高工作效率。然而,当其成功将员工裁撤到 400 人时,其与日本同行马自达(Mazda)公司对比后发现,对方的应付账款部门仅有 5 名员工,差距依旧悬殊。即便考虑到公司规模因素,福特公司采购应付账款部门的员工仍是日本同行的 6 倍。巨大的比较差异让福特公司领导层感到震惊,他们决定向日本同行学习,重新设计其采购应付账款部门的业务流程,对原流程进行彻底再造。

福特公司原有采购流程如图 2-4(a)所示。从采购部向供应商发出订单到财会部向供应商付款,其间有许多环节;同时,原有流程规定只有当订单、收货单和发票三者间在 14 个项目上完全一致时才能付款,这导致了繁重的单证核对工作,不仅耗费了大量人力、财力和时间,而且还经常发生处理差错或延误付款时间。一旦出现三者间不相符的情况,就需要调查差错原因、推迟付款、制作文件,严重影响了业务处理效率。

依照 BPR 思想和方法,福特公司的管理层对其原有业务流程进行了深入分析。他们发现,原有业务流程的处理环节较多,其中一式多份的纸面单证的制作与传递以及订单、收货单与发票三者的核对工作耗去了大量资源。为此,福特公司对其原有业务流程实施了以下再造措施:建立采购部、财会部和收货部三部门数据共享的采购业务管理信息系统;取消原付款流

程中必须要有的发票，取消订单、收货单与发票间的核对活动；采购部的订单副本不再向财
会部传递，而是直接将订单信息存入中央数据库，供各部门共享；收货部在收到采购物品后，
根据中央数据库中的订单信息进行核对，并发出确认信息；财会部通过信息系统检测中央数
据库中的订单信息与收货信息，当两者一致后，即向供应商付款。通过上述策略对原有采购
流程进行再造后，得到的新流程如图 2-4（b）所示。

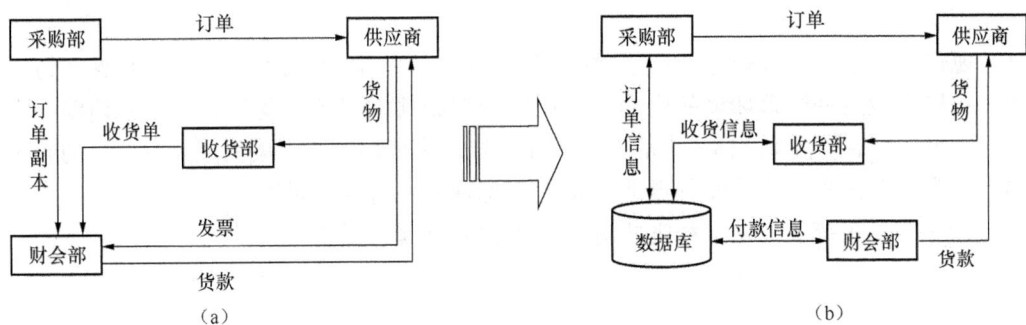

图 2-4　福特公司采购流程再造

（a）再造前的采购流程；（b）再造后的采购流程

　　再造后的新业务流程是一个无发票的流程，采购部向供应商发出订单的同时向采购业务
管理信息系统的中央数据库录入订单数据。收货部将所收货物信息与数据库中的订单信息
核对，两者一致即收货，并将收货信息录入中央数据库；如果两者不一致，则直接退货。
财会部无需供应商的发票，采购业务管理信息系统可自动核对订单信息与收货信息的 3 个项
目——物品编号、计量单位以及供应商代码；如果两者一致，则可自动打印支票由财会部交
给供应商。新业务流程依托计算机信息系统（采购业务管理信息系统），切实提高了业务数据
的查询、核对速度与准确率，实现了公司减少员工数目、提高工作效益的目的。上述努力最
终使福特公司应付账款部门减少了 75% 的人员，而且财务记录和实物记录之间没有任何差错，
材料控制变得更简单、财务信息变得更准确，大大提高了业务处理的正确率和执行速度。

本 章 小 结

　　管理信息系统是理念和技术相融合的产物。本章集中对 MIS 的"管理"基础进行了简单
归纳。作为对 MIS 先修知识的回顾，本章第一节首先依时间维度，对管理学的发展脉络及其
基本理论做了简要介绍。管理学发展与演进的过程就是管理体系不断因应管理环境变化而进
行调整与完善的过程。于是，本节对企业所处内外管理环境的要素组成及其变化趋势进行了
分析，并总结了管理因应环境变化所做出的调整与完善。

　　本章第二节对后现代管理体系中的诸多经典管理理念与方法进行了简要介绍，包括竞争
战略理论、核心竞争力理论、供应链管理、物流管理、客户关系管理、学习型组织、精益生
产与准时生产理论、敏捷制造与虚拟企业、并行工程、企业资源计划、TOC 约束理论、标杆
管理以及知识管理等。

　　企业流程是企业实现某项具体目标或任务的基本途径，企业运营管理系统的各组分均通
过相应的业务流程发挥效能；管理信息系统研发过程也是对业务流程调研、分析、优化、固

化与信息化的过程。为此，本章第三节对企业流程的概念、特征、要素组成、识别与表征等内容进行了介绍，并对企业流程管理尤其是企业流程再造（BPR）以及业务流程优化（BPI）进行了较为深入的分析与讨论。

习　题

1. 现代意义上的管理理论经历了哪些演变阶段？每一阶段或管理流派具有哪些特点？
2. 阐释企业所处管理环境的内涵，并说明管理如何因应环境变化做出相应调整与完善。
3. 请思考：后现代管理体系中的各经典理论与方法对 MIS 学科的发展具有怎样的影响？
4. 何为企业流程？企业流程再造理论具有怎样的优势与不足？
5. 管理信息系统的开发过程需要对企业流程实施哪些操作？

第三章　MIS 技术基础

通过前面的学习我们知道，现代意义上的管理信息系统是先进管理理念与成熟信息技术相融合的产物，MIS 研发与应用离不开有效的信息技术支持。为此，本章将带领读者对与 MIS 相关的基础技术知识进行回顾与学习。作为基础性技术归纳，对本章介绍的一些技术知识，读者可能已经在先修课中学习过，建议读者有选择地学习本章内容。

第一节　信息技术概述

一般而言，信息技术（Information Technology，IT）主要包括：计算机硬件技术、计算机软件技术和通信技术，它是 MIS 的技术基础。只有将成熟的 IT 技术和先进管理理念有机结合起来，才能做好 MIS 的研发工作，进而在产业应用中真正发挥 MIS 的系统效能。

一、计算机硬件基础

1946 年 2 月 14 日，世界上第一台数字计算机"埃尼阿克"（Electronic Numerical Integrator And Calculator，ENIAC）诞生于美国宾夕法尼亚大学。这台计算机用了 18 000 多个电子管、1500 多个继电器，重达 30 吨，每小时耗电 150 度，每秒运算 5000 多次，占地 167 平方米。以我们今天的眼光来看 ENIAC，感觉它太笨拙。然而，在当时它却是令人侧目的先进设备。在计算弹道特性表时，近 200 名工程师使用传统机械式计算机需要 7～10 小时才能完成的计算工作量，使用 ENIAC 计算在 30 秒内即可完成。

自 ENIAC 诞生后，计算机技术飞速发展。英特尔（Intel）公司名誉董事长戈登·摩尔（Gordon Moore）通过长期观察发现，集成电路（IC）上可容纳的晶体管数目大约每隔 18 个月便会增加一倍，其性能也将提高一倍，此即著名的摩尔定律。现今，对摩尔定律的表述主要有 3 个版本：其一，集成电路芯片上所集成的电路数目每隔 18 个月就翻一番；其二，微处理器的性能每隔 18 个月提高一倍，而价格则下降一半；其三，用 1 美元所能买到的计算机性能每隔 18 个月翻一番。无论何种表述都是对计算机核心硬件技术突飞猛进的形象描述。

如今，计算机功能较之于 ENIAC 已经大幅增强，性能极大提高。回顾计算机发展历程，其大抵经历了真空电子管计算机、晶体管计算机、集成电路计算机和大规模与超大规模集成电路计算机 4 个发展阶段，各阶段的主要特征如表 3-1 所示。当前，计算机的发展正在迈向第五个阶段（如生物计算机、光学计算机、量子计算机等）。

表 3-1　　　　　　　　　　　计算机发展的各阶段及其特征

阶段特征	真空电子管计算机	晶体管计算机	集成电路计算机	（超）大规模集成电路计算机
持续时间	1946—1957	1958—1964	1965—1970	1971—
代表机器	ENIAC 和 EDSAC	TRADIC	IBM360 系列计算机	80x86 系列、PENIUM 系列
逻辑元件	真空电子管	晶体管	中小规模集成电路	大规模/超大规模集成电路
运算速度	每秒十万次级	每秒百万次级	每秒千万次级	每秒亿次级以上

续表

阶段特征	真空电子管计算机	晶体管计算机	集成电路计算机	（超）大规模集成电路计算机
内存状况	汞延迟线/磁芯容量数 KB	磁芯，容量数十 KB	半导体，数 MB 容量	半导体存储器，容量数十 MB，甚至数 GB
外存状况	磁鼓	磁鼓/磁带	磁带/磁盘	磁盘/光盘/U 盘
典型外设	读卡机/纸带机	读卡机/纸带机/电传打印机	读卡机/打印机/绘图仪	键盘/鼠标/显示器/打印机/绘图仪
运算成本	1000 美元/IPS	10 美元/IPS	1 美分/IPS	0.001 美分/IPS
编程语言	机器语言	汇编语言/高级语言	汇编语言/高级语言	高级语言/OOP 语言
系统软件	无	操作系统（OS）	OS/实用软件	OS/数据库管理系统（DBMS）

计算机按其性能和作用可分为巨型机、大型机、小型机和微机。其中，巨型机（Super Computer）是功能最强、价格最昂贵的一类计算机。它采用高性能元器件，使其时钟周期达到数个纳秒；它采用多处理机结构，把几十个甚至上万个处理器（CPU）整合起来并行工作以提高整机的处理速度。据 TechWeb 报道，2012 年 11 月美国的巨型机——Gray 运行速度达到 18 千万亿次/秒（Petaflops）浮点运算，成为当时世界上最快的计算机。然而，仅时隔半年多，2013 年 6 月 4 日其再次报道，中国天河-2 号巨型机配置了 3.2 万个多核 Intel 至强 Iry Bridge 处理器芯片，4.8 万个 Intel 至强 Phi 芯片，每秒完成 54.9 千万亿次浮点运算，超越 Cray 成为目前全球最快的计算机。巨型机主要应用于石油勘探、天气预报、空间技术等需要超大运算量的领域。大型机（Mainframe）一般都安装在机架内，配有大容量存储器和多种类型的 I/O 通道，可同时支持批处理与分时处理等多种处理方式。大型机运算速度可达到数亿次/秒，多用在大型公司、学校、银行与科研院所中。小型机（Minicomputer）由数字设备公司（DEC）在 20 世纪 70 年代首先开发出来。它采用小型机专用处理器（SPARC 处理器架构、PARISC 架构、Alpha 架构等），其运算速度一般在每秒百万次到几千万次。管理一家宾馆或一家银行支行的事务是小型机应用的典型领域。微机也称个人计算机（Personal Computer，PC），是通常只处理一个用户任务的计算机。计算机的微型化是计算机自身发展中的一次飞跃。1975 年 4 月，微型仪器与自动测量系统公司（MITS）推出了首台通用型 Altair 8800，售价 375 美元，带有 1KB 存储器。这是世界上第一台微机，然而真正开创了微机局面是 Apple 机和 IBM PC。目前，微机主要包括台式机、笔记本电脑、平板电脑、掌上电脑、单片机及单板机等。前两种已经非常普遍，平板电脑在组件构成上与笔记本电脑基本相同，但它突破了后者的外形设计与输入方式，具有更强的移动性与便携性。掌上电脑又可分为低端的个人数字助理（PDA）和高端的随身计算机（Pocket PC），其突出功能在于通信和多媒体方面；单片机和单板机则多嵌入在仪器设备（如冰箱、洗衣机、电视机等）中，以增强其智能性。

目前，各类计算机基本都采用了冯·诺依曼（J. Von Neumann)结构(也称普林斯顿结构)。早在 1946 年，冯·诺依曼就提出了计算机至少由运算器、控制器、存储器以及输入与输出设备 5 部分构成，并给出了上述各部分之间的逻辑关系，如图 3-1 所示。冯·诺依曼结构体系将程序指令存储器和数据存储

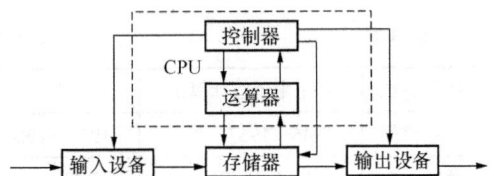

图 3-1　计算机结构示意图

器合并在一起（哈佛结构则将程序指令存储和数据存储分开），程序指令存储地址和数据存储地址指向同一个存储器的不同物理位置，程序指令和数据的宽度相同；此外，还确立了计算机内部指令和数据均采用二进制的存储方式。

二、计算机软件概述

计算机依靠其硬件和软件的协同工作来完成既定任务，同时计算机效能发挥程度还直接与使用该计算机的用户（人）的素质密切相关。计算机硬件系统（裸机）、软件系统及其用户共同组成了计算机系统，如图 3-2 所示。第一章第四节已详细介绍了该结构，不再赘述。

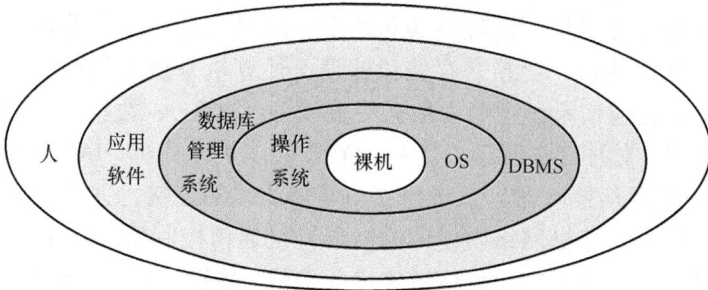

图 3-2　计算机系统结构

计算机软件简称软件（Software），在台湾地区称作软体，是一系列按照特定逻辑关系组织在一起的计算机数据和指令的集合。软件并非仅指能够在计算机上运行的程序代码，与程序相关的文档也是软件的重要组成部分；某种意义上讲，软件就是文档和程序的综合体。

一般来讲软件被划分为系统软件和应用软件。其中，系统软件是管理、控制和维护计算机及外设，提供人机交互等的软件；它为使用计算机提供最基本、最常用功能，为计算机用户和应用软件提供对硬件系统的基础交互与管理功能。系统软件还可进一步分为操作系统（Operating System，OS）和其他支持软件。OS 是确保计算机正常使用的最基本的系统软件，负责管理计算机软硬件资源；它是计算机系统的内核与基石，是对裸机的第一次系统扩充。OS 的基本功能包括：处理机（CPU）管理、内存管理、文件管理和设备管理等，向计算机用户提供了一个与系统交互的操作接口。常见操作系统包括 BSD、DOS、UNIX/Linux、Mac OS、OS/2、iOS、Windows 系统（如 Windows 3.x、Windows 9x、Windows Me、Windows NT、Windows 200x、Windows XP、Windows 7/8）等。支撑软件是支撑各种软件开发与维护的软件，也称为软件开发环境。它主要包括数据库管理系统（Data Base Management System，DBMS）、各种接口软件和工具包（如用户身份验证、驱动管理、网络连接等方面的工具）等，这是 MIS 开发的基础环境。常见的 DBMS 有 DB2、Oracle、Sybase、Informix、MySQL、SQL Server、FoxPro/FoxBase、Access 等，典型的软件开发环境有 IBM 公司的 WebSphere、微软公司的 Studio.NET 等。

应用软件是面向用户的、为用户提供具体服务的软件，是人们为实现某种特定用途与功能而开发的软件。它能够根据用户特定需求和所服务的既定领域提供专门化功能。用于企业管理的 MIS 就是典型的应用软件，其他常见的应用软件还包括用于文字处理的 Office、WPS，用于辅助设计的 AutoCAD，用于图形图像处理的 Photoshop、CorelDraw，用于查杀病毒的瑞星杀毒系统，等等。

三、数据通信概述

任何一个非单机版的管理信息系统（基于计算机网络）都必须实现数据通信与信息处理两方面功能，前者为后者提供信息传输服务，后者则利用前者提供的服务并实现系统应用。

数据通信是按照一定的通信协议，利用数据传输技术在两个终端设备之间传递二进制数据的一种通信方式。它可实现计算机系统之间、计算机系统和终端之间以及终端与终端之间的数据传递。数据通信业务是继电报、电话业务之后的第三大通信业务。

数据通信系统是由计算机、远程终端和数据电路以及有关通信设备组成的一个完整系统，它能够进行数据的传输、交换、存储和处理。计算机系统在数据通信系统中居于核心地位。一般而言，数据通信系统主要由数据终端设备（DTE）、数据通信设备（DCE）和传输信道 3 大部分组成，如图 3-3 所示。其中，DTE 可以是计算机、I/O 设备或其他类型数据终端；DTE 通常内置通信控制器，负责建立与通信线路的连接，并完成数据缓冲、流量控制、差错检验等功能，计算机网络中使用的网卡就是通信控制器。DCE 的功能是把通信控制器发出的信号转换为适合于在通信信道传输的信号。传输信道是传输数据的通道和介质，按不同标准，通信信道可分为有线信道和无线信道、模拟信道与数字信道、专用信道与公共信道等。

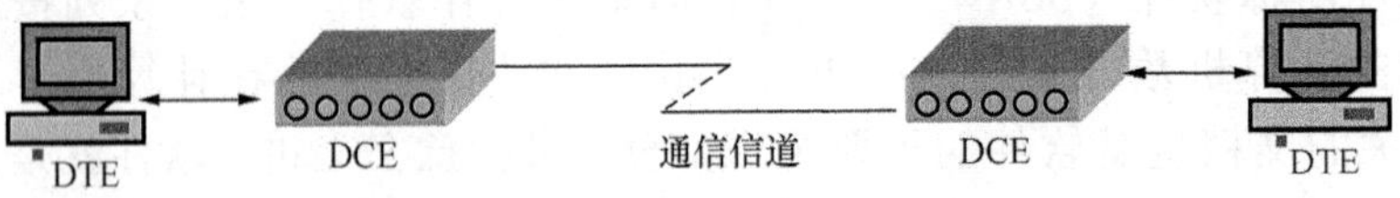

图 3-3 数据通信系统结构

为了提高数据通信质量、降低出错率，使数据传输过程更有效，数据通信系统根据不同应用的要求，规定了不同类型的具有差错控制的数据链路控制规程（包括企业标准、国家标准与国际标准）。对开放的用户接口通常是采用国家标准或国际标准，以提高互联互通性能。

通常而言，数据交换主要有两种方式，即电路交换和分组交换。其中，分组交换在产业实践中应用较多。在分组交换方式下，数据通信系统中除了在相邻交换节点之间实现数据传输与数据链路控制规程所要求的各项功能外，在每一交换节点上还要完成对分组数据的存储与转发、路由选择、流量控制、拥塞控制、用户入网连接等诸多方面的工作。

数据通信的具体实现过程如图 3-4 所示。为了确保数据的正常传输与安全，数据发送方要传输给接收方的数据并不能直接被传输（即不能明码传输），而是首先对数据原文进行编码；而后，将编码后的数据进行调制，使其变为能够在既有通信信道上有效传输的数据格式。经过调制后的数据便可经由通信信道传递到数据的接收方。数据接收方收到数据后，并不能直接看到数据原文，这需要一系列反变换的过程。首先，对接收到的数据进行解调操作，使其恢复到编码数据；然后，再对编码数据进行译码，使其恢复到数据原文状态。

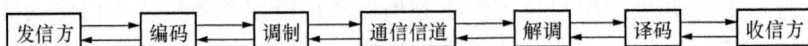

图 3-4 数据通信的实现过程

第二节 计 算 机 网 络 概 述

一、计算机网络的基本概念

（一）计算机网络的定义

对于计算机网络，不同学者基于不同视角所给出的定义也不尽相同。例如，计算机网络是不同计算机以传输和共享数据为目的而连接起来的多机系统；计算机网络就是"计算机、通信设备与完善的网络软件"的集合体；计算机网络是分布在不同地方、具有独立处理功能的多个计算机系统，通过通信基础设施相连接，从而形成能够相互通信并且共享资源的系统集合。

我们认为，计算机网络是用通信设施（包括通信设备与线路）把分布在不同地理位置上的各个计算机系统（包括终端和外部设备）连接起来，在网络软件系统的支持下，实现信息方便互通、资源（包括数据、软硬件等）充分共享以及负荷分担与分布协同处理功能的多机整合系统。

（二）计算机网络协议与体系结构

计算机网络将不同位置上的不同计算机系统进行互联，这些系统结构可能完全不同的计算机系统之间要能够协调工作并能实现相互间的顺畅通信与资源共享，就必须有一套事先制定的公共约定。只要每台入网的计算机较好地遵从了上述约定，它就能够和网络中的其他计算机系统进行无障碍通信与资源共享。这种"公共约定"就是计算机网络协议。现实生活中，有关协议的例子很多。例如，在奥运会上，来自不同国家与地区的不同肤色、不同语种的运动员，只要他们赛前仔细学习并在赛场上严格遵守了奥运会的比赛规则，则整个奥运会的各项赛事就能有序进行，每一位运动员的利益也能够得到切实保障。奥运会规则就是"协议"的一种形式。

那么，到底什么是计算机网络协议呢？计算机网络协议（Protocol）指在计算机网络中，不同地理位置上的不同计算机系统之间，为了实现无障碍互联而事先制定的各计算机系统都必须遵守的约定与规程。计算机网络协议对网络中传送信息内容的理解、信息表示形式以及各种情况下的应答信号等都进行了定义与规范。它一般由语法、语义和同步关系 3 部分组成。其中，语义部分规定了通信双方"做什么"，包括确定协议元素的类型、通信双方所使用的控制信息、执行的具体动作以及所返回的信息等；语法部分规定了通信双方"怎么做"，包括规定了协议元素的具体格式；同步关系部分则规定了计算机网络中通信双方若干事件的执行顺序。

计算机网络协议的具体作用主要表现在以下方面：把通信双方物理通信特征转变为虚拟通信特征，即建立通信双方间的标准通信链路；建立通信双方间的通信代码、报文格式、传输速度等方面的规则与约束；建立通信双方间数据交换的虚拟数据单元（如 Packet）。

计算机网络是一个极其复杂的系统，其网络协议按功能可分为若干层次，每一层次完成某一具体功能。例如，著名的 TCP/IP 便是一系列网络协议的总称，包括传输控制协议 TCP（Transmission Control Protocol）、网络互联协议 IP（Internet Protocol）和用户数据报协议 UDP（User Datagram Protocol）等。TCP 和 UDP 位于 OSI 模型（后文将详细介绍）的传输层，IP 则位于网络层。

对计算机网络协议进行分层并确定各层中采用的协议集合，此即计算机网络的体系结构（Architecture）。体系结构是个抽象的概念，其具体实现通过特定的软硬件完成。

二、计算机网络的发展历程

我们今天所见到并使用的无所不在、功能丰富的计算机网络并非一蹴而就式地形成的。概括而言，其发展大抵经历了 4 个阶段。

（一）计算机网络发展的萌芽阶段（20 世纪 50 年代末—20 世纪 60 年代中）

早期的计算机系统是高度集中的，所有设备安装在单独的大房间中，一台计算机只能供一个用户使用。后来，计算机处理方式出现了批处理和分时处理，这使得一台计算机可同时为多个用户服务，但分时系统所连接的多个终端（Terminal，主要为只含显示器和键盘的哑终端）都必须紧挨着主计算机（即近终端），用户必须到计算中心的终端室去使用。

1954 年，出现了一种被称作收发器（Transceiver）的终端，它使得人们可以将远程终端上的数据通过电话线路发送到主计算机上。后来，电传打字机也作为远程终端和计算机相连，用户可在远端电传打字机上输入程序并通过通信线路送入主计算机，主机计算后的结果再通过通信线路传送到远端电传打字机并打印出来；同期，美国半自动地面环境（Semi-Automatic Ground Environment，SAGE）防空系统也开始进行计算机技术和通信技术相结合的尝试，试图将远端雷达和其他测控设备上的数据通过通信线路汇集到一台 IBM 计算机进行集中处理和控制。渐渐地，这种将地理上分散的多个远程终端通过通信线路连接到一台主计算机的计算机网络系统不断涌现。计算机网络的萌芽形态出现了。

从严谨意义上讲，这一阶段的计算机网络实际上是远程联机多用户系统，是面向终端的计算机通信。其基本结构是由一台中央主计算机连接大量的、地理位置分散的终端构成的系统。系统中除主计算机具有独立的数据处理功能外，所连接的终端均无独立处理数据的能力。20 世纪 60 年代初，美国航空公司投入使用的由一台主计算机和全美范围内的 2000 多个远程终端组成的飞机票预订系统（Semi-Automatic Business Reservation Environment，SABRE）就是远程联机多用户系统的典型代表。

为了不增加连接成本，终端和主计算机之间通过原有的电话线路相连。计算机和终端上处理的是数字信号，电话线上传输的是模拟信号。于是，人们发明并使用调制解调器（Modem）来实现两种信号之间的转换。在通信前，先把从计算机或终端发出的数字信号转换成可在电话线上传送的模拟信号，信息到达后再将其转换为数字信号。计算机内的数据传输是并行传输，而通信线路上的数据传输是串行传输。对此，人们采用线路控制器（Line Controller，LC）作为主计算机和远程终端间的接口设备，从而完成串行和并行传输转换并实现简单的传输差错控制。

随着联网终端数目的增多，主计算机承担的与各终端间通信的任务也在加重，严重降低了主计算机数据处理能力。为提高通信线路利用率、减轻主机负担，远程联机系统结构不断地被改进，通过在主计算机前面增设专门负责通信工作的前端处理机（Front End Processor，FEP）或通信控制器（Communication Control Unit，CCU），实现了数据处理与通信控制的分工，从而更好地发挥了主计算机的数据处理能力。如图 3-5 所示，图中虚线部分为电话线路。

如果每一台远程终端都通过专用通信线路与主计算机连接，则线路利用率低、实施费用将十分高昂。为进一步节省通信费用、提高通信效率，在远程终端比较集中的地方设置集中

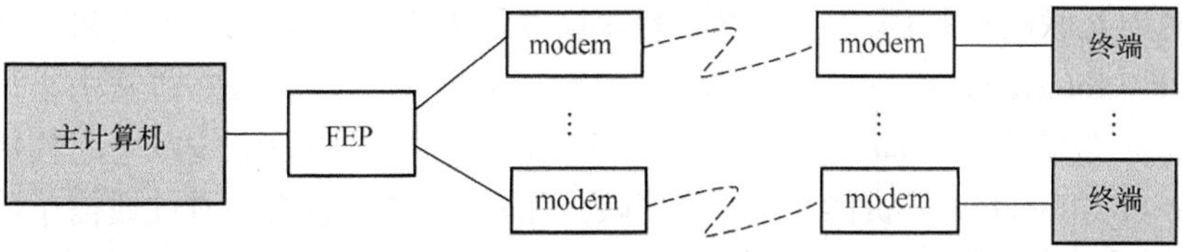

图 3-5　简单的远程联机多用户系统

器（Concentrator）或多路复用器。该设备通过低速线路将附近各远程终端连接起来，收集其发来的数据并存储用户的作业信息；然后，再通过高速通信线路与远程主计算机的 FEP 相联，并将数据与作业信息集中传给 FEP，由 FEP 提交给主计算机。主计算机完成数据处理后把结果数据传给其 FEP，FEP 再传给集中器并通过它分发给各远程终端用户。集中器统一调度各终端的数据传输，提高了远程线路的利用率，降低了通信费用。FEP 和集中器通常用价格相对便宜的小型机或微型机实现。

　　远程联机多用户系统是计算机技术与通信技术相结合的产物，它将主计算机资源向地理上分散的许多远程终端用户提供共享服务；虽然还不能算是真正的计算机网络系统，但它是计算机与通信系统结合的最初尝试。它极大地刺激了用户使用计算机的热情，使计算机用户的数量迅速增加。作为计算机网络的雏形与萌芽样态，其简单的网络结构在带给人们应用方便的同时，也逐渐暴露出以下不足：系统数据处理任务集中在主计算机上，主计算机负荷过重导致系统响应速度降低；只提供终端和主机之间的通信，子网之间无法通信，网络功能有限；远程联机多用户系统实质上是一种单机系统，一旦主计算机发生故障将导致整个网络系统瘫痪，可靠性较低。

　　（二）计算机网络发展的初级阶段（20 世纪 60 年代末—20 世纪 80 年代初）

　　传统电话系统采用的电路交换（Circuit Switching）技术是预先分配线路带宽的。用户在通话前先要通过拨号申请建立一条从发送端到接收端的物理通路，只有在物理通路成功建立后双方才能通话。在通话过程中，用户始终占有从发送端到接收端的固定传输带宽。该技术对于计算机网络研发人员来说，较大的建立通路的呼叫时耗与较低的资源利用率显然都是无法容忍的，必须研发新的交换技术。自 1962 至 1965 年，美国国防部高级研究计划署（Advanced Research Projects Agency，ARPA，目前多称为 DARPA，即 Defense Advanced Research Projects Agency）和英国国家物理实验室（National Physics Laboratory，NPL）都对新型交换技术进行研究。NPL 于 1966 年首次提出了"分组（Packet）"概念。1964 年 8 月，巴兰（Baran）在美国兰德（Rand）公司《论分布式通信》的研究报告中提到了存储转发（Store and Forward）概念。上述技术的发展以及 20 世纪 60 年代美国在冷战中的军事需求，促进了真正意义上的计算机网络的诞生。

　　从 20 世纪 60 年代中期开始，为了应对前苏联的军事竞争，美国专门成立 ARPA 负责研究军事高科技。1969 年 ARPA 提出将若干大学、公司和研究所的多台计算机互联的课题，同年 12 月，加州大学洛杉矶分校及其圣巴巴拉分校、斯坦福大学和犹他大学 4 个结点的计算机通过分组交换技术成功实现了互联。这个被称为 ARPA 网的实验性的"计算机—计算机"网络的诞生，标志着真正意义上的计算机网络时代的开始。ARPA 网建立之初只有 4 个结点，1973 年发展到 40 个结点，到 1983 年已经达到 100 多个结点。ARPA 网通过有线、无线与卫星通信线路，使网络很快覆盖了从美国本土到夏威夷与欧洲的广阔地域。

ARPA 网中互联的运行用户应用程序的计算机称为主机（Host），各主机之间通过接口报文处理机 IMP（Interface Message Processor）转接后实现互联。IMP 通常由小型或微型计算机充当，也被称为结点机，简称结点。IMP 和它们之间互联的通信线路一起构成了通信子网（Communication Subnet），负责网络中各主机之间的数据通信任务。通过通信子网互联的各主机负责运行用户应用程序，向网络用户提供可共享的软硬件资源，它们组成了资源子网（Resources Subnet）。ARPA 网的结构如图 3-6 所示。

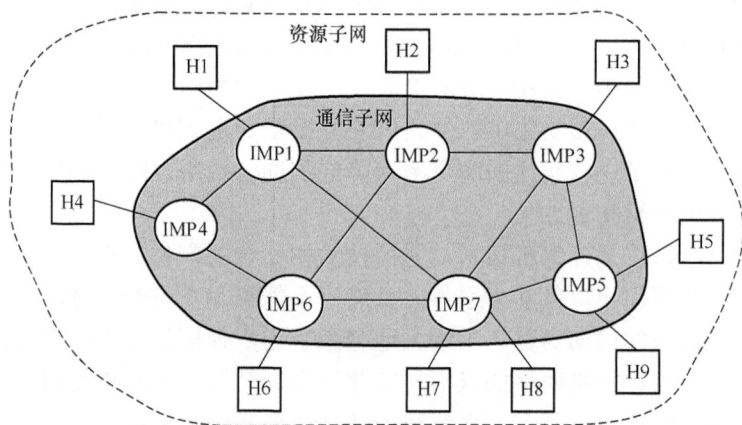

图 3-6　ARPA 网的结构

网络中某台主机上的用户要访问网络中的另一台远地主机时，首先将信息送至与其相连的 IMP，而后沿着适当的路径经若干 IMP 中转后，将信息最终传输至目标 IMP，并由其送入与其相连的目的主机。例如，图 3-6 中主机 H4 上的用户要将信息送往主机 H5，则首先将该信息送至 IMP4，而后沿着适当的路径经若干 IMP（如 IMP4→IMP6→IMP7→IMP5 或 IMP4→IMP1→IMP7→IMP5）中转后，最终传送到目标 IMP5，再由 IMP5 传输给主机 H5。

在 ARPA 网中，信息在通信子网中通过存储转发机制（Store and Forward）实现中转与传输。上例中，IMP4 接收主机 H4 送来的信息并首先存储起来，在 IMP4 和 IMP6（或者 IMP4 和 IMP1）之间的通信线路空闲时再将其传送至 IMP6（或 IMP1）；IMP6（或 IMP1）也是将该信息接收并存储起来，直至 IMP6 和 IMP7（或者 IMP1 和 IMP7）之间的通信线路空闲时，再将它转发到 IMP7；依此类推，直至所要传输的信息被送至目标主机 H5 为止。ARPA 网中存储转发的基本信息单位称为分组（Packet）。以存储转发方式传输分组的通信子网即为分组交换网（Packet Switching Network）。分组交换网中的通信线路不再像面向终端的远程联机系统那样被某对特定通信对象所独占，从而大大提高了通信线路的利用效率。

作为计算机网络发展历程中一个重要的里程碑，ARPA 网的成功运行使计算机网络的概念发生了根本性的变化。与远程联机多用户系统相比较，其改进之处主要表现为：原来终端和主计算机间的通信已发展到计算机和计算机间的通信；"用单台主计算机为所有终端用户需求服务"的模式被"分散而又互联在一起的多台计算机共同处理"的模式所替代；网络中的每台计算机都具有自主处理能力，彼此间不再表现为主从关系；报文分组交换的数据交换方法提升了通信线路的利用率；提出了资源子网和通信子网的两级网络结构，从而使网络中数据处理与数据通信有了清晰的功能界面；网络中心由"单台主计算机"改进为"通信子网"，网络中的各主机都处在通信子网的边缘；远程联机多用户系统是以单个主计算机为中心的星型网，ARPA 网的通信子网则为复杂网络结构，单主机故障不会再导致整个网络系统的全面瘫痪，大大提高了网络运行的稳定性；远程联机多用户系统中各终端通过电话网共享主计算机的软硬件资源，ARPA 网用户则既共享通信子网资源又共享资源子网中丰富的软硬件资源。

20 世纪 70 年代中期出现了由各国邮电部门统一组建和管理的公用通信子网，即公用数据网 PDN（Public Data Network）。随着技术进步，PDN 也由模拟通信发展到数字传输和报文分组交换。典型的公用分组交换网有美国的 TELENET 和英国的 PSS 等。公用分组交换网的组建为计算机网络的发展提供了良好的外部通信条件。

20 世纪 70 年代末，美国国家科学基金会（National Science Foundation，NSF）开始注意到 ARPA 网所实现的数据共享对大学科研的巨大作用。然而，当时要联上 ARPA 网必须和美国国防部签订研究合同，这让很多大学只能望"网"兴叹。在 NSF 主持下，1984 年建成了基于 ARPA 网技术、将 6 个超级计算机中心互联的网络；而后，诸多大学与科研机构相继入网，NSF 网规模急剧扩大。NSF 网在拓展速度与技术更新方面都超过了 ARPA 网，并通过卡内基-梅隆大学的一个结点与 ARPA 网相连，从而奠定了后来 Internet 的基础。

利用远程通信线路组建的远程计算机网络，称为广域网（Wide Area Network，WAN）。随着计算机的广泛应用，局部地区计算机互联需求日益强烈。一些大学和研究所为将实验室或校园内的多台计算机互联以共同完成科学计算和实现资源共享，开始了局域网（Local Area Network，LAN）研究。1972 年美国加州大学研制了 Newhall 环网，1973 年美国施乐公司研制了总线结构的实验性以太网，1974 年英国剑桥大学研制了 Cambridge Ring 环网。这些为 20 世纪 80 年代 LAN 产品的成熟提供了理论研究与技术实现基础，对 LAN 的发展具有重要意义。

与此同时，一些计算机公司全力开展计算机网络研究与产品开发工作，提出了各种网络体系结构及相应的网络协议。1982 年，在 ARPA 的资助下，加州大学伯克利分校开始研发 TCP/IP 并将其嵌入到 UNIX BSD 4.1 版本，1983 年 ARPA 网采用 TCP/IP 作为通信协议。此外，1974 年 IBM 公司公布了它研制的按分层方法制定的系统网络体系结构（System Network Architecture，SNA），这是世界上第一个网络体系结构；1975 年，DEC 公司提出了数字网络体系结构（Digital Network Architecture，DNA）；1976 年，UNIVAC 公司提出了分布式计算机网络体系结构（Distributed Computer Architecture，DCA）。

处于"初级"阶段的计算机网络较"萌芽"时期有了较大改进和提高，但仍有一些不足，突出表现为：网络由研究单位、大学或计算机公司各自研制，缺乏统一的网络体系结构与约束标准。例如，SNA、DNA 及 DCA 就采用了不同的标准。为实现更大范围内的信息交换与共享，就需要把不同计算机网络互联起来，但体系结构与标准的不统一增加了网络互联的难度，限制了计算机网络自身的发展和应用。

（三）计算机网络的开放式标准化发展阶段（20 世纪 80 年代中—20 世纪 90 年代中）

为改变网络体系结构与协议标准的混乱局面，国际标准化组织（International Standard Organization，ISO）下属的计算机与信息处理标准化技术委员会于 1977 年成立了专门研究网络体系结构标准化问题的分委员会。1984 年，ISO 正式制定并颁布了确保各种计算机系统都能互联的标准框架——开放系统互联基本参考模型（Open System Interconnection Basic Reference Model，OSI），当时的国际标准为 ISO 7498。"开放系统"是相对于上一代计算机网络中不同厂商各自封闭的系统结构而言，那时一台主机只能和同种主机系统互联；在开放系统条件下，一台主机可以和任何其他主机系统（只要遵循同样的国际标准）通信。OSI 模型将标准网络划分为 7 层结构并规定了每层的功能（后文详述）。20 世纪 80 年代，以 OSI 模型为参照，ISO 以及当时的国际电信联盟（International Telecommunication Union，ITU）下属的一个组织——国际电话电报咨询委员会 CCITT（目前已被改组更名为电信标准化部 ITU-TSS，即 Telecommunication Standardization Sector）等一起为该模型的各层次开发了一系列的协议标准，形成了一个庞大的 OSI 基本标准集。

OSI 参考模型的推出使计算机网络走上了标准化道路，不同的计算机系统能方便地互联在一起，促进了互联网（Internet）的飞速发展。Internet 对任何计算机系统开放，只要其遵循 TCP/IP 协议标准（虽不是官方组织制定，但由于被广泛采用已成为事实工业标准，后文详述），并申请到 IP 地址，就可以通过信道接入 Internet。现在 Internet 已成为世界上最大的国际性计算机互联网。目前，OSI 模型已被国际社会普遍接受并被公认为计算机网络体系结构的基础。OSI 模型的出现，标志着计算机网络发展到了第三阶段——开放式标准化阶段。

在该阶段，公用通信子网也开始走上开放式标准化道路，进一步促进了计算机网络的大发展。一些国家相继建立了开放式标准化公用分组交换数据网，如加拿大的 DATAPAC、法国的 TRANSPAC、德国的 DATEX-P 和日本的 DDX-P 等，中国于 1989 年开通 CHINAPAC 并正式对外提供服务。虽然这些通信子网内部采用的信道及设备各不相同，但"开放式标准化"的组网指导思想使得它们能够向外部用户提供统一的接入界面，便于不同主机系统互联与互通。

开放式标准化的计算机网络具有统一的网络体系结构，遵循国际标准化协议。这对计算机网络性能的提高、可用性的增强、实施成本的降低以及迅速发展都十分有益。随着社会需求的逐步深入，人们对计算机网络的发展不断提出更新、更高的要求。例如，要求传输的数据类型更为丰富，尤其视频与多媒体信息传输需求与日俱增；持续要求增加网络带宽、提高传输速度；网络应用要更加个性化、智能化且更加丰富多样及网络覆盖范围要进一步拓宽等。这些持续增长的新需求，辅以持续进步的网络技术，促进了计算机网络向更新阶段发展。

（四）计算机网络发展的新阶段（20 世纪 90 年代中至今）

自 20 世纪 90 年代以来，计算机网络发展进入了新阶段。1993 年美国正式提出国家信息基础设施（National Information Infrastructure，NII），旨在建立一个由通信网络、多媒体联机数据库以及网络计算机组成的一体化高速网络，向人们提供图、文、声、像多种信息的高速传输服务，实现信息资源的高度共享。在此基础上，原来的西方七国集团于 1995 年讨论全球信息基础设施（Global Information Infrastructure，GII）计划，提出了建设全球信息社会的目标。近年来，信息高速公路计划的提出与实施以及技术的飞速发展促进 Internet 在覆盖面、网络功能与应用等多方面不断发展与完善，计算机科学的发展进入了网络计算的新时代。这是一个以"网络"为中心的时代，计算机已经完全与网络融为一体。随着移动互联网的普及，计算机网络已经真正进入社会各行各业，网络技术蓬勃发展并迅速走向市场、走进平民百姓的生活；同时，新的需求不断提出，而新的解决策略与技术也不断涌现。

当前，计算机网络发展的主要特征表现在以下几方面。

（1）网络传输速度节节攀升。在局域网方面，早期以太网（Ethernet）数据传输速率只有 10Mb/s，如今数据传输速率高达 100Mb/s 的以太网已相当普及，而数据传输速率高达 100Gb/s 的以太网产品也已面世。在广域网的通信子网建设方面，早期的公用分组交换网的数据传输速率只有 64Kb/s，采用帧中继（Frame Relay）技术后提高到 2Mb/s，异步传输模式（Asynchronous Transfer Mode，ATM）的应用使其数据传输速率最高达到 622Mb/s 甚至 2.5Gb/s，而更新的密集波分多路复用（Dense Wave Division Multiplexing，DWDM）技术则将一根光纤的数据传输速率提高到 25Gb/s。此外，"统一的 IP 网"是此间的重要概念。如图 3-7 所示，居于网络核心地位的是高速宽带主干网（Backbone），其外连接许多汇聚点 POP（Point Of Presence）。端用户（User）可通过电话线、有线电视电缆、光缆或无线信道等不同媒介进入由形形色色的技术组成的不同接入网（Access Network），再由 POP 集中后联入高速宽带主干网。由于 Internet 的巨大影响，整个网络的核心协议采用 Internet 的网际互联协议 IP，通过它把各种各样的通信子网互联在一起，并向上支持多种网络应用。这使网络覆盖的地理范围

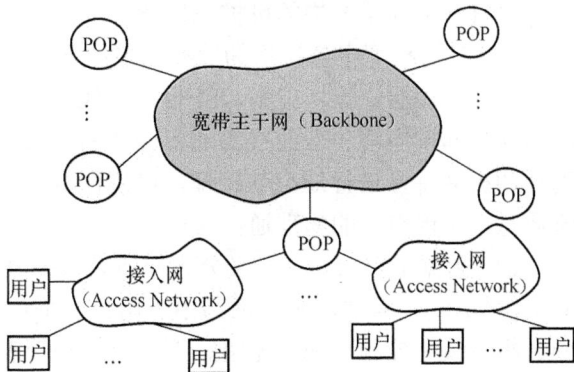

图 3-7　统一的 IP 网结构示意图

不断扩大并迅速向全球延伸，逐步深入到单位、办公室以至于家庭，从而实现"5W"的个人通信目标，即任何人（Whoever）在任何时间（Whenever）、任何地点（Wherever）都可以和任何另一个人（Whomever）通过网络进行通信，并能够传送任何信息（Whatever）。

（2）网络应用多样化、可视化、交互化趋势不断增强，其传输性能持续提高。早期计算机网络中传输的主要是数字、文字和程序等数据。随着网络应用的不断扩展，如今图形、图像、音频和视频等多媒体信息已能在网络中顺利传输，并且所占的比重日益扩大。同时，网络应用的交互性与可视化程度不断提高，网上电视点播、视频会议、可视电话、网上购物、网上银行、网络图书馆等已经成为人们生活与工作的不可或缺的重要组成部分。此外，网络数据传输的实时性、传输质量等方面也有巨大改进，并且仍处于持续改进的过程中。

（3）技术不断进步，三网融合趋势日益凸现。随着多媒体网络的建立和日趋成熟，三网（有线电视网、电话网和互联网）融合甚至多网融合是一个重要的发展方向。未来网络应用中视频数据的传输将占用网络传输量的 99%，但以 IP 技术为基础的互联网由于其设计初衷的缺陷，很难支持大规模、高质量、实时互动的视频传输。视频网络（Video Network，VN）预期可解决高品质视频的网络传输问题，它通过网关充分整合计算机网络、有线电视网络和电信网络资源，提供大容量、低成本、高质量、实时双向互动的多媒体视频信息服务。VN 传输视频流使用的是端对端技术，不需要传统 IP 网络庞大的服务器来保存数据，从而避免服务器耗费大量带宽，较好地解决了带宽资源闲置问题。

三、计算机网络的体系结构

计算机网络是一个复杂系统，为了简化设计、方便应用，通常将其按功能维度进行分层；同时，这种分层应在尽可能广的范围内实现标准化、统一化，以利于计算机网络的普及与发展。为了解决网络体系结构与协议标准混乱问题，ISO 于 1984 年正式制定并颁布了开放系统互联基本参考模型 OSI。该模型将计算机网络划分为 7 层结构，并规定了每层的功能，如图 3-8 所示。在模型中，较高层次的功能建立在较低层次功能的基础上，并为更高层次功能的实现提供支持；在层间接口中定义了服务请求的方式以及完成服务后返回的确认事项与动作；

较高层次在通过层间接口调用较低层次提供的服务时，无须了解较低层次的技术实现细节；只要接口不变，较低层次功能的具体实现方法的变化则不会影响较高层次所执行的功能。这大大提高了计算机网络体系结构的可扩充性能。

OSI 参考模型中各层次的简要功能如下。

（1）物理层。该层位于 OSI 模型最底层，对电话线、同轴电缆、双绞线等通信介质的电气、物理和机械特性进行规范与管理，以确保数据传输质量、实现有效的物理通信（比特流）。

图 3-8   OSI 参考模型

（2）数据链路层。该层又分为介质访问控制（MAC）和逻辑链路控制（LLC）两个子层。其中，MAC 层解决广播型网络中多用户竞争信道使用权的配置问题；LLC 层对物理信道降噪、组装帧、控制与恢复差错、控制流量与管理链路，建立传输性能优良的通信信道。

（3）网络层。该层在通信双方间建立点到点通信，即通过对分组网、线路交换网以及电话网等各种通信网络的寻径、中继与路由选择，在通信双方间建立最佳路由，以满足其上一层（传输层）对吞吐量、传输延迟等性能的要求；同时，其还具有流量及拥塞控制功能。

（4）传输层。该层向上提供标准、通用的界面，以弥合网络层服务与用户需求之间的差距。其功能是向其上一层（会话层）提供通信两端进程之间的数据传输服务。为确保数据传输的正确性，其采用检错、纠错和恢复等手段以提高通信网的可靠性。此外，其常采用多路复用技术以降低通信费用、提高通信线路利用率，即在一条网络连接中组合多条传输连接。

（5）会话层。该层主要针对远程终端访问，其功能是建立和管理进程与进程之间的连接，对进程间通信所约定的信息传输方式与参数设置、进程间同步控制等会话活动进行管理。

（6）表示层。一般地，每个进程的数据结构（包括字符编码与进程算法等）是不同的。该层功能就是建立进程间信息传输的标准数据结构并完成相应的信息转换，即信息压缩、加密以及与标准数据结构间的转换及其逆操作等。

（7）应用层。该层位于 OSI 模型的顶层，其功能是为用户提供邮件管理、文件传输、实时沟通、事务处理与网络管理等服务，管理和控制网络终端各种业务内容的通信活动。

值得注意的是，OSI 模型只是计算机网络体系结构的一个参考模型，并不是一个具体的网络系统。在一些实际的计算机网络产品与协议中，虽然可以找到与 OSI 模型相对应的层次，但两者可能不完全相同。例如，局域网产品结构只对应于 OSI 模型的物理层和数据链路层，而著名的 TCP/IP 则只对应 OSI 模型的传输层和网络层。

四、计算机网络的分类

（一）按联网范围划分的计算机网络

按联网范围，计算机网络可分为局域网、城域网和广域网三大类。

1. 局域网（Local Area Network，LAN）

LAN 是指在一个较小的地理范围内（一般在几千米之内）的各种计算机网络设备互联在一起的通信网络，可以包含一个或多个子网。例如，一座大楼内或相邻的几座楼之间的联网，一个单位内部的联网也多为 LAN。早期 LAN 的联网范围要小些，采用中继器（Repeater）、桥接器（Bridge）或使用光纤介质后，联网范围才逐渐拓展。

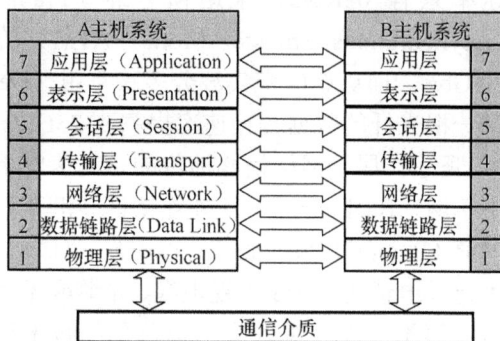

根据 LAN 对通信介质频带的使用特性，可将其分为基带局域网和宽带局域网两种。基带局域网在通信介质中只有一条信道，通信介质的频带全部由该信道所占用，传送的是数字信号。常见的基带 LAN 有以太网（Ethernet）、Omninet 以及 IBM 令牌网等。宽带局域网在通信介质中存在多条信道，通信介质的频带为多个信道共同占有，既可以传输数字信号也可以传输模拟信号。常见的宽带 LAN 有 PC 网、王安网等。

2. 城域网（Metropolitan Area Network，MAN）

MAN 以城市为联网的目标范围，通常在数十千米到上百千米的范围内，是介于局域网与广域网之间的一种网络。MAN 具有独立的实施标准——分布式队列双总线（Distributed Queue Dual Bus，DQDB），这是一个国际标准，编号为 IEEE 802.6。DQDB 标准规定 MAN 的最大工作范围为 160km，数据传输速率为 44.736Mb/s。

DQDB 标准下的 MAN 采用两条平行的单向总线（A 和 B）并使其贯穿于整个城市，网络中的每个站点都要同时与这两条总线相连。每条总线都有一个能够产生 53 字节（Byte）信元流的端接点，每个信元都从端接点沿着总线往下传，到达终点后就从总线中消失。信元中的 44 字节为有效载荷，其余为各种状态标志，包括两个表示"忙（Busy）"和"请求（Request）"的标志位。当"忙"标志为 1 时，表示该信元已被占用；当某站点想发出请求时，将信元的"请求"标志置为 1。每个站点在发送信元之前必须明确目的站点是位于其左方还是右方。如果目的站点位于右方，发送站点使用总线 A，否则使用总线 B。在 DQDB 标准中，每个站点的数据是通过"线或"电路输入到相应的总线中，整个网络不会因某个站点的失效而瘫痪。站点按照"先进先出"的原则排队发送数据，每个站点必须等到其下方的站点发送完毕后才能发送。这较好地避免了离端接点最近的站点将经过它的所有空闲信元全部捕获并填入内容，致使其后站点长期得不到发送机会。

当前，以城市为中心的地区信息高速公路——高速城域网（又称信息港）日益受到重视。MAN 既是一座城市的本地网络平台，也是其对外的信息高速出入口；它是国家信息基础设施（NII）在城市的网络结点。MAN 要能够为地区性多媒体信息传输提供高速本地信息传输与交换平台，总网吞吐率可达到数十 Tb/s。

3. 广域网（Wide Area Network，WAN）

WAN 又称远程网，是将远距离的计算机系统互联而成的网。它借用公共通信网，采用接入技术和广域网互联技术将不同地域内的计算机及其网络进行互联，其联网范围可达数千千米，甚至跨越国界。WAN 通常包含以下几种连接形式：计算机到 LAN 的连接，适合于分散用户上网；LAN 之间的连接，适合于企业内部各机构之间或企业与企业之间的连接；国际交互网络互联，构成遍布全球的"网中网"。随着网络技术与应用需求的不断进步，单一的 WAN 结构已经不能满足需求，这就需要将各种类型的网络连接起来以组成更大规模的网络。Internet 就是一种典型的 WAN，ARPA 网则被看做世界上最早的 WAN。

WAN 由通信子网和资源子网组成。传统上 WAN 以电信远程通信技术为基础，过去其单线速率较低（在数 Mb/s 级），经过持续改进，如今其单线传输速率已达到 Gb/s 级。

（二）按互联网技术应用划分的计算机网络

互联网的普及与发展，使 TCP/IP 技术成为建网的基本支持技术。由此而产生了新的网络分类方式，即内联网（Intranet）、外联网（Extranet）和互联网（Internet）。

（1）内联网。内联网诞生于 1995 年，是存在于企事业单位内部、在防火墙之后的一些基于 IP 结点组成的网络；它采用互联网技术、标准与方法实现对单位内部信息的存取、交互、传输与管理，同时还支持企事业单位业务处理、客户服务以及内部不同部门间的协同与整合工作。内联网通过防火墙（Firewall）将企事业单位内外部之间隔离开来，并通过代理服务器（Proxy Server）、信息加密等措施确保单位内部的信息安全。作为在企事业单位内部构筑的信息网络，内联网兼具集成性、外向性和兼容性特征。其集成性表现为，它集成了各种互联网技术，包括 TCP/IP 与 HTTP 通信协议、Web 技术、防火墙技术和代理技术等；同时，它也将企事业单位内不同部门之间的各项运营业务整合在一起，形成辅助单位提高生产运营效率的综合信息系统和整合平台。其外向性表现为，它不像企业桌面 MIS 那样相对封闭，内联网在防火墙的保护之下处于相对开放状态，能够在安全条件允许的情况下与外联网甚至互联网相连。其兼容性表现为，它采用互联网技术并拥有自己的国际化标准，使得内联网可以支持多种机型和操作系统，并可方便地利用各种数据库。

（2）外联网。外联网是为增加企业与其合作伙伴（包括提供商、客户和咨询者）之间的业务交往与协同工作而出现的，是采用互联网技术并将内联网的构建技术应用于联盟企业之间的一种新型网络。1999 年 Forrester 研究会的一份报告表明，财富排名在全世界前 1000 名的企业中，有一大半都采用了外联网。外联网不是一个重新建设的物理网络，而是一个虚拟专用网络（VPN）。它是在互联网基础上构建起来的联盟各企业内联网之间的桥梁型网络，企业间的信息交互需要通过各自内联网的防火墙验证。外联网应用系统以 Web 服务器为核心，其开发技术包括 Web 服务器权限控制与管理、事务处理、站点管理、名录管理以及平台兼容等。

（3）互联网。互联网即 Internet，又称网际网、因特网、英特网等，是以 TCP/IP 为基础的全球唯一的国际互联网络。有时，该网的一部分也被称为互联网，如中国计算机网CHINANET。

（三）按公用程度划分的计算机网络

计算机网络随着构建主体、应用目的等的不同，其公用程度往往存在很大的差异，由此可将其划分为公用网和专用网两大类。

（1）公用网（Public Network）。公用网是由一个国家的电信部门或专门从事电信运营业务的企业提供的面向公众服务的网络。例如，中国电信提供的以 X.25 协议为基础的分组交换网 CHINAPAC、数字数据网 CHINADDN、中国计算机网 CHINANET，以及非电信部门提供的以卫星通信为基础的"金桥网"等都是典型的公用网。

（2）专用网（Private Network）。专用网是指一个国家的政府、行业管理机构、企事业单位为国内某一领域、某一行业、本单位提供专有服务而建立的网络。在我国，典型专用网有中国教育科研网 CERNET、中科院网 CASNET、中国经济信息网 CEINET 以及各级政府部门所建的网络。在现代社会中，已很少有完全专用而不提供对外服务业务的网络。不过，从构建目的与应用领域看，这类网络与专门提供通信与网络服务的公用网仍有很大的区别。

（四）其他分类方法下的计算机网络

有关计算机网络的分类方法还有很多。例如，按在一个较大范围网络内所起作用的不同，可将计算机网络分为骨干网和接入网。其中，前者是城域网或地区性网络中的高速核心主干网（如我国的国家计算机与网络设施 NCFC、中国教育与科研网 CERNET、中国公用计算机网 CHINANET、中国联通网 UNINET、中国网通网 CNC 等），后者则是连接骨干网与终端用户的外围网络。按所使用传输技术的差异，可将计算机网络分为交换网络和广播网络两种。其中，前者又包括电路交换网络、报文交换网络、分组交换网络和快速分组交换网络等，后者则包括无线电网络、卫星网络、共享式局部网络等。按所传输信息种类的不同，可将计算机网络分为数据通信网、综合业务数字网（Integrated Services Digital Network，ISDN）等。其中，数据通信网是传送普通数据的网络，综合业务数字网则可同时传输普通数据、语音以及图形图像数据。此外，按所采用的主要网络技术差异，又可将计算机网络分为以 X.25 为基础的分组交换网、以异步传输模式为基础的 ATM 网、以帧中继技术（Frame Relay）为主的帧中继网等。

五、局域网与广域网

（一）局域网

1. 局域网参考模型

作为一种典型的计算机网络，LAN 也参考和引用了 OSI 参考模型，并结合其自身特征，逐渐发展形成了局域网参考模型，即 IEEE 802 标准体系。该标准体系由国际电子电气工程师协会（IEEE）自 20 世纪 70 年代起陆续提出并逐步完善，其体系结构如图 3-9 所示。

图 3-9　IEEE 802 标准体系

该标准体系仅对应于 OSI 参考模型的物理层和数据链路层，并将数据链路层进一步分为介质访问控制（MAC）和逻辑链路控制（LLC）两个子层。LAN 的拓扑结构非常简单，这大大简化了它的路由选择，因此它未设单独的网络层。对于 OSI 参考模型中的其余相对更高的子层，LAN 则可通过 TCP/IP 或 IPX/SPX（Internet Packet eXchange/Sequenced Packet eXchange）等协议实现。

2. 局域网主要特点

LAN 主要特点如下：其一，覆盖范围小、传输速度快。LAN 的网络覆盖范围局限在数千米内，而大多数情况下，主要在数十米到数百米范围内。LAN 的传输距离短，所使用的传输介质（如超五类双绞线、光纤等）性能比较高，再辅以先进通信技术的支持，使得其网络单段吞吐率比较高。早期典型的 LAN 单段网络吞吐率为 10 Mb/s 到 100 Mb/s，如今单段网络吞吐率已达到 1 Gb/s。为适应多媒体传输的需要，利用桥接或交换技术实现由多个局域网段组成的网络，总吞吐率可达数 10 Gb/s 甚至数 Tb/s。其二，使用多种传输介质。LAN 的传输介质从早期的同轴电缆、双绞线，到后来的光纤、微波等，用户选择的余地很大。其三，分布式控制、广播式通信。分布式控制使网络具有良好的可扩充性与易维护性，一对多的广播式通信则可以使网络上的每个站点都能接收到其他站点发送的信息。

3. 局域网的硬件组成

LAN 硬件构成主要包括网络服务器、工作站、通信介质与网络互联设备四部分。网络服务器由一台或数台性能较高的小型机或 PC 充当，为网内各终端用户提供高性能服务。例如，文件服务器、打印服务器、数据库服务器、电子邮件服务器则分别提供文件存取、打印、数据集中管理与 E-mail 服务。工作站是连接在 LAN 上的终端用户所使用的计算机,通过它用户实现网络通信、资源共享、分布处理与协同工作。通信介质将网络中各种服务器与终端设备、互联设备、工作站等连接起来,常见通信介质有双绞线、同轴电缆、光纤、微波等。

网络互联设备能够将局域网划分成若干网段(即网段微化),并通过存取路由与交换技术将各个网段连接起来,使不同网段尽量避免冲突,从而提高信息吞吐量。常见局域网网络互联设备及其主要功能如表 3-2 所示。

表3-2 局域网互联设备及其主要功能

设备名	设 备 功 效
网卡	计算机与网络线路间接口,种类与总线接口和协议有关,负责数据转换、链路管理等
中继器	处于 OSI 模型物理层,将获得的衰减信号放大和整形后传输给下段,拓展 LAN 覆盖范围
网桥	工作于数据链路层,连接异构网段;能隔离冲突,但不能隔离广播
路由器	工作于网路层;路由选择与访问控制,实现冲突与广播隔离;多用于局域网与广域网互联
网关	实现不同协议间的转换与异构网络互联,通常以软件的形式出现,系统开销比较大
集线器	即 HUB,用于网络互联、延伸网络的覆盖范围
交换机	多作为大型局域网的中心结点,包括第二层交换与第三层交换;能够较好地隔离冲突、解决网络带宽拥塞问题,但不能有效隔离广播,需与路由器结合起来支持网络层性能

4. 局域网的拓扑结构

连接到计算机网络上的各个结点的互联方式即为网络拓扑结构。LAN 的主要拓扑结构有:总线型、星型、环型、树型和网状结构,如图 3-10 所示。

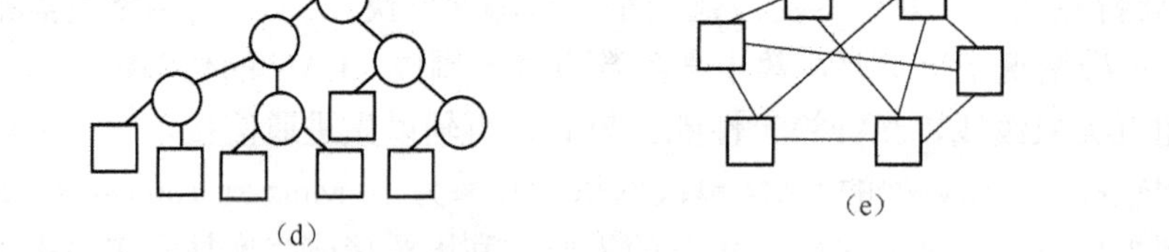

图 3-10 局域网拓扑结构

(a)总线型结构;(b)星型结构;(c)环型结构;(d)树型结构;(e)网状结构

在总线型拓扑结构中,每台主机都和唯一的一条公共数据总线连接。同一时间,只能允许一台结点主机发送信息,其他结点机则只能接收信息。当一台结点机信息发送完毕时,其他结点机可通过竞争机制争取下一个信息发送权。这种拓扑结构内的一台结点机出现故障不会影响整个网络的运行,具有易于扩充和稳定性好的特点,应用范围较广。

在星型拓扑结构中，由一台高性能计算机作中心结点，网络中的其余计算机都通过一条链路与中心结点相联。该结构建网容易、结构简单、易于管理，然而整个网络由中心结点集中控制，中心结点出现故障则会导致整个网络瘫痪，可靠性比较差。

将总线型拓扑结构中的数据总线首尾相联便形成新的环型拓扑结构。然而，环型拓扑结构和总线型拓扑结构却大不相同。在环型拓扑结构中，信息沿着单一方向传输，通过各结点的存储与转发最终到达目标结点。该结构网络管理相对简单，但由于信息传输要经过多个结点，网络吞吐能力差；同时，任何一个结点出现故障，就会导致网络中断，可靠性差。

树型拓扑结构像一棵倒置的树，也是从总线型拓扑结构演变而来。在该拓扑结构中，非叶结点（图 3-10 中的圆形标志）为集线器，叶结点为工作站。树型结构的根结点一旦出现故障，整个网络就不能正常运行，可靠性差；但其网络故障检测与隔离工作（通过分支实现）相对于总线型拓扑结构要容易些。

在网状拓扑结构中，各结点间的通信线路明显增多。如果预算允许，甚至可以在网络中的任意两个结点间都建设直接的通信线路。如此，网络的可靠性与传输速度都将有大幅提高，但其实施成本将会变得昂贵。

需要指出的是，实际的 LAN 往往表现为由几种拓扑结构组成的复合结构。

5. 典型局域网产品

（1）以太网。以太网（Ethernet）由美国施乐（Xerox）公司于 1973 年提出，是最早作为标准和产品的 LAN，采用总线型拓扑结构，实施标准为 IEEE 802.3。早期的以太网采用同轴电缆作为传输介质（现今多为屏蔽双绞线或光纤），电缆的发明者 Robert M. Metcalfe 博士用导光元素"以太"来命名此网络。

如图 3-11 所示，以太网中的所有主机均共享同一条数据总线。任何时刻只允许一台主机发送信息，当两台或两台以上主机同时发送信息时，就会产生冲突（信号重叠），导致传输失败。为避免冲

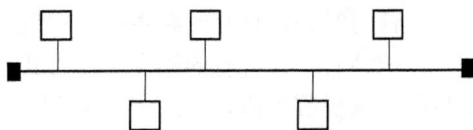

图 3-11　以太网拓扑结构

突的产生，以太网采用如下存取控制方式：网络上的任何一台主机要发送信息，它绝不能"想发就发"，而是要在发送信息之前先通过"侦听"（载波检测）机制确定当前数据总线上是否有信息在传输。如果总线"平静"，即当前没有信息在传输，则该主机立即将所要发送的信息（早已配置好发送地址、目标地址等信息参数）送入数据总线，启动信息传输过程；如果总线"正忙"，即当前有其他主机发送的信息在总线上传输，则该主机暂不发送信息，进入"等待"状态。"等待"的时域是随机的，在等待一个随机的时间后，该主机重启"侦听"过程。如果遇到总线"平静"，则开始传输信息；如果总线仍然"忙"，则再等待一个随机的时间后，再重启"侦听"过程……。上述技术策略即为载波检测多重访问及冲突诊断（CSMA/CD）。

此外，图 3-11 中数据总线两端的黑色小方块为 50Ω 电阻，其作用是避免"包冲突"。所谓"包冲突"，指如果数据总线两端没有设置 50Ω 电阻，每台主机所发送的信息到达总线两端后将会"反弹"回来，这样就会和总线上后续传输的信息相冲突，导致信息传输失败。当总线两端设置 50Ω 电阻后，总线上传输的信息最终到达总线两端后将会被电阻"吸收"，如此就有效避免了信息传输冲突。

综上所述，以太网的技术特点可以概括为：其一，采用 IEEE 802.3 标准，体系结构上对应于 OSI 参考模型的物理层、数据链路层（MAC & LLC）；其二，没有中央控制机制，网络

的可靠性高、可扩充性好；其三，存取控制方式为载波检测多重访问及冲突诊断。

（2）令牌环网。令牌环（Token Ring）网在 20 世纪 70 年代由 IBM 的一个实验系统演化而来，采用环型拓扑结构，其实施标准为 IEEE 802.5，传输介质多为屏蔽双绞线。

不同于以太网，令牌环网是采用监控站集中控制的网络，监控站在环网启动时由各站平等竞争产生。如图 3-12 所示，假设有这样一个由 6 台主机组成的令牌环网。在环网启动或者有主机发现网络上没有监控站时，主机就会发送一个 CLAIM TOKEN 控制帧。如果某一台主机在其他主机之前完成了 CLAIM TOKEN 控制帧的"发送→绕环一周→回收该帧"的过程，则它就赢得"竞争"而成为整个网络的监控站。我们假设 6 号机在网络启动时赢得"竞争"成为整个网络的监控站。此后的网络运行，将在 6 号机的集中控制之下。首先，6 号机将向网络发送一种特殊的控制帧（即令牌），并确保任意时刻网络上"有且只有"一块令牌在传输。网络上的任何一台主机若想发送信息，

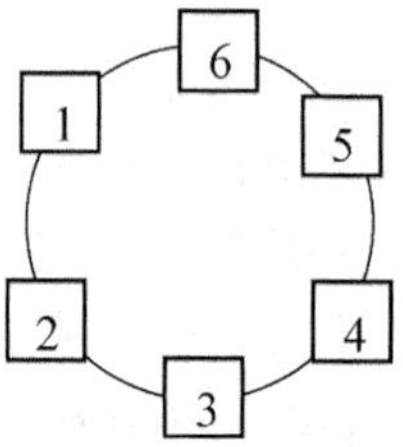

图 3-12　令牌环网的拓扑结构

它必须首先获得并暂时保管该令牌，直到信息发送完毕后释放令牌。假设 2 号机要发送信息给 5 号机。在发送之前，2 号机必须等待在环上传输的令牌。当令牌传输到 2 号机，其获得并暂存令牌。此时，作为获得令牌的站点，2 号机进入传输模式，网络中的其余主机则全部工作在复制模式。2 号机将附有收发双方地址的信息发送到网上，信息便在网上开始传输；当所发送的信息绕环一周又回到 2 号机时，其有理由相信目标机（5 号机）已经收到该信息。于是，2 号机释放令牌，使得其他主机也能获得发送信息的机会。显然，上述机制能够确保网络上任何时刻，只有一台主机能够发送信息，从而避免了冲突。

监控站有一种特有的站点工作方式，即恢复模式，用于对令牌故障（损失、重复）的恢复与断环保护等工作。由于系统疏漏与运行环境复杂多变等原因，网络中可能会出现令牌"丢失"的情况。例如，某一台主机获得令牌后，持续发送信息，这使得令牌一直被它所"把持"，从而剥夺了其他主机的信息发送机会；或者，由于系统 BUG，一台主机信息已经发送完毕，却仍然没有释放令牌。为此，监控站每次向网络中释放令牌时，均为该令牌设置一个最长令牌生存时间，即令牌需要在这个时间限度内回到监控站；否则，监控站就判定先前令牌"丢失"而无效，重新产生一块新的令牌并投放到网络中。此外，如同足球比赛，由于某些工作人员疏失或配合失当，会导致比赛现场瞬间出现了两个足球，这时裁判员就要叫停比赛，裁定哪个足球有效，并将无效足球扔出场外之后，宣布继续比赛。在令牌环网运行的过程中，由于系统故障，网络上也可能同时出现两个或两个以上的令牌。这时，监控站就要裁定哪块令牌有效，并回收无效令牌，以确保网络正常运行。监控站还负责检验帧的有效性，当发现无效帧，则立即断开环路，清除该帧。当发生意外断环故障时，监控站可以通过软件控制旁路中继器将断环作旁路处理。

综上所述，令牌环网的技术特点可以概括为：其一，采用 IEEE 802.5 标准，为环型拓扑结构；其二，存取控制方式通过令牌技术解决，站点工作方式包括传输模式、复制模式和恢复模式；其三，采用集中式控制，由监控站负责令牌管理、断环保护以及帧管理。

（二）广域网

广域网（WAN）由两部分组成，即通信子网（Communication Subnet）和资源子网（Resources Subnet）。前者负责完成网络中各主机之间的数据通信任务；后者则是通过通信子网互联的各

主机向网络终端用户提供可供共享的软硬件等资源。WAN 通过公共通信网，采用广域网互联技术和接入技术将不同地域内的计算机系统及其网络互联在一起。

1. 通信子网

通信子网涉及 WAN 的两个主要技术之一的广域网互联技术，它使得 WAN 能够将更广阔范围内的计算机网络实现互联。在 WAN 的发展历程中，不断采用新的通信技术对其通信子网进行持续改进，以满足人们不断增长的应用需求。

（1）公共电话交换网。公共电话交换网（Public Switched Telephone Network，PSTN）采用电路交换技术，将通信线路分时共享。PSTN 一般通过调制解调器（Modem）以拨号方式入网。它起步早、发展充分，具有覆盖面广、成本低廉、方便易用、实施周期短等特点。不过，该技术传输速度较低（56Kb/s），适用于低速传输场合；在通信量大的情况下，为提高传输速度，需采用专用线路进行数据通信。

（2）综合业务数据网。综合业务数据网（Integrated Services Digital Network，ISDN）俗称"一线通"，是电话网和数字网相结合而成的一种计算机网络。它能够提供端到端的数字连接，将语音、传真、文字、图形、图像传输等多种业务综合在一个统一的数字网络中，为网络用户提供标准的接口和综合性服务。它通过 ISDN 适配器拨号入网，提供两个数据通道，平均传输速率为 64Kb/s，速度略高于 PSTN。它采用数字化连接和数字化交换等技术，提供标准化接口，能够使不同类型的用户终端方便地接入网络。ISDN 提供丰富的服务功能，既包括用户终端业务，也包括非用户终端业务以及各种补充业务。此外，ISDN 终端用户上网与电话通话可以同步进行。

（3）宽带综合业务数据网。宽带综合业务数据网（Broadband Integrated Services Digital Network，BISDN）采用异步传输模式（Asynchronous Transfer Mode，ATM），大大提高了传输速率（2Mb/s～600Mb/s）。ATM 是实现 BISDN 的关键技术。所谓传输模式（Transfer Mode），用于描述通信子网中的传输、复用与交换过程。从其发展历程看，其先后经历了 3 个阶段：空分交换加频分复用技术（FDM）、数字时隙交换加同步时分复用的同步传输模式（Synchronous Transfer Mode，STM）以及时间复用交换加异步复用的异步传输模式（ATM），其传输速度逐次提高。一般把高于 2.048Mb/s 或 1.544Mb/s 的带宽称为宽带，因此该类型网络被命名为宽带 ISDN。BISDN 不仅具有较高的传输速度，还具有较好的智能性并能向用户提供综合、全面的服务。

（4）分组交换网。分组交换网（Packet Switched Data Network，PSDN）亦称包交换网，是在同步传输模式（STM）基础上发展起来的、以数据包（Packet）为基本传输单元的通信网络。它以 X.25 协议为基础，通过统计复用技术、存储转发技术、虚拟链路技术、面向连接的交换技术等实现信道复用、协议转换、地址转换、速度转换、动态路由转换、流量控制与误码纠错等功能。PSDN 实施成本相对低廉，并且提高了通信线路的利用率，但速率不高（一般小于 64Kb/s）；同时，由于它在每个网络结点上都要进行复杂的协议处理，增加了网络开销，导致网络时延较大，只能适用于实时性要求不高的应用领域。

（5）帧中继。帧中继（Frame Relay，FR）网对应于 OSI 参考模型的物理层和数据链路层，因其大多数的网络操作针对数据链路层（也称帧层）而得名。FR 是分组交换技术的升级版，是处于 X.25 和 ATM 之间的中间技术。它以帧（Frame）作为基本数据传输单元，以光纤作为传输介质。FR 通过带宽管理和拥塞控制技术、动态路由控制等技术，具有网络资源利用率高、处理能力强、灵活性好、可靠性高、时延小、速度快（56Kb/s 到 1.554Mb/s）等特点。FR 常被用于 LAN 之间的互联以及主机访问与数据文件传输。它对用户完全透明，通过标准的广域网用户接口可与 ISDN 以及 ATM 服务共存。

（6）数字数据网。数字数据网（Digital Data Network，DDN）采用同步传输（STM），通过光纤、数字微波或卫星通信等数字传输信道，为用户提供端到端的高速率（64Kb/s～2.048Mb/s）、高质量、高可靠性、低时延（一般小于 450μs）的数据传输服务，适用于多媒体信息传输。DDN 骨干网能够提供国际专线电路，对所有要求较高的电路具有自动倒换功能，网络数据传输的透明度高；同时，其网络运行管理简单易行。然而，DDN 线路的利用率以及对突发问题的处理能力相对差些。

（7）虚拟专用网。虚拟专用网（Virtual Private Network，VPN）是一种集网络加密、访问控制、身份认证和网络管理于一体，能够实现廉价、安全可靠的跨地域的数据通信技术。它使用 IP 隧道（Tunneling）技术，把信息加密后重新组包在公用网络上传输，使用户感觉好像直接和他们的私有网络相连一样。

（8）特小型天线地面站数据网。特小型天线地面站（Very Small Antenna Terminal，VSAT）数据网采用卫星通信技术，使其网络覆盖的空间范围大大拓展。该种网络组网灵活、安装方便、使用简易，适用于边远地区或应急通信场合。

2. 常见接入技术

接入技术也称入网技术，负责解决广域网互联中远程局域网和计算机到通信子网的连接问题，从而将远端局域网或计算机系统与公用网络连接在一起。由于这是用户与广域网连接的最后一步，也称"最后一公里技术"。

在我国，较为常见的接入技术及其主要特征如表 3-3 所示。

表 3-3　　　　　常见接入技术及其特征

技术种类	传输速率	主要优点	主要缺点	基础设施	接入价格
Modem（"猫"）	56Kb/s	技术成熟，标准化程度高，可选择余地大（有内置式、外置式和 PCMCIA 卡三类）	传输速度、拨号速度慢，上网与电话通话不能同步	电话网、调制解调器	价格低廉
ISDN（一线通）	128Kb/s	上网与拨打电话能够同时进行，拨号速度、传输速率高于 Modem 拨号方式	速度相对较慢，不适合作为长期接入方案	电话网、ISDN 适配器	相对低廉
ADSL（非对称数字用户环路）	2Mb/s 以上	传输介质为电话线，传、拨号速度高，上网与拨打电话可以同步进行	技术标准尚需进一步统一	电话网、信号分离器、网卡	价格较高
Cable Modem（线缆 Modem）	数十 Mb/s	通过有线电视网的电缆进行传输，传输速率高，无须拨号，开机即连、关机则断	有线电视网需双向改造，传输速率随用户增加而降低，标准化程度低	有线电视网、线缆 Modem、网卡	价格较高
FTTB＋LAN & FTTB＋Home PNA	数十到数百 Mb/s	不用电话网和有线电视网，无须拨号，光缆传输速率高	实际速度取决于光缆容量与同时上网用户数	光纤到楼、网线到户（后者用电话线代替网线）	价格高
低轨卫星	400Kb/s	覆盖范围广，尤其适用于特殊地区（山区、偏远地区等）	上行传输速率较低	空间卫星网	价格高，初始投入大

终端用户在选择具体接入方式时，需要综合考虑以下方面。

（1）传输速率（带宽）。这是选择接入方式时所要考虑的主要因素。用户要根据实际接入需求，判断商家提供的接入方式在传输速度方面是否合适。需要注意的是，传输速率有下行速率和上行速率之分，前者即接收速率，后者为发送速率；二者非对称，下行速率一般要高于上行速率。例如，Modem（"猫"）拨号接入，56Kb/s 是其下行速率，而上行速率则为33.6Kb/s 或 48Kb/s。商家宣传其接入产品时，往往只对下行速率大力宣传。对此，用户要有自己的判断。

（2）接通速度。这是指用户从开始拨号到连接成功的时间开销。显然，接通速度越快越好。在该因素上，Modem 拨号接入性能表现较差。

（3）稳定性。这是指用户一旦联网成功，是否能够保持稳定的连接状态。有些接入产品（包括 Modem 拨号接入、ADSL 接入）因局部网路问题，会在用户联网过程中出现异常"掉线"现象，这会影响用户的正常应用。

（4）价格。价格既包括初始接入的资金投入，也包括后续的使用费用。不同的接入产品，其价格是不同的。用户需根据自己的应用需求与财力状况进行选择。

此外，用户在选择接入方式时，还要考虑到"上网与通话能否同步"的问题。如果用户上网的同时，还需要保持电话通信的畅通状态，显然 Modem 拨号接入就不合适。

需要指出的是，在选择接入产品时，要坚持"不求最好，但求最适用"的原则。即要有自己理性的判断，不要紧跟技术进步的步伐，不要只凭商家的宣传；要对自己的上网目的与需求进行仔细分析，然后综合考虑上述因素，选择一款最适合于自己应用需求的接入产品。否则，要么产品不能满足自身需求，影响自己上网应用目的的达成水平；要么产品性能高于自身需求，造成不必要的资金浪费。

六、互联网

互联网（Internet）是以 TCP/IP 为基础的全球唯一的国际互联网。它不是单一的计算机网络，而是由世界上许多计算机网络互联后构成的，国际互联网由此得名。互联网是继电报、电话发明之后，人类通信方式的又一次革命。

（一）互联网基本特征

如今，互联网以其惊人的拓展速度正在向全球的每个角落延伸，涉及人们工作与生活的各个方面，大大推进了现代社会的信息化、全球化进程。概括而言，其具有以下特征。

（1）具有开放的体系结构与广域的覆盖范围。作为全球范围内开放分布的互联网络，任何局部网络与单点计算机只要遵从一定的协议标准（如 TCP/IP）就可方便地接入互联网。这使互联网以惊人的拓展速度向全球延伸。发展到现在，已有超过 233 个国家和地区，4 万多个通信子网，数十亿台计算机或其他终端与其相连，截至 2013 年 12 月，全球上网人数达到22.7 亿。Internet 已成为世界上信息资源最丰富的计算机公共网络。

（2）拥有海量信息资源并具有良好的跨时空共享性。在接入互联网的数以亿计的计算机中，保存有涉及方方面面的海量信息资源。这是个庞大的信息资源宝库，等待每位网络用户去发掘。用户可根据不同的访问权限，在线访问、共享可能在万里之外的网络主机上的信息资源；就信息资源的时间跨度而言，它所访问的既可能是新近信息也可能是很久以前的信息。当然，每一位网络用户既是海量信息资源的访问与受益者，同时也是其提供者与维护者。

（3）具有灵活多样的接入方式。网络的快速普及与发展，需要灵活多样的接入方式。互联网采用的 TCP/IP 成功地解决了不同网络产品、不同硬件平台以及不同操作系统之间的兼容问题。只要遵从 TCP/IP 标准，任何计算机网络、单机系统或包括手机在内的其他终端设备都可通过表 3-3 所示的任何一种接入方式接入互联网。

（4）拥有丰富强大的服务功能。互联网的飞速发展与广泛应用得益于其所提供的功能强大、内容丰富的服务，如 Web 浏览服务、电子邮件（E-mail）服务、文件传输服务（FTP）、远程登录服务（Telnet）、新闻组服务（Usenet）、信息检索服务、在线聊天、短信服务、社交服务、视频服务、网络游戏等。这些服务极大方便了人们的工作与生活，而新服务形式仍在不断涌现并持续完善着。

（5）网络安全比较脆弱与复杂。开放的体系结构、松散的管理方式在带给互联网普及与发展便利的同时，也使其在安全防护方面具有天然不足。随着网络规模的不断扩充，其内部结构日趋多样与复杂，这也进一步加大了对其安全维护的难度。作为一种新生事物，各国针对互联网安全的法律体系尚不健全。然而，互联网上的丰富资源，尤其那些具有高度私密性和巨大商业价值的信息，对于一些不安分的互联网用户极具吸引力。可以说，互联网上的网络攻击行为无处不在、无时不在。

（二）互联网相关技术

1. TCP/IP

1）TCP/IP 概况

作为计算机网络协议（Protocol）重要组分，TCP/IP 是目前结构最完整、使用最广泛的一套协议，对于互联网产生与发展具有基础作用，已经成为互联网的协议标准。TCP/IP 最早于 1973 年由美国斯坦福大学两名研究人员提出，此后受到广泛关注。1982 年，在美国国防部高级研究计划署（ARPA）的资助下，加州大学伯克利分校将 TCP/IP 嵌入到 UNIX BSD 4.1 版本中，并逐渐成为 UNIX 系统的网络标准。1983 年，著名的 ARPA 网也放弃其原有的网络控制协议（Network Control Protocol，NCP），采用 TCP/IP 作为标准通信协议。TCP/IP 是一整套数据通信协议的总称，其名称由这套协议体系中的两个主要协议组成，即传输控制协议（Transmission Control Protocol，TCP）和网络互联协议（Internet Protocol，IP）。具有较好跨平台性的 TCP/IP 能够方便地将各个异构的物理网络连接成单一的逻辑网络，这为互联网迅速成型与发展奠定了技术基础。

2）TCP/IP 结构

TCP/IP 是一个协议系列，对 OSI 参考模型中的网络层和传输层进行了标准定义，主要包括 TCP、IP 和用户数据报协议（User Datagram Protocol，UDP）等。TCP/IP 体系结构及其与 OSI 模型的对应关系如图 3-13 所示。

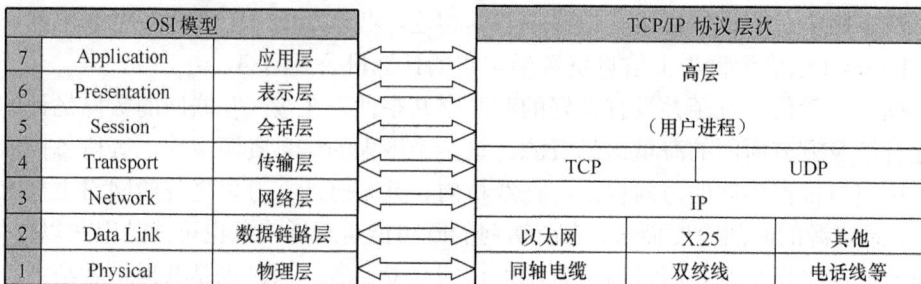

图 3-13　TCP/IP 体系结构及其与 OSI 模型的对应关系

（1）TCP。在网络中，数据包（Packet，报文）是数据传输的基本单位。传输控制协议TCP位于OSI参考模型的传输层，负责在发送端将用户所要传输的数据按包容量"切割"成数据包并为其添加头部信息（如收发双方的端口号及报文顺序号等）。此后，在收发双方间建立TCP逻辑连接，进行报文传输并跟踪确认，对未能正常到达目的端的数据包进行重发。当数据包均正常传达至目的端后，TCP负责切断先前建立的逻辑链路，并按数据包序号将所传输的数据重新组合起来。

（2）UDP。用户数据报协议UDP也位于OSI参考模型的传输层，负责向用户提供无连接型通信服务。UDP在通信之前无须建立连接便开始数据传输，同时不提供对所传输数据包的跟踪确认服务。这在提高网络传输速度的同时，降低了传输的可靠性。不过，UDP为所传输的每个数据包建立了相应的校验码，可通过校验码检测传输错误；基于UDP的应用程序也可进一步弥补传输可靠性方面的不足。超文本传输协议（HTTP）就是典型的无连接数据传输。

（3）IP。网络互联协议IP位于OSI模型的网络层。它从其上一层协议（TCP、UDP）接收信息后，进行路由选择与传输，并处理异质传输介质间的不一致问题。TCP在将数据传给IP之前，已经给数据包添加了头信息，并为IP指明了目的端计算机的IP地址。IP无须了解所传输数据包的内容，也不必考虑数据包的顺序，只需处理发送端和目的端的IP地址、协议号和校验码（即IP数据包头部信息）等。

2. IP地址与域名解析

（1）IP地址。TCP/IP通过IP地址来唯一地标识互联网上的各个子网络及其内部主机。每一个IP地址由一个4字节（Byte），即32位（Bit）的二进制整数表示；显然，每字节的取值范围为0～255，各字节整数之间用"."符号间隔开来。例如，IP地址192.168.0.1。

IP地址按其用于标识网络及其内部计算机的字节组合情况可划分为不同的类型，如表3-4所示。A类IP地址用第一个字节标识主机所处的网络，用后三个字节标识该网络中的具体计算机，且第一个字节取值范围在1～126。显然，A类IP地址只能标识126个子网络，其地址分配非常严格、谨慎，以致只有诸如ARPA网这样著名的大型网络才能获得此类IP地址。B类IP地址用前两个字节标识主机所处的网络，用后两个字节标识该网络中的具体计算机，且第一字节的取值范围控制在128～191（即前两个字节在128.1～191.254）。IP地址后两个字节在取值上0和255被保留给特定目的，从而使B类IP地址的每个计算机网络最多可以拥有64 516台具有独立IP的主机。B类IP地址一般分配给一些大型商业网络或组织。C类IP地址用前三个字节标识主机所处的网络，用最后一个字节标识该网络中的具体计算机，且第一字节的取值范围控制在192～223（即前三个字节在192.1.1～223.254.254）。显然，能够拥有C类IP地址的计算机网络数目较多，但每一个该类型网络所能容纳的具有独立IP的主机数目却十分有限，只有254个。目前，我国大部分企事业单位的网络IP均为C类IP地址，例如笔者母校同济大学网站的IP就是典型的C类地址：202.120.189.104。此外，第一个字节取值在224～239的D类IP以及第一个字节取值在240～254的E类IP，留作备用或用于互联网试验开发。

表3-4 IP 地 址 分 类

IP 地址类型	网 络 标 识	主 机 标 识
A 类 IP	第一字节且取值范围在 1～126	后三个字节

续表

IP 地址类型	网 络 标 识	主 机 标 识
B 类 IP	前两个字节，且第一字节取值范围在 128～191	后两个字节
C 类 IP	前三个字节，且第一字节取值范围在 192～223	后一个字节
D 类 IP	第一字节在 224～239，备用	
E 类 IP	第一字节在 240～254，Internet 试验开发用	

    传统以 4 个字节标识的 IP 地址被称为 IPv4。虽然从理论上讲，IP 地址空间容量高达 40 多亿个。然而，并不是全部 IP 地址都能够分配给终端用户，实际可分配的 IP 地址数目要少得多。互联网上的主机数目的迅猛增加导致可供分配的地址空间越来越小。由于美国掌握绝对控制权，IP 地址在分配上存在着严重的地域不公现象，美国某些大学所拥有的 IP 数目几乎等于分配给中国的全部 IP 数。IP 地址的相对匮乏使人们被迫大量使用转换地址，影响了互联网的应用效益与安全。日益严重的"IP 地址荒"迫使人们启动新的研发进程。

    IPv6 就是继 IPv4 后的新一代 IP，由互联网工作任务组（IETF）主导设计。它以 128 位的二进制整数标识 IP 地址，使得 IP 地址空间大大扩展。IPv6 的地址资源极其丰富，以至于有人戏称，世界上的每一粒沙子都可以有一个 IPv6 的地址。相对于 IPv4，IPv6 不仅对 IP 地址空间进行扩展，而且对传统的 IP 网络也进行了较大的性能改进，包括：增强路由与寻址功能、简化标题格式、强化信息鉴别和保密功能以及引入"服务质量（QoS）"等。对于 IPv6 的研究，日本人起步最早。早在 2000 年，日本前首相森喜朗就在其国会报告中提出了 E-Japan 构想；次年，日本 IT 战略总部起草 E-Japan 战略计划草案，并在 2002 年财政预算中专门拨出 2 兆日元实施该计划。欧洲也已在 IPv6 技术上投入了 4000 多万欧元，但目前相关产品尚未达到理想的商用水平。美国曾一度对 IPv6 技术持保守态度，但也在 2003 年加入其中。同年 6 月，美国国防部发表了一份 IPv6 备忘录，提出在美国军方"全球信息网格"中全面部署 IPv6 的重要决策，并为其做出了 300 亿美元以上的财政预算。美国国防部 IPv6 进度时间表显示：2002 年至 2004 年形成标准的 IPv6 协议；2005 年至 2007 年，IPv6 和 IPv4 协议共同运行；2008 年实现美国本土全面的 IPv6 计划，IPv4 协议同时退出。现在看来，不够乐观。中国的 IPv6 研发也取得了显著成果，已经成功完成了相关的试验运行。显然，IPv6 替换 IPv4 的过程不会像电话号码升级那么简单，将有一个逐渐牵引、相对漫长的过程。如同中国的居民身份证号码从 15 位跃升到 18 位一样，在相当长的时期内将是 IPv6 与 IPv4 共存的状态。

    2011 年互联网协会（ISOC）将 6 月 8 日定为世界 IPv6 日，2013 年中国互联网大会及全球 IPv6 下一代互联网高峰会议，均在某种程度上推动了 IPv6 的普及与发展。不过，美国信息安全公司 Arbor Networks 在 2012 年发布的研究报告指出，IPv6 互联网比 IPv4 网络更易受到分布式拒绝服务（DDos）攻击。看来，IPv6 的配套机制仍有待完善。

    （2）域名与域名解析。完全由数字组成的 IP 地址造成了一般网络用户理解与记忆困难。实际网络应用中常采用理解和记忆相对容易、具有层次结构的字符串来间接标识网络及其主机，此即域名。例如，笔者的工作单位郑州大学 WWW 服务器的域名为 www.zzu.edu.cn。域名字符串具有层次结构，不同部分之间用"."符号间隔；层次越往后其标识的范围越大。在 TCP/IP 中，为了确保域名的通用性，规定了一组标准的机构域名标识符以及国家和地区的域名标识符，如表 3-5 所示。

表 3-5   **常见标准域名标识符举例**

域名标识符	含 义	域名标识符	含 义	域名标识符	含 义
com	商业机构	cn	中国	bj	北京
edu	教育组织	uk	英国	sh	上海
gov	政府部门	fr	法国	ha	河南
mil	军事机构	it	意大利	zj	浙江
net	网络支持中心	ca	加拿大	tj	天津
org	非盈利组织	ru	俄罗斯	sc	四川

互联网上的每一个网络及其主机都是由 IP 地址标识的。当网络用户在浏览器中输入其所要访问网站的域名时，必须要将该域名转换成相应的 IP 地址，才能登录所访问的站点。这就需要域名解析的过程。

域名解析就是域名与其所对应的 IP 地址之间的映射和转换，包括从域名到相应 IP 地址的正向解析以及从 IP 地址到相应域名的逆向解析，图 3-14 简要描述了正向域名解析流程。域名解析由域名服务器（Domain Name Server，DNS）自动完成。它是装有域名解析软件（Name Resolver）的网络主机，域名解析软件负责实现"域名－IP 地址"之间的映射与转换。在 TCP/IP 域名系统中，可以利用一个或多个域名服务器进行域名解析。对应于网络域名所具有的层次结构，域名服务器之间也具有层次结构。一个域名服务器一般只包括本网络内的域名和下一层的域名服务器，而其他网络的域名解析工作则交由上一层服务器处理。

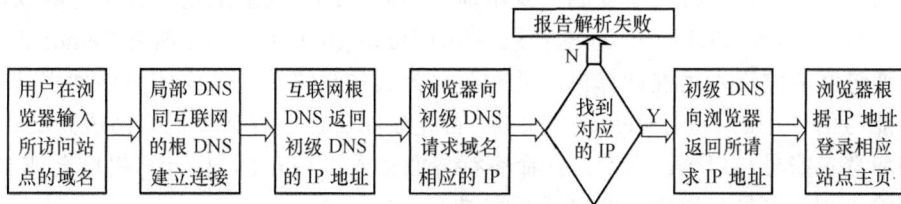

图 3-14   正向域名解析流程

（3）互联网基本服务。互联网向用户提供了丰富的服务功能。下面对其中的一些基本服务类型及其主要特征作简要介绍。

1）WWW 信息浏览服务。互联网早期的信息浏览服务通过 Gopher 实现，这是一个以菜单驱动方式为用户提供信息查询与浏览服务的工具。1993 年前后，随着万维网（World Wide Web，WWW，简称 Web）技术风靡全球，WWW 逐渐成为最受欢迎的信息浏览工具。有数据表明，大多数网络用户的大部分上网时间都在进行 WWW 信息浏览。WWW 信息浏览服务已经成为互联网基础信息服务形式。WWW 采用"三超"技术，即超媒体（Hyper Media）、超文本（Hyper Text）和超链接（Hyper Link），将互联网上数以亿计计算机内浩如烟海的各种类型的数据信息（包括文本、图形、图像、音频、视频等）有机地组织起来，使用户可以通过浏览器方便、快捷地查询并浏览其所需要的信息。WWW 在信息资源组织与检索方式上，由统一资源定位器（Uniform Resource Locator，URL）按信息存储"地址"定位方案深入到按信息内容定位方案，可以使 Internet 用户轻松方便地漫游于整个网络。此外，为了在互联网上传输 Web 页面，WWW 使用基于 TCP/IP 的超文本传输协议（Hyper Text Transport Protocol，

HTTP）方便快捷地实现了多媒体信息的呈现与浏览。

2）电子邮件服务（E-mail）。E-mail 服务是互联网用户之间通过互联网平台发送和接收电子信函的服务；同传统信函方式相比，它具有快捷、简易、廉价、可靠等优点。E-mail 服务器是互联网站点为用户提供 E-mail 服务的实施平台。互联网用户要使用 E-mail 服务，首先要到相应站点申请并成功拥有自己的 E-mail 信箱（地址，Address）。E-mail 信箱实质上是 E-mail 服务器分配给 E-mail 用户的一块专门用于存储 E-mail 信函的磁盘空间，由 E-mail 服务器进行控制与管理。E-mail 地址的典型格式是：username@E-mailserver.com，其中，username 为用户账号（名），E-mailserver.com 为 E-mail 服务器域名，符号"@"读作 at，相当于"在"的意思。例如，E-mail 地址 tjzjh@zzu.edu.cn，表示在域名为 zzu.edu.cn（郑州大学）的主机上用户账号为 tjzjh 的 E-mail 信箱（地址）。用户收发 E-mail 的过程就是登录 E-mail 服务器，对其特定磁盘区域内的 E-mail 信函进行存取的过程。20 世纪 90 年代，当国内有识之士预言"E-mail 地址将成为每个人名片上不可或缺的必要组分"时，大多数人还感到不解并表示质疑。然而，仅仅几年的时间，该预言就应验了。如今，电子邮件服务（E-mail）已经成为互联网继 Web 浏览服务后的最受欢迎、使用面最广的服务形式之一。几乎每一位互联网用户都已拥有自己的 E-mail 地址，并且大多数还拥有不止一个 E-mail 地址。

3）文件传输服务（FTP）。文件传输服务（File Transfer Protocol，FTP）使得连入互联网的任意主机之间（无论它们空间距离多远），只要都支持 FTP，就能进行稳定、可靠的文件传输，并且所传输的文件几乎可以是任何类型。FTP 采用"客户机/服务器（C/S）"结构，用户在进行文件传输时，首先通过浏览器或 FTP 客户端程序登录 FTP 服务器，而后在该服务器的目录中寻找所需文件，并将其"复制"到本地。因此，FTP 实质上是一种实时的联机服务。

4）远程登录服务（Telnet）。远程登录（Remote Login）指终端主机在 Telnet 通信协议的支持下，通过互联网连入远程计算机，并暂时成为其仿真终端，从而实时地使用其对外开放的各种功能与信息。用户进行 Telnet 登录前，首先要向目标远程计算机申请成为其合法用户，并获得相应登录账号与口令。而后，在命令行界面输入"Telnet 目标计算机域名或 IP 地址"，并按提示输入相应账号与口令，即可成功登录。

5）新闻组服务（Usenet）。相对于 E-mail 服务，新闻组服务（Usenet）提供多对多的信息交流与沟通服务。在互联网虚拟世界里，具有相同兴趣和爱好的用户可以组成一个小组，即新闻组（Newsgroup）。在这里，每个用户都可以发表自己的心得与体会，与其他用户交流与分享。为使新的访客能够方便地找到并加入其所感兴趣的新闻组，新闻组多采用分层、分类的方式命名。

6）信息检索服务（Archie、WAIS）。互联网通过 Archie 和全球信息服务器（Wide Area Information Server，WAIS）支持信息检索服务。其中，前者主要向用户提供在互联网上的 FTP 服务器中查找标题满足查询条件的文件；后者则是一种分布式全文检索系统，可帮助用户查找所需的具有特定检索主题的信息文件。当前，信息检索服务所蕴含的巨大商机已被人们所重视，谷歌（Google）、必应（Bing）与百度（Baidu）等提供检索引擎服务的公司，向人们演示了财富缔造神话。

图 3-15 描述了互联网上检索引擎提供信息检索服务的简要工作原理。首先，信息检索服务提供商建立自己的互联网搜索服务器（Internet Search Server）。这是一个性能优良、功能强大的软硬件集成系统。网络蜘蛛是一段具有高度智能性的程序，它能够循 Web 页面间的链接

关系在整个互联网虚拟世界中"遨游"。每到一个 Web 页面，它自动分析并整理出该页面的索引信息，并将索引信息与该页面的 URL 回传至搜索服务器的索引器/接口，由其存入中心数据库（Data Base）。随着网络蜘蛛性能的不断增强以及其"遨游"时间的增加，搜索服务器中心数据库中可供检索的记录数迅速增加。信息检索服务提供商正式对外营业后，用户通过互联网登录至搜索服务提供商的主页（用户接口），在其中输入相应检索项目，而后搜索服务器通过检索引擎在其中心数据库中查询满足用户检索需求的记录，并将该记录摘要信息与对应的 URL 通过用户接口呈现给用户。用户点击相应的 URL，就可登录到其所要访问的 Web 页面。图中的系统管理器/接口负责向系统维护人员提供交互与调整界面。

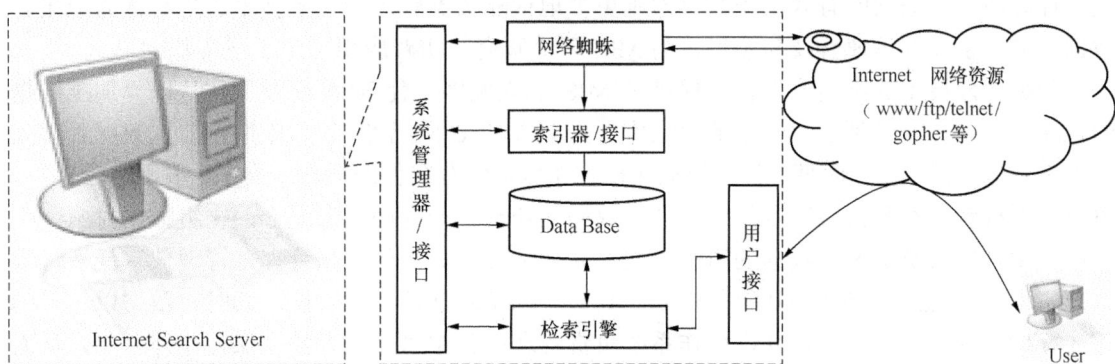

图 3-15　互联网信息检索原理示意

随着互联网的飞速发展，新的服务形式不断出现，原有服务的内涵与质量不断丰富与提高。如今，在线聊天（如 OICQ、ICQ、QQ）、网络会议（NetMeeting）、网络电话（Internet Phone）、社交服务、视频点播服务、电子商务与网络游戏等服务日新月异、不断丰富，已经为越来越多的人所接受、使用，甚至着迷。我们有理由相信，互联网所提供的内容丰富和功能强大的服务，必将使它的未来更加绚烂迷人。当然，这需要人们（包括本书读者）的共同努力。

第三节　数 据 库 与 数 据 仓 库

一、数据库的概念

关于数据库（Data Base，DB）的概念，人们基于不同视角给出了不同界定。一些概念虽不完整，但也能从不同侧面描述数据库的特征。例如，数据库是一个记录保存系统；数据库是人们为解决特定任务，以一定组织方式存储在一起的相关数据的集合。这两种界定分别强调了数据库的集合属性，即它是若干记录的集合；数据库中的数据是按一定结构组织的，而不是杂乱无章的简单堆砌。不过，也有人简单地认为，数据库就是数据的仓库。这种观点虽然表面观之似乎很形象，然而它却是十分不严谨的；事实上，数据仓库（Data Warehouse，DW）和数据库是两个不同的概念，详见后文。

美国学者詹姆斯·马丁（James Martin）对数据库给出了一个比较完整的定义。他认为，数据库是按照一定结构存储在一起的相关数据的集合，这些数据冗余度小、独立于使用它的程序并能为多种应用所共享；对数据库插入新数据、修改和检索原有数据均能按一种公用的和可控制的方式进行。

二、MIS 与数据库的关系

MIS 通过对管理领域数据与信息的有效处理与组织实现提高管理效率和有效性的目的。换言之，MIS 是一个数据处理系统，与管理相关的数据通过 MIS 实现到管理信息的转化以及价值实现与增值的过程。对数据的有效组织与管理程度，直接决定了 MIS 的系统性能，进而影响到 MIS 的运行绩效。

在实际管理活动中，相关数据具有数量大、类型多、分散存储以及关系复杂等特点，这增加了对数据有效组织与管理的难度。因此，MIS 必须要通过有效的数据管理机制提高其对数据处理与组织的有效程度。MIS 研发应该将更多的精力放在对企业流程的调研、分析与优化设计方面，对数据的有效组织与管理则更多地依靠数据管理领域的技术进步与优秀成果。数据库的诞生及其迅速普及与发展，为 MIS 理论研究与实践应用奠定了坚实基础。

数据管理技术的不断进步直接促进了 MIS 的大发展，使 MIS 研发工作从以"加工数据的程序"为中心演进到以"共享的数据库"为中心。20 世纪 50 年代中期以前，数据管理处于人工管理阶段。这一时期，计算机尚无操作系统，没有文件的概念，数据一般不单独保存，也没有系统软件对数据进行专门化管理；数据与处理它的程序紧密耦合，一组数据对应一个程序，由程序员负责设计数据的组织方式。完全手工方式下的数据管理，管理效率低下，数据共享程度低。到 20 世纪 60 年代中期，数据管理步入文件管理阶段。此时，数据以记录的方式存储于独立的文件中，并由操作系统负责管理；数据可以长期独立保存在外存上，从而实现反复处理；文件的逻辑结构与物理结构之间的转换有专门化的软件负责完成。然而，文件系统仍然是一个不具有弹性的无结构的数据集合，文件对应于应用程序，数据利用率低、冗余度较大且数据和程序之间仍缺乏足够的独立性。自 20 世纪 60 年代后期起，数据管理进入数据库管理阶段。此时，出现了专门化的数据库管理系统（Data Base Management System，DBMS）。它将面向全组织的数据按一定结构组织成数据库供各应用程序充分共享，数据和程序之间具有较高的独立性，数据的冗余度小、易于扩充。DBMS 通过对数据的安全性、完整性以及并发操作的统一控制，极大提高了数据管理的效率和有效性。此外，该阶段数据处理的基本单位为数据项，用户可以对一个或一组数据项以及由数据项组成的一个或一组记录进行灵活操作，大大提高了数据管理的灵活性。以数据库为基础与核心，通过数据库管理系统对数据实施集中控制与管理，大大提高了 MIS 对数据的利用率和相容性，促进了大型 MIS 的成功研制与有效应用。

三、数据库的发展历程

数据库技术萌芽于 20 世纪 60 年代中期，自 20 世纪 60 年代后期起，理论研究与产业应用都获得了迅猛发展。1969 年，IBM 公司成功研发了商业化的、基于层次结构数据模型（Hierarchical Model）的数据库管理系统 IMS（Information Management System）。20 世纪 60 年代末到 70 年代初，美国数据系统语言协会下属的数据库任务组（Data Base Task Group，DBTG）相继提出了若干份后来被合称为"DBTG 报告"的研究报告，提出了新的网状结构数据模型（Network Model），并就数据库系统的若干概念、方法与技术进行了深入探讨。此后，基于层状与网状数据模型的各种商用数据库不断涌现，并广泛应用到包括企业管理在内的生产与生活的各领域，数据库技术也逐渐成为实现和优化管理信息系统的基本支撑技术。

1970 年，IBM 公司圣何塞（San Jose）研究实验室的研究员埃德加·科德（Edgar Frank Codd）发表了论文《用于大型共享数据库的关系数据模型》，首次明确而清晰地为数据库系统提出了一种崭新的模型——关系模型（Relational Model）。关系（Relation）原本是数学中的一个基本概念，用以表征客观事物间所存在的联系，由集合中的任意元素所组成的若干有序偶对（Ordered Pair）表示。在自然界和社会中关系是无处不在的，然而用关系的概念来建立数据模型，用以描述、设计与操作数据库，这在当时是一种创举。关系模型的提出为关系型数据库（Relational Data Base，RDB）的诞生与发展奠定了理论基础。

关系模型建立在坚实的数学基础（关系数据理论和集合运算方法）之上。模型中的实体以及实体间的联系均可以表示成二维表格的形式（即关系），数据结构简单、清晰、易于理解。关系模型中的数据存取路径对用户是透明的，这进一步增强了数据的独立性，提高了数据安全性，也减轻了系统设计与开发人员的负担。关系模型的上述特征，使得它一经被提出，立即受到了学术界和产业界的广泛关注，在理论与实践两个方面都对数据库技术产生了巨大的影响。一大批关系型数据库系统很快被研发出来并迅速商品化。20 世纪 80 年代以后，新研发的数据库产品基本上都是关系型的。鉴于科德的伟大贡献，他被尊称为"关系数据库之父"，并于 1981 年获得了计算机科学中的最高荣誉——图灵奖。

20 世纪后期，各领域对数据库技术提出了更多的需求，产生了基于面向对象（Object-Oriented）模型的数据库系统。这类数据库系统支持数据管理、对象管理和知识管理；对其他系统具有较好的开放性，支持数据库语言标准和标准网络协议，有良好的可移植性、可连接性、可扩展性和互操作性等；能够和分布处理技术、并行计算技术、人工智能技术、多媒体技术、模糊技术等较好融合，并由此衍生出多种数据库技术，如分布数据库、并行数据库、多媒体数据库、模糊数据库等。随着科学技术的不断进步，数据库技术也在不断完善与发展。2005 年以后，各种数据库产品开始全面支持 XML 数据格式、聚焦商业智能、支持 SOA 架构。随着产业应用的不断变化，辅以科技进步的支持，数据库技术会始终处于持续完善与发展的过程中。

四、数据模型与数据库类型

模型（Model）是指人们按照某种特定目的，对认知对象的内在特征与规律所作的一种简化和抽象，并用物质或思维的形式对原型进行模拟所形成的特定样态。数据模型（Data Model）作为一种模型，是对现实世界数据特征的抽象化表征。数据模型是数据库系统的核心与基础，在数据库中通过数据模型来抽象描述和处理现实世界中的有关实体及其间联系的各种数据和信息。

在数据库领域，以用户视角对现实世界在数据与信息维度上进行建模，即得到现实世界的概念模型。概念模型的建立过程即数据库的设计过程，主要通过"实体-联系（Entity-Relationship，E-R）"图表示。如图 3-16 所示，通过 E-R 图对实体"学生"与"课程"及其间联系"选课"进行了全面、直观的描述。基于概念模型，以计算机系统的观点对数据建模，即得到数据模型。数据模型的建模过程即数据库管理系统（DBMS）的实现过程。常见的数据模型包括层次模型、网状模型以及关系模型，分别对应于层次数据库、网状数据库以及关系型数据库。层次模型以层次或树形

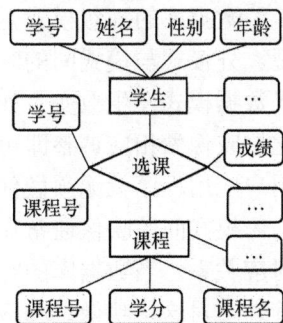

图 3-16　E-R 图示例

结构（有根的定向有序树）表征实体联系，能够描述父子记录间一对多（1:n）关系。网状模型以网络结构（有向图）表征实体联系，能够描述实体间的复杂关系，如父子记录间多对多

（*m:n*）关系；从某种意义上讲，网状模型是层次模型的拓展，层次模型可看作网状模型的特例。关系模型概念单一，实体和实体之间的联系均用关系（二维表格）来表示；它以数学关系为基础，具有良好的数理支持；关系数据库语言具有非过程化特征，方便应用。上述特征使得关系模型应用范围很广，成为当前主流数据模型。基于关系模型的数据库系统很多，如DB2、Oracle、Sybase、Informix、MySQL、SQL Server、FoxPro 以及 Access 等。

　　数据模型一般由数据结构、数据操作与完整性约束三部分组成。数据结构描述了数据库系统的静态特征，既包括与数据类型、性质与内容等有关的对象，也包括与数据间联系有关的对象。在数据库的发展史上，一般通过数据结构特征来命名数据模型，如具有层次数据结构的数据模型即为层次模型。数据操作描述了数据库系统的动态特征，定义了对数据库中各种对象的实例所允许执行的操作及其规则。一般而言，数据操作内容包括数据检索以及对记录的增、删、改等。完整性约束定义了既定数据模型中数据及其联系所必须遵守的依存规则，以确保数据的正确、有效与相容。在关系模型中，主要表现为实体完整性、参照完整性以及用户自定义完整性。

五、数据库系统结构

　　在数据库系统中，通过模式 Schema，（也称逻辑模式）描述数据库中全体数据的逻辑结构与特征。一个数据库只有一个模式。模式的具体值即为模式的一个实例。显然，一个模式对应多个实例。从 DBMS 视角看，数据库系统通常包括三级模式与两层映像。三级模式分别是外模式、模式与内模式，两层映像则是外模式与模式间的映像以及模式与内模式间的映像，如图 3-17 所示。外模式也称用户模式，描述了包括程序员和最终用户在内的数据库用户所能看到和使用的数据库内局部数据的逻辑结构与特征。显然，一个数据库可以对应于多个外模式。外模式与用户的具体应用程序相对应，是某一具体数据库用户的数据视图，模式则是所有数据库用户的公共数据视图。可见，外模式通常是模式的子集。内模式也称存储模式，是对数据库中全部数据物理结构与存储方式的描述。一个数据库只有一个内模式。

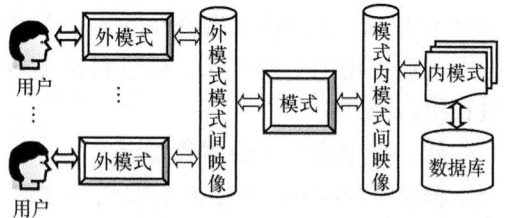

图 3-17　数据库系统的三级模式与两层映像

　　数据库的三级模式是对数据的三级抽象，各抽象层次间的联系与转换则通过两层映像实现。外模式与模式间的映像通常在各个外模式中定义，描述了外模式与模式间的对应关系。当数据模式发生改变，如增加新的关系与属性、改变原有属性类型等，只需数据库管理员对这层映像做相应调整即可确保外模式不受影响。如此，与外模式相对应，依据外模式开发的用户应用程序就无须做任何调整与修改。显然，这提高了数据与程序间的逻辑独立性。模式与内模式间的映像通常在模式中定义，描述了数据库全局逻辑结构与其物理存储结构之间的对应关系。当数据库的存储结构发生变化，如选用另一种存储结构或索引策略，只需数据库管理员对这层映像做相应调整即可确保模式不受影响，从而确保用户应用程序不必做任何改变，仍能正常运行。一般将这种特性称为数据与程序的物理独立性。

　　用户应用程序只能访问数据库外模式，即局部的用户视图，这大大提高了数据库的安全性能。外模式与模式间以及模式与内模式间的两层映像则使数据与程序间具备了良好的逻辑独立性和物理独立性，在确保数据库外模式稳定性的基础上，从底层保证了应用程序的稳定性，大大降低了应用程序维护的工作量与难度。

六、关系型数据库概述

关系型数据库（RDB）基于关系数据模型，将现实世界中的实体及其间联系统一描述为关系。一个关系（Relation）对应了一张二维表格。例如，在图 3-16 中，"学生"和"课程"两个实体以及它们之间的联系"选课"分别对应于二维表格学生信息表（见表 3-6）、课程信息表（见表 3-7）与学生选课表（见表 3-8）。

表 3-6	学生信息表			
学号	姓名	性别	年龄	…
141708	张华	男	21	…
141709	丁瑞	男	20	…
141710	刘小菲	女	21	…
…	…	…	…	…

表 3-7	课程信息表		
课程号	课程名	学分	…
A001	C 语言	4	…
A002	体育 II	2	…
B002	书法	2	…
…	…	…	…

表 3-8	学生选课表			
学号	课程号	成绩	时间	…
141708	A001	90	2014.6	…
141708	B002	88	2014.6	…
141709	A001	96	2014.6	…
…	…	…	…	…

二维表中的列标题称为"属性"，属性的取值范围称为"域"。例如，学生信息表中"学号"、"姓名"等即为该表的属性名，141708、"张华"则分别为"学号"与"姓名"两个属性的属性值，（男，女）为属性"性别"的域。二维表中的每一行属性值的组合称为"元组"或"记录"，元组中的一个属性值称为该元组的分量。例如，课程信息表中，A002、"体育 II"、2 等一行属性值共同构成一个元组，它表征了一门具体课程的完整信息；其中的每一个属性值（如 A002）为该元组的分量。在二维表中，能够唯一确定一个元组的属性或属性组合即为该表的主码或关键字。例如，每一个学号可以唯一地标识一位学生，则"学号"为学生信息表的主码；在学生选课表中，主码则由"学号"和"课程号"共同组成，称其为组合关键字。如果考虑到补考与重修，学生选课表的主码则要由"学号"、"课程号"和"时间"共同组成。

对关系的描述称为关系模式，一般表示为：关系名（属性 1，属性 2，属性 3……）。上例中的 3 个关系通过关系模式可以分别描述为：学生（学号，姓名，性别，年龄……）、课程（课程号，课程名，学分……）以及学生选课（学号，课程号，成绩，时间……）。

关系型数据库具有坚实的数学理论基础，其关系操作（如交、并、选择、投影、连接等）可通过集合代数运算的形式实现。

关系型数据库的关系是要满足一定要求的，以便消除数据冗余、插入异常、删除异常与修改复杂等问题。规范化理论是数据库逻辑设计的一个有力工具，数据库设计人员通过它可以设计出合适的数据库逻辑模型。在规范化理论中，按属性间的依赖情况来区分关系规范化的程度。一般而言，关系的规范化程度可分为第一范式（1NF）、第二范式（2NF）、第三范式（3NF）、BC 范式（BCNF）、第四范式（4NF）等。其中，满足第一范式（1NF）是对关系模式的基本要求。各范式之间的递进过程如图 3-18 所示。关系模式的规范化过程就是将一个低一级范式的关系模式，通过模式分解转换为若干个高一级范式的关系模式的集合的过程；

图 3-18 关系模式的规范化过程

其实质就是概念的单一化，即实现每一个关系仅描述一个实体或实体间的一种联系。需要指出的是，规范化的分解过程并不是唯一的。

七、数据库仓库

随着管理信息化的推进，大多数企业都建立了支持各种业务操作功能的面向业务处理的数据库及相应的管理信息系统。经过多年运营，数据库中累积了大量的有关企业业务运作的历史数据。这些数据就是财富，然而必须对其进行再加工与再整合才能真正发挥其价值。通过对分散的业务操作型数据库中的海量数据进行抽取、整理等操作，便可得到能够有效支持企业管理决策的数据集，即数据仓库。

数据仓库之父比尔·恩门（Bill Inmon）在其《建设数据仓库（Building the Data Warehouse）》一书中指出，数据仓库（Data Warehouse，DW）是支持管理决策过程的面向主题、集成的、反映历史变化的、信息本身相对稳定（只读）的数据集合。数据仓库按数据覆盖范围可分为企业级数据仓库和部门级数据仓库（通常称为数据集市）。此外，拉尔夫·金博尔（Ralph Kimball）博士在其《数据仓库工具箱（The Data Warehouse Toolkit）》一书中，也对数据仓库的概念及其建设策略进行了深入探讨，赢得了普遍关注和认可。恩门和金博尔都指出，数据仓库中的数据应该是净化的、一致的，并且不受企业业务处理系统和联机事务处理（On-Line Transaction Processing，OLTP）系统设计的牵制。

一般而言，数据库中的数据是面向事务处理任务进行组织的，数据仓库中的数据则按照一定的主题进行组织，一个主题通常与多个操作型信息系统相关。数据库系统通常与某些特定的应用相关，数据库之间往往相互独立并且异构。数据仓库按照一定的周期从大量的事务型数据库中抽取、清理数据，消除源数据中的不一致性，将其加工、汇总和整理为新的存储格式，即为了决策目标而把数据聚合在一种特殊的格式中。数据库主要关心当前时段内业务数据的有效性；数据仓库以"对企业的发展历程和未来趋势做出定量分析和预测"为目标，其内部的数据应能准确反映企业运作的历史变化趋势。数据库中的数据通常随着企业的业务运作而实时动态变化；数据仓库的数据以决策分析为目标，一般情况下将被长期保留，很少发生修改和删除操作，只需做定期加载与刷新，具有相对的稳定性。

数据仓库具有多维度、分析型、只读操作等特点，需并行技术与分布技术支持。它是一个信息整合平台，从业务处理系统的数据库中获得数据，主要以星型模型和雪花模型进行数据组织，并为用户提供从数据中获取信息和知识的各种手段。按功能结构划分，数据仓库系统至少应该包含数据获取（Data Acquisition）、数据存储（Data Storage）、数据访问（Data Access）3个关键部分。

数据仓库系统在体系结构上一般包括数据源、数据的存储与管理、联机分析处理（OLAP）服务器以及前端工具等主要部分。数据源是数据仓库系统的基础，通常包括企业内部数据源和外部数据源。数据的存储与管理是数据仓库系统的核心，应从数据仓库的技术特点出发，对数据源进行抽取、清理并有效集成，按照主题进行数据组织。OLAP服务器负责对分析过程所需要的数据进行有效集成，按多维模型予以组织，以便进行多角度、多层次的分析，并发现相应的规则与知识。前端工具主要包括各种报表工具、查询工具、数据分析工具、数据挖掘工具以及各种基于数据仓库的应用开发工具等。数据分析工具主要针对OLAP服务器，报表工具、数据挖掘工具则主要针对数据仓库。

数据仓库建设通常要做好如下工作：收集和分析企业的业务需求，建立数据模型，确定数据仓库的物理设计方案，定义数据仓库的数据源，选择数据仓库技术与平台，从业务处理信息系统的操作型数据库中抽取、净化与转换数据到数据仓库，选择访问与报表工具以及数据库连接软件，选择数据分析和数据展示软件，更新数据仓库。

八、联机分析处理与数据挖掘

联机分析处理（On-Line Analytical Processing，OLAP）由关系数据库之父埃德加·科德于 1993 年最早提出，他同时提出了关于 OLAP 的 12 条准则。该技术针对特定问题（假设前提），对联机数据进行多层次、多阶段的分析与处理，以获取支持决策的具有高度归纳特征的结果数据。OLAP 具有灵活的分析功能、直观的数据操作和分析结果可视化表示等优点，使用户对基于大量复杂数据的分析变得轻松且高效，有利于迅速做出正确判断。OLAP 基于假设前提，属验证分析，由用户驱动，具有"自上而下、不断深入"的特点。在实际运作中，联机分析处理包括基于 DW 的 OLAP 和基于 RDB 的 OLAP 两种。

OLAP 与传统的关系型数据库的主要应用、面向日常事务处理的 OLTP（联机事务处理）之间的主要区别如表 3-9 所示。

表 3-9　　　　　　　　　　　　OLAP 与 OLTP 之间的区别

对比方面	OLAP	OLTP
主要功能	支持分析决策	支持企业的日常操作与事务处理
面向对象	决策人员与高层管理人员	业务操作人员与低层管理人员
数据库设计	面向主题	面向具体应用
数据特征	历史的、集成的、多维的、一致的	当前的、分散的、二维的、分立的
数据操作	数据读入与分析	增、删、改
数据库规模	相对较大	相对较小

OLAP 通常有 3 种不同的实现方法，分别是以关系型数据库为基础的关系型 OLAP（Relational OLAP，ROLAP）、通过多维数组的方式对关系型数据表进行处理的多维 OLAP（Multi-dimensional OLAP，MOLAP）以及前端展示 OLAP（Desktop OLAP）。前端展示 OLAP 将所有数据下载到客户机上，在客户机上进行数据结构/报表格式重组，使用户在本机实现动态分析。该方式比较灵活，然而它能够支持的数据量非常有限，严重影响了其使用范围和效率，现在已经很少见。常见的 OLAP 产品包括 IBM 公司的 DB2 OLAP Server、Oracle 公司的 Express Server 以及 Microsoft 公司的 SQL Server 中内嵌的 OLAP Services 等。

数据挖掘（Data Mining，DM）也称为数据库中的知识发现（Knowledge Discovery in Database，KDD），指利用人工智能、统计学和相关数据库技术，从现有数据集中获取有价值的、新颖的、最终用户可理解的模式（知识）的非平凡过程。DM 从数据中抽取隐含的、未知的知识。数据挖掘通常包括 6 种分析方法，即分类（Classification）、估值（Estimation）、预言（Prediction）、相关性分组或关联规则（Affinity Grouping or Association Rules）、聚集（Clustering）、描述和可视化（Description and Visualization）、复杂数据类型挖掘（包括文本、音频、视频以及图形图像等）。其中，前 3 种属于直接数据挖掘，后 3 种属于间接数据挖掘。

DM 属于数据型的分析技术，比 OLAP 处于较深的层次。DM 实施从问题定义开始，即清晰定义业务问题、确定数据挖掘的目标。而后，进行数据准备工作，从大型数据库或数据仓库中提取目标数据集并做好数据预处理工作，包括检查数据的完整性与一致性、去噪声、域值补充、剔除无效数据等。目标数据集准备好后，便可选择合适的挖掘算法进行数据挖掘。对挖掘的结果要进行深入分析与评价，并将结论转换成能被最终用户理解的知识。完整的 DM 流程还应包括对挖掘所得知识的应用过程，将挖掘、分析得到的知识集成到企业业务信息系统中并应用于企业的运营管理实践。

在应用实践中，DW、OLAP 和 DM 三者往往形成如下关系：以 DW 为底层数据基础与分析前提，以 OLAP 和 DM 为分析手段，形成新型决策支持系统（DSS）构架——智能决策支持系统（IDSS）。如图 3-19 所示，企业内业务管理信息系统中的数据库以及其他非结构化数据（如 Word 文档、Web 页面等）作为数据源，对其进行提取、加工与转化等操作便可得到 OLAP 和 DM 的目标数据集 DW 以及多维数据模型。有了目标数据集，便可通过 OLAP 和 DM 技术与工具实现对管理决策的支持。DW、OLAP 和 DM 三者间的良好融合与互动发展，极大地增强了管理信息系统对管理"决策"职能的支持力度，具有广阔的应用前景。

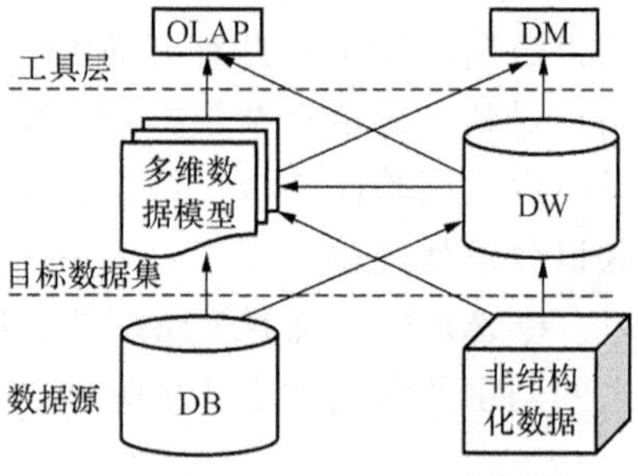

图 3-19　DW、DM、OLAP 间的关系

第四节　人工智能技术

一、人工智能及其研究领域

人工智能（Artificial Intelligence，AI）概念在 1956 年由马文·明斯基（Marvin Minsky）、阿瑟·塞缪尔（Arthur Samuel）、约翰·麦卡锡（John McCarthy）和克劳德·申农（Claude E. Shannon）等人发起的达特茅斯（Dartmouth）学会上首次被提出。此后，AI 经历了曲折的发展历程。20 世纪 50 年代，AI 研究以游戏与博弈为中心，但当时以电子线路模拟神经元与人脑活动的研究几乎都失败了。20 世纪 60 年代，AI 研究在搜索算法、一般问题求解以及机器定理证明等领域取得了一定进步。例如，1960 年，麦卡锡发明了 AI 程序设计语言 LISP，方便了对符号表达式的加工与处理；1963 年，艾伦·纽厄尔（Allen Newell）发表了问题求解程序，第一次将问题的领域知识与求解方法隔离开来；1965 年，约翰·艾伦·鲁宾逊（John Alan Robinson）提出了归结原理，实现了自动定理证明的巨大突破；1968 年，M. 罗斯·魁廉（M. Ross Quillian）提出了知识标识的语义网络模型。20 世纪 70 年代，AI 研究热潮在全球范围兴起。然而，在这一时期，AI 研究在机器翻译、问题求解以及机器学习等领域相继遇到了困难。1977 年，"专家系统与知识工程之父"爱德华·费根鲍姆（Edward Albert Feigenbaum）提出了"知识工程"的概念，主张以知识为中心开展 AI 研究，从而掀开了 AI 研究的新篇章。20 世纪 80 年代，推理技术、知识获取、自然语言理解与机器视觉等领域均取得了长足的发展，在专家系统（Expert System，ES）领域 AI 表现出了强大生命力。自 20 世纪 90 年代以来，AI 研究与应用领域逐渐拓展，商业化产品日趋丰富与成熟。

几十年的长足发展形成了对 AI 的不同观点与表述，主要观点有符号主义（Symbolism）、连接主义（Connectionism）和行为主义（Actionism）等，亦分别被称为逻辑学派（Logicism）、仿生学派（Bionicsism）和生理学派（Physiologism）等。综合各家观点，一般认为 AI 是研究模仿和执行人脑的某些智力功能来开发相关理论和技术的学科，它模拟人的判断、推理、证明、识别、感知、理解、设计、思考、规划、学习和问题求解等思维活动。

如今，AI 的研究与应用领域已经非常广泛，包括博弈、问题求解、逻辑推理与定理证明、自然语言理解、自动程序设计、专家系统、智能决策支持系统、机器学习、知识发现、人工神经网络、机器人学、模式识别、机器视觉、智能控制与智能检索、智能调度与智慧以及系统与语言工具等。

二、人工智能在 MIS 中的应用

通过第一章的学习，我们知道知识是 MIS 应用中客观对象的高端样态（数据→信息→知识），对管理知识的获取、表示与应用是 MIS 高端应用的主要组分。AI 作为技术、思想与方法，其本身并不能直接创造价值，它需要融入到具体的工具系统并通过工具系统发挥效能。基于 AI 技术的系统即为 AI 系统，它是一个知识处理系统。我们知道，一个人的睿智程度不仅决定于他的思维方式与思考视角，更取决于他头脑中的知识存量与质量；同理，AI 系统最终的智能水平不仅决定于其算法的先进程度，更取决于系统的知识获取能力以及知识库中的知识存量与质量等。知识获取、知识表示和知识应用一直是 AI 系统研发的基本问题。可见，AI 与 MIS 有着天然的联系。

概括而言，AI 在 MIS 研发中主要具有如下作用。

（1）提高 MIS 对数据、信息的加工处理水平。如果将 MIS 比喻成"工厂"，则它的基本工作就是对管理数据源进行识别、整理、加工，从而得到具有更高价值、与产业应用联系更为密切的管理信息资源。管理信息仍需要进一步精炼与整合，以获得相应的管理规则与知识。管理规则与知识对应于管理的决策职能，而决策贯穿于完备的管理流程。因此，持续提高系统对数据、信息的加工处理能力以获取价值更大的管理知识，是 MIS 研发的主要工作。AI 领域已经积累了丰富的知识获取经验与技术积累，有益于提高 MIS 的加工处理水平。

（2）AI 领域知识表示方法有助于提高 MIS 的知识组织水平。传统 MIS 主要处理层次相对低下、形式比较单一的管理数据和管理信息。管理知识具有丰富多变的外在样态，以传统的 MIS 方法很难对其进行有效表示与组织。AI 领域在知识表示方面有了丰富的研究积累，状态空间法、问题归纳法、谓词逻辑法、产生式法、语义网络法、框架法、剧本法等诸多知识表示方法可使 MIS 对管理知识进行有效描述与组织，提高对管理知识的管控水平。

（3）AI 领域的搜索策略与方法有助于提高 MIS 的检索效率。检索效率是衡量 MIS 性能的重要指标。AI 领域图搜索、宽度/深度优先搜索、等代价搜索、启发式搜索等策略与方法以及消解原理等为提高 MIS 的检索性能打下了坚实基础。

（4）AI 领域内的优秀成果能切实提高 MIS 的智能化水平。持续提高系统的智能化水平是包括 MIS 在内计算机软件研发的一个重要趋势，智能化水平也是评估 MIS 性能的重要指标之一。智能化有助于提高系统的易用性能，它意味着对系统用户的要求越来越低、对系统的研发人员要求则越来越高。AI 领域发展起来的不确定性推理技术、机器学习技术、自然语言理解技术等，为提高 MIS 的智能化水平与自学习能力提供了有益指导。

（5）AI 领域的专家系统（ES）、智能决策支持系统（IDSS）则直接促进了 MIS 的高端应用。ES 是一种具有丰富领域知识与经验的智能系统，它能够运用领域专家多年积累的业务经验和领域知识，模拟领域专家的思维过程，解决该领域中通常需要由专家才能解决的复杂问题。自 AI 诞生以来，ES 理论研究和实践应用领域均取得了巨大成就。费根鲍姆所领导的研究小组在 1968 年就成功研制出了世界上第一套专家系统 DENDRAL，用于质谱仪分析有机化合物的分子结构。此后，各类专家系统不断涌现，如医疗专家系统 MYCIN、计算机结构设计专家系统 RI、钻井数据分析专家系统 ELAS 等。IDSS 是决策支持系统（DSS）与 AI（尤其是 ES）技术相结合的产物。这样，既可发挥传统 DSS 在数值分析方面的优势，又可充分发挥 ES 在知识处理方面的特长。IDSS 比传统 DSS 具有更有效的辅助决策功能，不仅能够解决高度结构化的决策问题，还可有效地解决半结构化甚至非结构化的决策问题。

第五节 主流 MIS 开发语言

一、软件开发语言概述

软件开发语言又称计算机语言，通常是一套能完整、准确和规则地表达人们的意图，并用以指挥或控制计算机工作的"符号系统"。计算机本身并没有思维能力，它所做的每一个动作都是按照通过计算机语言编写并编译好的程序系统中的指令来执行。程序是计算机要执行的指令的集合，要控制计算机为人们的生产与生活（包括管理活动）服务，就要通过计算机语言向计算机发出命令。软件开发语言按其发展阶段通常分为：机器语言、汇编语言和高级语言，高级语言又包括面向过程的高级语言以及面向对象的可视化语言（也称为第四代语言）。

机器语言直接用二进制代码（0 和 1）编写程序，编写的程序可以直接被计算机识读与执行，具有非常高的执行效率。然而，用机器语言开发系统，系统开发人员必须要熟记计算机全部指令代码以及代码的含义，要亲自处理指令与数据的存储分配以及输入/输出问题，还要时刻清楚编程过程中每一步所使用的工作单元的具体状态。显然，这对系统开发人员的要求太高，几乎只有计算机生产厂家的专业人员才能做好；同时，基于机器语言的系统开发耗费太多的精力与时间、开发效率十分低下；此外，所开发出来的系统可读性差，容易出错。因此，机器语言已经很少被使用。

汇编语言仍是面向机器的语言，但它用助记符（与机器代码指令含义相近的英文缩写词、字母和数字等符号）来取代机器指令编写程序，从而克服了机器语言难记、难编、难读与易出错等不足。汇编语言基本保留了机器语言的灵活性，用它编写的程序能较好地发挥机器特性。用汇编开发的程序通常由 3 部分组成：指令、伪指令和宏指令。由于使用助记符号而不是机器指令编写程序，使得用汇编语言编写的程序不能直接被计算机识读与执行。通常，将用非机器语言（包括汇编语言）编写的程序称为源程序。源程序必须经过预先安装计算机内的编译系统（Compiler）的编译过程（加工和翻译），变成用机器语言描述的指令集，才能被计算机识读和执行。作为面向机器的语言，用汇编语言开发系统软件，其目标程序占用内存空间少、运行速度快，具有很大优势。然而，用汇编语言开发系统也要求系统开发人员熟悉计算机的硬件结构及其工作原理，程序中的每一条指令只对应实际操作过程中的一个很细微的动作（如移动、自增等），这使得系统开发仍然十分耗时，所开发的程序冗长、复杂、容易出错且通用性差，不利于系统的应用与推广。

高级语言是面向用户的语言，是与计算机硬件功能相分离、与人类自然语言更为接近且能为计算机所接受的计算机语言。高级语言将许多相关的机器指令合成为单条指令，简化了与具体操作有关但与完成工作无关的细节（如使用堆栈、寄存器等），从而大大简化了程序中的指令，并且降低了对系统开发人员的要求。它具有语意确定、规则明确、自然直观、简单易学以及兼容性高、通用性好等特点。无论何种计算机，只要安装有相应的编译（包括预编译或解释编译）环境以便将用高级语言编写的源程序"翻译"成计算机所能识别的代码形式，程序就可以在上面运行。其中，预编译指通过与高级语言相对应的编译系统（系统软件），自动地将系统开发人员用高级语言编写的源程序完整地"翻译"成用机器语言表示的与之等价的指令集，而后再由计算机执行以实现系统的处理目标。一般而言，上述"翻译"过程包括汇编和链接两个子过程，并合称为"编译"过程。编译系统通过汇编过程，将源程序转变为能够被计算机所识读的目标程序（扩展名为 obj）；再通过链接过程，将该目标程序与相关的系统函数整合起来，形成可执行程序（扩展名为 exe）。预编译中"预"的意义就在于，源程序在执行前已经被彻底"翻译"、处理好了。解释编译的执行方式则类似于日常生活中的"同声翻译"，当源程序执行时，它才由与之相对应的解释系统（Explainer）边扫描程序代码边逐句"翻译"与执行。解释编译方式比较灵活，可以动态地调整、修改应用程序，但该编译方式不产生与源程序相对应的目标文件与可执行文件，应用程序不能脱离其解释系统而单独运行。预编译方式下，应用程序一旦需要修改，必须先修改源代码，再重新编译生成可执行代码后才能实现，修改不是很方便。不过，就程序的执行效率而言，预编译要高于解释编译。如今，大多数系统开发语言都是预编译型的。

当前，包括 MIS 在内的系统开发主要通过高级语言实现。尤其是采用面向对象（Object Oriented，OO）技术和可视化（Visual）技术的第四代语言诞生后，使系统开发工作的效率更高，所开发的系统结构更严谨。下面将介绍常见的系统开发语言。鉴于 Web 编程语言与 SQL 的特殊性，我们将对其单独介绍。

二、常见软件开发语言

（一）面向过程的高级语言

1. Logo 语言

Logo 源自希腊文，意为"思想"。Logo 语言是一种早期的编程语言，是美国国家科学基金会所资助的一项专案研究，由麻省理工学院（MIT）人工智能研究室在 1968 年完成。Logo 语言是一种与自然语言非常接近的编程语言，是一种适合青少年学生和初学者学习的程序设计语言。该语言使初学者通过绘图的方式来学习编程，培养学生的逻辑思维能力和创造能力。概括而言，Logo 语言具有如下特点：具有绘图、字表和会话功能，具有过程调用功能，结构化好、简单易学、形象直观。如今，常见 Logo 语言版本是 MSW Logo。

2. FORTRAN 语言

FORTRAN 是 FORmula TRANslator 的缩写，译为"公式翻译器"。FORTRAN 语言是最早出现的计算机高级语言之一，被广泛应用于科学和工程计算领域。国际控制界的标准计算软件——MATLAB，最早便是用 FORTRAN 编写。1951 年，IBM 公司约翰·贝克斯（John Backus）针对汇编语言的缺点着手研发 FORTRAN 语言，并于 1954 年正式对外发布 FORTRAN I。1957 年，第一个 FORTRAN 编译器在 IBM 704 计算机上实现，并首次成功运行了 FORTRAN 程序。此后，FORTRAN 语言版本不断升级，各种编译系统不断涌现。FORTRAN 90/95/2003 等新版本的相继推出，使该语言具备了第四代语言的一些特性。FORTRAN 语言的最大特性是接近数学公式的自然描述，可以直接对矩阵和复数进行运算。此外，该语言简单易学、语法严谨，具有很高的执行效率。自诞生以来，FORTRAN 语言被广泛地应用于数值计算领域，已经积累了大量高效且可靠的源程序。鉴于该语言的突出地位，很多专用的大型数值运算计算机针对 FORTRAN 做了特殊优化。

3. BASIC 语言

BASIC 语言于 1964 年由美国达尔摩斯学院的基米尼（G. Kemeny）和科茨（Thomas E. Kurtz）在 FORTRAN 语言的基础上完成设计，其全称是 Beginner's All-purpose Symbolic Instruction Code，意为"初学者通用符号指令代码"。经过不断完善与发展，如今它已成为一种功能全面的中小型计算机语言。BASIC 语言具有简单易学、方便易用等优点，是初学者的入门语言，可作为学习其他高级语言的基础。BASIC 有预编译和解释编译两种编译环境，拥有 TRS-80 BASIC、Apple BASIC、GW BASIC、IBM BASIC（即 BASICA）、Quick BASIC 和 Ture BASIC 等多种版本。1991 年，微软公司推出了 Quick BASIC 的简化版 QBASIC。自从 Windows 操作系统出现以来，可视化的 BASIC 语言——Visual Basic 得到了广泛应用。

4. Pascal 语言

Pascal 语言于 1971 年由瑞士苏黎世联邦工业大学的尼克劳斯·沃斯（Niklaus Emil Wirth）教授在 ALGOL 60 语言的基础上研发而成。它因纪念 17 世纪法国著名的数学家与物理学家帕斯卡（B. Pascal）而得名，帕斯卡曾在 1642 年发明现代台式计算机的雏形机——加减法计算机。Pascal 语言是一种良好的结构化程序设计语言，具有大量的控制结构，能充分体现结构化程序设计的思想和要求；它直观易懂、使用灵活，既可用于科学计算，又可用来开发系统软件，应用范围十分广泛。鉴于该语言的良好特性，它一直在高校计算机软件教学中处于主导地位。

5. C 语言

C 语言是美国电话与电报（AT&T）公司贝尔实验室为了实现 UNIX 系统的设计思想，在 B 语言基础上逐渐发展、成熟起来的计算机语言。1960 年出现的 ALGOL 60 是一种面向问题的高级语言，因离硬件较远而不方便编写系统软件。1963 年，剑桥大学在 ALGOL 60 的基础上推出了较接近硬件的 CPL（Combined Programming Language）语言，并于 1967 年将其演化发展成为 BCPL（Basic CPL）语言。1970 年贝尔实验室的 Ken Thompson 以 BCPL 语言为基础，开发了相对简单且很接近硬件的 B 语言，并用它写出了第一个在 PDP-7 机上运行的 UNIX 操作系统。不过，B 语言过于简单，功能有限。于是，贝尔实验室的丹尼斯·里奇（Dennis M. Ritchie）于 1972 年至 1973 年间在 B 语言的基础上开发了 C 语言。最初的 C 语言只是为描述和实现 UNIX 系统而提供一种工作语言而已。1973 年，里奇和肯·汤普森（Ken Thompson）两人合作把 UNIX 的 90% 以上代码用 C 语言改写（UNIX 第 5 版）。1975 年 UNIX 第 6 版公布后，C 语言的巨大优势引起了人们普遍关注。C 语言和 UNIX 可以说是一对孪生兄弟，在发展过程中相辅相成。现在 C 语言已风靡全世界，成为世界上应用最广泛的几种计算机语言之一。1987 年，美国国家标准化协会（ANSI）公布了 C 语言的新标准——87 ANSI C。目前，比较流行的 C 语言有 Microsoft C（MS C）、Borland Turbo C（Turbo C）、AT&T C 及 Quick C 等版本。这些 C 语言版本均遵从并实现了 ANSI C 标准，而且各自作了一些扩充。

如果说 BASIC 语言是初学者和业余爱好者首选编程语言，C 语言就是系统专业开发人员的编程语言。C 语言兼顾了高级语言和汇编语言的特点。系统开发人员使用它开发系统，既能享受使用高级语言的自然与灵活，也能体会利用计算机硬件指令的直接与便捷。C 语言含有结构化编程所需要的各种现代化的控制结构，具有语法简洁、结构丰富、可移植性好等特点。用 C 语言开发的程序是函数的集合，函数增强了程序的模块化特征。作为一种通用编程语言，C 语言正被越来越多的系统开发人员所推崇。

6. COBOL 语言

COBOL 语言是专门为解决经济管理问题，由美国的一些计算机用户组织设计，并于 1961 年由美国数据系统语言协会公布的通用商业语言，其全称是 Common Business Oriented Language。早期的银行管理信息系统以及许多管理领域软件都是由 COBOL 语言开发的。如今，该语言经不断修改、完善与标准化，已发展为多种版本。COBOL 语言使用了 300 多个英文保留字，大量采用普通英语词汇和句型，使其具有通俗易懂的特点，被称为"英语语言"。这种语言语法规则严格，所编写的源程序都要按标识部、环境部、数据部和过程部 4 部分书写，每个"部"内包含"节"，"节"内包含"段"，段内则为程序语句。如此，整个 COBOL 语言源程序像一棵由根到干、由干到枝、由枝到叶的树，即具有"树"型结构。

7. LISP 语言

LISP 是 List Processor 的缩写，LISP 语言即链表处理语言，在 20 世纪 60 年代初由人工智能专家、美国麻省理工学院（MIT）的约翰·麦卡锡（John McCarthy）等人设计并提出。LISP 语言最早是在 IBM 704 机上实现的，约翰·麦卡锡等人在 PDP-1 上实现了 PDP-1 LISP。LISP 语言具有坚固的理论基础、强大的表达能力和良好的可塑性，同时还强化了操作系统的许多功能，如命令解释、文件管理、多任务等。LISP 语言的这些特征为符号计算和 AI 研究提供了一个功能强大的工具，使其被广泛地应用于游戏、定理证明、自然语言处理等 AI 领域。早期的一些 AI 系统程序大多是用 LISP 写的，如今 LISP 已成为 AI 理论研究与实用系统设计的主要工具。LISP 语言最显著的特点是，程序和数据在形式上是等价的。LISP 语言中的控制结构主要依赖于递归，而不是循环。LISP 在发展过程中呈现出较强的多样化特征，各种版本不断涌现，例如 Mac LISP、Inter LISP、Standard LISP、Kernet LISP 等。1984 年，Common LISP 正式颁布，在一致性、公用性、可移植性、兼容性以及应用效率等方面对该语言进行了规范，从而使 LISP 语言成为世界公认的标准语言。

8. Ada 语言

Ada 是美国国防部为克服系统开发障碍，耗费巨资历时近 20 年研制成功的一种表现能力很强的通用计算机语言。英格兰诗人拜伦（Byron）的女儿、奥左斯特·艾达·洛夫莱斯（Augusta Ada Lovlace）夫人是位数学才女，曾对"现代计算机技术之父"查尔斯·巴贝奇（Charles Babage）的工作给予了宝贵的合作与支持。Ada 甚至为她们的原型机编写了能够实现三角函数计算等功能的程序；从某种意义上讲，她算是世界上第一位计算机程序员。为了纪念她，该语言取名为 Ada。Ada 语言大大改善软件系统的可读性、可靠性、可维护性与有效性，它是迄今为止最复杂、最完备的软件开发工具之一。Ada 语言在设计之初就十分关注系统的稳定性与可维护性、程序设计和人的行为接近程度以及系统运行的效率。Ada 语言的语法接近人的语言，易学易懂；它确保每个对象都有明确定义的值域，防止了不同概念的逻辑混淆；它通过异常处理机制及分块结构，将发生的错误影响控制在某一特定领域；它将数据描述的细节与基于该类型数据的操作相分离，提高了系统的可移植性和可靠性；它使程序支持一系列的并发活动，真正支持多任务处理；它提供了程序单元单独编译的功能，使程序开发和维护更为简便。Ada 语言是美国国防部指定的唯一军用系统开发的语言，中国军方也将 Ada 作为军内信息系统开发标准。

（二）面向对象的可视化编程语言

1. SmallTalk

SmallTalk 是被公认的较早诞生的面向对象的系统开发语言与集成开发环境（IDE）。最早的 SmallTalk 原型由美国计算机科学家、惠普公司资深院士、加州大学兼职教授艾伦·C·凯伊（Alan C. Kay）于 20 世纪 70 年代初提出。在 1971 年到 1975 年之间，凯伊在施乐公司（Xerox）PARC 小组设计并实现了第一个真正意义上的 SmallTalk 系统；1975 年到 1976 年间，凯伊等人对该语言的执行效率和规模进行了大幅优化。来自 Simula-67 的类的概念、Logo 的海龟绘图思想以及图形界面等的有机组合，形成了 SmallTalk 最初的蓝图。20 世纪 90 年代许多软件的开发思想都得益于 SmallTalk；当时，美国很多大学面向对象的程序设计（OOP）课程均使用 SmallTalk 来讲授。

SmallTalk 语言是一个纯面向对象的语言，它较好地支持 OOP 中类、方法、消息以及继承等概念。在 SmallTalk 中，所有的东西都是对象，或者被当作对象来处理。SmallTalk 系统附带一个巨大的、相当标准的类库，这使得用它进行系统开发的效率非常高。此外，SmallTalk 还具有一个非常优秀、高度集成与开放的应用开发环境（IDE）。由于 IDE 中的浏览器、监视器以及调试器都由同样的源程序衍生出来，不同版本之间具有良好的兼容性。

2. Visual Basic

Visual Basic 简称 VB，是微软公司在 Basic 语言基础上开发的高级可视化计算机程序开发语言。1991 年，微软公司推出了 Visual Basic 1.0 版。这是第一个"可视化"的系统开发工具，在软件开发史上具有划时代意义。而后，VB 系统版本迅速升级。从 VB 3.0 开始，微软将 Access 数据库驱动引擎集成到了 VB 系统中，使 VB 的数据库编程能力大大提高；从 VB 4.0 开始，系统引入了面向对象（OO）的程序设计思想。2002 年 Visual Basic .NET 推出，2005 年 Visual Basic 2005（v8.0，内嵌于 Visual Studio 2005）问世，系统开发人员可以直接通过 VB 编写出具有 Windows XP 风格的按钮与其他控件；Visual Basic 2013 支持 Windows 8.1 App 开发。通过多年的快速发展，Visual Basic 已成为一种专业化的系统开发语言。

Visual Basic 功能强大、简单易学，是一种功能极强的面向对象的可视化程序设计语言。它拥有图形用户界面（GUI）和快速应用程序开发（RAD）系统。系统开发人员可以轻易使用 DAO、RDO、ADO 连接数据库，编写企业级水平的客户端/服务器（C/S）程序以及强大的数据库应用系统；可以轻松创建 ActiveX 控件，可以使用 VB 提供的控件快速建立 Windows 应用程序。VB 非常适合用来开发拥有友好界面的应用系统，如今其已经成为世界上使用人数最多的计算机语言。

3. Visual FoxPro

Visual FoxPro 简称 VFP，是由微软（Microsoft）公司在 FoxPro 的基础上推出的功能强大、可视化、面向对象的数据库编程语言，同时也是功能强大的数据库管理系统（DBMS）。FoxPro 在 FoxBase 基础上发展而来，原为美国狐狸（Fox）数据库软件公司（该公司后来被微软收购）的产品，与 xBase 系列相容；Pro 为 Progress 的缩写形式，意为"更进一层"。Visual FoxPro 9.0 已完全支持.NET 技术；不过，微软已放弃对 VFP 后续产品的研发，到 2015 年 1 月将终止对该产品的服务支持。国内在学校教学和教育部门考证中大多还沿用经典版的 Visual FoxPro 6.0。

Visual FoxPro 不是通用开发工具，它只专注于数据库应用开发。Visual FoxPro 提供了功能完备的工具、非常友好的用户界面、简单的数据存取方式、独一无二的跨平台技术，并有良好的兼容性、真正的可编译性和较强的安全性，曾一度是最快捷、最实用的数据库管理系统软件之一。

4. Visual C++

1983 年贝尔实验室的比雅尼·斯特劳斯特鲁普（Bjarne Stroustrup）在 C 的基础上做进一步扩充与完善，推出了面向对象的程序设计语言 C++。C++提出了一些更为深入的概念，它所支持的面向对象的概念容易将问题空间直接映射到程序空间，为系统开发人员提供了一种与传统结构化程序设计不同的思维方式和编程方法。C++比较流行的版本包括 Borland C++、Symantec C++以及微软公司推出的 Visual C++。

Visual C++是一个功能强大的可视化、面向对象的软件开发平台，1993 年推出 Visual C++ 1.0。随着其版本不断升级，微软公司于 2002 年推出了 Visual C++ .NET。目前，最新的版本是 Visual C++ 2013/12.0，可开发具有 Windows 8 风格的应用程序。

5. Delphi

Delphi 中文译为德尔菲，是古希腊城市名，因有阿波罗神殿而出名，被古希腊人视为世界的中心。Delphi 是美国宝兰（Borland）公司在 Object Pascal 语言基础上开发的一种可视化、面向对象的全新计算机语言，2008 年被出售给易博龙（Embarcadero）技术公司。Delphi 为人们提供了一种方便、快捷的 Windows 应用程序开发工具，其在 Linux 上的对应产品为 Kylix。它采用 Microsoft Windows 图形用户界面的许多先进特性和设计思想，曾被誉为"世界上最快的编辑器、最为领先的数据库技术之一"。Delphi 既可用于开发系统软件，也适合于应用软件的开发。

Delphi 拥有可视化的集成开发环境（IDE）和基于组件的开发结构框架。它提供了 500 多个可供使用的组件，系统开发人员利用这些组件可以快速地构造出应用系统。Delphi 具有如下主要特点：编译系统采用了条件编译和选择链接技术，生成的可执行文件更加精炼、运行速度更快；提供项目模板和专家生成器以方便系统开发人员快速建立项目构架，使其以尽可能少的重复性工作完成各种应用；通过 BDE（Borland Database Engine）的 SQL Link 直接与 SQL Server、Oracle、Sybase、Informix 等大型数据库连接，具有强大的数据存取功能；内置 Intra Web 和 Express Web，拥有强大的网络开发能力，能够快速开发 B/S 应用；使用独特的 VCL 类库，使开发的系统条理更为清晰；支持将存取规则分别交给客户机或服务器处理的两种方案，提高了应用处理的速度；从 Delphi 8 开始，Delphi 支持.Net 框架下的系统开发。

6. Power Builder

Power Builder 简称 PB，是著名的数据库应用开发工具生产商 PowerSoft 公司（已被 Sybase 所收购）开发的一种面向对象的计算机工具。PB 通过 Power Sript 脚本编写程序代码，该脚本语言除了提供基本的流程控制语句外，还提供了几百个函数来操纵各种对象和提供对 DDE、OLE 等方面的支持。在数据库开发领域，PB 曾是一个非常优秀的开发工具。

它完全按照客户机/服务器（C/S）体系结构研制设计，用于开发客户机端的数据库应用程序。自 6.0 版开始，PB 强化了对浏览器/服务器（B/S）架构的支持，当前最新版本为 2014 年初发布的 Power Builder 15.0。PB 通过数据窗口对象定义数据的来源及其显示风格；在其较新的版本中提供了基础类库 PFC，它为应用程序的开发提供了许多可重用的预定义类和对象。PB 提供了对目前流行的大多数 DBMS 的支持，并且其对数据库访问一般采用国际化标准数据库查询语言 SQL，这使得通过它开发的应用程序可以不做修改或只做少量的调整就可在不同的后台 DBMS 上使用。PB 提供了良好的跨平台性，既可以跨平台开发，也可以发行跨平台软件。

7．Python

Python 语言由荷兰程序员吉多·范罗苏姆（Guido van Rossum）于 1989 年首创，第一版 1991 年发行。由于通过它可以很容易地将由其他语言（如 C/C++）编制的模块组织在一起，其被形象地称为"胶水语言"，通常用于原型系统的构建。Python 是一种开源、面向对象的解释型语言，它简洁、好读、易维护、可移植性好、可扩展性强，具有丰富和强大的类库。2011 年，Python 被 TIOBE 编程语言社区排行榜评为"2010 年度语言"。如今，它已成为最受欢迎的编程语言之一，被广泛应用于 Web 应用开发、科学计算以及处理系统管理任务等诸多领域。许多科学计算软件包都提供 Python 调用接口，包括麻省理工学院（MIT）在内的一些知名大学已通过 Python 讲授程序设计课程。

三、常见 Web 编程语言及互联网应用服务器

（一）HTML

超文本标记语言（Hyper Text Markup Language，HTML）是 Web 上的专用描述型语言，是标准通用标记语言（Standard Generalized Markup Language，SGML）的一个简化版本。通过 HTML，用户可以设定网页中的信息陈述格式，如要显示的图片位置与大小、文本字体与颜色以及超链接对象等。用户还可在 HTML 文本中嵌入浏览器支持的其他描述型语言（如 JaveScript、VBScript 等）以及 Java Applet 小程序，使得原本静态、简单的 HTML 页面增加交互功能或嵌入动画，从而使 Web 页面的表现形式更加丰富多彩、功能更加强大。

HTML 语言包括若干大多成对出现的标记，这些标记概括起来主要包括如下类型：①结构定义标记，用于标识网页文档以及文档实际内容的起止位置，如<HTML>与</HTML>、<HEAD>与</HEAD>和<BODY>与</BODY>等；②文本控制标记，用于指定网页中文本段落的起止、各级标题、列表方式、报表以及回车换行等，如<P>与</P>、<H1>与</H1>、<TABLE>与</TABLE>以及
等；③字体控制标记，用于设定网页中相应文本的字体属性，包括大小、颜色、加重、斜体和下画线等，如<FONT>与</FONT>、<B>与</B>、<EM>与</EM>以及<I>与</I>等；④链接控制标记，主要用于页面跳转、超文本链接和图片激活等，如<LINK>与<AREA>等；⑤其他功能标记，用于完成一些特殊功能，比如菜单、交互式表单、水平线等，常见的标识如<MENU>与</ MENU>、<FORM>与</FORM>、<HR>等。

HTML 文件是纯文本的，用户可通过任何文本编辑器建立和修改它，如 DOS 环境下的 EDIT 以及 Windows 环境下的记事本（NOTEPAD）等，但文件保存时一定要将其保存成网页文件（扩展名为 HTML 或 HTM）。另外，也可以通过一些 HTML 专用编辑器完成 HTML 代码编写，如 Microsoft FrontPage、Dreamweaver、UltraEdit、Notepad++、Editplus、Hotdog 等，这些专用编辑工具可以向用户提供"所见即所得"的可视化 HTML 脚本编辑功能，使得 HTML 源文件编写变得相对轻松和容易。

HTML 语言当前成熟的版本是 4.01 版，是 W3C 的推荐标准，同时也是国际标准化组织和国际电工委员会的标准（ISO/IEC 15445：2000，亦即 ISO HTML）。2008 年 1 月，HTML5 草案公布，意在成为取代 HTML4.01 和 XHTML1.0 的新标准。2010 年 2 月，乔布斯曾极力推崇它，称 HTML5 在表现能力上毫不逊于 PC 原生应用。不过，即便是 2013 年 5 月公布的 HTML5.1，仍离其终极目标——万维网的核心语言尚有一段距离，仍需进一步的完善与改进。

（二）XML

可扩展的标记语言（eXtensible Markup Language，XML）是专为 Web 应用而设计的 SGML

的优化子集。第一个非正式的 XML 版本诞生于 1996 年 11 月，经过一系列的补充与完善，最终由万维网联盟（W3C）于 1998 年 2 月 10 日推出了标准 XML 1.0。

与 HTML 相比，XML 则有如下优点：①扩展性强。XML 是设计标记语言的元语言，用户可以通过 XML 文档类型（Document Type Definitions，DTD）定义自己需要的标记。②结构性好。使用 XML 不仅可以表达网页信息的内容、属性（如标题、作者），还可以描述网页数据间结构关系，形成 XML 树。③集成性强。通过 XML 可以在异构数据库间进行信息漫游、检索、编辑、传输等操作，实现跨平台操作。④内容和表现分离。XML 文档设定了网页信息内容，信息的外观表现则由可扩展样式语言（eXtensible Style Language，XSL）设定，从而可实现同一信息内容的不同表现。⑤具有良好的跨平台性。XML 简单易读且内容和表现分离，用户可以自己定义标记，使得这种语言可以轻松地跨越异质平台，具有良好的信息交换与传递特性。⑥能够使 Web 检索更加准确。XML 的标记携带有语义信息，能够明确提示所标注的内容，网络搜索引擎可以利用标记与内容间的依存关系实现更加准确的信息定位。⑦便于对半结构、非结构文档的标识与管理。实际应用中有许多半结构化和非结构化的文档，如 Word 文档、E-mail、Web 页等。为了实现对这类文档的有效组织与管理，可把某一类文档的共同属性（如标题、作者、类别等）抽象提取出来，放到 XML 的 DTD 相对应的节点中去，并通过 XML 的树型结构表征文档信息间的联系。

XML 具有广阔的发展空间。主流数据库产品（如 DB2、SQL Server 2000、MySQL）与消息服务器 Exchange 2000 等都很好地支持 XML。由 W3C、微软、IBM 和 SAP 共同制定的 SOAP 协议（简单对象访问协议）也是以 XML 为核心的，其实质是用 XML 来编码 HTTP 的传输内容，非常适合万维网信息传输。

（三）Java

Java 原意为"爪哇岛（属印度尼西亚）咖啡"。Java 语言是由美国 Sun 公司推出的面向对象的计算机语言，因其曾给 Web 带来激动人心的景象而成为业界追捧的"宠儿"。20 世纪 90 年代，在 Sun 公司（2009 年被甲骨文公司收购）开发消费性电子产品的 Green 项目中，负责人 James Gosling 为解决 C++的潜在性危险问题，开发了一种新的语言，并将其命名为 Oak。Oak 保留了 C++大部分语法，并对 C++的一些功能进行了改进，减轻了设计师的负担，降低了系统的出错几率。1994 年前后，随着万维网（WWW）席卷全球，项目组开始将 Oak 定位于互联网，并为其开发了专用浏览器——WebRunner（后来更名为 HotJava）。很快，Oak 以其优异的性能表现而发展成为一种流行的网络语言。1995 年 1 月，由于 Oak 商标已被抢注，工程师们以他们经常享用的爪哇岛咖啡（Java）来重新命名该语言，并于 Sun World 95 中发表出来。此后，Java 迅速完善与发展。1995 年 5 月 23 日 Java 1.0.2 API 推出，1997 年 2 月 18 日 JDK 1.1（Java 1.1 API）推出，1998 年 12 月 JDK 1.2（Java 2 SDK v1.2 Standard Edition）正式推出……当前最新版本为 Java SE 8u5。

Java 技术主要包括：Java 语言和类库、Java 运行系统（虚拟机）、Java Applet/Servlet。其中，Java 语言是整个 Java 技术的底层基础，特别适合于互联网应用开发。概括而言，Java 语言具有以下特征：面向对象、简单、分布式、稳定性好、安全性高、平台无关、可移植性好、解释型、多线程、动态，并配备强大的异常处理机制。Java 类库提供了 Java 在任何平台都能正常工作的一系列功能特性。Java 运行系统负责将 Java 与平台无关的字节码（Byte Code）翻译成本地计算机可执行的机器码。Java 程序以与平台无关的中间代码——字节码（Byte

Code）形式存在，在不同的运行平台上由其虚拟机负责解释执行。这使得 Java 成为第一个真正意义上的跨平台语言。Java 良好的跨平台特性使得用 Java 编写的各类软件能真正做到"一次写成，到处运行（Write Once，Run Anywhere）"，即所开发的软件可在不同计算机上运行（包括 IBM PC、苹果机、UNIX 计算机、顶置盒、PDA 甚至智能元器件等）。当然，该语言也不是尽善尽美的，其不足主要表现为：作为解释器型，运行速度较慢；语言标准有待进一步统一；缺乏稳定的编程环境。

Java Applet 是用 Java 语言编写的小程序，可嵌入 Web 页中并置于 Web 服务器上。用户访问 Web 页时，Java Applet 则自动被下载，并在客户机的浏览器（内嵌 Java 虚拟机）上运行。Java Applet 内的字节码在客户机上是解释执行的，占用本地机时，运行速度较慢，以至于很多浏览器默认禁用 Java Applet，这使得它在网页中起不到预期作用。于是，Java Servlet 便引起人们的更多关注。它在服务器端运行只把结果返回客户机浏览器，从而降低了客户机负荷、提高了运行速度。

Java 脚本语言——JavaScript 的出现也为 Web 编程注入了新的活力。基于 HTML 的传统 Web 页只能提供静态信息显示与浏览功能，要实现客户端与服务器之间的信息交互，就要通过 CGI（Common Gateway Interface，通用网关接口）实现，而 CGI 编程因其过于复杂，许多网络用户不敢涉足。JavaScript 的出现，使上述工作变得简单易行。它采用小程序的方式实现编程，是一种基于对象技术的解释语言。JavaScript 代码内嵌于 HTML 文档中的<Script Language＝"JavaScript">和</Script>标识符之间，具有简单、安全、动态和跨平台等优点，能够较好地实现客户端与服务器之间实时、动态的信息交互。

JSP（Java Server Pages，Java 服务器页面）是 Sun 公司倡导、推出的一款优秀的 Web 服务器端开发语言，其主要功能是将表示逻辑从 Servlet 中分离出来。它在网页文件中内嵌 Java 程序段（Scriptlet）和 JSP 标记（tag），封装产生动态网页的处理逻辑，形成 JSP 页面（扩展名为 jsp）。当 JSP 页面第一次被请求时，JSP 代码被编译成 Servlet 并由 Java 虚拟机解释执行。用 JSP 开发 Web 应用，具备 Java 技术的简单易用、面向对象、平台无关性以及安全可靠等特点。

（四）Active X

Java 的产生与发展严重动摇了 Microsoft 公司在 Internet 领域的霸主地位。Microsoft 公司决定以一种新的技术——Active X，来应对 Java 的强劲挑战。Microsoft 将其已经被广泛应用的对象链接和嵌入（Object Linking and Embedding，OLE）技术加以扩展，在规模和速度方面针对网络应用需求进行优化，增加对 Web 编程支持，形成了 Active X。

Active X 技术包括以下几部分内容：Active X 控件、Active X 脚本语言、Active X 文档和 Active X 服务器扩展。Active X 控件对应于 Java 技术中的 Java Applet，是内嵌于 Web 页中的一小段代码，保存在 Web 服务器上。用户访问相关主页，Active X 控件自动下载并安装运行。不过，Active X 控件除可内嵌于 Web 页面外，还可用于传统的桌面程序。Active X 脚本语言对应于 Java 技术中的 Java Script，但它并不是具体的脚本语言，而是一套脚本开发规范，通过使用相同的接口能够支持多种脚本语言，包括 Java Script、VB Script 与 PERL 等。Active X 文档能够让用户通过浏览器查看非 HTML 格式的文档，例如常见的 Word 文档以及 Power Point 幻灯片。该技术使网络信息呈现过程中大大节省了文档格式转换开销，并且避免了两种文档格式的版本需要同步更新的问题。Active X 服务器扩展是通过 Internet Server API

编写 Web 服务器的扩展模块，它替代了传统 CGI 编程在服务器上提供的交互性，简化了编程过程，同时还允许用户在 Web 服务器上建立信息过滤器，并且在客户端与服务器之间的信息交互过程中动态更改数据。

鉴于 Microsoft 公司的 Windows 系列产品的广泛应用，应该讲 Active X 对 Internet 的支持要比 Java 好一些。不过，如果考虑到可移植性，Java 的优势就非常明显了，毕竟 Active X 目前还不能对 UNIX 等平台给予较好支持。

（五）ASP

动态服务器页面（Active Server Pages，ASP）技术是 Microsoft 公司 IIS 软件包的一个部件，用户可通过 ASP 在服务器端用 VB Script 或 Java Script 编写嵌入到 HTML 文档中的小程序（扩展名为 asp）。如此，避免了在客户端用脚本语言内嵌 HTML 时所必须考虑的与浏览器的兼容问题，降低了客户端的系统开销。在 ASP 文档中，程序代码被置于"<%"和"%>"之间。ASP 通过大量的 ActiveX Server 部件扩展其编程能力，减轻了系统开发人员代码编写负荷。通过 ADO（ActiveX data objects）模型，ASP 向用户提供了一个方便、简易的数据库操作界面。不过，ASP 只能存取支持 ODBC 数据库，并且只能在 Microsoft 公司基于 Windows 平台的 Web 服务器产品上应用。

（六）PHP

PHP 由丹麦程序员拉斯姆斯·勒多夫（Rasmus Lerdorf）于 1995 年首次发布，原意为"Personal Home Page"，现在多指"Hypertext Preprocessor"，即超文本预处理器。2008 年 PHP 5 成为当时唯一维护中的稳定版本，2013 年 6 月 PHP 5.5 发布。PHP 是一种开源、跨平台的服务器端嵌入式脚本语言。它大量借用 C、Java 和 Perl 语言的语法，却又不失自己的特色，使 Web 开发者能够快速编写动态页面，并具有比 CGI（Common Gateway Interface，通用网关接口）或 Perl 更快的执行速度。它支持绝大多数的数据库，可在多数的服务器和操作系统上运行，并可用 C、C++进行程序扩展。PHP 语言、MySQL 数据库和 Apache Web 服务器是相当不错的组合。

除了上述几种 Web 编程语言外，前文中已经提到的公共网关接口（CGI）作为 Web 服务器调用外部程序的一个接口，也常被人们提及和应用。其工作方式如下：终端用户通过客户端浏览器登录 Web 服务器并录入相应数据，将数据上传至 Web 服务器；Web 服务器将用户数据作为输入参数，调用相应的 CGI 接口程序执行相应运算；CGI 接口程序将运算结果返回 Web 服务器，并经 Web 服务器进一步返回给终端用户。CGI 接口程序通常是一段可以在主机上运行的可执行代码。

（七）常见互联网应用服务器

单纯的 Web 编程语言尚不能满足 Web 应用需求，还需要互联网应用服务器（Application Server）的强大支持。应用服务器不仅能够提供主流 Web 开发技术支持，还能向用户提供丰富的企业级 Web 应用功能，使 Web 应用开发更加简单易行；它不仅能够支持高性能的事务处理，还能提供高性能的数据访问和快速响应；它允许管理员通过浏览器远程管理和监视服务器，并对其性能进行调整、均衡服务器负载；此外，应用服务器大多内置了 SSL、SET 和 SHTTP 等安全协议，并通过运行日志记录服务器运行状态，从而大大提高了 Web 应用的安全性能。

下面对常见的互联网应用服务器产品作一简要介绍。

（1）IIS（Internet Information Server，互联网信息服务器）。IIS 是 Microsoft 公司开发并推出的集 Web、FTP 和 Gopher 等服务于一身的信息服务器，包含支持对 Web 站点全文检索的 Microsoft Index Server 以及分析站点访问情况的 Site Server Express。通常，IIS 附带于 Windows NT、Windows 2000 Server、Windows Server 2003 等 Microsoft 服务器版本操作系统中。当前比较成熟的版本里 IIS7.0，可稳定运行于 Windows 7 系统，支持.NET3.5 及以下版本。IIS 通过 Internet Server API 扩展 Web 服务器功能，并可通过 ASP 实现 Web 应用的快速开发。此外，IIS 的站点管理功能基于 Windows NT 系统的安全服务与目录服务构建，具有较高的安全可靠性。

（2）IBM Lotus Notes Domino。Lotus Notes Domino 是 IBM 公司开发并推出的文档数据库系统之一，也是一个优秀的应用服务器和电子邮件服务器。Domino 是实现群组协同工作、网络环境下办公自动化的最佳开发环境；它具有完善的工作流控制、数据库复制技术和十分可靠的安全机制；它尤其适合于处理各种非结构化与半结构化的文档数据、建立工作流应用以及各类基于 Web 的应用。通过 Domino 这一分布式的文档数据库开发平台，可方便地建立起高效的公文流转系统。使用 Domino 所提供的集成开发环境——Notes Designer for Domino，用户可以方便地开发各种网络应用。Domino 数据库功能强大，可以包含任意数量的对象和数据类型；它内置全文检索引擎，用户通过它可以轻松实现检索功能；Domino 的工作流处理性能也十分突出，能方便地在合作伙伴之间建立商务活动。2012 年 12 月，Notes 和 Domino 9.0 公测，停用 Lotus 标识，使用 IBM 品牌。

（3）Apache HTTP Server。该产品简称"Apache（阿帕奇）"，诞生于 1995 年，它具有代码开源以及良好的安全性和跨平台性等特征，成为最流行的 Web 服务器端产品之一。统计数据标明，2009 年 12 月 Apache 的市场占有率为 53.67%（2005 年 11 月曾一度接近 70%）。很多著名的网站（如 Yahoo!、Amazon、W3 Consortium、Wikipedia、Financial Times 等）都是基于 Apache 构建的。Apache Web 服务器让用户充分体验到了开源软件的稳定性、可靠性和可定制性，它快速、可靠并可通过简单的 API 扩充将 Perl/Python 等解释器编译到服务器中。Apache 目前已经演变成了"LAMP（Linux-Apache-MySQL-PHP）"体系，对微软的".NET"战略构成严重威胁。2014 年 3 月，Apache 2.4.9 GA 正式发布。

（4）Oracle Application Server。Oracle Application Server 是甲骨文（Oracle）公司开发并推出的 Web 应用服务器，包括一个功能强大的 HTTP 服务器——Web Request Broker（WRB）、一个开放的应用开发环境——WRB API 和 Web Server 管理工具。它能够提供比使用 ODBC 访问数据库性能更好、更方便的方式访问数据库，使其在关系型数据库（RDB）操作方面具有明显优势。

四、结构化查询语言 SQL

结构化查询语言（Structured Query Language，SQL）最早是 IBM 的圣约瑟研究实验室为其关系数据库管理系统 System R 开发的一种查询语言。自 1981 年被推出以来，SQL 语言得到了高度关注与广泛应用。如今，Oracle、SQL server、MySQL、Sybase、Informix 等主流 DBMS 以及常用数据库开发语言都对 SQL 给予良好支持。1992 年美国国家标准局（ANSI）与国际标准化组织（ISO）分别推出了 SQL 标准 SQL-92 以及 ANSI SQL-92。如今，尽管不同 DBMS 使用的 SQL 版本略有差异，但大多数都遵循 ANSI SQL 标准。我们比较熟悉的 SQL Server 就使用 ANSI SQL-92 的扩展集，称为 T-SQL。经过不断扩充与完善，目前 SQL 已经成为关系数据库的标准语言。

SQL 是数据库管理系统中的一种简明扼要、面向集合的语言，它结构简洁、功能强大、使用灵活、简单易学。SQL 是非过程化语言，允许用户在高层数据结构上工作。它不要求用户指定对数据的存放方法，也不需要用户了解具体的数据存放方式，具有完全不同底层结构的数据库系统可使用相同的 SQL 语言作为数据输入与管理的接口。SQL 以记录集合作为操纵对象，这种集合特性允许一条 SQL 语句的输出作为另一条 SQL 语句的输入。SQL 语言既是自含式语言又是嵌入式语言，这使它具有极好的灵活性和方便性。用 SQL 语言可以写出非常复杂的语句。通常，在其他语言中需要一大段程序实现的一个单独事件，采用 SQL 只需要一条语句就可达到目的。

SQL 语言是集数据定义语言（Data Definition Language，DDL）、数据操纵语言（Data Manipulation Language，DML）、数据查询语言（Data Query Language，DQL）、数据控制语言（Data Control Language，DCL）以及事务控制语言（Transaction Control Language，TCL）等于一体，可独立完成数据库全生命周期中的全部活动。其中，DDL 包括 CREATE TABLE、ALTER TABLE 及 DROP TABLE 等语句，实现对数据库中表的定义、修改与删除操作；DML 包括 INSERT、DELETE 与 UPDATE 等语句，用于对表中记录的增、删、改操作；DQL 通过 SELECT 语句实现对数据库的复杂查询功能；DCL 包括 GRANT、REVOKE 等语句，实现对数据库的事务管理与数据保护功能，如恢复与并发控制以及安全性与完整性控制等；TCL 包括 COMMIT、ROLLBACK 等语句，实现对事务的提交与撤销（滚回）操作。

案例 机动车驾驶证理论考试模拟自测系统

出于实验目的，我们开发了"机动车驾驶证理论考试模拟自测系统"如图 3-20 所示。它是为满足广大欲参加机动车驾驶证理论考试的学员的备考需求，模拟正式理论考试环境，让学员提前体验考试氛围；同时，学员还可以通过该系统检测自己对考点的掌握情况，找出不足，进行有针对性的巩固复习。

该系统题库以河南省公安交通警察总队的《机动车驾驶人考试备要》的"机动车驾驶人科目 I 的考试题库"为依托，录入了其中 C 驾照应试的全部题目。对于在河南省内考取驾照的学员，具有较强的备考针对性。该系统在用户首次安装时，尚属"友情试用版"，功能十分有限。例如：用于模拟自测的题库中题目数量远远少于正式考试中的题量，不能使用查错功能，设有使用次数与时间限制，等等。当用户成功获得系统注册码并完成注册后，系统将会升级为与正式机动车驾驶证理论考试完全相同的模拟考试环境，并且提供功能强大的错题查看功能（还有其他一些辅助功能），显著提高学员的备考效果。

该系统的"成功注册版"可向学员提供如下功能（按流程叙述）。

（1）鼠标单击"系统操作"菜单中的"输入准考证号码"菜单项，录入一个假想的用户准考证号（营造考场氛围）；单击该菜单中的"开始测试"菜单项，启动模拟自测。

（2）模拟自测如图 3-21 所示。①按正常考试要求，系统给每一位用户 45 分钟答题时间，时间一到，即作强行交卷处理；在答题界面上端有两种不同的时间显示方式，实时显示考试剩余时间；同时，系统自动发出秒表的嘀嗒声。②用户单击"开始"按钮，系统自动随机出题（本系统确保一次考试不会出现重复题目）。用户通过鼠标在"备选答案"区选择作答，再

图 3-20　机动车驾驶证理论考试模拟自测系统主界面

单击"下一题"按钮。如此，直至第 100 道题目（与正式考试完全相同）。③如果还有剩余时间，用户可单击"上一题"按钮，进行复查排错。④当检查无误或时间所剩无几时，用户可单击"交卷"按钮，完成交卷。系统会随即给出用户自测结果，包括考试分数（按正式考试规则处理，等于或高于 90 分才算通过）以及本次考试用户答对、答错和未答的题目数量。⑤对于答错的题目，用户可以查错以增强记忆效果，如图 3-22 所示。查错有两种方式。其一，全部查错。该方式把用户本次自测所有答错的题目，包括题干、备选项、正确答案以

图 3-21　模拟自测界面

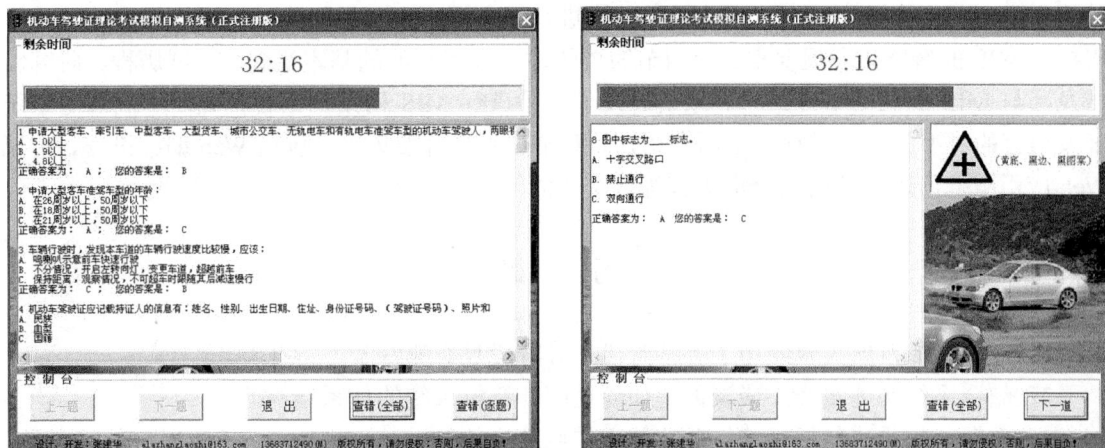

图 3-22　"交卷"后的全部查错与逐题查错

及用户的错误答案等信息全部显示。该方式能一次性告知用户全部答错情况，但题干中的图片信息不予显示，这对于有关交通标志、标线类题目的查错，效果不佳。其二，逐题查错。该方式可以将用户本次答错的题目逐题回显，且信息全面（能够显示图片信息），以便用户增强记忆。

（3）系统背景设置。该系统精选大量优美背景图片作为系统主界面背景（如图 3-20 所示）。在默认的情况下，主界面每隔一段时间，就会自动随机切换背景图片。当用户对某一背景图片比较中意时，可以通过鼠标单击"系统设置→固定背景"菜单将其固定下来；如果用户还想通过变换选择，则可通过鼠标单击"系统设置→变换背景"菜单实现。

（4）时钟警示设置。该系统为营造考试氛围，特地为用户在模拟自测时增设了"时钟警示"功能，且该功能默认状态为"开"。用户在自测过程中，系统时钟便以秒表"嘀嗒"声提醒学员注意把握考试时间，增添了模拟自测的紧张气氛。这有益于培养用户的应试素质。如果用户不喜欢"时钟警示"，则可通过鼠标单击"系统设置"菜单，进而单击"时钟警示关"菜单项将时钟警示功能关掉。

此外，用户单击"系统帮助→系统说明"菜单，可以获得有关该系统使用的详细帮助文档；单击"系统帮助→关于本软件"菜单，可以获得有关该系统的版本号等基本信息。

该系统后台数据库通过 Microsoft 公司 Access 2000 构建，前台系统组分则通过 Visual Basic 6.0 开发。

本 章 小 结

本章集中对 MIS 的"技术"基础进行了概要介绍。作为对 MIS 先修知识的回顾，首先对与 MIS 关系密切的计算机软硬件以及数据通信的基础知识进行了介绍。鉴于 B/S 架构的 MIS 应用越来越普遍，本章第二节全面阐释了有关计算机网络的基础知识，包括计算机网络的基本概念、发展历程、体系结构、网络分类以及有关局域网、广域网和互联网的相关知识。数据库是 MIS 的核心与基础。第三节带领读者对数据库的基本概念、发展历程、体系结构、数据模型与数据库类型以及关系型数据库的基本知识进行了回顾；同时，对支持管理决策的数据仓库、联机分析处理与数据挖掘等知识进行了介绍。人工智能领域的思想与方法较好地支持了 MIS 的智能化发展要求。第四节简要阐述了人工智能的基本概念、发展历程、研究领域及其与 MIS 之间的融合策略。系统开发语言是进行 MIS 研发的语言基础。第五节对系统开发语言的类型与特征进行了全面介绍，并对常见软件开发语言，包括 Web 编程语言、主流 Web 应用服务器以及结构化查询语言等做了全面阐释。

习 题

1. 计算机的发展大致经历了哪些阶段？各阶段具有哪些基本特征？
2. 结合系统实施实践，谈谈你是如何理解计算机系统的体系结构的。
3. 数据通信系统包括哪些组分？其工作原理如何？
4. 如何理解计算机网络协议？它由哪些部分组成？
5. 计算机网络的发展经历了哪些阶段？各阶段的基本特征如何？
6. 简述计算机网络 OSI 参考模型的体系结构及各层次的主要功能。
7. 计算机网络的分类标准有哪些？依据上述标准，可对计算机网络做怎样的分类？
8. 局域网具有哪些主要特点？其标准体系是什么？
9. 简述以太网和令牌环网的存储控制机制。
10. 简述广域网的网络组成及其基本技术。
11. 何为域名解析？其工作原理怎样？
12. 数据库的发展经历了哪些阶段？每个阶段的基本特征如何？
13. 何为数据模型？它由哪些部分组成？各部分的功能怎样？
14. 从 DBMS 视角看，数据库系统通常包括三级模式和两层映像。对此，你如何理解？
15. 关系模式规范化的实质是什么？请简述关系模式规范化的基本过程。
16. 何为数据仓库？联机分析处理与数据挖掘之间具有怎样的区别？
17. 人工智能技术在 MIS 研发中有哪些作用？
18. 系统开发语言包括哪些类型？各自特征如何？常见的系统开发语言有哪些？

第二篇 系统开发篇

第四章 MIS开发概述

通过前面的学习，我们已经对 MIS 的基础知识有了全面认识。接下来，我们将对 MIS 的开发问题展开讨论。作为基础，本章首先带领大家了解和掌握 MIS 开发的基本情况与基础知识，为后续进一步深入学习 MIS 开发知识与技能奠定基础。

第一节 MIS 开 发 基 础

一、系统开发的参与主体

在计算机学科中，通常用"系统开发"一词来描述应用软件系统从提出开发需求与要求到项目规划、分析、设计、实施、运行、维护与评价的整个过程。MIS（包括系统组分）是满足组织（尤其是企业单位）既定管理需求的应用软件。MIS 开发是根据组织运营管理的目标、内容、规模、性质等具体情况，并结合组织环境发展的特征及其变化趋势，运用系统的观点与系统工程方法，按系统发展的规律为组织建立能够支持其业务运作与管理自动化、智能化、最优化的管理信息系统的全过程。

MIS 开发涉及诸多参与主体，需要多学科知识与多方面技能支持，同时又要与企业既定手工管理系统或低版本 MIS 紧密结合，所开发的应用系统将直接交付管理实践检验，使得 MIS 开发具有相当高的复杂性与较大的实施难度，需要充分发挥各方参与主体的积极性和创造力。MIS 开发涉及的每一方主体都在系统开发过程中扮演着一定的角色，发挥着一定的作用。各方主体所拥有的资源与能力以及它们彼此间的协同与整合程度，将直接影响到 MIS 开发的最终效益。一般而言，与 MIS 开发相关的参与主体主要包括系统实施方和系统开发方，有时也会有相应的咨询机构参与。

系统实施方指有 MIS 建设需求，欲通过 MIS 开发与实施提高其业务运作与管理效率和有效性的企事业单位。这些单位当前的业务运作与管理可能还主要通过手工方式实现，效率和有效性十分低下；也可能已经建立了相应的 MIS 组分，但因疏于维护与管理，内外运营环境的迅速变化已经使其不能够满足该单位运营管理的现实需求。为了因应环境的变化、切实提高运营管理的效率和有效性，建设或重新开发 MIS 被提上了这些单位的工作日程。系统实施方是 MIS 开发的发端者、合作者以及最终系统的应用者。在系统开发前，正因为有了 MIS 建设与开发的现实需求，系统实施方提出了系统开发的大致要求与初步构想。在系统开发过程中，对系统实施方业务现状与未来需求的调研、分析与优化是 MIS 开发的核心工作，系统实施方要对系统开发方以及相应的咨询机构的工作给予充分配合与支持，努力把自己塑造成良好的合作者。在系统上线与实施后，系统实施方还要积极配合系统开发方完成对系统的检测、维护、评估等工作，并在系统应用过程中做好日常管理与维护、新需求登记与分析以及二次开发等工作，确保系统运行的效率和有效性，尽可能地延长系统的生命周期，做一个合格的系统应用者。

系统开发方指具备较高系统开发能力和丰富系统开发经验，帮助系统实施方开发 MIS 以获得报酬的企业单位。系统开发方在 MIS 开发领域所具备的专业能力与业务经验，是其承接 MIS 开发项目的基础保障。为此，它需要具备系统规划、分析、设计、实施与维护等方面的综合业务技能与实施经验。在一些相对复杂的 MIS 项目中，其解决方案也相对复杂。无论从业务经验、技术能力方面讲，还是从人力资源结构方面论，往往不是某一家系统开发企业能够单独完成 MIS 开发任务的，而是需要业务能力、人力资源结构等方面能够互补的几家企业通过相互协同与整合，共同完成 MIS 开发任务。系统开发方作为 MIS 开发的直接承担者，一定要做好和项目其他参与主体（包括其他开发商、项目实施方以及相关咨询机构等）的沟通与协调工作，绝不能"唱独角戏"。当多家开发商共同承接同一个 MIS 开发项目时，未来 MIS 的实际性能不仅取决于每一家开发商所承建的模块系统的性能，还决定于这些模块系统之间的相容性与整合特性。另一方面，大多数系统开发方仅在信息技术与系统开发方面拥有技能优势，而 MIS 则是管理和技术相融合的产物，只有在对具体的业务领域做到深入调研、准确分析与合理优化的基础上，所开发的 MIS 才能够取得良好的实施效益。

咨询机构作为 MIS 开发项目中的第三方，对 MIS 开发中所遇到的管理、技术、财务、项目管控甚至法律法规、行业政策等方面的问题提供专业化的咨询与指导服务，在形式上包括各种专门化的管理咨询公司、信息技术咨询公司、IT 项目监理公司、律师事务所、会计师事务所以及相关研究机构等。MIS 开发中的系统实施方拥有自己的核心业务领域，为了提高业务运营与管理水平，它提出 MIS 开发要求，并确保其核心业务能力能够在未来时期得以持续提高。因此，在 MIS 开发过程中，它在提供力所能及的配合与支持外，绝大部分精力仍是要投入到原有核心业务运作上。作为系统直接营建者的系统开发方，也只在信息系统开发方面拥有技术和经验优势。当 MIS 开发遇到诸如先进管理理念与模式导入、复杂技术应用、行业政策解读以及法律法规理解等问题时，上述实施方与开发方均可能感到无能为力或力不从心。此时，作为 MIS 开发的有力辅助方，相应咨询机构的介入便十分必要。咨询机构提供的服务与支持重在"专业化"。一般而言，咨询机构都会在相对狭小的业务范围内拥有长期的研究积累和丰富的实践经验，在相关业务领域内具有较高的"权威性"。一旦需要，它便能够向需求方提供系统、全面、高效、科学、优质的咨询服务或解决方案。

前面我们介绍了 MIS 开发中的三方（类）参与主体，实际的 MIS 开发项目中参与主体的具体情况将会随系统开发方式的不同而有所差别。

二、系统开发的主要方式

对于企业而言，MIS 开发可以通过自行开发、合作开发与直接外购方式实现。

（1）自行开发。自行开发指企业完全凭借自身的力量完成 MIS 开发的全部工作，包括系统规划、分析、设计、实施、维护与评价等，期间没有外部的信息系统开发商和咨询机构介入。采用自行开发方式可以使企业对未来 MIS 的业务需求得到充分表达与满足，对于日后系统应用与二次维护也更为有利；通过自行开发，逐步锻炼、培育企业内部的系统开发与应用的人才队伍，这对持续完善企业的 MIS 架构、改进系统间的集成与整合特性十分有益。

企业自行开发 MIS 需要其拥有包括系统规划人员、系统分析人员、系统设计人员、程序设计员、其他信息技术人员以及系统开发项目管理人员在内的结构合理、数量充足的人力资源储备。显然，自行开发并不是每一个企业都能做得到的，毕竟一个不是以"系统开发"为主营业务的企业储备一个相对庞大的系统开发人力队伍，其人力成本支出将会与企业的运营管理目标形成极大矛盾；同时，对于尚未建立起成熟、完备的系统开发团队的企业而言，由于其系统开发经验不足以及能力限制，自行开发将会导致更高的开发成本与更长的开发周期。此外，MIS 的开发过程不仅是对企业原有业务运作与管理流程的自动化过程，也是对其进行深入分析并做合理优化的过程。当选择自行开发，系统开发的参与主体全部来自于企业内部，或很少有外部参与主体介入。企业内部员工"不识庐山真面目，只缘身在此山中"，他们在企业内部长期工作后，会缺乏新的思维视角，对企业很多问题都已经习惯，感到习以为常。这显然不利于对企业原有业务运作与管理流程的分析与优化，最终将影响所开发的 MIS 的应用效能。

（2）合作开发。合作开发是指企业在 MIS 开发项目中，引入其他参与主体（包括系统开发商与相关咨询机构），彼此形成业务技能与任务类别的互补结构，共同组成项目团队，通过相互间的协调与整合过程共同完成 MIS 开发任务。在该方式下，MIS 需求企业将系统开发过程中非己方的优势业务组分外包给那些拥有该业务能力优势的社会实体去实施。例如，将己方所不擅长的系统规划、分析、设计与实施等工作交给擅长这方面工作的系统开发商完成，将系统开发过程中遇到的一些特殊问题（如新的管理理念导入、政策解读、IT 项目监管等）交给专门从事这方面研究与实践的咨询机构去解决。此时，企业所要做的就是协助其他参与主体完成对相应业务运作与管理领域的调研工作，与其一道完成对新系统开发任务、目标、范围和功能等的规划、分析与制订工作，在系统开发过程中给予其他参与主体力所能及的配合与支持，并对其他参与方的工作以及系统开发的进度与质量等进行评估。

采用合作开发方式，由于各方参与主体按彼此间的能力互补结构实现"强强联合"，系统开发的质量相对较高、成本较低、开发周期较短；外源力量参与 MIS 开发，使项目团队能够以新的思维视角和分析方法对目标企业的运营与管理进行诊断与优化，有利于提高企业的运营管理效率和未来 MIS 的应用效益；在 MIS 开发项目团队中，有系统实施企业相应业务人员的全程参与，他们在系统开发过程中得到锻炼和提高，对未来 MIS 具有较深的了解和掌握，这有助于日后 MIS 的应用与维护。

如何评估和选择合适的系统开发商以及相应的咨询机构，是采用合作开发方式所必须要解决的基础问题。此外，随着参与主体数目的增加，彼此间的协同与整合难度也将增加，如果各方参与主体未能做好彼此间的协同工作，将会直接影响到最终 MIS 的产品性能。

（3）直接外购。当企业财务状况较好、对相关 MIS 组分的需要十分迫切、没有额外的人力和精力能够从其核心业务中转移出来，同时市场上在相关业务领域已经出现了成熟的 MIS 产品，企业往往会选择直接外购方式。此时，企业直接对市场上相关业务领域若干成熟 MIS 产品进行考察与评估，通过周密、科学的 MIS 选型过程，选择一套最优产品并直接将其应用于企业的业务管理实践。本书第五篇将对 MIS 系统选型展开深入分析与讨论。

采用直接外购方式，企业仍然要对己方的业务需求、目标系统功能与特征进行调研与规划；同时，被选定产品的供应方也需要花费一定的时间将原有产品结合企业的具体运营实践做出相应调整与配置，以便使其产品能够与企业的业务管理流程相适应。不过，采用该方式后，完备系统开发过程中复杂、耗时的大部分系统规划工作以及系统分析、设计与程序编码过程已经被压缩掉了，仅涉及一小部分系统规划工作以及系统实施、维护和评价工作。显然，这大大缩短了系统开发周期。此外，MIS 产品市场的快速发展与激烈竞争，促进了 MIS 产品的迅速成熟，产品的可靠性、稳定性等指标均达到了较高水平，同时亦都融入了相应业务领域先进的管理理念与模式。采用直接外购方式，大多能够确保未来 MIS 的性能、切实提高企业的运营管理水平。

不过，通过直接外购方式获得的 MIS 往往是产品开发商针对某一业务领域或行业的共有特征而开发的"普适"化产品，对同一业务领域或行业内的共性问题给予了较好解决，但对某一企业具体业务特征与需求的支持则明显不足。自行开发与合作开发得到的 MIS 均是为目标企业"量身定制"的，直接外购获得的 MIS 则是对已经存在产品的直接应用。虽然在系统实施过程中，也会基于企业的具体特征与需求对系统进行相应参数配置与调整，但所上线的 MIS 与企业运营管理实践的切合程度还是不如前两种方式下得到的 MIS。此外，直接外购方式的系统实施成本一般较高，并且系统应用与维护相对困难。

在 MIS 开发实践中，上述 MIS 开发方式中的合作开发方式被广泛选用。此外，也有人提出委托开发方式，即企业将 MIS 开发工作完全委托给系统开发商完成，自己则依然全力投入于原有的业务运作中。这种方式表面上看，MIS 需求企业似乎省去很多的麻烦，可以专心于自己的业务运作与管理。然而，我们知道，MIS 开发必须与企业业务运作与管理的具体实践紧密结合，否则所开发的 MIS 将因其不能与企业具体实践较好切合而大大削弱系统的应用效能。毕竟，系统开发商对 MIS 需求企业的具体业务领域并不熟悉，它离不开 MIS 需求企业的有效配合与支持。可见，完全委托开发方式在 MIS 开发中是不可取的，实践中更多的则是采用部分委托的合作方式实现 MIS 开发。

三、系统开发前的准备

在 MIS 开发前，相关参与主体均要基于自己所扮演的角色特征做好相应的准备工作，为日后的 MIS 开发奠定坚实基础，以确保系统开发的效率和有效性。

对于 MIS 需求企业而言，其在系统开发前一般要做好如下工作：一，认真分析企业相关业务运作与管理现状，深入研究外部环境变化特征及其发展趋势，明确 MIS 开发的必要性与目标功能；二，分析 MIS 开发所需要投入的人力、物力和财力状况以及基本的信息化建设基础，在此基础上做好充分的资源储备以及相关设备、设施的建设与配置工作；三，综合考虑企业内外因素，选择并确定合适的系统开发方式；四，在选定系统开发方式的基础上，有针对性地选择、评估、确定系统开发商以及其他相关咨询机构；五，制订详细、可行的 MIS 项目实施计划与方案，并对其进行反复论证与完善。

对于系统开发商而言，其在系统开发前要做好如下工作：一，建立结构（包括知识结构、技能结构、年龄结构、性别结构等）合理的 MIS 开发团队，强化企业在 MIS 规划、分析、设计、实施、运行、维护与管理以及性能评价等领域的综合业务能力；二，及时总结系统开发经验，认真学习先进的 IT 技术、不断提高系统开发技能，了解并把握系统开发的主流技术与前沿方向；三，强化信息系统项目运作与管理技能，提高项目管理水平；四，对 MIS 产品市场进行深入分析与合理细分，定位己方产品研发的业务领域与改进方向；五，对选定的业务领域展开深入调研与分析，了解该领域业务运作与管理现状，研究存在的问题与改进思路，强化对与既定业务领域相关的先进管理模式与理念的学习和掌握。

对于咨询机构而言，其在系统开发前要做好如下工作：一，切实提高自己在相关业务领域的理论水平和专业技能，为对外提供专业化的咨询服务奠定坚实的业务能力基础；二，将自己的专业知识和技能与 MIS 开发领域紧密结合，有针对性地提供咨询服务，切实提高咨询服务的效率与有效性。

四、系统开发思想与原则

（一）MIS 开发思想

图 4-1 描述了企业 MIS 系统开发的一般思想路线。任何 MIS 开发都是从分析、研究企业原有管理系统起步的。原有管理系统（俗称"老系统"）可能是完全手工方式的业务运作与管理系统，也可能是先前建立但疏于维护、比较陈旧、效率低下的信息系统。对老系统进行深入调研、抽象、分析与综合，简化不必要的物理细节，分析其逻辑功能与结构便得出老系统的逻辑模型。对老系统逻辑模型进行深入分析，结合企业运营管理目标与环境特征，基于先进管理理念与技术，定位其中存在的不足与缺陷，并制订相应的改进、补充与完善的策略与方案，从而得到未来 MIS（俗称"新系统"）的逻辑模型。新系统的逻辑模型主要解决了新系统"做什么"的问题，其独立于具体的物理实施平台以及相关实现技术（如 DBMS 以及系统开发语言）。为了将新逻辑模型真正导入实践，就需要选择确定具体的物理实施策略与方案，解决好计算机系统"如何做"的问题，此即新系统的物理模型。物理模型一经确定，就可以将其交付实施，建立有形的 MIS 了。

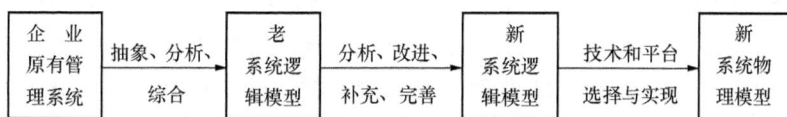

图 4-1　MIS 系统开发的一般思想路线

通过前面的学习，我们知道 MIS 是具有"社会—技术"双重属性的复杂系统，MIS 开发与建设不仅要重视其技术属性，同时也必须对其社会属性给予全面关注。一般而言，MIS 开发要遵循如下思想。

（1）"超越"的思想。MIS 开发是基于既定管理业务与流程，规划、分析、设计、实施新的信息系统的过程。未来的 MIS 要能够对企业既定管理业务与流程给予全方位、高效率支持，这就必须要对企业当前管理业务与流程进行全面深入调研，深入了解与准确掌握企业业务运作与管理的现状特征。这是做好 MIS 开发的最基础工作。然而，如果仅止于此，还远远不够。MIS 的"技术"属性蕴含了先进的生产力，"管理"属性则融入了先进的管理理念与模式。MIS 开发不是完全忠实于企业的既有管理系统与管理流程，否则它就蜕化为简单的"直译"与"自动化"过程；MIS 开发既要基于企业既有管理现状，同时更要基于先进技术与管理理念深入分析、准确寻找定位其中存在的问题与不足，并有针对性地提出改进和完善的构想与方案。如此，MIS 开发既要基于企业既定领域的管理现状，同时又要超越它，从而推动企业业务运作与管理水平跃升到一个新的高度。系统开发人员要清楚，没有超越就意味着失败。忠实反映企业原有管理系统特征的"直译"式 MIS 开发，会将原有系统中的诸多问题与不足封装、固化在新的系统中，这会增加企业日后管理改进与完善的难度，成为束缚企业发展的桎梏。

（2）"突破"的思想。对于企业而言，所开发的 MIS 不仅要蕴含先进的技术成分，还应融入了先进的管理理念与模式。它如同一个充满生机和朝气的"新生儿"，又似一颗满载希望的"种子"。"新生儿"能否在企业内茁壮成长直至发挥效能与威力，希望的"种子"能否在企业内生根、发芽、成长直至结出累累硕果，取决于企业内能否为其创造良好的"生态环境"。

创造良好的"生态环境"就要求对企业原有人力资源结构、组织管理制度、企业文化以及激励机制等做出适时适度的调整与完善。这就意味着"变化"。然而，无论员工个体，还是团队与组织，尽管原因各异，都有维持现状的一种倾向、一种惰性。如此，MIS 开发就不能把目光仅仅聚焦在软件系统的研发上，还必须要突破企业原有的、落后的、不利于新系统实施与应用的人力结构、组织结构、思维意识、价值观念、企业文化等方面的束缚，从而为未来MIS 营建起良好的"生态环境"。

（3）"兼顾"的思想。MIS 开发涉及诸多参与主体，各参与主体通过彼此优势能力的互补关系结成 MIS 开发团队，每一方主体在 MIS 开发中的地位都是重要的。MIS 开发要对各方参与主体的理念、方法、技术等给予兼顾，激发各方主体参与的积极性与主观能动性，提高各方主体相应参与活动间的协同性与整合性。MIS 最终要应用于系统需求企业的运营与管理实践，企业中相应业务流程上的工作人员将是未来系统用户。系统开发要保证他们的全程参与，并充分尊重他们的应用习惯以及意见和建议。相关咨询人员以及系统规划、分析与设计人员在系统开发过程中，既要兼顾物理业务人员的实际需求，也要兼顾系统开发人员的业务素质；既要兼顾相同业务领域内的普遍性，也要兼顾具体业务流程上的特殊性；既要考虑对某些业务流程的再造（BPR），也要兼顾对一些业务流程的持续优化（BPI）。

（4）系统工程思想。MIS 是一个复杂的开放系统，系统开发需要以系统的概念与特征为基础，以系统工程的思想与方法为指导。系统工程中的"由表及里、由粗到细、由上而下、由整体到局部"层层深入、逐步求精式的工作思路，以及"问题调研→目标确定→功能规划→方案制订→方案评价→方案选择→方案实施→评估与反馈"的常用系统工程方法是指导 MIS 规划、分析与设计的基本思路。

（二）MIS 开发原则

鉴于 MIS 的复杂性，一般将 MIS 开发看作一项系统工程。深入分析 MIS 特征，根据系统发展的规律来开发系统，是 MIS 开发的指导原则。具体而言，MIS 开发一般遵循如下原则。

（1）目标性原则。目标是系统的基本属性。MIS 开发发端于企业业务运作与管理的实际需求，其单次循环过程结束于系统在企业内的实践应用与评价。MIS 开发的动因、开发与实施的目标以及未来系统的目标样态等，在系统开发初始就应该成型。接下来的整个系统开发过程便是在该目标框架的约束与指导下完成的。当然，大多数情况下，系统目标并不是一开始就足够清晰、全面与具体的。目标的确定需要一个调研、分析、逐步深入与渐进完善的过程。MIS 开发过程中每前进一步，都要在明确具体的目标导引下实现；尽管目标框架也处于逐步完善的过程中，但 MIS 开发过程中的每一步前行都是在先其一步被修正和确立的目标组分的指导下完成的。

（2）整体性原则。通过第一章的学习，我们知道 MIS 的应用体系结构是相当复杂的，企业不可能一蹴而就式地建立起完备的 MIS 应用体系。更多时候，企业会根据其业务运作与管理需求的轻重缓急情况，分阶段逐步实施。此外，企业横向各职能部门往往基于各自业务运作的需要，从部门利益最优视角出发开发面向部门应用的各 MIS 组分（子系统）。如此，企业内不同阶段、不同业务领域内开发的 MIS 子系统之间便时常出现重复建设、整合困难、相互不兼容等问题（即"信息孤岛"）。为杜绝上述问题，MIS 开发必须要坚持整体性、全局性原则，即以企业全局最优为目标，统一规划不同时段、不同业务领域内的 MIS 建设工作。首先，在企业 MIS 建设全局目标的导引下，采用"自顶向下"的方式将完整 MIS 应用体系逐层、逐领域分解为一个个 MIS 子系统，确定各子系统的目标、功能及其间的协同与整合机制，分期分批地进行各个子系统的开发；采用"由底向上"的方式将已经实现的各个子系统进一步集成与整合，以实现企业运营的整体目标。

（3）适应性原则。系统总是处于一定环境之中的，MIS 也不例外。MIS 与环境之间的交互性与适应性直接决定了 MIS 的应用效能。在 MIS 开发过程中，要对企业内外环境进行充分调研与分析，准确把握环境特征及其变化趋势，并将其融入到系统开发的过程中，所开发的系统才能具备较好的环境匹配性与适应性。另一方面，要尽可能地在系统边界上增设系统与环境间的交互管道，增强系统的自组织能力，进一步提高系统的环境适应性、可扩展性与易维护性。

（4）适用性原则。MIS 开发（包括对 MIS 的直接外购）要基于企业既定业务运作与管理现状以及未来可能样态，所开发的 MIS 能够满足目前运营状况和未来发展需求即可。"不求最优，但求最适用"。也就是说，在 MIS 开发过程中，不要一味追求新颖、先进和完善；否则，"杀鸡用牛刀"，不仅造成无谓浪费，也将影响 MIS 的实际应用效益。对大多数企业而言，如果说 MIS 开发仍然要追求最优，这种最优只是相对于企业既有现状与未来可能样态而言的，是相对的"最优"、局部的"最优"，而不是要建设绝对的最优系统。这对于直接外购 MIS 的企业来说尤为重要。

（5）规范化原则。MIS 开发是一项复杂的系统工程，要做到工作的稳步推进、有序实施，就必须要遵循规范化原则。具体而言，MIS 开发要做到方法的规范化、工作程序规范化、业务流程规范化、数据收集规范化以及图表文档的规范化。应用软件是 MIS 开发的主要成果形式，而软件本身不仅包括程序代码，更主要的要配备完备的相关文档。在系统规划、分析与设计阶段，开发人员大部分工作都是在和各种各样的文档打交道。文档既是主要成果形式，也是不同开发人员之间相互交流、工作承接的基础与纽带，还是未来系统应用与维护人员的必备资料，对确保 MIS 开发的最终效果与系统应用效益至关重要。

（6）"一把手"原则。MIS 开发需对目标企业业务运作与管理流程进行深入调研与分析，需要企业内各物理业务相关人员的全力配合，亦需要企业资源的全方位支持。然而，MIS 实施意味着"变化、改进与提高"，预示着企业内部某些人会因为生产力提高而下岗或转岗，而其他一些人也要改变原有的工作方式以适应新系统要求。利益威胁与固有惰性会使企业内很多人对 MIS 开发不感兴趣，甚至要设置障碍，阻碍开发进程。"一把手"原则要求由目标企业内的最高行政人员（至少是负责人事的副总经理）来亲自"挂帅"，担任 MIS 开发项目组的组长，由其在企业内直接推动 MIS 开发工作。如此，既可以保障 MIS 开发的各种资源供应，又可以有效削减企业内在 MIS 调研与开发过程中的各种阻力，有利于系统开发工作的顺利展开、成功完成。

第二节 常见 MIS 开发方法

一、结构化开发方法

在软件系统开发领域，美国软件工程师爱德华·尤顿（Edward Nash Yourdon）与拉里·康斯坦丁（Larry LeRoy Constantine）于 1975 年提出了 SASD（Structured Analysis Structured

Design）方法。1979 年，美国软件工程师汤姆·德马科（Tom DeMarco）对该方法做了进一步的改进，形成了完善的结构化开发方法（Structured Developing Method），成为 20 世纪 80年代使用最广泛的软件开发方法。

　　结构化开发方法基于系统开发生命周期思想以及系统的概念、特征与系统工程方法，以"用户至上"为原则，采用自顶向下、结构化、模块化等手段，对系统进行规划、分析、设计和实施。该方法强调系统开发人员与系统用户的紧密结合，注重系统开发过程的整体性与全局性。它首先通过结构化分析（Structured Analysis，SA）方法对软件开发进行需求分析，然后通过结构化设计（Structured Design，SD）方法对软件进行总体设计，最后采用结构化编程（Structured Programming，SP）方法完成程序编制过程。结构化系统开发方法步骤明确、层层递进、环环相扣，确保了系统开发的效率和有效性。

　　世间万物都是有生命周期的，MIS 也不例外。MIS 生命周期（Life Cycle）是指 MIS 由提出问题、项目立项到系统规划、分析、设计、编码、上线、修正、评价、维护与二次开发，正常运行直到其不能适应环境变化而被淘汰的全过程。MIS 开发周期是 MIS 生命周期的子集，指从系统规划、分析、设计、实施到系统上线、修正与评价的过程。MIS 开发周期是结构化MIS 开发方法划分系统开发阶段、制订开发任务的基础和依据。

　　一般地，MIS 开发周期各阶段及其间结构如图 4-2 所示，它包括系统规划、系统分析、系统设计、系统实施以及系统运行与维护五大阶段。在 MIS 规划阶段，MIS 开发项目组粗略地提出项目任务与目标，对用户的 MIS 需求作初步调查，而后进行可行性分析与论证，并当项目可行时制订项目总体方案。在 MIS 分析阶段，MIS 开发项目组要对企业现行系统进行详细调查，在此基础上通过对组织结构、管理功能、业务流程、数据流程等的调查、分析与优化，编制数据字典、描述处理逻辑，从而明确新系统相应功能与数据需求，最终设计出新系统的逻辑模型。在 MIS 设计阶段，MIS 开发项目组在前一阶段得到的新系统逻辑模型的基础上，设计新系统的物理模型，具体工作包括总体设计（包括新系统流程图、功能结构图与功能模块图的设计）以及详细设计（包括代码设计、规范制订、物理配置方案设计、数据存储设计、I/O 设计等）。在 MIS 实施阶段，

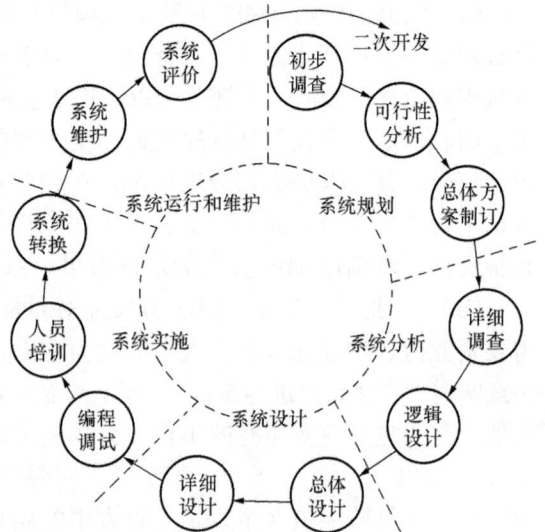

图 4-2　MIS 系统开发周期

MIS 开发项目组基于此前各阶段的工作成果，将新系统的物理模型转化为具体的软件系统，其主要工作包括物理系统的实施、程序设计与调试、项目管理、人员培训、系统转换和验收等。在系统运行与维护阶段，主要是对已经完成切换的新系统进行跟踪维护（包括纠错性维护、适应性维护、完善性维护、预防性维护等），并做好相应的系统评价工作。当环境变化导致 MIS 与企业新需求之间的差距大到一定阈值时，就要对 MIS 开展二次开发的过程。二次开发依然沿着上述阶段实施，如此使 MIS 性能呈现螺旋上升态势。

　　结构化系统开发中的 SA 方法是一种面向数据流的分析方法，它通过"分解"和"抽象"

两种方式获得新系统的逻辑模型（即解决新系统"做什么"的问题）。SA 所采用的主要方法与工具包括数据流程图（Data Flow Diagram，DFD）、数据字典（Data Dictionary，DD）、处理逻辑表达（PL）以及数据存储规范化（NF）等。SA 的主要任务是在对企业现行系统进行详细调查、充分认识的基础上，通过对组织内部的业务流程和数据流程的深入分析，明确新系统应具备的功能与数据需求，最终建立新系统的逻辑模型。一般而言，完备的 SA 过程包括如下阶段：确定对现行系统详细调查的目的、原则与方式，调查与分析组织结构，调查与分析管理功能，调查与分析业务流程，调查与分析数据流程，编制数据字典，描述处理逻辑。

SD 在 SA 阶段提出的新系统逻辑模型的基础上，进行物理模型的设计（即解决新系统"怎样做"的问题），为程序开发人员提供完整、清楚的设计文档，并对设计规范中不清楚的地方做出解释。SD 的工作主要包括 MIS 流程图设计、功能结构图设计、功能模块图设计、代码设计以及制订设计规范等，还包括系统物理配置（物理设备、计算机网络和 DBMS）方案设计、数据存储（数据库结构及安全机制）设计、计算机处理过程设计（包括输入/输出、处理流程设计及编写程序设计说明书等）等。

SP 使用一些基本的控制结构（如顺序结构、判断结构、循环结构），强调程序代码结构与风格的规范化，推崇清晰的结构。其基本思路是：在程序编制过程中将一个相对复杂的问题分阶段解决，每一阶段处理的问题都控制在人们容易理解和处理的限度内。SP 的基本特征是：自顶向下、逐步细化、模块化设计、结构化编码。

结构化系统开发方法思路自然、应用方便、效率较高。它严格、明确地划分系统开发的各个阶段，使得整个开发过程步骤清楚、任务明确，有利于整个项目的管理与控制；它用规范的方法与图表工具逐步有序地完成各阶段的工作，每一阶段都以规范的文档资料作为其成果，这些文档不仅有效保障了系统开发过程的顺利进行，也有利于系统应用后的修改和维护工作；它将系统开发的逻辑设计与物理设计分开，提高了系统开发的效率和有效性；它采用"自顶向下"的原则分析和设计系统，较好地解决了系统的整体性与全局性问题，强调在系统整体优化的前提下分析、设计新系统，最终得到满足用户需要的 MIS。

结构化系统开发方法以对企业 MIS 需求的全面调研与深入分析为前提，后续的系统分析、设计与实施均是基于既定需求展开的。然而，在相当多的情况下，企业对 MIS 的需求在 MIS 项目设立伊始尚处于模糊样态，表达不够系统，有欠准确、具体与深入。当企业尚不能准确、完整定义其 MIS 需求时，结构化系统开发方法便难以有效展开。另一方面，当企业 MIS 需求被准确而完备定义后，系统开发工作便以此为基础，分阶段按步骤层层展开，期间很少再将环境变化特征融入开发过程；然而，企业环境是处于绝对变化之中的，而且变化的速度在加快、幅度在增大。在这种背景下，结构化系统开发方法显然不具有很好的环境应变性与适应性。此外，结构化系统开发方法依系统开发周期，将系统开发过程划分为前后紧密衔接的若干串行阶段，开发过程相对复杂，系统开发周期比较长。

结构化系统开发方法所具有的上述特点，使得其主要适用于对组织结构相对稳定、业务处理过程规范、系统需求明确具体并且在一定时期内不会发生明显变化的大型复杂系统的开发。它是目前较全面支持大、中型系统完整开发过程的开发方法，具有主导地位，其他方法往往作为该方法在局部开发环节上的补充。

二、原型法

20 世纪 80 年代，系统开发人员逐渐认识到，并非所有的系统需求都能够预先被完备、准确定义，大多数情况下对需求的反复修改与完善是不可避免的。原型法（Prototyping Approach）是在 20 世纪 80 年代随着计算机软件技术的发展，特别是在关系型数据库系统（RDB）与第四代程序开发语言产生并广为应用的基础上，被提出的一种在设计思想、工具与方式等方面全新的系统开发方法，其基本思路如图 4-3 所示。首先系统开发人员与未来的系统用户进行充分合作，对用户提出的初步系统需求以及其对新系统的基本要求进行识别、分析与归纳，在短期内定义用户对系统的基本需求（粗糙、模糊，尚不够具体、深入和系统化），并基于用户初步需求迅速开发出一个简易的、试验性的、功能并不完善的应用系统，此即原型系统。而后，将该原型系统交付用户试用，并与用户一起在系统应用过程中对其进行评价、深化理解，进一步明确与完善对新系统的需求，同时提出对原型系统新的改进要求与建议。试用期结束，基于对原型系统的评价与改进建议，系统开发人员对原型系统做相应的改进与完善，并将完善后的系统再交付用户试用。如此循环往复，直至系统用户对系统不再有改进建议、完全满意为止。

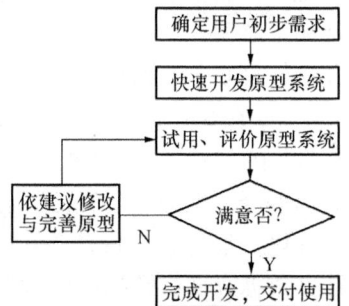

图 4-3　原型法系统开发思路

原型法凭借着系统开发人员与系统用户之间的有效互动机制，在强有力软件开发环境的支持下，"摸着石头过河"，在应用实践中不断明确、丰富与完善用户对系统的需求，并将原型系统作同步改进与完善，最终形成能够较好满足用户需求的 MIS。与结构化系统开发方法相比，原型法不要求在系统开发起点上就对用户需求具有全面、清晰、深入与准确的掌握，降低了系统开发的起点要求；它抛弃了结构化系统开发方法由系统规划到逻辑设计、物理设计与系统实施等的按部就班式的、烦琐的系统开发过程，转而直接快速地构建新系统的物理原型，使系统用户可以很快感知新系统的存在与意义。不过，原型法并非与结构化系统开发方法毫无关系。事实上，即便系统开发人员在构建原型系统时直接用物理模型表达其对系统的理解，但其在原型构建的过程中还是有意无意地运用了系统分析和设计的思路与方法，其后每一次基于试用结果的系统改进过程亦是如此。

采用原型法进行系统开发需要基于用户的初步需求快速构建原型系统，然后在原型系统运行过程中针对它所表现出来的问题与不足，也要进行快速改进与完善。这就需要强有效的用以支撑原型系统建设和修改的工具环境，如简便易用且方便灵活的关系型数据库系统（RDBS）、系统分析与设计中各种图表的生成器、完善的数据字典、集成化系统开发环境（IDE）等。通过第三章的学习，我们知道，采用面向对象技术、可视化的第四代系统开发语言如今已经相当成熟。这为原型法的采用与实施奠定了坚实的基础。

人们认识事物需要一个循序渐进的过程。用户对其需求的理解与表达不可能一蹴而就、一开始就做到尽善尽美，也需要一个逐步深入、不断完善的过程。此外，我们都知道，对既有事物作持续改进以逐步获得一个具有完善结构与强大功能的新事物，要比直接从无到有地创造该新事物容易得多。显然，通过原型法进行系统开发遵循了人们认识事物的规律，更容易为人们所接受。与此同时，原型法首先基于用户的初步需求，构建一个简单却实实在在的原型系统，系统开发人员在原型系统试用的过程中与用户就原型系统的诸多特征展开深入交流与讨论。这大大提高了用户参与的积极性，提高了问题认识与解决的直观性与简易性；所有讨论都围绕确定的原型系统展开，这拉近了系统开发人员与系统用户之间的距离，减少了彼此间的交流障碍，为准确认识问题创造了条件；用户在对原型系统的试用过程中会受到启发，逐渐明确、丰富其对新系统的业务需求，降低了系统开发人员全面、准确获得用户需求的难度。另一方面，原型法的实施过程就是对原型系统不断发现问题、解决问题、持续提高与完善的过程，它能够较早地发现系统存在的问题并给予及时有效解决；通过原型法进行系统开发，用户全程参与并不断丰富其对系统的需求，系统开发人员则对此给予及时回应并在系统性能中给予反映，确保了用户对最终建立的系统表现出很高的满意度。此外，通过原型法进行系统开发，过程灵活、开发周期相对较短，可以有效地节约系统开发成本、降低开发风险。

不过，原型法的开发过程需要用户的积极参与与良好配合。如果用户时间、精力有限，或者素质不高，盲目甚至胡乱提出问题或建议，则会使开发过程陷入混乱之中。另一方面，该方法通过对原型系统的持续改进过程最终得到目标系统，这对于大型 MIS 开发显然不合适，它缺乏对系统进行有效的整体规划与分析；此时无论是原型系统的构建还是循序渐进的改进过程都将难以在短时间内完成，无法实现原型法 "快速响应、迅速应变" 的特征。此外，对于含有大量运算的、逻辑性较强的程序模块，原型法将很难构造出系统模型供用户评价，毕竟这类问题没有多少交互方式、渠道或机会。

鉴于原型法的上述特征，在实践应用中，原型法一般应用于满足如下特征的系统开发过程中：其一，用户需求表达不够清晰、完善，企业业务运作与管理流程尚不够稳定与成熟；其二，所开发的 MIS 规模不是很大（小型系统或大型系统的局部系统），结构与功能相对简单；其三，对 MIS 输入/输出部分的设计与开发。

三、OO 开发方法

面向对象（Object Oriented，OO）系统开发方法是在面向对象程序设计方法的基础上逐步发展而成的一种相对较新的系统开发方法。自 1980 年施乐（Xerox）公司推出比较成熟的面向对象语言 Small Talk-80 以来，OO 方法迅速发展成为系统开发领域的主流方法。OO 系统开发方法在完成系统调研工作后，通过面向对象技术与方法进行系统分析与设计。它以认识论为基础，对现实世界中目标事物的本质特征进行抽象，将有关该事物的数据与方法封装并将其描述为未来系统的基本构成单位——对象，通过继承、消息传递等方式实现对事物间联系的描述与表征。完整的 OO 系统开发方法体系包括面向对象分析（Object Oriented Analysis，OOA）、面向对象设计（Object Oriented Design，OOD）、面向对象编程（Object Oriented Programming，OOP）、面向对象测试（Object Oriented Test，OOT）以及面向对象的系统维护（Object Oriented System Maintenance，OOSM）等组分。OO 开发方法更接近于人们的正常思维方式，使系统开发人员可以更有效地思考问题，增强了系统需求分析效果以及所开发系统的可靠性与易维护性，大大提高了系统开发的效率和有效性。

OO 系统开发方法的核心概念是对象（Object），它将客观世界中的任何事物在一定前提下都看作对象。一个对象包括从所研究事物抽取得到的相关属性数据以及相应于属性数据的操作方法，即对象是由一组数据及与该组数据相关的操作构成的封装体。对象所封装的数据和操作亦称为它的属性和服务。如图 4-4（a）所示，对象可以静态描述为五元组形式 O::=（ID，OD，OP，PD，PP），各元素依次为对象的标识符、私有数据及其操作、公有数据及其操作。对一组具有相同结构、操作和约束条件的对象进行抽象就得到了该组对象的类（Class），它描述了该组对象共同的属性和操作。对一组相似的类再进行抽象便得到该组类的超类

（Super-class）。事实上，一个类的上层可以有超类，而其下层也可以有子类（Sub-class）。如图 4-4（b）所示，对象、子类、类、超类是一组相对的概念，彼此间存在一种层次结构，且层次数目因客观实体的复杂性而有不同，层次越高越抽象，层次越低越具体。在 OO 方法中，消息（Message）是为实现某种功能而要求某个对象执行相关操作的规格说明，它是对象之间发生联系的媒介。目标对象接收到消息后，根据消息参数执行对象所封装的相应操作方法，实现消息响应与目标功能。综上所述，对象的数据表征了它所处的状态，操作则是在外界激发下使对象数据发生状态改变，而激发因素就是对象之间传递的消息。

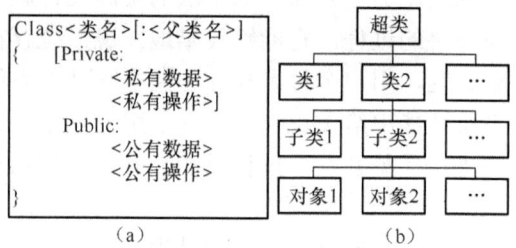

图 4-4　OO 技术的层次结构

    OO 系统开发方法采用了"自底向上的归纳"与"自顶向下的分解"相结合的方法，它通过建立对象模型，较好地表征了用户的需求。目前，业界关于面向对象建模的标准是统一建模语言（Unified Modeling Language，UML）。这不是具体的程序设计语言，而是面向对象分析与设计的一种标准化、可视化建模语言。UML 具有表达能力强、简单易用、可扩展性好等优点，迅速发展成为系统建模的标准工具。此外，在实践应用中，OO 系统开发方法中的 OOP 组分大多与可视化（Visual）技术结合起来。可视化并非独立的系统开发方法，它是一种辅助编程技术。通过可视化编程工具，程序员通过操作界面元素（如标签、文本框、按钮、菜单、单/复选框、滚动条等），"所见即所得"地轻松完成系统用户界面的设计工作，从而能够把主要精力用在对程序编码结构的分析与设计上。

    概括而言，OO 系统开发方法具有如下优点：①抽象性。该方法将客观事物进行分析、求同、归纳与分类，符合人们认知习惯与规律。②继承性。父类具有的数据和操作可被子类继承，降低了系统数据冗余度，有效地提高了系统模块的可重用性以及系统的开发效率。③封装性。对象封装数据及其操作，用户不必了解对象细节，增强了系统的可维护性。④多态性。这是对客观世界普遍存在的多态现象的反映，即不同对象在相同消息的激发下会做出不同反应；多态性通过同名多语义形式，系统依据具体情况区别执行，较好地改善了系统的可用性。⑤模块性。系统中的对象是独立的实体，彼此之间只能通过消息发生联系，所开发的系统可重用性好、利用率高。

    OO 系统开发方法以对象为基础，利用特定的软件工具直接完成从对象描述到应用软件结构的转换，比较适合于中小型 MIS 的开发过程。

四、CASE 开发方法

    CASE 即计算机辅助软件工程（Computer Aided Software Engineering），它是通过由各种完备的计算机辅助软件与工具组成的功能强大、结构完善的计算机辅助开发平台，实现对除系统调研以外，其余全部过程的自动化与半自动化支持的系统开发方法。它从早期单一化的对软件开发辅助工具研究与应用的过程中逐步发展、完善而来，虽然目前尚缺乏统一的标准模式，但已经得到了业界的普遍关注和广泛应用。

    严格意义上讲，CASE 只是系统开发方式上的变化与改进，其开发平台为系统开发中的绝大多数过程提供由手工方式到自动化或半自动化实现的有效工具；在系统开发思想与思路方面，CASE 并没有本质上的突破。因此，在实践应用中，CASE 开发方法需要与某一类传统系统开发方法（如结构化系统开发方法、原型法、OO 开发方法等）良好结合。不过，CASE 系统开发由于有强大的平台环境支持，使系统开发过程更加易于控制与管理，进一步提高了系统开发的效率和有效性、大幅增强了软件模块的可重用性。有鉴于此，越来越多的人倾向将 CASE 由一种辅助工具提高到系统开发的方法学高度。

在 CASE 平台研发领域，Rational 公司（现已被 IBM 公司收购）一直是 CASE 工具厂商的领军者，其 Rational Suite 系列产品自成体系，是典型的 CASE 开发支撑环境，在系统配置管理、系统建模等方面占据极高的市场份额。此外，日立公司开发的 SEWB3（Software Engineering Work Bench 3）也是不错的 CASE 平台。它以日立公司的 HIPLAN/HIPACE 软件生存期方法学为基础，以实现从系统开发上游工程到下游工程一贯性自动化支持为目的，通过共享中央数据库实现集成化的 CASE 功能。

鉴于 CASE 方法与 CASE 系统平台都还处于改进与发展的过程中，系统开发人员在采用 CASE 方法开发 MIS 时，往往将具体应用领域内各种性能优良的 CASE 产品组分综合使用，而不是使用单一的 CASE 产品。例如，在绘制系统开发过程中的各种图件时，可采用微软公司的 Visio。它不仅具有极强的辅助绘图功能，还较好地支持了 UML 建模。在系统配置管理领域，Merant 公司的 PVCS 则是世界领先的辅助管理工具，其市场占有率高达 70% 以上，已经成为事实上的工业标准。在数据库建模领域，CA 公司出品的拳头产品 ERWin 是强大的老牌数据库建模工具，Sybase 推出的数据库设计工具 PowerDesign 性能也非常优秀。在 UML 建模领域，IBM Rational Rose 集中体现了 UML 的先进设计思想，Rose 本身在设计上的逐步完善以及其与 Rational CASE 系列产品的完美集成使其成为一款成功的 CASE 产品。如今，Rational Rose Enterprise 在功能上可以完成 UML 的多种标准建模，包括静态建模中的用例图、类图、对象图、组件图与配置图以及动态建模中的合作图、序列图、状态转移图、活动图等。为了使静态建模可以直接作用于代码，Rose 还提供了从类设计到多种程序语言代码自动产生的插件。

CASE 系统开发的突出特点主要表现在如下方面：其一，它向系统开发人员提供一套功能强大的交互式开发环境，较好地实现了对系统需求的快速响应以及对系统开发资源的有效管理，并提供良好的及时查错功能；其二，通过可视化的图形接口，系统开发人员可以在人机交互的过程中自动化或半自动化地完成系统开发与维护工作，直观、简易、高效。

前面我们介绍了几种典型的 MIS 开发方法，每种方法都有其相应的特点。在 MIS 开发实践中，往往视系统开发的具体特征，将上述多种方法进行组合应用。

第三节　MIS 开发的项目管理

对企业而言，MIS 开发是一项意义重大且涉及面宽、实施难度大的综合性系统工程，需要投入大量的人力、物力、财力、时间等资源。MIS 开发过程的效率和有效性对企业运作与管理乃至于未来发展都有着重要影响。这就要求系统开发主体在 MIS 开发过程中使用现代项目管理的科学理念和方法进行有效控制，以确保 MIS 开发项目实现甚至超过预期目标。

一、项目管理概述

项目（Project）指为达成既定目标，在特定的时间、预算、人力、设备等约束限定下，将人力资源与非人力资源整合成一个短期组织，依据相应规范实施一系列独特、复杂且相互关联的活动。项目是具有确定目标的一次性任务，具有明确的生命周期，阶段性强。项目的基本要素包括项目目标、范围、成本、资源、质量与时间等。

项目管理（Project Management，PM）是为使项目能够按时、按质、按预算、依据规范实现或超过项目干系人的预期目标，基于项目运作的内在规律和程序，在项目活动实施过程中运用专门的知识、技能、工具与方法，对项目实施的全过程进行有效的计划、组织、协调、指挥与控制等的一系列管理活动。如今，PM 已经发展成为管理科学与工程下属的一个分支学科，是介于自然科学和社会科学之间的一门边缘学科。

项目管理是"一把手"工程，高层领导的参与是关键；与此同时，项目经理的知识积累与综合业务素质也是确保项目实施正常推进的基础保障。项目经理要做到合理配置项目参加人员，制订有效的项目建设规范，合理编排项目实施的进度计划；在项目运作过程中，要及时制作各种报表，对项目实施过程进行动态跟踪，及时准确评估项目进展情况并依评估结果采取相应调控措施。为确保项目管理的有效实施，可应用先进、成熟的项目管理系统（如 Microsoft 公司的 Project 2013 及 Primavera 公司的 Project Planner P6 等），在其辅助下提高项目管理的效率和有效性。

一般而言，项目管理具有如下特征。

（1）目标性。任何项目管理都是有明确的管理目标的，包括项目期限目标、成果目标以及约束目标等。明确而具体的目标是项目管理的出发点，也是项目实施过程中监测与控制的主要参考标准，对有效确保项目的实施效果至关重要。

（2）独特性。每一个项目都具有明确的生命周期，并具有自身的特点；不存在两个完全一致的项目，任何一个项目都不存在完全一致的项目先例。如此，每一个项目管理过程都是独一无二的。

（3）整体性。完整的项目管理过程由一系列相关活动构成。项目管理不仅要谋求各项管理活动实现最优效果，更要从项目全局出发，提高各活动间的协同与整合特性，寻求项目整体实施目标的最优实现。

（4）组织的灵活性。项目组成员往往是在项目启动时才从组织内不同的职能部门抽调而来，彼此之间因项目实施的需要而临时组织在一起（项目团队），项目期满后临时组织随即解散，人员重新回到原有部门工作。此外，即便在项目生命周期内，项目组成员数量与职责也会处于动态变化与调整中，会随着项目的发展而有人员的调入、岗位调整与调出。可见，项目团队是一种没有严格边界、具有较好灵活性的组织形式。

关于如何有效地实施项目管理，相关理论研究成果与应用实践经验已经很丰富。美国著名项目管理专家汤姆·肯德里克（Tom Kendrick）指出，要做好项目管理、切实有效地提高项目管理实施的效率和有效性，需要做好以下工作：正确认识和理解项目的生命周期特征，选择合适的项目管理方法，准确进行项目界定，提高合同与采购管理的水平，切实做好项目规划、执行、跟踪、监测与控制工作，强化风险管理、质量管理与问题管理，切实提高项目信息管理的水平、强化项目管理者的决策能力。

二、MIS 开发项目管理的目标

20 世纪 60 年代到 70 年代初，随着 MIS 规模日益庞大、结构日益复杂、功能日益完善，对其系统开发过程的掌握与控制难度也越来越大，以至于越来越多的项目实施最终以失败告终。这引起了 MIS 研究与实践相关人员的普遍关注与深入思考。随着系统科学的发展，系统工程学的理念与方法在许多大型的工程项目实施中发挥了巨大威力，产生了良好效果。于是，人们将 MIS 开发看作一项系统工程，对其强化项目管理与控制，以便提高 MIS 开发项目实施的成功率。经过多年的研究与深入实践，MIS 开发项目管理领域已经积累了丰富的理论成果与实践经验，MIS 开发项目的实施效益也得以大幅提高。

概括而言，MIS 开发项目管理的基本目标是，以 MIS 开发的既定目标为指导，确保 MIS 开发项目实施的效率和有效性达到预期目标水平；MIS 开发项目管理的最高目标是，通过项目优化管理与控制，使 MIS 开发项目在效率和有效性方面超过项目预期目标。

在上述目标中，"效率"是指单位投入上的"产出"，内涵上包括单位时间内 MIS 开发工作任务的完成量，也包括单位资源（物质资源、财务资源、人力资源等）投入所导致的 MIS 开发工作任务的完成量。显然，"效率"一方面与 MIS 项目实施的现实进度有关，另一方面也与 MIS 开发的实际成本支出相关联。MIS 开发项目管理追求系统开发效率达到或超过预期水平，意味着 MIS 开发要保障项目实施的顺利进行、确保项目实施按进度安排准时完成，同时也要控制、优化项目实施成本，避免出现项目延期、经费支出超出预算等现象的发生。

MIS 开发项目管理目标中的"有效性"是指项目产出（即所开发的 MIS）在功能上与预期目标的吻合程度以及对用户需求的实际满足水平。显然，MIS 开发项目实施的有效性涉及所开发 MIS 的质量以及系统应用的实际效益，有效性不足则项目成果价值便会大打折扣甚至完全丧失意义。因此，确保 MIS 项目实施在"有效性"方面达到或超过项目预期目标和用户需求水平，是 MIS 开发项目管理的核心目标。

三、MIS 开发项目管理的内容与方法

同一般项目管理一样，MIS 开发项目管理也是要寻求项目实施时间（进度）、实施质量与实施成本的最优实现。当然，上述 3 个子目标是相互制约与影响的，任何一项子目标的变化都会引起其他两项子目标变化，并受到其他两个子目标的制约。有效确保 MIS 开发项目质量，正确处理 MIS 质量与项目实施时间和实施成本之间的矛盾一直是 MIS 开发项目管理的一个难点。确保 MIS 开发项目在预设工期限度内以较低成本实现预设的项目质量目标，是 MIS 开发项目管理的基本目标。

（一）MIS 开发项目工作分解

MIS 开发项目是复杂系统工程，开发任务繁重且结构复杂。对 MIS 开发项目工作进行有序分解，可以深化认识，有助于开发主体有效地管理和控制项目开发过程。

一般地，对 MIS 开发项目工作（开发任务）通过项目工作分解结构（Work Breakdown Structure，WBS）以可交付成果（预期目标）为导向，自顶向下逐层分解，把项目逐步分解为互相独立且又互相影响与互相联系的项目单位，即明确定义的原子工作包（Work Package）。工作包是项目观察、设计、计划、成本核算与实施控制等一系列项目管理工作的对象，也常常作为项目外包的基本单位，亦称为委托包（Commitment Package）。对于 MIS 开发项目而言，工作包通常为相对独立的功能模块，与特定的系统开发人员相对应。一般而言，每个工作包可能由多个人员共同完成，但其总是对应于一个负责人。在制订项目进度计划时，工作包可进一步分解为活动（Activity）。在工程项目实施领域，工作包的定义通常遵循"80 小时"法则（80 Hours Rule），即每个工作包的标准完成时间以不超过 80 小时为限。以 80 小时（两周工作时）为工作包完成的定期检查时域，简化了项目控制策略。WBS 分解结果通常以树型

层次结构图或行首缩进的表格两种方式表示（如图 4-5 所示），在实际应用中后一种方式比较普遍。

WBS 是一个描述项目实施思路的规划与设计工具，其每细分一层都是对项目任务更细致的描述，最终绘制的 WBS 图件可以清晰、全面地展示完整 MIS 开发项目所包含的各项工作任务及其间关系，从而使项目主体能够结构化地定义和组织项目范围与工作内容；通过 WBS 将 MIS 项目开发目标任务进行逐层分解、可视化，有助于项目管理者准确估算项目工作量并有效组织、管理开发

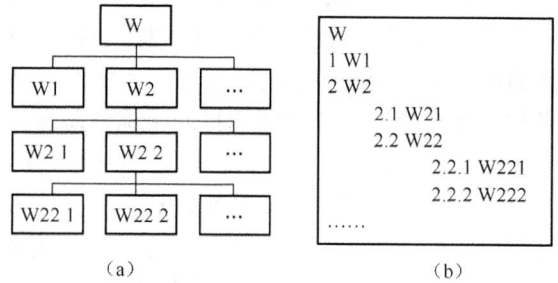

图 4-5　WBS 分解结果的两种表示方式
（a）树型层次结构图；（b）行首缩进表格

工作、准确预估风险；对于大型复杂项目，还可有效防止遗漏项目的可交付成果；同时，WBS 分解有助于项目管理者在项目实施过程中准确把握项目的实施目标，明确人员职责，建立合理的绩效评估标准；此外，WBS 图件中通常会定义里程碑事件，它有助于项目管理者有效地管控项目开发进度、成本与资源。

对 MIS 开发项目的 WBS 分解，可遵循如下思路完成：MIS 开发目标→MIS 开发任务→MIS 开发工作包族→MIS 开发活动集，即在 MIS 开发目标的导引下，确立 MIS 开发任务，将开发任务逐层分解直至得到"原子"级的工作包族，对于每一工作包再进一步细分为相应的诸多活动。在项目实践中，对 MIS 开发项目进行 WBS 分解可采用多种方式，常见方式有：按 MIS 结构分解、按 MIS 功能分解、按 MIS 开发项目的目标分解、按 MIS 开发项目的实施过程分解、按 MIS 开发项目的空间区域分解、按 MIS 涉及的各专业要素进行分解、按 MIS 开发项目的执行主体分解等。项目实施主体可以从中选择一个与开发实践特征相适宜的方式展开 WBS 分解过程。需要指出的是，WBS 分解中没有必要寻求将树型结构中的各支路均分解到同一层次；任意支路当达到原子工作包要求时，就可停止细分过程。

在具体项目实施中，WBS 分解往往采用"自上而下"与"自下而上"相结合的方法进行。其中，前者依托项目目标逐级分解项目工作任务，直到项目实施主体满意地认为项目工作已经准确地得到了完备定义；后者则从详细的原子级任务开始，将得到识别和确认的项目任务逐级归类到上一层次，直至项目目标为止。"自上而下"方法可以将项目工作定义到足够细致的水平，并且能够对项目工期、成本与资源需求等做出准确估算；然而，如前文所述，有些时候 MIS 开发项目的目标在项目开发之初并不能得到完备、准确界定（通常采用原型法进行系统开发），此时"自上而下"方法显然不能较好地定义工作任务。"自下而上"方法并不依赖于项目期初的目标样态，它"自下而上"地在逐步探索与归纳的过程中完成项目定义，并最终对项目总体目标给出明晰界定；不过，该方法"见树不见林"的缺陷有时会表现得很明显，以致不能完全地识别出所有任务或者所定义的工作包粒度并不适宜。因此，对 MIS 开发项目进行 WBS 分解需要将两种方法相结合，充分发挥两者的优点。此外，在具体实施过程中，要力促 MIS 项目各参与主体的充分交流与讨论，兼顾各方主体的意见与建议。

对于 MIS 开发项目进行 WBS 分解应该坚持如下原则：项目内的某项任务在 WBS 图件出现且只出现一次；每一个 WBS 工作任务均要对应于明确的责任人；树型结构的 WBS 图件中任一非叶节点（非原子工作包）在内容上可由其下属的 WBS 节点任务完备定义；每个 WBS

工作任务都要文档化（如建立 WBS 字典）以确保执行主体能够准确掌握；每个工作任务的状态和完成情况应被明确量化；每个工作任务的工期、预算及其预期成果都已被明确定义；同级 WBS 各工作任务之间应是相互独立的；WBS 分解结果可在项目的执行过程中，兼顾项目各方主体的意见和建议进行调整。

一般而言，对 MIS 开发项目进行 WBS 分解，可参照如下过程进行。

（1）在项目调查与分析的基础上制作 MIS 开发项目范围说明书（Project Scope Statement），子项目承包方向发包方索取子项目工作说明书（Statement of Work）。

（2）项目负责人召集有关人员，讨论主要项目工作、确定所要采用的 WBS 分解方式。

（3）采用"自上而下"方法，连续不断地将项目总任务分解到更细、更详尽层次，直到每一单元任务均能独自地规划、预算、监控，即将项目可交付成果细分到粒度足够小、易于管理的原子工作包，同时绘制 WBS 分解树型结构图或行首缩进表格；对于分解得到的每一工作任务均要及时建立与其相对应的 WBS 字典记录，对其做详细说明。

（4）采用"自下而上"方法，对 WBS 正向分解的单元任务再反向综合到顶层，并在此过程中进行审查与验证，必要时做相应修正与完善。

（5）在项目实施过程中，随着认识的不断深入以及外部环境的动态变化，对 WBS 进行相应地更新或完善。

WBS 分解过程需要相应地建立 WBS 字典（Work Breakdown Structure Dictionary，WBSD），以便详细说明 WBS 图件中不同层次的各个工作任务（包括 WBS 树型结构中的各层中间任务包与叶节点上的原子工作包）。WBSD 通常以二维表格形式描述，表格横向维度包括任务描述、人员配置、进度日期、成本预算等信息，纵向维度则为任务编号，即行首缩进的字符编码（类似图书目录编码），如表 4-1 所示。

表 4-1　　　　　　　　　　　WBSD 结 构 示 意

WBS 任务编号	任务描述	负责人	进度日期	成本预算（元）	…
1	销售管理子系统开发	张晓童	2014-3-6 至 2014-6-6	125 000	…
1.1	市场预测模块开发	王方方	2014-3-6 至 2014-3-20	15 000	…
1.1.1	市场预测工作包开发	李丁阳	2014-3-6 至 2014-3-20	8000	…
1.1.2	市场分析工作包开发	刘菲	2014-3-9 至 2014-3-20	7000	…
1.2	销售合同管理子系统开发	孙尚冰	2014-3-8 至 2014-5-8	30 000	…
…				…	

WBS 是项目管理中最重要的基础工作，被称为"计划前的计划"、"设计前的设计"。对 MIS 开发项目进行 WBS 分解，是有效制订项目实施计划、资源配置需求、项目成本预算以及风险管理机制的重要基础；同时，也是对项目实施进行过程调控的重要基础。因此，MIS 开发项目的管理主体要对此给予重视，并切实做好该项工作。

（二）MIS 开发项目的进度计划与控制

通过 WBS 分解过程，MIS 开发项目的详细范围已基本确定。接下来的重要工作就是制订有效可行的项目进度计划，这是项目管理的重要工作。随着 MIS 应用的逐步广泛与深入，系统功能日益丰富、规模日益膨大，这增大了对 MIS 开发项目管理与控制的难度，项目延期时有发生；另一方面，随着企业外部环境变化的速度与幅度的不断加大，系统生命周期在持续缩短，MIS 开发项目延期将对企业产生日益严重的负面影响。因此，通过项目进度计划安排过程对项目工序进行优化、合理配置资源、科学估算各项目工作的实施时间并制订有效的进度控制策略，是 MIS 开发实践的迫切要求。科学、有效的项目进度计划不仅可以尽量缩短项目的计划工期、减少资源浪费；同时，依托所制订出的项目进度计划，项目管理者还可对项目进程进行有效跟踪与控制，从而确保项目按期完成。

MIS 开发项目的进度计划根据 MIS 开发目标与相关参与主体的实际条件，并结合 MIS 开发项目竣工或系统交付时间，按照优化、合理的工序组织资源，有效安排项目中各项工作任务的执行顺序、开始与完成时间以及相互之间的衔接关系。它将 MIS 开发项目中各项工作活动的实施时间用图表形式（如甘特图、网络图、里程碑事件图与项目计划表等）表达出来，并通过调整和优化过程使得项目管理者能在计划工期和预算允许的范围内科学有效地安排各项工作任务。项目进度计划是预算计划、资源计划、质量计划等其他计划编制的依据，进度计划不合理将直接导致项目实施中的人力、物力、财力等方面的浪费，最终影响项目的实施效益。

MIS 开发项目的进度计划通常在项目负责人的主持下，由系统开发的各方参与主体共同完成。在编制过程中，要充分考虑到以下因素：①MIS 目标、功能结构特征与上线时间要求；②MIS 开发项目 WBS 分解结果中各项工作任务的正常执行时间；③MIS 开发项目的资源需求及其供给状况；④MIS 开发主体的能力状况；⑤项目团队内外环境的变化特征及其趋势。

编制好的 MIS 开发项目进度计划应该满足如下特征：①能够确保项目实施在计划工期内完成；②有助于项目管理者对项目进程实施有效跟踪与管控，确保项目实施的连续性与均衡性；③能够确保项目实施过程中的进度、质量、资源投入等方面的协调统一。

常用的项目进度计划编制方法有 3 种，即里程碑（Mile Stone）、甘特图（Gantt Chart）以及网络图（Network Chart）。

1. 里程碑计划

人们在长途旅行（如沿京港澳高速自北京去郑州）之前，心里会在沿途设置几个关键路标（如保定、石家庄、邢台、邯郸、安阳、新乡）。在实际行进途中，每到达某一心目中的路标，人们便可清楚地知道目前所在地以及还剩多少路程（时间）方可到达终点。这些路标便是旅途中的里程碑（Mile Stone）。

对于 MIS 开发项目，项目主体也要建立开发项目的里程碑。里程碑的建立必须与具体的交付物相联系，即对应于项目实施过程中的阶段性成果；同时，里程碑的实现必须得到客户确认才有意义。例如，在 MIS 调查阶段结束后，提交可行性分析报告与系统需求说明书；在系统分析阶段结束后，提交系统逻辑设计方案（说明书）；在系统测试阶段结束后，提交系统测试报告等。在项目启动时，项目负责人就应向 MIS 需求企业的负责人明确说明客户方对里程碑确认的重要性；同时，也要清楚告知里程碑交付物在没有被确认前，项目实施将无法转入相应的下一阶段，将会有浪费与返工的风险，从而严重拖延项目进度，导致项目超时、超支。每一份阶段成果的完成说明项目团队已经完成了对应阶段的工作任务。当客户对阶段工作成果进行确认后，表明其已确认了项目团队在系统开发进程中达到某一个指定的阶段并完成了相应的工作，此时项目实施便可展开下一个阶段的工作。

里程碑是项目实施阶段性工作的标志。对复杂 MIS 开发项目，项目实施的过程是逐步逼近项目目标的过程。里程碑中设定的项目中间交付成果是对项目目标一步步逼近的结果，也是对项目实施过程有效控制的对象。很多人工作时都有"前松后紧"的习惯，设定里程碑则可强制其在规定的某段时间内完成什么，从而合理分配工作时间、细化项目管理"粒度"。设定合适的里程碑，极大地增强了项目管理主体对项目实施过程的掌控能力，降低了项目的实施风险。通过里程碑检查与评估，项目管理者可以发现项目实施过程中存在的问题，降低后期修改和返工的可能性。一般而言，根据项目的时间要求决定里程碑数量及其长度，里程碑长度以 2～6 周为宜，时间太短则刚启动就结束，过于频繁的评估导致成本上升，亦会影响项目的实施进度；时间太长，一些项目工作完成后得不到及时测试与评估，会造成问题积压从而增大项目管控的难度。

在 MIS 开发项目管理过程中，还有两个与时间相关的检控概念：检查点（Check Point）与基线（Base Line）。它们与里程碑之间的关系是，重要的检查点即是里程碑，重要的需要客户确认的里程碑就是基线。里程碑在项目实施进程管理中，居于重要地位。检查点指在既定时间周期内对项目进行检查，比较实际执行情况与项目计划之间的差异，并根据比较差异进行相应调整。可将检查点看作"采样"时点，采样周期依项目周期而定，周期过长则失去意义，周期过短则增加检查成本。通常，检查周期为一周，检查结果在项目周报上公布。基线指一个（或一组）配置项在项目周期不同时间点上通过正式评审、客户确认并进入正式受控的状态。基线其实是一些重要的里程碑，但其相关交付成果需要通过正式评审、客户确认并作为后续工作的基准和出发点。基线的表现形式一般为项目高层的阶段性汇报会。

里程碑计划是以 MIS 开发项目实施过程中重要事件（里程碑事件）的开始或完成时间为基准所制订的实施计划。里程碑计划是编制项目详细实施计划的基础，是项目实施的战略框架。它以 MIS 开发过程中的重要阶段成果为依据，描述了项目实施进程中各个阶段所应达到的状态，表征了为达成系统开发最终目标必须经过的状态序列。里程碑计划的编制既可以在编制项目进度计划之前，也可以在编制项目进度计划之后。在编制进度计划之前，可根据项目实施目标与特点编制里程碑计划，并以该里程碑计划作为编制项目进度计划的依据；在编制进度计划之后，可对项目进度计划进行提炼以编制里程碑计划，并以此作为项目进度控制的主要依据之一。此外，项目管理者要建立里程碑计划跟踪表（如表 4-2 所示），实现对项目中所有里程碑的有效跟踪与管理。

表 4-2 里 程 碑 计 划 跟 踪 表

文档编号			检查日期			
项目名称			项目经理			
里程碑	里程碑负责人	计划完成日期	实际完成日期	客户确认	结果评价	备注

在 MIS 开发项目管理中，通过制订有效的里程碑计划，可以提高项目管理工作的效率和有效性；另一方面，还可强化项目团队与客户方（MIS 需求企业）的沟通与合作，降低项目运作中的财务风险。MIS 需求企业在系统开发过程中看不到里程碑，就会对项目能否达成预期目标动摇信心。于是，其在项目期初向项目团队给付一些启动经费后，便不再拨付任何费

用，直等最终 MIS 完成并通过验收后再一次性付清余款。如此，在相对漫长的 MIS 开发周期内，项目团队内包括人力成本在内的各项支出便要项目管理者自己解决，增加了项目运作中的财务风险。如果在项目谈判时，将项目经费给付方式设定为按项目里程碑交付成果分期支付，既有利于项目团队内的资金流动，也不会发生因讨要费用而使项目延期的情况。通过里程碑计划，可以让 MIS 需求企业清楚 MIS 开发项目的整个流程及其进度计划，使其在充分了解和认识的基础上与项目团队较好配合。里程碑计划的有效实施，可以让 MIS 需求企业看到 MIS 开发项目正在朝项目预期目标前进，从而增强其对项目运作的信心。当 MIS 需求企业对项目团队提交的里程碑成果给予确认后，即表明其认可了项目团队已经完成的某一个阶段工作，与其对应的项目经费便可随即拨付到位。

2. 甘特图

甘特图（Gantt Chart）又称条状图、横道图（Bar Chart），最早由科学管理运动的先驱者之一——甘特（Henry L. Gantt）在 1917 年提出。甘特图内在思想简单，它以项目实施时间为横轴，以项目活动为纵轴，以线条图表示在整个项目期间上计划和实际活动的活动序列、持续时间及其完成情况；通过它，项目管理者可准确判断具体项目活动的执行进度情况，如提前、滞后或正常。

如图 4-6 所示，该项目包括 A、B、C、D、E、F 共 6 个活动，各活动计划执行的起始时间、完成时间在图中已经清楚地表示出来；同时，从图中也可以方便地知晓，A、B、D 这 3 项活动已经完成，C、E 两项活动已经开始但尚未完成，F 活动尚未开始；此外，从图中还可以看出，正在执行的活动 C 实际执行情况滞后于计划进度，活动 E 执行情况正常。

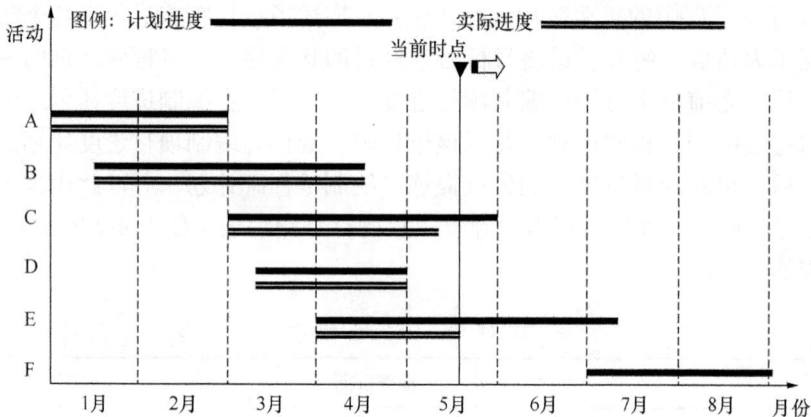

图 4-6　甘特图举例

甘特图具有形象、简单、醒目、易于理解、便于编制等特点，能够直观地表明计划任务何时进行以及实际进展与计划要求的对比情况，在项目管理中被广泛应用，成为进度计划最常用的工具之一。

甘特图按其表达方式不同，可分为个人甘特图和时间表。前者使项目管理者清楚哪些任务在什么时间段要做，后者则提供更精确的时间段数据。按所反映内容的不同，可将其分为计划图表、负荷图表、机器闲置图表、人员闲置图表和进度表等形式。按表现形式与能力的不同，可将其分为传统甘特图、带有时差的甘特图和具有逻辑关系的甘特图等。其中，大多数类型都是对传统甘特图的变形与发展，例如，负荷图表的纵轴不再列出活动，而是列出部门或特定资源，以提高管理者对生产能力的计划与控制能力。

如今，甘特图已经成为一种通用的显示与管理进度的方法，尤其适用于不超过 30 项活动的中小型项目的进度计划与控制工作。对于甘特图的制作，已经出现了许多专门化的软件，如 Gantt Project、Gantt Designer 以及 Microsoft Project 等；同时，Microsoft Excel 也提供甘特图的辅助绘制功能。在工具软件的支持下，甘特图的应用变得更为简便、高效。

不过，甘特图也是有许多不足的。例如，它主要关注项目的进程管理，仅能部分地反映项目管理的时间、成本与范围约束；当项目中包含的活动数量较多且活动间逻辑关系比较复杂时，纷繁芜杂的线图将增加人们对甘特图的操作与阅读难度，也难以进行定量分析和进度优化。此时，就需要采用网络图进行项目计划与控制了。

3. 网络图

对于大型复杂的 MIS 开发项目，涉及诸多要素且要素间关系复杂。此时，可借助网络图技术对项目诸多要素与资源进行有效组织与协调，从而实现最优化（如工期最短、成本最低等）的项目执行过程。网络图技术通过网络图及其时间参数实现对项目工作任务的进度安排与优化控制，网络计划一般包括网络图和网络时间参数两个主要部分。网络图是由箭线和节点组成的用来表示项目活动执行序列的网状图形，它提供了比甘特图更为有效的对活动时间及活动间关系的量度与调整方法。网络图一经被推出，很快就成为项目进度计划的主要管理方法，并在应用实践中得到了持续发展与完善。

关键路径法（Critical Path Method，CPM）与计划评审技术（Progam Evaluation and Review Technique，PERT）是网络图技术的典型代表。为了帮助一家化工厂制订停机期间的维护计划，雷明顿－兰德（Remington-Rand）公司的詹姆斯·凯利（James E. Kelly）和杜邦公司的摩根·沃克（Morgan R.Walker）在 1957 年提出了 CPM 法；美国海军特别计划办公室（the US Navy Special Projects Office）在 1958 年制订北极星导弹研制计划时，作为一种计划与管理技术，与 Booz 公司共同开发了 PERT 技术。两者虽分别独立地发展而来，但基本原理相似。它们均是利用网络图来反映项目各活动的实施进度及其间关系，通过网络分析计算网络中的各项时间参数，在此基础上确定关键工作与关键路线，并利用时差不断调整与优化网络，以求得最优（如最短工期、最低费用）实施方案。

PERT 与 CPM 的主要区别是：①PERT 对项目活动的持续时间采用 3 个值（乐观时间、悲观时间与最可能时间）的加权平均值估算项目实施在规定时间完成任务的概率，亦即 PERT 无法准确确定工作持续时间，只能以概率为基础加以估计，并在此基础上计算网络的时间参数；CPM 则以经验数据（如以往项目活动历时的平均值）为基础较准确地确定各工作时间。因此，最初 PERT 主要应用于对具有较高不确定性的研究与开发项目的计划与控制，CPM 则主要应用于对例行性或已有先例的工程项目的计划与控制。当一个项目中的大多数活动同以往执行过的项目活动类似时，通常采用 CPM 进行计划编制；如果一个项目中的绝大多数活动没有经验数据、具有较大估算难度时，通常采用 PERT 进行计划编制。②早期采用 PERT 编制项目进度计划时，以"箭线"代表项目活动，CPM 则以节点表示项目活动。显然，用节点表示项目活动在逻辑上要比用箭线表示更容易理解。此外，通过 CPM 法还可较好地研究项目费用与工期之间的关系，并对其进行有效调整，实现以最低的费用、最佳的工期完成项目。所以，在项目管理实践中，采用 CPM 法要比采用 PERT 法多。不过，随着应用的不断深入，CPM 也逐渐使用三点时间进行估计，PERT 也开始用节点表示项目活动，两者间的界限逐渐变得模糊。

一般地，在绘制网络图时要遵守如下原则：①一个网络图中有且只有一个始节点和一个终节点；②网络图中不可以存在没有箭尾节点或没有箭头节点的箭线；③网络图中不可以出现双向箭头的箭线或无箭头的箭线；④网络图中不可以出现循环回路；⑤网络中尽量避免箭线交叉，实在不可避免时则采用过桥法、断线法等方法表示；⑥当网络图始节点有多条外向箭线或终节点有多条内向箭线时，可用母线法绘制以简化图形。

按网络的不同结构，可以把网络图分为双代号网络和单代号网络。双代号网络图在箭线上标识项目工作或活动（Activity on Arrow），节点的作用主要是联结箭线；为正确表达各项工作或活动之间的逻辑关系（工艺关系或组织关系），双代号网络中引入虚箭线（虚活动），它无工作内容，不消耗时间和资源。单代号网络图则以节点描述具体的项目工作或活动（Activity on Node）；箭线只表示项目工作或活动之间的逻辑关系，箭线的箭头方向表示项目工作的前进方向，不使用虚箭线。在单代号网络中，每个节点设有全网络唯一的编号，箭头节点编号通常大于箭尾节点编号；几个工作同时开始则引入一个始节点，几个工作同时结束则引入一个终节点，始节点与终节点都是虚拟的节点，本身不消耗时间和资源。

下面举一个例子，简要说明双代号网络与单代号网络的绘制方法。给定一个简单项目的活动内容及其相互关系如表 4-3 所示。其中，项目活动间的相互关系通过对其中任一活动规定其"紧后活动"（即直接后继活动）加以表征。

表 4-3　　　　　　　　　　　　　　某项目的活动内容及其间关系

活动名称	A	B	C	D	E	F	G	H	I
紧后活动	CDEF	EF	G	H	HI	I	—	—	—

对其分别绘制双代号网络图与单代号网络图，结果如图 4-7 所示。

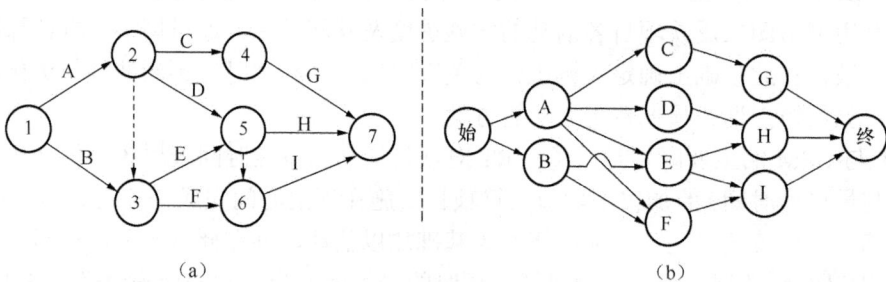

（a）　　　　　　　　　　　　　　　　　（b）

图 4-7　网络图示例

（a）双代号网络图；（b）单代号网络图

时间参数是网络图的重要组成部分，网络图中的时间参数及其计算方法如下（以单代号网络为例，如图 4-8 所示）。

编号		
名称		
ES	D	EF
LS	TF	LF

图 4-8　网络节点

- 项目活动的最早可能开始时间 ES。它表示该项活动的所有紧前工作都已完成、本活动可以开始的最早可能时间。其计算方法是：网络始阶段的 $ES_1=0$；从网络图的始节点起，沿箭线方向依次计算每一节点 ES_i；计算时只考虑该节点内向箭线，取所有紧前活动中最早结束时间的最大者作为该活动的 ES_i；如此计算，直至网络的终节点。

- 项目活动的最早可能结束时间 EF。网络图中任一节点（活动）的最早可能结束时间 EF_i 为其最早可能开始时间 ES_i 与活动执行时长 D_i 的和，即 $EF_i=ES_i+D_i$。
- 项目活动的最迟必须开始时间 LS。任一项目活动开工时间不能迟于该活动的 LS_i，否则将会影响总工期。网络图中任一节点的最迟必须开始时间 LS_i 为其最迟必须结束时间 LF_i 与活动执行时长 D_i 的差，即 $LS_i=LF_i-D_i$。
- 项目活动的最迟必须结束时间 LF。网络中终节点的最迟必须结束时间 LF_n 等于该节点的最早可能结束时间 EF_n，即 $LF_n=EF_n$；而后，从终节点开始，逆箭线方向依次计算网络中每一节点的 LF_i；计算时只考虑该节点的外向箭线，取所有紧后活动中最迟必须开始时间的最小者作为该活动的 LF_i；如此计算，直至网络的始节点。
- 项目活动的总时差 TF。网络中任一项目活动的总时差 TF_i 在数量上等于该活动的最迟必须结束时间 LF_i 减去与最早可能开始时间 ES_i 和活动执行时长 D_i 的差，也等于最迟必须结束时间 LF_i 与最早可能结束时间 EF_i 的差，还等于最迟必须开始时间 LS_i 与最早可能开始时间 ES_i 的差，即 $TF_i=LF_i-ES_i-D_i=LF_i-EF_i=LS_i-ES_i$。

计算出网络图中每一节点各个时间参数后，总时差为零的活动即为项目中的关键活动，由关键活动（节点）所组成的路径即为关键线路。

下面举一个例子，简要演示单代号网络中各节点（活动）时间参数的计算以及网络关键路径的确定过程。给定一个简单项目的活动内容、活动执行时长以及活动之间的相互关系，如表 4-4 所示。

表 4-4　　　　　　　　　　项目活动内容、执行时长及活动间关系

活动编号	1	2	3	4	5	6
活动名称	A	B	C	D	E	F
紧后活动	BD	CE	F	E	F	—
执行时长（天）	3	5	10	9	3	5

采用上述计算思路，对各活动的时间参数进行计算，结果如表 4-5 所示。

表 4-5　　　　　　　　　　　各项目活动的时间参数

活动编号	1	2	3	4	5	6
D_i	3	5	10	9	3	5
ES_i	0	3	8	3	12	18
LS_i	0	3	8	6	15	18
EF_i	3	8	18	12	15	23
LF_i	3	8	18	15	18	23
TF_i	0	0	0	3	3	0
是否关键活动	Y	Y	Y	N	N	Y

至此，用单代号网络将项目活动描述为网络图形式，如图 4-9 所示。在图中，总时差为 0 的各项目活动构成了网络中的关键路径，参见图中粗线部分。

（三）MIS 开发项目的质量管理

质量管理在 MIS 开发项目管理中居于重要地位。与国外相比，国内软件产业不仅在技术

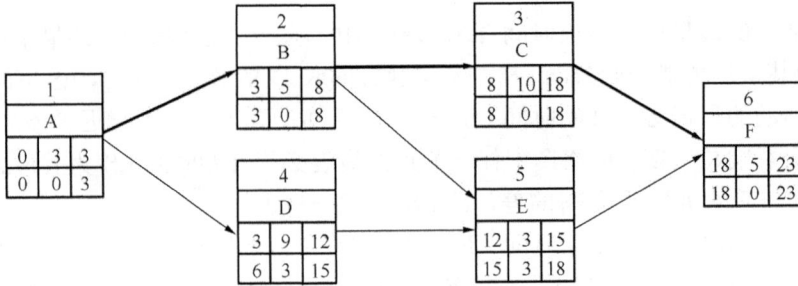

图 4-9　单代号网络图结果表示

上与其存在差距，更主要的是在系统开发过程中的质量管理方面也与其存在较大差距。由于质量管理不到位，导致系统提交用户后，仍然存在各种缺陷。这不仅影响到客户的应用效益，也严重损害了系统开发方在客户心目中的形象；同时，对已提交系统的各种缺陷进行修补，其成本投入也要比从系统开发之初就做好质量管理所付出的代价大得多。切实提高 MIS 质量不仅可以较好地满足用户需求、提高产品的竞争力，进而提高产品的销售量，还可以尽早发现并纠正系统缺陷，从而有效降低系统售后的服务支持成本。

在实际开发过程中，很多系统开发的质量控制工作都交给了系统实施后期的系统测试环节完成，质量控制的好坏越来越依赖于在产品交付用户之前的系统测试工作的效率和有效性。把系统开发项目的质量管理仅仅交付给几个人，聚焦于系统测试这一个环节，显然是不够的。这样很难全面、有效地确保所提交系统产品的质量。系统开发主体只有将质量管理贯穿于 MIS 开发的全过程、开展全面深入的质量管理，才能确保提供高质量的系统产品，从而在市场中更具竞争力。

一般而言，质量指产品或服务的固有特性满足相关规定或用户需求的程度，是对其有用性、适用性、可靠性和安全性的抽象表征，既包括产品或服务的内在特性，也包括相应的外在特征。软件质量是软件产品满足标准规定与用户需求的特征总和。从用户角度讲，软件质量可以从 3 个方面描述与表征，即应用软件的方便程度、系统应用的效果及系统的性能表现。从系统开发主体角度看，不仅要在系统开发生命周期末端关注软件性能与质量，更要在系统开发过程中检测和控制好软件质量，力争以最少的资源投入、最快的实施进度生产出最优质量的软件产品。从软件维护者的角度论，软件质量的高低主要表现在系统的运行效率、有效性以及稳定性、安全性、易维护性等特征。从企业的管理层角度看，软件质量的高低主要表现在其为企业带来的总体效益和长远利益水平。

质量管理指相关人员在产品或服务的质量方面所实施的计划、组织、监测、控制与协调等的一系列管理活动，其管理职能主要包括制订并完善质量方针、质量目标以及质量计划、质量控制方案、质量保证体系和质量改进措施等。系统开发质量管理是为了开发出符合预期质量要求的系统产品，所实施的贯穿于系统开发生命周期全过程的质量管理工作。它主要包括质量计划编制、质量保证和质量控制 3 个过程域。

质量计划基于既定的质量方针、质量规则、质量标准以及系统研发目标，通过成本效益分析以及流程设计等工具制订质量管理与控制的实施方略，其内容应能够全面准确反映用户需求，从而为系统开发项目中的质量管理人员有效开展工作提供指南，同时也为项目小组其他成员在项目实施过程中实施质量保证与控制提供依据，为确保项目质量奠定坚实基础。编制质量计划可通过流程图、鱼刺图等工具对 MIS 开发项目进行深入分析，确定需要监控的关键元素，设置合理的见证点、停工待检点，并制订相应的质量标准。质量保证贯穿于 MIS 开发项目生命周期全过程，它有计划地对整个系统开发项目质量计划的执行情况开展检查、评估与改进等工作，确保项目实施的实际质量与质量计划保持一致。质量控制是对 MIS 开发项目的阶段性成果进行检测、验证与评估过程，从而为质量保证提供参考依据，它是一个 PDCA（计划、执行、检查、改进）循环过程。质量控制应贯穿于 MIS 开发项目的全过程，包括项目监测与控制两个阶段。项目监测阶段旨在收集、记录、分析和汇报有关项目质量的数据信息，项目控制阶段则基于质量监测数据与结论，对项目实施过程进行控制与修正，以确保项目质量与计划保持一致。

一般而言，系统开发质量管理应该在技术、方法体系以及社会因素等层次进行全方位、多角度管理与控制，即在技术层面做好调研数据整理与分析工作、有效开展系统分析与设计、严谨编写程序代码以及做好全程文档管理等；在方法体系层面采取切实有效的项目管理措施与方法，实施科学、高效的项目过程管理与控制；在社会因素方面充分收集、有效利用质量环境中的各种养分及各种技术标准、主体素质与文化等。

系统质量目标立足于系统开发企业的战略目标。IBM 的软件是以高质量为最重要目标的，而 Microsoft 则以向客户提供"足够好的软件"作为运营目标。在软件界已经达成共识，影响软件项目进度、成本、质量的因素主要是人、过程与技术。在上述 3 个因素中，人是第一位的，完善的软件质量管理必须从员工的质量意识、业务技能等综合素质抓起。

在 MIS 开发项目管理过程中，有效的质量管理需要充分兼顾全面质量管理、软件能力成熟度模型以及软件质量国家标准。

1. 全面质量管理

1950 年 7 月，美国最著名的质量控制专家威廉·爱德华兹·戴明博士（William Edwards Deming）受日本科学家与工程师联合会（JUSE）的邀请赴日本讲学。戴明的讲学内容受到了日本理论界和产业界的普遍欢迎和高度重视，由学员们听课笔录汇总而成的《戴明博士论质量的统计控制》手抄本被竞相传阅，由此揭开了日本企业追求质量持续改进的序幕。当时，日本将这一持续质量改进思潮与方法称为全面质量控制（Total Quality Control，TQC），它为第二次世界大战后日本工业发展乃至腾飞发挥了重要作用。在日本发展起来的 TQC 于 20 世纪 80 年代"返销"美国，为美国的工业复兴做出了重要贡献。在西方国家，TQC 被翻译为全面质量管理（Total Quality Management，TQM），并逐渐为全球业内人士所接受。

日本戴明奖委员会 1998 年 6 月对 TQM 概念进行修订后，新概念表述如下：TQM 是在组织层面实施的，在效率与有效性两方面均达到组织目标的系统活动，它使组织能够在适当的时间、以适当的价格向顾客提供令其感到质量满意的产品和服务。

在该定义中，"系统活动"是指组织为了实现其运营管理目标，实施强有力领导和科学指导，制订明确的中长期目标与战略以及有效的质量政策和策略。TQM 要求组织中的所有部门与所有人员全面参与，并且以最快的速度和最少的资源投入达到组织的既定目标。TQM 充分体现了对人的尊重，要求组织在确保核心技术、速度和活力的前提下尽量去开发人力资源；同时，要求组织不断改进工作程序和运转过程，按照 PDCA 循环法对业务进行有效实施与管理，充分应用科学方法和信息技术改进甚至重建其管理系统。

TQM 所关注的"组织目标"不仅包括通过持续稳定地满足顾客需求而获得长期稳定的利

润，还包括确保雇员、社会、供应商及股东等不断提高收益。TQM 要求组织将质量管理与控制贯穿于其为顾客提供相关产品和服务的全部活动之中，包括调查、分析、研究、计划、设计、制造、订货、购买、准备、安装、检查、维护、服务、淘汰甚至产品回收等。此外，TQM 所关注的"顾客"不仅包括产品或服务的直接购买者，也包括产品或服务的使用者、消费者和受益者。

戴明博士总结归纳的质量管理十大原则，在质量管理领域产生了广泛而深远的影响。这十大原则是

（1）要有一个长期稳定的目标，指明质量持续改进的方向；

（2）强化质量意识，使质量成为信仰；

（3）依托先进技术与科学方法，不依赖于海量冗繁的检查；

（4）选择与质量计划相容的最优供应商，不要仅依价格因素确定供应商；

（5）持续改进、追求卓越，力争产品和服务的系统性能稳步提高；

（6）建立、健全培训和再培训机制；

（7）建立良好的组织结构，做到岗位、职责与权限相匹配；

（8）打破领域间、部门间的交流障碍，共同致力于质量改进；

（9）少提空洞的口号，代之以制订能够有效指导实践的详细方案与规范；

（10）以人为本，注重人力资源培育与开发。

2. 软件能力成熟度模型

软件能力成熟度模型（Capability Maturity Model for Software，CMM）是对组织软件过程能力的描述，也是目前国际上公认的最流行、最成熟、最有效的一种提高软件工程化水平的方法和标准，已成为当今企业从事规模软件生产不可缺少的生产过程标准。

CMM 是美国国防部在管理大型而又复杂的系统开发项目的过程中逐渐形成的。在 1984 年，美国国防部为降低系统采购风险，委托卡耐基-梅隆大学软件工程研究院（Software Engineering Institute，SEI）制订了软件过程改进、评估模型，1987 年 SEI 推出了 CMM 模型的早期版本——SEI SW-CMM。自 CMM 1.0 版 1991 年正式被推出以来，CMM 模型迅速得到广大软件企业及其顾客的认可和接受，模型版本不断升级并逐渐发展成为一种提高软件开发质量的有效框架。2000 年 8 月，整合各种能力成熟度模型（如 Software CMM、Systems Eng-CMM、People CMM、Acquisition CMM）到同一架构中的 CMMI（Capability Maturity Model Integration）1.0 版本发布，2010 年 CMMI 已经发展到 1.3 版，覆盖系统工程（SE）、软件工程（SE）、整合产品与流程发展（IPPD）及供应商采购（SS）四个专业领域。

在国内，国务院于 2000 年 6 月颁发的《国务院关于印发鼓励软件产业和集成电路产业发展若干政策的通知》第五章第十七条明确提出，鼓励软件出口企业通过 ISO 9000 系列质量保证体系认证和 CMM 认证，其认证费用通过中央外贸发展基金适当予以支持。原信息产业部于 2001 年 4 月颁发了 SJ/T 软件能力评估行业标准，并于当年 5 月 1 日开始实施。SJ/T 标准包括 SJ/T 11234—2001《软件过程能力评估模型》和 SJ/T 11235—2001《软件能力成熟度模型》两个子标准，给出了软件工程活动的总体框架和评估准则。两项行业标准均参考 ISO/ICE 提出的"软件过程评估（SPA）"和 CMM 等标准文件制订而成，其基本框架与国际评估标准一致，内容覆盖了国际评估标准，并提供更详细、更可操作、更明白易懂的标准体系。该标准的突出特点是概念新、内容多、篇幅大，涉及软件开发生命周期过程各个阶段的

相关活动与事务，成为国内学习和贯彻软件能力评估标准的最佳选择。此外，目前各省市、高新区、软件园都有对通过 CMM 的企业给予奖励的扶持政策。

CMM 引入了 TQM 思想，尤其侧重 TQM 中的"过程方法"，引入了"统计过程控制"技术。CMM 将软件开发视为一个过程，对软件开发和维护进行过程研究与监控，以使其更加科学化、标准化，使企业能够更好地实现其商业目标。它侧重于对软件开发过程的管理以及对软件工程能力的改进与评估，常被用于评价软件承包商能力以及帮助企业改善软件过程质量。CMM 的实施目的是帮助软件企业对软件工程过程进行有效的管理和改进，增强开发与改进能力，从而能按时、不超预算地开发出高质量的软件。实施 CMM 模型、开展 CMM 评估可有效指导软件企业提高软件开发管理能力，降低软件承包商和采购者的风险，评估软件承包商的软件开发管理能力，帮助软件企业识别开发和维护软件的有效过程和关键实践，帮助软件企业识别为达到 CMM 更高成熟等级所必需的关键实践，从而增强其国际竞争能力。

CMM 模型将软件开发过程和软件质量的成熟水平分成 5 个等级（共计 18 个关键过程域、52 个目标、300 多个关键实践），由第一级（低级）向第五级（高级）呈现出逐级发展的模式。模型的等级从低到高，企业可预计的开发风险越来越低，开发能力越来越高。模型的每个等级由不同的过程方面构成，而每个过程方面又由各种目标构成，每个目标由各种特定惯例和通用惯例支持。

企业 CMM 实施过程，就是其从无序到有序、从定性到定量，不断自我完善的过程。CMM 模型所提供的 5 级阶梯式的软件过程能力进化框架的具体内容如下。

（1）初始级（the Initial Level）。处于初始级的系统研发企业尚缺乏对软件开发过程的有效管理，其系统开发项目的成功来源于偶发的个人英雄主义而非可重复、可再现的组织行为。处于初始级的系统开发过程是未加定义的随意过程，项目执行是随意甚至混乱的。此时，系统研发主体需要努力强化项目过程管理、积极建立各种项目实施计划，提高稳定、可重复的组织行为能力。

（2）可重复级（the Repeatable Level）。处于该级别的系统开发企业注重对系统开发过程的管理，建立了管理软件项目的有效策略以及实现这些策略的过程；定义了软件项目标准，且能够确保这些标准在组织范围内被完全遵守；通过以各个项目为基础的严格的基本过程管理，使项目实施过程具有较强的可控性；往昔的成功案例和经验具有较好的可再现性和可重用性，新项目的计划和管理可有效利用先前类似项目的经验；每个项目均确定了基本的软件管理控制方案，制订了项目预算、进度安排、质量标准等并能够有效跟踪、监测与调控；对项目实施过程中出现的各种问题，能够及时发现并给予妥善解决。本级的关键过程域（KPA）包括：需求管理（Requirements Management）、软件项目计划（Software Project Planning）、软件项目跟踪和监督（Software Project Tacking and Oversight）、软件子合同管理（Software Subcontract Management）、软件质量保证（Software Quality Assurance）以及软件配置管理（Software Configuration Management）。

（3）已定义级（the Defined Level）。该级别的主要特征在于系统开发过程已被提炼成标准化过程，从而表现出更强的稳定性、可控性以及可重复性。处于这一级别的系统开发主体通过制订组织范围内的工业化标准，使系统开发过程与管理活动有效整合在一起，从而确保各类人员都能有效工作；通过对软件过程的定量分析，进一步提高质量管理水平；标准的系统开发过程结合具体项目特点被进一步定位为一组集成的定义良好（包括就绪准则、输入、处理逻辑描述、验证机制、输出和完成准则）的软件工程管理过程；该级别的软件过程能力集中体现为在组织范围内对一个已定义的软件过程活动、角色和责任拥有一致的理解与描述；设立专门负责系统开发过程管理的人员与部门，建立有效的培训计划与实施机制。本级 KPA 包括：组织过程关注（Organization Process Focus）、组织过程定义（Organization Process Definition）、培训计划（Training Program）、集成软件管理（Integrated Software Management）、软件产品工程（Software Product Engineering）、组间协调（Intergroup Coordination）以及同行评审（Peer Reviews）。

（4）已管理级（the Managed Level）。处于该级的系统开发企业强调定量管理与控制，其系统开发过程和系统产品的质量都有明确的量化目标；系统开发过程配有定量化的质量测度与控制机制，软件过程和系统产品质量均有定量化的评价方法，从而确保系统产品具有较高质量；系统开发企业的软件过程管理能力与系统产品质量是可预测的，具有较强的防止缺陷和规避风险的能力以及技术革新与过程改进的能力。总之，有效的量化控制使系统开发真正成为一种工业生产活动。本级 KPA 包括：定量过程管理（Quantitative Process Management）和软件质量管理（Software Quality Management）。

（5）优化级（the Optimizing Level）。处于第五级的系统开发企业能够达到一个持续改善的境界，关注持续的过程改进，将技术与过程改进作为常规的业务活动加以计划和管理。此时，系统开发主体能够根据实际项目性质、技术等因素，标识弱点、分析出错原因并能有效防止错误的再次发生，通过持续调整软件生产过程以达到最优状态。一般而言，改进方式包括对已有过程的完善与优化以及通过应用新技术、新方法而实现的过程再造与革新。此外，防止浪费也是第五级的重点。本级 KPA 包括：缺陷预防（Defect Prevention）、技术变更管理（Technology Change Management）以及过程变更管理（Process Change Management）。

3. 软件质量国家标准

我国已经陆续建立起了有关软件质量的国家标准[●]，其中主要标准如表 4-6 所示。

表 4-6 中国软件质量的国家标准

编　号	标准名称	简　要　介　绍
GB/T 9386	计算机软件测试文件编制规范	包括一组软件测试文件，内容可作为软件测试过程中的优良对照检查表
GB/T 12504	计算机软件质量保证计划规范	规定了在制订软件质量保证计划时应该遵循的统一的基本要求
GB/T 14394	计算机软件可靠性和可维护性管理	规定了软件产品如何选择适当的软件可靠性和可维护性管理要素，指导软件可靠性和可维护性大纲制订和实施
GB/T 15532	计算机软件单元测试	规定了对软件单元进行系统化测试的一套标准化方法
GB/T 16260	信息技术 软件产品评价质量特性及其使用指南	对软件质量特性进行概念性描述
GB/T 17544	信息技术 软件包 质量要求和测试	对整套软件产品质量实施测试的标准文件
GB/T 28172	嵌入式软件质量保证要求	规定了嵌入式软件项目开发的质量保证过程及通用要求

●　详细内容，可登录工标网查询，网址：http://www.csres.com

其中，GB/T 16260—1996（idt ISO/IEC9126：1991）《信息技术 软件产品评价 质量特性及其使用指南》（最近版本为 GB/T 16260—2006，感兴趣的读者可进一步查阅学习）规定软件质量特性包括功能性、可靠性、易用性、效率、可维护性、可移植性 6 个方面，每个方面都包含若干个质量子特性，如表 4-7 所示。这些质量特性既是对系统评估的依据，也为系统开发质量控制提供了有益的指导。

表 4-7   GB/T 16260 规定的软件质量特性

质量特性	质量子特性
功能性	适合性、准确性、互操作性、依从性、安全性
可靠性	成熟性、容错性、易恢复性
易用性	易理解性、易学性、易操作性
效率	时间特性、资源特性
可维护性	易分析性、易改变性、稳定性、易测试性
可移植性	适应性、易安装性、遵循性、易替换性

此外，GB/T 17544—1998（idt ISO/IEC）《信息技术 软件包 质量要求和测试》对 GB/T 16260 中提出的六大方面的系统质量特性做了进一步阐释和说明，同时对系统的用户文档进行了规范，要求文档应满足如下特征：①完整性，即用户文档应包含系统产品使用所需的全部信息；②正确性，即用户文档中所有信息应是正确的，不能有歧义和错误的表达；③一致性，即用户文档自身内容之间以及产品描述之间不应相互矛盾，术语含义应处处保持一致；④易理解性，即用户文档对于正常执行其工作任务的一般用户应是易理解的；⑤易浏览性，即用户文档应便于浏览、容易浏览。"软件＝文档＋程序"，从某种意义上讲，文档的价值要超过程序代码本身的价值。建立完备的各类系统开发文档对于确保系统开发质量至关重要。然而，在实际运作中，很多系统开发项目的管理者忽视了文档的重要性，这是非常危险的。在 MIS 开发过程中，系统开发的各个阶段会有不同类型的文档产生，用户文档（手册）只是其中之一。为确保系统开发质量，系统开发主体应参照 GB/T 17544 规定的文档标准，切实做好 MIS 开发生命周期各阶段的文档管理工作。

（四）MIS 开发项目的成本控制

项目经费是项目得以顺利实施的基础保障。在 MIS 开发项目实施过程中，对系统开发成本的有效控制是项目管理工作的重要内容。一旦成本控制失误，不仅会影响到系统开发主体最终的获利水平，严重时还会导致系统开发延期、质量下滑甚至项目中断，从而损害项目各方主体利益。另一方面，如果项目管理者能够有效利用项目经费这一经济杠杆，则可以强化其对项目各参与人员的管控能力，从而确保项目实施的进度和质量。

一般而言，MIS 开发项目中的成本控制可通过制订详细、严谨、周密的计划和实施严格的审计与控制实现。其中，计划主要包括项目预算开支计划与经费开支计划两类，前者对不同项目阶段所需经费情况进行估计，将项目进度与经费开支相对应，并允许项目管理者在一定幅度内按实际情况做出合理调整；后者则将项目经费与项目任务 WBS 分解树相对应，将经费详细配置到项目的每一个任务包，明确每一任务包的执行主体在经费使用方面的责、权、利。

　　为确保对项目进行有效的成本控制，不仅要制订各种经费计划并严格执行，还要对项目经费支出情况进行严格的审计与有效控制，要制订系统开发的工作制度，明确系统开发各方主体的具体工作任务与质量标准；按项目总体目标和工作标准制订详细的审计计划与实施方案；按计划对每项任务进行审计后，要深入分析审计结果，并据此制订适度、可行的调控方案与策略。

四、MIS 开发项目管理技巧与策略

　　通过对第一章的学习，我们知道，企业完备的 MIS 体系架构功能强大、结构复杂。鉴于企业资源与能力限制，同时考虑到 MIS 各组分建设的承接性与有序性，企业 MIS 开发不能追求一蹴而就，而应作长期规划，根据企业实力及其改革、发展的需要并基于环境特征，将企业整体 MIS 建设蓝图分解为若干项目，分步开发、循序渐进。此时，对企业 MIS 建设进行全局层次统一分析与有效规划异常重要。当企业完整的 MIS 建设项目被层层分解为若干子项目独立运作、分布实施时，MIS 开发项目管理的一项重要工作就是从企业 MIS 建设的全局出发，理顺各个 MIS 开发子项目之间的关系，确保各项目之间及其所开发的 MIS 组分之间的协同与整合特性，避免"信息孤岛"的产生。

　　（一）MIS 开发项目团队建设

　　同其他项目管理一样，为确保 MIS 开发项目的有序、有效实施，合理配置 MIS 开发项目管理团队（项目组或项目部）很重要。鉴于 MIS 开发的复杂性与不确定性，可以说，人员配置良好的项目团队不一定能保证项目的成功实施，但人员配置较差的项目团队将肯定会导致项目实施失败。一般而言，项目团队的成员包括两种类型：其一，项目开发的直接参与者，即直接从事 MIS 规划、分析、设计与实施等有关 MIS 建设活动的人员，他们从企业业务运作与系统技术实现角度开展自己的工作；其二，项目开发的间接参与者，即项目管理人员，他们从项目管理角度开展自己的工作，确保项目管理目标的实现。在实际运作中，项目团队的规模会随 MIS 开发项目规模、复杂程度和项目经费、周期长短等因素的变化而不同。为确保 MIS 开发项目的有效实施，项目团队将依据 MIS 开发项目的具体特征而进一步划分为若干职能小组。

　　下面对 MIS 开发项目团队各组分的基本职能进行简单介绍。

　　（1）项目组组长（项目部经理）。作为 MIS 开发项目的最高领导者，项目组组长（项目部经理）的主要职责是制订项目管理目标，建立项目实施的各个职能小组并为其合理配置人员，协调项目团队成员之间以及系统开发人员与系统用户之间关系，合理调配资金、人力、物力等各种项目资源，及时、准确跟踪并测度项目实施的进度与质量，对项目实施的阶段成果进行审核，对项目实施过程中出现的各种问题能够及时发现并给予有效解决，从而确保整个 MIS 开发项目的顺利实施。项目组组长（项目部经理）应由 MIS 开发的各方参与主体共同确定。MIS 开发项目作为"一把手"工程，为确保项目顺利开展，最好由MIS 需求企业最高领导者（至少为负责人事管理的副总经理）出任 MIS 开发项目组组长或副组长。

　　（2）项目支持小组。这是一个具有后勤保障职能的项目小组，负责对项目开发所需材料、设备等的采购以及项目成本核算等工作，为项目顺利实施提供物质保障。这对于开发人员众多、资金投入巨大、材料消耗量很大的大型 MIS 开发项目尤为重要。该小组成员的配置既要考虑到其对 MIS 开发过程的熟悉程度，还要兼顾其工作的细腻程度与责任心。

（3）过程管理小组。这是一个具有综合管理职能的项目小组，负责项目合同管理、成本控制、项目进度监督与控制、项目文档编制、系统培训等工作，以保证项目顺利进行；同时，对系统开发过程进行实时动态跟踪与检测，确保对系统开发过程中出现的各种质量问题能够及时发现并给予有效解决，尽可能降低问题积累对整个项目的影响，切实提高系统开发的效率和有效性。鉴于该小组的综合管理职能，要为其配备具有项目管理、财务管理、质量管理、人力资源管理等专业技能的多种人员，并使其协同工作。

（4）系统规划小组。系统规划小组负责对 MIS 开发的前期调研、可行性分析与论证以及撰写项目总体规划方案等工作。做好上述工作是 MIS 开发项目实施的基础保障。因此，项目团队负责人对系统规划小组的成员配置要格外重视。既要配置具有扎实系统开发知识功底和丰富系统开发经验的相应技术人员，也要配置深谙企业既定业务领域运作与管理业务的物理业务人员，还要配置企业管理领域与项目管理领域具有渊博知识和丰富实践经验的专业咨询人员。

（5）系统分析与设计小组。该小组的主要工作是对企业原有管理系统进行详细、深入调研，在此基础上完成新系统的逻辑模型与物理模型设计，为后续的系统开发过程奠定坚实基础。该小组的工作是 MIS 开发的核心，小组负责人及其成员要具有丰富的系统分析与设计经验并具有深厚的知识积累；同时，也要具有较强的沟通交流以及协同工作能力。

（6）系统开发与测试小组。该小组通过具体的系统开发环境将新系统的物理模型转化为现实中的软件系统（即程序编制），并对新系统进行周密测试，寻找其中存在的问题与不足，并给予及时纠正与完善。该小组的工作直接产出目标系统，但其工作基础是系统分析与设计小组的工作成果。因此，该小组成员不仅要具有良好的计算机语言驾驭能力，还要具有较强的理解与接受能力；此外，耐心和细心对于系统开发与测试人员也是不可或缺的。

（7）系统集成与切换小组。该小组负责将所开发的 MIS 与企业原有 MIS 各种组分以及具体的软硬件应用环境相集成，并对新系统应用之初出现的各种问题给予及时解决，有效完成新旧系统间的切换过程。该小组成员直接与用户打交道，其业务素质与服务水平将直接影响到用户对项目团队的整体评价。因此，该小组成员不仅要具有较高的业务技能，还要拥有良好的沟通能力，具有"以客户为中心"的服务意识。

（8）项目评价小组。项目评价小组在项目实施后期负责对项目的实施效果、MIS 性能等进行准确评估，出具评估报告，供日后其他项目实施主体参考与借鉴。

显然，上述小组中有些小组之间在工作职能上具有前后承接关系。因此，MIS 开发项目团队建设是一个动态调整过程，可依 MIS 开发进程渐次组建相应的各个小组并对小组人员配置做出动态调整。

（二）MIS 开发项目管理阶段划分

MIS 开发项目管理的工作阶段与 MIS 开发周期阶段划分密切相关。如本章第二节图 4-2 所示，一般而言，MIS 开发包括系统规划、系统分析、系统设计、系统实施以及系统运行与维护 5 个阶段。相应地，MIS 开发项目管理一般可以划分为 3 个阶段：可行性论证阶段、项目实施与控制阶段以及项目结题与评价阶段。

在可行性论证阶段，MIS 开发各方参与主体对具体的 MIS 开发项目进行初步调研，这是对拟议中的项目进行全面的、综合的调查，其内容包括原有管理系统的基本情况、MIS 需求企业能够投入的各种资源状况、企业内各类相关人员对开发 MIS 的态度、企业的运营状况及其存在问题等；基于管理、技术、经济等角度对项目进行可行性分析与论证，提出可行性分析报告，给出明确结论。可能的结论有：①项目不可行、不开发；②项目必要、条件尚未成熟、暂缓开发；③项目必要、条件成熟、立即开发。如果可行性分析报告的结论为"立即开发"，则进一步撰写项目总体方案，其内容包括：项目背景和立项依据、企业发展目标、企业对 MIS 的需求、MIS 开发目标、MIS 总体结构与功能规划、MIS 平台规划以及系统开发计划等。将可行分析报告与项目总体方案报主管部门审批，获得审批后项目正式立项，随即启动项目实施与控制阶段。

MIS 开发项目实施与控制阶段的基本工作是，对批准立项的 MIS 开发项目通过有效地计划、组织、实施、监测、控制与协调等一系列活动，使系统开发人员能够在项目实施目标的导引下，保质保量地完成系统开发任务。该阶段对应于 MIS 开发生命周期中的系统分析、设计、实施以及系统运行等阶段，在项目管理方面要做好开发管理、测试管理与运行管理等工作。其中，项目开发管理的主要内容包括：制订工作任务与实施计划、任务监测与质量评估、阶段成果总结与归纳、预案制订与例外处理等；项目测试管理的主要工作包括：制订测试方案与计划、测试实施与结果分析、出具测试报告、编制系统用户手册等；项目运行管理的主要工作包括：人力资源组织与配置、其他资源需求预测与调配、成本管理与控制、设备和资料管理、项目进度监督与控制等。

项目结题与评价阶段的主要工作是在 MIS 开发项目实施后期，对所开发 MIS 的各项性能指标进行测度与评价，基于系统运营实践分析其给企业带来的经济效益和社会效益，为 MIS 的后期维护与二次开发指明方向；对 MIS 开发项目运作过程中暴露出来的缺陷与不足进行分析与总结，并提出相应的改进建议；完成项目结题报告的撰写工作。

案例　以原型法开发的桌面"小助手"

2003 年下半年，笔者正在同济大学攻读博士学位，且处于学位论文成型的关键时期。当时，几乎全部的时间和精力都被投入到学术研究与论文撰写之中了。然而，在同济已生活八年多的我，生活圈子不小，同学、朋友时常向我预约或托办一些事情；临近毕业，与毕业和求职有关的各种事情也渐渐多起来。很多时候，对方一个电话打来，询问先前向我托办的事情进展如何或者资料准备怎样，我才发现自己竟然由于专注于研究与论文写作而把先前本已应允、承诺的事情忘掉了。纵然有理由，失信于人总归不妥，更何况不止一次将人家托付的事情耽搁。那时候就想，如果能给我配一位秘书，有什么事情需要办理给我按时提醒一下，就好喽！可咱是"穷学生"，聘不起秘书。于是，决定开发一套虚拟的桌面"小秘书"。很快，基于 Access 2000 数据库，采用 Visual Basic 6.0 语言开发的原型系统"MyTime 1.00 版"诞生了。

基于笔者最初的简单需求而开发的原型系统，其功能仅对计划事件进行管理。具体而言，每当有人向我预约事情时，便对系统进行"添加事件"操作。将事件的目标完成时间减去完成该事件所需时间得到办理该事件的起始时间，将该起始时间与对事件的简单描述作为一个完整的"事件记录"存入系统。系统在后台运行，不会影响用户的正常工作。当系统监测到机器当前时间与某一事件记录的起始时间相吻合时，就会将该事件记录以消息框的形式弹到用户桌面，同时伴有几声短促的警示音响，基本上达到了笔者最初的"预约事件提醒"目的。

随着系统试用的逐步深入，新的情况促生了新的需求。新情况之一，一个朋友电话打来，问我这个周末可否和他一起出游？这时，系统应该能够告诉我这个周末有无事情安排，使我能够据此给朋友明确答复。新情况之二，一个师兄短信告知，本周五晚上的学术研讨会因故取消了。这时，系统应该能够提供对预约事件的注销功能，以免错误提醒的发生。新情况之三，一个同学当面通知，原定本月二十五日的某单位校园招聘会因故提前到本月二十三日举行，地点不变。此时，系统应该能够支持对已录入预约事件的修改功能。原型系统试用过程中遇到的新情况丰富了系统用户（笔者）的需求认知。基于新的需求，系统很快增加了对预约事件的查询、删除与修改功能，并再次付诸应用。此外，参考秘书工作方法，还对系统增加了如下功能：每一次系统启动，"小秘书"会将当天到期的预约事件集中在桌面展示给用户，并提请用户做好必要的准备工作；每晚当系统退出时，"小秘书"会将在次日到期的预约事件集中展示给用户，提醒用户提前做好准备。

处于毕业前的关键时期，算不上"工作狂"的我仍然时常会在不知不觉中熬到深夜，甚至天亮。渐渐地，感觉体力和精神上都有些吃不消了。那时，想起了读本科的时候，宿舍楼会在每晚23时准时断电，学生被强迫按时休息以保重身体。相应地，笔者便想：如果"小秘书"能够在每晚预定的时间强制关机，则自己就可确保休息了。于是，基于这种新的需求，对系统增加了"定时关机"功能，系统会在预先设置的关机时间前2分钟提示用户保存工作结果，随后强制关机。不过，很多时候进入工作状态的我会在系统提示保存工作结果时，将定时关机事件记录删除；或者，被系统关机后再次重启机器，继续工作。如此，熬夜依旧。于是，"理智"的时候，自己和自己较劲，将系统再次做了如下修正：每当系统启动，会自动增加一条当晚 23:00 强制关机的事件记录，且该记录不允许删除；当系统按时关机后，用户重新开机后系统仍然会强制关机，直至次日 7:00。经过如此改进和完善后的"小秘书"，开始应用时感觉别扭，但时间长了也就适应了。毕竟，自己心里还是清楚的："身体是革命的本钱"，拥有健康的身体和旺盛的精力才能取得事半功倍的效果。

在后续的系统应用过程中，笔者又发觉"小秘书"仅仅实现对事件的管理还是不够的，生活中诸多朋友的信息也需要进行有效的组织与管理。于是，又对其进行了进一步扩充，增加了对朋友信息记录（包括姓名、固定电话号码、手机号码、E-mail 地址、工作单位、家庭住址以及备注等字段）的添加、查询、修改与删除等功能；同时，系统还支持对完整通讯录的导入与导出功能。

回顾桌面"小秘书"的"成长"历程我们发现，首先基于最初、最简单的需求，笔者迅速开发了一个功能相对简单的原型系统（MyTime 1.00 版），而后将原型系统交付用户（笔者）使用。用户在使用系统的过程中，会遇到原来未曾想到的一些新情况，产生新的认识，促成新的需求。随着需求的逐步丰富，系统也被迅速做出相应改进与完善。如此反复，直至用户满意。自 2009 年 6 月桌面"小秘书"4.00 版本起，其名称调整为"桌面小助手（Desktop Assistant）"。如今，经过十多年的发展与完善，该系统的最新版本为 4.21 版，系统主界面如图 4-10 所示，相对丰富的系统功能如图 4-11 所示。该系统的设计、开发源于生活所需，为了解决生活与工作中的现实问题，在实际应用中随着需求的不断调整和增加，系统功能也得到了不断完善与补充。当然，对该系统的改进与完善，还将伴随系统应用过程延续下去。

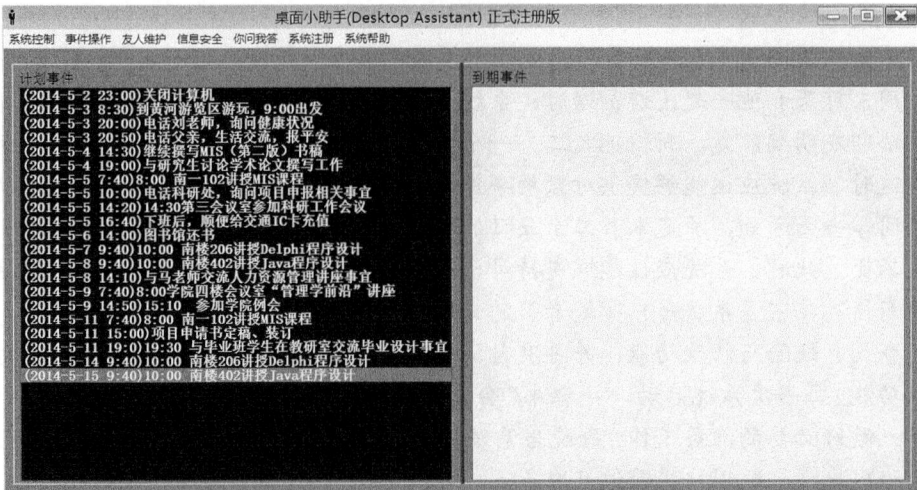

图 4-10 桌面小助手主界面

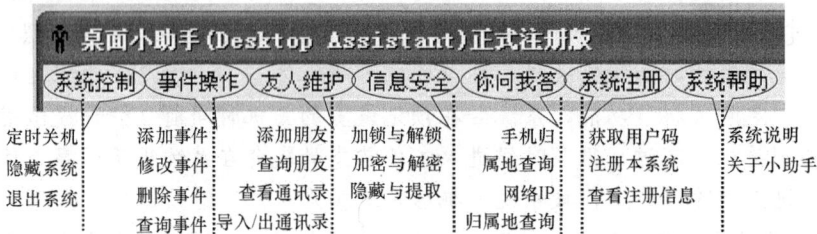

图 4-11 桌面小助手功能示意

本 章 小 结

本章对 MIS 开发策略与方法进行了全面、深入的分析与介绍。首先，对"系统开发"内涵进行了分析，介绍了系统开发的各方参与主体以及系统开发的主要方式，并对每一种方式的相应特点进行了分析和介绍；而后，基于不同主体视角，对系统开发前的准备工作分别展开了叙述，归纳并分析了系统开发过程中应该遵守的基本思想和原则；进而，本章对常见的 MIS 开发方法，包括结构化开发方法、原型法、OO 开发方法以及 CASE 开发方法的内涵与特征进行了深入阐释，指出了各方法的适用领域与选用策略；最后，从传统项目管理角度，对 MIS 开发项目管理的内涵、特征、目标、内容、方法以及技巧和策略等进行了全面深入的讨论与阐释。

习 题

1. 何为"MIS 系统开发"？其参与主体通常有哪些？
2. 一般而言，MIS 系统开发方法有哪些？各自具有怎样的特点？如何选择？
3. 对于不同主体，MIS 系统开发前需要做哪些准备工作？
4. 在 MIS 系统开发过程中需要遵循哪些思想？各自的含义是什么？

5．通常，MIS 系统开发应遵循哪些原则？请分别解释。

6．什么是结构化系统开发方法？请说明该方法的优势与不足。

7．什么是原型法？其系统开发的思路如何？

8．请详细解释面向对象的系统开发方法。

9．什么是 CASE 系统开发？该方法具有哪些特点？

10．何为项目管理？它有哪些特征？常用的项目管理软件有哪些？

11．如何设置项目管理的目标？

12．什么是 WBS 分解？它在项目管理中有何作用？

13．常用的项目进度计划编制方法有哪些？各自具有怎样的特点？

14．对于 MIS 开发项目中的质量管理，该如何从 TQM、CMM 以及相应的国家标准中获得借鉴和"养分"？

15．如何做好 MIS 开发项目中的成本控制工作？

16．在 MIS 开发项目管理中，通常可以采取哪些策略和技巧？

第五章 MIS 系统规划

管理信息系统的开发建设是一项耗资大、技术复杂、开发周期长的项目，且风险很大，因此必须从战略上考虑信息系统的建设,把握组织信息化的演化规律和信息系统的开发规律，对信息系统进行总体规划，并进行可行性分析，从而保证有计划、有重点、有步骤、低风险地顺利完成 MIS 研发工作。

管理信息系统规划是关于管理信息系统各项内容长远发展的规划，可以看成是企业总体规划的一个重要组成部分，也可以看成企业总体规划下的一个专门性规划。因此如何根据组织的特点和建设需求，并采用正确的方法做好管理信息系统的战略规划，已成为当今 MIS 系统建设中迫切需要解决的问题。

第一节 系 统 规 划 概 述

企业战略规划通常是指一个组织对其发展方向、环境条件、长期目标、重大政策与策略等问题的考虑与计划，是企业根据外部环境、自身条件的状况及其变化来制订和实施战略，并根据实施过程与结果和反馈来调整、制订新战略的过程。

组织的战略规划既包括公司目标声明，又包括达到这些目标所需要的各实施步骤的总体纲要，并且它会影响公司所需信息系统的类型。比如，一个战略规划可明确其组织目标为在某家电市场增加 5%的市场份额、国际化分布能力的扩展，或使公司股价维持在一个指定的范围内。组织承诺事项（如可持续发展）也将在战略规划中得到反应，这些目标和承诺是 MIS 规划的主要影响因素。

战略规划的部分内容是关于如何达到组织目标的方针政策，这些方针政策可能是关于改进对家电购买者的服务、寻求国际分销商、用指定款项购回公司股票等。同时战略规划向组织的职能部门提供指导方针，比如：市场营销、生产、财务、会计、人力资源等等。这些方针政策会直接影响到信息系统规划。

什么是管理信息系统的战略规划呢？管理信息系统战略规划是将组织目标、支持组织目标所需的信息、提供这些必需信息的信息系统，以及这些信息系统的实施、管理和发展等诸要素集成的信息系统方案，是面向组织管理信息系统发展远景的系统开发计划。

系统规划是把战略规划和公司目标转变成具体的系统开发动机，如图 5-1 所示。对于家电公司，其部分信息系统规划可能是建立一个新的产品系统来提高服务。恰当的信息系统规划能够保证特定的系统开发目的对组织目标的支持。

战略规划 → 信息系统规划 → 系统开发行动

图 5-1 企业战略规划与信息系统规划

管理信息系统战略规划主要解决如下 4 个问题：

（1）如何保证管理信息系统的战略规划同它所服务的组织在总体战略上保持一致；

（2）怎样为该组织设计出一个管理信息系统总体结构，并在此基础上构建和开发应用系统；

（3）对相互竞争的应用系统，应如何拟定优先开发计划和营运资源分配计划；

（4）在战略规划的过程中，应怎样选择并应用行之有效的设计方法论。

一、系统规划的原则

（1）支持企业的战略目标。企业的战略目标是系统规划的出发点。系统规划从企业目标出发，逐步导出信息系统的战略目标和总体结构，如图 5-2 所示。

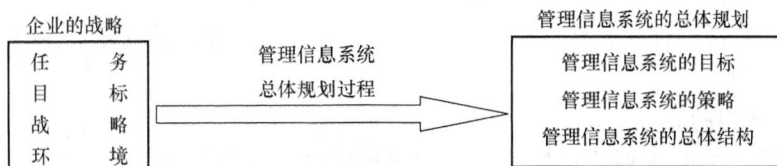

图 5-2　企业战略目标与系统目标

（2）信息系统的战略规划应当表达出企业的各个管理层次的需求。在任一企业内同时存在着以下 3 个不同的层次。①战略规划层。它决定企业的目标，决定达到这些目标所需用的资源以及获取、使用及分配这些资源的决策过程。②管理控制层。通过控制过程，管理者确认资源的获取以及实现企业的目标过程中是否有效地使用了这些资源。③操作控制层。它保证具体的任务得以有效完成。

（3）企业信息系统应该向整个企业提供一致的信息。在企业的各部门中，信息在形式上、定义上和时间上存在着差异。形式差异是指：信息可以是未经整理的原始数据、详细的数据处理报告、综合的数据处理报告、企业文件等。任一给定的数据可以有多种不同的定义形式，它随数据的使用者而异，由此导致不一致性。

（4）企业信息系统应该在组织结构和管理体制改变时保持同样的工作能力。企业信息系统应具有适应性。在一个发展的企业中，数据处理系统决不能削弱或妨碍管理部门的应变能力，应当有能力在企业长期的组织结构和管理体制的变化中发展自己并且不受到大的冲击。

（5）具有整体性的系统结构。一个企业信息系统的战略规划应当由系统结构中的诸多子系统实现。企业需求的企业信息系统，一般来讲规模都较大，不可能一次完成。由于自下而上开发企业信息系统存在的问题，诸如数据的不一致性、相互无关的系统设计、耗费很大的重新系统化、先后次序安排困难等，使得建立企业信息系统的长期目标和战略规划变得很有必要。这样便形成了 BSP 的对大型信息系统的基本概念，即"自上而下"的系统规划和"自下而上"的分步实现。

（6）便于实施。系统规划为后续工作提供指导，因此应选择经济、简单、实用、易于实现的方案。

二、系统规划的内容与目标

（一）系统规划的内容

战略规划有长远规划与短期规划之分，长远规划包括三年或更长时间的战略规划，并指出管理信息系统建设的总目标、发展方向和实施策略；短期计划的时间较短，侧重计划的具体任务、作业方法及组织措施等。一般来说，整个战略规划包括 4 项主要内容。

（1）管理信息系统的目标、约束及总体结构。系统的目标确定了系统应实现的功能；系统的约束包括系统实现的内外部环境、内部约束条件（规章制度、人力、物力及财力等）；系统的总体结构包括主要的子系统及系统计划。

（2）企业当前的能力状况。这包括软硬件资源、应用系统开发、技术人员队伍、资金使用、项目进展状况及评价等。

（3）对影响计划的信息技术发展的预测。计算机技术、网络技术、数据库技术、开发方法及工具的发展，其更新之快给信息系统的规划带来很大的影响，并有可能影响系统的性能。因此，规划时应使用相关新技术，并考虑未来新技术对系统的影响。

（4）企业业务流程现状。这包括企业目前的业务特点、存在的问题以及建设系统必需的业务流程重组计划。

（二）系统规划的目标

管理信息系统战略规划的目标是制订同组织发展目标和战略相一致的管理信息系统及其发展战略目标。在实践中有许多值得参考的战略思想，例如希望通过配置更多更好的硬件和软件来提高系统的数据处理能力，以便于构建更多的应用系统和适应系统的扩充；强调建立更好的组织和管理模式，使系统的计划和控制功能有更好的信息基础；通过与组织外部建立综合信息系统开发以促进自身管理信息系统的规划与建设；引进先进国家的管理软件，从经营理念、管理模式到应用系统的选择都纳入组织目标与战略规划之中。不论哪一种战略，都必须根据组织原有的情况来预测战略规划执行后可能带来的问题，考虑将来应有的组织形式、产品结构、业务过程、短期和长期要达到的目的等，最重要的是，要确保所制订的管理信息系统战略规划能够和组织发展的目标和战略保持一致。

三、系统规划的方法与步骤

系统规划的方法描述了具体实施规划时的步骤，合理的规划方法是提高信息系统规划效益的重要基础。系统规划的方法有很多，主要是关键成功因素法（Critical Success Factors，CSF）、战略目标集转化法（Strategy Set Transformation，SST）和企业系统规划法（Business System Planning，BSP）。其他还有企业信息分析与集成技术（BIAIT）、产出/方法分析（E/MA）、投资回收法（ROI）、征费法（Charge Out）、零线预算法、阶石法等，但没有哪一种方法能够直接得到组织 IT 发展的解决方案，需要根据实际情况灵活运用。其中最经典的、用得最多的是前面 3 种。

1. 关键成功因素法（CSF）

（1）关键成功因素法基本思路。1970 年哈佛大学教授 William Zani 在 MIS 模型中用到了关键成功变量，这些变量是决定 MIS 成败的因素。10 年后，麻省理工大学（MIT）教授 Jone Rockart 将 CSF 提高为信息系统的战略规划方法。

关键成功因素是指在一个组织中的若干能够决定组织在竞争中能否获胜的因素，它们也是企业最需要得到的决策信息，是管理者重点关注的活动因素。关键成功因素法的思想就是"抓住主要矛盾"，通过分析找出使得企业成功的关键因素，然后再围绕这些关键因素来确定系统的信息需求，并进行规划。

关键成功因素的重要性置于企业所有其他目标、策略和目的之上，寻求管理决策层所需的信息层级，并指出管理者应特别注意的范围。关键成功因素在组织的目标和完成这些目标所需要的信息之间，起着引导和桥梁作用。不同的企业、不同的部门、不同的业务活动中的关键成功因素都是不同的；即使是同一组织，在不同的时期，其关键成功因素也有所不同。企业的关键成功因素应该根据具体情况来判断，包括企业所处的行业结构、企业的竞争策略、企业在该行业中的地位、市场和社会环境的变动等。例如对于零售行业，降低成本、扩大经营规模、顾客导向等就是几项非常重要的关键成功因素。关键成功因素决定了组织所需的关键信息集合，信息系统必须对它们进行连续的控制和报告。

若能掌握少数几项重要因素（一般关键成功因素有 5～9 个），便能确保组织有相当的竞争力，它是一组能力的组合。如果企业想要持续成长，就必须对这些少数的关键领域加以管理，否则将无法达到预期的目标。即使同一个产业中的个别企业也会存在不同的关键成功因素，关键成功因素有 4 个主要的来源：个别产业的结构/竞争策略、产业中的地位及地理位置、环境因素及其他暂时因素（如管理者的识别）等。

（2）关键成功因素法应用步骤。关键成功因素法是以关键因素为依据来确定系统信息需求的一种 MIS 总体规划的方法。在现行系统中，总存在着多个影响系统目标实现的变量，其中若干个因素是关键的和主要的（即成功变量）。通过对关键成功因素的识别，找出实现目标所需的关键信息集合，从而确定系统开发的优先次序。它包含以下几个步骤。

1）了解企业战略目标。

2）识别所有成功因素。可以采用鱼刺图，找出影响组织战略目标的各种因素以及影响这些因素的子因素。

关键成功因素法通过目标分解和识别、关键成功因素识别、性能指标识别，产生数据字典。关键成功因素就是要识别联系于系统目标的主要数据类及其关系，如图 5-3 所示，某造船公司有一个目标（缩短造船周期），可以用鱼刺图画出影响它的各种因素，以及影响这些因素的子因素。

3）确定关键成功因素。对所有成功因素进行评价分析，根据企业现状和目标确定出关键成功因素，对此可采用专家打分法等。

如何评价这些因素中哪些因素是关键成功因素，不同的企业所采用的方法是不同的。对于一个习惯于高层人员个

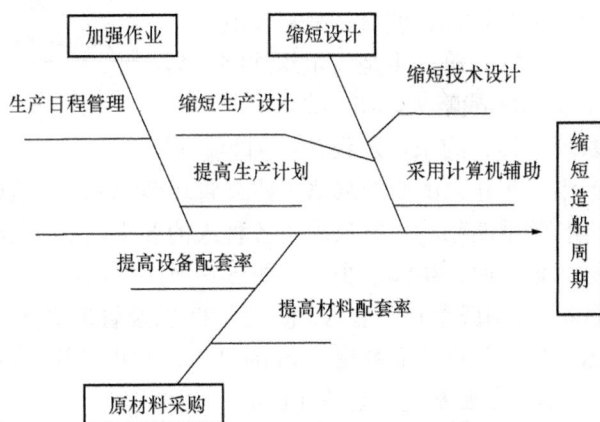

图 5-3　鱼刺图

人决策的企业，主要由高层人员个人在此图中选择。对于习惯于群体决策的企业，可以用德尔斐法、模糊综合评判法或其他方法把不同人设想的关键因素综合起来。

4）识别性能指标和标准。找出每个关键成功因素的性能指标与测试标准。

5）识别测量性能的数据。对上述步骤进行总结，如图 5-4 所示。

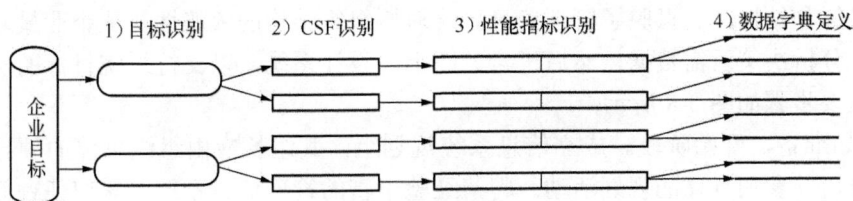

图 5-4　关键成功因素法实施步骤

关键成功因素分析法设计的目的是为管理者提供一个结构化的方法，帮助企业确定其关键成功因素和信息需求。关键成功因素法在高层应用时，一般效果好。通过与管理者特别是高层管理者的交流，根据企业战略决定企业目标，识别出与这些目标完成相关的关键成功因子及其关键性能指标。CSF 方法能够直观地引导高层管理者分析企业战略与信息化战略和企业业务流程之间的关系，从而使进行信息需求调查所需的时间缩短。该方法适用于为不同竞争战略而建立不同信息系统的产业结构，例如为组织建立管理报表系统、DSS 和 ES 的开发。CSF分析方法的缺点是它在应用于较低层的管理时，由于面临的决策大多数是结构化的，其自由度小，因此不容易找到相应目标的关键成功因子及其关键指标，并且效率可能会比较低。

2．战略目标集转化法（SST）

（1）战略目标集转化法基本思路。William King 于 1978 年提出，把整个战略目标看成"信息集合"，由使命、目标、战略和其他战略变量（如管理的复杂性、改革习惯以及重要的环境约束）组成，MIS 的战略规划过程是把组织的战略目标集合转变为 MIS 战略目标的过程，如图 5-5 所示。

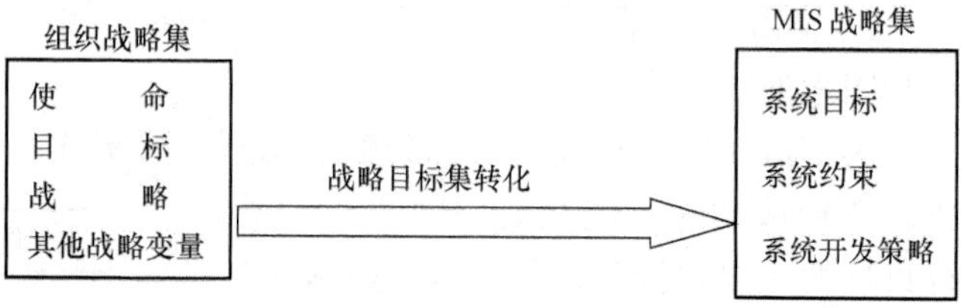

（2）战略目标集转化法应用步骤。第一步是识别组织的战略目标集，包括组织各类人员结构及这些结构的组织目标、使命、战略及其他环境约束等。第二步是将组织战略集转化成 MIS 战略集，MIS 战略集应包括系统目标、约束以及设计原则等，根

图 5-5　组织战略目标集向 MIS 战略集转移

据第一步建立的组织战略集建立管理信息系统对应的战略目标分类，最后进行汇总调整形成MIS 的战略结构，它反映了各种人的要求，而且给出了按这种要求的分层，这样可以保证目标比较全面、疏漏较少。如图 5-6 所示，图中的目标是由不同机构群体引出的。例如，组织目标 O_1 由股票持有者 S、债权人 C_r 以及管理者 M 引出；组织战略 S_1 由组织目标 O_1 和 O_6 引出，依次类推从而列出 MIS 的目标、约束及设计战略。

3．企业系统规划法（BSP）

（1）企业系统规划法基本思路。企业系统规划法是由 IBM 公司于 20 世纪 70 年代初用于内部系统开发的一种方法，也称为业务系统规划法，是一种企业管理信息系统规划的结构化的方法论。它主要是基于用信息支持企业运行的思想，根据企业目标制订信息系统战略。与CSF 法相似，该方法首先"自上而下"识别企业目标、业务过程、数据等，然后"自下而上"设计系统，以支持系统目标的实现，如图 5-7 所示。

（2）企业系统规划法基本步骤。BSP 法从企业目标入手，逐步将企业目标转化为管理信息系统的目标和结构。它摆脱了管理信息系统对原组织结构的依赖性，从企业最基本的活动过程出发，分析决策所需数据，然后"自下而上"设计系统，以支持系统目标的实现。实施BSP 法的主要步骤如图 5-8 所示。

1）规划准备、开始阶段。成立信息系统规划组，其组长应由组织单位的领导担任，其应全时工作，并参加具体的规划活动。聘请经验丰富的管理信息系统专家担任顾问，小组成员在思想上要明确："做什么（What）"、"为什么做（Why）"、"如何做（How）"，以及希望达到的目标是什么。

关联机构	公用事业 P	顾客 Cu	股东 S	政府 G	债权人 Cr	雇员 E	管理者 M

组织战略集	组织目标	组织战略	组织属性
	O₁：年收入增长10%（S，Cr，M）	S₁：年增长收入 10%（O₁，O₆）	A₁：管理水平（M）
	O₂：改善现金额（G，S，Cr）	S₂：改进信贷（O₁，O₂，O₂）	A₂：当前经营状况不好，提高对改革的要求（S，M）
	O₃：保持顾客满意度（Cr）	S₃：重新设计产品（O₃，O₄，O₅）	A₃：大部分管理者有使用计算机的经验（M）
	O₄：对社会的义务（G，P）		A₄：管理权力的高度分散
	O₅：高质产品生产（G，Cu）		A₅：组织对政府协调机构负有责任
	O₆：消除生产中隐患（S，Cr）		

MIS战略集	MIS 目标	MIS 约束	MIS 战略
	MO₁：改善会计速度（S₂）	C₁：缩减MIS开发资金的可能性（A₁）	C₁：使用模块设计方案（C₁）
	MO₂：提供缺陷产品的信息（S₃）	C₂：系统必须采用决策模型和管理技术（A₁，A₃）	D₂：在每一个完成阶段，由模块设计提供的系统能独立使用（C₁）
	MO₃：提供新业务机会的信息（S₁）	C₃：系统同时使用外界和内部信息（MO₂，MO₃，MO₄）	D₃：系统要面向不同类型的管理者（A₄，C₄）
	MO₄：提供组织目标实现水平的估计信息（O₂）	C₄：系统必须提供不同综合水平上的报告（A₄）	D₄：系统应当考虑使用者提出的需要（A₁，A₃，A₄）
	MO₅：及时准确地提供目前运行情况的信息（A₂）	C₅：系统要有能力产生除了管理信息以外的其他信息（MO₆）	D₅：系统应具有实时应答能力（MO₇，O₃）
	MO₆：产生协调机构要求的报告		
	MO₇：产生必要信息支持对顾客咨询快速响应		

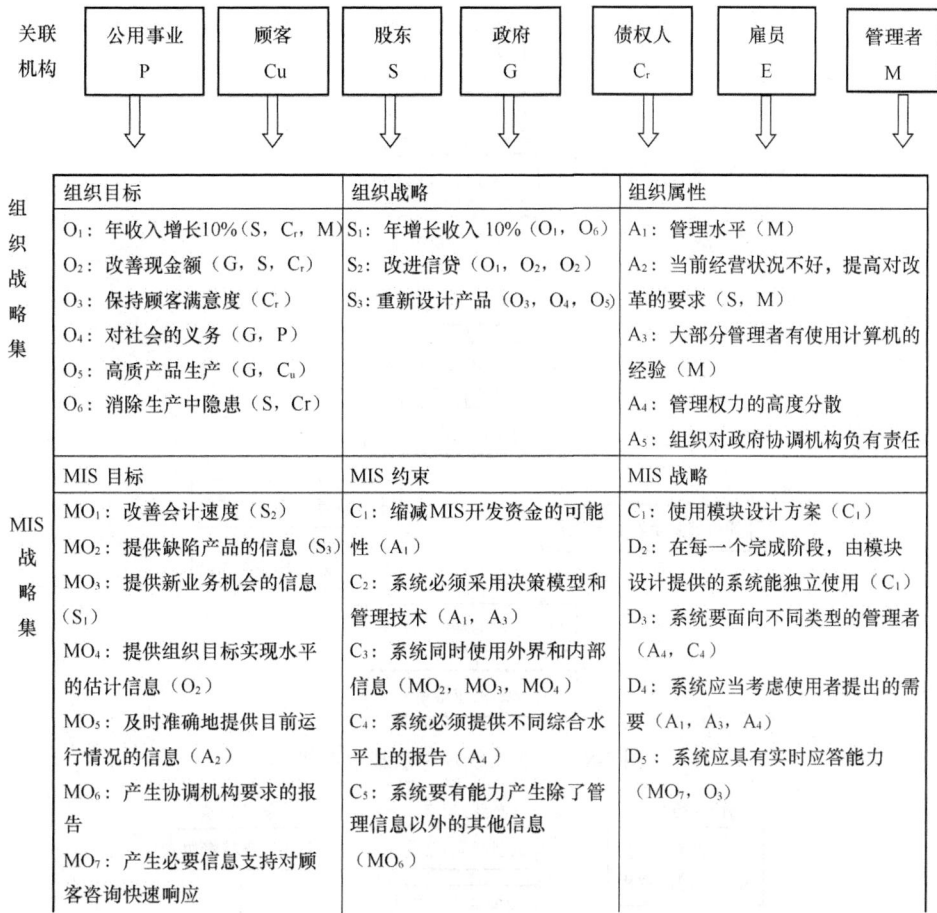

图 5-6　战略目标集转化法示例

小组成立后，动员组员进行系统初步调查，分析企业的现状、了解企业有关决策过程、组织职能和部门的主要活动、存在的主要问题、各类人员对信息系统的看法。要在企业各级管理部门中取得一致看法，从而使企业的发展方向明确，并使信息系统支持这些目标。

2）定义业务过程（又称企业过程或管理功能组）。所谓业务过程就是逻辑相关的一组活动的集合，如订货服务、库存控制等业务处理活动或决策活动。定义业务过程是 BSP 方法的核心。

图 5-7　企业系统规划法

业务过程蕴含了企业的管理活动。识别业务过程可使系统规划人员对组织如何完成其目标有较深的了解，可以作为建立信息系统的基础。按照业务过程所建造的信息系统，其功能与企业的组织结构相对独立。因此，组织结构的变动不会引起管理信息系统结构的变化。定义业务流程步骤如图 5-9 所示。

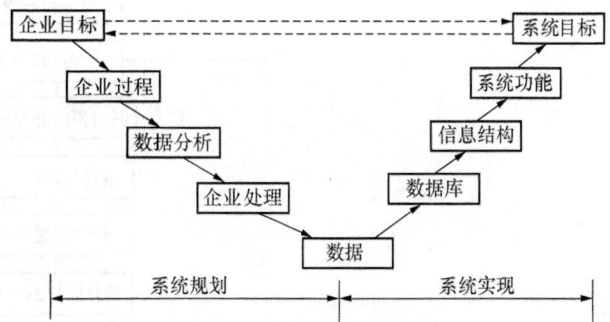

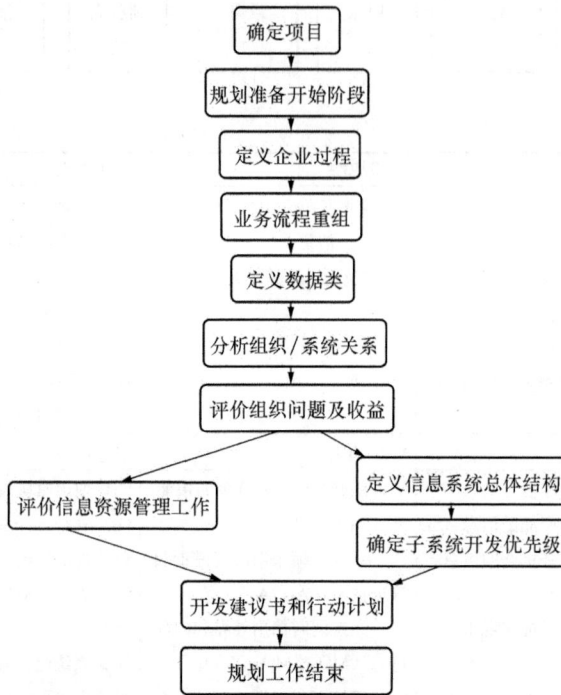

图 5-8　企业系统规划法基本步骤

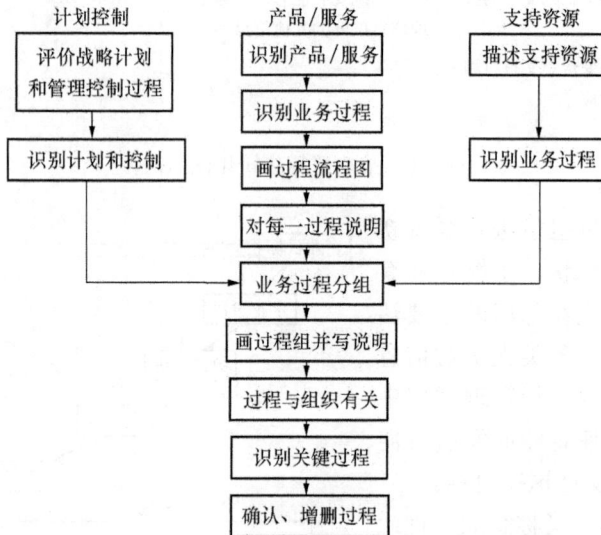

图 5-9　业务过程的识别过程

　　企业的业务过程一般可以分为以下 3 个层次：规划与控制、产品和服务以及支持资源。

　　第一层次：规划与控制。该层次过程不是面向孤立的产品或资源，需与有经验的管理人员进行沟通确认，经过分析、讨论、研究、切磋，企业战略规划和管理控制方面的过程如表5-1 所示。

表 5-1　　　　　　　　　　　　总体规划与管理控制过程

战略规划过程	控制过程
经济预测、组织计划、政策开发、放弃/追求分析、预测管理、目标开发、产品线模型	市场/产品预测、工作资金计划、雇员水平计划、运营计划、预算、测量与评价

第二层次：产品与服务。企业产品有其生命周期，包括：识别阶段、获取阶段、服务阶段、退出阶段，管理人员要找出适合每一阶段的管理过程，举例如表 5-2 所示。

表 5-2　　　　　　　　　　　　产 品 与 服 务 过 程

识别阶段	获取阶段	服务阶段	退　出
市场计划 市场研究 预测 定价 材料需求 能力计划	工程设计开发 产品说明 工程记录 生产调度 生产运行　　购买	库存控制 接收 质量控制 包装储存	销售 订货服务 运输 运输管理

对初始列出的过程有些可能没有逻辑性，一致性也比较差，但切记一定要把所有的列出，最后把每一层次的过程用相应的流程图表示，并进一步识别、合并及调整。图 5-10 是产品服务流程图，该图也只是为了帮助相关人员深刻地理解企业业务过程，方便修改、增加、合并或删除，它是企业产品与服务过程的关联图，而不是子系统的划分图。

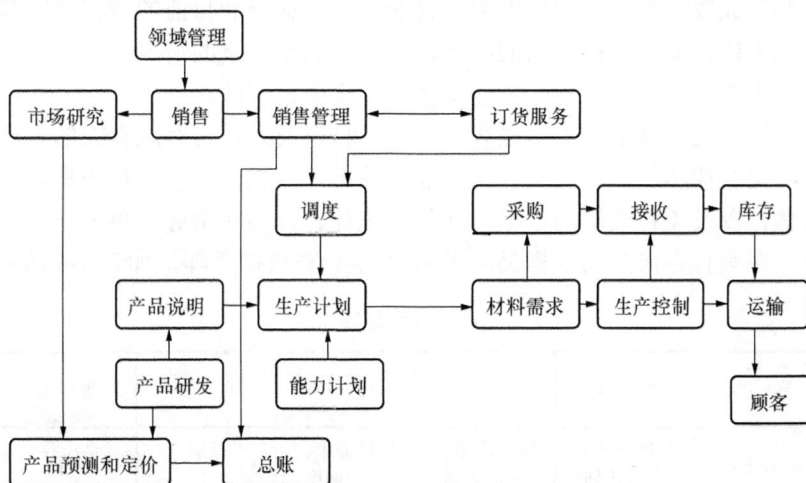

图 5-10　产品与服务过程初步流程图

第三层次：支持资源。该层次过程的识别类似于产品与服务层次。资源一般包括资金、人才、材料和设备等，也有其生命周期，如表 5-3 所示。

表 5-3　　　　　　　　　　　　支持资源生命周期过程

资源	生命周期			
	要　求	获　得	服　务	退　出
资金	财务计划 成本控制	资金获得 接收	银行账 会计总账 补充和收益	会计支付

续表

资源	生命周期			
	要　求	获　得	服　务	退　出
人事	人事计划 工资管理	招聘 转业	职业发展	终止合同 退休
材料	需求生产	采购 接收	库存控制	订货控制 运输
设备	主设备计划	设备购买 建设管理	机器维修 家具及附属物	设备报损

3）业务过程重组。在业务过程定义的基础上，要结合业务流程重组的思想，分析哪些过程是正确的、高效的，应予保持；哪些过程是低效的，需要在信息技术支持下进行优化处理；哪些过程不适合计算机信息处理，应当取消。检查过程的正确性和完备性后，对主要的过程按功能分组，如经营计划、财务规划、成本会计等，这样就为信息系统的结构划分提供了基本依据。

4）定义数据类。定义数据类是 BSP 方法的另一个核心。所谓数据类就是指支持业务过程所必需的在逻辑上相关的一组数据。例如，记账凭证数据包括了凭证号、借方科目、贷方科目、金额等。一个系统中存在着许多数据类，如顾客、产品、合同、库存等。数据类是根据业务过程来划分的，即从各项业务过程的角度将与它有关的输入输出数据按逻辑相关性分别整理出来并归纳成数据类。识别数据类的目的在于了解企业目前的数据状况和数据要求，以及数据与企业实体、业务过程之间的联系，并查明数据共享的情况。

识别企业数据类的方法有两种：企业实体法和企业过程法。

①企业实体法。实体是指组织中顾客、产品、材料及人员等客观存在的东西。企业实体法的第一步是列出企业实体，说明实体间的业务关系。这就产生了各种数据，一般来说要列出 7～15 个实体，以及 4 种类型的数据：计划、统计、存储和事务。再列出一个矩阵，实体列于水平方向，在垂直方向列出数据类。最后得到实体/数据矩阵，如表 5-4 所示。

表 5-4　　　　　　　　　　　　　　　　　实体/数据矩阵

实体 数据类	产　品	顾　客	设　备	材　料	卖　主	现　金	人　员
计划/模型	产品计划	销售领域、市场计划	能力计划、设备计划	材料需求、生产调度		预算	人员需求计划
统计/汇总	产品需求	销售历史	运行、机器负荷	材料耗用	卖主、行为	财务统计	人员统计
存储	产品、成本零件	顾客	设备维护、使用记录	原材料入库、出库记录	卖主	财务、会计总账	职工档案
业务	订货	运输	设备使用	采购、订货	材料、接收	接收、支付	调动、晋升

②企业过程法。每一业务过程都有对应的数据，对每个业务过程标出其使用什么数据，产生什么数据，或者说每一过程的输入和输出数据是什么。它可以用"输入→处理→输出"图来形象地表达，图 5-11 是过程法的例子。

5）设计管理信息系统总体结构（划分子系统）。过程和数据类都定义好之后，可以得到一张过程/数据类表格，该表格又可称为过程/数据类矩阵或 U/C 矩阵，其表示过程与数据类之间的联系。过程与数据类的交叉点上如标以 C（Create），表示这个数据类由相应的过程产生，如果标以 U（Use），表示这个过程使用这个数据类，如表 5-5 所示。

图 5-11　业务过程法示例

表 5-5　　　　　　　　　　　　　　　　　　过程/数据类矩阵

过程＼数据类	客户	订货	产品	操作顺序	材料表	成本	零件规格	材料库存	成品库存	职工	销售区域	财务	计划	机器负荷	材料供应	工作令
经营计划						U						U	C			
财务计划						U				U		U	C			
资产规模												C				
产品预测	U		U									U		U		
产品设计开发	U		C		U		C									
产品工艺			U		C		C	U								
库存控制								C	C						U	U
调度			U											U		C
生产能力计划				U										C	U	
材料需求			U		U										C	
操作顺序				C										U	U	U
销售区域管理	C	U	U													
销售	U	U	U								C					
订货服务	U	C	U													
发运		U	U							U						
通用会计	U		U							U						
成本会计		U					C									
人员计划										C						
人员考核										U						

　　图中过程是第二步和第三步识别出来的组织业务过程，数据类是第四步定义的数据类，过程和数据类是随机排列的。下面就根据过程/数据类图定义管理信息系统结构，即划分子系统，步骤如下：①调整过程/数据类矩阵。首先重新排列过程顺序和数据类顺序，尽量使 C 和 U 字母集中在对角线上排列，同时注意过程组的排列按照资源生命周期的 4 个阶段进行，如"经营计划"、"财务计划"、"资产规模"属计划类型，归入"经营计划"过程组。调整后，得到如表 5-6 表示的过程/数据类矩阵。②画出子系统。在调整后的过程/数据类矩阵上把 U 和 C 比较集中的区域用粗线条框起来就形成了相应的一个个子系统，并定义其名称，如表 5-7 所示。在该图中，框外面的 U 表示一个子系统用另一子系统的数据，用箭头把这些 U 与子系统联系起来，例如发运与成品库存交叉点的 U 表示销售子系统用到了生产制造子系统中产生的成品库存数据。

表 5-6　　　　　　　　　　　　　　调整后的过程/数据类矩阵

数据类 过程	计划	财务	产品	零件规格	材料表	材料库存	成品库存	工作令	机器负荷	材料供应	操作顺序	客户	销售区域	订货	成本	职工
经营计划	C	U													U	
财务计划	C	U													U	U
资产规模		C														
产品预测	U	U										U	U			
产品设计开发			C	C	U							U				
产品工艺			U	C	C	U										
库存控制						C	C	U		U						
调度		U						C	U							
生产能力计划									C	U	U					
材料需求		U			U					C						
操作顺序								U	U	U	C					
销售区域管理		U										C		U		
销售	C	U										U	C	U		
订货服务		U										U		C		
发运		U					U							U		
通用会计		U										U				U
成本会计				C										U	C	
人员计划																C
人员考核																U

表 5-7　　　　　　　　　　　　子系统及其之间的联系

过程	数据类	计划	财务	产品	零件规格	材料表	材料库存	成品库存	工作令	机器负荷	材料供应	操作顺序	客户	销售区域	订货	成本	职工
经营计划	经营计划	C	U													U	
	财务计划	C	U													U	U
	资产规模			C													
技术准备	产品预测	U		U									U	U			
	产品设计开发			C	C	U							U				
	产品工艺			U	C	C	U										
生产制造	库存控制						C	C	U		U						
	调度			U					C	U							
	生产能力计划								C	U	U						
	材料需求			U		U					C						
	操作顺序								U	U	U	C					
销售	销售区域管理			U									C	U			
	销售		C	U									U	C	U		
	订货服务			U									U		C		
	发运			U				U							U		
财会	通用会计			U									U				U
	成本会计				C										U	C	
人事	人员计划																C
	人员考核																U

（表中标注：经营计划子系统、产品工艺子系统、生产制造计划子系统、销售子系统、财务子系统、人事子系统）

6）确定总体结构中的优先顺序。由于资源的限制，子系统的开发总有个先后次序，而不可能全面进行。一般来说，可根据子系统对组织潜在的效益、对组织的影响、成功的可能性及系统需求等方面来决定它们的开发次序。

7）形成最终规划报告。最后向最高管理部门提交研究成果报告，包括系统构架、子系统划分、系统的信息需求和数据结构、开发计划等。

BSP 方法是最易理解的信息系统规划方法之一，其优点在于其强大的数据结构规划功能。它可以全面展示组织状况、系统或数据应用情况及差距，可以帮助管理者和数据用户形成组织的一致性意见，并通过信息需求调查来帮助组织找出在信息处理方面应该做什么。该方法的缺点在于，收集数据成本高，数据分析难度大，实施耗时多、耗资大。

4．3 种方法的比较

（1）关键成功因素法（CSF）能抓住主要问题，使目标的识别能够突出重点。由于高层领导比较熟悉这种方法，所以使用这种方法所确定的目标，会让高层领导乐于努力去实现它。这种方法最有利于确定企业的管理目标。

（2）战略目标集转化法（SST）是从另一个角度识别管理目标，它反映了各种人的要求，而且给出了按这种要求进行的分层，然后转化为信息系统目标。它能保证目标比较全面，且疏漏较少，但它在突出重点方面不如前者。

（3）企业系统规划法（BSP）虽然也强调目标，但它并没有明显的目标导引过程。它通过识别企业"过程"引出了系统目标，且组织目标到系统目标的转化是通过对业务过程/数据类矩阵的分析实现的。由于数据类也是在业务过程的基础上归纳出来的，所以我们说识别组织过程是企业系统规划法战略规划的中心，但不能把 BSP 的中心内容定位于 U/C 矩阵。

如图 5-12 所示，以上 3 种规划方法各有优缺点，可以把它们综合成 CSB 方法来使用，即用 CSF 方法确定企业目标，用 SST 方法补充完善企业目标，然后将这些目标转化为信息系统目标，再用 BSP 方法校核企业目标和信息系统目标，确定信息系统结构。这种方法可以弥补单个方法的不足，较好地完成规划，但它过于复杂以致削弱了单个方法的灵活性。因此，没有一种规划方法是十全十美的，企业在进行规划时应当具体问题具体分析，灵活运用上述各种方法。

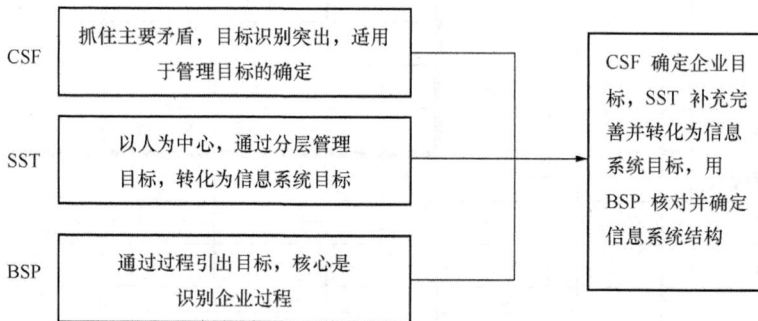

图 5-12　3 种方法特点

四、系统规划的组织与特征

（一）系统规划的组织

为了实现规划目标，进行信息系统规划时需要成立一个领导小组，并对相关人员进行培训，同时明确规划工作的进度。

（1）规划领导小组。规划领导小组应由组织（企业、部门）的主要决策者负责。领导小组成员最好是选用本组织各部门的业务骨干，其中既包括管理人员也包括技术人员，他们的任务是完成有关数据及业务的调研和分析工作。在信息系统的规划完成后，规划领导小组实际上可转成信息系统领导小组，并决定开发信息系统的哪些应用项目，再组织有关人员实现系统规划所提出的要求。在信息系统技术不断深入到社会各领域的今天，企业中的信息系统领导小组应该成为一种长期的组织机构。

（2）人员培训。一个组织准备进行系统规划，这意味着要采用一套科学的方法进行信息系统的基础建设，科学地制订战略规划是保证信息系统规划成功的前提。为此，组织应对高层管理人员、分析员及规划小组成员进行培训，使他们掌握制订信息规划的科学方法。

（3）进度安排。掌握了规划方法后，应为整个规划工作制订初步的进度安排，以便控制整个规划项目的进度，避免因过分延期而导致整个项目失败的情况发生。

（二）系统规划的特征

系统规划阶段是系统总体框架形成的重要时期，系统规划的重点是需求分析，是面向高层的、面向全局的需求分析，具有以下特征。

（1）全局性。系统规划是面向全局的、未来的、长远的关键阶段，是关系到整个组织的改革和发展进程，因此具有一定的不确定性，非结构化程度较高。

（2）高层次。系统规划是高层次的工作，其主体是组织的高层管理人员，包括信息高层管理人员。

（3）指导性。系统规划是全局的、高层次的，因此对系统的描述应是宏观性的。系统规划的目的是为整个系统建设确定目标、发展战略、总体架构和资源分配计划，不是解决系统开发中的具体业务问题；它主要是对子系统的划分、数据类的划分，而详细分析则应是下一阶段的工作。

（4）管理和技术相结合。系统规划是管理与技术相结合的工作，是应用现代信息技术有效地解决管理决策的总体方案制订过程，因此规划人员或组织应具有管理和技术的双重知识结构。

（5）环境适应性。系统规划是组织总体发展规划的一部分，必须服从组织的总体发展规划，具有较强的适应性，需要根据组织环境和社会环境的发展而变化。

第二节　系统规划模型

系统规划模型描述了信息系统规划过程中的指导思想和模式。常见系统规划模型有诺兰阶段模型、霍尔三维指导结构以及战略规划三阶段模型，前两个模型已经在本书第一章进行了介绍，本节仅对战略规划三阶段模型进行阐释。

信息系统规划是一个战略规划的过程，这个过程所包含的工作和内容是十分丰富的，关于系统规划的主要内容框架，比较有影响力的是1983年鲍文（Bowman Brent J）等人在对信息系统规划过程的任务和方法论进行分类研究的基础上，提出的信息系统规划的三阶段过程框架模型，如图5-13所示。

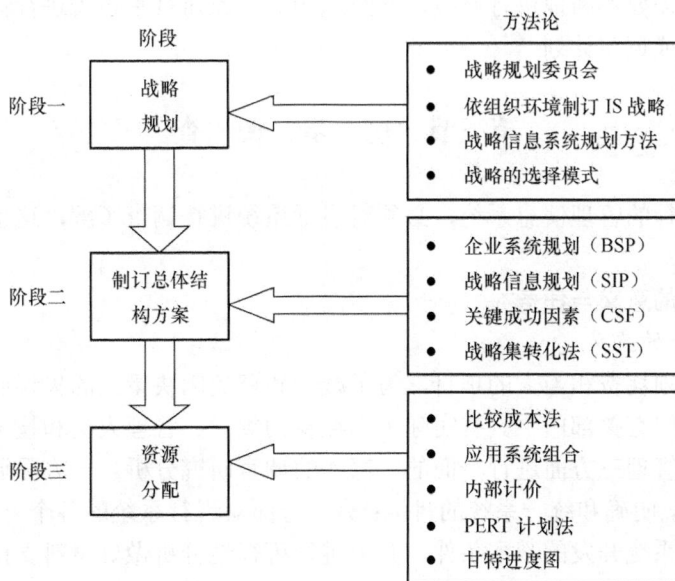

图 5-13　信息系统规划的三阶段模型及对应的方法

鲍文等人确定了信息系统规划中 4 个有难度的过程：

（1）信息系统规划与组织策略协同。

（2）信息系统结构的设计。信息系统结构是指硬件、操作系统、应用软件和管理过程的总体结构。

（3）资源的分配。信息系统规划必须包括在整个组织范围内对开发资源的合理分配。正常的信息系统的资源分配可经由以下途径加以扩充以满足额外的需要：借助相关组织的能力、进取性的建议或其他方法。

（4）方法的选择。选择合适的方法不是很容易，可参考鲍文等人提出的一个信息系统规划的三阶段模型。

三个阶段就是战略规划、组织信息需求分析和资源分配。第一个阶段是制订信息系统战略阶段，其主要任务就是使信息系统战略与企业战略目标相匹配。在此阶段，将综合考虑企业发展方向、目标和主要的目标群体，结合业务经营情况，设定新信息系统的"愿景"和"使命"。同时，评估内、外部技术市场环境的变化，如通过评价当前的企业环境、新技术、新机遇，结合分析内部的 IS/IT 能力、目前的应用组合、IT 成熟度和 IT 人员技能等方面进行 SWOT 分析，根据企业信息系统或技术的优点、弱势或机遇、威胁等设定信息系统的政策、目标和战略内容。第二阶段是制订信息系统的总体结构方案，评估当前或计划中的信息需求以支持企业的运营和决策制订。它不同于通常意义上的系统分析，它是高层次的信息需求分析，重点是定义企业过程和数据模型，研究管理部门对系统的信息需求，其主要目的是为企业开发完整的信息系统构架（Information Systems Architecture，ISA），并对 ISA 中的子系统进行组合、安排项目的开发进度。第三阶段是资源分配阶段，前面提出的需求与企业已有的条件可能不平衡，应根据这些项目的顺序合理地分配现有资源。该阶段将提供技术获取、人事计划、资金预算等的分析框架，它主要包括实施 ISA 中主要项目所需的软硬件、数据通信设备、人员安排和资金预算等内容。

信息系统规划需要不断地进行修改，并组织相关专家对规划报告进行论证，最后根据论证意见或建议制订或调整计划。

第三节 初 步 调 查

为建立一个可行的管理信息系统，必须对现行系统进行调查了解，这也将为系统分析阶段提供支持。

一、初步调查的意义与任务

（一）初步调查的意义

系统建设是一项耗费相当大的项目，为了减少和避免因决策上的失误而造成的损失，在开发系统前必须组织有关部门中具有实际工作经验的领导、管理人员和技术人员，对拟建系统从技术、经济和管理三方面进行全面的、深入的调查研究分析。一方面通过与管理人员和企业领导人员讨论，明确和统一系统的目标；另一方面对现行系统的各个方面进行初步调查，检查用户是否具备系统开发的基本条件，并为进行可行性分析做好材料支持。

（二）初步调查的任务

系统初步调查的重点是组织与原信息系统的总体情况、组织的外部联系、组织的能力、发展规划、组织的各种资源条件和受到哪些外界条件的限制，主要包括以下内容。

（1）组织的现状。其内容包括：内部机构、发展目标、与外界的联系，目前具备的条件（包括人、财、物等各方面的资源条件）以及存在的问题和相关政策与约束。

（2）对新系统的需求。这包括组织领导、管理部门、各基层单位及有业务联系的外单位对新系统的信息需求。

（3）新系统资源需求情况。建立新系统所需的人力、财务、物力、技术水平及管理水平。

（4）国内外的发展趋势。它涉及新系统建设的技术水平、管理水平的发展趋势，使系统建设能够紧跟国际发展。

（5）同行的经验与教训。同行系统实施情况可对组织起到扬长避短的作用。

二、初步调查的策略与方法

初步调查可以采用以下两种方式：

（1）一般调查。主要调查组织现状及发展目标等，目的是使系统分析人员对组织的认识有一个初步轮廓，它不仅需要收集大量的定性资料，也需要收集大量的定量材料，并最终用定量数据说明问题。

（2）信息处理情况调查。首先，要通过调查组织内部的工作职责及活动来了解各职能组织所处理的数据，估算各机构发生的数据及频度；其次，应调查组织的环境信息，包括内部环境和外部环境信息；最后，调查组织的资源情况，主要包括技术力量、能够投入的人力和财力情况等。

在系统初步调查阶段可以采用阅读资料以及同企业组织领导和有关部门领导进行面谈或座谈，也可根据情况设计各种调查表的方式辅助调查。调查时人员不必太多，但要求这些人员具有一定的工作经验。

（一）可行性分析

可行性分析是对管理信息系统开发方案进行经济可行性、技术可行性、环境可行性和开发方案可行性等方面的分析，最后提交一份可行性分析报告。可行性分析的任务是在初步调查和总体方案的基础上，系统开发人员根据系统环境、资源等条件，判断所提出的项目在技术、经济、环境上是否可行。

1. 经济可行性分析

经济可行性分析是根据用户提出的系统功能、性能及实现系统的各项约束条件，从经济的角度研究实现系统的可能性。

投资/效益分析或成本/效益分析是经济可行性分析的重要方法，它用于评估信息系统的经济合理性，给出系统开发的成本论证，并将估算的成本与预期的利润进行对比。经济可行性分析主要解决两个问题。

（1）开发费用估计。所谓开发费用是指建立信息系统所需开支的经费总额，其中包括设备材料费用，如计算机软硬件费用、网络设备费用、其他辅助设备；研发费用，如人员工资、培训费用等；运行维护费用，系统运行后，需要不断地进行设备的维护、升级费用；组织变革费用，信息系统会促使工作方式产生一定的变化，并要求进行业务流程的变革与重组，由此会产生相应的管理费用。

（2）系统收益评价。系统收益指新系统使用后所带来的直接效益（有形效益）或间接效益（无形效益）。信息系统所带来的间接效益是不可忽视的。直接效益主要表现在：降低生产成本或服务成本、节省人员、压缩库存、产量增加及废品减少，以及增加市场份额、降低供应成本等。

直接效益可直接折合成货币形式，并引起简明利润的增加。间接效益体现在组织的整体效益上，如决策质量的提高、管理效能提高、市场竞争力提高、顾客满意度提高、组织社会形象品质的提高等。

由于项目开发成本受项目的特性、规模制约，事先估算信息系统的成本和利润比较困难，尤其是间接效益的量化，因此得到完全精确的成本效益分析也是比较难的。然而，评估信息系统开发费用以及信息系统建成后可预见的效益是领导层权衡决策时必须考虑的重要因素，因此经济分析应贯穿于系统开发的整个过程。

2. 技术可行性分析

技术可行性是根据用户提出的系统功能、性能及实现系统的各项约束条件，从技术角度分析实现系统的可能性。技术可行性包括：

（1）风险分析。在给定的约束条件下，判断能否设计并实现系统所需的功能和性能。

（2）资源分析。论证是否具备系统开发所需的各类人员（管理人员与技术人员）、计算机软硬件及工作环境等，是对技术资源、人才资源和设备资源的综合分析。

（3）技术分析。分析当前所用技术的成熟度，以及能否支持系统开发的全过程。

3. 环境可行性分析

信息系统运作在一定的社会环境中，环境可行性分析是指所建立的系统能否在组织中实施，在当前操作环境下能否正常地开发和运行，也就是说组织内外是否具备接受和使用新系统的条件。

（1）组织内部环境。组织人员对新系统的支持程度决定了系统实施的成败，如果领导者不积极参与或者持怀疑态度、中下层的惰性或抵触情绪，都会导致系统失败。此外，管理系统的建立可能导致某些制度、管理流程的变动，对于这些变动，组织的承受能力将直接影响系统的生存，尤其在从手工系统过渡到人机系统时影响最大。

（2）组织外部环境。首先分析系统开发时机是否成熟，是否具备有利于信息化发展的社会环境及系统对社会效益产生的影响；其次要考虑系统运行后，报表、票证格式的改变是否被有关部门认可和接受，这些将直接影响组织的运行；此外，对于涉及社会经济现象的系统，还必须考虑原始数据的来源有无保证。

（二）项目可行性报告

可行性分析报告是可行性研究的最终成果，是正式的、必要的工作文件，包括如下内容。

1. 系统概述

简要说明与项目有关的各种情况和因素。

（1）引言。说明系统的名称、系统目标和系统功能，项目的产生，系统建设的背景和意义。

（2）系统的基本环境。包括组织的地理环境及其分布，组织的机构、人员、现有资源及可供今后使用的情报、组织外部对组织的要求等。

2. 拟建系统的方案

说明初步调查的全过程，提出拟建系统的可行方案，包括系统能达到的目标、主要功能、资源配置、系统研制计划等，并为进行资金预算、人员准备提出依据。

3. 可行性论证

对管理信息系统建设方案的必要性和可行性进行论述，在最后应明确写上论证的结论。可行性论证的结论并不一定可行，一般可分为 3 种。情况一是条件成熟，可以立即进行新系统的研制与开发工作；情况二是暂缓开发新系统，原因要明确，是需要追加投资或等到某些条件成熟后才能开始工作，还是对系统目标做某些修改后再进行系统开发；情况三是不能或没有必要进行新系统的开发工作，原因可能包括条件不具备或经济上不合算，或技术条件不成熟，或上级领导不支持，或现行系统还可以使用而没有必要进行新系统的开发工作等。

（三）总体规划方案

1. 系统总体规划方案报告

系统规划工作结束后，应将该阶段的工作整理成系统总体规划方案书。该方案书是用文字、图表表示的开发指南，如表 5-8 所示列出了方案的简要提纲。

表 5-8 规划方案报告的纲要

提 纲	说 明
概述	说明系统的名称、系统目标及功能，项目的动因
现行组织系统概况	说明组织目标和战略发展、业务概况及现行系统存在的主要问题
新系统的总体方案	对拟建系统进行简要说明，分析对组织目标和战略发展的促进作用，提出可行的方案： ● 新系统的目标 ● 新系统的概念模型 ● 新系统的功能规划、流程规划，并制定相应的功能图和流程图 ● 新系统的数据库建设方案 ● 新系统的平台规划（软硬件及网络） ● 新系统开发方式的选择方案 ● 新系统开发项目整体管理方案（组织、进度、预算等）
可行性分析	● 经济可行性分析 ● 技术可行性分析 ● 社会环境可行性分析
方案分析比较	在多个可选方案的分析基础上，给出最终系统建设方案
结论	对可行性结果做出结论，并给以解释说明

2. 总体规划方案的审核

对规划方案的分析与讨论是研制系统过程中的关键步骤，必须在项目的目标和可行性的问题上和领导及管理人员取得一致的认识，才能正式开始项目的详细调查研究。为了做好讨论，在条件许可的情况下，可以请一些外单位的参加过类似系统研制的专家来讨论、审核，他们的经验以及他们作为局外人的立场都有利于对项目目标和可行性做出更准确的表达、判断与论证。

经过多方审核可能会出现两种结果：一种是各方面同意所提出的报告，按照报告的建议，或立即执行，或追加资源，或等待时机成熟，或修改目标，或取消开发。另一种是对报告内容存在异议，对某些问题的判断仍不统一，如果这些不同点会影响到整个问题的结论，就要对有异议的问题重新进行调查分析。

总体规划方案报告通过审核后，该文件则作为下一阶段的依据，需签订正式的报告文本，而后项目就进入了实质开发的阶段。

案例 关键成功因素法的提取

某机构从生命周期（行业特点）、利益相关者要求、开发商要求、项目内部特点和外部环境等方面对房地产项目工作流程进行梳理，通过头脑风暴法，总结各项关键要素。

（1）根据房地产开发项目生命周期各个阶段的分析，总结出房地产开发项目自身角度的成功标准：

①房地产开发项目在计划时间内完成；

②房地产开发项目在预算范围内投资；

③房地产开发项目质量达到要求。

（2）从房地产开发项目利益相关者角度分析，总结房地产开发项目的成功标准：

①房地产开发项目实现预期利润；

②房地产开发项目使项目实施者获利；

③房地产开发项目使客户满意。

（3）从房地产开发商自身角度来看，影响房地产开发项目成功的因素主要有：

①房地产项目开发企业的规模；

②房地产项目开发企业的资金实力和融资能力；

③房地产项目开发企业的品牌；

④房地产项目开发企业的土地储备状况；

⑤房地产项目开发企业与政府的关系；

⑥房地产项目开发企业的管理能力；

⑦房地产项目开发企业人力资源状况。

（4）从房地产项目自身角度来说，结合房地产开发项目的各个阶段，总结房地产开发项目的成功因素：

①房地产开发项目投资选择与决策正确；

②房地产开发项目具有很好的设计；

③房地产开发项目实施期间进度、质量、预算控制良好；

④房地产开发项目参与方之间建立有效的沟通渠道；

⑤房地产开发项目有充分的市场推广和销售策略。

（5）从房地产开发项目外在环境因素角度看，房地产开发项目的成功因素包括：

①房地产开发项目实施期间政策调整；

②房地产开发项目实施期间金融环境变化；

③房地产开发项目施工期间自然环境变化。

通过以上 5 个方面分析，基本确定了 21 项内容为房地产开发项目的成功因素，通过对政府官员、房地产开发商、设计单位、建造单位、房地产营销机构和消费者等多方面的调查，经信度分析确定房地产开发项目的七项成功关键因素：

①房地产项目开发企业的规模；

②房地产项目开发企业的资金实力和融资能力；

③房地产项目开发企业的品牌；

④房地产项目开发企业的土地储备状况；

⑤房地产项目开发企业与政府的关系；

⑥房地产项目开发企业的管理能力；

⑦房地产开发企业人力资源状况。

提出关键成功因素之后，结合房地产开发项目管控模式，可以从明确企业部门职能，建立有效的组织结构；加强企业流程管理，重视企业流程再造重视绩效管理，实施绩效考核；加强房地产开发项目成本管理几个方面提出房地产开发项目的管控策略。

以上例子，对关键成功因素的提取包含了三个步骤，一是划定提取关键成功因素的维度，即从哪儿一个角度来考虑；二是根据每一项维度提取一定的关键因素（见图 5-14），划定维度及要素提取，一般采用头脑风暴的方法，结合鱼骨图完成；三是对所提取的关键因素，经过调查和分析进行筛选，最终确定关键成功因素。在绩效管理过程中，还要对所提出的关键成功因素提出具体的指标、标准并加以描述（见表 5-9）。

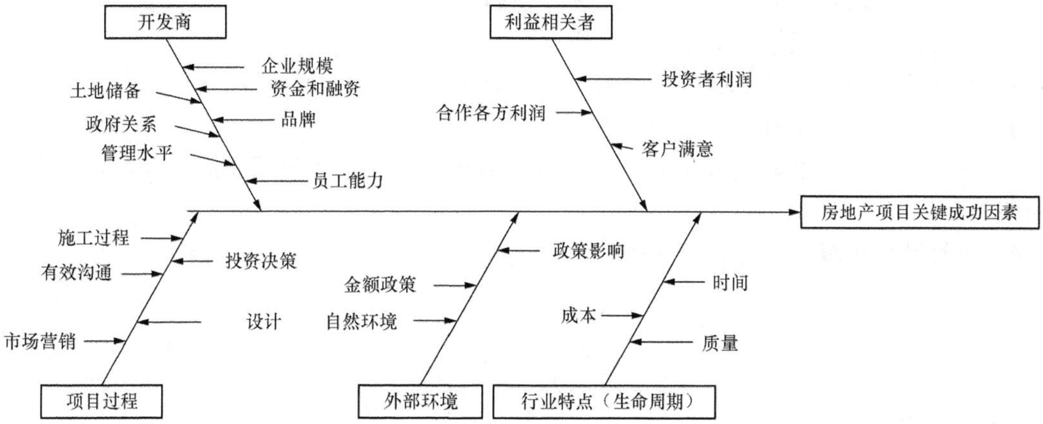

图 5-14　房地产开发项目关键成功因素影响维度及要素

表 5-9　　　　　　　　　房地产开发项目的七项成功关键因素及管理指标

关键成功因素	绩效管理指标
规模	资产总额、净资产、利润总额、主营业务收入
资金实力和融资能力	资产负债率、一年内到期的流动负债、经营性现金净流量
品牌	品牌知名度、老客户签约率
土地储备状况	土地储备面积、土地开发面积
与政府的关系	规划调整成功率、审批手续一次通过率、五证办理延误时间
管理能力	成本费用利润率、工程一次合格率、一次开盘销售率、设计变更次数
人力资源	劳动生产率、员工满意度

本案例中对于关键要素的选择，通过对不同人群的调查，采用信度分析的方法，在企业实际运用中，对关键要素的取舍和指标的确定也可以以对中高层管理人员问卷调查和个别谈话的方式来确定。一旦确定了关键成功要素和相应指标，则可由业务部门提出具体的标准和描述。关键成功因素即可以作为对企业管理建议的基础，也可以作为企业绩效管理的目标

依据。

本 章 小 结

系统规划是企业总体规划的一部分，本章首先阐述了两者之间的关系，介绍了系统规划的概念、目标、特点、原则，对规划方法及步骤进行了详细说明，包括企业系统规划方法（BSP）、战略目标集转换法（SST）、关键成功因素法（CSF），并对这3种方法进行了对比分析。

在管理信息系统规划过程，要对企业进行必要的初步调查。本章对初步调查的内容及方法进行阐述，在调查的基础上形成系统的整体规划方案，并进行可行性分析。

习 题

1．为什么要对管理信息系统的开发进行规划？

2．分析信息系统规划的工作内容及特点。

3．管理信息系统规划有哪些常用的方法，请比较其优缺点。

4．论述 U/C 矩阵的建立方法及其在系统规划中的作用。

5．分析战略规划之阶段模型对系统建设有何作用，它把信息系统的成长阶段划分为哪些阶段？

6．可行性分析报告的内容有哪些？

第六章 MIS 系统分析

系统分析是管理信息系统开发过程中的一个重要环节。它是当项目确认可行之后，在系统规划的基础上，以系统的观点对组织及现行系统进行全面的、详细的调查，分析用户的需求，找出系统存在的问题，最后总结出新系统需要"做什么"，从而建立目标系统的逻辑模型，为下一阶段系统设计提供依据。

第一节 系统分析概述

一、系统分析的原则

系统分析是总体规划的继续，信息系统分析与总体规划两者是不同的，总体规划是面向全局的，而系统分析是面向局部的、详细的；总体规划是战略性的、宏观的考虑，系统分析是更具体的、更细致的工作。在系统分析过程中会存在诸多困难和问题，因此必须在分析过程中遵循一定的原则，才能实现系统分析目标的一致性。

（1）逻辑设计与物理设计分开的原则。逻辑设计与物理设计分开是结构化方法的特点之一，逻辑设计是在总体规划下的总体设计，物理设计则是总体规划下对各个局部细节的设计，两种设计之间的关系如图 6-1 所示。

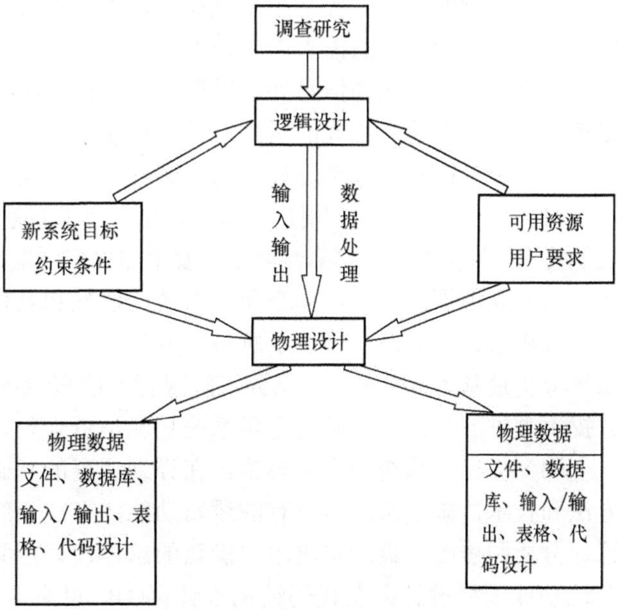

系统分析时要注意逻辑设计与物理设计的先后顺序，不应过早考虑物理设计，否则后期可能会发现有许多内容不合适，并造成人力、物力和财力的浪费，尤其是大系统开发。因此在系统分析时要重视逻辑设计，保证系统整体的合理性，在进行物理设计时要以逻辑设计阶段的成果为依据，这样逻辑设计和物理设计的分开保证了系统开发的质量，也从整体上节省了资源。

图 6-1 逻辑设计与物理设计关系

（2）面向用户的原则。用户是信息系统开发的起源和最终归宿，因此整个分析开发过程要面向用户的需求，用户的参与度和满意度是系统成功开发的关键因素，尤其是在结构化系统开发方法中。新系统逻辑模型是否满足用户的需求，是系统建设所面临的重要问题，由于系统设计和开发都是基于用户需求进行的，因此在系统分析阶段如果不把用户的需求放在第一位，就不可能提出成功的新系统模型。为此在系统分析时研制人员一定要充分理解用户的需求，并将其明确地表达出来。

（3）结构化分析的原则。从系统的角度看，任何事物都是互相联系的整体，在进行系统分析时应站在整体的角度去考虑，并将各项业务或活动放在整体或系统中去考察，保证全局的正确，然后再一层一层深入分析。该过程也称为"自顶向下"的分析设计思想。

结构化分析和设计的基本思想是用系统的思想、系统工程的方法，遵从用户至上的原则，结构化、模块化、自顶向下地对信息系统进行分析与设计。通过这种自顶向下、逐层分解的方法，利用分解和抽象手段控制系统的复杂性，把大问题分解成小问题，然后再分别解决。

分解是把一个复杂问题分割成若干较小、较易解决的问题，然后分别处理；抽象是先考虑问题的基本属性，不考虑具体细节，以后再逐层添加细节，直到得到最详细的内容。该方法把复杂的问题处理内容隐藏起来，并抓住主体，如此有利于对问题的理解。

二、系统分析的目的与任务

（一）系统分析的目的

信息系统分析目的是通过问题识别、可行性分析、详细调查、系统化分析等工作来确定新系统将要做什么，建立新系统的逻辑模型。因此，在系统分析时要集中精力、认真分析用户的需求，在此基础上，用科学的方法将新系统方案表达出来，然后分析新系统方案。

系统分析也称为逻辑设计（Logical Design），目的是确定新系统的功能，解决系统"做什么"的问题。

（二）系统分析的任务

系统分析的主要任务是在系统详细调查的基础上，系统分析人员和用户一起充分理解用户的需求，并把用户的需求用文档形式表述出来，将所得到的文档资料集中到一起，再对组织内部整体管理状况和信息处理过程进行分析。对新系统的各种方案和设想进行分析、研究、比较判断，从而建立合理的新系统的逻辑模型。

系统分析应从业务全过程的角度进行分析，其主要任务有：

（1）分析用户需求。用户需求是指用户要求新系统应具有的全部功能和特性。主要包括：功能要求、性能要求、可靠性要求、安全与保密要求、开发费用和时间以及资源方面的限制等。

（2）详细调查。详细调查现行系统的情况和具体结构，系统的组织和各机构间的内在关系，分析组织的职能，详细了解每个业务过程和业务活动的工作流程及信息处理流程，这是系统分析最基本的任务。在充分了解现行系统现状的基础上，进一步发现其存在的薄弱环节，并提出改进的设想，这是决定新系统功能是否合理、质量高低的关键所在。

（3）提出新系统的逻辑模型。在详细调查的基础上，分析人员运用各种系统开发理论、方法和技术，确定系统应具有的逻辑功能，形成系统的逻辑方案。逻辑模型要与用户反复讨论、分析和修改，最后得出用户满意的总体设计，具体包括：①信息系统目标设计；②信息系统功能模型设计；③代码结构设计；④信息系统数据模型设计；⑤输入/输出逻辑设计；⑥信息系统流程模型设计；⑦处理逻辑说明；⑧数据字典。

（4）编写系统分析报告。对上述的结果模型用一系列图表和文字表示出来，组成系统分析报告，为下一阶段的系统设计提供依据。

三、系统分析的方法与步骤

系统分析是保证管理信息系统质量的第一步，它的任务是艰巨的、复杂的。如何分析用户需求，用什么技巧撰写系统分析说明书等，都需要有相应的方法、模型、语言和工具来配合。自20世纪70年代以来，逐步出现了多种适用于系统分析阶段的方法。其中，"结构化分析（Structured Analysis，SA）"就是具有代表性的一种方法。

"结构化系统分析"方法由美国 Yourdon 公司在 20 世纪 70 年代提出，它是一种简单实用、使用广泛的方法。该方法通常与以后要介绍的系统设计阶段的结构化设计（Structured Design，SD）方法衔接起来使用，适用于分析大型的数据处理系统，特别是管理信息系统的开发。

（1）结构化分析方法的基本原理。结构化分析方法是强调开发方法的结构合理性以及所开发软件的结构合理性的软件开发方法。结构是指系统内各个组成要素之间的相互联系、相互作用的框架，结构化分析方法给出一组帮助系统分析人员制定系统功能规约的原理与技术。

结构化分析方法采用"自顶向下"逐层分解、由粗到细、由复杂到简单的求解方法。"分解"和"抽象"是结构化分析方法中解决复杂问题的两个基本手段。"分解"就是把大问题分解成若干个小问题，然后分别解决。"抽象"就是抓住主要问题忽略次要问题，先集中精力解决主要问题。

"自顶向下，逐层解决"是结构化分析方法解决问题的一种策略。例如，如图 6-2 所示中根节点是一个复杂的管理系统，为了理解它，将它分解成 1、2、3、4 四个子系统。若 1、4 仍然很复杂，可继续将它们分成 1.1、1.2…和 4.1、4.2…子系统，如此逐层分解直至子系统足够简单，能被清楚理解和准确表达为止。

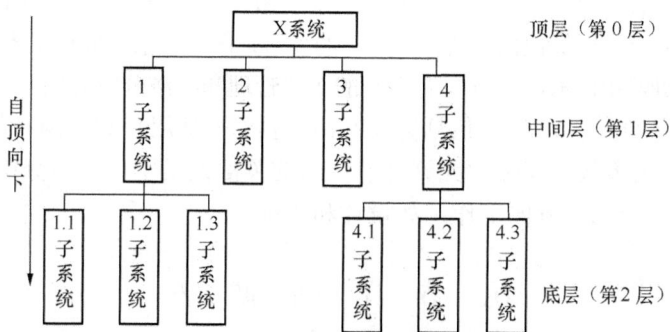

图 6-2　结构化分析方法

按照"自顶向下，逐层分解"的方式，不论系统的复杂程度和规模有多大，分析工作都可以有条不紊地开展。对于大的系统只需多分解几层，分析的复杂程度并不会随之增大。这种方法有效地降低了复杂性，从所研制的管理信息系统的总体出发，把整体分解成部分，把系统分解成子系统，对不适合再分解的部分进行详细的描述、设计和实现。

（2）结构化分析步骤。结构化分析过程大致可归纳为以下几个步骤。

①分析当前系统。对现行系统物理模型进行调查，认识、理解、分析现行系统的现实环境，理解当前系统是怎么做的，并将理解内容用组织结构图、功能体系图、业务流程图等工具表达现行系统具体的物理模型。

②抽象出当前系统的逻辑模型。在充分了解现行系统的基础上，明确其本质，即通过现行系统中的物理模型抽象其逻辑模型。物理模型中含有较多的具体因素，需要对其进行深入分析，区分出本质的与非本质的因素，进而去除非本质的因素，直到其能够反映出系统本质的逻辑模型。

③建立新系统的逻辑模型。通过分析新系统与现行系统逻辑上的差别，明确新系统"做什么"，并对现行系统的逻辑模型进行优化，进而建立新系统的逻辑模型。

④撰写系统分析报告。对分析结果进行总结，编制系统分析阶段的成果文档，完成系统分析报告。系统分析报告是系统分析阶段的成果和总结，是向系统设计人员提交的正式书面报告，也是下一工作阶段系统设计的工作依据。

四、系统分析的组织与特征

一个信息系统，特别是大型管理信息系统往往十分复杂，处于开放的耗散结构之中。因而，要做出好的系统分析和设计是很艰难的，这就要求系统分析员必须具有系统科学的观点，并运用系统科学的方法和技术，站在企业全局的角度看问题；同时，又要善于将复杂问题进行分解，找出其内部联系，抓住主要矛盾或矛盾的主要方面。

系统分析员作为信息化建设的主导人员，必须具有组织和管理的才能；他们必须能够妥善地处理人际关系，并富有与人合作的精神；他们必须具有深入观察问题的能力；他们应当具有丰富的想象力和创造力；他们还应该具有善于谈判和协商的能力；更重要的是，他们必须有强烈的事业心和使命感。只有这样，系统分析员才能在信息系统分析中得心应手地工作，进而提高系统开发的成功率，进而开发出强健的系统。

由于信息系统是复杂的人机工程，因此要求系统分析员应该是具有广博的科学技术知识和社会知识的人员，而那些只具有某种专业技术，如只具有计算机硬件知识、软件知识或通信知识的人员不能算是合格的系统分析员。当前，我国正处在由计划经济向社会主义市场经济转型时期，这个社会大环境对系统分析员提出了更新、更高的要求，它要求系统分析员不但要具有深入广博的信息系统方面的知识和技术，而且要有丰富的企业管理和经济分析方面的知识和经验。

一般情况下系统分析人员应当包括开发小组成员——从用户和风险承担者到信息系统全体人员和管理人员。大多数组织通常允许开发小组的关键人员不仅参与分析现有系统的状况，还参与系统开发的其他几个方面工作，如设计和实施。

第二节 详 细 调 查

系统的详细调查是在可行性研究的基础上进一步对现行系统进行全面而深入地调查和分析，弄清楚现行系统的运行情况，发现其薄弱环节。初步调查只是在宏观上对现行系统进行调查，不是很细致，调查的目的是对新系统的开发进行可行性分析，论证企业是否有必要开发新系统，因此调查工作是一种概括的、粗略的调查，通过调查所掌握的资料不足以满足新系统逻辑设计的需要。

详细调查的重要性在于详细、准确地掌握用户信息处理的具体情况，它涉及企业各个部门的各个方面，并力求在短期内对现行系统有全面详细的认识，如此可为建立一个符合实际要求的逻辑模型，以及顺利开展系统的设计与实现工作打下良好的基础。

一、详细调查的对象与任务

详细调查的范围应该涵盖组织内部信息所涉及的各个方面。应该注意的是，信息流是通过物流而产生的，物流和信息流又都是在组织中流动的。因此，详细调查的内容应该包括组织的生产、经营、管理等各个方面，概括而言调查内容由两方面组成：一是组织管理业务的功能调查；二是信息及信息流流程调查。两方面应该紧密联系，调查时应该注意他们之间的关系。

详细调查时，系统调查人员要向企业内的各级领导、业务人员以及其他有关人员进行多种调查，详细调查的具体工作内容包括：

（1）组织目标和发展战略调查。调查现行组织的发展历史、生产规模、经营效果、业务范围以及与外界的联系等，以便确定系统界限、外部环境，了解现有的管理水平。

（2）组织结构、业务功能和人员分工调查。调查现行组织的组织机构、领导关系、人员分工情况，从而了解现行系统的构成、业务分工，还可以进一步了解人力资源的情况，并发现组织和人事等方面的不合理现象。而后，抽象出其业务功能，划分功能子系统，使系统具有较强的生命力和良好的柔性。

（3）业务信息流程调查。现行组织和系统中进行着各种各样的业务处理过程。系统分析人员要全面细致地了解整个系统各个方面的业务流程，以及资金流、物流和信息流状况，对输入数据格式及其内容，输出结果要求以及处理方法，处理速度等都要进行详尽了解，从而建立组织的信息流程模型。

（4）数据和数据流程调查。组织业务流程过程中产生多种计划、单据和报表，需要了解它们的来龙去脉及其各项内容的填写时间要求，数据调查的主要任务就是弄清楚系统的数据组织和数据结构的细节，具体如下。①收集组织出现的所有数据流和数据存储的信息载体，如报表、单据等。②调查载体的属性，如报表的来源，哪个部门制订的，载体的类别，原始凭证还是账册；数据加工中的状态（输入、输出或存储）。③调查数据载体中数据项的特征，如数据类型（字符型还是数值型）数据取值范围（最大或最小值）。④调查数据流大小，每周期发生的业务量以及计算数据存储所需的容量。⑤调查数据的重要程度和保密性，明确每种数据使用人员的权限。⑥调查数据项之间的逻辑计算关系，如生产计划中计算净需求量时要考虑安全库存。最后对调查结果分类整理，从而建立现行系统的数据模型。

（5）资源情况调查。除了人力资源外，还要调查了解现行系统的物资、资金、设备、建筑平面布置和其他各项资源的情况。如配置计算机情况：其型号、功能、容量、外设配置和计算机软件配置情况，分析其使用情况。

（6）约束条件调查。调查现行系统在人员、资金、设备、处理时间及处理方式等各方面的限制条件和规定。

（7）用户要求调查。调查中要注意收集各级用户的各种要求，善于发现问题并找到问题的关键所在。如管理层的决策要求，组织的各管理层都需要做决策，特别是对于组织的高层决策者，用信息系统辅助他们决策是信息系统设计的主要目标。调查时要认真听取中高层决策人员的要求，如经常做什么决策，决策过程中需要什么信息，当前的决策过程缺少哪些信息，能否用现代经济管理模型辅助决策，使将来设计的新系统具有较强的辅助决策功能。

（8）其他内容。调查内容还应该包括对象所在行业用到的各种信息如国标、部标等。

上面几项的划分在实际详细调查时可根据组织具体情况增加或修改。目的只有一个，弄清楚处理对象现阶段工作的详细情况，从而为后面的系统分析与设计工作做好基础。

二、详细调查的原则与方式

（一）详细调查的原则

（1）真实性。真实性是指系统调查的资料必须真实、准确地反映现行系统的状况，不能依照调查的意愿反映系统的优点或不足。

（2）全面性。全面性是指调查必须涉及企业的各个部门和各个方面，调查的不全面必然会导致对系统认识的片面。

（3）规范性。规范性指的是在详细调查中有一套循序渐进、逐层深入的调查步骤和层次分明、通俗易懂的规范化逻辑模型描述方法。

（4）启发性。详细调查的过程是系统分析人员与企业的各类工作人员进行交流的过程。启发性是指在调查中，调查人员要用被调查者能够理解的方式提出问题，逐步引导，不断启发被调查者的思路，在考虑计算机处理的特殊性而进行的专门调查中，更应该善于启发被调查者的思路，从而获取有价值的第一手资料。

（二）详细调查的方法

对现行系统的详细调查是一项繁琐而艰巨的任务，要求系统分析人员在尽可能短的时间内，全面、准确地获取现行系统的各个方面的资料。为了使调查顺利进行并获得预期成效，需要成立联合调查组，调查组由企业的业务人员、领导人员、信息技术人员及信息系统开发单位的系统分析员组成，除此之外他们还需要掌握有效的方法、领会一定的技巧。在系统分析中可采用的调查方法通常有以下几种。

（1）面谈。面谈是指系统分析员通过口头提问的方式收集相关资料。面谈的对象是系统的用户，包括企业领导、管理人员和各个工作岗位的业务人员。对某些特殊的问题或细节，可对有关的业务人员作专题访问，仔细了解每一步骤、方法等细节。

采用面谈的方法，应注意以下几点：

①选择合适的面谈对象。根据所要了解的内容，认真选择面谈的对象，企业中不同岗位的工作人员所能提供的信息是不一样的，为了取得较好的面谈效果，应选择精通本职工作、经验丰富、善于表达的业务人员。选择合适的面谈对象，能起到事半功倍的效果。

②事先准备面谈内容。面谈前，系统分析员应熟悉面谈内容中有关业务方面的知识，准备所要了解的主题，并在面谈前告知被访问者，以便被访问者事先做好充分的准备。

③使用合适的语言。面谈中，应尽量不使用系统开发的专业语言，而应使用被访问者熟悉的专业术语，使交谈顺利进行。

④掌握面谈效率。交谈要注意其艺术性，应把握交谈的方向和内容，争取在比较合适的时间内获得所需要的信息。

（2）问卷调查。问卷调查可以用来调查系统普遍性的问题。问卷调查方式是针对所需调查的各项内容，设计出合适的问卷，通过这些问卷对组织内各个岗位的工作人员进行全面的需求调查，然后分析整理这些问卷，逐步得到需要调查和分析的内容。

一个成功的问卷应该具备有效、可靠和易于分析的特点。有效是指通过调查表得到想要得到的信息；可靠是指同一信息是通过对多个问题的回答得到的，所得到的信息确实能够反映被调查者的意思；易于分析是指通过问卷内容能够科学、合理地反映所要了解的调查内容。

用问卷调查方式进行调查，可以缩短调查时间，易于被调查者对所调查内容的理解。根据所调查的内容特征，在问卷形式上要注重图表的使用及问卷填写方式，尽量少占用被调查者的时间。在采用问卷调查方式时，调查者不容易领会被调查者的隐性信息，这就需要调查者把建议与其他方法一起使用。

（3）收集各种工作规程和相关资料。企业的管理工作常常以各种规章制度、流程规定、历史资料、工作标准等形式形成文件，作为组织工作的依据和准则，如公司编制的《经营管理业务工作规程》、统计局下达的《统计员手册》、国家发布的各种材料编码标准等。系统分析员可以在系统分析开始或进行时收集并阅读这些资料，要事先了解企业活动的各种规定和需要调查的内容，使调查工作顺利进行，但必须注意这些资料是否是最新的、与实际工作有无出入等问题。

（4）观察和参加企业实践。系统调查人员亲自参加业务实践，不仅可以获得第一手资料，而且便于系统调查人员和业务人员的交流。通过面谈和阅读的方式从他人整理的资料中获得关于组织的信息，观察和参加业务实践则使系统分析员亲身体会实际工作情况，身临其境地感受工作流程并发现问题，从而获取第一手资料。但这种方法效率低、难度大，常作为辅助调查的手段。

除了运用上述几种方法之外，还可以恰当地使用抽样统计分析、专家调查、召开调查会、个别访问等方法，可以根据系统调查的具体需要确定调查方法。不管采用什么调查方法，系统分析员不仅要收集足够的数据供定量分析，还要善于从具体情景中进行抽象、归纳和总结，并将物理的现行系统抽象成逻辑系统。

三、组织结构调查

组织结构是指组织内部的部门划分及它们的相互关系。信息的流动关系是以组织结构为基础的，而且总是随着组织内各部门之间的物流和资金流而发生的。组织结构图是对组织机构调查的结果，是对在详细调查中收集到的企业组织的资料进行整理，并以图的形式反映企业内部组织各部门之间的隶属关系。

组织结构图是用来描述组织的总体结构以及组织内部各部门之间的联系，它把企业组织分成若干部分，按级别、分层次构成的，是反映组织内部之间隶属关系的树状结构图。通常用矩形方框表示部门，用箭头表示部门间隶属关系。图 6-3 为某组织的行政组织结构图。

从图中可以看出该组织分为 3 层：企业领导决策层、业务管理层和业务执行层。领导层由总经理、市场总监和副总经理组成，其主要职能是决定企业目标、确定经营规模、做出经营方针和制定经营的具体决策。业务管理层包括投资发展部、营销策划部、工程部、预算部、人事行政部、财务部等机构，其主要职能是按照经营方针，在规定的职权范围内对各项业务进行管理。业务执行层由部门相关人员组成，完成日常的业务和调度。

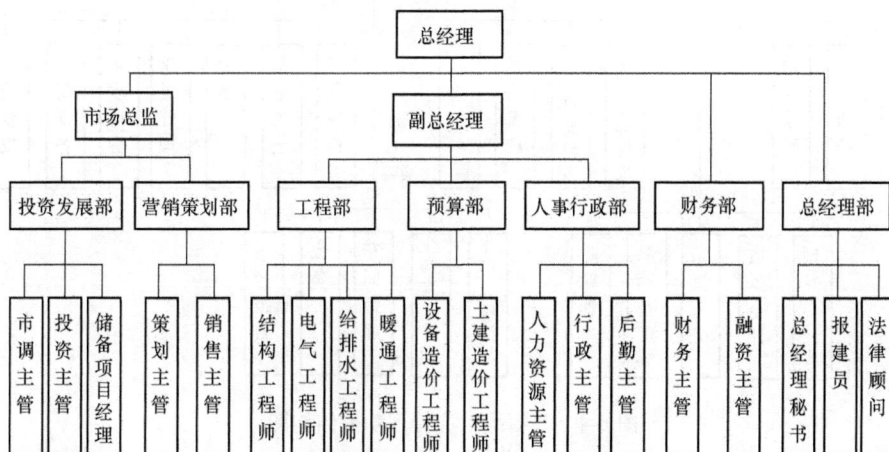

图 6-3 某组织的行政组织结构图

为了明确系统组织的信息流情况，组织结构图应重点画出与组织目标有关的部门和这些部门之间的各种流，与组织生产、经营、管理环境直接关系的部门也一定要全面、准确地反映出来，这些都要通过详细的调查才能准确、详细地画出。

四、管理功能调查

系统都有一个总的目标，为了达到这个目标，必须要实现各子系统的管理功能，而各子系统功能的实现，又依赖于下面各项更具体功能的执行。系统管理功能调查的主要任务，就是要了解或确定系统的目标、系统功能结构以及它们的关系。

功能指的是完成某项工作的能力。每个系统都具有一定的功能，对调查资料进行整理，然后归纳出企业的部门与业务层次的功能，再用树状图的形式描绘出来，这就是功能结构图。功能要依靠组织机构来具体实现。因此在理想的情况下，功能和组织应该是一致的。但在现行系统中，组织的各个部分并不能完整地反映该部分所包含的所有业务，因为在实际工作中，组织的划分或组织名称的确定往往是根据最初同类业务人员的集合而定的。随着生产的发展，生产规模扩大和管理水平提高，组织的某些部分业务范围越来越大，功能也越分越细，组织原来单一的业务派生出许多业务，这些业务在同一组织中由不同的业务人员分管，其工作性质已经逐步发生了变化。当这种变化发展到一定程度时，就会引起组织本身的变化，进而裂变出一个新的、专业化的组织，由它来完成某类特定的业务功能。如最早的质量检验工作就是由生产科、成品库和生产车间各自交叉分管的，但为适应激烈的市场竞争和满足管理的需要，就可能会产生质量检验科。这些可能事先无法考虑周全，但对于其管理功能而言是可以发现的。如果以管理功能为基准设计和考虑系统，如此系统将会对组织结构的变化保持相对的独立性，将获得较强的生命力。所以在进行系统分析和详细调查时，应该画出管理功能表，这样可以保证在了解组织结构的同时，对于依附于组织结构中的各项管理功能也有整体上的了解，也可以更深刻地了解各项交叉管理、交叉部分各层次的深度以及提前发现其中不合理的现象，为后面的系统分析和设计做好准备。图 6-4 为某组织生产管理功能结构图。

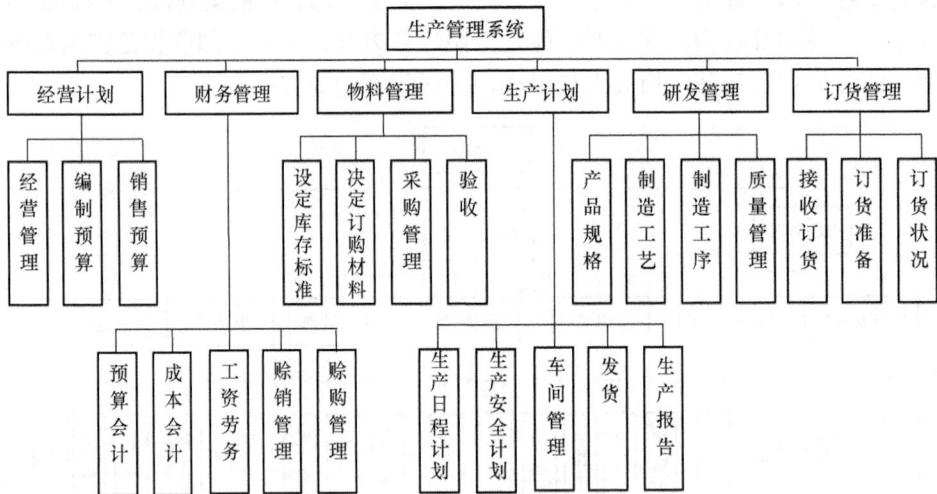

图 6-4 某组织生产管理功能结构图

组织结构图反映组织内部的上下级关系，但其管理功能不能够通过此图反映出来，可能为后续的业务、数据流程分析和过程/数据分析带来困难，因此通常将管理功能图同组织结构图画在同一张图上，以便比较分析它们之间的联系。表 6-1 为某企业的组织与业务功能联系表，通过组织与业务功能分析，目的是要找出现行系统中组织结构和功能存在的问题。比如，现行系统中组织结构不合理、对总目标的影响及产生的原因，研究解决这些问题的方法和措施，进一步理顺组织的功能，让组织和系统更好地相互适应。

表 6-1　　　　　　　　　　　某企业的组织结构与管理功能联系表

序号	联系程度 管理功能 / 组织	计划科	总工室	技术科	生产科	供应科	设备科	销售科	质检科	人事科	研究所	仓库	……
1	计划	O	√		△	△	△	△				△	
2	销售							O	√			△	
3	供应	√			△	O						√	
4	人事									O			
5	生产	√	O	△	O	△	△	√	△			√	
6	设备更新		√				O				√		
⋮	……												

注　"O"表示该业务是对应组织的主要业务；"△"表示该单位是参加协调该业务的辅助单位；"√"表示该单位是该项业务的相关单位。

五、业务流程调查

（一）业务流程调查的任务和方法

业务流程调查的主要任务是在对组织结构和管理功能进行分析的基础上，调查系统中各环节的业务活动，掌握业务的内容、作用及信息的输入/输出、数据存储和信息的处理方法及过程等。对现行系统业务处理过程的有关资料进行整理，用流程图的方式把企业的具体管理活动和处理过程绘制出来。

业务流程调查一般是沿着现行系统信息流动的过程逐步地进行的，内容包括企业各工作环节的业务活动，通常采用自顶向下的方法。由于业务流程调查的工作量很大，而且非常繁琐，因此在系统调查过程中，系统分析人员要和业务人员反复地交流，直到得到业务人员的确认，并掌握现行系统的业务活动状况。最后绘制业务流程图来反映现行系统各级的业务流程。

（二）业务流程图

业务流程图（Transaction Flow Diagram，TFD）是业务流程的描述工具，是用一些规定的符号及连线来表示某个具体业务处理过程，它是根据业务的过程进行绘制，是管理信息系统开发过程中分析业务处理过程的重要工具。

1. 业务流程图的基本符号

业务流程图的基本图形符号没有统一的标准，但都大同小异，基本包括以下 6 个，如图 6-5 所示。业务处理的部门或单位，表达了某项业务参与的人或物；数据存储或存档，一种数据的载体，表明数据是作为档案保存的；业务数据流动及方向，表达了业务数据的传递过程，通常用箭头表示；各类单证、报表、报告及文件等制作，表明数据的载体；业务功能描述，表明业务处理功能，一般用一个简单的祈使句表示；收集/统计数据资料。

2. 业务流程图的绘制步骤

绘制业务流程图就是应用业务流程图符号把组织内的业务处理过程反映出来，绘制业务流程图的基本步骤如图 6-6 所示。

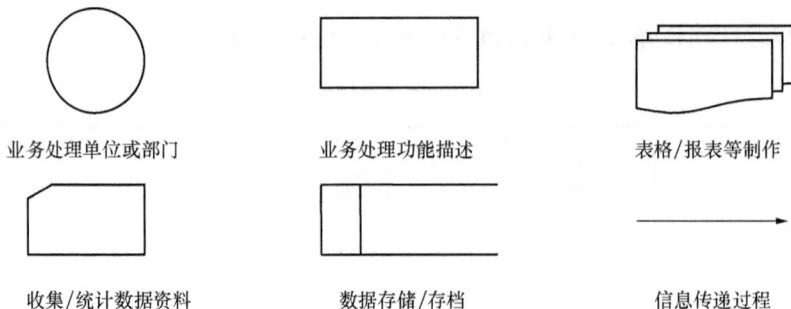

业务处理单位或部门　　　业务处理功能描述　　　表格/报表等制作

收集/统计数据资料　　　数据存储/存档　　　信息传递过程

图 6-5　业务流程图的基本图形符号

（三）业务流程分析

对业务流程进行分析的主要目的是发现现行系统中存在的问题和不合理的地方，优化业务处理过程，以便在新系统建设中予以克服或改进。对业务流程进行分析的目的是掌握现行系统状况，确立新系统逻辑模型。

业务流程分析过程包括以下几项内容：

①对现行业务流程进行分析。对现行系统业务流程的各处理过程进行分析讨论，判断原有的业务流程是否合理，并分析原因。

②对现行业务流程进行优化。根据计算机信息处理的要求，分析现行业务流程中哪些过程可以进行优化，并提出优化方法和确定影响的范围，最后分析带来的好处。

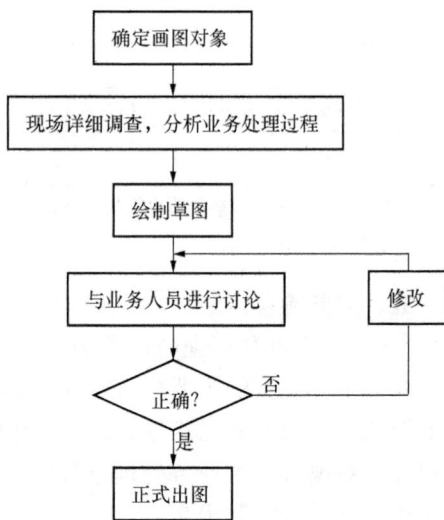

图 6-6　业务流程图绘制流程

③确定新的业务流程，绘制新系统的业务流程图。

下面以某教学管理信息系统为例介绍业务流程分析方法。教学管理信息系统实际上是学校各项管理系统中的一个子系统。根据该校教学管理系统总体规划方案中的内容及系统详细调查结果，首先画出教学管理信息系统业务流程图如图 6-7 所示。该图反映出了系统总体业务概况，由于各项业务是在教务处及各系、部有关教学人员的共同参与下完成的，所以在业务流程图中没有将他们反映出来，仅把该系统外的其他部门或人表达出来。在高层业务流程图中确定了系统的边界。系统的边界确定是非常重要的，它规定了系统业务的范围。

通过对"学生基本信息管理"业务的调查发现，"学生基本信息管理"包括从新生入学建立学籍开始，直到学生毕业离开学校这一期间的各种管理活动。"学生基本信息管理"业务包括对学生在校期间因各种原因申请休学、复学、退学，或因学习成绩太差或违反校纪、校规开除学籍、勒令退学、留级等种种情况的处理。学校每年要将这些情况上报有关部门。"学生基本信息管理"的详细业务流程如图 6-8 所示。

通过对"学生学籍管理"业务过程的详细调查，可以发现其业务流程有：跳级、转专业、休/复学、退学、降/留级处理。学生的降留级或退学等需要根据成绩进行判断处理，而学生的跳级和转专业、自动退学是由本人提出申请，经系学生工作委员会初步同意后，报教务处进行复核，经校领导批准后由教务处负责执行，并将执行结果记入学生档案。学生的学籍管

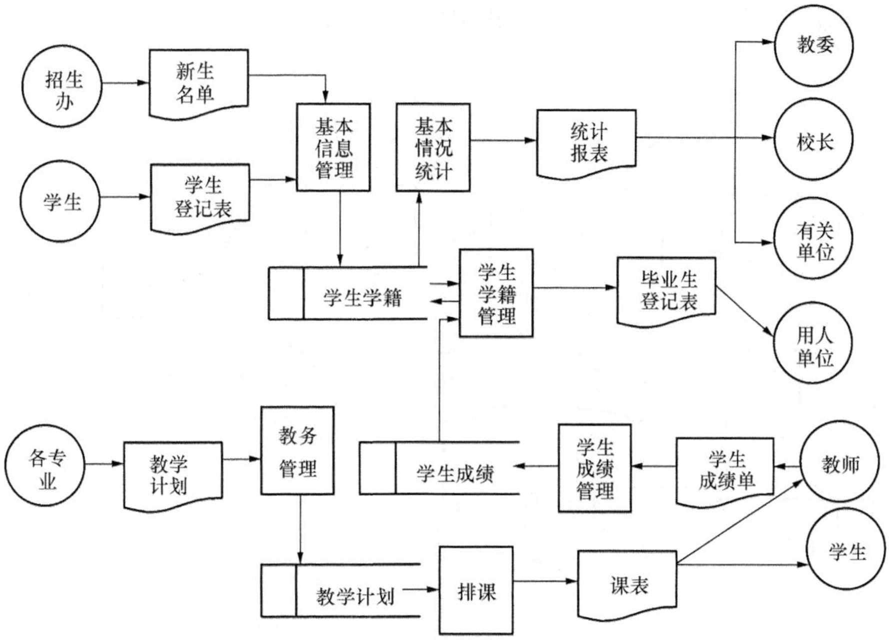

图 6-7 高校教学管理信息系统高层业务流程图

理还包括毕业生的学籍处理。每年学生毕业前，各系部对应届毕业生进行初步的毕业资格审查，然后报教务处复审，核查无误后，审批实施，并将结果记入学生学籍，然后将毕业证书下发给学生。"学生学籍管理"的详细业务流程如图 6-9 所示。

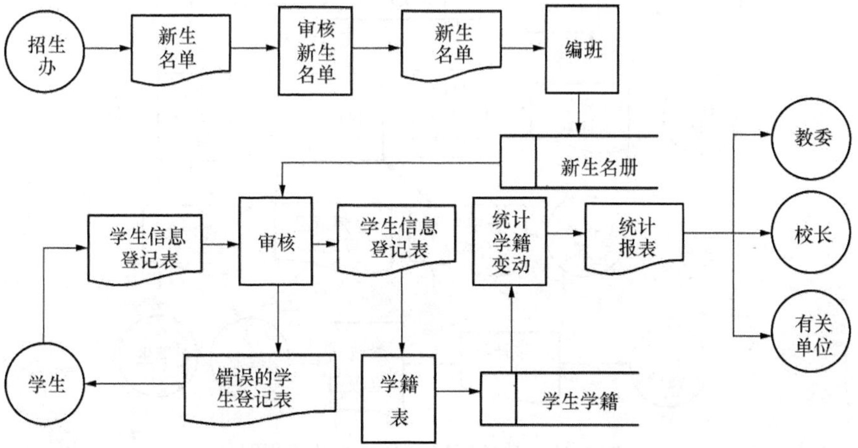

图 6-8 学生基本信息管理子系统业务流程图

通过对"教务管理"业务的调查可知，教务管理包括教学计划的制订、打印、日常的事务管理、教学改革等业务，如图 6-10 所示。

通过对"成绩管理"业务的调查可知，每门课程结束后，任课教师会把学生成绩单一式三份分别送往教务处、教学干事和学生工作办公室。教务处和教学干事将成绩单存档，而教务处根据成绩单统计各年级各科成绩，并确定留级、退学学生的名单。因此成绩管理包括成绩的存档和分析等业务，如图 6-11 所示。从调查可知，教师要上报 3 份成绩单，因此存在数据的冗余，在建立新系统逻辑模型时应考虑消减数据冗余问题。

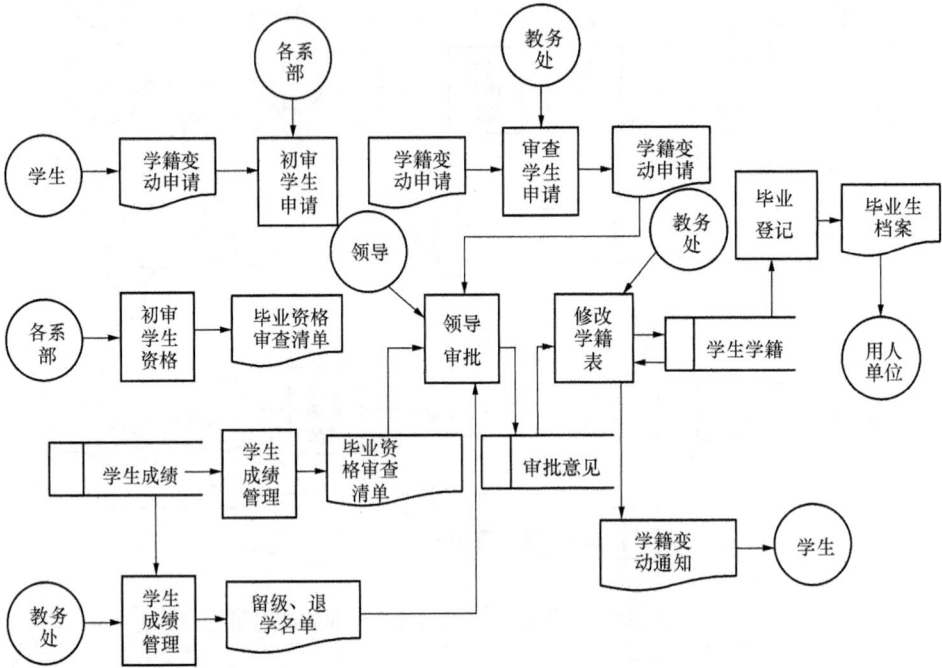

图 6-9 　 学生学籍管理子系统业务流程图

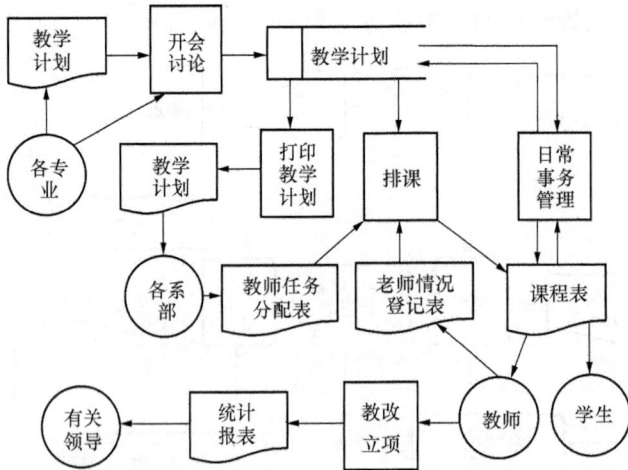

图 6-10 　 教务管理子系统业务流程图

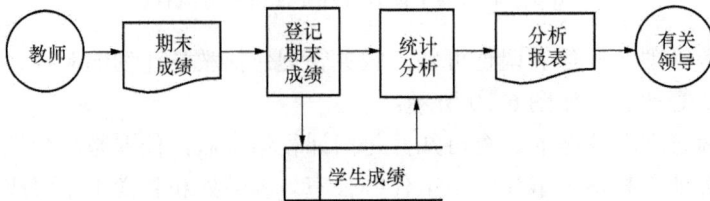

图 6-11 　 成绩管理子系统业务流程图

后面的两张图是用第一张图的业务流程分解得到的。至于分解到什么程度，需要根据实际情况来决定。业务流程图绘制完毕后，要和用户进行反复的讨论，从而顺利完成对业务流程图的审查工作。首先检查业务流程图的工作流程是否正确、是否有遗漏部分；其次检查业务流程图的一致性，即高层流程图中出现的各类报表、单证、数据存储等一定要在低层的业务流程图中反映出来，要标出相应的操作人员；然后检查低层的业务流程图中存在的业务活动是否输入和输出数据载体；最后检查各类名称的命名是否准确。

业务流程图的审查是一项非常重要的工作，一定要有用户的积极配合，要同用户进行反复的协商，直到双方都满意后才能进入下一步的工作。

六、数据流程调查

所谓数据流程是指数据在系统中产生、传输、加工处理、使用、存储的过程。组织结构和业务流程调查虽然描述了组织业务活动的部门及发生在这些部门之间且与信息处理有关的各种流，但仍没有摆脱一些物质的因素，在业务流程图中仍有材料、资金和产品等具体的物质。然而我们要建立基于计算机的管理信息系统，目的是用管理信息系统对组织的信息进行收集、传递、存储、加工、维护和使用，也就是说在信息系统开发中，更重要的是了解数据及信息的流动与存储情况，以及对这些数据、信息及其处理情况进行分析和综合。因此，必须对数据与数据流程进行详细调查与分析，即舍去组织机构具体的作业处理以及物流、材料、资金等具体背景，从而把数据在现行系统内部的流动、存储与变换抽象出来。

（一）数据流程调查的内容

数据流程调查的主要内容包括：

①全面收集各类数据载体，包括各种单据、原始凭证、卡片、台账、报表等。了解和掌握它们的作用、来源、产生的时间和频率、数量、输出方式与流向等。

②调查这些载体的各项数据内容，包括它们的物理意义、结构（包括名称、类型、长度及精度等）、逻辑处理算法，以及载体的格式等。

③调查数据采集和输入前的预处理过程，包括人工或计算机处理的方式、方法和要求，掌握数据流动的过程。

④调查数据总量，明确数据存在的介质，数据的安全性、保密性要求和保留的时间期限等。

（二）数据流程调查的目的

数据流程分析主要包括对信息的流动、变换、存储等的分析，其目的是尽量发现数据流程中存在的问题，如数据流程不通畅、前后数据不匹配、数据处理过程不合理等，并找出加以解决的办法，进而优化数据流程。

（三）数据流程图

在数据流程的调查过程及后面的系统分析中，需要应用一定的技术和工具，这就是数据流程图。数据流程图（Data Flow Diagram，DFD）是用几种简单的符号综合描述信息在系统中的流动、存储、加工和流出等逻辑关系的图表。数据流程图是结构化系统分析的主要工具，也是编写系统分析资料、设计系统总体逻辑模型的有力工具。它不但可以表达数据在系统内部的逻辑流向，而且可以表达系统的逻辑功能和数据的逻辑变换。它既能表达现行人工系统的数据流程和处理功能，也能表达自动化系统的数据流程和处理功能，也称逻辑数据流程图（Logical Data Flow Diagram）。数据流程图与业务流程图不同，它舍去了企业流程中的物流和资金流，仅把企业流程中的数据流提炼出来，用以表达数据在部门内、部门间或组织间的逻辑流向及逻辑加工和转换过程。

1. 数据流程图的基本符号

数据流程图一般包括 4 个基本符号：外部实体、数据流、数据存储和数据处理过程。关于符号，不同的专家有不同的表示方法，但大同小异，本书选用了薛华成教授的表示方法。

（1）外部实体。外部实体指系统以外且与系统有联系的人或事物。它定义了系统的边界，明确系统数据的外部来源及流程，如顾客、供应商等。凡是本子系统之外的人或单位，都被看作外部实体，有时也可以指另外一个信息系统。

外部实体图形用一正方形并在其左上角外边加一直角来表示，正方形内可写上这个外部实体的名称。为了区分不同的外部实体，可以在正方形内的左上角用一个字符表示。在数据流程图中，为了减少线条的交叉，同一个外部实体可在一张数据流程图中出现多次，这时可在该外部实体符号的右下角画小斜线，表示重复，若重复的外部实体有多个，则相同的外部实体画数量相同的小斜线，如图 6-12 所示。

图 6-12　外部实体图

（2）处理逻辑。处理逻辑是对数据进行逻辑操作，表示一个数据处理功能，通常是对输入数据或存储数据进行某种处理之后产生输出数据流。它把流入的数据流转化为流出的数据流。处理逻辑在数据流程图中用长方形来表示，分 3 部分如图 6-13 所示。标识部分用来标识一个功能，一张数据流程图中一般有多个处理逻辑，因此要用编号来表示，不同处理逻辑使用不同的编号。通常用字符串来表示，如 P1、P1.1 等。功能描述部分表达这个处理逻辑的功能，一般用一个动词加一个作为宾语的名词表示，动词表示加工处理的运作，宾语表示被加工处理的数据。有时需要仔细琢磨用语使其能恰如其分的表达一个处理功能。功能执行者部分表示这个功能由谁来完成，可以是一个人，或是一个部门，也可以是某个小系统。

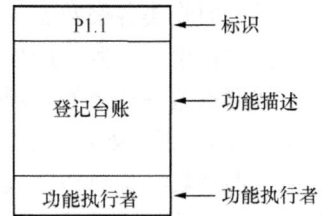

图 6-13　处理逻辑图示

（3）数据流。数据流表示数据的流向，是由一组确定的数据组成，可以是一个或多个基本数据项、组合数据项或记录，通常是一些单据、计划、报表的传递。数据流通常是处理功能的流入或输出，一般用一个水平箭头或垂直箭头表示，箭头指出数据的流动方向。通常在流线上方标明数据流的名称，但有时会是下方注明名称，上方标示编号，如图 6-14 所示。

（4）数据存储。数据存储表示数据保存的地方，不是指保存数据的物理地点或物理介质，而是指数据存储的逻辑描述。通常是与存储介质有关的账册、

图 6-14　数据流图示

单据簿或计算机的文件和数据库等。数据存储是对数据文件的读写处理，它通过数据流与处理逻辑和外部实体发生联系。当数据流的箭头指向数据存储时，表示将数据流的数据写入数据存储，反之则表示数据存储读取数据流的数据。在数据流程图中，一般是用右边开口的长方形表示，并在长方形内加一条竖线，左边标识数据存储的编号，右边标识数据存储的名称，如图 6-15 所示。

2. 数据流程图的绘制

数据流程图的主要作用是反映某一数据处理范围内其数据处理的功能、数据流和数据存储情况。数据流程图的设

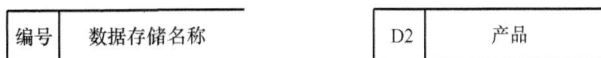

编号	数据存储名称		D2	产品

图 6-15　数据存储图示

计通常采用结构化系统分析方法，其基本思想是，自顶向下，由外向里，逐层进行分解。数据流程图是分层次设计的，因此一个系统的数据流程图是由一组不同细化级的数据流程图构成的。数据流程图的大小、详细程度要根据所要表达的系统的大小来决定。系统规模比较小时，用一张图来就可以表示全部细节；如果系统规模比较大，则可以先粗略地画出它的顶层图，以保证整个系统的概况可以一目了然，而把细节用下一层次的数据流程图来表示，这个过程被称为数据流程图的逐层细化。

（1）绘制数据流程图的原则。一般遵循"自顶向下、由外向里"的原则，即先确定系统的边界或范围，再考虑系统的内部，先画系统的输入和输出，再画系统的内部。识别系统的输入和输出；从输入端到输出端画数据流，并加上数据存储；数据流的命名要确切，能反映整体，易于理解；各种符号布置要合理，且分布均匀，应尽量避免交叉线，同时要协调父图和子图的数据流以达到平衡。

（2）数据流程图的绘制一般遵循以下步骤。

①画出系统的顶层数据流程图，也称为 TOP 图。顶层数据流程图确定系统与外部环境的关系，是对系统的高度概括。它把一个系统看作是一个整体，或一个总的数据处理模块，仅表明来自系统外部的数据流和系统流出的数据流，而未考虑内部各种存储结构、加工变换和数据流等逻辑关系，如图 6-16 所示为某订货系统的顶层数据流程图。

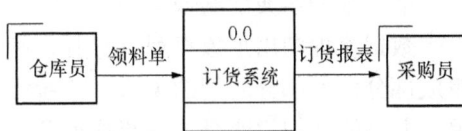

图 6-16　某订货系统的顶层数据流程图

②数据流程图一级细化。数据流程图一级细化是对顶层数据流程图的处理功能做进一步的分解，是对订货系统的进一步细化，如图 6-17 所示。

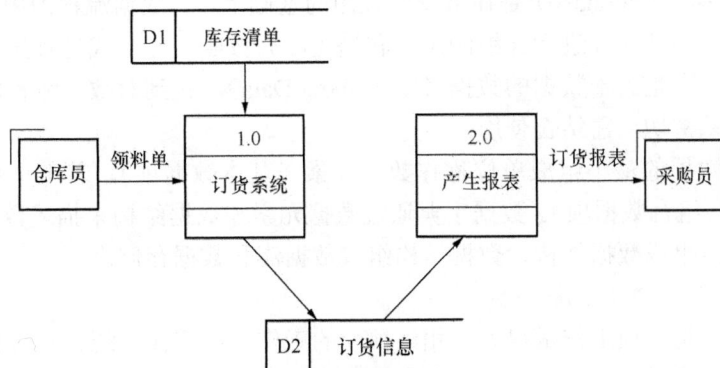

图 6-17　某订货系统的一级细化数据流程图

③数据流程图二级细化。数据流程图二级细化是在一级数据流程图的基础上，进一步对处理功能细化其部分功能。二级细化图可在一级细化图的基础上画出，也可单独画出该过程的二级细化图。对本例一级细化图中的订货系统进一步细化得出其二级细化流程图。其中产生的数据流出现重复，对其进行编号和细化，如图 6-18 所示为某订货系统二级细化数据流程图。

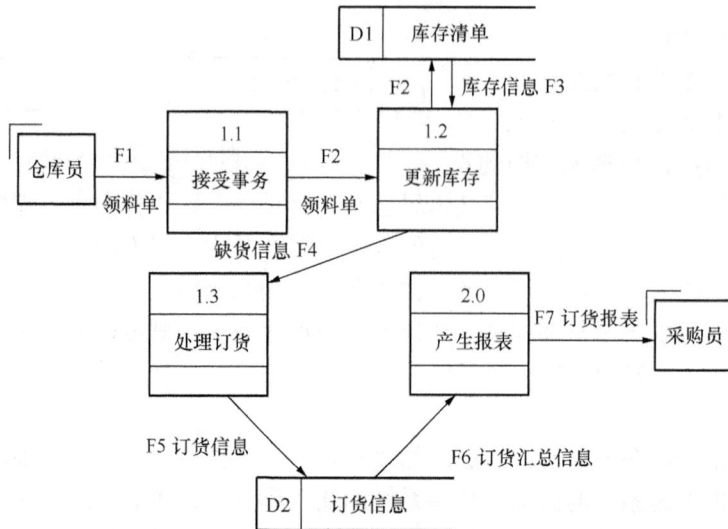

图 6-18 某订货系统的二级细化数据流程图

④根据需要进一步细化。根据上述方法和实际功能需要对数据流程图再做进一步细化。这种自顶向下逐层扩展的目的是把一个复杂的大系统逐步分解成若干个简单的系统。在细化的过程中要注意保持系统的完整性和一致性。如果细化的数据流程图已基本表达了系统所有的逻辑功能和必要的输入、输出，就可停止细化。

七、数据字典的制作

数据流程图用形象直观、容易理解的简单符号表达了系统的整体概况，即描述了系统的组成部分，各部分之间的关系，系统数据流动、存储与转换过程。但数据流程图还是过于抽象，并不能详细说明系统各组成部分数据的具体内容，会使人产生误解。比如，上述例子中库存清单包括哪些内容并没有体现。因此有必要对数据流程图中的各个元素进行详细定义和描述，这就是数据字典。

数据字典（Data Dictionary）是在数据流程图的基础上，对数据流程图中的数据流、数据存储、处理过程和外部实体进行详细的定义和描述，并按照一定方式进行排列所形成的一部关于数据的字典；它是关于数据的数据（Data about Data），起到对数据流程图进行补充说明的作用，两者联系密切，需结合使用。

数据字典把数据的最小组成单位称作数据元素（基本数据项），若干个数据元素可以组成一个数据结构（组合数据项）。数据字典通过数据元素和数据结构来描述数据流、数据存储等属性。数据元素组成数据结构，数据结构组成数据流和数据存储。

（一）数据字典的建立方法

建立数据字典是一项工作量很大、相当烦琐的工作，但它在系统开发过程中又起着非常重要的作用。一般来说数据字典的建立有 3 种方法：①人工方式。把各类数据字典条目，如数据项、数据结构、数据流、数据存储、数据处理和外部实体等定义写在一张张卡片上，或事先印好的表格中，然后按一定顺序排列，形成一本数据字典。②自动方式。把数据字典建立在计算机中，数据字典是关于数据的数据，采用这种自动化方式把所需的信息录入到计算机中，并运用计算机完成数据字典的各项维护工作，且便于修改、查询及共享。③半自动方式。利用现成的文字处理软件和绘图工具在计算机上建立数据字典，这种方法只能对数据字典进行编辑，无法自动完成维护工作，需人工配合。

（二）数据字典的内容

数据字典一般包括六大类内容：数据元素（数据项）、数据结构、数据流、数据存储、外部实体和处理逻辑。

1. 数据元素

数据元素（Data Element）也称数据项，是最小的数据组成单元，也就是不能再分的数据单位，如学号、姓名或年龄等。在数据字典的字义中，数据元素包括以下几个属性。

（1）名称。数据元素的名称是数据元素的标志，其命名应符合管理业务的要求，最好采用相关的术语，要尽可能地反映该数据元素的含义，便于理解和记忆。

（2）别名。同一个数据元素，尤其是公共的数据项，因为习惯上的原因，或用户的不同，或程序的不同，可能名称不止一个，但若干个名称指的都是同一个数据元素。例如，在教学管理系统中使用"学号"这个数据元素，而在学生管理系统中可能使用"学生学号"，学号和学生学号实际指的是同一个事物。有时候为了能够全面反映该数据元素的含义，其正式名称可能会很长，但在程序或数据库系统中，其字符个数是有限制的，为此需要给该数据元素起个别名，用较短的别名来代替该数据元素的正式名称。

（3）类型。用来说明数据元素的取值是哪一种类型，如是字符型还是数字型等。

（4）取值范围和取值的含义。数据元素可能取什么值或每一个值代表的意思。数据元素的取值可以分为离散型或连续型两类，如人的年龄取值为连续型的，取值范围为 0～150 岁。又如履历表表中，人的婚姻状况，如果用 1、2、3、4 四个数字分别表示未婚、已婚、离婚和丧偶，显然该数据元素的值域是离散的。一个数据元素是连续的还是离散的要根据具体情况而定。例如，一般用岁表示一个人的年龄，是连续的，但有时为了某些统计上的需要，年龄需要分段统计，常用幼年、少年、壮年和老年表示，或者为成年和未成年之分，这里年龄便是离散的。在有些情况下，不可能把某项数据元素的所有取值或其含义全部记录在数据字典中。例如"零件编号"如果它是由数字和字母组成，从理论上来讲其值是离散的，而且每一个数值都有具体的含义，表示一种具体零件的名称、规格、单价和供应单位等。如果某公司的零件各类很多，把"零件编号"这项数据元素的取值范围和取值含义全都记录在数据字典中是不可能的。这就需要单设一个文件，记录它的具体内容。一般来说，数据字典只记录数据的逻辑内容，而不记录它的具体物理内容。也就是只记录它的数据项，而不记录数据项的具体内容。

（5）长度。指出数据元素所占的字符或数字的个数，例如学生的学号有些学校用 7 个数字组成，则其长度为 7 个字节。通过长度可估计数据元素在计算机内所需要的存储容量。数据元素条目格式如图 6-19 所示，图 6-20 为一示例。

数据元素条目：	总编号：	编号：
名称：	别名：	
类型：	长度：	
取值范围：	数据值类型：	
有关数据结构：		
说明：		

图 6-19　数据元素条目格式

数据元素条目: 总编号: 1-101 编号: 101

名称: 学号 别名: S-NO
类型: (字符/数字) 长度: 7
取值范围: 0011101~9999999 数据值类型: (离散/连续) 离散
有关数据结构: 学生成绩, 学生卡
说明: 本校学生编码
有关编码说明:
×　×　×　×　×　×

编号
班号
专业代码
系或学院代号
入学年份

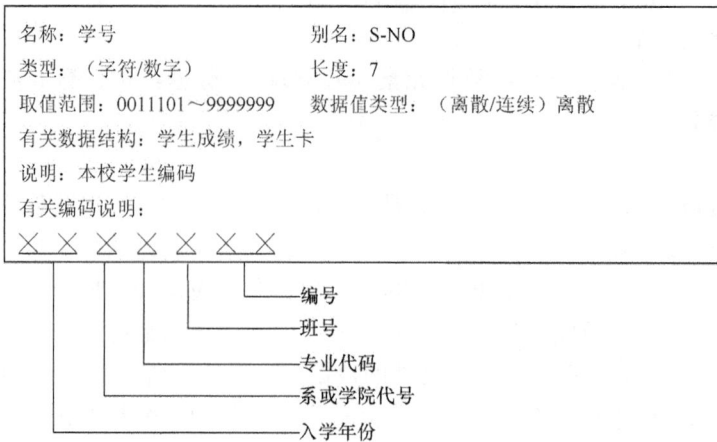

图 6-20 数据元素条目格式

2. 数 据 结 构

在数据字典中,数据之间存在着一定的关系,特别是组合关系,因此有必要对这种数据之间的关系进行定义。在数据字典中使用数据结构(Data Structure)对数据之间的组合关系进行定义。数据结构是一种逻辑的描述,说明这个数据结构包括哪些成分。数据结构是一个递归概念,即数据结构的成分也可以是数据结构,因此一个数据结构可以由若干个数据元素组成,也可以由若干个数据结构组成,还可以是由若干个数据元素和数据结构混合组成。例如教师情况是由教师代码、教师名称、地址、电话、电子邮件等数据元素组成的数据结构,企业用户订单的数据结构是由订货单表示、用户情况和配件情况三个数据结构组成的数据结构,其中订单表示由订单编号和日期两个数据元素组成,用户情况由用户代码、用户名称、用户地址、用户姓名、电话、开户银行和账号等数据元素组成,配件情况由配件代码、配件名称、配件规格和订货数量组成。一般一个数据结构由以下内容组成:①数据结构的编号,必须唯一地标识一个数据结构,以区别于系统中其他数据结构。②数据结构名称,一般情况下数据结构只有一个名称。③数据结构的形式,如果描述一个简单的数据结构,可直接列出它所包含的数据元素;如果是一个嵌套的数据结构,可只列出它所包含的数据结构名称。④数据结构的描述,简单描述数据结构的基本含义。⑤与之有关的数据结构和数据流以及与之有关的处理逻辑。如图 6-21 所示为数据结构的一个例子,其中基础性素质成绩和发展性素质成绩均为嵌套的数据结构。

名称: 学生总成绩记录表 总编号: 2-01
别名: TOTALMARK 编号: 01
说明: 记录整个学校学生的奖学金评定总成绩 相关的数据流、数据存储: BASEMARK、FAZHANMARK
结构:
学号
平均成绩
基础性素质成绩 数量: 每年约 1000 份
发展性素质成绩
综合分

图 6-21 数据结构例图

3. 数据流

数据流（Data Flow）表示数据的流向，数据字典中数据流有两类：一类是从外部实体流向系统中的数据流，一类是从系统流向外部实体的数据流。数据流可以是一个已定义的数据结构，也可以由若干数据元素和数据结构组成，一般包括以下几部分内容：①数据流的来源。数据流可以来自系统中的某个外部实体，如"学生考试成绩"来自外部实体"教师"，也可以来自系统中的某个数据存储或某个处理，如"学生学籍卡"来自数据存储"学生学籍"。②数据流的流向。数据流的流向可能不止一个，可能流向系统中的某个处理逻辑，也可能流向系统中的某个或若干个外部实体，如"新生学生登记表"流向处理功能"建立档案"，前表中"更新库存"流向"处理订货"和"库存清单"两个方向。③数据流的组成。指数据流包含的数据结构，一个数据流可包含一个或多个数据结构，若包含一个数据结构，则数据流和数据结构的名称要统一，否则会产生二义性。④数据流的流通量。指单位时间（每日、每小时等）内的传输次数，它可以用来估计平均最高或最低流量大小，以便在设计系统时把握其处理能力。⑤高峰时的流通量（峰值）。指某些业务处理频率的时间性，如奥运会订票系统一般会在发布当天业务最繁忙，要处理的订单最多，有时可能集中在发布后的一个小时内，这段时间称作"高峰时期"。一定要估计这段时间的数据流的流量，否则将会造成系统的瘫痪。如图 6-22 所示为数据流示意图。

```
名称：期末成绩单                          总编号：3-05
简要说明：学期结束时，任务说明教师填写的成绩单   编号：005
数据流来源：教师
数据流流向：统计成绩
包含的数据结构：                           流通量：2000 份/学期
    科目名称
     考试
     考查
    学生成绩
        学号
        姓名
        成绩
     任课教师
```

图 6-22 数据流条目示例图

4. 数据存储

数据存储（Data Store）是指数据结构存储或数据停留的地方，也是数据流的来源和去向之一，它是信息系统的资源，用户要从系统中获取的全部数据都来自于数据存储。在数据字典中只涉及数据存储的逻辑结构，不涉及数据存储的物理结构，如图 6-23 所示为一数据存储的示例。一个数据存储至少包含一个或若干个数据结构，其内容大致包括以下几项：①数据存储编号及其主要内容。数据存储的编号和名称应具有唯一性，且与数据流程图中表示的编号和名称是一致的，在不同数据流程图中同一数据存储应该标识相同的编号和名称。②说明。描述数据存储的主要内容。③输入数据流。流向此数据存储的数据。④输出数据流。它是从该数据存储流出的数据。⑤数据存储的组成，即其包含的数据结构。⑥有无立即查询要求等。

```
名称：学生成绩表                        总编号：3-01
说明：记录学生的成绩情况                   编号：01
                                   有关的数据流：
结构：                               输入数据流：
    号码
    学号
    成绩                            输出数据流：
                                   信息量：
                                   有无立即查询：有
```

图 6-23　数据存储示例图

5. 外部实体

外部实体（Exterior Entity）是指数据的来源和去向，在数据字典中包括以下几项内容：①外部实体的编号和名称。②说明。描述外部实体的基本含义。③有关的数据流。外部实体产生的数据流、接收到的数据流。④外部实体的数量。对估计系统的业务量有参考作用，尤其是关系密切的主要外部实体。如图 6-24 所示为一外部实体的示例，其中学生这个外部实体与学籍管理系统有很多联系。

```
名称：学生                            总编号：04-001
说明：在校接受教育的对象                   编号：001
有关的数据流：
输入数据流：学生名单
输出数据流：成绩单
                                   信息量：
                                   有无立即查询：有
```

图 6-24　外部实体示例图

6. 处理逻辑

处理逻辑（Processing Logic）是指数据流程图中数据的基本处理过程，即数据流程图中最底层的处理功能。每一个处理逻辑就是一个小程序，可以使用判断树、判断表和结构化语言等进行描述，在数据字典中通常仅作简单的描述。处理逻辑通常包括：①处理逻辑编号、名称和数据流程图中所有的层次号。②说明。简要说明该处理逻辑的功能，以及在什么场合下使用。③处理逻辑的输入和输出。指输入到这个处理逻辑的数据流和由这个处理逻辑输出的数据流，有时还要指出输入数据流的来源和输出数据流的流向。④处理逻辑的描述。可用处理逻辑表达工具描述处理逻辑的功能，有时可使用公式等方法进行描述。如图 6-25 所示为一数据处理逻辑示例图。

```
名称：计算学生成绩                                   总编号：05-001
层次号：1.1.1                                      编号：001
说明：依据学生平时成绩和期末试卷成绩所占的权重计算学生成绩
输入数据流：平时成绩、期末成绩单
输出数据流：成绩单
处理功能：平时作业成绩30%，期末试卷成绩70%
处理过程：根据平时作业成绩和出勤成绩确定平时成绩；
        根据期末试卷成绩确定试卷成绩
计算公式：学生成绩＝平时成绩×30%＋试卷成绩×70%
```

图 6-25　处理逻辑示例图

建立数据字典的工作量很大，且相当复杂，但技术性不高，因此很多技术人员不愿意建立数据字典。然而，这项工作是必不可少的，而且在后期开发过程中起着重要的基础作用。在系统分析阶段通过它可以发现漏掉的数据，在系统设计阶段则根据它进行设计，而系统建成后它是系统维护的必要依据。

八、处理逻辑描述

数据流程图中的处理逻辑有的比较简单，有的比较复杂。对于比较简单的处理逻辑，在数据字典中可以描述清楚，但对于比较复杂的处理逻辑，文字描述则无能为力。处理逻辑的描述关系到程序员是否能够准确地利用计算机程序来实现处理过程，其描述是否正确、容易理解是至关重要的。因此对于相对比较复杂的处理逻辑必须运用相应的描述工具进行详细、准确的说明。

（一）处理逻辑的识别

处理逻辑指的是业务人员处理业务的算法和逻辑关系。处理逻辑分析是对业务流程分析和数据流程分析的补充，也是设计系统处理模块的依据。

每个处理逻辑必然有处理的原始数据和输出数据，以及处理的逻辑关系和算法。对每个处理过程调查内容如下：①该处理逻辑有哪些输入数据，包括调查输入单据或报表上的各项数据。②经处理后的输出是什么，包括哪些数据项内容。③了解各项数据的生成途径（算法模型）。

（二）处理逻辑过程描述工具

常用的描述处理逻辑的工具有判断树、判断表和结构化语言等方法。如用文字表达这种多元的逻辑关系，不仅十分繁琐，而且难以看清，如果采用相应描述工具则可以清晰地表达条件、决策规则和应采取的行动之间的逻辑关系，容易为管理人员和系统分析人员所接受。

（1）判断树。它也称为决策树，是采用树型结构来表示处理逻辑的一种方法。判断树用来描述在一组不同的条件下，决策的行动根据不同条件来选择的处理过程。采用判断树描述处理逻辑，从图形上可以一目了然地看清用户的业务在什么条件下应采取什么样的处理方式，一个树枝代表一组条件的组合和相对应的一种处理方式。如图 6-26 所示是一张用于订货折扣的判断树。

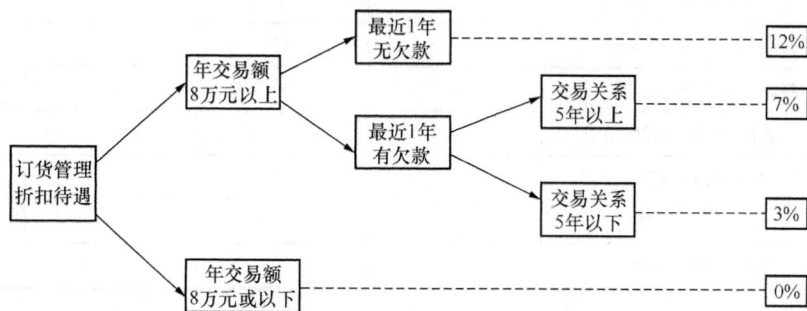

图 6-26 订货折扣处理判断树

图中的三个分叉分别表示了三个条件，第一个分叉表示交易额，第二个分叉表示欠款情况，第三个分叉表示交易关系维持年限。该判断树清楚地显示了企业销售部门根据用户的不同情况采取的不同处理方式，简洁地描述了销售人员在执行客户订货折扣政策时的判断和决策过程。从上图可看出，判断树的特点是直观清晰，易于检查和修改，且无二义性；但用于描述复杂的条件组合关系时则无能为力。

（2）判断表（决策表）。如果判断的条件较多，各个条件又相互组合，则相应的决策就比较复杂，这种情况下如用判断树就比较困难，这时可采用判断表。

判断表是采用表格方式来描述处理逻辑的一种工具，也称决策表，即用二维表格直观地表达具体条件、决策规则和应当采取的行动策略之间的逻辑关系。判断表的内容由条件说明、行动说明、条件组合和行动选择构成，用 Y 表示条件满足，用 N 表示条件不满足，用"√"等符号表示应采取的行动。如上例中用判断表则如表 6-2 所示。

表 6-2　　　　　　　　　　　　　　订货折扣处理判断表

	条件及行动	1	2	3	4	5	6	7	8
条件组合	C1：交易额 8 万元以上	Y	Y	Y	Y	N	N	N	N
	C2：最近 1 年无欠款	Y	Y	N	N	Y	Y	N	N
	C3：交易关系 5 年以上	Y	N	Y	N	Y	N	Y	N
所应采取的行动	A1：折扣率 12%	√	√						
	A2：折扣率 7%			√					
	A3：折扣率 3%				√				
	A4：折扣率 0%					√	√	√	√

从上面的判断表中可以看出，有些条件组合有相同的行动，有的条件组合则没有实际的意义。对于那些有相同行动的条件组合，可以采取合并的方式；对于没有意义的条件组合则采取删除的方式，达到优化判断表的目的。因此，在原判断表的基础上，要进行一系列的整理和综合分析工作，最后得到简单明了、具有实际意义的判断表。如表 6-3 所示是简化后的判断表，表中的"－"符号既可以表示 Y，也可以表达 N，即与相应条件无关。

表 6-3　　　　　　　　　　　　简化后的订货折扣处理判断表

	条件及行动	1	2	3	4
条件组合	C1：交易额 8 万元以上	Y	Y	Y	N
	C2：最近 1 年无欠款	Y	N	N	－
	C3：交易关系 5 年以上	－	Y	N	－
所应采取的行动	A1：折扣率 12%	√			
	A2：折扣率 7%		√		
	A3：折扣率 3%			√	
	A4：折扣率 0%				√

（3）结构化描述语言。结构化描述语言是一种模仿计算机语言（介于自然语言和计算机程序设计语言之间）的处理逻辑描述方法。它没有严格的语法，采用很简洁的词汇来表述处理逻辑，既可以用英语表达，也可以用汉语表达。使用由 IF、THEN、ELSE 等词组成的规范化语言，根据结构化程序设计的思想，采用 3 种基本逻辑结构来描述处理逻辑，即顺序结构、循环结构和判断结构。对订货折扣处理逻辑的结构化描述语言表示如图 6-27 所示。

```
IF    购货金额在8万元以上

THEN    IF    最近1年无欠款

            THEN    折扣率为12%

        ELSE    IF    与公司交易5年以上

                THEN    折扣率为7%

                ELSE    折扣率为3%

ELSE    无折扣
```

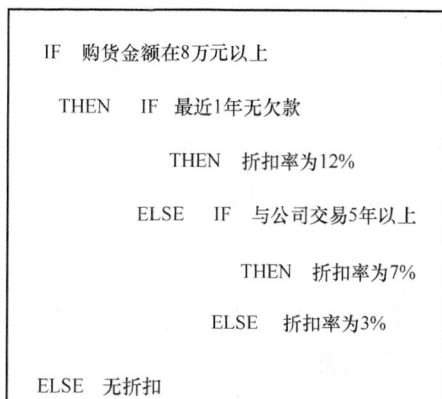

图6-27　结构化描述语言示例

为了进一步描述处理逻辑和输入输出数据（数据库和数据流）之间的关系，可采用输入/输出与处理逻辑关联图（IPO图）的形式来描述，如图6-28所示。

图6-28　输入/输出与处理逻辑关联图

第三节　新系统逻辑模型

新系统逻辑方案指的是经分析和优化后，新系统拟采用的管理模型和信息处理模型，为区别于计算机配置方案和软件结构模型方案等实体结构方案，故称为逻辑方案。通过详细地调查情况，对现行系统的业务流程、数据流程、处理逻辑等进行深入的系统分析是为最终确立新系统的逻辑方案做准备。因此新系统逻辑方案的建立是系统分析阶段的最终成果，对于下一步系统设计和实现起到关键的基础作用。新系统的逻辑模型主要包括新系统的目标、新系统的子系统划分、新系统业务流程、新系统数据流程、数据输入和输出分析等，它们是系统分析阶段最终结果的综合体现。

一、新系统目标

通过对现行系统的详细调查，已对系统目标和功能等作了深入分析和研究。在新系统逻辑模型建立之前，必须确定比较明确和具体的系统目标。

（一）系统功能目标

系统功能目标是指系统所能处理的特定业务和处理这些业务的质量。衡量系统功能质量的依据有：系统为管理者提供信息的数量和质量，管理者对系统提供的信息程度、方式和内容的满意程度，以及新系统建成后为管理者提供原系统无法提供的便利等。

（二）系统技术目标

系统技术目标是指系统应具有的技术性能和应当达到的技术水平，常用的衡量指标有：运行效率、响应速度、吞吐量、可靠性、灵活性、可维护性、操作使用的方便性和通用性等。

（三）系统经济目标

系统经济目标是指系统开发的预期投资费用和预期经济效益。预期投资费用可分别从研制阶段和运行维护阶段进行估算。预期经济效益则应从直接经济效益和间接经济效益两方面进行预测。直接经济效益可用货币额来量度，间接经济效益往往从加强管理水平、优化管理方法、提高客户满意度和员工管理素质等方面考虑。

二、新系统的子系统划分

（1）子系统划分的原则。为了便于今后的系统开发和系统运行，子系统的划分应遵循以下几点原则：①子系统要具有相对独立性。子系统的划分必须使得子系统内部功能、信息等各方面的凝聚性较好。在实际中我们都希望每个子系统或模块相对独立，尽量减少各种不必要的数据调用和控制联系，并将联系比较密切、功能近似的模块相对集中，这样对于以后的搜索、查询、调试、调用都比较方便。②要使子系统之间数据的依赖性尽量小。子系统之间的联系要尽量少，接口要简单、明确。一个内部联系强的子系统对外部的联系必然很少，所以划分时应将联系较多者列入子系统内部。这样相对集中的部分均已划入各个子系统的内部，剩余的一些分散、跨度比较大的联系，就成为这些子系统之间的联系和接口。这样划分的子系统，对于将来调试、维护和运行都是非常方便的。③子系统划分的结果应使数据冗余降低。如果忽视这个问题，则可能会使相关的功能数据分布到各个不同的子系统中，大量的原始数据需要调用，大量的中间结果需要保存和传递，大量计算工作将要重复进行。从而使得程序结构紊乱，数据冗余，如此不但给软件编制工作带来很大的困难，而且系统的工作效率也会大大降低。④子系统的设置应考虑今后管理发展的需要。子系统的设置仅靠上述系统分析的结果是不够的，因为现存的系统由于这样或那样的原因，很可能没有考虑到一些高层次管理决策的要求。⑤子系统的划分应便于系统分阶段实现。信息系统的开发是一项较大的工程，它的实现一般都要分期分步进行，所以子系统的划分应能适应这种分期分步的实施。另外，子系统的划分还必须兼顾组织机构的要求（但又不能完全依赖于组织，因为目前我国在进行体制改革，组织结构相对来说是不稳定的），以便系统实现后能够符合现有的情况和人们的习惯，更好地运行。⑥子系统的划分应考虑到对各类资源的充分利用。对各类资源的合理利用也是子系统划分时应该注意到的。一个适当的子系统划分应该既要考虑有利于各种设备资源在开发过程中的搭配使用，又要考虑到各类信息资源的合理分布和充分使用，以减少系统对网络资源的过分依赖，并减少输入、输出、通信等设备压力。

（2）子系统划分的方法。有关子系统划分的方法目前主要有6类，如表6-4所示。其中，按功能划分是目前最常用的一种子系统划分方法。

表6-4　　　　　　　　　　　子系统划分方法

序号	方法分类	划分方式	连接形式	可修改性	可读性	紧凑性
1	功能划分	按业务处理功能划分	好	好	好	非常好
2	顺序划分	按业务先后顺序划分	好	好	好	非常好
3	数据拟合	按数据拟合程度划分	好	好	较好	较好
4	过程划分	按业务处理过程划分	中	中	较差	一般
5	时间划分	按业务处理时间划分	较差	较差	较差	一般
6	环境划分	按实际环境和网络分布划分	较差	较差	较差	较差

例如，如果我们在第二节"四、管理功能调查"中分析功能业务一览表时，完全是按规范化进行的，则这个划分就是按功能划分的；按业务处理顺序划分的依据就是第二节"五、业务流程调查"中关于业务流程分析的结果，这种划分方式在一些时间和处理过程顺序特别强的系统中常常被采用；按数据拟合程度来划分是指按数据而不是按该子系统内部尽量集中来划分子系统，采用这种划分方式的子系统内部聚合力强，外部通信压力小；按业务处理过程划分子系统，严格地说这不是一种很好的方式，但在某些系统开发资源限制较大的场合，特别是要分段实现开发工作时，不得已而被采用；最后两种划分指的是按业务处理的时间关系或业务展开的环境条件来对系统进行划分，严格地说它们也是不太合理的划分方法，但在某些特定的场合也有采用这些划分的情况。表 6-4 中的比较指标是根据一般情况而言的，在实际对系统进行设计时仍应以系统分析的具体结果而定，不能笼统、绝对地评价好坏。

划分子系统其实就是建立新系统的功能模型，在组织结构与功能分析时，对系统必须具有的功能做了详细的调查和分析，通过对子系统的划分，建立了新系统的功能模型。在确定新系统的子系统时，必须再次进行分析讨论。实际在开发一个系统时，常用的系统划分方法就是第五章"第一节　系统规划概述"中介绍的以过程/数据分析结果为主，兼顾组织实际情况的划分方法。这种方法划分所得的子系统内部数据联系紧密、独立度高、便于维护、设计和分工调试。

三、建立新系统业务流程

建立新系统业务流程不仅是对企业业务过程进行描述的过程，还是企业业务过程的重组与优化的过程。在业务流程分析的过程中，已经对原系统的业务流程进行了分析与优化，在确定新系统的逻辑模型时，还应再次分析与讨论。

对企业的业务流程进行分析讨论，找出其中仍不合理的地方，删去或合并那些多余的或重复处理的过程。对业务流程中不合理的过程进行优化，分析优化后将带来的益处。确定新系统的业务流程，明确业务流程图中哪些部分在新系统可以完成、哪些部分需要用户配合完成。

四、新系统数据特征分析

数据特征分析是为以后的设计工作做准备，其主要包括以下内容。①数据的类型及长度确定。数据是字符型还是数字型、是定长的还是变长的以及其他特殊要求（如精度，正、负号等）。②合理的取值范围。这是数据输入、校对和审核所必需的。③ 哪些业务使用这些数据。④数据流量。单位时间内的业务流量、使用频率、存储和保留的时间周期等。⑤重要程度和保密程度。

五、新系统数据流程分析

新系统的数据流程图是新系统"做什么"的逻辑基础，在数据流程分析的过程中，已经对原系统的数据流程进行了分析与优化，在确定新系统的逻辑模型时，还应再次加以分析和讨论。

确定新系统的数据和数据流程的具体内容包括：①与用户讨论数据指标体系是否全面合理，数据精度是否满足要求等有关内容，确认最终的数据指标体系和数据字典；②对数据流程进行分析讨论，找出数据流程中仍不合理的地方；③对数据流程中仍不合理的过程进行优化，分析优化后将带来的益处；④确定新系统（优化后）的数据流程。

六、新系统输入/输出分析

新系统建立后，要检查数据守恒，即对输入数据与输出数据进行分析。这包括：分析输入与输出数据是否匹配；分析讨论高层数据流程图中出现的数据流、数据存储、外部实体是否在数据流程图中反映出来；每一个数据存储是否适当命名，是否都有写入和读出的数据流；处理功能是否都有输入与输出数据流；数据流的名称是否合理；处理逻辑的标识是否唯一，并且表明了层次关系等。保证每一个数据流至少有一端是处理框，数据不能从外部实体直接进入数据存储，也不能从数据存储直接流向外部实体。

七、新系统配置要求分析

新系统应该根据用户需求、管理业务和管理模式的要求对系统运行环境进行分析，保证系统正常使用，其主要内容为现行系统计算机应用的状况及水平、目前国内外计算机应用的状况、系统计算机资源的配置等。

（一）现行系统计算机应用的状况及水平

现行系统计算机配置及应用状况调查，可通过相关计算机配置及应用状况调查表格分析整理；现行系统计算机人员配置状况及水平调查，可通过相关计算机人员配置状况及水平调查表格分析整理。

（二）系统计算机资源配置

根据现行系统计算机应用情况、新系统的目标和要求，以及新系统的逻辑结构模型，对新系统计算机逻辑配置进行分析。它是系统设计阶段确定新系统计算机物理配置的重要依据。对一个管理信息系统来说，需要提出若干计算机配置方案。

（1）设备选配的依据。设备选择与配置应当根据实际情况确定，即按系统分析各步骤调查研究的结果，考虑配置设备。具体来说，有总体方案、容量、外设、终端及网络的配置、速度和软件五个方面。

（2）硬件设备的配置。硬件设备的配置主要指主机、辅机、外围设备、通信设备、网络设备、办公自动化设备和接口设备等的选择和配置。

（3）系统软件配置。系统软件由支持应用程序运行的一些计算机程序组成，包括汇编程序、各类语言的编译程序、维修机器的诊断程序、各类操作系统及数据库管理系统等。

（4）工具软件的选择。工具软件指开发管理信息系统时，能起到某些通用工具作用的应用软件。这些软件可以加快管理信息系统开发的进度、提高开发的质量，分析人员可以根据情况选择购买。

（5）应用软件开发分析。应用软件是为解决某类应用问题而专门编制的程序，一般分为应用程序包和自编程序两种。这类程序优化经验丰富，一般情况下编制质量和运行质量都较高，用户使用方便。对于管理信息系统开发来说，自编程序是不可缺少的，因此需要作出是购买还是开发的决策。

第四节 系 统 分 析 报 告

新系统逻辑模型建成后，就要编写系统分析报告。

一、系统分析报告的意义

系统分析报告在整个系统建设过程中有着非常重要的意义：①它展示了系统调查和系统分析的结果——新系统逻辑模型。经过系统调查和分析，已经完成了建立新系统逻辑模型的任务，即已经完成了整个系统分析阶段的工作，作为该工作阶段的一个工作成果，应提交一份完整的系统分析说明书。②它是用户、开发人员和专业技术人员交流的工具。系统分析报告形成后，必须组织各方面的人员，即组织的领导、管理人员、专业技术人员、系统分析人员等一起对已经形成的逻辑模型进行论证，尽可能地发现其中的问题、误解和疏漏。对于问题、疏漏要及时纠正，对于有争论的问题要重新核实原始调查资料或进一步地深入调查研究，对于重大的问题甚至可能需要调整或修改系统目标，重新进行系统分析。③它是下一阶段系统设计和实现的依据以及系统验收的检验标准。系统分析报告一经用户认可接受后，就成为具有约束力的指导性文件，也成为下一步系统设计与实现的纲领性文件。

二、系统分析报告的内容

系统分析报告具有重要的作用，因此报告应尽量简单易懂。编写时通常采用结构化分析方法，尽量用图表工具表达，并加上一定的文字描述，文字起联系各种图表的作用，所以应尽量简洁，表达图表所不能表达的内容。分析报告一般包括以下几部分内容。

（1）组织概述。主要对组织的基本情况进行简单介绍，包括组织的结构，组织的工作过程和性质，外部环境，与其他单位之间的物质、信息交换关系以及用户提出开发新系统请求的主要原因等。

（2）系统调查与分析工具。内容包括系统调查与分析的原则以及方法。

（3）现行系统分析。包括现行系统现状调查说明：现行系统目标、规模、界限、主要功能、组织机构等；绘制现行系统业务流程图和现行系统数据流程图；指出现行系统存在的主要问题和薄弱环节等。

（4）新系统目标和开发可行性分析。在系统详细调查和分析的基础上，根据系统现状和环境的约束条件，确定新系统的名称、目标和主要功能，新系统拟采用的开发策略和开发方法、人力、资金及计划进度的安排，可行性分析结果等。

（5）新系统逻辑方案。建立并逐步完善新系统功能模型和功能说明以及新系统数据模型和逻辑设计说明。

（6）对新系统运行环境说明。

（7）遗留问题。根据目前条件，指出暂时无法满足的一些用户要求或新系统设想，并提出今后解决的措施和途径。

（8）系统实施的初步计划。这部分内容因系统而异，通常包括与新系统相配套的管理制度、运行体制的建立，以及系统开发资源与时间进度估计、开发费用预算等。

案例 某锻造厂系统分析方法分析

某锻造厂是以生产解放、东风140和东风130等汽车后半轴为主的小型企业，现在年生产能力为1.8万根，年产值为130元。半轴生产工艺包括锻造、热处理、机加工、喷漆等23道工序，由于设备陈旧，前几年对某些设备进行了更换和改造，但效果不明显，生产能力仍然不能提高。厂领导急于要打开局面，便委托M咨询公司进行咨询。M咨询公司采用系统分析进行诊断，把半轴生产过程作为一个系统进行解剖分析。通过限定问题，咨询人员发现，在半轴生产23道工序中，生产能力严重失调，其中班产能力为120～190根的有9道工序，主要是机加工设备。班产能力为70～90根的有6道工序，主要是淬火和矫直设备。其余工序班产能力在30～45根之内，都是锻造设备。由于机加工和热处理工序生产能力大大超过锻造工序，造成前道工序成为"瓶颈"，严重限制后道工序的局面，使整体生产能力难于提高。所以，需要解决的真正问题是如何提高锻造设备能力？

在限定问题的基础上，咨询人员与厂方一起确定出发展目标，即通过对锻造设备的改造，使该厂汽车半轴生产能力和年产值都提高 1 倍。

围绕如何改造锻造设备这一问题，咨询人员进行深入调查研究，初步提出了四个备选方案，即：新装一台平锻机；用轧同代替原有夹板锤；用轧制机和碾压机代替原有夹板锤和空气锤；增加一台空气锤。

咨询人员根据对厂家人力物力和资源情况的调查分析，提出对备选方案的评价标准或约束条件，即：投资不能超过 20 万元；能与该厂技术水平相适应，便于维护；耗电量低；建设周期短，回收期快。咨询小组吸收厂方代表参加，根据上述标准对各备选方案进行评估。第 1 个方案（新装一台平锻机），技术先进，但投资高，超过约束条件，应予以淘汰。对其余三个方案，采取打分方式评比，结果第 4 方案（增加一台空气锤）被确定为最可行方案，该方案具有成本低，投产周期短，耗电量低等优点，技术上虽然不够先进，但符合小企业目前的要求，客户对此满意，系统分析进展顺利，为该项咨询提供了有力的工具。

本 章 小 结

系统分析是管理信息系统开发的重要的环节。本章介绍了系统分析的目的、任务和工作内容，以结构化分析方法为主，介绍了系统分析的主要步骤。其中详细调查是系统分析的第一步，对既定组织的现行系统进行详细而深入地调查，了解现行系统的组织结构、业务流程、功能体系和信息详情，彻底分析组织内部的管理状况和相应的处理过程。在分析清楚现行系统存在的问题后，根据用户的实际需求、结合现代管理新思想和计算机处理技术的特点，对系统处理流程、数据处理流程进行调整与优化，从而建立新系统的逻辑模型，包括数据流程图和数据字典等。

本章还利用个别实例对数据流程图和数据字典进行补充说明，从而使内容更加具体化。

习 题

1. 试述系统分析的目标和内容及系统分析在管理信息系统开发过程的作用。
2. 组织结构调查的内容有哪些？
3. 业务流程的作用及描述对象有哪些？
4. 什么是数据流程图？其作用和组成有哪些？
5. 数据字典在系统分析中有什么作用？其包括哪些条目，如何定义这些条目？
6. 处理逻辑用什么工具来描述？其特点是什么？
7. 数据根据其特性分为几类？
8. 选择一个企业中一个相对独立的部门，在系统规划的基础上，建立新系统的逻辑模型，按照系统分析步骤进行，包括绘制其业务流程图、数据流程图，并编写相应的数据字典。

第七章 MIS 系统设计

MIS 系统设计是根据系统分析阶段提出的新系统逻辑模型建立各种技术指标并进行详细的物理设计、建立物理模型。本章对 MIS 系统设计的原则、目标、任务及采用的各种方法进行介绍，并从总体结构设计、平台设计、详细设计等方面探讨新系统的物理设计问题。

第一节 系 统 设 计 概 述

一、系统设计的原则

MIS 系统设计应该遵循以下主要原则。

（1）系统性。系统设计应该从整个系统的角度进行考虑，用整体的观点，要有统一的信息代码、统一的数据文件格式、统一的数据处理方式，以最少的输入数据满足同样的输出要求，使一次输入能得到多次使用。

（2）柔性化。组织在环境中不断发生变化，为保持系统的长久生命力，在系统设计时应使系统具有较强的环境适应性。

（3）可靠性。指系统抵抗外界干扰的能力，以及受外界干扰时所具有的恢复能力。一个成功的管理信息系统必须具有较强的稳定性、较好的系统开放性和结构的可变性。

（4）经济性。指在满足系统基本需求的前提下，应尽可能减少系统的其他费用。一方面，硬件投资上满足应用需要时，不要盲目追求技术上的先进；另一方面，系统设计应尽量简洁，缩短处理流程，减少处理费用。

（5）安全性。系统的硬件和软件要有免遭故意或偶然损害的能力，要有保护数据不丢失、不泄露、不改动和被销毁的能力，具有限制数据传播范围（保密）的能力。

系统设计要使用标准的工具和准则来进行，这就是所谓的"结构化系统设计"的思想。结构化系统设计就是"用一组标准的准则和工具帮助系统设计员确定系统应该由哪些模块、用什么方式连接在一起，才能构成一个最好的系统结构"。

结构化设计方法的基本思想是：使系统模块化，即把一个系统自上而下逐步分解为若干个彼此独立而又有一定联系的组成部分。对于任何一个系统都可以按功能逐步由上而下、由抽象到具体，逐层将其分解为一个多层次的，具有相对独立功能的模块所组成的系统。

采用模块化设计可以使整个系统设计简单，结构清晰，可读性、可维护性增强，提高系统的可运行性，同时也有助于信息系统的开发和管理。

模块化设计应遵守以下原则：①对于一个复杂的系统，采用系统的观点，按照"自顶向下"的原则将系统分解成若干个功能模块，形成层次结构。②采用图表工具，即结构图来表达最初方案和优化结果。③有一组基本的设计策略，将数据流程图转换成结构图。④用一组基本的设计原则对这个最初方案进行优化。⑤设计一组评价标准和质量优化技术。

二、系统设计的目标与内容

（一）系统设计的目标

管理信息系统设计阶段主要目的是将系统分析阶段所提出的、充分反映用户信息需求的新系统逻辑模型转换成可以实施的、基于计算机与网络技术的物理（技术）模型。建立一个新的信息系统，用户总是期望它在原有的基础上有所改进：①能够更快捷、更准确、更多地提供信息。②能够提供更新的信息。③能够具有更多、更细的处理功能。④能够提供更有效、更科学的管理方法。

总体来讲，系统设计的目标是在保证实现系统逻辑模型的基础上，尽可能地提高系统的各项指标，即系统的运行效率、可靠性、可修改性、灵活性、通用性和实用性。从保证系统的变更性入手，设计一个易于理解、容易维护的系统。

（二）系统设计的内容

系统设计主要任务是从信息系统的总体目标出发，根据系统分析阶段对系统逻辑功能的要求，并考虑到经济、技术和运行环境等方面的条件，确定系统的总体结构和系统各组成部分的技术方案，合理选择计算机和通信的软硬件设备，提出系统的实施计划，如图 7-1 所示。系统设计阶段的工作包括以下主要活动。

（1）总体结构设计。总体结构设计也称为概要设计，根据系统分析建立的系统逻辑模型和需求说明书，完成系统总体结构模块化设计，构建系统的功能模块结构图。

（2）系统平台设计。确定计算机系统的硬件和软件配置方案，此外还包括：①网络设计。设备配置、通信网络的选择、访问协议的选择和设计。②安全设计。完成系统安全措施的制定以及安全技术的设计。

（3）系统详细设计。系统详细设计是系统总体设计的深入，对总体设计中各个具体任务选择适当的技术手段和处理方法，具体包括：①代码设计。代码设计规则、编码设计和代码维护设计。②数据模型设计。包括数据库设计、数据库安全保密设计等。③输入/输出设计。输入设计和输出设计，完善用户界面（人机界面）的框架设计。

（4）系统设计报告。对上面的任务完成的成果编制标准性的文档。

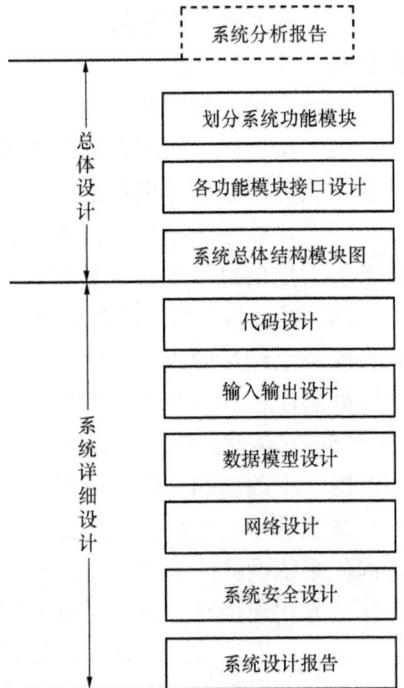

图 7-1　系统设计图

三、系统设计的方法与步骤

20 世纪 70 年代以来，出现了许多种系统设计方法，其中结构化设计方法是最基本的一种方法，此外又出现了原型法和面向对象的系统设计方法。

（1）结构化系统设计方法（Structured Design，SD）。结构化系统设计方法在 1974 年由美国 IBM 公司的 W·Stevens 等人首先提出，是应用最广泛的一种方法，可同结构化分析和结构化程序设计方法前后衔接起来使用。结构化设计方法在设计过程中重视系统的结构构造，它强调组织系统的模块、数据、功能结构以及它们之间的接口，并提出了一种用于编制模块结构图的方法，评判模块结构图设计优劣的标准及设计出具有良好系统结构的方法。

1）结构化系统设计的基本思想。结构化系统设计采用一组标准的准则和工具，利用分解的方法，以系统的逻辑功能和数据流程图为基础，通过"自顶向下"和"逐层分解"的方法把系统划分成若干子系统，这样，复杂的系统就转变成多个简单模块，模块又可以转变为子模块，层层划分后形成大小适当、功能明确且具有独立性的一个个模块，从而构造出系统模块结构图。

2）结构化系统设计的特点。结构化系统设计的基本特点有：①由问题结构导出系统结构；②通过层次分解来简化系统；③运用了一系列图表工具；④提供了一系列设计策略；⑤提供了一组评价系统设计质量的准则。

（2）原型法。原型法是在 20 世纪 80 年代中期为了快速开发系统推出的一种开发模式，旨在改进传统的结构化生命周期法的不足，缩短开发周期，减少开发风险。其理念是在获取一组基本需求之后，快速地构造出一个能够反映用户需求的初始系统原型，让用户看到未来系统概貌，以便判断哪些功能是符合要求的，哪些方面还需要改进，不断地对这些需求进一步补充、细化和修改，依次类推，反复进行，直到用户满意为止并由此开发出完整的系统。

（3）面向对象的系统设计方法。面向对象是近 20 年来国内外 IT 行业最为关注的技术之一，面向对象技术是一种按照人们对现实世界习惯的认识论和思维方式来研究和模拟客观世界的方法论。它将现实世界中的任何事物都视为"对象"，将客观世界看成是由许多不同种类的对象构成的，每一个对象都有自己的内部状态和运动规律，不同对象之间的相互联系和相互作用就构成了完整的客观世界。面向对象方法（Object Oriented，简称 OO 方法）克服了传统的功能分解方法只能单纯反映管理功能的结构状态、数据流程模型只侧重反映事物的信息特征和流程、信息模拟只能被动地迎合实际问题需要等缺点，构成以系统对象为研究中心，为信息管理系统的分析与设计提供了一种全新的方法。

系统设计人员也被称为系统设计师（System Designer），参与系统开发的整体设计、模块设计及各种具体的实体设计工作，具有熟练的计算机专业知识，掌握建立 MIS 的基础技术，具有较强的逻辑思维能力和责任感，熟悉系统实施与转换的技术、方法。

第二节　系 统 总 体 结 构 设 计

系统总体结构设计是根据系统分析的要求和组织的实际情况，对新系统的总体结构和可利用的资源进行大致设计，它是一种宏观的、总体上的设计和规划。

一、系统功能结构设计的原则

系统功能结构设计的主要原则如下：

（1）分解协调原则。整个软件系统是一个整体，具有整体目标和功能，但这些目标和功能的实现又是相互联系的各个组成部分共同工作的结果，在处理过程中应根据系统总体要求协调各部分的关系。

（2）模块化原则。功能结构设计的基础是模块化，通过一系列方法和技术将整个系统分解成相对独立的若干模块，通过对模块的设计和协调模块之间的关系来实现整个信息系统的功能。

（3）自顶向下的原则。首先抓住系统总的功能目标，然后逐层分解，即先确定上层模块的功能，再确定下层模块的功能。

（4）抽象的原则。上一层模块仅为下一层模块的工作提供依据，不限制下一层模块的具体行为，即上层模块只规定下层模块做什么和所属模块间的协调关系，但不限制怎么做，从而保证各模块的相对独立性和内部结构的合理性，目的是保证模块与模块之间层次分明，易于理解、实施、维护。

（5）明确性原则。保证每个模块功能明确、接口明确、消除多重功能和无用接口。

二、系统功能结构设计

系统功能结构设计的主要任务是根据系统的总体目标和功能，将整个系统合理划分成若干个功能模块，正确地处理模块之间的调用关系和数据联系，并根据评价标准对模块结构进行优化。

管理信息系统的各个子系统功能可以看做是系统目标下一层的功能，对其中每项功能还可以继续分解为第三层、第四层至更多的层。从概念上讲，上层功能包括（或控制）下层功能，功能越上层越笼统，越下层越具体。功能分解的过程就是一个从抽象到具体、由复杂到简单的过程。功能结构图就是按这种功能从属关系画成的图表，图中每一个框称为一个功能模块。功能模块可以根据具体情况或大或小。最小的功能模块可以是程序中的某一处理过程，而较大的功能模块可能是完成某一任务的一组程序。功能结构图中各层功能与新的信息系统数据流程图中的处理（功能）是对应的。

三、系统模块结构设计

总体设计的核心任务是完成系统模块的结构设计，即在系统逻辑模型的基础上，将系统划分为若干个子系统，再将子系统分解成功能单一、彼此相对独立的模块，形成具有层次关系的模块结构，确定系统模块的组成、模块的功能以及模块间的相互关系。

模块结构图是描述系统内各个组成部分的结构及其相互关系的工具，也称系统结构图，是结构化设计的一个重要工具，反映系统设计中系统功能模块层次分解关系、调用关系、数据流和控制信息流的传递关系。

1. 模块

模块是系统中有名称的、具有一定状态和方法的一个实体，是组成系统的基本元素。在结构图中，模块用矩形方框表示，方框中写上模块名字，反映了这个模块的功能如图 7-2 所示。

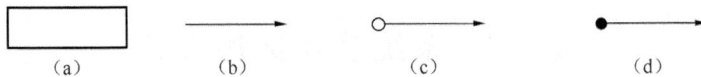

图 7-2　系统模块结构图的基本符号
（a）模块；（b）调用；（c）数据；（d）控制信息

模块根据功能具体化程度的不同，可分为逻辑模块和物理模块，在系统逻辑模型中定义的处理功能视为逻辑模块，逻辑模块的具体化形成了物理模块，物理模块可以是一个计算机程序、子程序或若干条程序语句，也可以是人工过程的某项具体工作。一般一个模块具备以下 4 个要素。①输入和输出。模块从调用者取得输入，进行加工后再把输出返回调用者。②处理功能。模块把输入转换成输出所做的工作。③内部数据。仅供模块本身引用的数据。④程序代码。用来实现模块功能的程序。前两个要素是模块的外部属性，反映了模块的外貌。后两个要素是模块的内部属性。在结构化设计中，主要考虑模块的外部属性，内部属性具体实现在系统实施阶段完成。

2. 调用

调用是模块图中模块之间唯一的联系方式，它将系统中所有模块结构化地、有序地组织在一起。通常用连接两个模块的箭头表示。箭头总是由调用模块指向被调用模块。结构图限制调用关系只能是上层模块调用下层模块，不允许下层模块调用上层模块。通常也不允许同层模块之间的调用。所以箭头总是向下，不允许向上。

一个模块是否调用一个从属模块，取决于调用模块内部的判断条件，称为模块间的判断调用，采用菱形符号表示。如果一个模块通过其内部的循环功能循环调用一个或多个从属模块，则称为循环调用，用弧形箭头表示。如图7-3所示为调用、判断调用和循环调用的示意图。

图7-3　调用的种类

（a）模块的调用；（b）判断调用；（c）循环调用

3. 数据

当一个模块调用另一个模块时，调用模块把数据传送到被调用模块进行处理，而被调用模块又可以将处理的结果数据送回到调用模块。在结构图中，模块之间传送的数据，使用带空心圆的箭头表示，并在旁边标上数据名，箭头的方向为数据传送方向。如图7-4（a）所示模块A调用模块B时，A将数据X、Y传送给B，B将处理结果数据Z返回给A。

4. 控制信息

为了指导下一步的执行，模块间有时还必须传送某些控制信息，例如，数据输入完成后给出的结束标志、文件读到末尾所产生的文件结束标志等。控制信息与数据的主要区别是前者只反映数据的某种状态，不必进行处理。在模块结构图中，用带实心圆点的箭头表示控制信息。如图7-4（b）所示"无此客户"就是表示要查询的客户代码有误的控制信息。

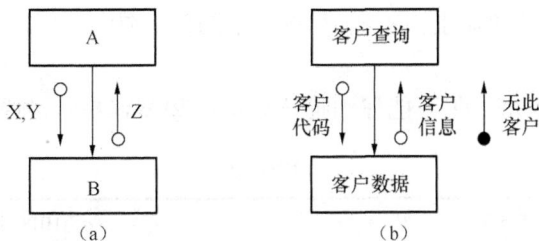

图7-4　模块间的调用

（a）模块调用中的数据传递；（b）模块调用中的控制信息传递

四、HIPO和SD法

（一）HIPO法

层次式"输入—处理—输出法"（Hierarchy Plus Input-process-output，又称HIPO法）是在一层次体系中将系统结构按其详细程度分层，依次说明所有的输入、处理和输出的一种方法。系统被划分成由若干逻辑模块所组成的一个层次体系，并用图表的形式来描绘。HIPO图法可以简化系统设计时所需要的大量文字资料。

HIPO图是IBM公司于20世纪70年代中期在层次结构图（Structure Chart）的基础上推出的一种描述系统结构和模块内部处理功能的工具（技术）。HIPO图由层次结构图和IPO图两部分构成，前者描述了整个系统的设计结构以及各类模块之间的关系，后者描述了某个特定模块内部的处理过程和输入/输出关系。

HIPO 图一般由一张总的层次化模块结构图和若干张具体模块内部展开的 IPO 图组成。如图 7-5 所示是一张有关修改库存文件部分内容模块的层次模块结构图，如表 7-1 所示是图 7-5 中若干张模块展开图（IPO 图）中的一张，即验证事务单位模块的 IPO 图。表 7-1 上部的内容是反映该模块在总体系统中的位置、所涉及的编码方案、数据文件/库、编程要求、设计者和使用者等信息。在表 7-1 中，内部处理过程的描述是用决策树方式进行的。最后是备注栏，一般用以记录一些该模块设计过程的特殊要求。

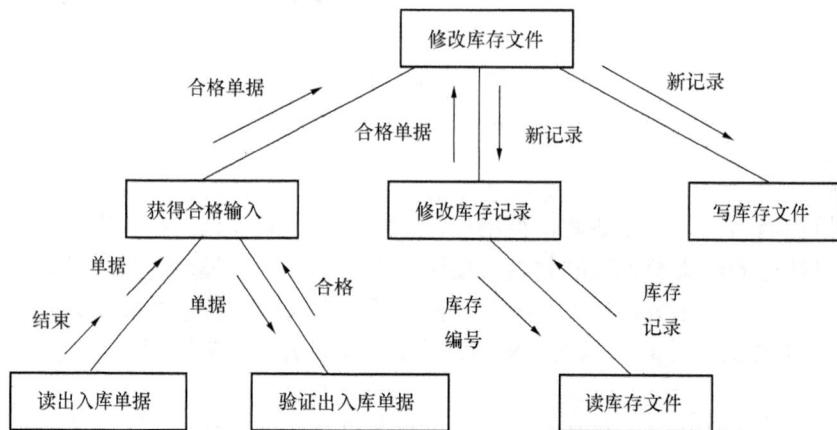

图 7-5　层次化模块结构图

层次式输入—处理—输出图的特点是：①表示模块层次和输入/输出数据及处理功能；②主要表示主功能模块与次功能模块的输入、处理和输出；③高层 IPO 图描述主功能模块与次功能模块的输入、处理和输出；④低层 IPO 图描述 H 图中低层次的具体设计；⑤每层 3～4 个模块为宜。

HIPO 图也存在着不足：①不能仔细描述算法；②不容易转换成高级语言。

表 7-1　　　　　　　　　　　　　　　　　　IPO 图

IPO 图编号（即某模块号）：C.5.5.8			HIPO 图编号：C.5.0.0
数据库设计文件编号：		编码文件号：	编程要求文件号：
模块名称：	设计者：	使用单位：	编程要求
输入部分（I）	处理描述（P）		输出部分（O）
上组模块送入单据数据 读单据存根文件 读价格文件 读用户记录文件 …	核对单件与单据存根记录 计算并核实价格 检查用户记录和信贷情况 …		将合理标志送回上一级调用模块 将检查的结果记录某文件中 修改用户记录文件 …

（二）SD 法

结构化设计（Structured Design，SD）方法是系统结构化分析方法原则和思路在系统设计阶段的自然延续，也是系统设计中应用最广泛的一种方法。该方法与结构化程序设计相结合形成了一整套完整的系统开发方法，它的设计思路是从建立具有良好体系结构的系统出发，按照"自顶向下，逐步求精"的原则将系统的结构分解成由许多按层次组合起来的功能结构图，即模块结构图。在 SD 方法中采用图形表达工具描述模块结构层次，并用一组设计原则与方法实现从数据流程图到模块结构图的转换和模块结构图的优化。

从数据流程图导出系统的初始结构图中，首先要区分数据流程图的结构类型，数据结构类型有变换型和事务型两大类，针对这两种类型存在两种变换方法。

1. 变换型流程图的转换方法

如果一个数据流程图可以明显地分成输入、处理和输出三个部分，那么这种流程图就是变换型的，处理部分就是变换中心。如图 7-6 所示为一变换型的流程图：银行汇款流程。

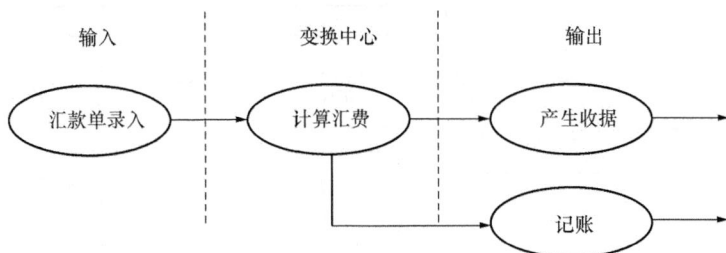

图 7-6　变换型数据流程图

对变换流程图的转换，首先在 DFD 图中找出它的主要功能，即中心变换部分，还要找出实现这项功能所需要的主要输入数据流和经变换后产生的主要输出数据流，然后，以中心变换部分作为上层模块，以数据传送部分作为下层模块，逐层扩展而产生一个完善的系统结构。对上图的数据流程图进行转换后形成结构图如图 7-7 所示。

图 7-7　转换后的结构图

2. 事务型流程图的转换方法

所谓事务，是指一个信号、一起事件，或一组数据，它们能在系统中引起一组处理动作。事务型流程图通常有一个事务中心，该事务中心可以处理以下功能：获得原始的事务记录、分析每个事务、确定类型、为该事务选择相应的逻辑处理路径、确保每个事务等到完全的处理。

对该类型的流程图进行转换时，首先要识别进入系统的事务属于哪一种类型，对每种类型有专门的事务模块对其进行处理，它的直接下级模块为动作模块，其中具有分派作用的模块为"事务中心模块"，同时具有调度和控制的功能。在结构图中，事务中心一般表现为结构图中的最高层模块。事务型流程图的转换通常遵循以下步骤：①确定事务的来源；②确定以事务为中心的系统结构；③确定每一种事务及它所需要的处理动作；④合并具有相同处理动作的模块，形成公共模块；⑤为每个事务处理模块设计下层的操作模块，依次进行到最小模块。如图 7-8 和图 7-9 所示为某公司销售系统中的事务型数据流程图的转换。

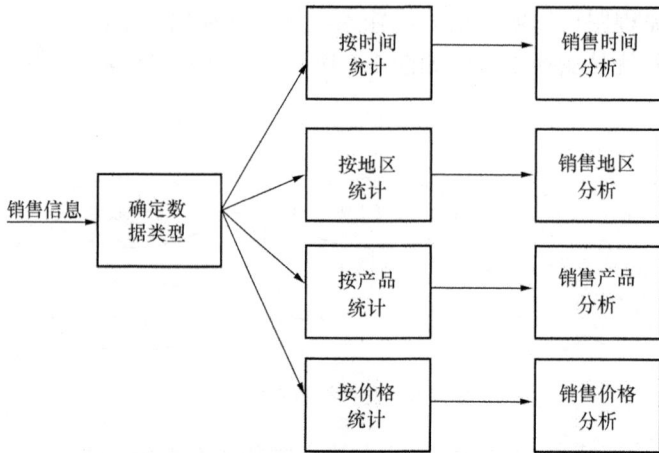

图 7-8 事务型数据流程图

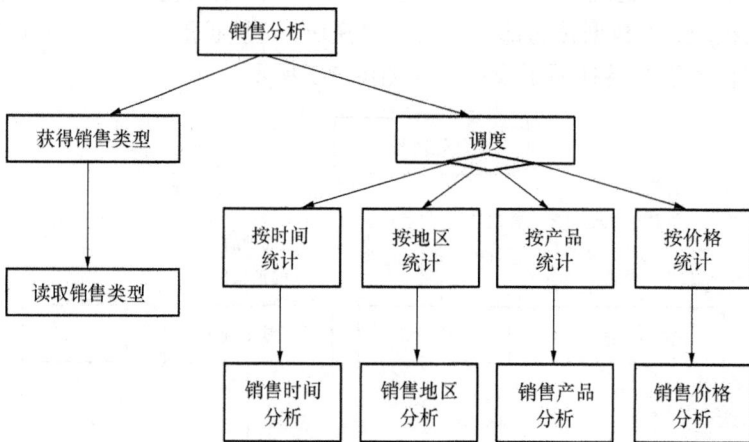

图 7-9 转换后的结构图

通常在实际操作中，可能要结合这两种方法进行分析和转换。对于转换后的初始结构图，还应根据"降低耦合度、提高聚合性"的原则对其优化，对类似的模块进行合并、对复杂的模块进行分解等修改与调整，目的是为了得到易于实现、测试和维护的软件结构。

第三节 系统平台设计

管理信息系统是以信息技术为基础的人机系统，系统的平台是管理信息系统开发和应用的前提。平台设计包括计算机软硬件平台配置、网络结构设计。系统设计的主要任务是根据新系统功能与性能要求，构建能够支持新系统运行的软硬件环境。

一、系统平台设计的原则与依据

（一）系统平台设计的原则

系统平台设计的基本原则包括：①根据实际业务需要情况配置设备；②根据实际业务性质配置设备；③根据组织中各部门地理分布情况设置系统结构、配备系统设备；④根据系统调查分析所估算的数据容量配备存储设备；⑤根据系统通信量、通信频度确定网络结构、通信媒体、网络类型、通信方式等；⑥根据系统实际情况确定系统配置的各种指标，如处理速度、传输速度、存储容量、性能、功能、价格等。

（二）系统平台设计的依据

在系统平台设计时，要以下面几个方面为设计基础。

（1）系统的吞吐量。系统吞吐量为系统每秒执行的作业数。吞吐量越大，处理能力越强，对计算机软硬件性能要求越高。

（2）系统的响应时间。系统的响应时间为用户向系统发出一个作业请求开始，经系统处理后，到系统给出结果的时间为系统的响应时间。如果要求系统有较快的响应，应当选择运算速度较快的计算机及具有较高传递速率的通信线路，如实时响应系统。

（3）系统的可靠性。系统的可靠性可以采用系统连续正常工作的时间来表示。例如对于系统每天需要24小时连续工作的系统，则系统的可靠性就应该很高，可以采用双机双工结构方式。

（4）系统的结构模式。系统的处理方式有集中式和分布式，如果一个系统的处理方式是集中式的，则系统可以是主机系统，也可以是网络系统；如果系统的处理方式是分布式，则可以采用微机网络，这样更能有效地发挥系统的性能。

（5）系统的地域范围。如果是分布式系统，要根据系统所覆盖的范围决定采用广域网还是局域网。

（6）系统数据管理方式。如果系统数据管理方式为文件系统，则操作系统应具备文件管理功能；而目前大部分系统采用数据库管理方式，则应根据应用的特点，决定采用何种数据模型（层次型、网络型或关系型），并配备相应的数据库管理系统。

二、硬件平台配置

系统硬件的配置取决于数据的处理方式和运行的软件。数据处理方式对硬件选择的影响表现为：①集中式数据处理方式。系统一般利用计算机强大的计算能力，这时硬件一般选择单主机—多终端模式，以大型机或高性能中小型机为主机，使系统保持较好的性能。②分布式数据处理方式。对于具有一定规模的企业管理来说，系统应用一般为分布式，这时可使用大型主机，主要是利用其多用户能力，但不如微机灵活、经济。

确定了数据的方式以后，对计算机机型选择则主要是考虑应用软件对计算机处理需求，在硬件选择时应选择技术上成熟可靠的计算机系列，包括：①处理速度快。CPU的选择。②数据存储容量大。计算机内存大。③有良好的兼容性与可扩充性、可维护性。④较好的性能/价格比。⑤一定的技术先进性。

三、系统软件配置

系统的运行，在进行计算机系统硬件选购的同时，也要配置合理的计算机软件，计算机软件是管理系统的大脑，系统的功能是由软件来实现的。计算机软件总体上划分为两类：一类是系统软件，一类是应用软件。系统软件用于管理与支持计算机系统资源及操作的程序，主要包括操作系统、数据库管理系统、开发工具等。

（一）操作系统

操作系统是系统软件中的一种，用来统一管理计算机的软件、配件资源，合理组织计算机的工作流程，协调系统各部分之间、系统与用户之间的关系，以充分发挥系统效率。因此操作系统可以看做是用户与计算机的接口或桥梁。目前操作系统有很多，常用的有：Unix、OS/2、Windows 和 Windows NT 等，在选择上应选择功能强、使用方便的操作系统。

（二）数据库管理系统

数据库管理系统（DBMS）是管理信息系统的基础，能够有效地管理和使用数据、控制数据的存储、协调数据之间的联系。目前大多数系统选择关系数据库管理系统，位于操作系统和关系型数据库应用系统之间的数据库管理软件。

（三）开发工具

（1）开发工具。根据开发工具所支持的系统应用程序运行模式的不同，可以将开发工具分为传统开发工具类、客户机/服务器工具类、浏览器/服务器工具类等。当前大部分开发工具均支持客户机/服务器模式应用系统开发，如微软的 Visual Studio 系列开发工具，Borland 公司的 Delphi、C++ Builder 等，可以根据需要选择。这一类开发工具大部分不仅仅是程序设计语言的编译器，还是一个完整的开发平台。特别是目前流行的 Windows 环境下的开发工具，提供了良好的可视化开发环境，可以方便构造图形用户界面、连接各种类型的数据库，减少了应用系统开发的工作量；若为 B/S 模式，则开发工具可选择 Delphi、ASP、PHP、PowerBuilder 等。

（2）开发工具选择的原则。选择合适的开发工具首先应该考虑选择的开发工具所适用的领域，除此之外还应该遵守下面的基本原则：①最少工作量原则。使用最小代价让系统工作。②最少技巧性原则。最好无须培训或很少培训就能编制程序。③最少错误原则。对常用的高级语言来说，要提供结构化控制结构、类型检查、数据结构描述、易于检验测试等机制。④最少维护原则。对一般的高级语言来说，应提供独立编译能力和系统软件包。独立编译意味着可分别编译各个程序单元，无须因修改了一个程序单元而重新编译所有的程序。软件包意味着系统工具能提供较多功能，以减轻开发强度、提高开发效率。如用于实时检查语法错误的功能、调试排错功能、随机提示功能、提供程序框架功能等。

四、应用软件配置

目前大部分应用软件均采用现成的商业软件，在购买应用软件时应考虑以下几个因素：①软件是否能满足用户的需求；②软件是否有足够的灵活性；③软件是否能够获得长期、稳定的技术支持。对于特殊的系统，如果应用软件并非现成的，而是按系统分析要求开发，则软件选择时主要考虑应用服务器软件及系统开发。

五、网络结构设计

系统计算机网络的设计主要包括中小型主机与微机网络方案的选取，网络拓扑结构、互联结构及通信介质的选型，网络计算模式、网络操作系统及网络协议等的选择。网络计算模式原来一般采用客户机/服务器（C/S）模式，但随着 Internet 技术的发展和广泛应用，MIS 的网络计算模式更多地采用浏览器/Web 服务器/数据库服务器（B/W/D）模式。

计算机网络的选型主要考虑以下 3 个方面。

1. 网络拓扑结构

网络拓扑结构一般有总线型、星型、环型、混合型等等。系统在网络选择上应根据应用系统的地域分布、信息流量进行综合考虑，尽量使信息流量大的应用放在同一网段上。

2. 网络逻辑设计

首先根据软件将系统从逻辑上分为各个分系统或子系统，然后按需要配置设备，包括服务器、主交换机、分系统交换机、子系统集线器（HUB）、通信服务器、路由器和调制解调器等，并考虑各设备之间的连接结构。

3. 网络操作系统

网络操作系统应能满足计算机网络功能和性能要求，包括网络简单维护、高级容错功能、可靠并容易扩充、具有广泛的第三方厂商的产品支持、保密性好、费用低等一系列性能。

信息系统服务器的操作系统一般选择多用户网络操作系统，目前流行的网络操作系统有 Unix、NetWare、Windows NT 等。Unix 网络操作系统是应用最早的操作系统，优点是稳定性及可靠性非常高，是唯一能够适用于所有应用平台的网络操作系统；缺点是系统维护困难、系统命令枯燥。NetWare 网络操作系统适用于文件服务器/工作站工作模式。Windows NT 网络操作系统安装维护方便，具有较强的软硬件兼容能力，由于其 Windows 软件平台的集成能力，被认为是最有前途的网络操作系统。

六、系统平台配置报告

系统平台设计完成后，开发人员应当编写系统平台配置报告，以便为详细设计及系统实施人员提供参考。系统平台配置报告包括以下内容。

（1）系统配置概述。介绍系统平台总体结构情况，包括计算机系统选择的背景、要求、原则、约束条件等。

（2）系统配置的依据。阐述系统选择的依据，包括功能要求、容量要求、性能要求、硬件设备配置要求、通信与网络要求、应用环境要求等。

（3）系统配置详细内容。阐述硬件结构情况以及配件组成及其连接方式，并且说明硬件配置所能实现的功能，并画出硬件结构配置图。

（4）通信与网络系统配置的选择情况。主要内容包括列出通信与网络设备清单及外围设备，标明设备名称、型号、规格、性能指标、价格、数量、生产厂家等。阐述系统软件配置选择情况，列出软件清单，包括系统软件和应用软件（操作系统、网络管理软件、数据库系统、开发平台与工具、中间件等），标明软件名称、型规、特性、适用范围、技术指标和价格等。

（5）系统费用预算。详细列出计算机系统硬件、软件、机房及其他附属设备、人员培训及计算机维护等所需费用，并最终给出预算结果。

（6）配置方案的评估。上述内容可能有几个备选方案，对每一个备选方案要从使用性能和价格等方面进行分析，并请相关专家进行讨论，最终给出一个最可行方案，由领导审批。

第四节　系统详细设计

一、系统代码设计

代码是表示系统中客观存在的事物实体名称、属性或状态的一个或一组符号，可以用字符、数字或某些特殊符号来表示，也可以用这些符号的组合来表示。代码设计就是将管理信息系统所管理的对象数字化或字符化，使其能够被计算机识别、储存、处理和传递。代码设计是一个非常科学的问题，设计的好坏直接影响系统的开发工作，因此代码设计是系统设计的重要内容。

（一）代码的功能

代码的功能体现在以下几个方面。①便于录入。由于用汉字表示事物的名称、属性和状态时，使用的汉字多，所以录入量较大，录入速度慢。采用代码后，代码的字符个数远远小于汉字字符的个数，大大减少了录入量，提高了录入速度。②节省存储空间，提高处理速度。采用代码表示事物比使用汉字使用的字符少，可以大大节省存储空间。同时由于代码位数减少，提高了存取速度，从而在一定的硬件环境下使运算、传递的速度等提高，工作效率也因此提升。③便于计算机识别和处理。由于采用统一编码，系统在查询、通信、分类、统计、分析时，可以根据代码的规律进行操作，方便快捷。④提高数据标准化程度。采用汉字表示事物的名称、属性、状态时，字数多少不一，少则一个字，多则达十几个，长短不一，杂乱无序，代码设计则可以统一字符数，提高标准化。⑤提高处理精度。由于代码统一编制，对系统中的数据可以进行相应的代码校验及时查错，从而提高整个处理工作的精度和质量。

（二）代码设计的准则

代码设计是一项重要而全面的工作，如果代码设计不合理，修改代码设计方案将会导致程序及数据库的重建，且涉及范围广，从而可能延误开发时间，因此在代码设计前应进行全面考虑，并制定相应的准则。

（1）代码唯一确定性。每一代码必须仅代表唯一的实体、属性或状态。

（2）标准化或通用性。编码应该尽量采用现有的国际、国家、行业或部门及企业现行制定的编码标准，使代码达到通用化。

（3）可扩充性和稳定性。代码要保持相对的稳定性，但系统是在不断发展而变化的，有时会出现新的实体、属性或状态的增加，必须能够保证在原代码上加以扩充，而不需要较大地改动代码系统。

（4）系统性。为便于编码和识别，代码要有规律、逻辑性要强。编码要合理，尽量反映编码对象的特征，当系统发生某些变化时，应当容易修改。

（5）简洁性。代码结构要简单明了、含义清晰、容易理解，代码长度尽量短小，这样可以减少所占的存储空间，从而提高输入/输出及处理速度。

（三）代码种类

代码种类较多，要进行科学合理的编制，才能实现工作标准化、系列化和合理化。一般常用的编码有以下几种。

（1）顺序编码。顺序码也称为系列码，编码时将编码的对象按一定的规则（发生的顺序、大小等）分配给连续的顺序号码，通常从 1 开始，比如，学生的学号，一个学校某年学生有2000 人，则其学号可以编成 0001，0002，0003，…，2000。顺序码的特点是简单明了、倍数少、易于追加和管理，但逻辑性不强，其号码本身没有任何含义，不能说明实体的某一特征，追加的号码只能依次排列在最后，有时可能会造成空码。

（2）区间码。区间码也称为层次码，将编码对象分成若干组，每一组为一区间，每个区间有不同的含义，码中的每一数字及所在位置都代表一定的意义。最有代表性的区间码为我国各行政区的邮政编码及各城市的电话号码，例如邮政编码，前一位代表省市，第二位代表区市等。区间码的优点是分类明确，表达较多的信息，便于检索、分类和排序，缺点是如果各部分实体过多，可能会造成代码过长。

（3）助记码。为便于记忆，编码时将编码对象的名称、规格等用汉语拼音或具有特定意义的英文字母等形式编成代码。比如，"GB－"表示国家标准，助记码经常用于单位（性能、尺寸、重量、容积、面积、距离等）编码，如 KG 表示千克，m 表示米，等等。

（4）组合码。也称为合成码、复杂码，在实际应用过程中，可以根据需要选择或将几种编码方法组合起来使用，可从两个以上的角度来识别、处理，可由多个数据项/字段构成，每个数据项/字段分别表示分类体系中的一种类别。

例：对螺钉可选用材料、直径、螺钉头形状等三体系，每体系中又分成若干类目，如下。

第一体系：1—不锈钢；2—黄铜；3—钢。

第二体系：1—Φ0.5；2—Φ1；3—Φ1.5。

第三体系：1—圆头；2—平头；3—六角形头；4—方形头。

各个体系组合成一种实体，其代码可能为 321，表示"钢 Φ1 圆头螺钉"。

（四）代码设计的步骤

在系统开发过程中，系统设计人员应该有科学的思路进行代码的设计。一般来讲，代码设计应遵循以下几个步骤：①确定编码对象。罗列进行编码的对象，分析对象所属的子系统、需要编码的项目。②考查编码对象是否已有标准代码。根据标准化原则，对于编码对象，如果国家或相关部门等对这些对象已经规定了标准代码，那么应遵循这些标准代码，如果没有标准代码，在代码设计时要参考相关国际标准化组织、其他国家、其他部门、其他单位的编码标准，以便设计出便于今后标准化的代码。③确定代码的使用范围。代码使用范围不能仅限于特定的部门，应能够在一个企业内部适用，还可以在企业外部使用。④确定代码使用期限。根据代码性质确定使用期限，一般来说，代码的使用若无特殊情况变动，均作永久性使用。⑤确定编码类型。根据代码的使用范围、使用期限等实际情况选择代码的编码类型和编排方式。⑥考虑检错功能。⑦代码编写好，要编制代码表，作详细说明，并制定相关的管理维护制度，通知相关部门、组织学习，以便正确使用。

（五）代码维护、校验

代码是数据的重要组成部分，它的正确性将直接影响 MIS 系统的质量。

（1）代码的一般性维护。代码的一般性维护主要是代码增加、修改、删除、更新、浏览、查询和打印等，尤其是代码的修改、删除等维护作业。系统中所有有关代码数据文件都必须保证数据的同步更新，保证代码的一致性和完整性。

（2）代码的校验性维护。代码在维护和使用过程中有可能造成代码的错误操作，如抄写错误、移位错误等，会产生不正确的代码，因此有必要随时校验代码的正确性。为了验证代码的正确性，要在代码本身的基础上外加校验，也称为校验码、自检。它是在原有代码的基础上，通过事先规定的数据方法计算出校验码，附加在原代码的后面。成为代码的一个组成部分，使用时与原代码一起操作，校验位的值是通过数学计算出校验位，与输入的校验位进行比较，以检验输入是否有误。

产生校验码的方法有多种，其中比较常见的为加权取余法：选一组确定的权值和模数，校验时将原值加权运算，然后除以模数，将余数作为校验码，有时也可以将模数减去余数作为校验码。具体计算步骤如下：①将代码（n 位）中的每一位（C_i）乘以权因子（P_i），求出加权和 $S = C_1 P_1 + C_2 P_2 + \cdots + C_n P_n$；②用加权和 S 除以模数 M，得余数 R，即 $R = \mathrm{mod}(S, M)$；③则余数 R（或 M-R）就是校验码，附加在原代码后面。

常见的权因子 P_i 的选取有：

①几何级数，如 1，2，4，8，16，32…

②算术级数，如 1，2，3，4，5，6，7…

③质数，如1，3，5，7，11，13，17…

④有规律的数，如1，3，7，1，3，7，1，3…

模的选取：一般可取 10、11、13 等。

当自检码输入计算机后，对原代码分别乘以原来的权因子，校验码乘以 1，所形成的和除以模数 M，若余数为零，则该代码一般是正确的，否则要检查是否有误。对于字母编码时，如果使用自检码，计算时要将字母 A－Z 转换为 10－35。

二、数据模型设计

（一）数据模型与信息模型的关系

数据是信息的具体表现形式，是信息载体上反映的信息内容，是接收者可以识别的符号。计算机中的数据组织必须与现实世界中的信息结构相适应。数据模型就是数据组织中各层次内部、外部之间联系的描述，因此数据模型也必须以相应的信息模型为基础。信息模型和数据模型术语的对应关系如表 7-2 所示。

表 7-2 术 语 的 对 应 关 系

信息模型	数据模型	信息模型	数据模型
实体集	文件	属性名	数据模型
实体	记录	属性值	数据项值
实体型	记录型	实体键	记录键
属性	字段		

每个记录型是数据项型的组合。数据项是指数据的名称和数据类型及所占存储空间。数据项值的组合构成记录值，记录值确定一个特定记录，文件则是记录类型和记录值的总和。这里，记录型是文件的一个框架，记录值是文件的内容。由于记录型确定了文件的框架，所以常常用一个记录型代表一个文件。

在文件这个组织层次中，记录型与记录型之间是没有联系的。数据从整体上来看是无结构的，只在一个文件内部记录之间、一个记录数据之间的关系是结构化的。数据库不但要描述项、记录之间的联系，而且要描述记录型之间，也就是各个文件之间的联系，要反映客观世界复杂的信息结构，一个实用的数据库即使很小，也含十几个至几十个记录型。

一个记录型包含一组数据项型，其中必有一个或几个关键字。由于关键字是唯一能标识一条记录数据项的最小集合，所以往往用关键字来代表一个记录型。例如，学生记录型和学院记录型的关系，实际上反映了以学生姓名和学院名称为代表的两个实体集之间的联系，在数据模型中学生姓名数据项和部门名称数据项就可以为两个记录型的关键字。当一个关键字不能充分表达这种联系的内容和意义时，可用若干个数据项联合（又称复合关键字）代表一个记录型。数据库的数据模型主要描述记录型之间的联系。

（二）数据模型的种类

数据模型可分为两种类型：概念数据模型和结构数据模型。

（1）概念模型。这是一种独立于计算机系统的模型。它不涉及信息在系统中的表示，只是用来描述某个特定组织所关心的信息结构。概念模型强调语义表达功能，它是现实世界的第一层抽象。最常见的概念模型是实体联系（E-R）模型。E-R 模型即实体－联系模型（Entity-Relationship），模型中包含 3 种基本要素：实体、联系和属性。

实体（Entity）：客观存在并可相互区分的事物。可以是人，也可以是物，可以是实际存在的东西，也可以指概念性的东西。如，学生张明、员工李亮、某某学院等。在 E-R 图中，用矩形框代表实体，如图 7-10 所示。

属性：实体所具有的性质。一个实体可以由若干个属性，如学生，学号、姓名、性别、成绩等都是其属性。属性的取值范围为域，如教师性别属性的域为（男、女），学生学分属性的域为（1、2、3、4）。

联系：实体之间的联系，如，学生与课程之间的"学"联系，教师与学生之间的"教"联系。E-R 图形中实体间的联系类型有以下 3 种。①一对一联系（1:1）。比如，如果一个部门只有一个负责人，一个负责人只在一个部门主管，则负责人和部门的联系就是一对一的。②一对多的联系（1:n）。比如专业与学生的之间就是一对多的联系，一个学生只能选择一个专业，而一个专业有多位学生选择。③多对多的联系（$m:n$）。最典型的是学生与课程的联系，一个学生可以选择多门课程，一门课程可以让许多学生来选择。

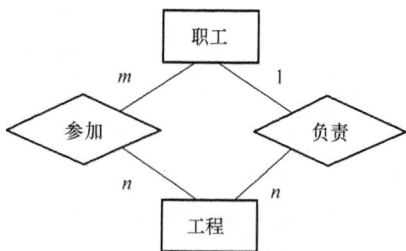

图 7-10　E-R 图简例

E-R 模型设计的主要步骤：①划分和确定实体；②划分和确定联系；③确定属性；④画出 E-R 图。反复上述过程，直到找出系统各部分所有实体集、关系集、属性和属性值域，然后画出各 E-R 图，汇总各部分的 E-R 图，形成总 E-R 图，最后根据数据流程图，消除数据实体间冗余的联系，形成基本的 E-R 图。

（2）结构数据模型。它是直接面向数据库的逻辑结构，是现实世界的第二层抽象。 这类模型涉及计算机系统和数据库管理系统，所以称为"结构数据模型"。结构数据模型应包含数据结构、数据操作、数据完整性约束三部分。

数据模型可以分为层次数据模型（Hierarchical Model）、网络数据模型（Network Model）和关系数据模型（Relational Model），层次模型和网状模型统称为非关系模型。在非关系模型中，实体型用记录型来表达，实体之间的联系被转换成记录型之间的两两联系。

①层次数据模型。层次数据模型亦称树型，很像一棵倒挂的树，用来描述有层次联系的事物。层次模型反映了客观事物之间一对多（1:n）的联系，如一个学校的组织机构就属于层次数据模型，校部管辖着教务处、科研处、研究生处和各学院，而教务处下面有教务科、学籍科等各部门。如图 7-11 所示。

②网络数据模型。网络数据模型用来描述事物间的网状联系，反映了客观事物之间的多对多（$m:n$）的联系。比如课程

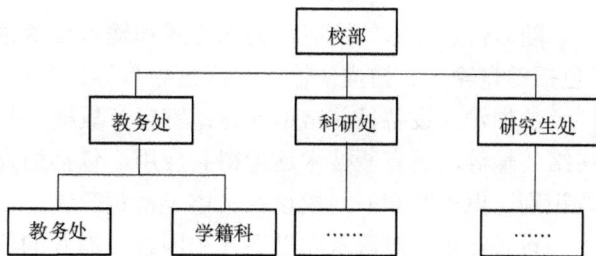

图 7-11　层次数据模型

和学生的联系，一门课程有多个学生学习，一名学生学习多门课程，因此课程和学习的学生是多对多的联系。

③关系数据模型。关系数据模型把事物间的联系及事物内部的联系都用一张二维表来表示，这种表称为"关系"，如表 7-3 所示是用关系数据模型表示学生和课程成绩之间联系的例子。

表 7-3　　　　　　　　　　　关 系 数 据 模 型

学　号	姓　名	数　学	英　语	计算机
20080001	张三	88	67	88
20080002	李四	89	78	76
20080003	王五	78	69	87
20080004	赵强	90	75	79

三、系统输入设计

输入和输出设计是系统界面设计的主要内容，是系统用户与系统交互的接口。系统输入设计是根据系统对数据输入功能的要求，在保证输入信息正确的前提下，确定输入信息的内容、输入方式和输入格式。对系统来说，如果输入数据有误，即使计算十分正确，也无法得到可靠的输出信息，因此输入设计是 MIS 系统设计的重要一环。

（一）输入设计的内容

输入内容是要根据系统分析阶段确定的内容，考虑输出功能的要求来确定的，包括确定输入数据项的名称、数据类型、倍数和精度、数值范围及输入处理方式等。向计算机输送的原始数据一般要经历采集和预处理的过程。大量的数据来源于日常管理的记载，例如现场人工记录、台账或 POS 机的实时数据等。为了提高输入操作的效率，可以为输入内容设计一张输入记录的制式表格，作为输入数据时的原始凭证。所有输入前的数据都必须事先检查其内容和格式的正确性，再按输入的要求组织好，这个过程称为数据的采集和预处理。

（二）输入设计应遵循的原则

（1）最小量原则。控制输入量，在保证满足处理需求的前提下，使输入量最小，这样出错机会少，花费时间也少，数据一致性比较好。

（2）简单性原则。输入的准备、输入过程尽量简单方便，以减少错误的发生。

（3）早检验原则。对输入数据的检验尽量接近原数据发生点，使错误能及时得到纠正。

（4）少转换原则。输入数据应尽量用其处理所需形式，以免数据转换时发生错误。

（三）输入方式的选择

随着信息技术的发展，输入方式和输入设备也在不断更新。数据输入的类型有外部输入（包括键盘输入、扫描仪输入、磁盘导入等）和计算机输入（包括网络传送数据等）。

数据输入设备目前常用的有：键盘、鼠标、扫描仪、光电阅读器、光笔、磁盘、磁带、网络传输等，还有些技术逐步得到应用，包括触摸屏、数字音频设备、摄像头视频捕捉、指纹识别、电子笔和书写板设备、电子密钥等。

设备在选用时就考虑以下几个因素：输入的数据量、频度，数据的来源、形式、收集环境，输入类型、格式程度、输入速度和准确性要求以及输入数据的校验方法、纠正错误的难易程度、可用设备与费用，等等。

（四）输入格式设计

数据的输入要尽量与原始单据格式类似，屏幕界面要友好。数据输入格式有录入式、选择式（如单选、列表选择等），屏幕格式有简列式、表格式、窗口编辑方式等。

1. 简列式

简列式屏幕输入格式，是把一组相关的输入数据项，按顺序排列成几列，输入时只要按顺序逐个输入即可。如表 7-4 所示，为一简列式屏幕输入格式示例。这种格式简单、直观、容易用程序实现，适用于数据项不多的情况。

表 7-4　　　　　　　　　　　　**简列式屏幕输入格式示例**

请输入入库数据

入库单号：□□□□□□□□□□

入库日期：□□□□□□□□

入库货物代号：□□□□□□□□□□

入库货物单价：□□□□□□□□□□

入库货物数量：□□□□□□□□□□

2. 表格式

表格式输入是把一组输入的数据项排列成一张空白表的格式，操作员像填表一样输入数据，如表 7-5 所示。这种格式输入符合人们日常操作的习惯，因而很受管理人员的青睐，设计时关键是要根据输入数据项的数量、长度、合理安排屏幕篇幅。最好是参考输入数据用的原始凭证或输入记录单的式样，使输入时的屏幕格式与数据载体的格式相一致，这样输入操作不易出错。

表 7-5　　　　　　　　　　　　**表格式屏幕输入格式示例**

工程安全月报输入

工程名称：　　　　　　　　　　　　　　统计年月：

单位工程名称	施工单位	事故类型	事故情况	处理情况

填报人：　　　　　　　　　　　　填报日期：

3. 窗口编辑格式

窗口编辑格式是根据系统界面上的提示一步步进行操作，系统在后台自动编辑成相应的格式，以作统计。

（五）输入数据的校验

输入设计最重要问题是保证输入数据的正确性。对数据进行必要的校验，是保证输入正确的重要环节。

输入数据常见的错误有：①数据内容的错误。原始数据抄写错误或录入时引起的数据本身的错误；②数据量的错误。数据丢失或重复而引起的数据不足或多余；③数据的延误。输入数据迟缓使处理推迟而产生的差错。

对录入的数据，尤其是有关文件的关键数据要进行严格的校验，校验方法有以下几种：①重复录入校验。将同一数据先后由几个录入员输入，然后由计算机程序对比校验，例如在窗口编辑录入时的密码设置操作，一般要求用户输入两次，以便校验。②视觉校验。对输入的数据，由计算机打印或显示输入数据，然后与原始单据或录入单据进行校验，这种校验方法为人为操作，校验查错效率相对较低。③数据类型校验。校验输入的数据类型与原始单据里面的数据类型是否一致，如字符型还是数据型等。④格式校验。检验数据记录中数据项的位数和位置是否符合预先规定的格式。⑤逻辑校验。也称合理性校验，检查输入业务数据的逻辑性，如学生成绩一般不会超过 100 分，否则自动报错。⑥界限校验。检查输入的数据是否在规定的范围内，如某商品的输入价格是否超过了规定的价格。⑦平衡校验。校验系统中相关的相反数据之间是否平衡。例如库存记录数据中出库与在库数量总和应等于入库数量。⑧对照检验。校验录入的数据是否与预先建立的基础数据文件中设置的内容一致。⑨记录统计校验。通过计算记录的个数来校验记录是否出现遗漏和重复等问题。⑩顺序校验。校验数据的序号，如数据要求无缺号时，通过顺序校验，可以检查被遗漏的记录，也可以校验出有无重复问题。

四、系统输出设计

系统输出是向用户提供信息处理结果的唯一手段，也是评价一个系统设计质量的一个重要衡量指标。对于系统输出，用户最关心的是输出信息的内容和格式，系统输出设计应考虑是否符合系统功能和用户的需求。

（一）确定输出内容

输出信息是为用户服务的，因此输出的内容应首先考虑用户在使用信息方面的要求，包括使用者、使用目的、输出速度、频率、数量、有效期、安全性等。根据这些要求，设计信息的内容包括信息形式（表格、图形、文字）、输出项目及数据结构、数据类型、倍数及取值范围和数据的生成途径、完整性及一致性的考虑等。

（二）确定输出方式

输出方式包括输出设备和介质，常用的输出设备和介质有终端显示器、打印机、磁带机、磁盘机、绘图仪、多媒体设备等。输出介质有纸张、磁盘、光盘、多媒体介质等。

输出方式的选择应根据信息的用途和信息量的大小、软硬件资源的能力和用户的要求来考虑。例如，对于需要备案和存档的信息应该用打印输出，而一些过渡信息就可以采用光盘、移动硬盘输出等方式。

（三）确定输出格式

提供给用户的信息必须进行格式设计，输出格式要满足用户的要求和习惯，格式要做到清晰、美观、易于阅读和理解。以下是几种常用的输出格式。

（1）报表格式。报表格式是最常用的一种输出形式，报表的格式因用途不同而有差异，但一般由 3 部分组成：表头、表体和表尾。表头部分主要是标题；表体部分是整个表格的实体，反映表格的内容；表尾是一些补充说明或脚注。报表的输出，根据需要可采用不同的形式。对于单个用户一次性使用的表格，因为没有保留价值，可以在显示终端上输出，对于多个用户需要多次使用的表格，可打印输出。打印输出的报表，要考虑时间划分、装订等问题。需要长期保留的输出报表，可采用磁盘文件形式输出，以便存储。报表的格式要与系统流行的表格尽量一致，尤其是各级统计部门统一制定的报表不得更改。如果要更改现行表格，必须由系统设计员、分析员共同讨论，拿出更改的充分理由，与管理人员协商，得到有关部分的批准。通常，报表有 4 种类型：详细报表、汇总报表、异常报表和决策报表。

（2）图形及多媒体形式。①图形信息。常用的图形信息有走访直方图、圆饼图、曲线图、地图等。图形信息在表示事物的趋势、多视角的比较等方面有比较直观的优势，可以充分利用大量历史数据的综合信息，这种表示方式直观，常为决策用户所喜爱。一些功能比较完善的信息系统，还允许用户按照自己的习惯来设置输出图形的形式。②随着多媒体工具能力的提高，多媒体输出逐渐得到大量使用，将视觉和声音输出结合起来表示信息是一种功能强大的方法，更接近信息本身，如视频游戏正将虚拟现实技术推向包含视觉、声音、触觉和嗅觉输出的前沿。同时多媒体输出对生理上有残疾的用户也是一个极大的福音。

一般来说，对于基层和具体事务的管理者，应用报表方式给出详细的记录数据；而对于高层领导或宏观、综合管理部门，则应该使用图形方式用以显示综合数据或发展趋势等信息，有助提高决策速度。

第五节　系统设计报告

系统设计阶段的最终成果是系统设计报告。

一、系统设计报告的意义

系统设计报告是整个系统设计阶段形成的文档总称。在系统设计报告中提出的新系统物理模型，是下一步进行系统实施的基础和重要依据，所以也称为系统实施方案。同时也是运行与维护的必备文件。

二、系统设计报告的内容

系统设计报告不仅要确切地反映系统设计方案，而且要按照规范提高报告的编写质量。系统设计报告一般包括以下内容。

（一）前言

前言是对系统相关方面所作的概括性的介绍，主要包括以下内容：①摘要。总体介绍项目名称、系统需要实现的功能、系统目标等。②系统建设背景。包括系统开发方的情况，如开发经验、技术水平等；系统投资方即用户的情况，如组织的经营状况、当前系统状况等。②系统开发和运行环境。组织的软硬件资源、系统的运行环境、开发工具资料、所用的网络类型、保密和安全的限制条件。④参考资料和专业术语说明。

（二）系统设计方案

（1）系统总体结构设计方案。系统总体结构设计是为将要实施的系统设计一个蓝图，包括：①子系统划分。子系统的划分方案、依据。②网络设计。系统的网络类型、协议等。③设备和网络配置情况。系统需要配置的软硬件设备、配置方案。

（2）系统详细设计方案。包括：①系统代码设计方案。包括代码设计的准则、代码的类型、名称、功能、使用范围和使用要求，校验方案等。②系统输入设计。输入内容、输出方式及设备的选择、输入内容的校验方法。③系统输出设计。输出内容、输出方式及设备的选择、输出格式的选择等。④数据模型设计。数据概念模型设计及物理结构设计选择等。

（三）系统实施计划

（1）概要。包括系统名称、子系统名称、程序的命名规则、开发工具及需要的设备等。

（2）详细实施方案。实施方案、实施计划、成本及预算、方案的审批等。

系统设计报告完成后，用户、系统开发设计人员、相关专家、管理人员应讨论实施方案的可行性，并将详审意见附于系统设计报告后，经批准后的方案方可生效。

案例　某制造企业供应管理系统结构化设计方法

大多数汽车制造公司通常只关注整车的设计、发动机、车身的冲压、焊接和涂装等主要工艺，这部分通常只占到整车成本的 30%，其余 70% 的零件由其专业的零件制造商开发和制造。所以在中国汽车制造公司之间对于市场份额的竞争慢慢会演化为零部件供应体系的竞争。目前，××公司已经拥有 400 家供应商涵盖整车零件的 40%~95%。如何来管理和发展供应商以适合不断提高的产能和增加车型，正是××公司采购部门所面临的主要问题。××公司目前的供应商管理系统中供应商数据缺乏集成分析和供应商管理流程低效等问题。通过对比国内外供应商管理的现状××公司的管理现状，找出了××公司目前在供应商管理上缺乏有效的供应商系统集成管理。通过对目前系统和流程的优化，重新设计了××公司的供应商关系管理系统。

1. 分析

制造企业供应管理主要包括领料计划、采购计划、出入库管理和合同管理等四方面的工作。领料计划负责接收领料员（领料部门）的领料申请，根据现有可用库存等情况审批领料申请单、制订物料发放计划；采购计划负责接收采购申请等物料需求，根据经验等制订采购计划；出入库管理负责接收领料单、入库申请单，进行出库、入库登记等工作；合同管理负责接收、保存合同文档和合同执行、统计分析等工作。这几项工作之间的数据处理关系如图 7-12 所示。

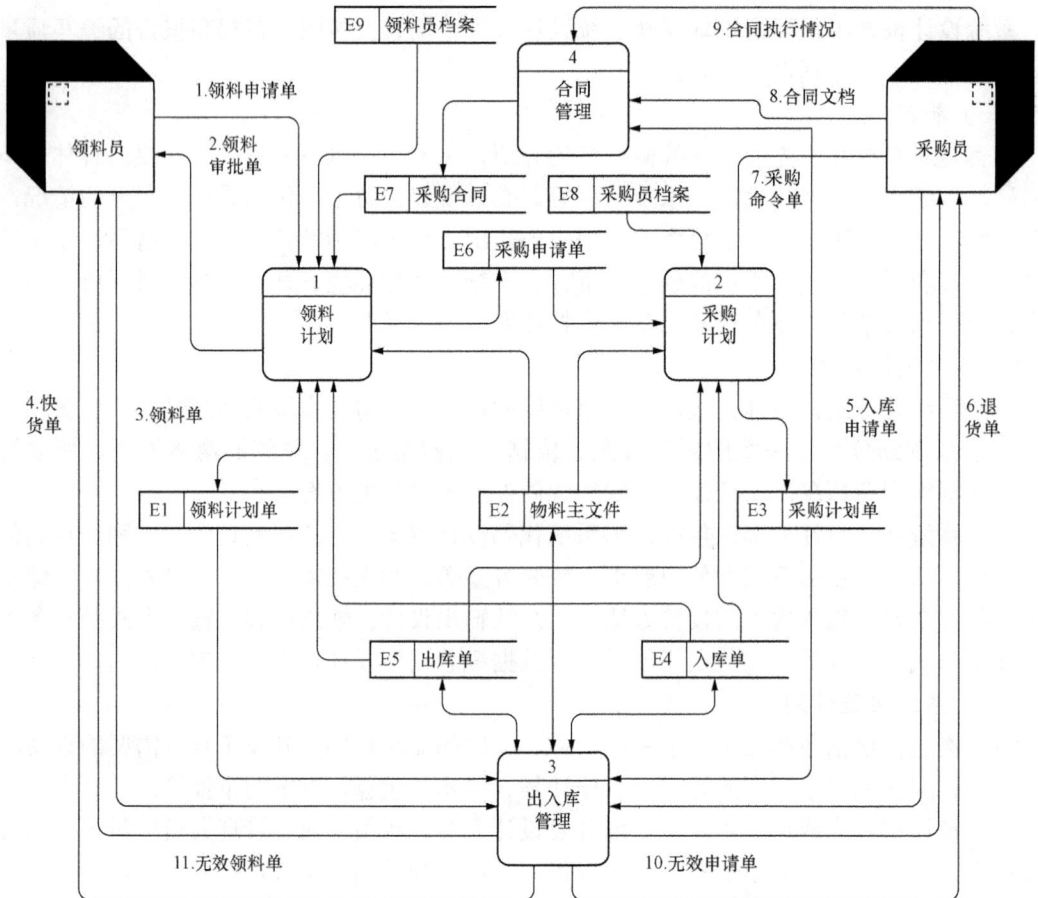

图 7-12　供应管理问题第一层数据流图

在如图 7-12 所示的第一层数据流图的基础上，可以利用分层数据流图对供应管理的各项工作具体进行细化。图 7-13～图 7-16 所示分别是关于领料计划、采购计划、出入库管理和合同管理的数据流图。

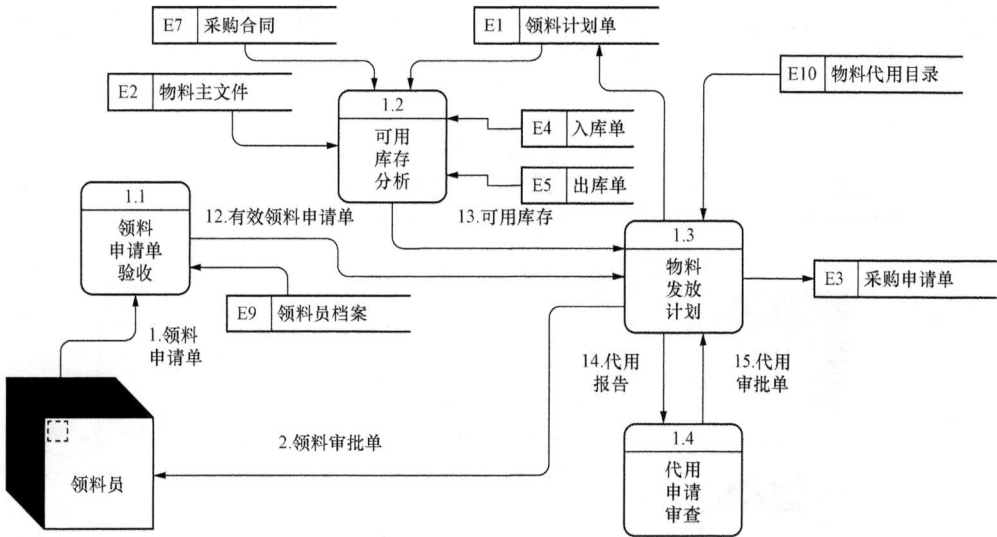

图 7-13 供应管理问题第二层数据流图——领料计划

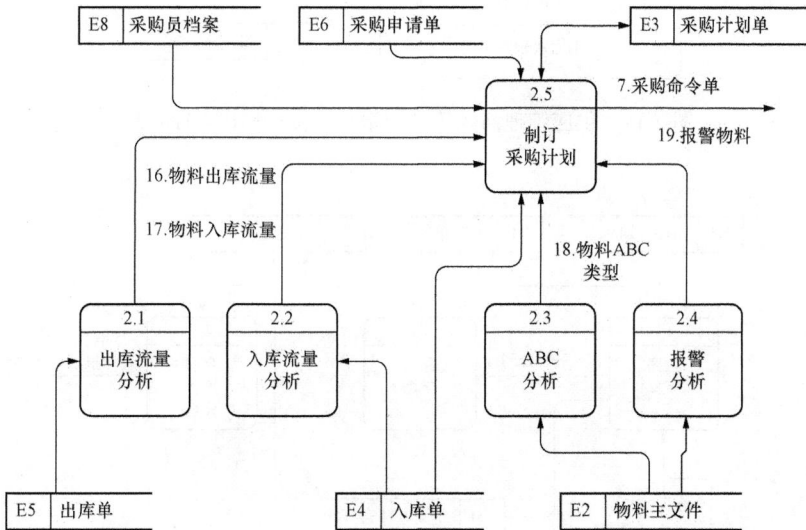

图 7-14 供应管理问题第二层数据流图——采购计划

2. 系统设计

根据图 7-12 所示供应管理数据流图，可以利用程序结构实际方法将其转换成如图 7-17 所示的程序结构图。其中领料计划、出入库管理和合同管理各模块与其下属模块的关系可以分别利用图 7-13、图 7-15 和图 7-16 所示相应数据流图转换得到，如图 7-18～图 7-20 所示。

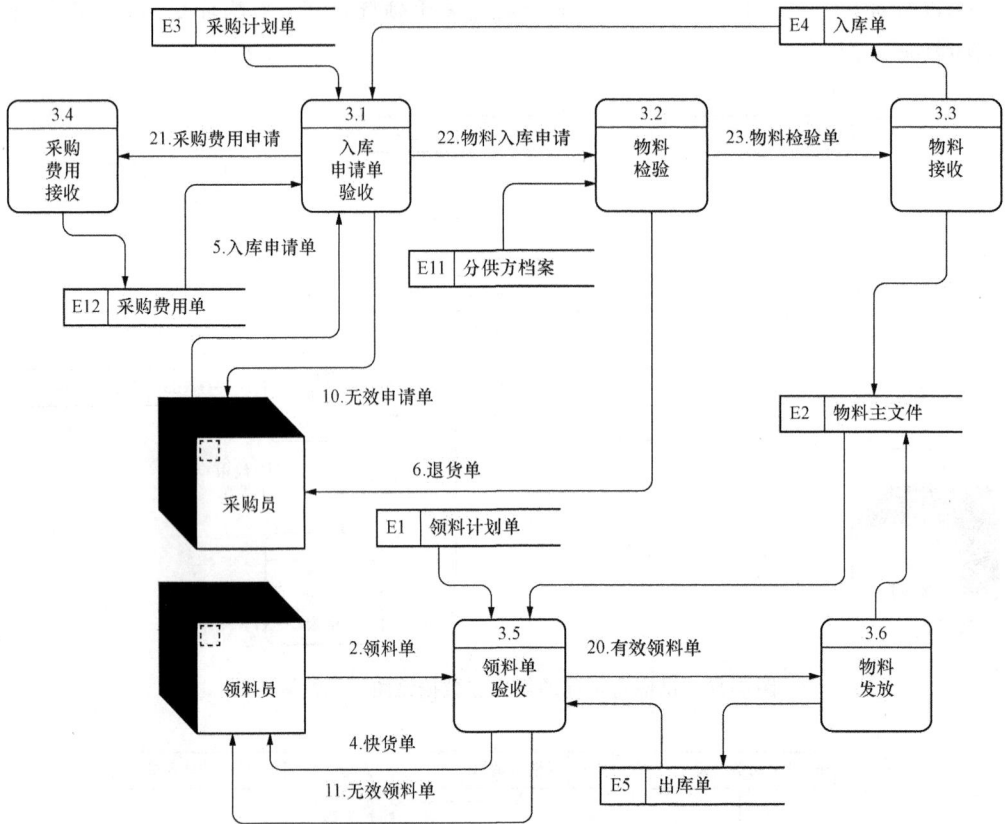

图 7-15　供应管理问题第二层数据流图——出入库管理

图 7-16　供应管理问题第二层数据流图——合同管理

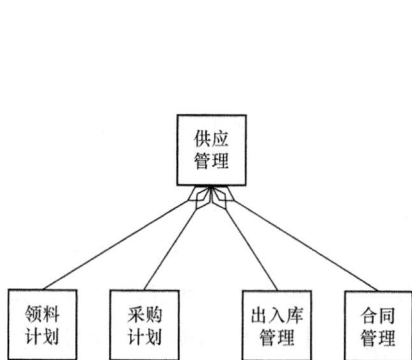

图 7-17　供应管理程序结构

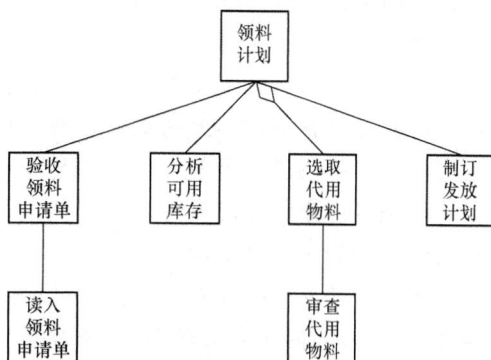

图 7-18　领料计划子程序结构

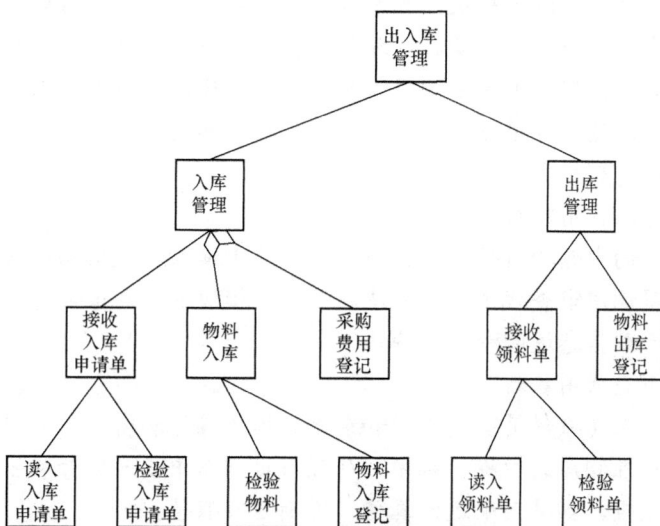

图 7-19　出入库管理子程序结构

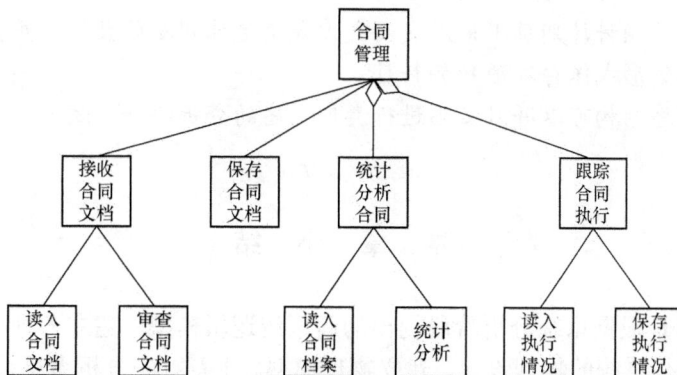

图 7-20　合同管理子程序结构

（1）模块名：读入领料申请单。

功能：创建能录入领料申请单中所有数据的用户接口界面，将用户录入的数据存放在相应的数据结构中，并将其返回给调用它的上级模块。

（2）模块名：验收领料申请单。

功能：调用读入领料申请单模块得到领料申请单内容；读入领料员档案中的领料员编号和密码，将其与领料申请单上的相应领料员信息进行比较，如果匹配则将领料申请单返回给上级模块，否则将领料申请单无效的信息返回给上级模块。

（3）模块名：分析可用库存。

功能：从物料主文件中读入实物库存，按照需求日期分别从领料计划单、出库单、采购合同和入库单中读入分配库存、已出库的分配库存、在途库存和已入库的在途库存，按公式可用库存 = 实物库存−（分配库存−已出库分配库存）+（在途库存−已入库在途库存）计算可用库存，并将计算结果返回给上级模块。

（4）模块名：领料计划。

功能：调用验收领料申请单模块，如果没有返回无效信息则调用分析可用库存模块，比较申请数与可用库存数，否则调用物料发放计划模块，通知领料申请单无效；如果可用库存数大于申请数，那么根据领料申请单调用物料发放计划模块，否则先根据申请的物料代码调用选取代用物料模块，然后再根据返回的物料代码及其相关的批准信息和领料申请单中的其他内容调用物料发放计划模块。

（5）模块名：选取代用物料。

功能：根据传入的申领物料代码从代用物料目录中读入可代用物料代码，根据申领物料代码和代用物料代码调用审查代用物料模块，如果该模块返回真值则将代用物料代码返回给上级模块，否则将无效信息返回给上级模块。

（6）模块名：审查代用物料。

功能：创建批准人（领料员）能使用和录入数据（编号和密码）的用户接口界面，将批准人录入的数据存放在相应的数据结构中，从领料员档案中读入编号和密码，并将其与录入的编号和密码进行比较，如果匹配返回真值，否则返回假值。

（7）模块名：物料发放计划。

功能：根据传来的是否有效信息、领料员编号、物料代码、代用物料代码、需求数量和需求日期，由用户（领料计划员）采用交互式方式确定计划发放数量，并将结果分别以领料计划和领料审批单的形式保存和通知领料员。

对于其他子程序结构可以并且必须进行类似上述的分析评价、改进和说明，由于篇幅的限制，在此不再赘述。

本 章 小 结

MIS 系统设计是根据系统分析阶段提出的新系统逻辑模型，建立各种技术指标并进行详细设计，也就是进行系统的物理设计，建立物理模型。本章首先分析系统设计的原则、目标、任务及可用的各种方法，而后从总体结构设计、平台设计、详细设计等方面详细介绍了新系统的详细内容。

系统设计采用结构化设计的思路，遵循"自上而下"原则，利用结构图这一重要的结构化设计工具，将不同类型的数据流程图转换为系统结构图。最后，本章对系统设计的其他内容和设计报告进行了概述。

习　　题

1．系统设计应遵循哪些原则？
2．系统设计的目标及主要内容有哪些？
3．试述系统功能结构设计的主要内容。
4．什么是 HIPO 法？
5．简述模块设计的思想。
6．在系统设计中，硬件选择应考虑哪些因素？
7．代码设计的作用是什么？常用的代码设计方法有哪些？
8．数据流程图与结构图有什么不同？它们之间有什么关系？其转换方法有哪些？
9．简述 MIS 系统输入与输出设计的主要内容。
10．系统设计最终成果是什么？它包括哪些内容？

第八章 MIS 实 施

MIS 实施是将前一阶段系统分析和系统设计的结果转化为可以在计算机上具体执行的软件系统。MIS 实施的重点就是要完成系统实施平台的搭建、程序的开发、系统的测试与调试、系统切换以及系统实施报告的编撰。本章就对 MIS 系统实施进行详细探讨。

第一节 系统实施概述

一、系统实施的主体与原则

系统实施就是将前一阶段系统分析和系统设计的结果转化为可以在计算机上具体执行的软件系统。完成系统规划、系统分析、系统设计几个阶段的有效工作,开始进入系统实施阶段。系统实施阶段是整个系统开发过程最后一个阶段,也是非常关键的一个阶段。系统实施的复杂程度受系统规模的影响。通常情况下,系统的规模越大,实施阶段的任务就越复杂。因此,为了保证系统能够正确实施,就要在系统正式实施之前,确定系统实施的主体并制订周密的实施计划。除此之外,还要监督整个 MIS 系统实施过程,及时解决发现的问题。

(一)系统实施的主体

系统实施工作的成功与否将直接关系到整个系统开发的成败。由于不同企业可能会选择不同的系统开发方法,因而系统实施的主体也有所不同。

1. 外购方案中的系统实施主体

当企业不具有或具有较弱的系统开发能力并且市场已经有了比较成熟的产品时,企业往往会选择产品外购的方式,即企业根据设计要求购买全部或部分能够完成相关功能的软件产品或功能模块。在这种方式下,系统实施的主体是软件供应商或系统实施商(通常软件供应商和系统实施商是一家或捆绑服务)。

当企业采用外购的方式时,需要注意考虑下面几个问题。

(1)软件与企业需要的切合程度。由于外购的软件产品已经商品化,软件生产商为了使其具有更广泛的适用性,往往包含更多的功能模块。企业在选择软件产品时一定要明确所购买的软件产品是否能够完全满足企业自身需要、是否需要二次开发、是否有些模块不必购买(节省成本)、是否能够和企业正在使用的其他软件或模块兼容等问题。

(2)供应商服务的能力与水平。软件在使用的过程中不可避免地要出现这样或那样的问题,这就需要软件产品供应商能够提供良好的服务,包括对相关人员的持续培训、系统的维护、软件的升级与修改等。

2. 委托开发中的系统实施主体

当企业的需求具有较强的特殊性时,往往很难购买到能够符合企业实际需求的软件成品,如果企业本身不具有系统开发的能力,就会选择委托开发的方式。委托开发是指企业根据自身需求,把系统开发的任务委托给第三方进行的一种系统开发方式。企业在选择第三方时也应该注意以下几个方面。

（1）开发方的经验与实力。开发方是否具有类似系统的开发经验、开发方的人员组成和结构是否合理、开发方的信誉等问题。不同的软件开发商所专注的领域不同，其在该领域的开发实力也不同，显而易见，具有丰富开发经验的团队将会提供更为完美的软件产品。

（2）签订委托开发协议。由于系统开发本身涉及双方的切身利益，为了避免开发与使用过程中产生纠纷，开发前双方必须签订委托开发协议，委托开发协议的内容越详细越好，譬如可以包括委托方的需求、开发费用的支付方式、软件产品的验收标准、应急问题的解决机制等内容，通过协议保护双方的利益。

3．自组织开发中的系统实施主体

当企业拥有较强开发团队，并且该团队经过培训或自学习能够完成系统的开发时，企业可以选择自组织的开发方式，这是因为一方面可以节省较多的成本；另一方面，由于企业内部的团队对企业自身的需求更为熟悉，因而系统更能满足企业的实际需求。

以上 3 种 MIS 系统实施方式的特点比较如表 8-1 所示。

表 8-1　　　　　　　　　　　　　实 施 主 体 比 较

开发方式	实施主体	优　点	缺　点
外购	软件供应商或咨询公司	时间短、投入费用较低、系统可靠性好等	不能完全满足需要，需要二次开发
委托	受委托开发方	更能满足企业需求	开发费用较高、周期较长、风险大
自组织	企业自身	费用较低更能满足企业需求	开发效率较低、风险大

通过上述实施主体比较可以发现，信息系统的实施主体受系统开发方式的影响，且不同的开发方式具有不同的优缺点，企业应根据自身的情况采取不同的开发方式和实施方式。但当前的趋势是：伴随着软件开发的专业化和商品化，外购方式正被越来越多的企业所选择。但不可否认的是，无论实施主体是软件供应商、咨询公司还是受委托开发方，系统实施的过程中，企业都必须积极地参与进来。

（二）系统实施的原则

（1）领导参与原则。信息系统的实施是一个需要各个部门共同参与的系统工程，它涉及各个部门的协调，只有领导出面组织这项工作，才能保证系统按计划实施。

（2）规范化原则。由于系统的实施涉及多个部门，因而要在系统实施之前对各个部门、各个阶段的实施工作制订规范的实施规程，保证各个部门间的工作有序性。

（3）分步实施原则。系统的实施对企业的未来生产具有重要影响，因而应采取分步、分阶段实施的原则，保证系统实施的稳步进行。

（4）适应性原则。系统实施之前及实施过程中，企业应充分考虑企业的组织结构、管理模式、企业文化以及业务流程等诸多方面的特殊性以及可能引起的系列变化，使系统具有一定的可伸缩性，保证系统在一定程度和范围内能够适应系统实施所引起的环境变化。

二、系统实施的内容与目标

（一）系统实施的内容

系统实施一般包括实施主体的选择、系统实施环境的搭建、系统的程序开发、系统测试与调试、系统上线和撰写系统实施报告六个部分。每个部分之间彼此紧密联系，其中部分内容之间可以交叉进行，以此缩短系统开发的周期、提高系统开发的效率。

（二）系统实施的目标

在系统分析与系统设计的阶段中，系统分析与系统设计人员为新系统设计了其逻辑模型和物理模型，因而系统实施的目标就是把系统设计的物理模型转换成可实际运行的新系统。为了保证系统实施的有效性，系统实施之前企业应该具有明确的目标，并在系统实施的过程中不断与事先设定的目标加以比较，确保系统能够按照原来设定的目标正常实施。

三、系统实施的方法与步骤

（一）系统实施的方法

由于系统的规模不同、系统所应用的环境不同，系统的实施也应该采取不同的方法。对于规模较小的系统，由于其中的模块较少，可以先进行原型实现，然后逐步完成基础功能模块。但对于规模较大、结构较复杂的系统，则应考虑分阶段完成。分阶段完成有两层含义，一是先实现多个模块中的部分模块；二是对于某些非常复杂的模块，先实现该模块的基本功能，然后再完成其复杂功能，循序渐进的进行。

（二）系统实施的步骤

由于系统实施是一项复杂的工程，而且随着系统规模的增大，实施阶段的任务也就越复杂。因而，为了保证系统的顺利实施，就必须采取一定的步骤。一般来说，系统的实施可以分为以下几个步骤。

（1）实施环境搭建。实施环境搭建既包括设备、机房、网络等硬件实施环境，也包括人才选择与培训、制度在内的软环境。

（2）程序开发。程序的开发则要做好开发方法与开发工具的选择等工作。

（3）系统测试与调试。系统测试与调试是系统实施步骤中一个不可或缺的环节，只有经过系统测试与调试才能发现系统运行中可能出现的问题并及时改正，保证系统上线后的正常运行，减少不必要的损失。

（4）系统切换。根据系统测试与调试的结果、系统的规模，企业应该结合自身情况选择不同的上线方式：直接上线、平行上线和分阶段上线。

（5）撰写系统实施报告。

四、系统实施的组织与特征

由于系统的实施是一个复杂的系统工程，因而建立合理有效的组织是实现系统按目标实施的重要保障。系统的实施必须以企业为主体并成立信息中心或类似机构负责组织和实施。在建立实施组织时应做到以下几个方面。

（一）明确人员组成和职责

系统实施之前，必须明确系统实施的参与人员与各自的职责，确定实施组织的人员是由业主管理人员、系统开发和实施人员组成；落实对组织内人员的任务和职能分工；明确有关人员在数据收集和处理过程中的职责。

（二）合理组织系统实施的工作流程和信息流程，并建立相应的信息管理制度

项目负责人必须做好各级管理人员、系统开发技术人员、系统测试人员、系统操作和维护人员的协调工作，并针对系统实施的特点，制订合理、周密的实施计划，随时检查工作进度和质量，并督促相关人员按计划完成系统的实施。

五、搭建实施环境

实施环境中硬件平台的搭建主要是指计算机系统和通信网络系统的搭建，要根据计算机

物理系统配置方案购买和安装计算机硬、软件系统以及通信网络系统，并包括计算机机房的准备和建设甚至设备安装调试等活动。

软环境的搭建主要指相关软件的准备，根据系统设计报告采购系统软件、开发工具、数据库管理软件以及一些应用程序。对于采购来的软件，应该根据需要进行消化和二次开发，使之能够满足系统的要求。

第二节　程　序　开　发

一、程序开发的目标与步骤

（一）程序开发的目标

程序开发是为了实现 MIS 开发者在系统分析和设计中所提出的管理方法和处理过程，程序开发的优劣将直接影响到以后系统运行的效率。因此，在编程实现时，开发小组应尽量借用已有的、成熟的开发语言和开发工具，明确并努力实现以下目标。

（1）可靠性。系统可靠性通常用两方面的指标来衡量，一方面是系统的安全可靠性，如数据存取及通过网络进行传输时的安全可靠性问题、操作人员的操作权限问题等；另一方面是指程序运行的可靠性，系统运行的可靠性受到程序设计人员、程序开发人员以及系统调试与测试人员水平的影响。因而，系统运行的可靠性需要程序设计人员的缜密设计、开发人员的技术选择以及调试与测试人员的反复工作来保证。

（2）可读性。由于程序的维护与程序的开发往往不是由同一组人员进行，因而程序开发人员应该保证程序的结构清楚、条例清晰并配备规范的开发说明文档，保证系统在以后的维护中，维护人员可以借助说明文档进行正常维护，减少其工作量。

（3）健壮性。系统运行中不可避免地会遇到一些意外情况，这就需要系统具有健壮性，即系统遇到硬件故障、违法操作时能够及时识别，并做出相应的备份、记录和提示，从而避免或减少由此带来的损失。

（4）规范性。规范性，即对系统各功能模块的划分、书写的格式、变量的定义、流程图的描绘等都有一套规范的要求。规范性既保证了程序格式的统一和美观，也为今后系统维护人员的阅读、修改带来了方便。

（5）可维护性。由于系统随着环境的改变会不断的变化，因此，对系统功能的不断调整和完善就成为必不可少的环节。这就要求系统具有较好的可维护性，能够根据需求的改变对程序进行必要的补充和修改。

（6）高效率。一个好的系统应该占用更少的存储空间、耗费更少的运行时间。程序设计人员在进行程序设计时，应该做到程序占用的空间尽量少（尽管当前存储介质的价格已经很便宜了），完成特定功能所耗用的时间尽量少。

（二）程序开发的步骤

首先要根据系统设计文档确定编程思路，理清各模块间关系，做好模型的选择；然后，写出业务逻辑运行步骤，构思并确定界面的布局；最后，编写程序并进行相关调试与测试。

二、程序开发工作的组织

程序开发工作的有效组织是程序开发成功的重要保证。与传统的开发工作组织方式不同，当前多以项目组的形式进行程序的开发。项目组可以由不同方面的人员组成，项目组的负责人一般为项目组长或项目经理。项目组根据工作需要或分工再设立多个项目小组，项目小组的数量受项目规模、项目的复杂程度及项目周期长短的限制。

在确定项目组的结构时，应该考虑与程序开发模式和系统结构相对应，这样可以实现程序开发方法、工具与人的和谐统一，从而降低管理的复杂性，也有利于程序开发过程的管理与质量控制。目前一些软件公司常用的一种组织结构是树型结构组织。树的根是项目经理和项目总的技术负责人。但一般情况下项目经理和技术负责人由一个人担任。树的结点是项目小组，为了便于项目管理，树的结点每层一般不超过 7 个，在此基础上尽量降低树的层数，如图 8-1 所示。

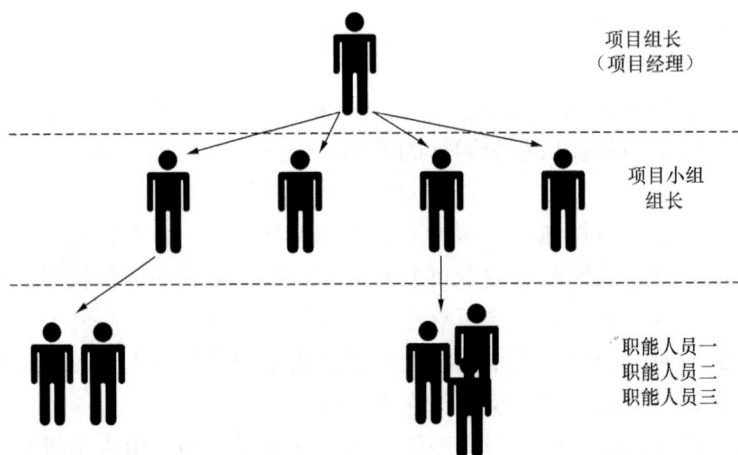

图 8-1　程序开发组织结构

由于处于根部的项目组长（项目经理）是整个开发工作的领导者，因而其领导和组织能力将对开发项目的顺利进行产生重要影响，因而，对于项目组长的要求一般应具有下面几个方面的能力。

（1）良好的沟通能力。良好的沟通能力包括既能与用户进行良好的沟通，了解用户的真正需求，也包括能够说服上级领导和用户，使其能够乐于接收一些不太合理的要求。

（2）领导与组织能力。项目组本身是一个团队，团队规模的大小受项目大小影响，项目组长必需能够有效地组织和协调各个成员之间的关系，保证项目能够顺利进行。

（3）解决冲突的能力。项目管理中总是不可避免会发生一些冲突，这些冲突可能是人员方面的冲突、技术方面的冲突、行政方面的冲突等，项目组长必需能够及时处理这些冲突，保证项目按计划进行。

当然除了上述的一些必备的能力之外，项目组长还要具备对客户需求的归纳总结、控制等作为一个管理者所需要的其他能力。

三、结构化程序开发方法

（一）结构化程序开发法

结构化程序开发方法由 E. DIJKSTRA 等人在 1972 年提出，其目的在于指导人们用良好的思想方法，开发出正确又易于理解的程序。E. DIJKSTRA 等人研究后发现，任何一个程序的结构都是由几个基本结构单独或相互嵌套组成，这 3 种基本结构就是顺序结构、选择结构和循环结构，如图 8-2 所示。

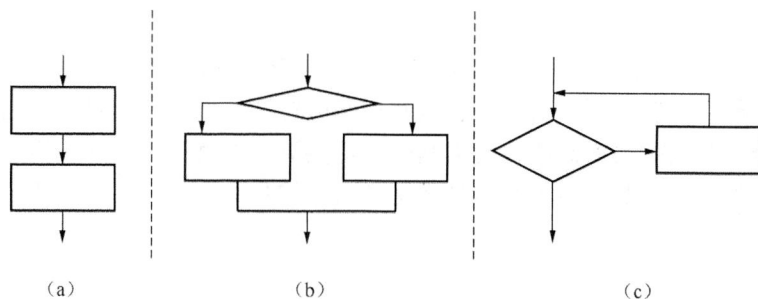

图 8-2　程序的 3 种基本结构

（a）顺序；（b）选择；（c）循环

结构化程序开发方法的基本思想是按"由顶向下、逐步求精"的方式，利用上述的 3 种基本结构相互反复嵌套构造一个程序。利用结构化的程序开发方法，可以把一个复杂、模糊的功能由整体到局部以顺序、选择、循环的形式加以分解，直至使整个功能模块的每一个细节都变得清晰且确定。由此可见，用结构化方法设计的结构是清晰的，有利于编写出结构良好的程序并减少程序设计工作的工作量。因此开发人员必须用结构化程序设计的思想来指导程序设计的工作。除了结构化的程序开发方法外，还有其他几种比较常用的程序开发方法，如速成原型程序开发方法、面向对象程序设计方法等。

（二）速成原型法

速成原型法（Rapid Prototyping），也可以称为模型法，是近年来提出的一种系统开发方法。速成原型法的思想是首先构造一个功能简单的原型系统（系统模型），然后根据用户的应用体验对原型系统逐步求精，不断扩充、完善系统功能并逐渐满足用户的需求。该方法实际是构筑了系统的缩小比例模型，这个模型起初只是具备了系统的大部分功能，需要在运行中被检查、测试、修改，直到它的功能和性能达到用户需求为止。速成原型法的主要优点可以概括为以下几个方面：①使得用户能够积极参与到系统生存周期的设计中来；②减少了系统开发的风险，尤其是一些大型项目的开发，很难一次性地完全了解用户的需求，需要多次沟通才能完成，应用该方法效果就更明显；③速成原型法不但适用于系统的重新开发，也适用于对系统的修改。

（三）面向对象法

面向对象程序设计方法是 20 世纪 90 年代才盛行的一种软件编程方法。所谓对象是包含数据和对数据操作的代码实体，它是对现实世界的一种提炼或抽象，所以，在程序设计中，对象具有与现实世界的某种对应关系。这种设计方法与标准的工业设计规律有许多相似之处。在面向对象语言中，类是创建对象的关键，事实上类描述了一簇对象的公共特征和操作，而对象则是具体实现的类。举个例子，我们定义一个称为 car 的类，它具有颜色、尺寸、特征等参数，以及描述汽车在外界条件下运动状态的成员函数，则一辆具体的小汽车是一个对象，在这个对象中有关参数均有具体数值，并可以通过成员函数获取该车具体运动状态。该方法的最大优点就是使人们的编程与实际的世界更加接近，所有的对象都被赋予了属性和方法，使编程更具人性化特征。

除了上述几种方法外，还有其他一些方法，有兴趣的读者可以查阅相关教材和浏览网页进行更深入的了解。

四、编程工具的选择

第三章详细介绍了常用编程语言，本节对其进行简单归类与回顾。

（一）基础编程语言类

主要指的是如 C 语言、C++语言、BASIC 语言、COBOL 语言、汇编语言等一些基本语言，这些语言一般是一些通用语言，并不具有很强的针对性，它所提供的只是一般程序设计命令的基本集合，是其他很多高级语言的基础。这类语言的优点是适应范围很广，基本上可以编写任何功能的模块；其缺点是直接使用这类语言编程复杂程度较高，程序设计时的工作量也比较大。

（二）数据库类

数据库是信息系统中数据存放的中心和整个系统数据传递和交换的枢纽，也是数据库管理系统管理的对象。根据存放数据的规模及提供的功能，可以把数据库分为两类，小型数据库和大型数据库。小型数据库主要是指以小型机为基础所形成的关系数据库及其程序开发语言，以 dBASE、FoxBASE、FoxPro 以及 Excel 等产品为代表。大型数据库则指数据规模较大、功能较齐全的大型数据库系统，如 ORACLE、SYBASE、INFORMAX 以及 DB2 等系统。这类系统一般通过专用或通用的接口语言（如 SQL）和其他编程语言实现对接，从而满足各类基础编程语言访问数据库内数据的需要。

（三）程序生成工具类

程序生成工具主要指的是第四代程序（4GLs）生成语言，也可以称为自动编程工具，它实际上是把一些常用的数据处理功能打包，当用户需要此项功能时，调用该功能模块就可以了，大大减少了程序设计人员的设计工作量。比较典型的程序生成工具如 FoxPro、Visual Basic、Visual C++、Borland C++、CASE、PB、Delphi 等。

（四）系统开发工具类

系统开发工具类是在程序生成工具类的基础上进一步发展起来的，它不但具有 4GLs 的各种功能，而且功能模块化的规模更大，也更加综合化、图形化，更方便于用户的使用。根据此类工具适用的范围，可以把系统开发工具类分为专用开发工具类和综合开发工具类。前者是指对某特定应用领域或特定功能所设计的系统开发工具，如 Boeing 计算机服务公司提供的 EIS（Executive Information System）、Execucom 公司的 IFPS（Interactive Financial Planning System）以及 Tymshare 公司提供的 Express 都是决策支持系统（DSS）的专用开发工具。综合开发工具类则指的是一般应用系统和数据处理功能的一类系统开发工具，如 FoxPro、VB、Visual C++、CASE 等。

（五）网络编程类

针对应用越来越广泛的互联网，许多工具在原有的基础上进行了完善，使其开发与应用更加适合网络。尤其是针对前台和后台的工作方式，这类工具更能发挥其先天优势，常用的网络编程类如 Java、PHP、JavaScript、ASP 等。

很多时候，同一种编程工具可能属于不同的分类，上述分类并没有十分明确的界限，只是为了针对不同的应用，使用户能够缩小选择的范围。

五、程序开发的风格与关注点

尽管已经有一些规范来约束程序开发人员的不良习惯，但作为一名程序开发人员在编写程序时仍然应该关注程序的可维护性，一般应注意以下几点。

（1）命名的规则。无论是常量、变量、对象的命名还是过程、函数的命名，都应该使用含义鲜明的文字，使其能正确地提示所代表的意义，不能明确提示所代表的意义的，应该加以适当的注解，从而帮助阅读者更加容易理解程序。

（2）数据的说明。任何一个程序都会涉及许多数据，越是复杂的数据结构越难以让人理解，所以程序人员在进行数据说明时 就应该保证数据说明次序的标准化，从而加快程序测试、调试和维护的速度。

（3）输入输出的设计。为了保证输入的正确性，减少输入环节引起的错误，程序就应该对所有输入数据进行合法性检验并保证输入格式的简单；对于输出应该设计尽可能多的输出方式，从而给系统的使用者提供更多的选择和方便。

除了上述几条之外，程序编写人员还应该注意代码语句的规范性和整个系统的功能和效率，如运行时间、占用空间等。所以，程序编写的风格对一个程序人员及其后来的维护者来说是极其重要的。

第三节　系统测试与调试

一、系统测试的目的

针对整个系统进行的测试，实际也是对程序的测试。测试一方面用来验证程序本身是否有错，另一方面用来验证程序是否按照要求执行了其功能。测试并不仅仅是为了从程序中找出错误，而是通过对引起错误的原因进行分析，帮助项目管理者发现当前所采用的软件在运行过程中存在的问题，以便及时改进，阻止损失的进一步扩大。大量的实践证明，错误发现的越晚，给项目组所带来的损失就越大。所以，有人说"一个成功的测试是发现了至今未发现的错误的测试"。

二、系统测试的方法

对系统进行测试常用的方法有两种，根据设计测试用例时是否涉及程序的内部结构，分为白盒测试和黑盒测试，但无论采用哪一种方法，设计好测试用例都是十分必要且必不可少的。所谓测试用例就是测试人员以发现程序错误为目的而精心设计的一组测试数据，一般包括预定测试的功能，应该输入的测试数据和预期得到的输出结果。因此，设计测试用例是开始程序测试的第一步，也是有效地完成测试工作的关键。但设计测试用例并不是一项简单的工作，这是因为不同的测试数据发现程序错误的能力是不一样的，为了提高测试效果、降低测试成本，测试人员通常被要求能够发现并使用高效的测试数据。所谓高效就是选用少量的数据，完成完备的测试，但这通常很难做到，所以尽量做到尽可能完备的测试就可以了。

（一）白盒测试法

所谓白盒测试（White-box Testing），又称逻辑驱动测试或结构测试，就是要求测试者对被测试程序的内部结构是清楚的，或者说被测程序对测试人员是透明的。测试人员在对程序进行测试时，他已经对整个程序的执行逻辑十分清楚，所以，他能够从程序的逻辑结构入手，合理设计测试用例。

使用白盒测试对测试人员的要求比较高，它要求测试人员能够读懂程序并了解程序的执行路径和数据要求，并能设计出高效测试数据。使用白盒测试法，要求其测试用例能够进行逻辑覆盖、循环覆盖和基本路径覆盖。其中逻辑覆盖包括语句覆盖、判定覆盖、条件覆盖、判定/条件覆盖、条件组合覆盖和路径覆盖。使用白盒测试往往要做到以下几个方面：①对程序模块的所有独立的执行路径至少测试一遍；②对所有的逻辑判定，取"真"与取"假"的两种情况至少都能测一遍；③在循环的边界和运行的界限内执行循环体；④测试内部数据结构的有效性。

（二）黑盒测试法

所谓黑盒测试（Black-box Testing），又称数据驱动测试或功能测试。黑盒测试的情况与白盒测试不同，使用黑盒进行测试时，测试者把被测程序看成一个黑盒，完全不必了解或者关心程序的内部逻辑。测试人员设计测试用例时，也是以程序的外部功能为根据的。使用黑盒测试时能够发现以下几类错误：①是否有不正确或被遗漏的功能；②输入是否能被正确的判断和接收，输出是否正确；③是否有数据结构错误或外部信息（例如数据文件）访问错误；④性能上是否能够满足要求；⑤是否有初始化或终止性错误。

黑盒测试中常用的技术主要有以下几种。

1. 等价划分技术

等价划分技术是把被测程序的所有可能的输入数据（不管是否有效）划分成若干个等价类，从每类中选取有代表性的数据进行测试。设计等价类的测试用例一般分为两步。第一步，划分等价类并给出定义。划分等价类时，测试人员需要研究程序的功能说明，以确定输入数据的有效等价类和无效等价类。在确定输入数据的等价类时常常还需要分析输出数据的等价类，以便根据输出数据的等价类导出对应的输入数据等价类。第二步，选择测试用例。选择测试用例时应遵循这样的原则：有效等价类的测试用例尽量公用，以期减少测试的次数；无效等价类必须每类一例，以防漏掉本来有可能发现的错误。

2. 边界值分析技术

经验表明，处理边界情况时程序最容易发生错误。使用边界值分析技术首先应该确定边界情况，使选取的测试数据刚好等于、刚刚小于或刚刚大于边界值，即按照此方法，测试人员在选取数据时应该选取刚好等于、稍小于和稍大于等价类边界值的数据作为测试数据，而不是选取每个等价类内的典型值作为测试数据。

3. 错误推测技术

错误推测技术在很大程度上靠直觉和经验进行。它的基本想法是列举出程序中可能有的错误和容易发生错误的特殊情况，并且根据它们选择测试用例。

4. 输入组合技术

选择输入组合的另一个有效途径是把计算机测试和人工检查代码结合起来。例如，通过代码检查程序中两个模块使用并修改某些共享的变量的情况，如果一个模块对这些变量的修改不正确，则会引起模块出错，因此这是程序发生错误的一个可能的原因。应该设计测试用例，在程序的一次运行中同时检测这两个模块，特别要着重检测一个模块修改了共享变量后另一个模块能否像预期的那样正常使用这些变量。反之，如果两个模块相互独立，则没有必要测试它们的输入组合情况。通过代码检查也能发现模块相互依赖的关系，在这种情况下，不仅必须要测试这个转换函数，还应测试调用它的算术函数在转换函数接收到无效输入时的响应。

对黑盒测试人员的要求尽管不像白盒测试那样需要了解程序的逻辑结构，但却要求测试人员拥有丰富的经验，并能正确分析被测程序的功能。由于白盒测试和黑盒测试各具优点，所以，很多时候为了获得良好的测试效果，往往会采取二者相结合的方式，而不是单单使用一种测试方式。

三、系统调试的目的

系统调试是在程序测试的基础上进行的（也有人把程序的测试归到系统调试），其目的也是为了检测各个功能模块和整个系统是否能有机结合在一起，完成预定的功能。所以，系统调试是一项重要的工作。

四、系统调试的方法

由于一个 MIS 通常情况下都是由多个子系统组成的，每个子系统又由若干模块组成。所以，为了保证调试工作的有序性，往往把系统调试分为 3 个层次进行，分别是模块调试、子系统调试和系统调试，调试过程依次是模块调试、分调试、总调试，如图 8-3 所示。

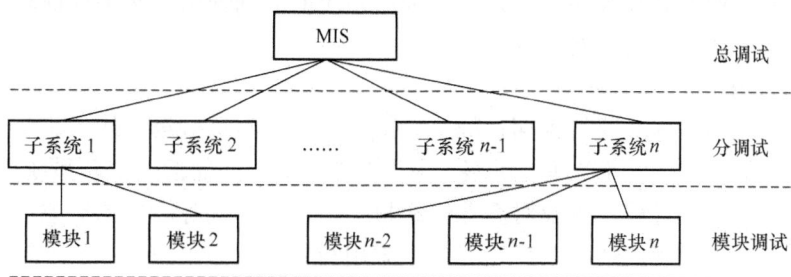

图 8-3　系统调试的步骤

（一）模块调试

模块调试也就是本书前面所讲的程序测试，目的是保证每个模块本身能正常运行，模块是组成子系统的基础，也是系统调试最初要做的工作。

（二）子系统调试

子系统调试，就是把经过调试的各模块通过接口程序放在一起，以子系统的形式来调试。系统调试主要是调试各模块之间的协调和通信。例如，检查接口是否能完成模块间数据的传输等。通常有两种方法把若干个模块连接成一个可运行的子系统：一种是"非渐增式"调试，即先分别调试每个模块，再把所有经过调试的模块按设计要求连成一起进行调试；另一种是"渐增式"调试，即把下一个要调试的模块同已经调试好的那些模块结合起来进行调试，调试完成后再把下一个应该调试的模块结合进来调试。两种调试方法各有优缺点，但对于 MIS 而言，"渐增式"调试方法略优于"非渐增式"调试方法，有时，也可以采用两种方法相结合的方式进行。

（三）总调

经过模块调试和子系统调试，原来单独的一个个模块已经被装配成一个完整的系统，接下来要做的就是总调，也称为系统调试。系统调试的目的是为了发现系统设计和程序设计中的错误，验证系统的功能是否达到设计说明书的要求。刚开始进行系统调试时，不一定按完全真实情况下的数据量进行，可采用一些精心设计的数据量较少的调试用例，这样不仅可以使处理工作量大为减少，而且更容易发现错误和确定错误所在范围。

进行系统调试时，由于该阶段发现的问题往往和系统分析阶段的差错有关，涉及面较广且解决起来也较困难，因而需要和用户充分协商解决。一般情况下应该注意以下几点：①由于系统调试是用户使用前的最后调试，因而，调试用例应该邀请用户共同参与设计并且最后使用具有实际意义的数据；②某些已经调试过的纯粹技术的特点可以不需再次执行；③对于用户特别感兴趣的功能或性能，根据用户的要求，可以增加一些调试；④应该设计并执行一些与用户使用步骤有关的调试。

第四节 系 统 切 换

一、人员培训

为了保证新系统的正常运行，就要对相关人员进行必要的培训。管理信息系统是一个人机系统，它的正常运行需要很多人参加工作，将有许多人承担系统所需输入信息的人工处理过程，以及计算机操作过程。这些人通常来自现行系统，他们熟悉或精通原来的人工处理过程，但缺乏计算机处理的有关知识，为了保证新系统的顺利使用，必须提前培训有关人员。通常，需要进行培训的人员主要有以下 3 类。

（一）对事务管理人员的培训

新系统能否顺利运行并获得预期目标，在很大程度上与这些第一线的事务管理人员（或主管人员）有关系。因此，可以通过讲座、报告会的形式，向他们说明新系统的目标、功能；说明系统的结构及运行过程，以及对企业组织机构、工作方式等产生的影响。对事务管理人员进行培训时，必须做到通俗、具体，尽量不采用与实际业务领域无关的计算机专业术语。例如，可以就他们最关心的以下问题展开对话：①计算机管理信息系统能为我们干些什么；②采用新系统后，我们和我们的职工必须学会什么新技术；③采用新系统后，我们的机构和人员将发生什么变动；④今后如何衡量我们的任务完成情况。

大量事实说明，许多管理信息系统不能正常发挥预期作用，其原因之一就是没有注意对有关事务管理人员的培训，因而没有得到他们的理解和支持。所以，今后在新系统开发时必须注意这一点。

（二）对系统操作人员的培训

系统操作员是管理信息系统的直接使用者，统计资料表明，管理信息系统在运行期间发生的故障，大多数是由于使用方法错误而造成的，如表 8-2 所示。所以，系统操作员的培训应该是人员培训工作的重点。

表 8-2   软 件 故 障 的 原 因

错误类别	使用方法错误	软件错误	硬件故障	其他
百分比（%）	41	48	6	5

对系统操作员的培训应该提供比较充分的时间，除了学习必要的计算机硬、软件知识，以及键盘指法、汉字输入等训练以外，还必须向他们传授新系统的工作原理、使用方法，简单出错的处置等知识。一般来说，在系统开发阶段就可以让系统操作员参与。例如，录入程序和初始数据，在调试时进行试操作等，这对他们熟悉新系统的使用，无疑是有好处的。

（三）对系统维护人员的培训

系统维护人员是系统赖以正常运行的重要保证，因而，对于系统维护人员来说，其必须具有一定的计算机硬、软件知识，并对新系统的原理和维护知识有较深刻的理解。在小企业中，由于其人力资源有限，往往由系统操作人员负责系统的维护，因而对操作人员的培训就需要更加全面。在较大的企业和部门中，由于其分工更为精细，系统维护人员一般由计算机中心和计算机室的计算机专业技术人员担任。有条件时，应该请系统维护人员和系统操作员，或其他今后与新系统有直接接触的人员，参加一个或几个确定新系统开发方针的讨论会，因为他们今后的工作将与新系统有直接联系，参加这样的会议，有助于他们了解整个系统的全貌，并将给他们打好今后工作的基础。对于大、中型企业或部门用户，人员培训工作应列入该企业或部门的教育计划中，在系统开发单位的配合下共同实施。

二、系统切换的方式

系统切换是指从原有系统（手工系统或旧版本 MIS）切换到新 MIS 的过程。用计算机辅助的企业管理信息系统一般都是在现行的手工管理系统基础上建立起来的，因此必须协调新旧系统之间的关系，否则将造成紊乱与中断，损害经济效益。为了保证原有系统有条不紊地、顺利转移到新系统，在系统切换前应仔细拟订方案和措施，确定具体的步骤。系统的切换方式通常有 3 种，分别为直接切换、平行切换和分阶段切换。

（一）直接切换

直接切换就是原有系统停止运行的某一时刻，新系统立即投入运行，中间没有过渡阶段。用这种方式时，人力和费用最省，适用于新系统不太复杂或原有系统完全不能使用的场合，但新系统在切换之前必须经过详细调试并经严格测试。同时，切换时应做好准备，万一新系统不能达到预期目的时，需采取应急措施。直接切换的示意图如图 8-4 所示。

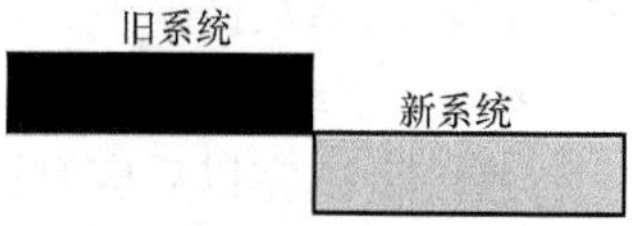

图 8-4　直接切换方式

（二）平行切换

平行切换就是新系统和原系统平行工作一段时间，经过这段时间的试运行后，再用新系统正式替换原有系统。在平行工作期间，手工处理和计算机处理系统并存，一旦新系统有问题就可以暂时停止而不会影响原有系统的正常工作。平行切换过程如图 8-5 所示。平行切换通常可分两步走。首先以原有系统的作业为正式作业，新系统的作业则只起辅助作用；随着新系统在实践应用中不断补充与完善，其作用逐渐增强，原有系统的地位则逐渐降低，直至最后原有系统被新系统彻底取代。根据系统的复杂程度和规模大小不同，平行运行的时间一般可在 2～3 个月到 1 年之间。

图 8-5　平行切换方式

采用平行切换的风险较小，在切换期间还可同时比较新旧两个系统的性能，并让系统操作员和其他有关人员得到全面培训。因此，对于一些较大的管理信息系统，平行切换是一种最常用的切换方式。由于在平行运行期间，要两套班子或两种处理方式同时并存，因而人力和费用消耗较大，这就要实时做好周密计划并加强管理。

（三）分段切换

这种切换方式是上述两种方式的结合，采取分期分批逐步切换。如图 8-6 所示。一般比较大的系统采用这种方式较为适宜，它能保证系统平稳运行，费用也不太大。采用分段切换时，各系统的切换次序及切换的具体步骤，均应根据具体情况灵活考虑。通常可采用如下策略。

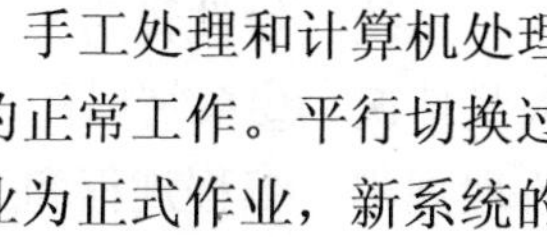

图 8-6　分段切换方式

（1）按功能分阶段逐步切换。首先确定该系统中的一个主要的业务功能，如财务管理率先投入使用，在该功能运行正常后再逐步增加其他功能。

（2）按部门分阶段逐步切换。先选择系统中的一个合适的部门，在该部门设置终端，获得成功后再逐步扩大到其他部门。这个首先设置终端的部门可以是业务量较少的，这样比较安全可靠，也可以是业务最繁忙的，这样见效大，但风险也大。

（3）按机器设备分阶段逐步切换。先从简单的设备开始切换，再推广到整个系统。例如对于联机系统，可先用单机进行批处理，然后用终端实现联机系统。对于分布式系统，可以先用两台微机联网，以后再逐步扩大范围，最终实现分布式系统。

总之，系统切换的工作量较大，情况十分复杂。这就要求开发人员要切实做好准备工作，拟定周密的计划，使系统切换不至于影响正常的工作。

三、系统切换的注意事项

由于系统切换直接影响到新系统能否正常运行，因而系统切换前必须做好各项准备工作，包括数据的准备以及系统文档的准备等。

（一）数据准备

新系统运行前要进行数据准备。准备系统基础数据所需要的时间，很大程度上由系统切换的类型来决定。对已有的计算机系统上的文件进行转换可通过合并和更新来增添和扩展文件。将手工处理的数据录入到计算机系统的外存上是最费时间的转换。若是将一个普通的数据文件转换到数据库中去往往需要改组或重建文件，较为费时。

（二）系统文档准备

系统调试完以后应有详细的说明文档供阅读。该文档应使用通用的语言来说明系统各部分如何工作、维护和修改。系统说明文件大致可分以下 3 类。

1. 系统一般性说明文件

系统一般性说明文件包括：①用户手册。给用户介绍系统的全面情况，包括目标和有关人员情况。②系统规程。为系统的操作和编程等人员提供的总的规程，包括计算机操作规程、监理规程、编程规程和技术标准。③特殊说明。随着外部环境的变化而使系统做出相应调整等的说明，这些是不断进行补充和发表的。

2. 系统开发报告

系统开发报告包括：①系统分析说明书。包括系统分析建议和系统分析执行报告。②系统设计说明书。涉及输入、输出、数据库组织、处理程序、系统监控等方面。③系统实施说明。主要涉及系统分调、总调过程中某些重要问题的回顾和说明，人员培训、系统转换的计划及执行情况。④系统利益分析报告。主要涉及系统的管理工作和职工所产生的影响，系统的费用、效益分析等方面。

3. 系统说明书

通常，系统说明书内容上应涵盖如下方面：整个系统程序包的说明、系统的计算机系统流程图和程序流程图、作业控制语句说明、程序清单、程序实验过程说明、输入输出样本、程序所有检测点设置说明、各个操作指令、控制台指令、操作人员指示书以及修改程序的手续，包括要求填表的手续和样单。

4. 操作说明

（1）系统规程。系统总的规程，包括系统技术标准、编程、操作规程、监理规程等。

（2）操作说明。系统的操作顺序，各种参数输入条件，数据的备份和恢复操作方法以及有关系统维护的注意事项。

此外，在拟定系统切换计划时，应着重考虑以下问题：①系统说明文件必须完整；②要防止系统切换时数据丢失；③要充分估计输入初始数据所需的时间，对管理信息系统而言，首次运行前需花费大量人力和时间输入初始数据，对此应有充分准备，以免措手不及。

第五节 系统实施报告

一、系统开发报告

一套 MIS 开发完成后，应该形成一份文字报告，即系统开发报告。一个完整的系统开发报告所应包括的内容如表 8-3 所示。

表 8-3   系 统 开 发 报 告 内 容

系统开发背景	系统开发的意义、当前系统存在的不足	
系统规划	系统调研	系统开发目的、系统功能、术语解释、业务流程
	可行性分析	技术可行性分析 经济可行性分析 管理可行性分析
	系统开发策略	
系统分析	模拟系统业务流程分析、数据流程分析、主要数据字典描述	
系统设计	代码设计、功能结构图设计、物理配置方案设计	
	输入/输出设计	输入设计 输出设计
	数据库设计	
系统实施	系统开发工具、程序代码设计	

二、系统测试报告

系统测试报告一般由系统测试简介、系统测试概要、系统测试结果及缺陷分析、评价准则等多个部分组成。

（一）系统测试简介

系统测试简介一般包括：①编写目的，主要说明该测试报告的受阅人，即阅读对象；②测试背景；③系统简介；④术语和缩写词说明，主要对本报告中所使用的专用术语和缩写语进行约定或说明，以免产生歧义，尤其是一些英文字母的缩写；⑤参考资料，测试用例的出处、测试所依据的标准（如 CMM、ISO）等所有参考的他人成果。

（二）系统测试概要

（1）测试用例设计。说明测试用例的设计方法，通常要保证至少有两种以上的测试用例设计方法，这样更具说服力。

（2）测试环境。主要说明测试的环境，这里包括硬件的配置（如 CPU、内存、硬盘、网卡等）、软件的配置（如操作系统、应用软件等）、网络配置（如服务器端配置、客户端配置等）。不同的测试环境会导致不同的测试结果。

（3）测试资料。列出进行测试所必需的一些资料，如测试任务书、被测试的程序等内容。

（4）测试方法和工具的选择。

（三）系统测试结果及缺陷分析

（1）测试执行情况与记录。用来描述测试资源消耗的情况，记录实际的测试数据。

①测试组织。测试组织用来保证测试工作的正确执行，这里主要包括测试小组的组织结构、主要测试人员以及参与测试人员、各测试人员的职责等。

②测试时间。指测试工作完成时所消耗的工作量以及单位时间所完成的测试的内容。测试时间说明了测试工作的执行效率。

③测试版本。给出测试时的版本情况，同时还要列出表格清单以便知道每一个被测试模块的测试频度。

（2）覆盖分析。

①需求覆盖。需求覆盖率是指经过测试的需求/功能和需求规格说明书中所有需求/功能的比值，通常情况下要达到 100%的目标。

②测试覆盖。

（3）缺陷的统计与分析。缺陷统计主要涉及被测系统的质量，因此，这部分成为开发人员、质量人员重点关注的部分。

①缺陷汇总。最好能够对测试中发现的缺陷进行分类，并以饼状图或柱状图等这类直观、形象的形式显示。

②缺陷分析。对上述缺陷和收集到的其他数据进行综合分析，可以通过缺陷数、缺陷发现效率、缺陷密度等指标进行表示。对于一些影响较大的缺陷应重点指出和说明，以提醒相关人员注意。

③残留缺陷与未解决问题。测试中可能还存在一些残留的缺陷或未解决的问题，报告编写人员予以罗列。

（四）系统评价准则

（1）测试范围。用以说明测试用例所能够测试的范围以及测试用例本身的局限性。

（2）评价尺度。判断测试工作是否通过的评价依据，如实际输出结果与预期结果之间的偏离程度、系统死机的次数等。

（五）系统测试结论与建议

该部分内容是对整个测试结果的一个总结，一般应该包括下面几个方面的内容。①测试结论：测试执行情况是否充分；对测试风险的控制措施和成效；测试目标是否完成；测试是否通过；是否可以进入下一阶段项目目标等。②建议：对系统存在问题的说明，描述测试所揭露的软件缺陷和不足，以及可能给软件实施和运行带来的影响；可能存在的缺陷；对缺陷修改和产品设计的建议；对过程改进方面的建议。

三、系统使用手册

为了帮助信息系统用户能够更好地使用系统，在系统开发即将结束前就应该立即编写系统使用手册。系统使用手册的编写并没有固定的格式，但一般应该包括以下几个方面。

（一）系统简介

一般而言，系统简介包括：①系统应用环境及语言支持。系统正常运行所需要的配置、系统所支持的语言等。②系统主要特性与功能。对系统的主要功能与特性进行说明。③系统快速入门。快速入门是为了帮助用户尽快熟悉和使用系统而设置的，可能包括常用术语解释、如何登录系统、如何进入和退出系统等。

（二）系统登录

为了保护系统安全，系统往往会给用户设置权限，用户通过输入相应的用户名和密码才能登录和使用系统。

（三）系统使用指南

系统使用指南是用户最容易获得的使用帮助，使用指南编写的越详细，越是有助于用户的使用，必要的时候还要借助截图加以说明。一般包括以下几个方面：系统安装、系统设置、系统主界面说明、系统菜单说明、数据导入与输出及注意事项等。

（四）客户服务

如果系统是一个商品化的产品，通常还要包括客户服务部分，用于帮助用户在遇到问题时尽快得到解决。通常包括以下几个方面：求助或咨询流程、自助服务、人工服务、增值服务和服务导航。

四、系统维护报告

当系统投入运行后，企业就不得不对系统进行各项修改和维护，努力扩充和完善功能，以便获得更长的使用寿命，因而，系统的维护工作也就显得十分必要。一般情况下，系统维护报告包括以下几个方面的内容。

（一）维护申请单位简况

主要是对提出维护申请单位的情况做一个简单的介绍，通常包括：

（1）所在部门；

（2）申请人；

（3）部门优先级。

（二）问题描述

其内容包括：故障发生时间、故障发生地点、故障症状和申请人估计故障发生的原因。

（三）维护记录

其内容包括：参与维护人员、修改时间、修改地点（可能是硬件的设备编号）、改动情况描述、问题解决程度以及未解决的问题或故障等。

（四）维护人员建议

对于维护情况，有时报告中还会专门设置维护人员建议项，用来总结问题或反映问题，该项内容一般包括下述几个方面：目前，设计、编码、测试中的哪一方面可以改进；哪些维护资源应该有却没有；工作中主要的或次要的障碍是什么；从维护申请的类型来看是否有预防性维护。

案例　河北××卷烟厂MIS成功案例

河北××卷烟厂是一家具有悠久历史的国有企业。历经沧桑，百年风雨后，烟厂变得生机勃发。如今，××卷烟厂已经成为所属地的骨干企业、利税大户、年生产能力达40余万箱，生产制造工艺达到国际标准。先后荣获中国百佳工业企业形象、中国烟草制造行业企业形象十佳、全国行业质量示范企业、全国质量·服务诚信示范企业、河北省百强工业企业等系列荣誉。

伴随烟草行业激烈的竞争，烟厂领导颇感竞争的压力。为了加快企业发展，进一步提高企业综合竞争力，××卷烟厂领导决定提高企业的信息化水平，完成信息化改造。为了保证工程质量，烟厂选择了国内著名的软件开发公司作为战略伙伴，之所以选择国内的著名软件开发商，一是因为它们更了解国内企业的行情，二是它们已经成功进行了国内多家同行业企业的信息化改造，积累了较为丰富的经验。

2002年春暖花开的季节，双方签署了合作协议，河北××卷烟厂的信息化工程正式启动，双方都期望这次合作是一次成功的合作。

为了保证企业信息化改造的成功，软件开发方派出了资深的专家和咨询顾问，严格按照"效益驱动、总体规划、重点突破、分步实施"的方针，深入调查烟厂目前的管理现状、信息化需求和信息化建设水平，利用在卷烟行业的丰富经验，仔细分析生产管理模式、产品特点、生产类型特点、经营管理和市场环境等，进行企业经营管理过程的瓶颈分析，提出改进的策略建议。在总结企业信息化需求的基础上，结合企业经营目标，双方共同完成了信息化改造的总体规划工作。××卷烟厂的信息化建设将覆盖设计数字化、装备数字化和管理数字化。通过建立企业信息资源管理平台，充分地共享和利用信息资源，提高管理和决策水平。主要包括以下内容：

◇建立产品开发系统（CAPD），缩短产品开发周期；

◇建立制造自动化系统（MAS），提高自动化水平；

◇建立管理信息系统（MIS），实现企业资源计划管理；

◇建设办公自动化（OA）系统，实现企业管理流程管理；

◇建立在联机分析处理（OLAP）基础上的决策支持系统。

结合××卷烟厂信息化建设现状，双方明确了分步实施的阶段、内容和目标等，同时提出相关的实施保障措施和资金安排，形成全面的、可行的实施方案。该方案的成功制订保证了信息化建设围绕企业的经营目标，避免重复建设和信息孤岛的形成，提高信息化建设的投资回报。××卷烟厂的信息化建设分为3个阶段。

一期工程（2001.12.1—2002.1.31），在扩充、完善企业综合布线基础上，建立企业内部网（Intranet），并同Internet相连接。建立企业办公自动化（OA）系统，实现工作流程管理、文档管理与网络办公。建立企业内Web应用，实现企业信息网上发布。

二期工程（2002.2.1—2002.9.30），建立企业资源计划（ERP）的基本模块，实现市场信息收集、分析、预测、反馈；购销链管理（采购计划、物料供应、库存管理、销售调拨）；MRP为逻辑的计划管理（销售计划、主生产计划、物料需求计划、能力计划）和生产制造车间管理、工序调度、设备管理、动力能源管理、计量管理；实现企业内部生产、设备、耗用数据的统计，自动化基础数据采集有条件的、可率先同各车间连接的管理信息系统信息；实现设备管理（设备的运行状态、设备的保养计划、设备台账等）。

三期工程（2002.10.5—2003.4.30），进一步扩充企业内部网络规模、完善企业内部网络管理，在企业资源计划基础上，实现质量管理（质量计划、质量检测、质量控制）；在账务处理实现电算化的基础上实现财务信息与生产经营信息的集成，进而实现成本核算和财务分析；实现人力资源管理和综合查询功能；扩展企业Web应用，实现办事处、专卖店与公司的联网操作，并与管理信息集成，实现高层管理人员的综合信息查询及远程办公；全面实现基础数据、管理信息、办公自动化的信息集成和功能集成。

××卷烟厂的信息化建设严格按照总体规划的部署稳妥地推进，项目进展顺利，并取得了显著的经济效益。

本 章 小 结

MIS 实施就是将前一阶段系统分析和系统设计的结果转化为可以在计算机上具体执行的软件系统。系统实施的重点就是要完成系统实施平台的搭建、程序的开发、系统的测试与调试、系统切换以及系统实施报告的编撰。

系统实施可以采取外购、委托开发或者自组织开发 3 种方式，企业应该根据自身情况做出选择。但不论采取何种开发方式，在系统投入运行之前，都需要完成新旧系统的切换工作，同时还要做好相关人员的培训工作。

系统实施工作的成功与否直接影响到系统能否正常运行。

习 题

1．试比较外购、委托和自组织 3 种开发方式的优缺点。
2．系统实施过程中的编程工具有几类，它们各自适用于什么样的情形？
3．系统实施过程中应该遵循什么样的原则，为什么？
4．程序开发的目标有哪些？
5．常用的系统测试方法有哪几种，各有什么特点？
6．系统切换一般有几种方式？简述各自的特点。
7．什么是系统维护？系统维护的目的是什么？

第三篇　系统管理篇

第九章　MIS 运行管理

信息系统的正常运行是其赖以发挥作用的根本保证。为了保证系统的良好运行，就必须对 MIS 运行管理的内涵、目标、内容、制度等展开深入研究，同时还要对系统安全威胁与防范机制进行分析，并切实做好数据备份与文档管理工作。本章将带领读者对上述内容开展全面、深入的学习过程。

第一节　MIS 运行管理概述

MIS 开发完毕后，开始投入运行，但系统能否正常运行还受到多个方面的影响。任何一个 MIS 的正常运行都需要一个良好的运行环境，这个环境既包括硬环境，也包括软环境。硬环境是指系统运行的物理环境，如系统赖以运行的计算机系统、机房环境等；软环境则指系统运行的管理环境，包括系统运行的人员管理、系统运行的组织以及制度等多个方面。

一、MIS 运行管理的意义

任何一个 MIS 从提出需求到投入运行，都花费了系统所属组织的大量人力、物力和财力。确保系统的正常、高效运行具有重要的意义，概括为以下几个方面：①良好的运行管理，能够确保大量的投入为组织带来收益；②良好的运行管理，能够确保系统正常运行；③良好的运行管理，能够及时发现系统出现的问题或把问题扼杀于先兆，避免系统故障造成组织损失的进一步扩大；④良好的运行管理，能够确保系统帮助组织高效运转。

当然，确保 MIS 的正常、高效运行并不是一件简单的事情，既需要良好的制度、组织保障，也需要全体工作人员的共同努力。如需要组织管理人员设定合理的组织结构、制定切合实际的运行管理制度；需要机房管理人员尽职维护，如确保机房的卫生、温度与湿度的适宜、电源的稳定性、防火设备与措施的检查以及系统的常规与应急杀毒等工作，从而确保 MIS 正常工作、高效运转。总之，系统的运行管理工作是一项琐碎而细致的工作，所有工作人员都应该重视这项工作。

二、MIS 运行管理的目标

MIS 的运行管理目标可以划分为两个层次：一是系统硬件与软件的正常运行；二是能够为 MIS 使用人员提供所需要的信息。

传统意义上的系统运行管理，就是确保系统硬件与软件的正常运行。所以，过去的 MIS 运行管理往往是把精力集中在购买高配置的硬件设备，如高配置的计算机、网络设备，建设标准化的机房，如安装空调、使用人员入室换鞋减少灰尘的进入等。在 MIS 使用的早期，这种情况的出现是由于人们对 MIS 的意义认识有限所导致的。

随着 MIS 相关设备逐步升级换代以及现代化机房建设变得越来越普遍，人们逐渐认识到使用 MIS 的终极目的是为组织提供丰富的高质量信息。于是，MIS 运行管理的目标开始逐渐转移到如何不断完善系统、使其能够提供组织所需的高质量信息上来。

三、MIS 运行管理的内容

正如本书前面所述，MIS 的运行管理是一项琐碎而复杂的工作，主要原因是 MIS 运行管理包含了很多内容。尽管部分教材认为信息系统的运行管理可以从系统开发者和系统用户两个角度来考虑，但本书仍然把 MIS 的运行管理界定为系统用户的运行管理，因为根据实际情况，多数 MIS 开发完毕交由系统用户，系统用户由其设立的信息中心或相关部门经过培训后开始使用，系统开发者此时所做的工作更多的是提供售后服务。一般而言，系统的运行管理包括以下几个方面的内容。

（一）MIS 的日常运行管理

1. 数据的收集

MIS 在运行过程中会产生大量的数据，同时也需要输入一些数据，把这些数据收集起来是一件不算复杂却很有意义的事情。日常数据的收集包括原始数据的采集、审核以及录入等工作。没有经过挑选的冗余数据或错误数据不但不能帮助企业，反而可能导致企业作出错误的决策。要保证这项工作的顺利进行，系统主管人员就必须加强对数据收集和录入人员的培训，提高其技术水平；同时提高相关人员的思想道德水平，增强其责任感，并通过制度加以约束，否则就很难提高数据收集工作的质量。

2. 例行信息的处理和服务

在系统运行过程中，信息系统的处理工作主要包括：数据的更新、数据的统计与分析、数据报表的生成、数据的保存与备份等。这些工作虽然看似简单和琐碎，对企业的作用却十分重大，因而例行信息的处理和服务必须要有专人负责，并制定相应的规程，从而规范该项工作的正常进行。

3. 系统运行情况的记录

记录系统整个运行情况的目的一方面是作为系统管理和评价的基础，另一方面就是当系统发生故障时，可以通过查阅记录发现断点，从而发现修复系统的线索。所以，系统运行情况的记录大致反映了系统的运行状态和工作效率。当然，对系统运行情况的记录，除了记录正常的情况外，还要记录意外的情况，如意外发生的时间、引起的原因以及解决的方法与策略等内容。

4. 系统运行情况的审核与评价

MIS 经过长期的运行后，可能出现这样或那样的问题，为了准确了解系统运行的情况并把可能出现的问题扼杀于摇篮中，就要对 MIS 的运行情况进行审核与评价。审核与评价的主要任务就是发现系统是否存在需要改进的地方，系统运行是否给企业带来了收益等。一旦发现需要改进的地方，就要组织相关人员进行新的评估，从而决定是否对原有系统进行升级或替换。

（二）MIS 的维护

1. 系统维护的概念及重要性

系统维护是指在管理信息系统交付使用后，为了改正错误或满足新的需要而修改系统的过程。管理信息系统是一个复杂的人机系统，系统内外环境以及各种人为的、机器的因素都在不断地变化着。为了使系统能够适应这种变化，充分发挥 MIS 系统作用，产生良好的社会效益和经济效益，就要进行系统维护工作。

系统维护是保证系统正常运行的一个必不可少的环节。另外，由于 MIS 规模的不断扩大与升级，其维护也成为 MIS 生命周期中费用最高、延续时间最长的活动。所以，有人把系统维护工作比作"墙"或"冰山"，以形容它给软件生产所造成的影响。近年来的系统维护实践也证明，系统维护的费用已经远远超过了系统前期的开发费用。

2．维护工作中常见的问题

一个系统的质量高低和系统的分析、设计有很大关系，也和系统的维护有很大关系。在维护工作中常见的绝大多数问题，都可归因于系统开发的方法有缺点。在系统生存周期的前两个时期没有严格而科学的管理和规划，必然会导致在最后阶段出现问题。下面列出维护工作中常见的问题：①理解别人写的程序通常非常困难，而且困难程度随着系统配置成分的减少而迅速增加。如果仅有程序代码而没有说明文档，则会出现严重的问题。②需要维护的系统往往没有合适的文档，或者文档资料明显不足。认识到系统必须有文档仅仅是第一步，容易理解并且和程序代码完全一致的文档才真正有价值。③当要求对软件进行维护时，不能指望由开发人员来仔细说明。由于维护阶段持续的时间很长，当需要解释系统时，往往原来写程序的人已联系不上。④绝大多数系统在设计时没有考虑将来的修改。除非使用强调模块独立原理的设计方法论，否则修改系统既困难又容易出现差错。

上述种种问题在现有的没有采用结构化思想开发出来的系统中，都或多或少的存在着。使用结构化分析和设计的方法进行开发工作，可以从根本上提高系统的可维护性。

3．系统维护的原因

引起系统维护的原因有多种，根据国内外的经验，一般包括以下方面：①用户的需求发生了变化，需要对原系统的功能进行增添或删除；②系统所应用的组织结构发生了变化，系统需要根据组织结构的变化进行调整；③支撑系统运行的硬件或软件发生了故障；④政府颁布了新的政策或法规，需要对原系统进行整合或调整；⑤技术的更新以及软硬件的发展使得原来的技术或硬件系统已经不能满足需要；⑥突然遭受的自然灾害，如 2008 年初的雪灾就导致了部分灾区企业的 MIS 不能正常工作。

4．系统维护的内容

根据维护活动的目的不同，可把维护分成改正性维护、适应性维护、完善性维护和安全性维护四大类。另一方面，根据维护活动的具体内容不同，可将维护分成程序维护、数据维护、代码维护和设备维护这四类，下面分别对维护的内容和类型作简要说明。

（1）按照维护活动的目的分类。

1）改正性维护。上一章曾经说过，系统测试不可能发现一个大型系统中所有潜藏的错误。因为，设计再好的用例也有可能存在疏漏。在系统运行过程中，这些潜藏的错误可能受到某个时间的触发而暴露，这就必须对暴露的错误加以改正。改正性维护工作量的大小受前期的系统测试情况影响，测试阶段发现的问题越多，改正性维护的工作量就越小。

2）适应性维护。对于企业花费大量的人力和物力开发的 MIS，如果其生命周期过短，势必会给企业带来经济上的损失。由于计算机科学技术的迅速发展，新的硬、软件不断推出，使系统的外部环境发生变化，譬如现在的许多硬件设备，可能 1~2 年就会有新产品产生。这里的外部环境不仅包括计算机硬件、软件的配置，而且包括数据库、数据存储方式在内的"数据环境"。为了适应变化了的系统外部环境，就需要对系统进行相应的修改。这种为了适应新的硬件环境和软件环境而对系统进行的修改活动，就称为适应性维护。

3）完善性维护。在系统的使用过程中，由于业务处理方式和人们对管理信息系统功能需求的提高，用户往往会提出增加新功能或者修改已有功能的要求，例如修改输入格式，调整数据结构使操作更简单、界面更漂亮等。如果这种功能和性能的进一步需求不能得到持续地完善和扩充，系统的实效就会日益降低。因此，这种为了提高和完善系统功能、性能及可维护性而对系统进行的修改活动，就称为系统的完善性维护。

4）预防性维护。无论是改正性维护、适应性维护，还是完善性维护，都是先由用户提出维护申请，然后由维护人员完成，这类维护往往是在问题发生后对问题的一种后天修补。还有一种维护方式，与上述 3 种方式不同，即在问题还没有发生时就对一些使用多年、可能会产生问题但需要做一些修改和完善的系统进行预防性维护。所以，我们把这种为了改善将来可靠性或可维护性而对系统进行的事先预防性修改或完善称为预防性维护。

根据多年的维护实践统计，上述 4 种维护工作的工作量比例大致如表 9-1 所示。

表 9-1　　　　　　　　　　　　　　各类维护工作量比例

维护方式	改正性维护	适应性维护	完善性维护	预防性维护
工作量比例	20%	25%	50%	5%

（2）按照维护活动的内容分类。

1）程序的维护。程序的维护指改写一部分或全部程序，程序维护通常都充分利用原程序。修改后的原程序，必须在程序首部的序言性注释语句中进行说明，指出修改的日期、人员。同时，必须填写程序修改登记表，填写内容包括修改程序的所属子系统名、程序名、修改理由、修改内容、修改人、批准人和修改日期等。

程序维护不一定在发现错误或条件发生改变时才进行，对于效率不高的程序和规模太大的程序也应不断地设法予以改进。一般说来，管理信息系统的主要维护工作是对程序的维护。

2）数据的维护。数据维护指的是不定期的对数据文件或数据库进行修改，这里不包括主文件或主数据库的定期更新。数据维护的内容主要是对文件或数据中的记录进行增加、修改和删除等操作，通常采用专用的程序模块。

3）代码的维护。随着用户环境的变化，原有的代码已经不能继续适应新的要求，这时就必须对代码进行变更。代码的变更（即维护）包括订正、新设计、添加和删除等内容。当有必要变更代码时，应有现场业务经办人和计算机有关人员组成专门的小组进行讨论决定，用书面格式写清并事先组织有关使用者学习，然后输入计算机并开始实施新的代码体系。万事行为先，代码维护过程中的关键是如何使新的代码得到贯彻。这就需要成立专门的代码维护小组，并指定专人负责，使组内各成员明确自己的职责并加以履行。

4）设备的维护。管理信息系统正常运行的基本条件之一就是保持计算机及外部设备的良好运行状态。因此，计算机室应建立相应的规章制度，有关人员要定期对使用中的设备进行检查、保养和杀毒工作，同时还应该专门设立设备故障登记表和检修登记表，以便设备维护工作的进行。

（三）MIS 运行的安全管理

管理信息系统要收集、保存、加工和利用全局的或局部的各种信息，并涉及财务、市场、生产、技术及客服等各方面的数据、图表和资料。因而，MIS 的安全可靠运行对于企业来说非常重要，尤其是当 MIS 投入运行后，一旦发生系统崩溃或数据泄密，对企业所造成的损失将是难以估量的。随着病毒和计算机犯罪的出现，管理信息系统对安全性和保密性提出了更为严格和复杂的要求。除了建立严格的防病毒和保密制度外，用户往往会提出增加防病毒的功能和保密的新需求，而且随着更多的病毒出现，有必要定期进行防病毒功能和保密措施的维护。考虑到 MIS 安全管理的重要性，更详细的内容将在后面小节中详述。

四、MIS 运行管理的组织

在 MIS 应用的早期，作为新生事物，企业并没有对其进行专门的组织管理。正是由于不够重视，导致我国早期的 MIS 运行组织十分不健全，运行组织级别也不够高，很多企业只是设置一个电脑部，仅负责硬件的日常运行和维护。但随着 MIS 的日趋普及及信息对企业的作用不断增大，现在国内外企业中信息系统的地位越来越高，信息系统的组织也越来越健全和庞大。由于地域发展的差异性及行业的差异，MIS 在企业中的地位也不尽相同。MIS 的运行管理组织主要包括两方面的内容：运行管理的组织结构和人员组成。

（一）MIS 运行管理的组织结构设置

MIS 运行管理组织结构的设置直接决定了其在企业各部门的地位，同时也决定了其运行效率。目前，MIS 运行管理的组织结构主要有以下几种形式。

1. 隶属于企业某业务部门

一些规模较小的企业，由于其本身组织结构并不健全及信息化水平较低，往往会把 MIS 交由某个部门管理，其组织结构如图 9-1 所示。这种运行组织方式是一种古老的组织方式，MIS 的管理为企业的某个业务部门所有。这种组织结构的最大缺点是，信息资源不能被企业的其他业务部门所共享。这种组织结构对于规模较小的企业还是比较合适的，例如，某小型软件开发企业，就把其 MIS 交由财务部门管理。但伴随其规模的不断扩大，这种组织结构的寿命也必定终止。

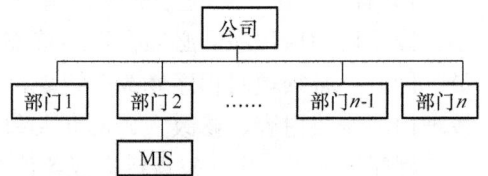

图 9-1　MIS 隶属于某个部门的组织结构

2. 平行于企业其他业务部门

伴随着企业对 MIS 重要性的认识逐步提高，一些企业开始成立信息中心，信息中心平行于企业其他业务部门，并由信息主管负责该部门的日常管理工作，其组织结构如图 9-2 所示。这种组织结构的好处是：进一步提高了 MIS 在组织中的地位，并由独立的部门进行管理，一方面实现了企业信息资源的统一管理，提高了效率；另一方面就是能够使企业的其他部门可以共享企业的信息资源。但此时，信息中心的地位最多也是和其他部门平行，其决策能力受到一定的限制。

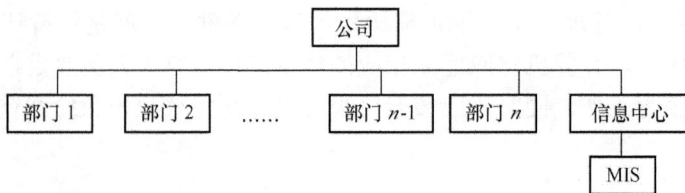

图 9-2　平行于企业其他业务部门的组织结构

3. 矩阵结构

矩阵结构是 MIS 运行管理组织的另外一种结构，如图 9-3 所示。这种结构之所以存在，一般是因为 MIS 不是一次性开发完的，而是在不同时期开发了不同的模块，这些模块上线之后又没有得到及时整合，所以分散在多个部门，并形成一种矩阵结构。这种结构的好处是如果这些模块能够被统一管理（虚线部分），就既能实现各信息资源的整体管理，又可以加强对各业务部门的技术支持。但如果不能

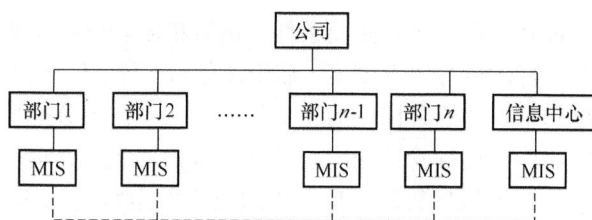

图 9-3　MIS 运行管理组织的矩阵结构

实现有效整合，不能实现信息资源的有效管理，就容易产生分化现象，反而会降低信息资源的利用效率。

除了上述 3 种结构外，也有学者提出了第四种结构，即 CIO（Chief Information Officer）式的组织结构方式，这种结构方式实际上大大提高了 MIS 管理部门在企业中的地位。在这种组织方式中，CIO 是一个和公司副总经理具有相同或更高级别的职位，其主要职责是负责公司（或企业）信息技术和系统的所有领域，并通过指导信息技术的利用来支持公司的目标。CIO 需要具备技术和业务过程两方面的知识，常常是将组织的技术调配战略与业务战略紧密结合在一起的最佳人选。通过其职责表述可以看到，CIO 其实就是信息中心的主管，但被赋予了更高的权限。所以，该结构类似于"平行于企业其他业务部门的组织结构"。

（二）MIS 运行管理的人员配置

由于 MIS 的特殊性，即其管理既需要管理人员，也需要技术人员。因而，MIS 的人员配置也必然需要多种具有不同知识背景的人来组成。一般而言，应由首席信息官（CIO）、管理人员、系统维护人员或系统管理员以及系统操作人员组成。

1. 首席信息官（CIO）

美国权威杂志《CIO》把 CIO 定义为负责一个公司（或企业）信息技术和系统的所有领域的高级官员。CIO 的概念产生于 20 世纪 70 年代末，是一个组织的信息管理发展到战略信息管理阶段的必然产物。首席信息官的主要职责是负责企业的信息战略规划、信息管理项目的实施、监督技术的获取、实施以及由信息系统部门提供的各种相关服务等。

2. 管理人员

管理人员包括信息系统从实施到日常维护的各类管理人员，典型代表是信息技术经理，主要负责信息系统的各项管理工作，如管理制度的执行与监督、员工的培训以及 CIO 底下的一些具体管理工作。但他与 CIO 不同，前者是高层决策者，后者则是中层管理人员，更偏重于技术方面。

3. 系统维护人员或系统管理员

主要负责信息系统的日常管理和维护工作，包括软件、硬件、数据库以及网络的管理与维护等。当系统出现故障或不能正常工作时，系统维护人员就要负责及时解决问题。

4. 系统操作员

系统操作员则是负责各业务部门信息系统具体操作的人员，他们的主要工作包括日常数据的录入、整理等工作。系统操作人员和系统维护人员的区别是前者是具体应用系统的人，

后者则是负责保障系统正常运行的人。

五、MIS 运行管理制度

MIS 的运行管理制度是系统管理的一个重要内容，也是确保系统按照预定目标运行并充分发挥其效益的一切必要条件、运行机制和保障措施。尤其是 MIS 的运行是一个长期过程，没有良好的运行管理制度，就很难发挥其效用。因此，建立、健全 MIS 的运行管理制度，以制度的形式明确各岗位的职责和权限就显得十分必要。MIS 运行管理制度的建立通常包括机房管理制度、运行管理制度、运行日志记录制度、运行档案管理制度和事故应急制度等几个方面。

（1）机房管理制度。机房是系统运行的场所，机房的温度、湿度、空气净化程度等许多方面都影响着系统的正常运行与寿命，如机房内温度过高容易导致系统死机。所以，为了保证机房内的设备能够正常运行，就必须制定一套严格的管理制度加以保证。如非机房管理人员不准擅自进入，任何人不准擅自关、启计算机和网络设备等。

（2）数据备份制度。数据是系统赖以发挥作用的基础，其经过加工和处理转化为企业的信息后也是企业的重要资源，为了保证数据的真实性并以防丢失，企业必须建立数据备份制度。该制度应该明确禁止任何人私自修改或删除系统运行中的数据、哪个职位负责运行数据的备份、备份的介质及备份的周期等内容。尽管当前的许多系统都具有自备份功能，即系统管理人员只要开启该功能，系统就可以在运行过程中自行备份，但企业仍不可掉以轻心。

（3）运行日志记录制度。制定系统运行日志记录制度的目的是通过记录每天的运行日志来保存历史资料，一方面可以通过对日志的分析预测系统未来的运行状况，另一方面也为发现系统故障提供线索。运行日志记录制度应明确日志所包括的内容，如值班人员、记录时间、记录内容、系统运行状况、故障发生原因、故障解除方法等尽可能详细的记录条目。

（4）运行档案管理制度。运行档案是 MIS 运行管理的重要组成部分，对于系统运行过程中产生的文档必须做好分类、归档等工作，并由专人负责，以备需要时能够及时查阅。除此之外，还要明确任何人借阅文档都必须经过允许并做好借阅记录。

（5）事故应急制度。MIS 在运行过程中经常面临着各种威胁，这种威胁可能来自自然灾害、设备的突然故障、病毒及网络攻击等，如 2008 年初的中国大面积冰雪灾害就导致了许多灾区企业系统的突然断电，给企业造成了极大的损失。为了能够在突然情况发生时及时采取措施，减少损失，就必须制定事故应急制度并严格执行。

当然，任何良好的制度发挥作用首先都必须得到贯彻与执行。上述的各种制度也必须在制定好以后保证严格贯彻与执行，否则，MIS 的运行管理制度也就失去了意义。

第二节 系 统 安 全

一、系统安全威胁的来源

信息系统安全是指为了防范意外或人为的破坏、或非法使用信息资源，而对信息系统运行所采取的保护措施。在系统运行的过程中，威胁系统安全的因素有很多，尤其是伴随着信息系统的逐渐网络化，使其面临的威胁更多，常见的系统安全威胁主要来源于以下几种情况。

（1）自然及不可抗拒因素。常见的自然及不可抗拒因素，如地震、火灾、水灾、风暴、雪灾以及战乱等。面对由于这些因素导致的系统破坏人们往往无可奈何，甚至无法补救，因而破坏力更强。中国 1998 年的洪水，2008 年冰雪灾害，汶川大地震以及美国对伊拉克的空袭打击等，都形成了巨大的破坏。

（2）环境因素。系统运行的环境的变化也常常成为系统安全的威胁来源。例如，机房布局是否合理、机房的温度（温度过高会导致死机）与湿度是否会影响到系统的正常运行、机房内的卫生状况（灰尘）是否可能导致设备短路、机房周围是否受到电磁波的干扰等。

（3）硬件故障。硬件是系统赖以运行的介质，一旦硬件发生故障，最有可能带来的损失就是数据的丢失、网络的中断等。常见的硬件故障，如计算机某个部件的损坏（主板被烧）导致停机、数据存储介质的破坏导致的数据丢失、网络设备故障导致的网络中断等。硬件故障是一种常见的故障，企业通常会对关键部分采用备用设备，如很多企业的服务器都是采用了两台，一旦一台发生故障，系统会自动切换到另一台从而减少损失。

（4）软件故障。软件故障是另一种常见的系统安全威胁来源，软件故障主要是由于软件本身存在的 Bug 发生，计算机病毒入侵对软件进行了非法修改或删除。如微软的操作系统本身就存在许多漏洞，病毒入侵可能会导致系统崩溃等。

（5）人为因素。人为因素也是系统安全的威胁来源，所谓人为因素是指由于人的原因导致的安全问题，人为因素分为无意的和故意的两种。无意的人为因素主要是由于系统操作人员本身的业务不熟练导致的错误操作，如无意间删除了某个文件、无意间打开了某个端口等。故意的人为因素又可以分为善意的和恶意的，善意的可能是操作人为了提高系统运行效率或引起某些人的注意而进行的故意操作，如操作人员为了提高系统运行效率进行垃圾清理时却删除了某个文件；恶意的则是为了盗取商业机密或打击对方或显示自己而故意让系统瘫痪或非法入侵，典型的是很多恶意病毒程序进行的攻击。由于人的主观能动性，人为因素也就成为最难防范的一种系统安全威胁隐患。

除了上述的一些因素外，可能还存在一些其他因素。但不可否认的是，系统安全的概念本身就是一个系统化的概念，其防范也必须采取系统的手段，统一协调全局，关注每一个环节，才能真正做好系统的安全防范工作。

二、计算机病毒与防范

（一）计算机病毒

所谓计算机病毒，按照《中华人民共和国计算机信息系统安全保护条例》中的定义是指，"编制或者在计算机程序中插入的破坏计算机功能或者破坏数据，影响计算机使用并且能够自我复制的一组计算机指令或者程序代码"。通过该定义可以发现，计算机病毒是人为特制的程序，具有自我复制能力和较强的感染性和潜伏性，因此对系统安全危害巨大。

（二）计算机病毒的表现形式

计算机一旦被病毒感染，会和人生病一样，表现出一定的症状，比较常见的表现形式有以下几种：计算机不能正常启动或反复重新启动、系统运行速度明显降低、磁盘空间迅速变小或不能发现某些磁盘空间、正常操作中发现系统缺少某个文件或文件内容和长度被无故改变、系统频繁死机、外部设备工作异常、网络无故中断或某些端口被无故打开等。所以，当系统出现上述现象时，系统维护人员可以考虑系统是否被病毒感染。

（三）计算机病毒的分类

为了更好地了解计算机病毒，人们对计算机病毒依据不同的标准进行了许多分类，这里仅列举两种分类方法。

1．按照计算机病毒对系统的破坏情况划分

（1）善意的计算机病毒。之所以说有些病毒是善意的，是相对于恶意病毒而言。这些病毒入侵计算机后，除了可能占用其运行所需要的系统资源外，并不对系统产生直接的破坏作用。这类病毒入侵的目的一方面是作者仅仅为了显示自己的入侵能力；另一方面是一些黑客爱好者发现某网站或系统存在漏洞后，特意在提出警示，希望系统维护人员能够尽快加强安全保护，修复漏洞。如"我是木马"（Joke.FakeMuma）玩笑小程序，在被感染的计算机上运行时会弹出一个对话框显示内容为"我是木马！呵呵！"，并无其他恶意行为，但却可以提醒用户，该系统很容易被感染。

（2）恶意的计算机病毒。恶意病毒是指在其代码中包含有损伤和破坏计算机系统的操作，在其传染或发作时会对系统产生直接的破坏作用。这类病毒是最常见的病毒，也是许多反病毒软件极力防御的，如比较著名的"米开朗基罗病毒"就属于这一种。当米氏病毒发作时，硬盘的前 17 个扇区将被彻底破坏，使整个硬盘上的数据无法恢复。有的病毒还会对硬盘做格式化操作，这样给用户带来的损失就会更大。

2．按照计算机病毒的传染对象划分

（1）引导型病毒。引导型病毒主要是感染启动扇区和硬盘的系统引导扇区，通过用病毒的引导程序取代正常的引导记录，而将正常的引导记录隐藏在磁盘的其他地方。由于引导区是磁盘能正常使用的先决条件，因此，这种病毒在运行的一开始（如系统启动）就能获得控制权，其传染性较大。而且这样的病毒通常都具有复杂的算法并使用非常规的方法侵入系统，因而危害更大。典型的如小球病毒、Girl 病毒等。

（2）操作系统型病毒。操作系统是一个计算机系统得以运行的支持环境，操作系统中包括了许多以 com、exe 等为后缀的可执行程序及模块。这类病毒就是利用操作系统中所提供的一些程序及程序模块实现寄生并传染的。操作系统被这类病毒感染后，一旦计算机开始工作，病毒就处在随时被触发的状态。操作系统本身存在的漏洞正是这类病毒能够轻易入侵的原因，典型的"黑色星期五"、"冲击波"即为此类病毒。

（3）文件型病毒。文件型病毒也是最常见的一种病毒，这类病毒主要是感染一些可执行文件和数据文件，一旦被感染的可执行文件被激活，病毒也就发作，并将自身驻留内存，然后设置触发条件，进行传染。这类病毒的主要危害就是占用大量的系统资源，从而导致系统死机或崩溃。常见的文件型病毒如 848 病毒感染 com 和 exe 等可执行文件，Macro/Concept、Macro/Atoms 等宏病毒则感染一些 doc 文件。

除了上述两种分类方法外，还有其他许多种分类方法，如按照计算机病毒传染的方法可分为驻留型病毒和非驻留型病毒、按照传播的媒介分为单机病毒和网络病毒等。

（四）计算机病毒的防范

计算机病毒的防范，就是指通过建立合理的计算机病毒防范体系和制度，及时发现计算机病毒侵入，并采取有效的手段阻止计算机病毒的传播和破坏，并恢复受影响的计算机系统和数据。尽管计算机病毒频频暴发，也有许多反病毒软件不断的更新升级，但客观上讲，并没有一种方法或产品能够杜绝病毒的发生，即使如此，建立完善的计算机病毒防范体系和制度仍然能够降低病毒给企业所带来的损失。计算机病毒的防范一般通过技术手段和严格的管理来进行。

1．技术手段

技术手段是指借助计算机反病毒软件和硬件产品来完成计算机的病毒防范工作，而反病毒软件与硬件的反病毒能力受其所使用的技术手段限制。

（1）使用软件进行防病毒。尽管计算机病毒的防范不是一件简单的事情，但预防病毒的原理却比较简单，主要通过以下几种方式进行：①监视特定的中断向量，由于病毒的入侵往往要修改中断向量，如 INT 13H、INT 8 等，防病毒软件一旦发现此类向量被修改，就会发出中毒警告，并对试图修改这些向量的执行程序根据防病毒软件的设定进行相应的操作。②监视对引导扇区的写操作，有些病毒在入侵计算机时，会将病毒程序的一部分写入磁盘引导区或硬盘的主引导扇区，从而获得系统的控制权，防病毒软件一旦发现系统运行时引导扇区发生写操作，就会报警并阻止计算机病毒的传染。③监视写可执行文件的操作，由于一些病毒是依靠把病毒程序写入可执行文件 exe 和 com 来进行感染的，因而，当防病毒软件检测到系统有对可执行文件进行写操作的企图时，就会提示用户提高警惕。比较常见的防病毒软件产品如 360 安全产品、卡巴斯基、瑞星、金山毒霸、Symantec 诺顿、趋势科技以及江民公司的 KV 系列。

（2）使用硬件进行防病毒。硬件防病毒是一种更安全的防病毒方式，其原理是在系统启动时首先获得对系统的控制权，并通过对常见病毒软件的行为进行识别和发现病毒。因而，使用硬件防病毒的方式具有主动防御、超强的病毒免疫能力以及广谱防毒等特点。但由于其作为硬件和系统融为一体，因而对系统的资源占用也较多，往往会导致系统运行速度变慢，甚至会和其他软件产生冲突。常见的硬件防病毒产品如方正熊猫硬件防病毒网关 PAA、能邦安全盔甲等。

（3）软件与硬件相结合进行防病毒。软硬结合的方式是比较新的一种防病毒方式，如 CPU 内嵌的防病毒技术便是一种软件与硬件结合的防病毒技术，Intel 公司的 EDB（Execute Disable Bit）、AMD 公司的 EVP（Ehanced Virus Protection），都是通过与操作系统（软件）的配合来防范针对缓冲区溢出漏洞的大部分攻击。

2. 管理手段

尽管有那么多的计算机病毒防范软件却仍然不能阻止病毒的频频暴发，说明计算机病毒的防范工作仅仅依靠技术手段难以取得理想的效果，还必须借助现代管理手段。这就需要企业做到以下几个方面。

（1）采用科学的管理方法。计算机病毒的防范工作是一项系统工程，并不是通过简单的机房管理就可以做好的，其管理也必须借助现代管理理论和方法。按照信息安全理论的观点，计算机病毒的方法可以用控制论的方法进行控制。首先，制定系统安全的标准；其次，把系统运行的结果和标准进行比较，并进一步发现系统运行的偏差和错误；最后，分析引起偏差和错误的原因，并加以纠正。

（2）提高员工对计算机病毒的防范意识，加强对员工的系统培训。员工防范意识的强弱决定了其对防范工作的重视程度，只有不断提高员工的计算机病毒防范意识，并加强对员工相关知识和技能的培训，才能充分发挥计算机病毒防范工作中人的主观能动性。

（3）明确计算机病毒防范工作中各岗位的责任和义务。计算机病毒的防范工作并不仅仅是某个部门的事情，而是和企业内的每个部门每个人都相关，这就需要明确每个部门、每个人在安全管理工作中的责任和义务，从而增加其工作的压力和动力。

（4）建立计算机病毒防范预报预警机制。预警机制的建立可以更加规范日常的防范工作，如密切关注病毒发作信息，在计算机病毒发作高风险日之前，及时通知各业务单位做好专项预防工作，从而避免使用中的计算机被病毒感染。

三、网络攻击与防范

伴随着网络的日益普及，越来越多的 MIS 已经接入网络，这也使得其受到越来越多的威胁与攻击。因而，了解 MIS 所面临的网络攻击并做好防范工作已经成为一个迫切需要解决的问题。

（一）网络攻击

常用的网络攻击方法为：

（1）口令入侵。所谓口令入侵是指通过非法手段盗取某些合法用户的账号和口令登录到目的主机，然后再实施攻击活动。入侵者可以通过网络监听、假冒、专用软件破解、系统管理员的失误等方式获得账号和登录口令。

（2）放置特洛伊木马程序。特洛伊木马是一种留驻程序，它常被伪装成工具程序或者游戏等诱使用户下载，一旦用户打开了这些程序并进行网络连接时，它们就会通知攻击者相关信息，使其能够远程控制被攻击的计算机。

（3）Web 欺骗。攻击者通过将用户要浏览的网页的 URL 改写为指向黑客自己的服务器来欺骗用户并获得相关信息，如银行账号和密码等。许多网上银行账户被盗就是使用了这项技术。

（4）电子邮件攻击。电子邮件攻击主要有两种方式，一是邮件炸弹，即不停地向同一信箱发送数以万计内容相同的垃圾邮件，致使受害人邮箱被"炸"，甚至使电子邮件服务器瘫痪；二是邮件传播病毒，即在看似正常的邮件中附载病毒或木马程序。

（5）通过一个节点来攻击其他节点。攻击者在远程控制一台计算机后，会以此主机作为根据地，攻击其他主机。

（6）网络监听。网络攻击者可以借助一些专用软件对物理通道上一些没有加密的信息进行监听，从而获得诸如账号和密码之类的信息。

（7）利用 Hacker 软件。攻击者利用 Hacker 软件（如冰河）非法获得远程用户主机的控制权，从而远程操纵该主机，非法获取相关信息。

（8）安全漏洞攻击。由于许多系统都不可避免地存在这样或那样的安全漏洞，而攻击者会通过特殊的监测软件发现系统漏洞，进而加以攻击。早些年爆发的冲击波就是利用了 Windows XP 系统的漏洞。

（9）端口扫描。端口扫描就是攻击者利用 Socket 编程与目的主机的某些端口建立连接，从而侦知目的主机的扫描端口是否处于激活状态、主机提供了哪些服务、提供的服务中是否存在某些缺陷等。

世界知名的系统安全机构 SANS 曾分析并归纳了 18 大网络威胁。其中，客户端威胁有 4 种：网络浏览器、Office 软件、电子邮件客户端和媒体播放器。服务器端威胁有 7 种：Web 应用、Windows 服务、Unix 和 Mac OS 服务、备份软件、杀毒软件、管理服务器和数据库软件；安全策略威胁有 3 种：过多的用户权限及未授权设备、钓鱼式攻击和未加密笔记本和便携媒介。应用威胁有两种：IM 和 P2P 程序。网络设备威胁有两种：针对 V_OIP 服务器的攻击以及针对零日漏洞的攻击。

（二）防范网络攻击

对于前面所述的种种攻击，仅仅依靠个人的网络防范工作是不够的，网络的安全防范工作同样是一个系统的、全局的问题。因此，网络的防范工作同样必须运用系统观点、方法来进行，这主要包括技术和管理两个方面。

1. 技术方面

VPN（Virtual Private Network）技术：即虚拟专用网技术，它是一种建立在公共网络（如 Internet）的基础上的专用网络，通过使用认证、访问控制、加密和数据完整性等关键技术确保网络的安全连接和传输。

（1）防火墙技术。防火墙的原理就是通过有选择地拒绝非法端口并允许合法的 TCP/IP 数据流通过，以保证内部网的数据和资源不会流向非法地址，从而为不同网络或网络安全域之间构建了一道安全屏障。防火墙常用的技术通常包括包过滤、应用级网关、电路级网关和规则检查等技术和安全控制手段从而实现网络的安全防护。目前市场流行的防火墙产品很多，有几十种。

（2）身份验证和授权机制。通过身份验证确认对方身份的真实性，进而授权其对某一特定资源的共享或操作。

（3）数据加密技术。数据加密就是对原来为明文的文件或数据按某种算法进行处理，使其成为不可读的一段代码（称为"密文"），接收方只有拥有密钥才能阅读数据，以此达到保护数据不被人非法窃取、阅读的目的，数据加密技术通常分为 3 类：对称型加密、不对称型加密和不可逆加密。

2. 管理方面

管理是对技术层面网络防范的有效补充，网络安全防范通常应该从以下几方面入手。

（1）提高员工的安全防范意识。应教育员工网络安全的重要性，平时不要随意打开来历不明的电子邮件及文件、不要随意下载一些不清楚状况的软件等、及时下载系统的安全补丁和省级网络防攻击软件等。

（2）加强员工的技能培训。对于企业的相关员工应定期培训，使其了解当前网络面临的主要威胁以及避免这些威胁的方法；同时还要使其了解当前预防网络攻击所使用的新技术和新产品，一旦网络被攻击，工作人员可以立刻恢复网络并把损失降到最低。

除此之外，还要建立起相应的网络安全防范制度并明确各个相关岗位的职责和义务。

四、其他系统安全技术

除了前面章节中所介绍的一些系统安全技术之外，还有一些其他系统安全技术，如行为识别技术。行为识别技术，就是根据对病毒发作前和发作后行为表现的一些统计来概括病毒发作的行为，并将该病毒录入病毒库。当防病毒软件侦测到某一运行程序的行为有些异常时，通过和病毒库对比，尽管发现它并不在病毒库中，但由于其行为和病毒行为相似，仍然可以把其视为病毒并发出报警，提醒用户当前运行的程序可能是病毒程序。

第三节　数 据 备 份

数据备份，顾名思义，就是将数据以某种方式保留在某种存储介质上，以便在系统遭受破坏或其他意外情况导致系统不能正常工作时，可以恢复备份，重新获得数据并加以利用的过程。比较常见的数据备份体系结构如图9-4所示。

一、数据备份的意义

企业的信息系统在运行的过程中，每天都产生了大量的数据，这些数据已经成为企业的宝贵资产，对企业的重要性也就不言而喻。由于计算机病毒、网络攻击等各种威胁的存在，不经意间，企业的数据就可能遭到丢失或破坏，这也就为企业带来不可估量的损失。但长期以来，尤其是一些中小企业对数据的备份工作并不重视。其实，数据备份对企业具有重要的意义，其意义主要表现为两个方面。

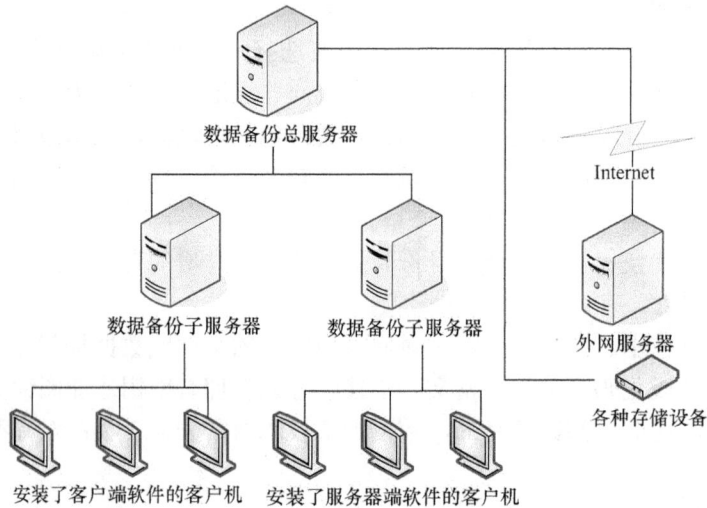

图9-4　一种备份结构图

一方面，成功的数据备份可以使企业数据在遭到破坏或丢失时可以立即恢复，从而保证企业一切活动的正常运行；另一方面，数据备份也是历史数据保存归档的有效方式，即使企业的数据没有丢失或遭到破坏，也可为企业进行历史数据的查询、统计和分析以及重要信息归档保存提供方便。

二、数据备份的类型

数据备份的类型有很多，一般分为以下几种：文件备份、服务器主动式备份、系统备份、跨平台备份、SQL数据库备份、分级式存储管理和远程备份。

三、数据备份介质与周期选择

随着存储技术的发展，数据备份过程中存储介质也有了更多的选择，比较常用的存储介质有：磁盘、磁带、U盘、光盘和MO（Magneto-Optical Disk，磁光盘）等。其中，磁带和光盘的性价比较高，在大容量的数据存储方面比较常用。

（1）磁带。磁带是众多备份介质中资历最老的一种，即使现在，磁带仍以其高容量、低成本的优势作为备份的主流介质。目前，磁带技术产品主要有AIT、DLT、LTO、DAT等几种。如表9-2所示，列举了3种磁带产品的特点，企业可以根据自身的需求选择不同的磁带产品。

表9-2　　　　　　　　　几种典型磁带技术与产品的比较

比较内容	AIT-3	LTO	S-DLT
外形	3.5in F.F.	5.25in F.H.	5.25in F.H.
磁带格式	8mm 螺旋	1/2in 线性	1/2in 线性
磁带材料	AME（先进的金属气化附着）	IBM Ultrium	MP

续表

比较内容	AIT-3	LTO	S-DLT
磁带长度	230m	580m	548m
未压缩的容量	100GB	100GB	110GB
数据传输速率	12Mb/s	15Mb/s	16Mb/s
突发传输速率	160Mb/s	80Mb/s	80Mb/s
MTBF	>400 000 小时	250 000 小时	250 000 小时
磁头寿命	50 000 小时	30 000 小时	30 000 小时
媒介安装时间	<10s	15s	40s
文件访问时间	<27s	65s	70s
功率消耗	18W	20~41W	26W

（2）磁盘。相对于磁带而言，磁盘要年轻一些，但有许多优点：一方面，由于使用磁盘备份数据时，无须加载或倒带，也不需在磁带卷中搜索数据文件，因而磁盘可以直接访问数据；另一方面，数据被存储在磁盘上，磁盘读写数据的速度要比磁带读写的速度快很多，所以，存储数据管理起来比较方便，备份窗口所需要的时间比较少。但磁盘的缺点也很明显：一方面，使用磁盘阵列做备份时，容量较小，只能坚持容纳几个星期的备份数据，且使用寿命也远远短于磁带，长时间不用时，还容易发生消磁现象；另一方面，从数据的安全性考虑，当发生一个站点、电源或是通信基础设施的威胁需要将数据副本存储在远离基础站点的地方时就会增加数据备份的成本。

（3）光盘。使用光盘作为存储介质，也有许多优点，如体积小、保存时间长且对保存的环境要求低、安全性较高、易于批量复制、数据交换方便、易携带、易传播等。但使用光盘作存储介质成本相对较高，一是因为等容量的光盘本身成本要高于前两种；二是使用光盘作备份介质还需要配备一些专用的软件系统方能很好地管理，也增加了成本。但随着光盘制造技术的提高，光盘的单位成本下降速度很快，利用光盘作为数据备份介质将是未来存储发展的标准和趋势。

（4）MO（磁光盘）。MO 技术是传统磁盘技术与光技术相结合的产物，它是利用激光和磁场共同作用存储信息。相对于光盘而言，磁光盘有很多优点，表现为：抗磁干扰、抗潮湿、传送速度快、安全性好（是一个全封闭的防尘磁盘盒）、使用寿命长（不限次读写）、可重复使用、便于携带保管。但磁光盘从 20 世纪 90 年代推出一直不能被推广就是因为其价格较高、容量较小。

除了上述 4 种存储介质外，还有纸质存储介质和缩微胶卷等其他存储介质。由于各种介质的优缺点均比较明显，因而企业在进行选择时应该考虑两个方面：一是企业自身的经济能力，当企业的经济能力较好时，可以忽略价格的差异，而选择企业最需要的；二是数据的备份周期，由于数据的重要程度不一样，可能有些数据保存 2 年就没用了，而有些数据可能需要保存 20 年甚至更长，因而企业在选择时可以根据数据备份的周期混合使用几种介质类型。

四、数据备份策略与制度

（1）完全备份。显而易见，就是把所有的内容都备份下来，这种备份方式的最大好处就是能够保存所有数据，当发生数据破坏或丢失时，只要启用备份数据，就可以恢复所有数据。尽管这种备份方式比较直观和容易操作，但也有缺陷：一方面，每日都要对系统产生的数据进行完全备份，导致了大量的重复内容被保存，而且所需空间较大，成本比较高；另一方面，由于完全备份的内容较多，所以备份过程较长，所耗时间也比较多。一般情况下，尤其是以前存储介质比较昂贵，很少有企业采用这种数据备份方式。

（2）增量备份。增量备份则是只备份新增加的数据，因此没有重复的数据备份，因而相对于完全备份而言，大大节省了存储空间和备份时间，但这种备份方式也有缺陷，就是对数据的恢复比较麻烦。因为每日的备份和前面的备份都有联系，一旦某日数据遭到破坏或丢失需要恢复，就要像链子一样逐步调用前面的数据，因而，一旦某一个环节出现了问题，就有可能导致数据恢复失败，而且恢复时间也较长。

（3）差量备份。差量备份就是间隔进行完全备份，然后每日再将新的数据备份完全备份的最后一个节点。举例说明，假设数据备份人员在周一进行了一次系统完全备份，在随后的日子（周二至周五）再将当天所有与周一不同的数据备份到存储介质上。差量备份和增量备份一样都不必每天都做完全备份，因而备份所需时间短，占用存储空间小，数据恢复也比较方便。

当然，由于上述 3 种备份策略各有优缺点（如表 9-3 所示），因而在很多时候，许多企业尤其是备份数据量比较大的企业可能会选择上述 3 种方案结合使用的备份策略，如可以每日进行增量备份或差量备份，每周进行完全备份。这样，既能加快备份速度、节省备份空间，也更具安全性。

表 9-3　　　　　　　　　　　　　　　备　份　策　略　比　较

备份策略	完全备份	增量备份	差量备份
空间占用	最多	最少	介于二者之间
备份速度	最慢	最快	介于二者之间
恢复速度	最快	最慢	介于二者之间
备份成本	最高	最低	介于二者之间

由于备份工作的特殊性，在选择上述备份策略的同时还要制定相应的备份制度，进一步保证数据备份的安全性，备份制度的制定过程中应考虑以下几个方面的内容：①明确具体的备份负责单位和岗位，同时明确该岗位的职责和义务；②明确数据备份的主要内容，为了节省存储空间和备份时间，应有选择的备份，并明确哪些是必须备份的内容；③确定备份资料的备份周期，并由此选择合适的备份介质，是磁带、打印还是光盘刻录；④明确备份方案或策略，是完全备份，还是增量备份或差量备份；⑤备份数据光盘及相关的数据备份档案的保管，由于数据的重要性，应对备份的数据统一保管，并规定何种情况下可以借阅，何种情况下不可以借阅；⑥制定应急事故处理方案，如遇到系统或服务器遭受到网络攻击或病毒感染时，该如何处理，需要哪些人参与，同时还要做好记录存档。

第四节　系统文档管理

在系统开发的整个生命周期，会产生大量的文字资料，这些文字资料就是文档，即在系统开发过程中，所产生的某种数据媒体以及该媒体所承载的数据记录。在系统的开发过程中，文档资料是从无到有逐步累积起来的，这些文档主要用来对系统开发过程中的活动、需求、过程、结果等进行描述、定义和说明。文档资料描述和规定了信息系统设计和实现的细节，也解释了系统的操作命令，是信息系统的一部分。这些文档资料都需要在系统开发完成后进行统一管理，以便在必要的时候能够及时查找。

文档的重要性决定了文档管理的重要性。尽管我国在系统开发过程中对文档的规范实施较晚，但目前基本上已经有了较为统一的规定，主要是按照《计算机软件产品开发文件编制指南》进行文档的编制。

（一）编制文档的作用

计算机软件是由软件开发文档、计算机程序和数据共同组成，因此，文档是计算机软件中不可或缺的部分，也是信息系统不可缺少的组成部分。开展文档的有序管理工作，具有以下几个方面的作用。

（1）作为开发人员阶段性工作成果的标志。开发人员每完成一个阶段的工作都要提交该阶段的文档，该文档一方面表明了开发人员该阶段所做的工作，另一方面也意味着如果提交的文档是合格的，开发人员将转入下一阶段的工作。

（2）向管理人员提供可见资料。通过开发人员提交的文档，使得管理人员能够确切知道系统开发工作目前所处的阶段及进度，管理人员可以此判断系统原定目标是否实现，还需要公司持续提供什么种类和多少数量的资源。

（3）信息记录。文档记录了开发过程中的各种信息，这种信息的记录与提供一方面便于协调以后的软件开发、使用、修改和维护；另一方面也为管理人员、开发人员、操作人员和用户之间的彼此深入了解提供了方便，更有利于工作的进一步展开。

（4）向潜在用户报告软件的功能和性能。

（二）文档的内容与分类

1. 按照生命周期进行的阶段划分

按照生命周期法，系统开发分为 5 个阶段，在每个阶段都会产生大量的文字资料，譬如在系统规划阶段，就产生了如表 9-4 所示的一些文字资料。

表 9-4 系统规划阶段文档内容

所 处 阶 段	文 档	文 档 内 容
①系统规划	①可行性分析报告 ②系统开发计划	①系统开发背景 ②系统开发目标 ③系统可行性分析 ④系统开发进度
②系统分析 …	系统分析说明书 …	…

当然，由于开发各个阶段的顺序性，各个阶段对应了不同的文档，而且，后一阶段所对应的文档必须是在前一阶段的文档的基础上进行编写的，这样才能保证整个文档的连续性和一致性。在系统运行阶段，还应编写系统使用手册、维护手册、技术帮助手册等相应的文档。

另外，根据《计算机软件产品开发文件编制指南》的建议，在一项系统开发过程中，一般应该产生 14 种文件。这 14 种文件分别是可行性研究报告、项目开发计划、软件需求说明书、数据需求说明书、概要设计说明书、详细设计说明书、数据库设计说明书、用户手册、操作手册、模块开发卷宗、测试计划、测试分析报告、开发进度月报、项目开发总结报告。而信息系统的开发并不仅仅是软件的开发，因而还会产生更多的文档。

2. 按格式或载体划分

按格式或载体划分，文档包括原始单据或报表（纸质）、磁盘文件、磁盘文件打印件、大型图表、重要文件原件和光盘存档等。

3. 按照文档服务的目的划分

按文档服务的目的可将文档分为用户使用文档、开发文档（如系统分析说明书、系统设计说明书、程序设计说明书等）和管理文档三类。其中，用户使用文档包括使用说明书、技术帮助手册、运行及维护日志等；开发文档包括系统分析说明书、系统设计说明书、程序设计说明书等；管理文档包括可行性分析报告、开发进度管理和变更申请报告等。

（三）文档的规范化管理

为保证所交的文档资料更加规范，就必须保证文档的编写是按照某个统一的标准进行的。

（1）文档书写规范。管理信息系统的文档资料涉及文本、图形、表格等多种类型，无论是哪种类型的文档都应该遵循统一的书写规范，包括符号的使用、图标的含义、程序中注释行的使用、注明文档书写人及书写日期等。

（2）文档、图表编号规则。编号一般采用分类结构，以采用生命周期法为例，可以采用如图 9-5 所示的方法。

（3）文档目录编写标准为了存档及未来使用方便，应该编写文档目录。管理信息系统文档目录中应包含文档编号、文档名称、格式或载体、份数、每份页数或件数、存储地点、存档时间、保管人等。

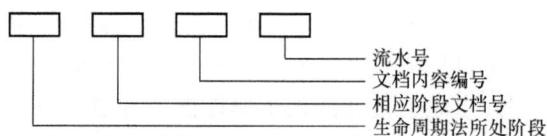

图 9-5　文档与图表的编号规则

（流水号／文档内容编号／相应阶段文档号／生命周期法所处阶段）

（4）文档管理制度。为了更好地进行管理信息系统文档的管理，应建立文档管理制度。文档管理制度主要包括文档格式规范、文档借阅记录的登记制度、文档使用权限控制规则等。一般情况下，系统文档是稳定的，但随着系统的运行及情况的变化，文档也会有局部的修改与补充。为了更好地做好文档管理工作，文档管理者通常要负责以下工作：①制定文档的标准与规范；②指导与督促文档的编写；③负责文档收存、保管与借用手续的办理等。

案例　西安杨森渠道信息管理系统成功外包

西安杨森制药有限公司成立于 1985 年 10 月 22 日，是由陕西省医药总公司、陕西省汉江药业股份有限公司、中国医药工业公司和中国医药对外贸易总公司与美国强生公司所属比利时杨森制药公司合资建立的现代化制药企业，总投资 2.9 亿元人民币。西安杨森生产和销售 20 余种专利药品，涉及真菌病学、胃肠病学、精神病学、神经病学、麻醉镇痛学、变态反应学、抗感染等领域。作为中国最成功的合资企业之一，西安杨森一直秉承"产品追求独特标准化生产，营销独树一帜——差异取胜，管理不断创新止于至善"的经营理念。

但是随着杨森产品线的丰富，市场区域不断扩张，销售信息的管理越来越成为管理的重要问题，尤其近年来随着医药市场的发展和国家医药政策的开放，医药行业的竞争愈演愈烈，新的竞争环境对杨森的管理提出了更高要求。"如何加强和经销商的数据交流，为经销商销售管理和返利管理提供依据；如何解决大量广阔市场的销售数据的管理和收集分析，提高管理的可行性；如何管理医院的购进数据，进而分析经销商的选择和产品的覆盖组合以及在替代品中的竞争力；如何解决管理分析时各队伍的销售数据和分析语言的不一致。"已经成为公司迫切需要解决的问题。

经过相关专家、企业内部信息化负责人等相关人员的调研和讨论后，大家一致认为公司信息系统建设应该达到以下几个目标，这些目标也得到了公司领导层认可。①通过分步实施打造一个和渠道客户沟通的平台，能够对所有渠道客户信息收集和管理，包括销售、库存、进货等数据。②在商业数据管理应用中增加新的业务管理模式，对签约渠道客户进行 ER（E-mail Reader）方式收集数据。③对大数据量的各种业务类型数据提供灵活报表分析及系统订阅和邮件分发等功能。④能够整合现有多个销售管理信息系统，并和相应的后台 ERP 等系统进行良好接口。⑤能够快速实施成熟产品的应用。⑥有良好的扩展性和先进的整体架构，降低业务扩展的总体技术成本。

尽管目标十分明确，但公司仍决定把系统的开发交由寰通科技来完成，这是因为：第一，公司内部的信息部门不具备系统开发经验和开发能力；第二，市场上也没有能够完全满足公司需要的成熟产品，即使有个别产品一定程度可以使用，但也需要大量的二次开发工作，成本高不说，这些软件开发商也都是一些小规模的开发商，公司不够放心；第三，公司和寰通科技已有愉快的合作经历。明确了公司的信息系统外包给寰通科技以后，双方迅速展开工作，确定了整个项目分 3 期实施。该系统基于 Internet 技术，实现上述多种销售客户的销售、库存、采购信息的全面管理，系统结构如图 9-6 所示。

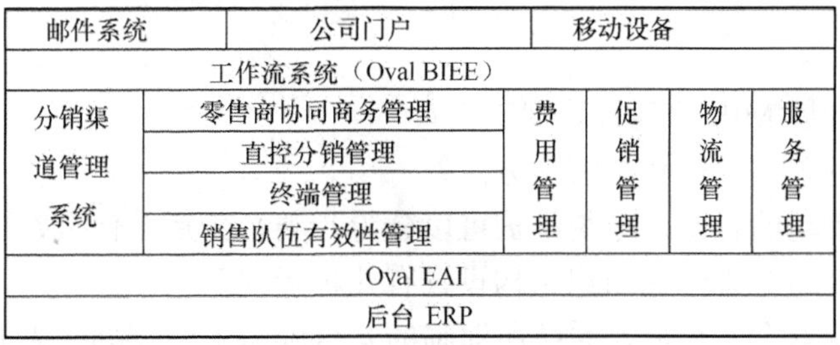

邮件系统	公司门户	移动设备				
工作流系统（Oval BIEE）						
分销渠道管理系统	零售商协同商务管理	费用管理	促销管理	物流管理	服务管理
	直控分销管理				
	终端管理				
	销售队伍有效性管理				
Oval EAI						
后台 ERP						

图 9-6　渠道信息系统结构图

经过寰通科技程序人员的努力工作，系统实现了数据发送（Data Sending）、数据转换（EAI）、数据清理（Data CleanSing）、报表和查询（Reporting）、消息通知（Messaging）、系统管理和监控（Dash Board）等功能，且使用效果也十分明显，可以概括为：①应用范围：管理 1400 家各级经销商、3 万家广阔市场终端、2000 多家重点医院。②快捷管理控制：通过多种数据收集处理功能，快速有效处理大量数据，每月处理的数据量在 70 万~80 万。③业务整合和优化：统一了各销售队伍的沟通数据基础和分析基础，为销售队伍的考核和渠道的返利提供准确依据和控制手段。④信息透明：可以及时、准确和完整地进行数据的分析，并自动分发给相关部门。⑤系统集成：整合了原有的多个销售信息系统，并和后台 ERP 等相关系统接口集成，减少了数据维护次数，节约成本。⑥销售、库存、购进数据统一管理：整合处理进销存数据，从多角度对渠道各节点的业务进行规范管理，防止数据不真实。⑦分析和决策：多种灵活分析功能，为市场的开拓、渠道的组合、产品竞争力的分析等提供依据。⑧监控性：强大的监控机制和异常信息的处理功能保证系统安全稳定地运行。

本 章 小 结

信息系统的正常运行是其赖以发挥作用的根本保证。为了保证系统良好运行，就必须对其运行实施科学管理，科学管理的内容包括明确运行管理的意义、目标和内容；还要有效应对系统运行过程中面临的计算机病毒和网络攻击的威胁；同时做好数据备份和系统文档管理工作。系统运行管理的组织是系统正常运行的重要保证。在现代企业的组织中，信息系统运行管理的组织方式有多种，包括隶属于企业某业务部门、平行于企业其他业务部门和矩阵结构等形式，不同的组织方式有着各自的优缺点，企业应该根据自身的情况选择合适的组织方式。另外，系统运行离不开正确的人员配备，通常包括首席信息官、管理人员、系统维护人员和系统操作人员。

在系统运行的过程中，威胁系统安全的因素包括自然及不可抗拒因素、环境因素、软硬件故障以及人为因素。面对各种因素，管理人员必须借助技术和管理手段才能保证系统的安全运行。数据备份是将数据以某种方式保留在某种存储介质上，以便在系统遭受破坏或其他意外情况导致系统不能正常工作时，可以恢复备份，重新获得数据并加以利用的过程，因而其意义深远。文档是信息系统不可缺少的组成部分，开展系统的文档管理十分必要。文档有不同的分类，但不管如何分类，都必须借助制度的约束加强文档的管理工作。

习 题

1. 为什么要开展 MIS 的运行管理工作？
2. MIS 运行管理的内容包括哪些方面？
3. 按照维护活动的目的，系统维护可以分为几类？分别是什么？
4. 目前，MIS 运行管理的组织结构设置有几种形式？
5. 什么是系统安全？当前，系统所面临的安全威胁主要有哪些来源？
6. 试列举常见的网络攻击。
7. 什么是数据备份？比较常用的备份介质有哪些？
8. 为了完成数据备份工作，你可以采取什么样的备份策略？
9. 你认为计算机病毒可以彻底防御吗？如果不能，为什么？如果能，怎么防御？

第十章　MIS 评价与二次开发

系统评价与二次开发是关系到 MIS 运行效益以及系统生命周期时域的重大问题。本章将向大家介绍 MIS 评价与二次开发的相关内容。

第一节　MIS　评　价

所谓系统评价，就是根据预定的系统目标，通过采用系统分析方法和相关指标体系，对新开发的或改建的系统及其运行结果进行评审和比较，并根据评审结果判断系统是否达到了预定目标，并作为今后系统改进或扩展的依据。试想，企业花费了大量人力、财力和物力建立起来的新系统，如果不能对其性能和效益是否达到了预期的目的进行评价，不能获得其投入的有效产出，哪个企业还有进行系统开发的动力？因而，系统评价作为 MIS 开发工作的一部分，也就变得十分重要且必不可少了。

另外，为了保证评价指标的全面性和评价结果的公正性，系统评价工作通常是在新系统运行一段时间后由系统开发人员和用户共同参与进行。

一、MIS 评价的内容与意义

MIS 评价涉及很多指标，指标的完备性和合理性直接决定了系统评价的结果。因而，MIS 评价工作是一项任务十分艰巨的工作。通常，系统评价包括系统的性能评价、技术评价、效益评价等几个方面。

（一）系统的性能评价

系统的性能评价主要是对系统运行过程中系统的性能表现做出评价，系统的性能评价通常包括以下几个方面：①系统平均无故障时间；②系统联机时间、处理速度和吞吐量；③系统操作灵活性和方便性；④系统利用率；⑤系统的安全性和保密性；⑥系统加工数据的准确性；⑦系统的可扩充性；⑧系统的可维护性；⑨系统的灵活性；⑩系统故障诊断、排除、恢复的难易程度等。

（二）系统的技术评价

系统的技术评价是从技术的角度，对系统做出客观的评价。一般通过以下几个方面对系统的技术指标做出评价：①系统的总体水平，包括系统的总体架构、系统的规模以及系统开发过程中所采用技术的先进性。②系统功能的范围与层次，包括系统的功能范围、实现的难易程度以及所对应的组织管理层次。③系统信息资源开发与利用的范围和深度，包括系统所提供的收集信息的渠道、对信息的加工深度和利用率等。④系统的质量，系统的质量主要通过系统的可使用性、正确性、可扩展性、可维护性与通用性等指标体现。⑤系统的安全保密性，包括系统运行的安全管理制度、安全事故的发生频次、数据的保护等。⑥系统文档的完备性，包括文档标准与规范的制定，文档编写的指导与督促，文档的存放、保管及借用手续的办理等。⑦系统的规模，可以通过系统程序的总语句行数以及所占用存储空间大小来表示。

（三）系统的效益评价

使用新系统后产生的经济效益是评价新系统的一个决定性因素，但是经济效益的评价是一个非常复杂的问题。一方面，要搜集各种定量的指标值需要较长的时间，无法短期内给出评价；另一方面，有的经济效益是一种潜在的，并不能单纯以货币或数字来反映。因此，为了对系统的效益进行评价，比较常用的方法是将系统经济效益分成直接经济效益和间接经济效益两个方面并分别进行评价。

1. 直接经济效益评价指标

系统的直接经济效益指可定量计算、用货币表示的效益，通常可通过以下指标来反映。

（1）系统开发一次性投入的费用。一次性投资的费用包括系统硬件、软件的购置和安装费用，应用系统的开发和购置所投入的费用。其中硬件费用包括主机设备、终端设备、通信设备和机房建设（电源、空调和其他）费用。软件费用包括系统软件、应用软件、试验软件等费用。系统开发费用包括调查研究，系统规划、分析和设计，系统实施等阶段的全部费用。另外，企业内部投入的人力、物力也应该折合成货币的形式计入在内。

（2）系统运行费用。运行费用包括计算机及其外部设备的运行费用，如通信和消耗性材料费用；人工费用，如员工工资、管理费；系统投资折旧费及硬件的日常维护费用，由于信息系统的技术成分较高、更新换代较快，因而其折旧年限也比较短。运行费用是维持新系统正常运行的基本费用，因而是必不可少的。

（3）投资回收期。亦称"投资回收年限"，是反映固定资产投资效果的重要指标。投资回收期是指系统从正式投入使用之日起，到累计提供的积累货币总额达到投资总额为止之日所经历的时间。由于货币具有时间价值，为了得到更精确的结果，计算投资回收期时不妨把复利因素包括在内，这样会更有利于提高投资效果。

（4）系统运行新增加的收益。系统运行新增加的收益，主要反映在成本降低、库存积压减少、流动资金周转率提高、销售利润增加等所导致的生产费用节约和利润提高。新增收益可采用打包计算和分别计算等多种方式。打包计算就是计算在同等产出或服务水平下有无信息系统所导致的费用节约额；分别计算则是对于上面所罗列的各项分别进行计算。国内也有学者用年生产费用节约额来表示，并提出了下面的计算公式：

$$U=\sum (C_{IF}-C_a)+e\sum (K_{id}-K_a)+u_n \tag{10-1}$$

式（10-1）中，U 表示新增投资收益，C_{IF} 表示应用信息系统后节约的费用，C_a 表示应用信息系统后增加的费用，e 表示投资效益系数，K_{id} 表示采用信息系统后节约的投资，K_a 表示建立信息系统所用的投资，u_n 表示本部门以外其他部门所获得的年度节约额。

上述年生产费用节约额的计算公式只是一个理想化的公式，尤其是对投资效益系数 e 的选取，目前还没有统一的看法，应根据不同的具体情况确定不同的系数。

2. 间接经济效益评价指标

由于信息系统的使用改进了组织的结构及运作方式，从而使得企业运作成本下降、利润增加。但由于很多情况下，信息系统所导致的这种效率提高无法直接用货币的形式加以表示，因而计算也就变得十分困难。间接效益评价指标一般通过转化进行量化，其定性指标主要表现在企业管理水平和管理效率的提高程度上。但这些定性指标多是综合性的效益，因而还需要更细的指标加以细化，通常体现在以下几个方面。

（1）生产效率的提高。用计算机代替人工处理信息，减轻管理人员的劳动强度，使他们有更多时间从事调查研究和决策工作；由于各类数据集中处理，使得综合平衡更容易实现；由于采用计算机网络等手段，加强了各部门之间的联系，提高了生产效率。

（2）管理水平的提高。由于信息系统的使用，可以使管理人员获得许多新知识、新技术与新方法，因而管理人员的素质和能力得以提高，管理水平也相应提高。另外，由于信息处理效率的提高，从而使事后管理变为实时管理，管理效率大大提高。

（3）企业对市场适应能力的提高。当信息系统具有决策支持功能时，可以帮助企业做出更为准确的决策。当市场行情发生变化时，企业可利用信息系统及时进行相应决策以适应市场。举例来说，物资管理信息系统的建立，可以明显提高库存记录的准确性和及时性，从而减少库存、降低库存成本；同时还避免了由于原料短缺而导致的生产停顿。生产管理系统的建立则可以更合理地安排人力和物力，通过系统及时掌握生产进度和产品质量，从而提高生产率和生产管理水平。

总之，信息系统的建立对企业或部门的管理与生产都产生了重大影响，也为企业带来了明显的收益，包括直接的和间接的收益。

二、MIS 评价的指标体系

根据前面内容所述，对于一个管理信息系统的评价，大致可以从系统的性能评价、系统的技术评价和系统的效益评价 3 个方面设计评价指标体系，这几个方面的具体评价指标以及所要考虑的因素如表 10-1 所示。

表 10-1　　　　　　　　　　　　　　　　**MIS 评价指标体系**

评价项目		评价指标	考 虑 因 素
系统性能评价		平均无故障时间	能够反映系统性能的各种因素
		联机相应时间	
		处理速度	
		吞吐量	
		操作灵活性	
		利用率	
		加工数据的准确性	
系统技术评价		系统总体水平	系统总体架构、技术先进性
		系统功能的范围与层次	系统功能范围、实现的难易程度与所对应的组织管理层次
		信息资源开发与利用的范围和深度	信息收集渠道、信息的加工深度和利用率等
		系统质量	可使用性、正确性、可扩展性、可维护性等
		系统安全性	安全管理制度、事故发生频次、数据保护等
		文档的完备性	文档标准与规范制定、文档的存放与保管等
		系统规模	总语句数量、存储空间占用
系统效益评价	直接效益	一次性投入的费用	硬件、软件的购买，人工
		系统运行费用	耗材、折旧费等
		投资回收期	复利因素
		新增收益	降低成本、利润提高

续表

评价项目		评价指标	考 虑 因 素
系统效益评价	间接效益	生产效率	一些隐性的，无法以货币的形式加以衡量
		管理水平	
		企业对市场适应能力	

当然，评价指标的制定也没有统一的标准，不同的学者可能会从不同的角度加以制定，如国内其他学者所制定的 MIS 评价指标体系，还增加了社会效益的评价项目。对社会效益的评价包括了组织形象的改善与员工素质的提高；组织体制和组织机构的变革，管理流程的优化；组织部门间、员工间协作精神的加强；组织新服务领域的开拓、服务层次的加深等多个方面。

三、MIS 评价的方法策略

MIS 评价指标体系建立以后，就可以采取不同的方法和策略对系统进行评价。当然，即使是同样的指标体系，采用不同的评价方法也会得到不同的评价结果。但对于一个功能完备的、合理的指标体系而言，最终的评价结果的差别应该不是很大。比较常见的评价方法有经验评价法、层次分析法、模糊综合评价法等。

1．经验评价法

经验评价法又分为专家评价法、两两比较法和连环比例法。经验性评价侧重于获得系统各评价指标的主要量度。经验评价首先要有用户参加，要有真正的专家和有代表性的用户参与评价，用户给出对系统的主观评价，并由专家给出系统的技术评价，以便系统性地评估系统性能是不是用户类型的性能。

2．层次分析法

层次分析法（Analytic Hierarchy Process，AHP）是对一些较为复杂、模糊的问题做出决策的简易方法，它特别适用于那些难以完全定量分析的问题。而对于 MIS 的评价，尤其是指标体系中涉及间接效益时，可能很难完全量化，因而，层次分析法也十分适合对 MIS 进行评价。

（1）层次分析法的特点。应用层次分析法时，首先要把问题条理化、层次化，构造出一个能够反映系统本质属性和内在联系的递阶层次结构模型。通过该结构模型，复杂问题被分解为多个元素，这些元素又按其属性及关系可形成若干层次，这些层次可以分为 3 层，分别是最高层、中间层和最低层。最高层中只有一个元素，一般是分析问题的预定目标或理想结果，因此也称为目标层；中间层包含了为实现目标所涉及的中间环节，它又可以由若干个层次组成，也被称为准则层；最底层包括为实现目标可供选择的各种措施、决策方案等，因此也称为措施层或方案层。尽管对每一层次中元素的个数并没有明确的限制，但一般情况下不要超过 9 个，因为过多会给两两比较、判断带来阻碍。

（2）层次分析法的基本步骤。运用层次分析法建模，大体上可按下面 4 个步骤进行。

①建立递阶层次结构模型。构建层次结构模型时应用不同形式的框图标明层次的递阶结构和元素的隶属关系。

②构造出各层次中的所有判断矩阵。按照层次结构模型，从上到下逐层构造判断矩阵，每一层元素都以相邻上一层次元素为准则，按 1～9 标度方法两两比较构造判断矩阵，1～9 标度表如表 10-2 所示。

表 10-2	标 度 含 义 表
标　度	含　义
1	表示两个因素相比，具有相同重要性
3	表示两个因素相比，前者比后者稍重要
5	表示两个因素相比，前者比后者明显重要
7	表示两个因素相比，前者比后者强烈重要
9	表示两个因素相比，前者比后者极端重要
2，4，6，8	表示上述相邻判断的中间值
倒数	若因素 i 与因素 j 的重要性之比为 a_{ij}，那么 j 与 i 重要性之比为 $a_{ji}=\dfrac{1}{a_{ij}}$

③层次单排序及一致性检验。根据实际情况，采用不同的方法求解，判断矩阵最大特征值对应的特征向量，借助各种手段进行归一化处理，就可以得到层次单排序权重向量。层次单排序要进行一致性检验，检验不合格的要修正判断值，直到符合满意的一致性标准。该部分的工作可以借助计算机软件完成。

④层次总排序及一致性检验。层次总排序是从上到下逐层进行的，同样，层次总排序的一致性检验也是从上到下逐层进行的。但在实际操作中，总排序一致性检验常可以省略。这是因为一方面进行一致性检验时计算平均加权不会有太大的偏离，另一方面在实际构造判断矩阵时也很难兼顾到整体排序的一致性。

3. 模糊综合评价法

模糊综合评价是以模糊数学为基础，应用模糊关系合成的原理，是将一些边界不清、不易定量的因素定量化，并进行综合评价的一种方法。模糊综合评价是通过构造等级模糊子集把反映被评事物的模糊指标量化，然后利用模糊变换原理对各指标进行综合。使用模糊评价法的步骤一般分为以下几步。

(1) 确定评价系统等级的向量评语集。评语集为评价者对评价对象做出的各种可能的评价结果组成的集合。无论评价因素集包括多少个层次，评语集均为一个。假设有 p 个评价指标，则评语集为：$u=\{u_1,\ u_2,\ \cdots,\ u_p\}$。

(2) 确定评语等级集 $v=\{v_1,\ v_2,\ \cdots,\ v_p\}$，每一个等级可对应一个模糊子集。

(3) 建立模糊关系矩阵 R。在构造了等级模糊子集后，要逐个对被评事物从每个因素 u_i（$i=1$，2，$\cdots$，p）上进行量化，即确定从单因素看被评事物对等级模糊子集的隶属度（$R\mid u_i$），进而得到模糊关系矩阵。

$$R=\begin{bmatrix} R\mid & u_1 \\ R\mid & u_2 \\ \cdots \\ R\mid & u_p \end{bmatrix}=\begin{bmatrix} r_{11} & r_{12} & \cdots & r_{1m} \\ r_{21} & r_{22} & \cdots & r_{2m} \\ \cdots & \cdots & \cdots & \cdots \\ r_{p1} & r_{p2} & \cdots & r_{pm} \end{bmatrix}_{p.m}$$

矩阵 R 中第 i 行第 j 列元素 r_{ij}，表示某个被评事物从因素 u_i 来看对 v_j 等级模糊子集的隶属度。一个被评价事物在某个因素 u_i 方面的表现，是通过模糊向量（$R\mid u_i$）=（r_{i1}，r_{i2}，$\cdots$，r_{im}）来刻画的，而在其他评价方法中多是由一个指标实际值来刻画的，因此，从这个角度讲模糊综合评价要求提供更多的信息。

（4）确定评价因素的权向量。在模糊综合评价中，确定评价因素的权向量：$A=(a_1,$ $a_2,\cdots,a_p)$。向量 A 中的元素 a_i 本质上是因素 u_i 对模糊子集{对被评事物重要的因素}的隶属度。权重的设定可以通过专家打分法，也可以通过问卷调查并使用统计的方法。由于指标分多个层次，也要分层次设定权重。但各权重满足 $\sum_{i=1}^{p}a_i=1$，$a_i\geqslant 0$，$i=1,2,\cdots,n$。

（5）合成模糊综合评价结果向量。利用合适的算子将 A 与各被评事物的 R 进行合成，得到各被评事物的模糊综合评价结果向量 B。即

$$A\circ R=(a_1,a_2,\cdots,a_p)\begin{bmatrix} r_{11} & r_{12} & \cdots & r_{1m} \\ r_{21} & r_{22} & \cdots & r_{2m} \\ \cdots & \cdots & \cdots & \cdots \\ r_{p1} & r_{p2} & \cdots & r_{pm} \end{bmatrix}=(b_1,b_2,\cdots,b_m)=B$$

其中，b_1 是由 A 与 R 的第 j 列运算得到的，它表示被评事物从整体上看对 v_j 等级模糊子集的隶属程度。

（6）对模糊综合评价结果向量进行分析。

除了上述几种方法外，还有其他许多种方法，如因子分析法、模糊综合层次分析法等。

第二节　MIS 二 次 开 发

所谓二次开发，就是调整和优化程序的工作。企业在不断发展的过程中，会发现现有的 MIS 的部分功能已不能适应当前的业务需要，或者企业购买了一个新系统却不能完全满足需要，出于对多种因素的考虑，企业可能会选择二次开发。

一、MIS 二次开发的动因

（一）MIS 应用企业面临的问题

伴随着企业的发展，企业慢慢发现原来所使用的 MIS 越来越不能满足企业的需要，经常出现如下几种情况：①原有 MIS 所对应的部分业务的流程或内容发生了变化；②企业出现了原来系统所不能支持的新的业务内容；③与原有软件配套的其他系统发生了改变，需要更新系统间的接口；④企业业务的发展使得原有软件的设计能力已不能满足当前业务需要。除了上述几种情况，企业打算购买新的 MIS，但通过市场调研发现，目前市场上提供的 MIS 很多都属于通用软件产品，是针对一个或多个行业、多个用户而设计开发的 MIS，这些商品化的系统并不能直接拿来应用。

（二）MIS 二次开发的动力

1. 商用 MIS 不能满足企业个性化要求

尽管市场上提供了很多种类的 MIS，但系统开发商为了减少重复开发工作，往往会把系统开发成通用系统。当企业有了个性化需求时，这些软件往往不能满足企业的需求。以 ERP 软件为例，很多 ERP 开发商都提供了通用报表，但如果企业需要特殊格式的报表，又无法通过调节参数来完成时，企业就不得不进行二次开发。

2. 企业所处环境及本身发生了变化

如今企业所面临的环境是一个动态变化的环境，企业本身也在不断地变化。随着企业规

模的变化和流程再造，企业的产品种类、产品所处生命周期的阶段、企业的计划模式、分销模式都不断在变化，企业慢慢发现原来使用的 MIS 已经不能完全满足需要。如果全部购买新的 MIS，可能投入巨大，此时，企业也会选择进行二次开发。

（三）MIS 二次开发面临的难点

MIS 的二次开发是计算机应用中的难点，这主要是由两方面的原因引起的。一方面，MIS 的二次开发往往是在极为不利情况下进行的。由于许多软件初次开发时并没有考虑以后二次开发的需求，导致二次开发时往往会无从下手；而且很多时候，二次开发是在缺乏源代码、开发文档以及技术手册的情况下进行的，因此很难获得必要的指导和帮助。另一方面，很多情况下二次开发时系统还引入了别的系统，因而必须考虑与后进系统的兼容问题；费用、时间和转移成本也是必须考虑的因素，如果二次开发的费用比购买一个新系统的投入还要大，那就会得不偿失。

二、MIS 二次开发的内容与形式

（一）二次开发的内容

涉及 MIS 二次开发的内容，尽管最终都是对代码的开发，但为了便于理解，仍然可以分为两种形式，一种是原代码的开发，另一种是外挂式模块的开发。

1. 原代码的开发

原代码的开发是在原系统底层源码的基础上进行功能修改或增加，也被称为嵌入式开发。对原代码进行开发是因为其中的某个功能或部分需要修改，但修改范围较小，通过代码的添加和修改等操作即可完成。因而，对原代码进行二次开发后，往往不影响原系统的风格和操作习惯，而且很多情况下的二次开发都是属于原代码的开发。

2. 外挂模块开发

采用外挂模块开发是因为原有系统需要增加一些模块或子系统时，可以在系统正常运行的同时完成模块的开发，当模块开发完毕后通过接口直接接入系统。外挂模块开发的关键是保证与原有系统的兼容性。

（二）二次开发的形式

不同的企业根据各自的实际情况可能会采取不同的二次开发方式，但比较常用的只有两种方式，分述如下。

1. 定制开发

定制开发就是由系统原开发商完全负责，根据用户需求，进行定制开发。采用该方式进行二次开发最大的优点就是实施难度相对较小。这是因为负责开发的人员对原系统非常熟悉，二次开发的模块与原系统的符合度很高；但是劣势也很明显，那就是企业实施二次开发的费用较高，而且系统上线后，需求的变化无法在系统中较快地体现出来，这是因为原来负责开发的人员已经撤离，后续的开发离不开原厂商的持续支持。

2. 实施企业技术人员开发

实施企业的技术人员开发就是在二次开发过程中，以企业本身的技术人员为主，原软件开发公司人员为辅。采用这种二次开发方式的好处就是只要企业技术人员掌握了开发方式，后续的开发可以通过企业自身来完成，需求的变化可以较快地体现，有利于后续实施的持续性和成本的节约；但劣势也较明显，由于内部实施人员毕竟不是专业人员，其水平的高低会直接影响到后续开发的质量。

（三）二次开发的原则

尽管 MIS 二次开发是在现有产品的基础上进行的，但为了保证二次开发质量，需要遵循一定的原则，这些原则通常包括 MIS 二次开发的工程化、模块化、标准化和继承性。

1. 工程化原则

二次开发也应按照软件工程学的方法和步骤进行并突出工程化的思想。首先对所要解决的问题进行详细分析并加以确切地描述，确定软件开发目标。同时做好软件需求说明书、确认测试计划和数据要求说明书等的编写工作。根据需求说明书，构建相应的软件系统体系结构。

按照工程化原则，一方面可以提高开发速度；另一方面可以保证开发工作的有序性，从而使二次开发质量得以保证。遵循工程化原则进行的二次开发过程一般如图 10-1 所示。

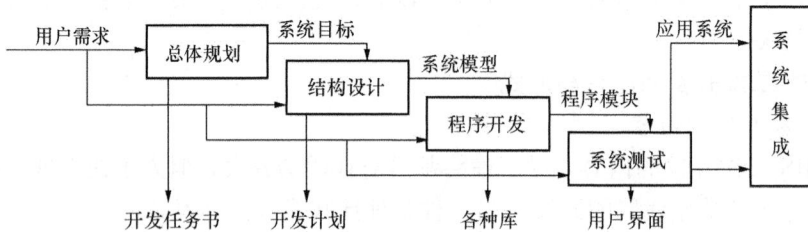

图 10-1　一般开发过程

2. 模块化原则

模块化原则应该贯穿于二次开发的整个过程。模块化原则要求将整个系统分解成若干个子系统或模块，并定义各模块之间的接口和数据传递规则；同时还要求各模块功能尽量单一，从而保证模块的相对独立性。模块化开发思想可以使开发人员同时进行不同模块的开发设计，从而缩短软件开发的生命周期。即使软件需要修改，也可以在不触及其他模块的情况下完成，因而大大提高了开发效率。

3. 继承性原则

二次开发是在原有软件的基础上根据用户的实际需求进行的，因而不同于从底层做起的软件设计，并对支撑软件有较强的依赖性和继承性。继承性既是二次开发的最大特点，也是二次开发所应遵循的原则。所谓继承性，就是新开发的部分应该和原系统在界面风格和概念上保持一致并能实现无缝集成，从而保持系统的一致性和完整性。

4. 标准化原则

标准化是任何系统软件开发的基础。在对 MIS 进行二次开发时，同样应该遵循标准化的原则。严格按照《软件开发规范国家标准》等系列标准，实现图形、数据交换等标准。二次开发引入标准化准则可以大大提高二次开发工作的规范性。

除了上述几个原则外，企业还应该以二次开发为契机，实现对企业业务流程的优化或重组。企业在根据需要进行二次开发的时候，应该把企业自身的特点和新的业务流程结合起来，而不是一味地强调自身特点。很多时候由于二次开发融入了先进的管理和业务流程，因而，企业应该以二次开发为契机，重组或优化原来的业务和流程。

三、MIS 二次开发的方法、策略与步骤

（一）二次开发的方法与策略

MIS 的二次开发是 MIS 软件由软件厂商提供的一种产品转变为企业内部的管理信息系统

的桥梁和纽带。企业在进行二次开发时应该讲究一定的方法和策略。

1. 优先选择适用度高且容易进行二次开发的成熟套装软件

当企业在已经运行的 MIS 上进行二次开发时，企业可以根据自身情况选择系统开发商完成或自主实施。当企业是对一个还没有实施的 MIS 进行二次开发，则最好选择那些适用度高且容易进行二次开发的成熟套装软件。适用度高意味着可以减少二次开发的工作量；二次开发赋予了企业更多的自主权，也可以降低成本。

2. 系统选型时坚持系统功能和体系架构并重

企业在二次开发前进行选型时，不但要注重系统的功能是否满足需要，还要考虑系统的体系架构是否灵活。功能是为了满足当前大多数需要，从而减少二次开发费用；体系架构的灵活性则是考虑当企业的业务发生了变化时，系统能够进行更深层次的二次开发。大量实践证明好的架构是二次开发的基础。

3. 区分上线前及上线后的二次开发

上线前的二次开发是必须进行的二次开发，此类开发不进行，系统就无法上线。上线后的二次开发则是那些重要性不高，可以上线后再进行的开发。不对二者进行区分，就会模糊上线实施的管理重点，进而影响上线的进度甚至质量。针对前者，应该反复确认其必要性并选择能够尽量减少改动的方式进行；针对后者，则可采取"先僵化再优化"的管理手段，待系统上线运行一段时间以后再讨论其必要性，并着手开发，从而以客观事实为基础，减少资源浪费。

4. 建立二次开发规范

二次开发并不是简单的程序代码的删减，而是一项系统工程。应该按照一定的规范进行，对修改的源代码严格记录并在源代码旁做出清晰的解释；二次开发的文档也应该由专人保管；对于公用模块应仔细斟酌修改，因为公用模块的修改可能牵一发而动全身。

（二）二次开发的步骤

由于 MIS 的二次开发是一项系统工程，因而在开发过程中应该遵循一定的步骤。

（1）前期准备工作。前期准备工作是保证二次开发能够满足用户需要的基础。二次开发人员应该对现有软件有充分了解，并进行系统体系结构的解析、需求分析和设计准备工作，从而制定出完备的二次开发方案。

（2）实施过程。实施过程将经历需求获取、需求分析、系统架构分析、设计、编码、测试等阶段。

（3）验收。当软件的后期测试完成后，通知业务需求人员验收，验收主要以业务需求人员提供的原始资料及《软件二次开发设计方案》为依据，对软件的各项功能进行全面的核查，如无异议，验收后要签署《验收确认书》。

（4）后期培训。

（5）技术支持。

案例　上海轮胎橡胶集团 ERP 二次开发案例分析

一般而言，企业信息化主要有自行组织、委托开发和软件外购 3 种方式。具体到每个企业，究竟选择什么样的信息化组织方式是最合适的，目前的企业界和学术界都难以给出统一的结论。不同的企业应该根据企业自身情况，选择最适合自己的开发方式。

上海轮胎橡胶（集团）公司，前身由上海大中华橡胶厂和上海正泰橡胶厂联合组建。生产经营各种汽车轮胎，拥有遐迩闻名的"双钱"、"回力"两个名牌。1992 年 5 月改制为上海轮胎橡胶（集团）股份有限公司，以下简称"上轮"，成为我国轮胎行业首家国有资产控股的上市公司。上轮从 20 世纪 80 年代初就开始了企业信息化建设，并大致经历了部门级独立 IS 开发、MK 系统（其中配合国家 863 计划 CIMS 一期工程开展现场生产数据采集、监控等项目）实施推进公司信息化管理、重建 ERP 系统三个阶段。

由于前期 MK 系统实施的失败，公司从中吸取了丰富的经验和教训。因此，当信息中心决定上 ERP 项目时，公司领导给予了大力支持，并决心不再迁就以往的业务模式，对于生产和管理中不合理的环节坚决予以剔除，期望以此为契机真正理顺贯穿各部门的信息流。经过公司内部以及外聘专家的评估后，上轮最后采用了 JDE 公司的产品 OneWorld，之所以选择 OneWorld 是因为该产品体系架构上有着很好的灵活性和扩展性，并且它自带二次开发的工具，软件本身也采用了 MiddleWare 技术的三层架构帮助用户灵活、高效地进行二次开发，并能和原系统无缝连接。

如果说 OneWorld 给上轮仅仅是搭建了统一的信息平台，那么之后的二次开发才真正发挥了 ERP 的巨大潜力。JDE 开发的 ERP 软件产品非常适合如上轮这样大批量生产的制造性企业，但为了具有较强通用性，软件功能仍比较标准，流程设置相对规范化。事实上，对任何 ERP 产品，通用性是首要考虑的问题之一。

虽然它通过参数可调的形式可以部分满足不同用户的需求，但很多情况下这种轻度灵活会失效。比如 ERP 软件原来提供的报表功能很通用，但是却可能碰到需要特殊格式报表的企业，而这无法通过调节参数来完成；或者报表功能本来是适应企业需求的，但是随着企业的发展、变革、改组，导致报表样式、内容需要改变，这些情况就必须通过二次开发来实现。对上轮而言，企业所处的环境是不断变化的，企业的产品种类、产品所处生命周期的阶段、企业的计划模式、分销模式都在不断变化，企业不断地进行业务流程的优化，企业规模不断扩展等。总之，上轮自身的发展客观上要求 ERP 具备适应各种变化的能力，这种能力就体现在二次开发的实施上。

然而，二次开发可能存在两大问题，要么由于企业要求二次开发，系统变得越来越复杂，离最初期望的效果越来越远，最后猛然一看，系统已经完全变质；要么由于企业二次开发能力有限或者系统柔性较差，造成企业在这方面的投入很大但产生的效益甚微，后者也正是上轮在 MK 的二次开发中陷入的窘境。因此，对新系统的二次开发，IT 部门总结了三大原则。

首先，在二次开发之前，与业务部门一起明确业务需求，理清合理的业务流程。过多地强调企业自身的特点或过分依照系统中的流程执行都是不可行的。其次，在二次开发中，把尽量避免修改核心代码作为基本原则。因此，对 ERP 的核心功能予以保留，只是对需要细微改动的地方做二次开发。最后，二次开发中，对原系统修改不宜过多。

ERP 软件是一个很复杂的大型软件，从软件工程的角度来说，开发者应该保持对项目的可追溯性。所以上轮的二次开发主要是 ERP 系统的扩展，如外贸管理系统、商业智能系统、网上销售平台等，然后再与 ERP 系统集成。

本 章 小 结

系统评价是根据预定的系统目标，采用系统分析方法和相关指标体系，对新开发的或改建的系统及其运行结果进行评审和比较，根据评审结果判断系统是否达到了预定目标，并将其作为今后系统改进或扩展的依据。系统评价必须依靠完善的指标体系和正确的方法策略才能获得客观、全面的评价效果。

MIS 二次开发是由于原系统不能完全满足需要，不得已而进行的活动。对 MIS 进行二次开发必须建立在对问题比较清楚、遵循良好的开发原则、采取正确的二次开发方法和策略的基础上，保证二次开发的效果，实现企业进行二次开发的真正目的。

习 题

1. 什么是系统评价？

2. 系统评价的指标项一般有哪些？

3. 如果在系统评价的指标体系中增加"社会效益"指标项，你觉得应该增加哪些指标？

4. 系统评价中，为什么要对间接收益进行评价？一般而言，间接效益的评价指标有哪些？

5. 应用模糊综合评价法的步骤是什么？

6. 什么是二次开发？二次开发有哪些形式？

7. 二次开发应该遵循哪些原则？

第四篇 系 统 应 用 篇

第十一章 MIS 应用层次与领域

信息技术的日新月异及其应用的普及和经营环境的发展，使得有效掌控与应用信息已成为企业经营成败的关键因素之一。为有效管理与应用信息以支持企业的经营管理和决策需求，各种信息系统应运而生，并得到广泛的应用。为了更好理解与掌握管理信息系统，本章将对当前管理信息系统应用层次与领域进行分析与探讨。

第一节 管理信息系统应用层次

信息系统作为一种解决信息管理、提供决策支持的有效手段和平台，已在企业中得到了广泛的应用。现实中，企业间存在着各种差异，其管理活动各具特点，实现目标、完成任务也不同。因此，应用中的信息系统特点各异，也有着各自不同的分类方法。管理信息系统的功能、目标、特点和服务对象不同，从层次上可以分为业务操作型信息系统、战术管理型信息系统和战略管理型信息系统；从系统的职能领域和服务对象来看，又可将其分为生产信息系统、市场信息系统、人力资源信息系统及财务信息系统等。

任何基于计算机技术的为企业组织成员提供信息支持的系统都难以忽略组织层次问题。大到国家企事业单位，小到车间、科室，其管理决策任务都是按组织层次划分的，不同层次所要面对的问题具有很大的差异，从底层到顶层管理决策由高度的结构化到非结构化。根据管理决策者在组织中的地位不同，可以分为战略层、战术层与业务层。

基层组织、企业生产一线的日常活动属于业务层。对于组织结构最底层的业务层来说，一般遇到的问题是特定的，其解决过程也是确定的，即高度结构化的问题，并且这些问题是经常重复的。因此，这些任务可方便地委托给机器处理。业务操作型信息系统辅助组织基层管理人员完成日常业务信息管理决策工作，如生产车间中的派工活动、库存管理中的补充订货活动、营销人员的销售活动等。同时，业务操作型信息系统将日常业务处理记录保存在数据库中，成为组织其他管理决策活动的重要依据。

战术层的一部分活动属于结构化决策，而大多数则属于非结构化决策。对于半结构化问题，问题领域还是局部的，仍然可以建立数学模型，可以获取和利用下层的有关数据记录，但在粒度要求上明显降低。战术管理型信息系统是帮助战术层管理人员处理日常管理决策工作的系统，如管理会计中的企业预算问题。

战略层位于组织管理模式的顶端，主要面对的是资源规划及远期目标等战略性问题，其决策将对企业的整个活动产生重大影响。通常战略决策的性质是非结构化或半结构化的，决策中需求信息以及产生的决策结果无法明确规定，决策对组织整体产生影响太大，以致无法预测每一步的结果，决策也不存在标准解决过程。战略管理型信息系统可帮助高层管理人员处理和标识企业内部和外部环境中一些长期的战略问题。在战略决策型信息系统中主要关心的是外部环境和组织自身能力的匹配。例如，未来五年中公司员工结构层次问题、行业的长期投资趋势、本企业的发展方向以及将来的产品开发计划等。

综上所述，根据应用层次不同可将管理信息系统划分为：①面向高级主管构建的战略管理型信息系统；②面向中级主管构建的战术管理型信息系统；③面向一般管理人员应用的业务操作型管理信息系统。这 3 类信息系统重点解决的问题不同、信息来源需求不同、提供服务目标不同，因而具有不同的特点，其采用的技术以及衡量标准也不相同。

一、业务操作型 MIS

（一）业务操作型 MIS 概述

业务操作型 MIS 是提供给企业基层管理人员和办事操作人员使用的系统，系统构建的目的是改进企业业务活动，提高工作效率。事务处理系统（Transaction Processing Systems，TPS）是此类型系统的典型代表之一，TPS 面向企业底层管理活动，处理企业常规业务产生的信息，为解决结构化问题提供支持。事务处理系统还可称为电子数据处理系统（Electronic Data Processing，EDP），是伴随现代信息技术发展，结合管理学基本原则而出现的最早形式的管理信息系统，是管理信息系统发展的初级阶段。

业务是某种工作的手续的集合，如企业得到一个客户的订单、银行接受客户的一笔存款等。一个组织或企业只要运作，就有业务处理，其处理方法可以是手工方式也可以采用自动化技术，业务操作型 MIS 中对业务处理主要运用计算机技术。信息技术的发展，使得新型业务操作型 MIS 在业务处理上有明显优势，具体可归纳为以下几方面。

（1）更低的成本。业务操作型 MIS 通过采用现代计算机、网络通信等信息技术使业务操作成本得到了实质上的降低。例如，目前城市内越来越多的销售企业使用移动 POS 机进行账务结算，从而实现企业运营成本的降低，增强了企业低成本竞争的实力。

（2）更快的速度。计算机及通信技术还极大地减少了业务操作的完成时间，提高业务处理效率。例如，网络销售中客户可在网上直接下订单，加快了企业对订单的处理速度，即便是异地订单，从订单的录入、确认，到完成货物的配送及通知客户，这一系列操作甚至可在一天内完成，加快了企业的运转速度。

（3）更高的准确性。避免了原始数据多地存储带来的数据出错。例如，业务中一个输入数据经常要被不同地域业务人员使用，并作为其业务进行的依据，此时就不可避免地产生多地存储带来的数据不一致问题，而使用云存储能有效避免此类错误。

（4）更好的服务。信息技术的应用，也提高了企业满足每一位顾客提出的服务要求的能力，事务处理系统可以帮助企业记录、处理并跟踪许多细节信息，利用这些信息，企业可以在客户需要的时候，以客户需要的方式提供客户需要的产品。例如，通过移动网络通信，企业可跟踪已发送给顾客的货物信息，能够在顾客询问时给出所需的答案。

（5）更强的辅助决策支持性能。业务操作型 MIS 对决策的制定也很重要。业务处理系统产生的数据，反映了大多数组织的基本活动，该类系统的输出结果也是战术层和战略层管理信息系统的主要输入。

（二）业务操作型 MIS 的基本过程

业务操作型 MIS 由于处理业务不同导致其系统功能、实现技术上存在差异，但对于业务操作，其主要任务与目标都可归结为获取企业基本业务的信息，完成一系列基本数据处理与

互动。这一系列基本的数据处理过程构成了业务操作处理周期，主要包括：数据采集、业务
处理、文件和数据库处理、文档生成，如图 11-1 所示。

（1）数据采集。数据采集是指获取
完成业务处理所需数据的过程。从获取信
息开始，然后信息编码、记录和编辑，最
终转换成为实用的形式。数据输入过程是
数据采集中一个重要的不可缺少的环节。
准确快速地将数据输入系统中可采用传
统手工方法，也可使用自动化方法完成。

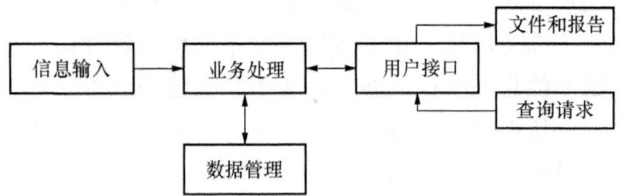

图 11-1　业务操作型 MIS 概念框图

传统的数据输入方法中，用户获取源信息文件（如采购单、工资考勤表、销售订货表等），然后
通过计算机等终端设备手工录入。源文件通常积累成批后送给数据处理人员，进行计算机系统输
入。数据采集活动具有一定的周期性。手工方式操作强度大、成本高，而且较容易出错。因此，
现在手工的处理方法慢慢地被"源数据自动化"代替。源数据自动化有很多应用，如银行使用的
自动柜员机、超级市场使用的 POS 机、考勤打卡机等。源数据自动化输入法相对手工输入法，
数据的获取速度快、准确性高，同时降低了人工成本，在数据采集上有着广泛的应用前景。

（2）业务处理。对于采集后的数据处理可分为批处理和实时处理两种方式，二者的比较
见表 11-1。

批处理是指定期、周期性地收集源文件，然后进行成批处理。批处理活动包括：收集
源文件，如订单、报表，并将它们按类整理成批。然后，把源文件输入到系统与系统的数
据主文件进行合并处理，更新当前主文件，并输出一些文件（如回单等）。也就是说批处理
系统定期地将业务成批地送往指定的计算机保存和进一步处理。对于具有周期性的业务，
采用批处理时，每笔业务没有必要都翻动主文件，增强了系统安全性，降低了系统通信开
销，使得系统整体复杂性降低，从而使系统更加经济、可靠。但批处理也有很多缺点，主
文件经常是过时的，不能实时准确地反映当前业务的实际情况，因此对于有实时性要求的
业务，随着通信技术的发展，多数转向实时处理。

实时处理是指在业务发生同时处理业务并更新主文件。因此，系统的统计数据就能反映
实时的真实情况。实时处理也叫做在线处理（Online Transaction Processing，OLTP）。这时数
据的输入、记录、转换、更新主文件在一次交易中完成，顾客的查询也是即时的，如自动柜
员机的存取款业务操作。实时处理能及时处理、及时更新和及时响应顾客。实时处理缺点是
由于联机，直接存取必须采取特殊的措施保护数据库，防止病毒和非法入侵者。在许多实时
系统中，采用冗余存储方式，如使用磁盘阵列备份操作日志和恢复文件，因而增加了设备成
本。开发利用实时系统优点的同时必须考虑到它的成本、安全问题，使得系统在各方面相平
衡。现在由于技术的发展，为更好地满足顾客需求，越来越多的公司倾向于采用实时处理。

表 11-1　　　　　　　　　　　　　　批处理和实时处理的比较

特　　性	批　　处　　理	实　时　处　理
业务处理	业务数据累计成批，集中周期性处理	业务数据产生即处理
主数据库（文件）更新	批处理时	业务处理时
响应时间	业务周期（几天或几小时）	几秒

（3）文件和数据库处理。系统中的数据必须是真实有效的。处理业务数据的一个重要步骤是检查数据的有效性和完整性。例如，商品的价格、数量必须是数值型的数据，并且输入的数据必须在有效的数值范围内，否则输入的数据无效。在数据采集过程中输入系统的数据无效时，系统应该提供错误提示信息，提出警告。这些数据提示信息应指出当前遇到了什么问题，提示用户下一步如何处理等。对于输入系统的正确数据，系统根据需要进行下一步处理（如排序、计算、汇总等）。

每笔业务产生均是对企业现状的改变，数据处理要修改、维护数据库，使其和现状一致。因此，业务处理程序中应包含维护数据文件的程序。维护数据文件要保证数据库能准确实时反映业务现状，这是一个相当难以解决的问题，一个企业甚至人员名册都不能很好地和现实相符。所以尽管数据库维护技术已很发达，但是如果没有一套很好的运行制度和良好的人员素质，数据库也不可能真正发挥作用。

新业务产生的数据完成更新数据文件后，可被其他信息系统进一步处理和使用，成为这些系统的输入数据。业务操作型系统数据文件作为企业内部重要的数据，对企业的其他信息系统决策支持过程都会产生显著影响。

（4）文档生成。这是最后一个系统处理阶段即系统的输出，生成相应的报告或文件。业务操作型 MIS 所产生的系统输出叫业务文件，业务文件主要有以下几种。①行动文件：用来启动接受行动的文件，如采购单、支票等。②信息文件：用来确认业务已发生，如销售收据、发票等。③周转文件：用于转回发送者，例如有些发票附有周转部分，由顾客签付退回，这个退回的文件需在系统进行处理，周转文件综合了行动文件和信息文件两者的功能。除了这些以外，这个系统还可以产生控制表、编辑报告和会计报告等。

业务操作型 MIS 的一个典型的例子是订单处理系统，包括订单录入、销售组合、物流计划、库存控制、开发票、顾客反馈等一系列子系统。其中，订单录入系统用于获取、处理顾客订单的基本数据。销售组合系统保证提供的产品和服务满足顾客的需要并能很好地互相协调。物流计划系统决定订单应从哪里装货，调整组织的产品和商品流出，决定运货的最佳路线，以保证向顾客及时交付合格的产品。提供库存编号和数量的事务由库存控制系统来执行。

业务操作型 MIS 进行的是最基本的信息处理活动，是获取企业运行的基本业务信息的来源。该系统对任何企业来说都是不可或缺的信息系统，是企业中其他层次信息系统应用的主要信息源。企业中任何一个功能领域都需要相关的业务操作型 MIS 支持。

二、战术管理型 MIS

（一）战术管理型 MIS 概述

业务操作型 MIS 的应用提高了事务处理的效率，与此同时系统产生了详细的内部业务活动数据，利用这些数据可更好地进行管理控制。战术管理型 MIS 的创建可为处于控制层的管理者提供有关组织运行状况不同明细程度的固定格式报表，为日常的管理活动提供决策支持。系统解决的对象为具有确定流程的结构化决策问题及需要外部信息和决策人参加的半结构化问题。战术管理型 MIS 一方面完成业务资料的记录保存与不同粒度报表的产生。另一方面，战术管理型 MIS 还可以支持管理人员提高其决策效率与效能，帮助完成半结构化的决策活动。如 POS 机的一些后台系统，除了具有固定的业务分析和报表产生外，还能与使用者互动，并依其需求分析与处理信息。

战术管理型 MIS 是一种利用现代管理学、运筹学、系统科学和计算机技术支持管理控制层管理人员解决结构化、半结构化问题的信息系统。它将一个数据库中的数据加以综合处理，向管理人员提供周期性的预制报表，并对管理人员的决策提供支持。

战术管理型 MIS 根据其功能领域又可以划分为财务、制造、营销、人力资源等领域的应用系统。所有这些信息系统用以帮助管理者了解日常的业务，以便进行高效的计划、组织、控制，达到充分利用所有资源提高组织效益的目标。

战术管理型 MIS 通过不同的汇总分析报表来完成上面的工作的。这些报表筛选、分析业务处理数据库中高度细化的数据，然后用一种有意义的方式将结果送给管理者，这些报表通过简单易用的界面支持管理者决策，向他们提供所需的数据和信息。

（二）战术管理型 MIS 基本过程

战术管理型 MIS 是管理人员用来执行管理决策、实现目标管理的工具。为完成系统功能，它应该具备计划、组织、领导、控制等基本管理职能。一般而言，在企业组织中，除了业务操作型 MIS 完成的基本业务功能之外，战术管理还具备经营预测、业务决策等功能。

对组织来说，计划的制订和实施至关重要，这也是中高层管理人员特别是高层管理人员的主要工作内容。从信息系统研究和应用现状看，战略规划功能应该由专门的战略信息系统来提供，而战术管理信息系统则不提供这种功能，但提供辅助管理人员进行决策的功能。

系统同时也提供了辅助管理人员的工具（如预警）。预警是指关键性能指标满足按照预先设置的条件时，系统自动按照预先设置的方式向相关人员提供告知、提示、报警，目的是通知管理人员采取相应的管理措施。有些人把预警功能与异常功能混为一谈。实际上，这两种功能有本质的区别。一般地，预警功能指在组织经营过程中，有出现异常状况的可能，希望管理人员及早采取预备措施。异常功能往往是异常状况已经出现，需要采取解决措施。

如图 11-2 所示，战术管理型 MIS 所需信息除组织内部的综合数据外，还包括组织外部更大范围内的数据。也就是说，系统输入数据来源主要有组织内外两方面，包括组织的战术计划、业务处理数据、其他职能 MIS 的数据和外部数据源（客户、供应商、竞争对手等）数据。其中最重要的内部数据源就是组织内的各种业务处理数据。如前所述，业务操作型 MIS 的主要任务之一就是在不断运行的业务活动中收集和存储相关数据。随着每一项业务活动的展开，不同的业务操作型 MIS 不断对组织的数据库进行更新。这些实时更新数据正是管理信息系统主要的内部数据源。

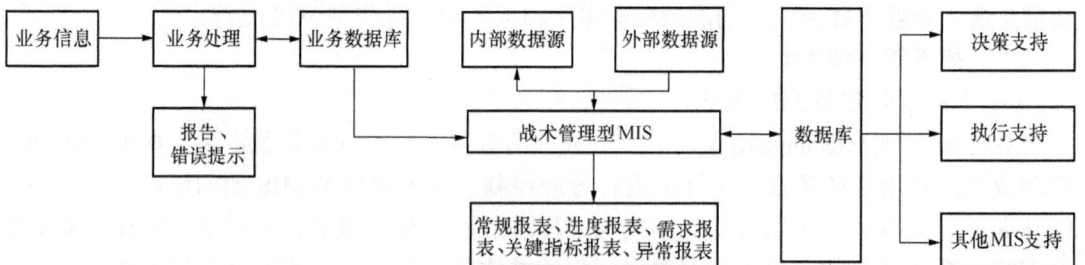

图 11-2　战术管理型 MIS 概念框图

战术管理型 MIS 对获得的数据加以处理，为管理者提供决策支持和执行支持，也可以为其他信息系统提供信息。大多数战术管理型 MIS 的输出是指分发给管理者以协助他们决策的大量的各式报表。这些报表可以分为进度报表、需求报表、异常报表、常规报表和关键指标汇总对比报表。

（1）进度报表。进度报表又称周期表，是按周期或日程生成的，如每日、每周、每月的报表。例如，生产部经理可利用列出的总工资成本的周汇总表，对劳工成本加以监管控制。用于控制新产品制造的日生产表也是一种计划进度表。其他计划表还可协助管理者了解库存、客户信誉、销售代表业绩等。关键指标报表是一种特殊类型的进度表，汇总前一日的关键活动，通常在每一工作日开始时可以利用。这类报表可描述库存状况、生产活动、销售量等诸如此类的数据。通常，关键指标报表与公司关键的成功要素密切相关，因而管理者与执行人员可利用它们对重要的业务问题做出快速正确的反应。

（2）需求报表。需求报表是根据管理者的要求所提供的具有相应信息的报表。比如一名执行人员想要知道某一特定货品的库存状况，则系统将根据需求产生一份相应的报表，其他需要还包括执行人员要求查询某一员工的工作时间、当年某一产品的销售形势等。

（3）异常报表。当出现异常情况或需要管理人员加以特别注意时，由系统自动生成的那些报表就是异常报表。比如管理人员可设定参数让系统输出所有库存少于 50 件的货品报表。由该参数生成的报表也就仅仅包括库存数目少于 50 件的货品。如同关键指标报表一样，异常报表所监管的对象也常与公司的成败休戚相关。总而言之，每当异常报表产生时，管理人员就会采取相应措施。

（4）常规报表。常规报表是针对某一情况为管理者提供详细信息的报表。

（5）关键指标汇总对比报表。该类报表是针对不同类型的关键指标数据之间进行比较的报表。汇总对比报表是管理人员经常使用的一种有效管理工具，便于及时发现管理中的问题和采用有效的解决措施。对比报表一般有两类，一类是计划数据和实际数据间的比较，也称为计划分析表，如销售计划分析表；另一类是实际数据间的各种比较，也称比较分析表，如各月度销售数据分析表。

三、战略管理型 MIS

（一）战略管理型 MIS 概述

战术管理型 MIS 实现了组织信息管理的系统性、综合性，能够及时、准确地为管理者提供所需的各种信息。然而，对于许多复杂多变的决策问题，此类信息系统往往无法给予人们所期望的支持。信息技术的发展带来了信息系统的广泛应用，产生了大量的报告，但对于高层主管，这些报告大部分被丢进了废纸篓，而很少去看，原因是这些信息并非主管决策所需。这里的主管可以指一个行政长官、一个总经理、一个对企业具有决策权的法人。

利用信息系统为主管的战略决策提供支持，提高战略制定与执行水平，实现高效益的决策一直是技术人员和管理人员的期望。这种努力始于 20 世纪 70 年代，80 年代又降温，90年代随着网络技术、计算机信息技术的快速发展，为实现战略决策系统提供了条件。

战略管理型 MIS 所处理的问题是高度非结构化的，很难采用统一应用的模式框架，系统的实现也十分困难。系统实现存在的主要问题可归纳为以下几点：①战略信息的不确定性使得信息需求的确定十分困难；②在战略管理中，环境、政策等"软信息"对战略管理是很有用的，但信息系统难以支持；③战略管理是非结构化的，不仅是科学，而且是艺术，而当前信息系统的灵活性远没达到艺术的水平；④执行战略管理的主管并非信息技术专家，并且缺少学习时间；⑤主管的思想和行为多种多样，很难设计规划一种信息系统的通用结构。

目前，随着信息技术应用的日益普及，计算机体积小型化、功能越来越强，社会信息源和企业内信息源的成熟，以及主管本身的信息意识和信息技术水平的提高使得战略管理信息系统的开发与使用变为可能，并受到重视。

（二）战略管理型 MIS 基本特征

战略管理型 MIS 的主要功能是满足企业对战略决策的信息需求。这种战略信息是关于企业的关键成功因素的信息。

战略信息的来源是多种多样的，包括书面的信件、报告、备忘录、会议记录和期刊报纸，也包括系统获取的高层主管的口头的交流，如电话、会议、交谈和社会活动等。战略信息的多数不是来自计算机系统，而是来源于企业报表和会议记录等。当然企业的报表也有许多是计算机系统产生的，但它是固定格式的，不用计算机系统也能产生，它只是把计算机系统当成一种工具而已。

战略管理型 MIS 是很有前途的应用系统类型，就目前而言，它还存在很大的提升空间。战略管理型 MIS 应当是个什么样的系统，怎样才能使它获得广泛的应用，在此归纳出以下几个方面：①灵活的信息查询和功能强大模型的处理能力；②简单易用的人机交互界面；③快速的通信能力，支持有线的和无线的高速通信；④强大的多媒体信息处理能力；⑤对移动办公的支持；⑥功能更加多样化，不仅能支持决策活动，提高效益，而且能帮助高层主管提高日常办公效率，甚至可以支持一些休闲活动，如游戏、下棋，以调节高级主管的情绪。也许这样才能使战略管理型信息系统真正成为高层管理者乐意使用的助手。

（三）战略管理型 MIS 与战术管理型 MIS 的关系

战略管理型 MIS 支持主管进行战略问题的解决，该类系统与战术管理型 MIS 的区别和联系可描述如下。

（1）在一个企业和组织内，战略管理信息系统和战术管理信息系统是并存的，并不存在谁取代谁的问题。这是因为它们所要解决的问题不一样。战术型管理信息系统主要是为解决结构化及半结构化的管理和决策问题，并提供信息和决策支持。而战略型管理信息系统是为解决非结构化的决策问题，并提供信息和决策支持。这两类问题在一个企业和组织内往往是同时存在的。

（2）战略型管理信息系统和战术型管理信息系统提供信息和决策支持都需要大量地输入信息，这些信息主要来源于业务操作型管理信息系统。而战略型管理信息系统还可能需要来自战术管理型 MIS 的信息以及企业外部环境信息。

（3）一个战术型管理信息系统往往可能支持人们解决多个决策问题，而一个战略型管理信息系统往往是针对一个特定的非结构化的决策问题进行开发。因此，如果将战术管理信息系统看作是在一个面上辅助决策的话，那么战略管理信息系统可以看成是在一个点上支持决策。

（4）战术型管理信息系统进行决策支持往往只使用各种数学模型，而战略型管理信息系统进行决策支持不仅要使用各种数学模型，而且要使用各种知识模型，且特别重要的是还要将数学模型和知识模型有效结合起来。

操作型、战术型、战略型 MIS 各自代表着企业中不同层次的管理者的应用。在一个组织中，这 3 种类型并非互相取代的关系，更多的情况下是一种共存的关系。例如，业务操作型 MIS 所得到的输出结果是战略型管理系统主要的内部信息来源，而战略型 MIS 经过信息处理后的结果则是业务操作型 MIS 业务流程改进的主要影响因素，从而反作用于业务操作型 MIS。

第二节　MIS 应 用 领 域

在现实中，一个组织通常由实现不同职能的各个部门相互间有机地组合在一起。这些部门间有明确的分工，每一种职能都有不同于其他职能的工作内容。从职能领域来看，大多数企业中的管理信息系统可以划分为生产信息系统、市场信息系统、人力资源系统、客户服务系统以及财务信息系统等。下面讨论这几个职能领域 MIS 的功能和特点。

一、生产信息系统

在企业管理活动中，在管理者确定了需求，而且决定要去实施它时，后面的任务就是生产信息系统所要管理的内容了。这里说的生产是广义的生产。对生产产品的企业来说它就是制造，对于服务业来说它就是服务运营。由于制造业的生产管理相对其他产业更为困难、复杂，本节就针对制造业来讲述生产信息系统。

制造业生产信息系统可以分为两大类：一类是通过技术辅助支持产品生产的技术系统；一类是对生产控制进行管理的管理系统。技术信息系统包括：计算机辅助设计（Computer Aided Design，CAD）、计算机辅助制造（Computer Aided Manufacturing，CAM）以及计算机数字控制（Computer Numeric Control，CNC）等。管理系统是以物料需求计划（Material Requirement Planning，MRP）、制造资源计划（Manufacturing Resources Planning，MRP-II）为中心，还包括计算机辅助质量控制（Computer Aided Quality Control，CAQ）等。将技术系统和管理系统结合，如计算集成制造系统（Computer Integrated Manufacturing Systems，CIMS）和企业资源规划系统（Enterprises Resources Planning Systems，ERP）等。

生产信息系统的系统结构总体上可分为 3 个输入子系统和 4 个输出子系统，如图 11-3 所示。系统输入部分包括信息采集子系统、工业工程子系统和情报子系统，输出部分则由生产子系统、库存子系统以及质量子系统和成本计划与控制子系统组成。

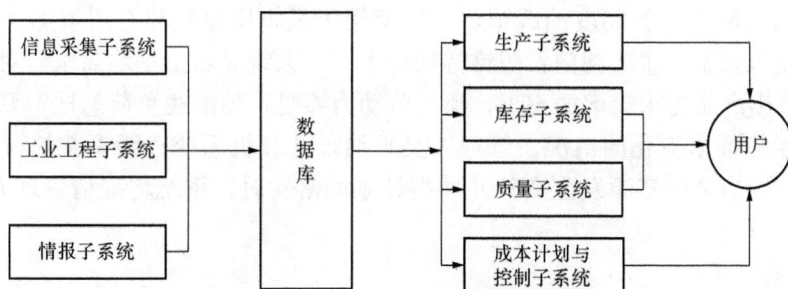

图 11-3　生产信息系统结构

（一）信息采集子系统

信息采集子系统主要收集描述生产运营的内部数据、企业与外部供应商交易的外部数据。对于内部数据最好的采集方式是采用物联网数据采集终端来实现（如无线条码扫描仪），信息采集工作由生产部门的工作人员完成。外部数据则从会计财务系统获取。数据读取后传送到信息中心，由中心计算机负责对数据库进行更新，以反映系统当前状态。信息采集系统为生产部门的管理人员提供丰富的数据资源，以便监控整个生产系统的活动。

（二）工业工程子系统

工业工程子系统从系统内部收集数据，制订例外管理的生产标准。该系统通过研究各个生产过程，确定它们应当花费多少时间来制订管理标准。这些标准数据被存储在数据库中，信息采集系统提供的实际数据与这些数据进行比较，任何例外的变化都将被报告给管理人员。

（三）情报子系统

情报子系统从企业外部收集员工、供应商等相关数据。生产部门与人力资源部门之间存在人员信息的交互。生产部门向人力资源部提交人员需求，然后人力资源部从不同外部机构收集信息，与申请人建立联系并对其审查，进而将信息提交给生产管理部门。情报子系统还负责收集企业外部供应商的相关信息，主要信息包括供应商的基本情况及其产品的描述，并把从客户处得到的材料和产品情况，作为客户服务数据。

（四）生产子系统

生产子系统主要用于管理日常生产过程，逐步跟踪工作流，对工序进行评估。生产子系统包括两部分：一部分叫总量计划子系统；一部分叫生产调度子系统。

总量计划是关于总体水平的计划，它不是细的要求。例如，总量是钢不是钢板或钢锭；计划要用人，忽略了人的技术类型等。它是用标准产品代表所有产品。总量计划的目标是充分利用人力和资源设备。

总量计划的制订周期一般为一年，它需要用一些方法平衡全年的生产。这些方法有：①在需求低时生产较多的产品，满足高需求时的需要，这样产量可平稳，但库存较高。②添人或减人均有花费。加班也是一种方法，但能力有限。③OEM 或代工，这要另行花费。④让顾客接受推迟请求。⑤维持最高需求所需的人力、物力。

生产调度子系统是企业高层管理与整个系统的主要界面。为了使管理人员做出正确的决策，系统提供多种形式的模拟功能。为了说明生产调度子系统如何辅助决策，我们举个例子。假如正在开一个会议，讨论电冰箱生产的计划，一开始系统提示出原预测的情况，讨论中大家认为随着工资制度的改革，电冰箱销售量将比原预测有所增加，于是通过终端把这个意见输入系统。生产部门希望维持均衡生产，系统显示出平均需求。对于一个季节性需求，可以看出产品需求量增加 50%，那么劳动力够吗？装配线负荷怎样？系统将根据不同资源分别显示出需求变化的情况。管理人员再通过计算机系统查明调整的可能性，最后做出决定。同样，当某种资源发生变化并冲击计划的落实时，系统将提请管理人员进行分析、裁决。

（五）库存子系统

生产部门要负责原材料和生产过程的存货问题。存货管理是相当重要的，因为它是一项巨大的投资。库存控制子系统利用主生产计划（MPS）、物料清单（BOM）、采购、生产等订货资料计算出相关需求的状况，帮助企业对库存的数量和价值进行管理，计划并检查所有货物的流动状况，制订正确的库存策略。

库存子系统的主要功能有：①库存子系统提供任何一种原材料和在制品的当前库存量。每一种原材料的库存水平包括仓库中的库存、已订购但还在运输途中的货物、放在生产车间仍未用于生产的库存。系统对这些库存都要进行监控，并自动调整实际库存和计划库存。②库存子系统还对库存的价值进行管理。对每一种物流（包括外部的和内部的物资流动），系统除了更新库存水平,还将自动更新成本子系统中的账目分配和会计信息系统中的总账模块。③库存子系统能够根据经济订货量模型，权衡库存成本和订货成本，确定最优的库存策略。④计算各种原材料和零部件的需求时间、需求数量和需求部门。⑤配合作业控制，使仓库和车间管理人员对物料运送、设备和工具需求等事宜及早安排准备。

库存控制有两种基本方法：订货点法（即统计库存控制法）和物料需求计划法（MRP 法）。对于采用统计的订货点方法，计算机可以根据消耗的历史数据自动统计出消耗的均值与方差，不断修正订货点。订货点法的局限性在于其使用前提是消耗量波动较小，每次消耗量不大。订货点法适用于独立需求情况。对大多数相关需求行为，并且是突发性的批量需求，必须用物料需求计划法来处理。MRP 方法要求处理大量数据，一般制造厂大约需要几万个记录，这时只有借助计算机才能解决。对于某种物资需求既来自独立需求，消耗平衡；又来自相关需求，消耗是批量的情况，系统将把两种控制方法综合起来。

库存计划的实现首先要确定各个周期的产品总需求，初始依据是主生产计划确定的产品需求量和备品备件需求、试验用品需求等。根据历史统计资料和生产上的要求，确定安全存储量。然后，根据安全库存的要求和当前可用的库存量求得净需求量。考虑经济批量，确定订货的开发日期。一个产品要求某个日期交货，一般要往前推一个安全前导期，对于独立需求，一般考虑了安全库存量，就不用考虑用安全前导期。而相对需求，一般考虑安全前导期。两者目的是一样的，都是考虑生产缓冲。再往前推一个生产制造前导期，即得到这个产品的订货开发日期。

在库存管理中要特别注意"抑制变化"的问题。由于系统是一个实时系统，对计划变化的适应和库存出入库业务可以非常敏感，但过于敏感会降低系统运行的效率。例如一个订货使某材料需求增加，几秒钟以后又有一个计划使该材料需求减少，那么从系统效率来看第一次变化可以不作处理，等待下次变化，积累到必须处理时才一次性处理。因此库存管理系统应及时准确地记录每一微小变化，但不是一有变化就立即做出全面反应。抑制变化要制订应变的标准，可以定时采取行动。定时的标准可根据实际情况来确定，可以几小时、一天，也可按模拟的时间周期来确定，也可按库存量来制定标准。

库存管理子系统输出的类型大致有以下几种：①指示库存管理人员做出行动的命令；②向"生产制造活动计划"子系统提供机内输出信息，指示每项的开发初步计划；③库存系统执行主生产调度计划情况报告；④库存会计与库存控制的执行情况报表。

（六）质量子系统

质量子系统的作用贯穿企业的所有过程，包括从产品生产到生产计划、产品开发到销售分销整个过程，同时也包括产品的使用阶段。

质量子系统的主要功能包括：①管理基础数据。包括质量规划、检验计划、物料规格说明等数据。②进行质量检验。按照检验计划进行样本计算和质量检验，记录检验结果和存在的问题，做出决策。③质量控制。根据质量水平记录进行样本选择，运用质量控制图标等控制技术进行统计处理，为检验产品进行质量评分，对检验过程中发现的内部或外部的问题发出质量通知并对其进行更正，以及对产品检验通知、检验结果和质量通知等进行管理。

（七）成本计划与控制子系统

成本计划与控制子系统与生产子系统共享数据，生产子系统及监控系统可以向成本系统直接提供数据。成本计划与控制子系统主要功能包括：

（1）直接劳动成本的计划与控制。直接劳动成本可以估算，也可以从直接劳动标准推导而得，即用劳动标准和操作时间数来求得。成本系统可根据产品的结构对一个组件的各个组成部分的标准直接劳动成本进行累加，得到该组件的标准直接劳动成本。随着生产方法和费用的变化，直接劳动成本的标准要经常改变，每过一定时间在作利润预测时要进行一次复核。如减少批量引起成本标准的增加，对操作方法进行改进导致成本标准降低等，标准直接劳动成本的变化情况可用来分析成本的偏差。系统分析实际直接劳动成本与标准直接劳动成本之间的偏差，通知有关成本中心，督促管理人员调整不合理偏差。

（2）材料成本计划与控制。标准材料成本是按标准材料消耗和标准材料单价来计算的。合理需用量和合理损耗量定为标准材料消耗，按产品结构逐层累加可以得到最终产品的标准材料消耗。实际材料成本偏差来自采购价格波动、工艺过程变更、废品加工和额外消耗等方面，材料使用的情况来自仓库控制系统。

（3）管理费的处理。管理费用的计划和控制对成本管理有很大影响。为有效控制管理费用，其一要对每类开支项目都赋以会计编码，计算机系统可以把会计编码制定得很细。其二是划分成本中心，对成本中心来说，它对某一项成本的升降是负有责任的。计算机系统对每一成本中心进行标识编码，成本中心常与部门划分相一致。为了使较低层管理人员也参与成本管理，一般成本中心划分得很细。

管理费用的处理过程中最大的难题是分摊。使用计算机进行管理费分摊时，每个成本可以认为是独立的，每个成本中心赋以分摊编号。编号决定分摊次序，越是非直接的成本中心它的分摊编号越小。它的成本先分摊到其他非直接成本中心和直接成本中心，然后再分摊到编号高的成本中心。每个成本中心还制定一个分摊因子，它提供一个分摊基准，比如人数、占地面积、标准劳动工时、标准机器工时等。

由于计算机的功能强大，分摊的分组和分摊因子数目不受限制。生产部门（或成本中心）总的管理费可按生产输出进一步分摊，比如铸造铸件重量、热处理工件数目、机加工直接机时等。这样可把整个管理费分摊到每个加工操作上，再将每个操作的管理费汇总分摊到每个产品的管理费用上。

（4）计划和控制资产消耗。无论考虑收支平衡，还是作长期的利润规划，都需要考虑资产和投资项目的问题。固定资产一旦设置，就有相应记录，系统自动按期进行折旧，并记录每一个变化。在一个项目开发的过程中，系统不断重复计算因项目投资而对未来产品产生的成本。对于要在长期计划范围中反映利润的情况，系统可用关键路径方法来利用一切可用资源，加速工程完成，减少投资。

二、市场信息系统

市场信息系统的主要管理活动包括：广告、促销、产品管理、定价、销售预测、销售自动化以及销售业务管理等。市场信息按应用层次分为战略层、战术层和操作业务层。战略计划系统要完成的功能主要包括长远市场的规划、新产品新市场开发、战略层面的顾客服务等；战术运营系统主要是产品计划、广告和促销计划、价格制定、市场研究、销售预测等；操作层管理系统则主要包括订单输入、发票开出等。市场信息系统按照功能可划分为市场预测子系统、产品子系统、广告促销子系统以及分销渠道子系统、价格子系统等，如图 11-4 所示。

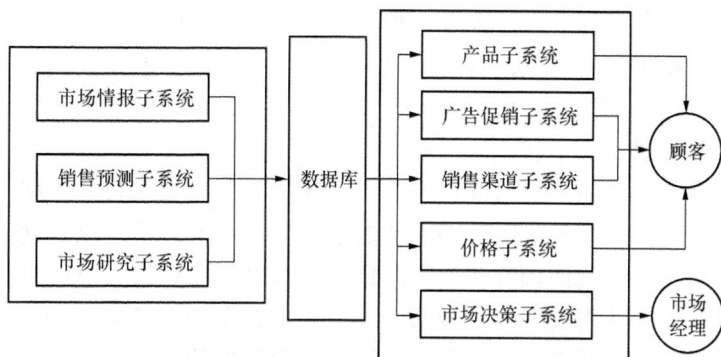

图 11-4 市场信息系统框架

这里市场情报子系统、销售预测子系统、市场研究子系统都属于输入子系统。而产品子系统、广告促销子系统、销售渠道子系统、价格子系统、市场决策子系统都是对用户的输出子系统。市场系统和市场经理的接口是市场决策子系统，它和一般决策支持系统的功能相似，帮助经理收集信息、提高效率以及辅助决策等。这 4 个输出系统输出 4 种信息，即产品（Product），促销（Promotion），分销（Place）和价格（Price）信息，这也就是通常讲的"4P"。4P 是市场的主要职能，因而市场信息系统模型覆盖了市场的主要功能。

（一）销售预测子系统

销售预测包括对市场的短期预测与长期预测。短期预测包括一周、一月、最多是一年的预测，也有短至一日的预测。长期预测最短为一年，可能是两三年，甚至十几年。要进行市场的预测就需要采用相应的预测模型。目前，常用于短期预测的模型有移动平均数法、指数平滑法模型；用于中长期预测的模型常见的有拟和模型、回归模型或系统动力学模型等。

预测子系统中常使用的预测方法有经验综合法、内因直接预测法和外因间接预测法。其中，经验综合法是将管理人员和专业人员的估计综合起来预测未来的方法。这种方法的优点是简单、快速，在没有历史数据的情况下也可以使用。主要的缺点则是耗费高层领导的时间较多、统一意见较困难。

内因直接预测法用历史数据预测未来。直接预测首先要收集整理数据。预测需求时应收集需求数据。销售数据与需求数据之间是有差别的，不能简单地把销售数据当作客观需求来处理。一般来说统计数据越多越好，在不太重要的情况下统计 7 个时间点的数据即可，重要情况下至少统计 12 个时间点的数据，观察季节性需求形态至少要两年的数据。数据的时间跨度对预测是有影响的，跨度过长，季节性波动会被掩盖。像库存这样的问题要考虑吸收需求的波动，所以一般要求时间跨度短些。

建立预测系统时要处理大量的数据。销售预测子系统提供了很强的处理功能，比如某周期缺少一个原始数据，可用前后周期的平均值来代替。在现实中需求行为往往被一个偶然因素影响，而这些偶然因素在历史数据中反映不出来，因此系统提供很强的人机接口功能，允许管理人员根据当前的实际情况来调整预测结果。同时，计算机销售预测系统是一个自维护系统。它不仅建立初始预测模型，而且得到一个新的数据以后能自动调整模型，使之适应新的情况。具体来说就是重配回归线，或者用指数平滑，或者重新建立新的预测模型。但要做到自动调整，必须对预测有严密的监控。

外因间接预测首先要确定与需求真正相关的外部因素，即指示因素。指示因素的情况可能是政府部门、贸易交往的单位，有时候也可能来自企业内部，比如汽车的销售对以后某备件的需求。对每一个预测指示因素应不少于 30 个观察点，因此间接预测比直接预测要求有更多、更广泛的数据来源。

总体来讲，预测子系统一般情况可完成以下功能：①收集和整理数据，剔除不合理的历史数据；②选择好的预测模型，以准确表达需求行为，从而改善预测精度；③用产品的寿命曲线修正长期预测，增加长期预测和新产品预测的精度；④管理人员可以根据预先知道的外界影响，调整模型；⑤使用模型维护技术，减少历史数据的存储量；⑥使用监控手段，保证现行预测模型延续使用、减少人工干预；⑦根据企业外部的经济因素不断发展预测模型。

任何好的系统如果没有准确的数据也不会做出准确的预测。预测应当是预测需求，而不是过去的生产和销售。预测的目标是尽可能反映真实的需求情况，并算出过去的预测精度。预测不可能 100%准确，预测的误差一般是围绕零误差的正态分布。预测的好坏不在于模型的复杂程度，而在于使用的人员对这个模型的了解程度。

（二）广告和促销子系统

信息系统帮助企业有效开展广告和促销，主要体现为：一是选择好的媒体和促销方法；二是分配财务资源；三是评价和控制各种广告和促销手段的结果。

广告选择是非结构性很强的决策问题。因此，虽然过去也有人做过许多模型来辅助广告决策，但均成效甚微。随着我国市场经济的发展，广告的重要性已为越来越多的企业所认识，对广告的投资也越来越多，重视的企业可以用多达几亿元去央视做广告。广告是一种投资，它把资金转化为无形资产，在以后又把无形资产转化为价值。广告是促销的一种重要的手段，其效果也决定了促销的结果。广告更多的是艺术，而不是科学，是非结构化的，所以计算机对它的支持是很有限的，主要体现广告制作过程上，而非决策。另一面，当前 Internet 已成为一种重要的广告媒体，而且越来越受欢迎，它可以把广告和促销甚至销售业务集为一体，使消费者看完广告后就可直接进行网上购买。

利用计算机支持促销比支持广告强一些，通过网络推销员可以用信息系统支持以下工作：①面对顾客查找产品的价格、运输成本和合用性等，以帮助顾客决定是否购买；②输入销售订货数据到定单输入系统；③呈交推销报告，总结每一个推销活动，指出和谁联系过，讨论了什么，下一个销售目标是什么等。

同时这种系统还可以为推销员提供其他信息，如关于销售前景的信息；关于现存顾客的信息，如以前购买信息等；最能获利的产品的信息。所有这些信息能使推销员工作得更好、收入增加，使公司增加销售量，顾客也得到更好的服务，从而使各类人从系统中受益。

（三）产品子系统

产品是市场的首要成分，没有产品也就没有市场可言。我们知道产品是有生命周期的，从其进入市场到其退出市场形成一个生命周期。一个生命周期可以分作几个阶段：引入、成长、成熟和衰退等。不同的周期应有不同的策略，引入期考虑的问题为是否引入商品，成长、成熟期考虑的问题是产品的销售策略，而衰退期考虑的则是产品撤出问题。

产品子系统的一项基本功能就是评估新产品。开发和销售一种新产品，应当有可靠的财政保障。负责新产品相关事宜的机构利用新产品评价模型为候选产品评级，该评级将为高层管理人员提供是否进行开发和销售新产品的决策支持。

（四）价格子系统

价格子系统和促销子系统关系密切。价格子系统要协助决策者确定商品定价策略。定价策略有两种，一种是以成本为基础的定价策略，这种策略是以成本为基础加上一个要求的附加值，该附加值可以是一个固定值或一个固定的百分比。这种策略在信息系统下实现十分简单。另一种则是以需求为基础的定价策略，这就要求正确地估计需求，需求旺，价可高；需求弱，价就低。这就要求信息系统能够很好地了解顾客、市场、竞争者和国家经济状况。以需求为基础的定价系统往往要用到数学模型。

产品价格问题是一个复杂的问题，随着产品形式不同、市场规则不同，非结构化的因素也很多，产品定价的方式也是各式各样。对于大型设备，往往先订货再生产，在订货前就要知道价格，因而需要报价系统，报价系统是一种价格计划系统，它能根据产品的性能，事先估计出它的材料费、设计费、生产费等，然后给出价格，但它又不一定有那么详细，可又要求最后结果和实际价格不能相差太大，因而系统的构建十分困难，这使其成为当前的研究热点。不仅大的设备制造，而且大的工程项目的投标也需要报价系统，报价准确能提高投标的竞争力，而又不会因为估计错误而使自己受损。

（五）销售渠道子系统

销售渠道是指由生产厂家到用户的路径，如图 11-5 所示。

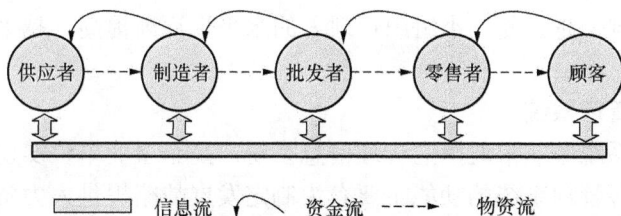

图 11-5　销售渠道管理

这里厂家生产的产品要经过批发、零售，才到用户。如城市的蔬菜供应要经过几道环节，才到顾客手中。过长的渠道将增加成本、增加顾客的负担，也减少了厂家的竞争力。在图中有 3 种流，物流、资金流和信息流，物流由供应者到制造者，到批发商，到零售商，再到顾客，而资金流是其反向，信息流则是双向。

销售管理要管理产品系列、产品分析、顾客类型、销售员业绩、销售领域等。在销售过程中，可以应用大量的信息技术以提高销售效益。销售点系统（Point of Sales，PoS）是面向最终顾客的最底层的信息处理和信息收集系统。PoS 系统的应用提高了销售自动化水平，销售管理的大量数据均由 PoS 系统得到，从而使信息采集和利用效率得到提高。支持整个销售过程的电子数据交换的信息系统叫 EDI（Electronic Data Interexchange）。EDI 不仅支持销售各环节的信息传递，它还将各环节"捆绑"在一起，加固联盟提高竞争优势。以 Internet 为信息平台的电子商务（Electronic Commerce）近年来获得高速发展，其应用的兴起也使它将成为销售自动化的重要手段。

（六）市场情报子系统

市场情报子系统是公司和环境间的接口。市场的环境主要是顾客和竞争者，政府和全球社团等也是其重要组成部分。市场情报子系统要收集竞争者行为的信息，信息收集的手段繁多，有时为达到目的甚至选择不正当手段，为避免损害其公司形象，没有公司愿意公开承认使用非常手段，但世界性大公司几乎都存在这种行为，正像国与国之间的间谍行为一样。情报中大量的信息是利用正当手段，根据公开的信息，分析竞争者的行为获得的，因此市场情报系统在这方面起了很大的作用。

市场情报系统的主要作用是收集数据、评价数据、分析数据、存储情报、分发情报等。收集数据包括一次数据，即直接的原始数据，来自电话、报表、会议等方面。收集完以后要把它整理存档；二次数据是从其他数据库中查询获得的信息，随着网络的发展，这方面的信息会越来越多，信息的内容也越来越丰富。目前，基于 Internet 收集信息已举足轻重。基于搜索的 Internet 信息收集方法已得到广泛关注与应用。

（七）市场研究子系统

市场研究子系统对利用市场情报子系统收集的数据进行分析，但往往这种数据并不能满足需求，还要进行一些有目的专项收集或调查。有以下几种调查方式可被采用：一是抽查，同样的问题问一些人，用个人采访、电话或信件，这种调查的人数少则几十人，多则几千人；二是深度访谈，问的人数较少，但时间较长，这不仅可以问是与否，而且还可以问出为什么；三是观察，观察一定的行为，如在超市的停车场观察顾客来自何方，在住户的垃圾袋里看看消费的是什么商品；四是控制实验，对一定群体进行试验。过去只有大公司才有能力进行这种市场研究，小的组织只能依赖于市场调查的专门组织。现在由于计算机市场调查软件越来越完善，网络查寻越来越方便，小组织管理者的水平也逐渐提高，越来越多的小组织也能自己进行市场研究。

三、人力资源管理系统

人力资源管理系统是非常通用的管理信息系统，是企事业单位实现信息化管理的基础性系统之一。人力资源管理系统的功能主要有为制定发展战略提供人力资源数据、为人事决策提供信息支持、为企业管理效果的评估提供反馈信息以及为其他有关人力资源活动提供快捷、准确的信息等。从应用方面可将人力资源管理系统的作用归纳为：

（1）为人力资源规划建立人事档案。人事档案既可以用来估计目前劳动力的知识、技术、能力、经验和职业抱负，又可用来对未来的人力资源需求进行预测。这两种信息必须互相补充，否则对人力资源规划是无用的。例如，如果不以组织内现有人员状况为基础做出的预测，显然对组织是无用的。并且也只有对未来人员的数量、技术及经验等有所了解，方能制订行动规划去解决预计的问题。

（2）通过人事档案对晋升人选的确定、特殊项目的工作分配、工作调动、培训提供信息。确定行动规划和报告、工资奖励计划、职业生涯计划和组织结构分析等工作的完成也必须依靠人力资源信息系统。

（3）可以为领导者决策提供各种报告。如用于日常管理的工作性报告，包括岗位空缺情况、新职工招聘情况、辞职情况、退休情况、提高情况和工资情况等；还可以向政府机构和一些指定单位提供规定性的报告和用于组织内部研究的分析性报告，以表明劳动力在各个部门或各管理层次上的性别、种族和年龄分布，按消费水平划分的雇员福利情况等。

总之，人力资源管理系统，是人力资源管理中的一项基础性工作，它可为决策者提供许多必不可少的决策信息，使管理和决策更加科学化和更符合实际。

目前，大多数企业设置人力资源（HR）部，专门处理与人事相关的事务，包括招聘、培训、人事数据管理和福利管理等。人力资源管理系统（HRMS）是专门收集和处理人力资源数据，将数据转化为信息，然后向用户报告信息的系统。与其他职能系统相比，该系统的一个特征是应用的多样性，这一点可以从人力资源管理系统模型的 6 个输出子系统中反映出来。

如图 11-6 所示，人力资源管理系统也有输入和输出子系统。输入子系统包括记账模块、人力资源研究模块和人力资源情报模块。输出系统包括人力计划模块、招聘模块、人力管理模块、酬劳模块、环境报告模块和其他模块等。通过中间的数据库将它们联系起来。

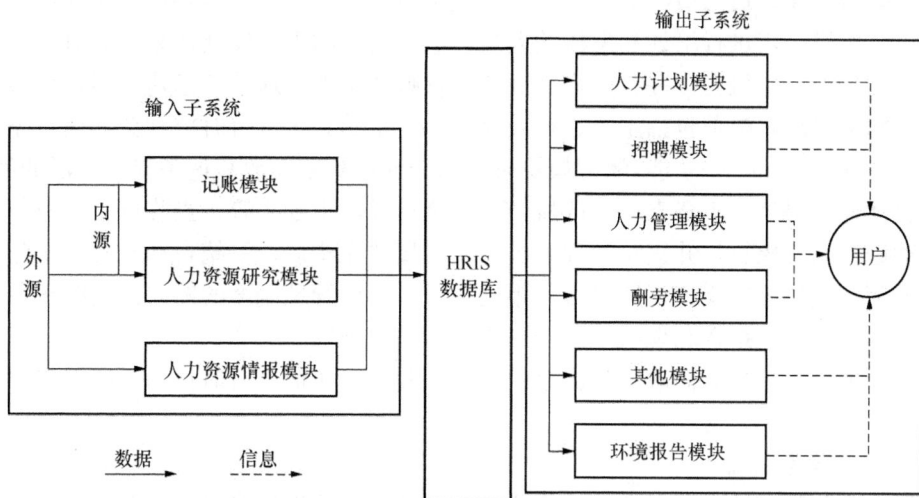

图 11-6 人力资源管理系统结构

（一）输入子系统

（1）记账模块。HRMS 处理的数据包括人事数据和会计数据。记账模块为 HRMS 提供会计数据，以便数据库包含完整的人力资源信息。人事数据如职员姓名、年龄、学历等，在本质上属于非财务数据。会计数据如小时工资、现在总收入、收入税率等，从根本上讲是财务方面的，与人事数据相比更具动态性。

（2）人力资源研究模块。人力资源研究模块的内容主要包括晋升提拔研究、岗位分析与评价和抱怨研究等，将特殊研究项目中得到的数据和信息输入到数据库中。晋升提拔研究的目的是在关键职位的候选人中确定继位人选，确保当关键职位的人员由于死亡、受伤、退休或其他原因而空缺的时候能得到替换；岗位分析与评价的目的是确定某个领域中的每个职位的范围，以及所需的知识和技能；抱怨研究的目的是受理职员提出的抱怨和申诉。

（3）人力资源情报模块。人力资源情报包括政府各种关于人事情报、人才供应单位、保险公司、人才市场、学校等的信息；工会组织方面的信息，以便更好协调劳资关系；全球社团的信息，如教育、再创新及住房等方面信息；财务社团的信息，以及竞争者的信息。

（二）输出子系统

（1）人力计划模块。人力计划估计未来的岗位、人力，给出 HRMS 的总要求。

（2）招聘模块。招聘的职能范围包括整个招聘过程中的每个方面，包括管理空缺的位置、申请人的登记、筛选、联系和雇佣，生成报表以及成本分析等过程。招聘模块允许直接访问系统其他模块，包括工作量、工资、福利、培训等。这些共享信息被用作招聘的广告，同时也是招聘标准，用以评价申请人的资历是否符合空缺职位的要求。

（3）人力管理模块。人力管理模块是系统的主要组成部分，包括业绩评价、培训、职位控制、任免、晋升等。人力管理模块协助管理人员规划、管理、分析员工培训计划的日程、课程及商业案例。系统中企业内部和外部的详细信息都被保存下来，如参加培训的员工条件、培训计划的目的、内容、日程安排、培训班的容量及费用等，以及教师、教室、设备和教材等资源信息。此外，系统将对培训的具体安排给出建议，还会提出一套完整的培训课程和奖励方法。人力管理模块帮助企业选拔优秀人才，有效地提高人才的利用率。管理人员把每个职位的技能需求和职员的情况输入系统，系统可自动地根据工作需要进行人才选拔，帮助决策者选出需要进一步进行培训和考核的人员，制订有效的人员发展计划。同时，系统为每个员工寻找合适的工作机会，并且判定其还需进行哪些培训。这些信息建立后，就转入培训。

（4）酬劳模块。酬劳包括工资、行政酬劳、奖金等。工资有时放到会计信息系统但人力资源系统往往还保留一些功能。酬劳模块可以为企业的薪酬发放和调整提供灵活的解决方案，其主要包括评绩提薪、工资表、行政酬劳、奖金激励、出勤率等。当临近工资发放时，系统可以自动进行工资核算，并提示管理人员，工资发放完毕后，系统自动建立历史记录，供以后参考。酬劳模块还应支持不同语言、不同货币和不同管理制度的需要。同时酬劳模块还应该支持福利管理，包括福利现状、股份购买、申请处理等。

（5）环境报告模块。向政府报告企业的人事政策和实情，有时也向工会报告。这种报告多数是对外的，而不是对内的。

四、客户服务系统

在以顾客为导向的经营理念下，客户服务在企业中的地位愈来愈受到重视。为客户提供更好的服务，避免企业宝贵资源流失成为值得关注的问题。目前，欠缺客户服务的企业往往体现出以下一些问题：①大量服务文件资料缺乏管理；②服务时间或客户等待服务时间太长；③服务品质无法令客户满意；④缺乏适当的诊断和维护设备；⑤维修费太高。

造成这些问题的原因可归结于文件管理的不易、维修成本控制不当、服务网点距离太远、服务人员技术经验不够、缺少适当的诊断维护工具、服务人员人力不足及服务作业控制不当。另外企业追求短期利润，无法落实服务品质等，也是造成客户服务工作不力的原因，这些都是企业需要努力克服的问题。

客户服务系统按工作流程可划分为 3 个子系统，分别为售前服务系统、订单处理系统、售后服务系统，如图 11-7 所示。

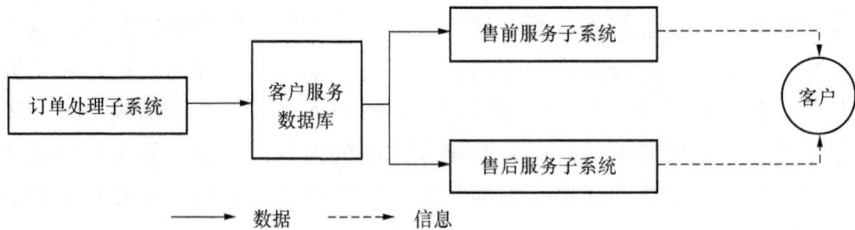

图 11-7　客户服务系统结构

（一）售前服务子系统

售前服务子系统主要用于支持产品营销及销售活动，包括客户管理、客户调查管理、报价管理及产品管理等。

（二）订单管理子系统

订单管理子系统主要处理客户的订单，包括订单管理及交货管理。

（三）售后服务子系统

它主要处理销售后的问题，包括服务请求管理、抱怨管理、服务记录管理及服务用料管理。为协助售后服务工作，可将售后服务子系统划分为客户投诉系统、服务请求管理系统，服务用料管理系统、服务记录管理系统以及维修服务支持系统。

（1）客户投诉系统。许多企业都为客户提供了投诉渠道（如电话），客户可以通过这一渠道反映意见或请求服务，对于这些投诉，建立一个合适的信息系统快速处理、汇总这些宝贵的信息是必要的。这一系统应能够完整地记录顾客投诉的内容、在专家系统的协助下解决客户提出的问题、将客户投诉的内容传递到相关的部门等。

（2）服务请求管理系统。此系统主要针对专业人员处理的服务提供管理功能。所谓专业人员处理是指需要专业人员前往客户的场所进行的处理，或是接电话的人无法回答问题，需要资深的人员才能回答的问题。当顾客投诉系统无法处理顾客的问题时，例如机器故障，该问题即需要转入服务请求管理系统，由该系统处理。此外，服务请求管理系统功能还包含安排问题处理的先后顺序、安排适当的处理人选、追踪所有待处理的问题、将延误处理案件依情节轻重通知相关管理者。

（3）服务用料管理系统。服务用料管理系统的功能，主要是在掌控所有产品维修中的零件库存数量、放置地点、使用数量。其中放置地点包括同一公司但不同的仓库、各个经销商的维修零件库存。由于掌控了正确的零件库存数量，因此，很容易达到调拨的功能，使维修零件的供应发挥弹性，充分掌握时效。

（4）服务记录管理系统。本系统主要是对需要专人处理的服务案件，提供服务记录管理的功能。当产品需要维修、更换零件时，其维修过程、故障原因、更换的零件和维修人员、修护时间等，皆需要通过本系统进行详细记录。

（5）维修服务支持系统。维修服务支持系统在维修时提供支持。主要有两项功能：第一，支持处理客户的投诉；第二，支持维修工作。当客户有投诉时，经由维修服务支持系统提供解决方法，并立即回答、解决客户问题，缩短回应时间。机器维修时，提供诊断与维修程序引导，缩短诊断的时间，以最正确的方式将机器修好。

五、财务管理系统

财务是企业运作的重要组成部分。在实际运作中，财务分为两大部分，一部分是会计，一部分是财务。会计的主要任务是记账，使资金的运作不发生差错；财务则更多地关心如何运作好资金，取得更高的效益，其最终目标是利用资金进行最优投资。除会计信息系统、财务情报子系统外，财务管理系统还包括预测子系统、内部审计子系统、资金管理子系统、财务控制子系统等，如图 11-8 所示。

（一）会计信息系统

记账是会计系统中最成熟、固定的部分，其内容、形式基本定型，各种企业几乎相同。在记账中保证记账正确是一件十分不易的事情。在现实中，无论是采用手工方式还是计算机方式记账都不可能完全不出差错。造成差错的原因除了人的疏忽，故意破坏也是重要因素，如贪污、作弊等。因此，在记账活动中要严格保证手续的完善和杜绝漏洞。复式记账方法应用历史悠久，至今仍然是最有效的方法。传统会计主要涉及的是历史数据，根据这些数据产生一些综合数据报表，如损益表、平衡表等。但现代会计也开始向财务延伸，涉及未来的数据，如获利能力计算、责任会计等。

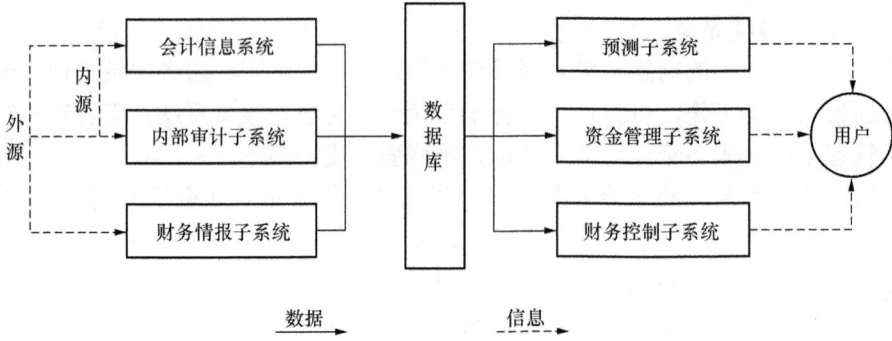

图 11-8　财务信息系统概念模式

　　现今，会计在发展中出现许多问题，需要进一步研究处理。例如，产品中信息成本的计价问题、有形资产和无形资产的计价问题、商标权（商誉）价值问题等。随着信息技术的发展和经济全球化，会计制度和信息经济均会发生变化。如图 11-9 所示，会计记账主要由订单处理、库存处理、会计收支处理、工资管理、总账和财务报告等几部分组成。

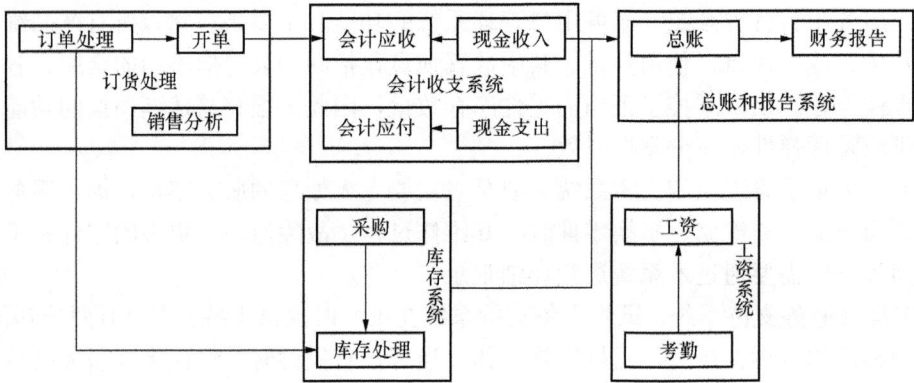

图 11-9　记账部分

　　（1）订货处理。订货处理主要功能是接受和处理顾客的订单，并产生给顾客的发票。当顾客下订单后，信息系统首先进行顾客的信用分析，从而决定是否接受订单。公司接受订单后，系统要保留这些订单，直到顾客收到货物为止。如图 11-10 所示，在订单输入过程中，开出订单不仅要分析顾客的信用，还要校核自己的库存。

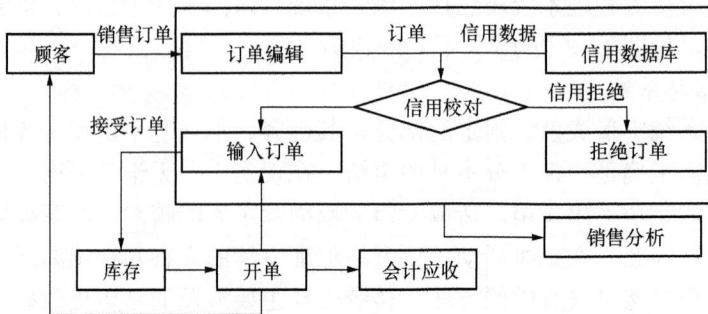

图 11-10　订货处理过程

（2）应收应付账管理。该模块中的账目与其他模块产生的原始会计财务数据相结合，当相关过程在其他模块发生时，应收应付账就自动执行处理。从数据建立及归纳到支付、银行转账的过程均采用标准的商业规划。如会计应收的功能是加入新的应收项目，删除已付的项目，从而真实地反映对顾客的业务。会计应设立会计应付记录，进行向供应商付款、删除付过的支出、提供总账数据。

（3）库存模块。库存模块主要由采购和库存处理系统两大部分组成。采购包括选择供应商、得到口头允诺、准备采购文件、关闭采购订单。和采购相联系的就是接收，接收包括处理接收和通知其他系统。库存处理根据库存文件，校核订货点，填好订单中项目，并给顾客开发票，开好订单通知会计应收系统，并提供总账数据。

（4）总账。总账是综合各子系统的数据提供一个企业运营的全貌模块，为管理人员提供周期性的会计报表和经营状况报告，如收入状况报告和平衡表。该模块支持设置总账、定义会计经营期、定义账目处理需求和报表需求等功能。

（二）预测子系统

预测子系统的功能是协助管理人员进行短期和长期的预测。短期预测如营销部门制订下季度的销售计划。长期预测常常是营销部门以外的其他部门，如财务部制订今后三年的融资计划。

预测方法有量化方法和非量化方法之分。量化方法中使用最为广泛的一种技术是回归分析，通过在需要预测的事件（因变量）和现有事件（自变量）之间建立关系，从而预测因变量的值。只有一个自变量的回归分析称为简单回归或双变量回归，有一个以上自变量的回归分析叫做多元回归分析或多变量回归。非量化预测方法以主观估计为基础，不涉及数据的计算。一种非量化预测方法是由一群专家填写事先准备好的一系列问卷，每一轮问卷的内容都是根据前一轮的结果来设计，从而使内容逐渐得到提炼。

（三）内部审计子系统

审计包括财务审计和运营审计。财务审计主要看公司的财务记录是否正确、账款是否一致。运营审计是审计财务手续是否完备、高效，它往往和信息系统的再设计联系在一起。审计可以请外部审计公司来进行，也可由公司内部组织进行。外部公司审计的最大好处在于客观性和其知识的全面性。内部审计只有在大公司才可能有常设的机构。运营审计一般应有信息系统分析员参加。

（四）财务情报子系统

财务情报子系统从股东、财务机构和政府部门收集数据和信息，为财务部门提供追加资本来源以及盈余资金投资途径的相关信息。

（1）股东信息。财务部门通常设有股东关系部，该部门负责维系公司与股东之间的沟通，以年报和季报的形式将公司信息传达给股东，如产品的盈利比例等。负责收集股东的意见和建议，并及时和股东沟通。

（2）金融界信息。金融界信息通常以经济信息和环境信息的印刷品和数据库的形式出现，财务情报子系统还从政府报告、期刊、网上数据库收集经济信息，以便分析经济形势。

（3）影响资金流的环境因素。影响资金流的直接因素来源于银行和保险公司等财务机构，间接影响因素来源于政府机构如中央银行的利率调节等。

（4）财务数据库服务。近年来，该种服务得到了很大的发展，公司可以订购财务数据库服务，或者从互联网上免费获得某些财务信息。

（五）资金管理子系统

资金管理子系统为企业对资产流动性、投资组合和风险的有效管理提供支持，使管理人员能够跟踪企业中的资金流动，并且能够影响资金流动。资金管理子系统可以说是财务管理系统中最重要的子系统。它帮助企业实现两个目标：第一，保证收入流大于消耗支出流；第二，保证这个条件在全年是稳定的。

为此，要进行现金流分析。有时可以延缓一下制造材料的付款日期，即可保证全年不出现负的资金流。但拖延可能带来损失，例如罚款和付利息。负资金流也可能带来损失，如贷款的利息。信息系统可进行这种模拟，以达到折中，使总效益最好。

现金和证券管理也是财务管理的重要内容，它应使现金较快流动而不要停滞。计划日、周、月的现金存支，防止现金短缺。用计算机模拟寻求最佳的现金来源，并处理多余现金的投资问题，确定合理的证券组合、资金组合。

（六）财务控制子系统

财务控制子系统的主要功能包括决策与执行、业务规划和预算、利润中心核算。控制子系统要控制一些支出和一些企业性能的参数。控制的支出包括销售、电话、租金、办公用品等，它可以给出报表以便管理人员发现问题。性能参数多用一些比例来衡量，如流动比率＝流动资产/当前负债、库存周转率＝售货总费用/平均库存值。

案例 恒源祥客服中心系统

恒源祥（集团）有限公司作为国内一家年销售额超 10 亿的大型企业，其产品涵盖针织、服饰、家纺三个大类，近 2000 多个规格品种，拥有遍及全国的 4000 多个销售网点。要维持企业的有效运转，管理信息系统扮演着重要的角色。恒源祥通过信息化建设，集团内部有办公、生产、财务、设计、信息发布等多个系统，来分别处理各种业务。伴随企业发展，公司通过整合原有的各信息系统，协同化处理，建成了以客服为中心的企业信息管理系统。

恒源祥客服中心系统首先是一个信息中心，可以访问办公系统、信息发布系统、物流系统等系统，系统具有良好的扩展性，可以和 CRM 系统、ERP 等系统衔接；其次它是一个围绕客户的信息中心，为客户提供方便的信息交流手段，能够通过多种媒介实现信息交互。

客服中心系统采用协同模式的企业信息管理，其重要特征是拥有一个统一的信息接口，顾客、销售网点和内部员工可以通过这个统一的信息接口，利用内部原有的各种信息处理系统，实现信息处理。

恒源祥（集团）信息系统分布在各分公司和生产基地，为实现对用户统一服务，系统采用中央控制，服务分布策略，对用户提供统一的信息接入，系统分布状况对用户透明。例当用户需查询产品功能与生产信息，产品功能信息与生产信息分别存储在总部与异地的生产基地，用户只需要拨打一个电话号码，即可实现信息查询，系统自动根据服务的种类，将电话转移到相应的服务上去，而无需重新拨号。

这种分布式的系统之间通信，对恒源祥来说稳定和节省费用。对用户来说，通过电话、网站、传真、短信来获取信息，并且不用去关心这些信息具体的处理是在什么地方，同样，恒源祥各个分部和厂家也可以通过统一的平台对外进行信息发布。

从本质上来说，恒源祥的客服信息中心仍是一个呼叫中心，但已不是一个传统意义上的呼叫中心，而是一个多媒体呼叫中心。用户既可以通过拨打恒源祥客服中心电话，得到满意的服务，用户还可以通过传真、短信、email 等方式，将自己的需求提交给恒源祥的客户服务部门处理。恒源祥的服务支持人员同样可以通过系统，确定通知用户的内容，这个内容既可以是一段在软件中填入的文字，也可以是一个 word 的文档，或者是一张 excel 的表格，甚至是从数据库中提取的内容。在确定内容之后，恒源祥的员工可以决定是通过何种方式通知用户，可以是电话自动呼叫用户，将内容自动播放给用户听，也可以将内容作为传真件发送到用户的传真机上，或者将内容通过 email 的方式发送到用户的电子邮箱中，还可以发送到用户的手机上。

恒源祥的客服中心系统将原有分散的各种信息处理系统集成为一个统一的整体，实现了协同模式的企业信息管理目的，极大的方便的用户的使用。

本 章 小 结

本章从应用层次及领域展开对管理信息系统的分析。在本章的第一部分，从系统应用层次，探讨了战略型管理信息系统、战术型管理信息系统以及业务操作型管理信息系统面向的问题层面、信息来源及服务目标等。本章的第二部分则从职能领域，分析了目前大多数企业中应用的生产信息系统、市场信息系统、人力资源管理系统、客户服务系统以及财务管理系统，介绍了各种职能管理信息系统的体系结构和功能。本章最后给出恒源祥客户服务系统作为信息系统的案例分析。

习 题

1. 描述业务操作型 MIS 的基本活动和构建目的。
2. 业务操作型 MIS 是如何提高企业竞争优势的？
3. 什么是批处理、联机处理？试举例说明。
4. 讨论进度报表、需求报表、异常报表和比较报表的区别。
5. 试给出战术型管理信息系统与战略型管理信息系统的联系与区别。
6. 从系统输入、处理、输出角度分别讨论业务操作型、战术型、战略型管理信息系统？
7. 试回答生产信息系统的主要组成部分及其功能。
8. 描述生产信息系统中管理费的处理流程。
9. 企业中常使用的预测方法有哪些，请简要叙述。
10. 简要描述销售渠道子系统的功能。
11. 人力资源管理系统主要由哪几部分构成，简要描述它们各自的功能。
12. 简述财务管理系统的组成及各组成部分的功能。

第十二章 决 策 支 持 系 统

随着人类步入信息化社会，信息资源已成为重要的资源。信息的生产、加工、处理、存储、传送等技术手段在近几十年发生了翻天覆地的变化，计算机的运用使得信息处理效率大大提高，互联网以及其他计算机网络技术的发展，使得信息在不同地点协同处理成为可能。获取信息量的增加为企业的经营管理活动提供了丰富的资源，但同时大量涌入的信息使得企业的决策活动也变得更加复杂和困难，管理者不得不面对越来越复杂多变的外部环境。决策支持系统（Decision Support System，DSS）的提出，为应对前述变化带来了新的解决平台，其发展引起了广泛关注和高度重视。

本章将介绍 DSS 与 MIS 的关系、DSS 的发展历史、DSS 的基本概念以及几种代表性的 DSS 体系结构，最后介绍 DSS 的两个分支——智能决策支持系统与群体决策支持系统。

第一节 决 策 支 持 系 统 概 述

一、DSS 与 MIS 的关系

信息系统是现代组织管理的一种有效工具，它的出现、形成、发展、完善是一个历史过程。信息系统出现初期主要用于提高业务处理的效率（TPS 阶段），继而用于解决信息管理问题，具有一定的决策支持功能。在信息技术不断发展及其在管理领域应用的深入研究等因素推动下，出现了针对组织管理中决策活动而开发的 DSS。

在信息系统的发展中，DSS 是针对 MIS 的不足被提出并发展而来的。DSS 出现时 MIS 正处于发展阶段，尚不成熟。MIS 形成的起因要明显地比 DSS 丰富，MIS 表达的含义也要比 DSS 广泛。决策是管理的职能之一，从某种意义上讲，DSS 强调决策支持，而 MIS 也提供决策支持。因此，两者间既互相联系，又相互区别。为了更利于深入研究信息系统，下面对 DSS 与 MIS 的关系加以讨论。

（一）DSS 与 MIS 的区别

（1）MIS 追求的目标是高效率，即设法把事情办得快一些，以提高管理水平；而 DSS 所追求的目标是高效能，即想办法把事情办得尽可能好一些，以提高决策的能力和效果。

（2）在一个组织内，DSS 和 MIS 应该是并存的，并不存在谁取代谁的问题。这是因为它们所要解决的问题是不一样的。MIS 主要用于为解决结构化的管理和决策问题提供信息和决策支持。而 DSS 是为解决半结构化或非结构化的决策问题提供信息和决策支持。这两类问题在一个企业和组织内往往是同时存在的。

（3）DSS 和 MIS 提供信息和决策支持都需要大量数据与信息的输入，这些信息主要来自业务处理系统。DSS 还可能需要来自 MIS 的信息以及外部环境的信息。

（4）一个 MIS 往往可能辅助人们解决多个结构化决策问题，而一个 DSS 往往是针对一个特定的半结构化或非结构化的决策问题开发的。因此，如果将 MIS 看成是在一个面上辅助决策的话，那么 DSS 可以看成是在一个点上支持决策。

（5）MIS 进行决策支持往往只使用各种数学模型。DSS 进行决策支持不仅需要使用各种数学模型，而且要使用各种知识模型，且特别重要的是还要将数学模型和知识模型有效地结合起来。MIS 的设计方法是以数据驱动的，通常以数据库设计为中心，并且强调采用线性的、结构化的设计方法；而 DSS 的设计方法是以问题驱动的，重视解决问题的决策模型的研究与模型的使用，并且侧重采用以用户参加为主的设计方法。

（二）DSS 与 MIS 的联系

DSS 的目标本就是 MIS 要追求的目标之一，只是这个目标在 DSS 下更具体化、清晰化。从发展的观点看，DSS 是信息系统发展应用更高阶段的高层分系统。由于 DSS 是在 MIS 的基础上发展起来的，因此 DSS 与 MIS 之间有密切的联系，主要表现为：①MIS 收集、存储及提供的大量基础信息是 DSS 工作的基础，而 DSS 使 MIS 提供的信息真正发挥作用。②MIS 需要担负反馈信息的收集工作，以支持 DSS 进行决策后果检验和评价。③DSS 的工作可以对 MIS 工作进行检查与审计，为 MIS 的改善指明方向。④DSS 经过反复使用，所涉及的问题模式和数据模式将逐步明确化或结构化，从而可纳入 MIS 的工作范围。

总之，DSS 与 MIS 是既有区别又有联系的两类信息系统，系统用户应正确地区分不同的情况，在适当的场合使用适当的工具和方法。

二、决策支持系统的基本概念

在现实中，决策的形式是多样化的，从个人的决策到群体、部门、企业、组织，甚至国家的决策，决策的过程中都可能需要使用到某些计算机系统。任何一个应用中的信息系统也或多或少有些决策支持功能。那么，如何才能界定什么是 DSS，什么不是 DSS？如何才能清晰而准确地表示出各种 DSS 的共同属性或内涵？这是 DSS 研究的一个基本问题，对如何理解 DSS 理论及实际应用都具有重要的意义。

（一）决策模型

DSS 是决策者使用的系统，它必须适合决策者的思维习惯以及决策方式的要求。在讨论 DSS 前，先要了解决策活动的一般规律，给出决策模型。

决策问题是决策对象，决策过程是执行决策的一系列活动。决策过程模型描述了决策时应该采取的一系列步骤和方法。提出"管理就是决策"论断的西蒙对决策过程进行了深入研究，提出了三阶段的决策模型：情报分析阶段、方案设计阶段和方案选择阶段。

（1）情报阶段就是确认当时面临的问题和问题的环境，并且收集与此相关的各种信息和解决这种问题的各种想法。这些信息可能来自组织内部，也可能来自组织外部。

（2）设计阶段是根据第一阶段得到的信息和想法设计所有可行的解决方案，并且对这些解决方案的可行性以及产生的后果进行完全评估。

（3）在选择阶段，决策人从多个可行的解决方案中选择最终的方案并且开始实施。

决策模型给了我们一个对复杂决策问题深入分析的思考框架。对于不能利用单一模型就能轻易解决的问题，往往要按照这个框架将问题进行分解，按照决策活动进行的顺序，在每个阶段中采用不同的分析方法，并使用与之相关的数据集合，最终得到理想的决策结构。

（二）DSS 的定义

DSS 的理论发展涉及多个学科，如：计算机软件和硬件、信息论、人工智能、信息经济学、管理科学和运筹学等，这些学科构成了它发展的理论基础。对 DSS 的理论构成框架进行了解，是我们理解 DSS 概念，进行深入学习研究的基础。

　　这些学科有的是 DSS 的产生、发展的基石，也有一些虽在它产生和形成的过程中起的作用不大，但它们对 DSS 未来发展将给予极为重要的启迪。DSS 是一种开放的技术，它总是在不停地吸收其他学科的营养。一般说来，只要是能面向计算机并且给决策人员提供帮助的技术，DSS 都可能把它转化为自己的技术。这些理论的融合构成了 DSS 的理论基础。DSS 的许多主要概念和基本理论只有通过这些理论提供的分析方法才能描述清楚，例如 DSS 在运行中的通信、控制、反馈等概念，离开信息论可能就讲不清楚了。

　　综上所述，决策支持系统是以管理科学、运筹学、控制论和行为科学为基础，以计算机技术、仿真技术和人工智能技术为手段，综合利用现有的数据和模型，以人机会话方式辅助决策者解决半结构化和非结构化决策问题的信息系统。

　　（三）DSS 的基本功能

　　MIS 所解决的问题是现实世界中广泛存在的带有例行公事性质的、结构化的问题，解决它们可以按固定的程序进行，几乎很少甚至不需要人的干预。而在现实世界中另一类广泛存在的决策问题是独特的、非结构化的，解决它们难以按固定的程序进行，这些问题并不能完全靠计算机信息系统解决，但是人们在解决这些问题时，计算机信息系统可以提供有价值的支持和帮助，这些通常由决策支持信息来实现。因此 DSS 是一个交互式的基于计算机的系统，它利用数据库、模型库、方法库、知识库以及很好的人机会话部件和图形部件，帮助决策者解决半结构或非结构化的决策问题。应该说，DSS 正是一个帮助管理人员，提高问题的结构化程度的有效手段。DSS 的基本功能包括：

　　（1）信息的收集与管理。这包括组织内部与决策问题有关的信息收集，如库存状况与财务报表等；同时，也要收集、管理并提供与决策问题有关的组织外部信息，如政策法规、市场行情、同行动态与科技进展等；此时，还要收集、管理并提供各项决策方案执行情况的反馈信息，如订单或合同执行进程、生产计划完成情况等。

　　（2）模型的构建、管理与应用。这包括存储和管理与决策问题有关的各种数学模型，如定价模型、库存控制模型与生产调度模型等；存储并提供常用的数学方法及算法，如回归分析方法、线性规划、最短路径算法等；模型与方法要能方便地修改和构建，如模型的连接或修改、各种方法的修改等；灵活运用模型与方法对数据进行加工、汇总、分析、预测，得出所需的综合信息与预测信息。

　　（3）友好的人机会话。DSS 要具有方便的人机会话和图像输出功能，能满足随机的数据查询要求，回答"如果……则……"之类的问题；提供良好的数据通信功能，以保证及时收集所需数据并将加工结果传送给使用者；具有使用者能忍受的加工速度与响应时间，不影响使用者的情绪。

　　（四）DSS 的特征

　　DSS 是信息系统在特定领域的具体应用，是信息系统的一个子集，除信息系统的一般特征外，在应用环境、信息处理方式等方面又有自己特点：①决策对象为高层主管人员经常面临的结构化程度不高、说明不够充分的问题；②问题处理需要把模型或分析技术与传统的数据存取技术及检索技术结合起来，具有对环境及用户决策方法改变的灵活性及适应性，支持但不是代替高层决策者做出决策；③提供方便灵活的人机会话使用方式。

　　三、决策支持系统的发展历程

　　DSS 是研究如何应用信息系统支持管理决策的学科。20 世纪 70 年代初，美国麻省理工学院（MIT）Scott Morton 在一篇论文中首先提出了"管理决策系统"的概念，1978 年 Keen 和 Scott Morton 首次提出了"决策支持系统"（Decision Support System，DSS）一词，标志着 DSS 新学科的诞生。

自 20 世纪 70 年代以来，许多学者对 DSS 进行了深入的研究，发表了大量的研究成果。与此同时，与 DSS 相关的学科也不断发展，运筹学模型日益完善、高性价比计算机的出现、数据库技术的成熟、各类高效率软件开发工具的出现等均为 DSS 的研制和应用提供了良好的技术支持。在这期间，研究开发出了许多较有代表性的 DSS，如支持投资对顾客证券管理日常决策的 Profolio Management System，用于产品推销、定价和广告决策的 Brandaid，用于支持企业短期规划的 Projector 以及适用于大型卡车生产企业生产计划决策的 Capacity Information System 等。

从 DSS 被提出以来，它已经成为系统工程、管理科学、人工智能等领域十分活跃的研究课题。研究与应用一直很活跃，新概念新系统层出不穷。20 世纪 80 年代 Sprague 提出了 DSS 三部件结构，即会话部件、数据部件（数据库 DB 和数据库管理系统 DBMS）、模型部件（模型库 MB 和模型库管理系统 MBMS）。该结构明确了 DSS 的组成，也为 DSS 的发展起到了很大的推动作用。

早期的 DSS 大都采用模型库、数据库及人机会话系统 3 个部件组成，被称为初阶 DSS。系统主要是以模型库系统为主体，通过定量分析进行辅助决策。其模型库中的模型已经由数学模型扩大到数据处理模型、图形模型等多种形式，可以概括为广义模型。DSS 的本质是将多个广义模型有机结合起来，对数据库中的数据进行处理而形成决策问题大模型。

人工神经网络及机器学习等技术的研究与应用为知识的学习与获取开辟了新的途径。把专家系统与 DSS 相结合，充分利用专家系统定性分析与 DSS 定量分析的优点，形成了智能决策支持系统 IDSS，提高了 DSS 支持非结构化决策问题的能力。

DSS 与计算机网络技术结合构成了新型的能供异地决策者共同参与进行决策的群体决策支持系统 GDSS。在 GDSS 的基础上，为了支持范围更广的群体（包括个人与组织）共同参与大规模复杂决策，人们又将分布式的数据库、模型库与知识库等决策资源有机地集成，构建了分布式决策支持系统 DDSS。

DSS 的发展还体现在组成部件的扩展与部件组成的结构变化上。随着 DSS 研究与应用范围不断扩大与层次不断提高，国外相继出现了多种功能强大的通用和专用 DSS。SIMPLAN、IFPS、GPLAN、EXPRESS、EIS、EMPIRE、GADS、VISICALC、GODDESS 等都是国际上很流行的 DSS 产品。

进入 21 世纪，企业利用云计算和"大数据"不断创新应用，为经济运行和商务活动提供决策支持，这为解决发展 DSS 中出现的问题提供了新的技术支持，使 DSS 的发展跃上一个新的台阶。"大数据"是需要新处理模式才能具有更强的决策力，洞察发现力和流程优化能力的海量，高增长率和多样化的信息资产。数据仓库、数据安全、数据分析、数据挖掘等围绕大数据的价值利益受到追捧。数据仓库是市场激烈竞争的产物，它的目标是大型企业几乎都建立或计划建立自己的数据仓库，数据库厂商也纷纷推出自己的数据仓库软件。目前开发的综合 DSS 多数是以数据仓库技术为基础，以联机分析处理和数据挖掘工具为手段实施的一整套解决方案。

现在，DSS 已逐步拓展应用于大、中、小型企业中的预算分析、预算与计划、生产与销售、研究与开发等智能部门，并开始应用于军事决策、工程决策、区域开发等方面。

我国 DSS 的研究始于 20 世纪 80 年代中期，尤其是 1985 年以后，关于 DSS 的研究课题、各种实际系统以及成功案例的介绍越来越多地出现在有关刊物和报告中。目前我国在 DSS 领域的研究已有不少成果，但总体上发展较缓慢，在应用上与期望有较大的差距，这主要反映在软件制作周期长、生产率低、质量难以保证、开发与应用联系不紧密等方面。

四、决策支持系统的体系结构

人的决策行为涉及广泛的领域，每个人的决策方式都不尽相同。DSS 也有各种各样的工作形态及应用领域。那么，是否有通用的 DSS 体系结构？它应具有哪些重要的成分？应有什么样的体系结构？随着研究的深入，人们对于 DSS 已经有了比较清晰的认识。尽管没有一个定义能够取得所有人的认同，完全准确和严谨地描述出 DSS 的许多细节，然而可通过对 DSS 基本功能、基本特征的分析及系统间的比较来从中得出一个理想的框架。

首先，回忆一下前面讨论过的 MIS 与 DSS 的一个主要区别。MIS 的设计方法是以数据驱动的，通常以数据库设计为中心。这在 MIS 的组成结构上也有明显的体现。它们通常要围绕一个公用数据库，建立各组成子系统或模块的数据共享结构（见第十一章）。DSS 的情况不同，它的设计方法是以问题驱动的，重视解决问题的决策模式的研究与模型的使用。因而除了数据库以外，还包含了模型、方法、知识等信息资源的存储管理以及问题处理等要素。

由于 DSS 是一种新兴的学科领域，它的结构与其概念一样，也处于发展变化的过程中。历史上，专家学者们各抒己见，提出了很多种 DSS 的框架结构，下面着重介绍 3 种影响较大的框架结构。

（一）"用户界面—数据—模型"结构

这种结构是由 Sprague 最早于 1980 年提出的（包含用户界面、数据和模型 3 个部分），如图 12-1 所示。在这样的 DSS 结构中，用户界面子系统负责与决策者联系，为决策者提供会话操作方式和使用 DSS 的环境。当决策者需要查询或检索数据时，用户界面子系统通过数据子系统从数据库中提取数据。而当决策者要利用某种模型解决决策问题时，则通过用户界面子系统传送和解释有关问题的描述和命令，让模型子系统从模型库提取模型或直接生成新的模型，并通过数据子系统调用数据库中有关数据，以满足决策者的需要。

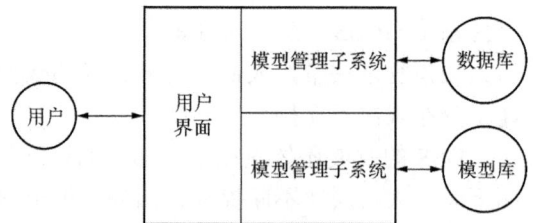

图 12-1 "用户界面—数据—模型"结构

（二）"用户界面—知识—问题处理"结构

这种框架结构由语言、表示、知识和问题处理 4 个互相关联的子系统组成。

语言系统（Language System，LS）提供了用户（即决策者）与 DSS 通信的桥梁。它用来将决策者的意图传送给 DSS，该子系统的特征体现在提供给决策者的句法以及决策者所允许使用的语句、命令或表达式中。语言系统是决策者用以描述问题的工具和载体，它给用户提供了解决问题的种种便利条件，是用户扩展其决策能力的主要手段。因此，它的简洁性和使用方便性是非常重要的。

表示系统（Presentation System，PS）提供多种问题表示手段，使得用户可以更加方便地认识问题、观察与其目的相关的各种因素以及它们之间的关系。图形化技术、表计算以及文字的、多媒体的各种表示手段都可能应用在这个过程中。

知识系统（Knowledge System，KS）是 DSS 中有关问题领域对决策者知识的扩充。知识系统以某种形式将所存储的知识管理起来，并提供一组应用这些知识的机制。知识系统能接收语言系统中关于问题的表示并产生一些恰当的响应信息来支持决策过程。这些要从问题处理子系统来传送给决策者。

问题处理系统（Problem Processing System，PPS）将上述两个子系统连接起来。问题处理系统接收到符合语言系统语法规则的符号串，并使用知识系统中有关问题的知识，对有关问题进行处理后转换为表示系统所能识别的符号串，如图 12-2 所示。

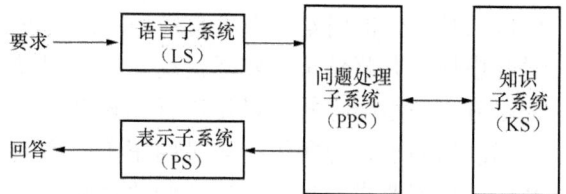

图 12-2 "用户界面—知识—问题处理"框架

（三）三库一体化结构

随着 DSS 的发展，国内外不少专家在上述两种基本结构的基础上，根据目标和功能需求的不同，又设计出很多其他形式的结构，一般可以分为三库、四库、五库的 DSS 结构。典型的三库 DSS 结构由数据库、模型库和方法库及人机会话子系统组成，完成信息服务、科学计算、决策处理等功能，如图 12-3 所示。

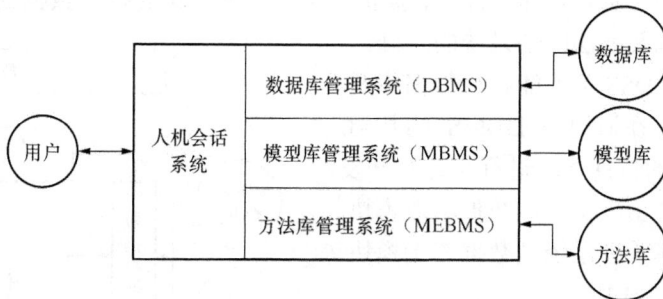

图 12-3 决策支持系统的三库结构

1. 人机会话子系统

人机会话子系统是 DSS 中用户和计算机的接口，在用户、模型库、数据库和方法库之间起着传送（包括转换）命令和数据的重要作用，其核心是用户界面。用户界面又称为用户接口（User Interface，UI）或人机接口（Human Computer interface，HCI），用户界面是有利于用户和计算机进行沟通和会话的各种计算机软硬件。由于用户界面是任何计算机系统的重要组成部分和面对用户的"窗口"，而且人们总是通过这一窗口来了解和使用该系统，因此用户界面在计算机系统的开发中占有非常重要的地位。

用户界面的主要功能是保证用户与计算机系统的交互作用以支持用户的工作。对于 DSS 而言，用户界面的任务是为 DSS 和决策者之间提供所有交互作用的通信。因此，用户界面所提供的交互会话能力是提高用户对 DSS 的信心、完成 DSS 决策支持功能的必要保证。对于 DSS 来说，一个理想的人机会话系统应充分考虑到系统的使用和维护，其重要功能包括：

（1）在系统使用方面，它能帮助用户了解系统所能提供的数据、模型及方法的情况。如数据模式与范围，模型种类、数量、用途及运行要求等；用户可通过"如果……则……"

（what…if…）方式提问；用户界面对请求输入有足够的检验与容错能力，给用户某些必需的提示与帮助；提供运行模型，使用户取得或选择某种分析结果或预测结果；在决策过程结束之后，能把反馈结果送入系统，对现有模型提出评价及修正意见；当需要的时候，可以按使用者要求的方式，很方便地以多种表达方式（如图形或表格等）输出信息、结论及依据等。

（2）在系统维护方面，它能帮助维护人员了解系统运行的状况，分析存在的问题，找出改进的方法；报告模型的使用情况（次数、结果、使用者的评价及改进要求）；利用统计分析工具，分析偏差的规律及趋势，为找出症结提供参考；临时性地、局部性地修改模型、运行模型，并将结果与实际情况对比，以助于发现问题；在模型与方法之间，安排不同的使用方式与组合方式，以便进行比较分析；能通过会话方式接受系统修改的要求；检查有关修改的要求，提醒维护人员纠正不一致的问题，补充遗漏细节，对可能出现的问题提出警告；根据要求，自动迅速地修改系统，这包括在模型库中登记新模型、建立各种必要的联系、修改数据库等。

常用的用户界面设计技术包括菜单驱动技术、多窗口技术、图形显示技术、动画技术等。目前已经有大量的用户界面设计技术方面的研究成果，软件方面包括各类图形生成、报表生成、会话语言生成与管理软件包的研究。这些为 DSS 用户界面系统的研制提供了有利的条件。

2. 数据库子系统

数据库子系统是负责存储、管理、提供与维护用于决策支持的数据的 DSS 基本部件，是支撑模型库子系统及方法库子系统的基础。一般来说，任何一个 DSS 都不能缺少数据库及其管理系统，它建立在通用的 DBMS 的基础之上，并按照 DSS 的特殊要求进行设计与开发。

数据库子系统由数据库、数据析取模块、数据字典、数据库管理系统及数据查询模块等部件组成，如图 12-4 所示。

由于 DSS 面向高层决策，所以其数据库除了包括内部业务处理数据和其他内部数据源外，还要用到大量的外部数据。存储内部、外

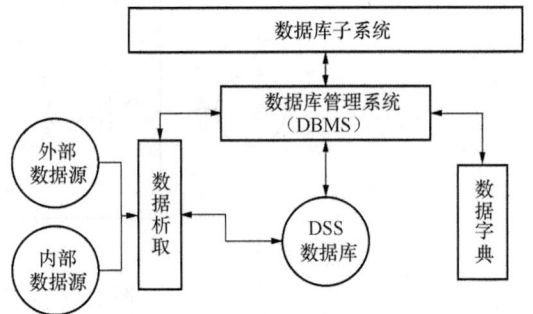

图 12-4　数据库子系统结构

部数据的数据库被称为源数据库。源数据库与 DSS 数据库的区别在于用途与层次的不同，是模型库、方法库和会话系统的基础部分。

数据析取模块负责从源数据库提取能用于决策支持的数据，析取过程是对源数据进行加工的过程，也是选择、浓缩与转换数据的过程。数据字典用于描述与维护各数据项的属性、来源及相互关系，也可看做是数据库的一部分。

DSS 和 MIS 的数据库及其管理系统在概念上有许多共同点，这主要是由于 DSS 中数据库系统的某些概念来自 MIS。但是，DSS 和 MIS 之间存在的区别使它们对数据库的要求有本质上的不同。首先，两者的工作目标不一样。DSS 使用数据库的主要目的是支持决策，因此它对综合性数据或者经过处理后的数据比较重视；MIS 支持日常事务处理，所以它特别注意对原始资料的收集、整理和组织。其次，一般情况下为 MIS 服务的数据库和为 DSS 服务的数据库相比，后者要庞大、复杂得多。不过从资源共享的角度看，也允许它们在组织机构内

使用同一数据库。数据库管理系统用于管理、提供与维护数据库中的数据，也是数据库与其他子系统的接口。

数据库管理系统是在计算机应用大量信息的存储与检索的基础上逐渐发展起来的一种专用软件系统。今天，它已经成为软件产业中一个重要的专门类型。随着商品化 DBMS 软件的日趋成熟，它们在支持信息服务方面的功能都非常强大。在近几年，一些主流 DBMS 软件在决策支持方面已经有了很大改进，如 Microsoft 公司随 SQL Server 捆绑销售的 Analysis Service、Oracle 公司 2013 年推出的 Oracle 12 等都提供了很好的决策支持解决方案。

总之，数据库子系统是 DSS 的一个重要的、基础的部分，它的功能与效率对于 DSS 具有十分关键的作用。在它的分析、设计、实现与运行管理的全过程中，必须紧紧围绕为决策提供信息服务这一中心，全面考虑、精心设计，保证决策支持所需的数据基础。

3. 模型库子系统

模型库子系统是 DSS 的一个重要组成部分，也是 DSS 中最有特色的部分之一。DSS 通过为决策者提供、比较选择和分析整个问题的模型库，从而能够对决策制定过程提供有效的支持。DSS 用户是依靠模型库中的模型进行决策的，也可以理解为 DSS 是由"模型驱动的"。因此，模型库及其相应的模型库管理系统在 DSS 中占有十分重要的地位。

模型库子系统是构建和管理模型的计算机软件系统，也是 DSS 中最复杂与最难实现的部分。模型库子系统由模型库、模型库管理系统和模型字典 3 部分组成。其主要功能是通过使用人机会话语言使决策者能方便地利用模型库中各种模型支持决策，引导决策者应用建模语言和自己熟悉的专业语言建立、运行和修改模型。

应用模型获得输出结果可以有 3 种作用：直接用于制定决策；对决策的制定提出建议；用来估计决策实施后可能产生的后果。应用中分别对应于不同类型的决策对象：①结构性比较好的决策问题，其处理算法是明确规定了的，表现在模型上，其参数值是已知的。②非结构化的决策问题，有些参数值并不知道，需要使用数理统计等方法估算这些参数的值。由于不确定因素的影响、参数值估计的非真实性，以及变量之间的制约关系，用这些模型计算得出的输出一般只能辅助决策或对决策的制定提出建议。③对于战略性决策，由于决策模型涉及的范围很广，其参数有高度的不确定性，所以模型的输出一般用于估计决策实施后可能产生的后果。

模型库用于存储决策模型，是模型库子系统的核心部件。实际上模型库中主要存储的是能让各种决策问题共享或专门用于某特定决策问题的模型基本模块或单元模型，以及它们之间的关系。使用 DSS 支持决策时，根据具体问题构造或生成决策支持模型，这些决策支持模型如有再用的可能性则也可存储于模型库。如果将模型库比作一个成品库的话，则该仓库中存放的是成品的零部件、成品组装说明、某些已组装好的半成品或成品。理论上讲，利用模型库中的"元件"可以构造出任意形式且无穷多的模型，以解决任何所能表述的问题。

模型库中用单元模型构造的模型或决策支持模型可分为：模拟方法类、规划方法类、计量经济方法类、投入产出方法类等，其中每一类又可分为若干子类。模型按照经济内容可分为：预测类模型，如产量预测模型、消费预测模型等；综合平衡模型，如生产计划模型、投入产出模型等；结构优化模型，如能源结构优化模型、工业结构优化模型等；经济控制类模型，如财政税收、信贷、物价、工资、汇率等对国家经济的综合控制模型等。

模型基本单元在模型库中的存储方式目前主要有子程序、语句、数据及逻辑关系 4 种。

逻辑关系方式主要用于智能决策支持系统。子程序方式存储是常用的原始存储方式，它将模型的输入、输出格式及算法用完整的程序表示。子程序方式的缺点是不利于修改，还会造成各模型相同部分的存储冗余。语句方式存储用一套建模语言以语句的形式组成与模型各部分相对应的语句集合，再予以存储。语句方式与子程序方式有类似性，但朝面向用户方向前进了一步。数据方式存储其特点是把模型看成一组用数据集表示的关系，便于利用数据库管理系统来操作模型库，使模型库和数据库能用统一的方法进行管理。

模型库管理系统（Model Base Management System，MBMS）是 DSS 十分重要的一个组成部分，作为模型库子系统的核心，所有模型库中的模型都受 MBMS 的控制。MBMS也给用户提供一系列基本的功能，使用户能够方便地完成对模型的各种操作。决策者通过MBMS 对模型进行各种各样的工作，最终综合 DSS 提供的帮助和自己的判断做出决定，这是使用 DSS 解决问题的一般过程。MBMS 的主要功能包括：①模型库与模型字典的维护功能，如模型库定义、建立、查询、修改、删除、插入以及重构等；②模型创建功能，MBMS提供根据用户命令将简单的子模型构造成复杂模型的手段，通过 MBMS 用户可以选择、建立、拼接和组合模型，用户创建的模型可以是全新的模型，也可能是在某一个已建模型的基础上进行修改加工所构成的模型；③模型的运行控制，从调用者获取输入参数，传给模型并使模型运行，最后把输出参数返回到调用者，系统必须提供灵活方便的控制手段；④数据库接口的转换，为减少模型对 DBMS 的依赖，模型中对数据库的访问采用了一种统一的标准形式。

对于 DSS 来说，一个理想的模型库管理系统应具有以下 6 种特征：①控制性，即决策者在整个模型的生命周期中有能力对模型进行控制；②灵活性，对模型库的操作具有多种手段，用户不必像程序员一样严格地遵循某种语法规则，或者严格地按照某种事先规定的过程来操作；③反馈性，模型库管理应保持和用户的会话；④友好性，模型库管理系统必须提供友好的界面、明晰的模型表达方式；⑤精简性，共享模型，减少冗余性模型；⑥一致性，一人多次或多人同时修改同一模型可能造成模型不一致问题，模型库管理系统应能够监测发现模型内部的不一致，向用户发出报警。

模型库子系统是在与 DSS 其他部件的交互过程中发挥作用的。与数据库子系统的交互可获得各种模型所需的数据，实现模型输入、输出和中间结果存取自动化；与方法库子系统的交互可实现目标搜索、灵敏度分析和仿真运行自动化等；与人机会话子系统之间的交互，模型的使用与维护实质上是用户通过人机会话子系统予以控制与操作的。

4. 方法库子系统

为了使系统结构更加清晰，将方法从模型库中分离出来，单独组织成一个方法库并配以相应的方法库管理系统，共同构成 DSS 的另一个组成部分——方法库子系统。方法库子系统主要是一个软件系统，它综合了数据库和程序库。方法库子系统是存储、管理、调用及维护DSS 各部件要用到的通用算法、标准函数等方法的部件，它为求解模型提供算法，是模型应用的后援系统。为 DSS 配备一个内容丰富、性能优越的方法库，可使其更具灵活性。

方法库子系统由方法库、方法库管理系统、内部数据库和用户接口等几部分组成。下面重点介绍方法库及其管理系统。

方法库由方法程序库和方法字典组成。方法程序库是存储方法模块的工具。方法库内存储的方法程序一般有：排序算法、分类算法、最小生成树算法、最短路径算法、计划评审技术（PERT）、线性规划、整数规划、动态规划、各种统计算法、各种组合算法等，如图 12-5 所示。方法字典用来对方法库中的程序进行登录和索引。方法库中的方法一般用程序形式存储。按方法的存储方式差别，方法库可以被分为：层次结构型方法库、关系型方法库、语义网络模型结构方法库和含有人工智能技术的方法库等。方法库管理系统是方法库系统的核心部分，是方法库的控制机构。方法库管理系统用于完成对方法库的建立、更新、检索，方法库与模型库之间的通信以及有关文件和方法字典的管理等。

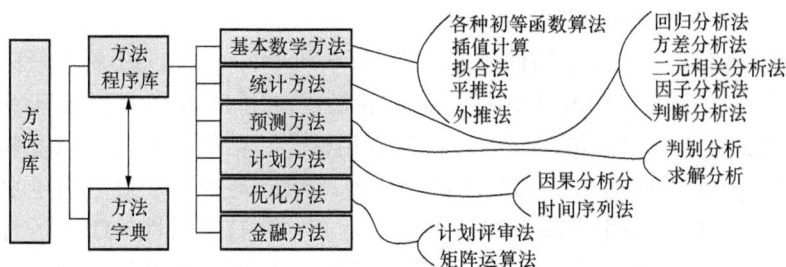

图 12-5　方法库结构

本节讨论的 3 种 DSS 框架结构各有其特点。第一种框架没有明显包含独立的知识库，因此在结构上比较简单，常被称为 DSS 的"传统结构"。第二种结构是基于知识的结构，有时也被称为 DSS 的"一般结构"（General Framework）。这种结构突出了问题领域知识的存取、处理和使用，从而使人工智能技术能够更好地发挥作用，扩充了 DSS 对非结构化问题的解决能力。第三种结构综合了前两种结构的优点，既保证了 DSS 解决问题的灵活性和广阔的解题空间，也通过充分利用人工智能技术扩充了 DSS 的解题能力，有着广阔的发展前景。

五、决策支持系统的 3 个技术层次

根据 DSS 的理论框架，分辨 DSS 的 3 个层次是很重要的。这是因为使用它们的人具有不同的技能水平，并且应用这些 DSS 的任务的性质与范围也不同。

（一）专用 DSS

专用 DSS 是面向用户特定的决策环境和特定的需求开发的，能够提供决策支持功能的基于计算机的信息系统。专用 DSS 是一种应用系统，针对某一个或某一类特定的问题域，为某个特定的目的而开发，给特定的决策者使用。专用 DSS 就是通称的 DSS，不能用这种系统再开发出新系统。

（二）DSS 生成器

第二个技术层次称为 DSS 生成器。DSS 生成器是一种能用来迅速方便地研制构造专用 DSS 的计算机硬件和软件系统，包括数据管理、模型管理和对话管理所需的技术以及能将它们有机地结合起来的接口。DSS 生成器的主要作用是可以用来快速、方便、经济地生成各种专用 DSS。通过 DSS 生成器可根据决策者的要求、决策问题域与决策环境等在较短的时间里生成一个专用 DSS。

（三）DSS 工具

第三个技术层次称为 DSS 工具。DSS 工具是用来构造专用 DSS 和 DSS 生成器的基础技术、基本硬件和软件单元。DSS 工具的作用是提供各种在生成专用 DSS 和制作 DSS 生成器时需要的基本模块，如图形功能、处理过程、数据库生成和操作等。DSS 工具是 DSS 最基础的技术层次。DSS 工具的概念基于以下两点：不同的 DSS 在开发技术与构件上都有共性部分，例如开发语言、结构框架、基本算法、输入输出程序等；从零点开始的 DSS 开发方式周期过长，与应用对象的变化不相适应。DSS 工具的实例如净现值计算程序、彩色图像工具、线性规划软件包、数据库查询软件等。

近年来，各种高性能的软件开发工具不断出现，面向对象的语言 C++以及在互联网环境下的开发平台.NET 等，都可以用来高效率地开发 DSS。

（四）3 种技术层次间的相互关系

以上 3 个 DSS 技术层次之间的关系如图 12-6 所示。专用 DSS 属于最高层次，它可由 DSS 工具构成，亦可以由 DSS 生成器产生。我们可以用 DSS 工具直接开发专用 DSS，如图 12-6 左半部分所示。很明显，这与用诸如通用语言、数据处理软件以及软件包之类的工具来开发大多数传统的应用系统的方法是一样的。但是，这种方法仅适用于那种常规型 DSS 的开发，原因在于 DSS 应用环境是多变的，而且必须具有灵活性，DSS 的性能需要随着环境的变化、用户处理问题方式的变化而改变。所以，在使用 DSS 工具直接开发时，经常遇到的一个难题就是用户必须直接介入到专用 DSS 的改变和修改之中。与之相比，使用 DSS 生成器开发专用的 DSS，却可以使用户持续不断地开发和改造专用 DSS，而且这种开发所需时间和投入不大。

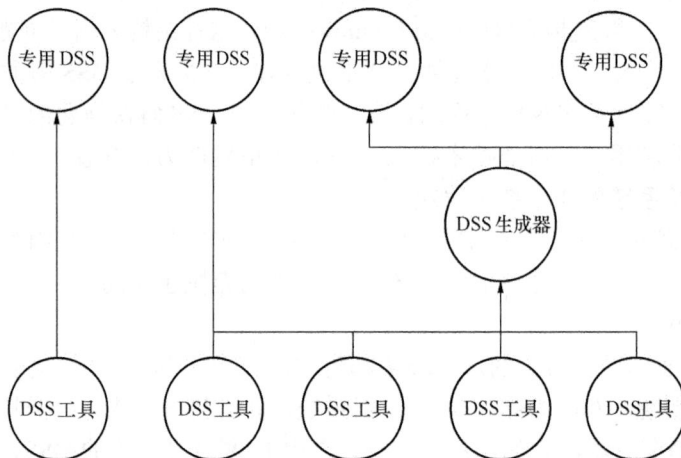

图 12-6　三种 DSS 技术层次间的相互关系

第二节　智能决策支持系统

一、智能决策支持系统的概念

（一）智能决策支持系统的基本概念

20 世纪 80 年代，知识工程（KE）、人工智能（AI）的兴起为处理不确定性领域的决策问题提供了更多的技术保证，使 DSS 朝着智能化方向前进。智能决策支持系统（Intelligent Decision Support System，IDSS）综合运用 DSS 定量模型求解与分析及人工智能（Artificial Intelligent，AI）技术定性分析和不确定推理的优势，充分运用人类在问题求解中积累的经验和知识，通过人机会话的方式，为解决半结构化或非结构化问题提供决策支持。

（二）智能决策支持系统的结构

典型的 IDSS 结构是在传统三库 DSS 基础上增设知识库与推理机，并加入自然语言处理系统和问题处理系统（PSS）构成的四库系统结构，如图 12-7 所示。

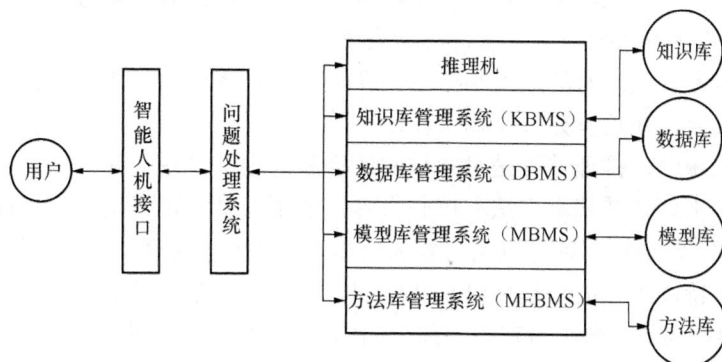

图 12-7　四库 IDSS 的基本结构

1. 智能人机接口

四库系统的智能人机接口接受用自然语言或接近自然语言的方式表达的决策问题及决策目标，这较大程度地改变了用户界面的性能。

2. 问题处理系统

问题处理系统处于 DSS 的中心位置，是联系人与机器及所存储的求解资源的桥梁，主要由问题分析器与问题求解器两部分组成。系统首先将自然语言描述的问题转换为系统可以理解的形式，转换产生的问题描述由问题分析器判断问题的结构化程度，对结构化问题采用传统的模型计算求解，而对于半结构化或非结构化问题则由规则模型与推理机制来求解。

问题处理系统是 IDSS 中最活跃的部件，它既要识别与分析问题、设计求解方案，还要为问题求解调用四库中的数据、模型、方法及知识等资源，对半结构化或非结构化问题还要触发推理机作推理或新知识的推求。

3. 知识库系统

知识库系统主要就是两个功能的实现：存储与推理，即知识库的存储机制与推理机制。知识库子系统的组成可分为 3 部分：知识库管理系统、知识库及推理机。知识库是系统运行的基础，知识库管理系统功能主要有两个：①回答对知识库知识增、删、改等知识维护的请求；②回答决策过程中问题分析与判断所需知识的请求。如果没有实际的知识库，后面的一切处理都将是无源之水、无本之木。知识库中存储的是那些既不能用数据表示，也不能用模型方法描述的专家知识和经验，即决策专家的决策知识和经验知识，同时也包括一些特定问题领域的专门知识。知识库中的知识表示是为描述世界所作的一组约定，是知识的符号化过程。对于同一知识，可有不同的知识表示形式，知识的表示形式直接影响推理方式，并在很大程度上决定着一个系统的能力和通用性，是知识库系统研究的一个重要课题。知识库包含事实库和规则库两部分。

目前知识库一般采用逻辑方法实现的，即利用计算机的基本信息处理功能，记录基本的事实与它们之间的最基本的逻辑关系。

例如，事实库中存放了"任务 A 是紧急订货"、"任务 B 是出口任务"那样的事实。规则库中存放着"IF 任务 i 是紧急订货，AND 任务 i 是出口任务，THEN 任务 i 按最优先安排计划"、"IF 任务 i 是紧急订货，THEN 任务 i 按优先安排计划"那样的规则。

推理机制也被称为推理机，是在存储机制的基础上对已有知识进行分析和演绎的具体处理方法。这一机制的重要性在于，它将决定系统能够在已有知识的基础上进行哪些推理工作，同时它还将决定系统推理时的速度和效率。在计算机技术中关于算法分析、设计以及如何提高速度的种种成果，在这里充分发挥了作用。

在知识库系统中，推理过程是对知识的选择和运用的过程，我们称为基于知识的推理。演绎推理和归纳推理是其基本方法和核心内容。所谓演绎推理是指由一组前提必然地推导出某个结论的过程。归纳推理则是以某命题为前提，推导出与其有归纳关系的其他命题的过程，归纳关系可以从特殊到一般，也可以从特殊到特殊。演绎推理是从已知的真理中抽出它所包含的真理。若前提为真，则作为它的一部分的结论必为真，因此归纳推理能够断定新的内容，增加新知识。在目前的知识库系统中主要使用演绎推理。

演绎推理的基本原理如下：若事实 M 为真，且有一规则 IF M THEN N 存在，则 N 为真。因此，如果事实"任务 A 是紧急订货"为真，且有一规则"IF 任务 i 是紧急订货，THEN 任务 i 按优先安排计划"存在，则任务 A 就应优先安排计划。

二、智能决策支持系统中的智能技术

将人工智能技术引入传统 DSS 形成智能型 DSS（IDSS）。IDSS 是在传统 DSS 的基础上结合人工智能技术而形成的。近年来，人工智能在定性推理（Qualitative Reasoning，QR）技术、粗糙集理论、证据理论等方面取得了大量研究成果，这些理论与方法被应用于决策领域，形成了一系列新的智能决策方法。智能决策方法的应用不仅改善了 IDSS 的智能水平，提高了 IDSS 分析、解决半结构化或非结构化问题的能力，而且深刻影响着 IDSS 的体系结构，甚至对 IDSS 的概念也产生了深刻的影响。

人工智能（Artificial Intelligence，AI）是利用计算机系统来模拟人类智能。由于模拟途径的不同，产生了不同的 AI 理论和技术，如人工智能的符号机制（后发展成专家系统）、Agent 技术和理论、机器学习理论、自然语言理解等。人工智能已被运用在很多领域，在企业管理中的应用主要有专家系统、神经网络和遗传算法。将不同的 AI 技术与 DSS 相结合，可形成不同形式的 IDSS，下面介绍几种主要的 IDSS 系统。

（一）基于 ES 的 IDSS

专家系统（Expert System，ES）是一种人工智能系统，能够通过推理得出结论。专家系统特别适合于 what-if 形式的问题，如医疗诊断、问题解决方案这一类问题。专家系统就是从人类专家那里获取知识，然后将其按某种形式编码，计算机可以应用这些知识来求解问题。专家系统与 DSS 相结合，不仅充分利用了专家系统定性分析与 DSS 定量分析的特点，还提高了 DSS 支持非结构化决策问题的能力。

DSS 与 ES 的结合方式主要有 3 种：①将 ES 并入 DSS 各组成部分中去；②ES 作为 DSS 的独立成分；③DSS 模型和数据存取作为 ES 的组成部分。

将 DSS 和 ES 集成，把 ES 的知识处理融入 DSS，使 DSS 具有一定的智能性，这样解决了很多领域的实际问题，如医学、教育、商务、设计和科学研究等。但 ES 在发展中存在很多问题，如知识的获取具有"瓶颈"问题。专家能够有效地解决实际问题，但知识的表示较困难，知识的系统整理很复杂、形象和逻辑思维也难以用语言表达，这使知识的获取受到极大限制;知识的表达要求非常准确，当知识库进行扩充时需进行知识一致性处理。ES 缺乏人类特有的直觉判断，根据经验学习的能力较差。这些问题限制了 ES 的发展，同时也制约了基于 ES 的 IDSS 的发展。 为了使 IDSS 能够精确获取与决策过程直接相关的知识（例如关于模型的知识、领域的知识和模型操纵知识等），具有一定的适应性和演进能力，在不断的使用过程中积累经验而改善自身性能，有必要将人工智能中的机器学习引入 IDSS。

（二）基于机器学习的 IDSS

机器学习是通过计算机模拟人类的学习来获得人类解决问题的知识。通过在数据中搜索统计模式和关系，并把记录聚集到特定的分类中，从而产生规则和规则树。这种方法的优势在于不仅能提供有关预测和分类模型，而且能从数据中产生明确的规则。常用的递归分类算法，通过逐步减少数据子集的熵（Entropy），并把数据分离为更细的子集，从而产生决策树。决策树是对数据集的一种抽象描述，可以作为知识进行推理使用。机器学习由于能自动获取知识，在一定程度上能解决专家系统中知识获取的"瓶颈"问题。Hols apple 等将机器学习作为一个新的元件加入到由问题处理子系统、语言子系统和知识子系统组成的决策支持系统框架中，并对 DSS 知识库进行求精，以加强 DSS 适应问题的能力。该框架已被应用于生产调度问题，并使用遗传算法来实现机器学习的功能；通过将机器学习理论应用于 IDSS 的模型管理系统的研究，目前已提出一种以学习为核心的模型操纵知识的获取与求精方法，用自顶向下的启发式搜索控制策略来搜索决策问题的描述空间，目的在于更有效地辅助决策者在参与建模、选模等一系列复杂的模型操纵任务的情况下进行推理。同时，机器学习还广泛地应用于实时决策方面，如 Lewis 通过对飞行员为避免飞机发生碰撞所使用的决策进行评价，进行了关于实时决策学习的讨论。

目前，机器学习在 IDSS 中的应用还有很多问题有待进一步研究，如有效的学习算法研究。神经网络、模糊逻辑、遗传算法、粗糙集理论等也被广泛应用于机器学习。

（三）基于代理（Agent）的 IDSS

AI 领域的 Agent 研究，主要有智能型 Agent 研究、Multi-Agent 系统研究和 Agent-oriented 的程序设计研究 3 个方面。知识、目标和能力是 Agent 本身具有的 3 个要素。根据系统的需求差异，可以将 Agent 分为以下 4 种：界面 Agent、信息 Agent、移动 Agent 和协作 Agent。

（1）界面 Agent。界面 Agent 是由人和计算机通过人机界面组成的一个有机的整体。它代替传统的人机会话界面，强调 Agent 的自主性和学习性。界面 Agent 的知识主要包括用户的决策知识和对求解问题的描述性知识，界面 Agent 在系统运行初期并不具有这些知识，经过与用户多次交互，Agent 通过学习机制获得知识以便实现人—机系统高度智能化、协调化。

（2）信息 Agent。信息 Agent 是用来进行信息检索的一种智能体。信息 Agent 可根据需要从信息源检索到决策者所需信息并对其进行加工，在此基础上进行问题求解。在 IDSS 中，可采用信息智能体实现对决策信息的检索与调度。

（3）移动 Agent。移动 Agent 是指能在复杂的网络系统中自由移动，并通过与服务设施和其他 Agent 相互协作来完成全局性目标。移动 Agent 根据需要自主地选择时间、地点进行移动，在移动过程中，可根据需要从某一位置上将其转移到另一网络节点上运行，然后把运行结果通过网络传回给最初用户。

（4）协作 Agent。协作 Agent 是定义 Agent 之间协作关系的 Agent，包括各种协作协议、策略、对协作的处理和评估。协作协议包括对协作过程中 Agent 间的通信规则做出的定义、表示、处理以及解释。协作策略指 Agent 内的决策和控制过程，旨在寻求一种让协作双方都能接受的策略。协作处理指在协作过程中 Agent 所做出的具体行为。协作评估是对接收到的信息和采取的协作方式进行评估。

目前，Agent 技术还不够成熟，还有许多问题需要进一步研究，如用 Agent 技术开发的系统的确定性问题、多 Agent 系统间的有效协调等。

第三节　群体决策支持系统

随着 DSS 的开发和应用，人们认识到传统的 DSS 存在很大的局限性，因为现代决策活动都趋于社会化、信息化和系统化，重大问题的决策是由多个相关的决策者按照一定的原则和规程协同进行的，由于传统的 DSS 是基于单一代理（Agent）的，它无法支持决策全过程和多决策成员的协同。因此，GDSS 作为 DSS 领域中的一个分支，成为当前研究的热点之一。

一、群体决策

群体决策是相对个人而言的，两人或多人召集在一起，讨论实质性问题，提出解决某一问题的若干方案，评价这些方案各自的优劣，最后作出决策。这样的决策过程称为群体决策。对于群体决策可以从 3 个方面来分析：群体决策的组织结构、群体决策的信息沟通以及群体决策的活动阶段。

（一）群体决策组织结构

群体决策组织结构有两种形式：基于协助的群体决策和基于竞争的群体决策。基于协助的群体决策中，决策者可能有不同的决策方式和观点，但他们的基本利益是一致的，他们在决策过程中需要互相协作，也可能有相应的分工。此类群体决策中，最终的决策可能由一个人做出，但是在做决策之前，其他团队成员要搜集信息，作各种辅助性工作或者对被选方案中的不完善处进行补充。而基于竞争的群体决策中决策者的立场是互相冲突的。

（二）群体决策的信息沟通

群体决策系统的信息沟通渠道有 4 种形式：独断决策、民主决策、团队决策和沟通决策。其中，独断决策是个人决策的一个扩展，这种决策完全由个人做出，其余参与者只是提供参考信息；民主决策中决策由一个群体做出，每个决策参与者对于决策结果产生的影响都是相同的，决策参与者互相之间可以充分沟通；团队决策由一个决策者做出，但团队中每个人对决策者所做的决定都产生一定的影响，成员之间互相不进行沟通；沟通决策由一个决策者做出，但做出决策之前要在团队中进行讨论并提出不同方案。

（三）群体决策的活动阶段

一个典型的群体决策过程可以看作是一个分阶段的活动序列，具体包括问题提出、信息共享、方案设计、方案讨论、方案草稿、合作协议几个阶段。其中，在问题提出阶段，明确要讨论的问题及有关背景；在信息共享阶段，参与决策者通过讨论抓住问题关键所在，通过每个人之间信息的交流，使得问题的实质更加清晰；在方案设计阶段，参与决策者对于问题提出各自看法，由于个人的看法往往不够全面并带有主观性，此时要避免做出武断的判断；在讨论方案阶段，决策问题的实质已明确，同时也可能出现多个方案，由于观点的不同会产生争执；在方案草稿阶段，参与决策者虽仍存在分歧，但对于彼此可以互相接受或对折中的观点有所认识；合作协议阶段，群体成员达成协议，对问题解决具有一致性的意见。

根据决策问题的实际情况，决策阶段的演进并非是线性的。如一个决策过程在方案讨论阶段可能暴露出前面阶段未发现的问题，这时决策过程可能返回，再次运行前面的阶段。通过对群体决策的分析，明确了群体决策活动和群体决策，下面将进一步讨论 GDSS。

二、群体决策支持系统

大多数组织机构内的复杂的决策都是由群体成员做出的。因为组织机构做出决策的复杂性在增加，对会议和群体决策的需求也在提高。这些会议的准备工作和会议的实施是一个复杂的过程。因此，采用计算机系统支持是适当的。

通常一个有质量的决策团队的参与者来自不同的职能领域或者管理级别，这给团队带来了各种各样的观点。虽然这种多样性丰富了会议的内容（提供了所谓的过程获利，Process Gains），但它也会减慢工作的进度（包括过程损失，Process Losses）。另外，群体成员会受到一般现象的影响，这抑制了团队工作的成功。这些现象包括一个或几个成员的主导地位、糟糕的人与人之间的交流和不情愿表达创新的思想。为了减少这些负面的影响，有些组织机构在群体会议中引入了额外的培训和专业的协调推进办法。然而，随着团队成员数目的增长，这些改进带来的预算成为一个问题并且要想找到高质量的协调推进人员（Facilitator）也变得很困难。一个解决的办法就是 GDSS，它是在多个 DSS 和多个决策者的基础上进行集成的结果。可以说，GDSS 是整合多个决策者的智慧、经验以及相应的 DSS 组成的集成系统，它以计算机及其网络为基础，用于支持群体决策者共同解决半结构化的决策问题。

GDSS 是支持决策制定群体（包括它的领导和它的协调人员）的成员实施各项活动的技术。一个有质量的团队是任何质量改善计划的主要部分，GDSS 使得团队可以在应用质量改善方法的过程中减少它们的困难，提供了在面对面的会议中开始会议、记录和构造团队成员的思想等过程的自动化方法，特别是提供了对观点生成、议题排序、问题分析、策略选择等的支持。另外，GDSS 帮助减少了在面对面的团队工作中的许多问题（例如害怕表达自己的观点等）。而且，GDSS 的技术提供了在团队会议和决策过程中的大量的文件。与传统的会议决策相比，GDSS 的特点可以归纳为：①不受时间与空间的限制；②能让决策者相互之间便捷地交流信息与共享信息，减少片面性；③决策者可克服消极的心理影响，无保留地发表自己的意见；④能集思广益，激发决策者的思路，使问题的解决方案尽可能趋于完美；⑤可防止小集体主义及个性主义对决策结果的影响；⑥可提高决策群体成员对决策结果的满意度和置信度；⑦群体越大效果越显著。

GDSS 是对群体决策非常有益的支撑平台，它涉及的面很广。GDSS 要面对不同风格与偏好的个人，要综合决策科学、人工智能、计算机网络、运筹学、数据库技术、心理学及行为科学等多种学科的理论、方法与技术，对其实用系统的研究与开发的难度非常大。

信息技术的发展，使得研究人员认识到技术可以为通常只在面对面的会议中才会发生的各种各样的活动（例如观点生成、一致意见的建立、匿名的等级划分和投票）提供支持。最初的 GDSS 的思想有两种方法派系：一种是社会科学的方法，这种方法建立在人在群体中工作的社会学和认知的理论基础上，以此决定哪种类型的工具是最有效的；另一种是工程学的方法，它检查在会议中人们是怎么互相影响和怎么利用工具来改善群体的有效性和效率的。逐渐地这两个派系都认识到了对方观点中积极的一面，最终导致了两个派系有效的合并。

GDSS 有几种定义。如根据 Huber 的观点，GDSS 是一个软件、硬件、语言组件和支持一群人从事决策相关会议的程序集合。另外根据 Desanetis 和 Gallupe 的观点，一个 GDSS 是一个交互的基于计算机的系统，它帮助群体决策者得到非结构化问题的解决方案。GDSS 的组成部分包括硬件、软件、人、程序以及会议议程组织。这些组成部分被安排用来支持得到一个决策方案的处理过程。

通常来讲，GDSS 是一个基于计算机的交互式系统，并利用通信、计算机和决策技术支持群体成员对非结构化决策问题进行定义和求解。通过消除彼此的通信障碍，提供结构化的决策分析技术以及系统地指导群体讨论的内容、时间和模式，GDSS 可以改进群体决策的过程，提高群体决策的效率与质量。

三、群体决策支持系统的技术构成及其特征

在 GDSS 系统中，硬件决定了决策群体的工作环境，软件则提供了各种决策工具。GDSS 系统中通常有决策活动（例如决策过程和决策分配等）必须遵守的规则。典型的 GDSS 结构如图 12-8 所示。

GDSS 的主要特征包括：①GDSS 是一个专门设计的信息系统，GDSS 设计的目标是支持群体决策者在一起工作。GDSS 能改善群体决策制定的过程或决策方案。②GDSS 是容易学习和使用的。它向各种知识层次的用户提供计算和决策支持。③GDSS 可以设计用来针对一类问题

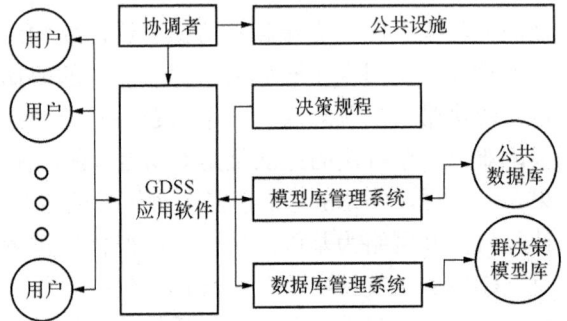

图 12-8　DSS 结构

或者各种群体层次的组织决策。④GDSS 设计的目的是鼓励观点生成、冲突解决和自由表达等活动的。⑤GDSS 建立了一种机制来阻止群体行为的负面影响的发展，例如破坏性的冲突、错误传达和集体考虑等。

事实上，GDSS 将通信、计算机和决策技术结合起来，使问题的求解更为条理化、统一化，而各种技术的进步推动了这一领域的发展。GDSS 应能发现问题并向群体提供新的方法，通过有效的信息交流逐步达到这些目标。

然而，如何设计开发 GDSS 来支持群体决策是一个复杂的任务，因为它是一个涉及不同的个人、时间、地点、通信网络及个人偏好和其他技术的复杂组合，它的运行方式与制度和文化有着十分密切的关系。群体决策的多数问题是非结构问题，因此很难直接用结构化方法提供支持。群体决策支持系统（GDSS）的目的就在于克服上述这些障碍，力图提供一种系统方法，有组织地指导信息交流方式、讨论形式、议事日程、决议内容。

四、群体决策支持系统的目标及技术层面

GDSS 的目标是通过加快决策的速度，改善决策效果来提升决策会议的产出效益。根据提供给群体决策者的不同支持，可将 GDSS 划分为 3 个层次：过程支持层、决策支持层和会议规则层。

（一）过程支持层

过程支持层的目标就是减少或除去与会者间的通信障碍。通过这一层的功能，决策者可

以使用多种信息交流的渠道。系统提供的这一层支持的项目有：①群体成员之间的电子消息；②用网络把每个成员的个人计算机连接到群体其他成员、协调人员的计算机上，与此同时也和公共屏幕、数据库或任何其他公有 CBIS（基于计算机的信息系统）相连；③一个公共屏幕可被每一个群体成员的计算机所得到或者对于所有的成员都是可见的，它处在一个中心的位置；④观点和投票的匿名输入使得那些喜欢匿名的群体成员增强了参与感；⑤对每个群体成员的观点或投票的积极引导鼓励了参与性，并且引发了创造性；⑥观点和意见的总结和显示，包括统计的总结和投票的显示（在公共屏幕上）；⑦每个群体成员都一致接受的议程的形式，它可以帮助会议的组织；⑧持续地显示议程，保持会议按进度进行。

（二）决策支持层

在这一层，软件加入了建模和决策分析的功能，帮助决策者对问题建模和进行决策分析。第二层的 GDSS 试图通过在群体决策的处理，提供让任务获利的系统的方法来减少不确定性和"干扰"。这个范畴的基本模型包括：①规划模型；②决策树；③概率评估模型；④资源分配模型；⑤社会评价模型。

这些模型可能存在于正规 DSS 的包中或被置于第一层的软件中。

（三）会议规则层

会议规则层根据控制群体决策制定的时间、内容或者消息模式来处理群体决策。在这一层，包含会议规则的特殊软件被添加了进来。例如，一些规则能决定发言的顺序、响应方法或者投票规则。

五、群体决策支持系统的类型

（一）决策室

决策者面对面地集于一室在同一时间进行群体决策时，GDSS 可设立一个与传统的会议室相似的电子会议室或决策室，决策者通过互联的计算机站点相互合作完成决策事务。

（二）局域决策网

多位决策者在近距离内的不同房间（一般是自己的办公室）里定时或不定时作群体决策时，GDSS 可建立计算机局域网，网上各位决策者通过联网的计算机站点进行通信，相互交流，共享存于网络服务器或中央处理机的公共决策资源，在某种规程的控制下实现群体决策。主要优点是可克服定时决策的限制，即决策者可在决策周期时间内分散地参与决策。

（三）虚拟会议

利用计算机网络通信技术，使分散在各地的决策者在某一时间内能以不见面的方式进行集中决策。在实质上与决策室相同，它的优点是能克服空间距离的限制。

（四）远程决策网

远程决策网充分利用广域网等信息技术来支持群体决策，它综合了局域决策网与虚拟会议的优点，可使决策参与者异时异地共同对同一问题做出决策。这种类型还不成熟，开发应用也很少见。

案例 汽 车 导 航 系 统

汽车导航是近年兴起的一种汽车驾驶辅助设备，驾车者只要将目的地输入汽车导航系统，系统就会根据电子地图自动计算出最合适的路线，并在车辆行驶过程中（例如转弯前）

提醒驾驶员按照计算的路线行驶。在整个行驶过程中，驾车者根本不用考虑该走哪条路线就能快捷地到达目的地。

当前的汽车导航系统包括两部分：全球定位系统和车辆自动导航系统。汽车导航设备一般是由 GPS 天线集成了显示屏幕和功能按键的主机，以及语音输出设备（一般利用汽车音响系统输出语音提示信息）构成的。

汽车导航系统中的 GPS 信号接收器接收卫星发送的信号，根据卫星信号计算出地面接收机的当前位置。如果地面接收机同时收到 4 颗以上的卫星信号，就能根据卫星的精确位置及发送信号的时刻，通过计算以求得当前地点的位置。电子地图存储容量能够存储汽车运行区域的所有数据，车载电脑与存储道路网络数据不断比较判断，更正定位误差从而确定最佳行驶路径。

目前先进的汽车导航系统多用单片机结构、嵌入式操作系统，软件代码存储于 ROM 中，代码简洁、运行可靠、启动及关闭迅速，具有几乎完整的 PC 组件和输入输出端口，适应汽车恶劣的工作环境，在高温或低温以及剧烈振动环境下工作可靠性高。

本 章 小 结

本章全面介绍了决策支持系统演变的过程、类型和特点。首先分析了 DSS 与 MIS 的关系，然后，介绍了 DSS 基本概念、发展历史、体系结构及技术层次。DSS 是一种具有高度灵活性和交互性的信息系统，它专门用来支持非结构化和半结构化问题的决策制定。DSS 支持而不是代替管理人员做出决策。智能决策支持系统是 DSS 与人工智能结合的产物，是当前 DSS 研究中的活跃领域。群体决策支持系统支持群体成员共同完成一项决策任务。

习 题

1. 什么是决策支持系统？决策支持系统的特点是什么？
2. 决策包括哪些阶段？这些阶段的主要工作是什么？
3. 决策支持系统包括哪些模块？这些模块的功能是什么？
4. 一个理想的模型管理子系统应当具有哪些特征？
5. 什么是智能决策支持系统？
6. 简要说明智能决策支持系统的结构特点。
7. 请给出几种应用于智能决策支持系统中的智能技术并简要说明。
8. 什么是群体决策支持系统？列举出几种群体决策支持系统，并简要说明。
9. 群体决策支持系统在技术上可划分为哪些层面？

第十三章 ERP 系 统

如今，ERP系统正在为越来越多的企业管理者所追捧。人们都期待着通过ERP实施，能够给企业带来脱胎换骨的效果，甚至将 ERP"神化"，认为它无所不包、无所不能。本章对ERP系统与MIS之间的关系以及ERP系统的发展历程、基本原理、应用现状、实施失败的主要原因、实施原则等问题展开分析与讨论。

第一节 ERP 系 统 概 述

一、ERP 系统与 MIS 关系

（一）概念比对

MIS是以信息技术为基础，为企业管理和决策提供信息支持的系统。MIS的特点是建立了企业数据库，强调数据共享，从系统观点出发，对信息系统进行全局规划和设计。ERP即企业资源计划（Enterprise Resources Planning），是在MRP和MRPⅡ的基础上发展起来的，其核心是针对制造业的生产控制管理模块，在制造企业中可作为一种侧重于供应链管理、生产管理、库存管理的局部MIS。

由此可见，MIS与ERP在概念上是包含关系。MIS关注信息与数据的共享，更注重管理水平的提高以及战略决策的正确性；而ERP更注重对局部或生产流程的控制，解决实际生产中特定生产流程或生产环节中的问题，ERP可以看做是MIS的一个或几个子系统。

（二）系统架构比对

MIS是一个三层金字塔结构的信息管理系统。其底层是事务处理系统，是对企业所有原始数据进行采集、存储、加工、传递的处理系统，主要完成各管理部门日常业务的事务性任务。中间层是狭义的管理信息系统，对底层的事务数据做进一步加工，为管理人员提供有效的管理控制、协调的信息。最高层是决策支持系统，根据下面两层的内部信息，结合外部数据向企业最高层提供有关企业生产经营及财务等重大决策问题的信息。

ERP系统是一个更多强调物流和资金流的互动关系的生产管理系统，是一个线性关联的系统。如在制造行业，鉴于产品批量生产和流水线作业，针对材料采购的多品种、多批次，利用控制面板来管理监控库存数量，当其触及预定底线时，就必须尽快采购补充。

由此可见，ERP系统在强调物流与资金流的互动过程中，注重解决如何减少制造过程中的时间、成本与人员的冗余，如何优化过程，保证过程的正确实现与畅通。MIS则是通过分层次的管理，从信息流、控制流、管理流和增值流等不同层面来分析系统的状态，分析问题产生的原因及其产生机制，提出改进与优化的方法，并获得新的决策支持来实现优化。

（三）应用范围比对

任何优秀的信息系统都是通过物流、资金流、工作流和信息流推动的。其中，MIS更注重通过信息流与工作流来推动资金流，适合以项目为中心的运作，适合具有典型大资金流特点的高利润产品领域，更适合于管理生产周期较长的产品，如房地产行业的房屋单元管理、

大型设备管理等。而 ERP 系统管理注重于产品流量与过程互动，往往以量取胜，主要面向利薄量大的产品或行业，特别适合制造行业。

从管理内容来看，MIS 的管理范围更广，需要充分考虑到仅靠企业自己的资源不可能最有效地参与市场竞争，必须把经营过程中有关各方（如供应商、销售网络、客户、市场等）纳入系统。而 ERP 系统所管理的内容更为具体化，针对性更强，重点关注以生产流程或产品制造流程为中心的单一内在资源的处理。尽管 ERP 的概念在不断更新，内涵在不断扩展，但并不像许多宣传中所表述的那样，"ERP 是一个无所不包、无所不能的复杂无比的庞大系统"。一般没有明确范围界定的系统，容易出现什么问题都要解决，却什么问题都解决不好的情况，因此必须引起 ERP 用户的重视。

二、ERP 系统发展历程

ERP 是在企业管理思想的基础上逐步发展起来的，因而在理解 ERP 原理之前先了解企业管理思想和 ERP 的发展历史是非常必要的。ERP 的形成发展大致经过了 5 个阶段：20 世纪 40 年代的库存控制订货点法、20 世纪 60 年代的 MRP（Material Requirements Planning）、20 世纪 70 年代的闭环 MRP、20 世纪 80 年代的 MRP II（Material Resources Planning）和 20 世纪 90 年代的 ERP。

（一）从库存管理的订货点法到 MRP

MRP 思想最初是由美国 IBM 公司的管理专家及其合作者，在不断探索装配型产品的生产与库存管理问题的基础上创立的，并在美国生产与库存管理协会（APICS）的大力宣传和推动下得到不断地推广和普及。目前，MRP 思想已逐步演化成一种较成熟的管理体系，在制造业得到广泛的应用，而且还在不断向前发展。

在每一个制造工厂中，库存控制一直是一项非常重要的工作，因为库存会占用大量的资金，每个企业都在想方设法做好库存控制，以降低库存成本、提高效率。早在 20 世纪 30 年代，企业生产能力较低，制造资源的焦点是供与需的矛盾，计划管理问题局限于确定库存水平和选择补充库存策略的问题。随着对库存问题探讨的不断深入，逐渐产生了订货点法思想。所谓订货点法，即给一种库存物料制定一个最低库存标准，当库存数量低于这一标准时，就需要下达订单去采购或生产这一物料。订货点法依靠对库存补充周期内需求量的预测，并保留一定的安全库存储备，来确定订货点。安全库存的设置是为了应对需求的波动。一旦库存低于预先规定的数量，即订货点，则立即进行订货来补充库存。

订货点法曾引起人们广泛的关注，按这种方法建立的库存模型也曾经被称为"科学的库存模型"。然而，当我们对其赖以生存的基础——订货点法的基本假设进行质疑时，却发现了"科学"的相对性。订货点法基于以下基本假设：①各种物料需求相互独立。订货点法不考虑物料项目之间的关系，每项物料的订货点独立地进行确定。因此，订货点法是面向零件的，而不是面向产品的。当时，在制造业中有一个很重要的要求，即各项物料的数量必须配套，以便能装配成产品。由于对各项物料独立地进行预测和订货，则会发生在装配时各项物料不匹配的情况。②物料需求的连续性。按照这种假定，必须认为需求相对均匀，库存消耗率稳定。而制造业中，虽然市场对产品的需求连续，由于批量生产的原因对产品零部件的需求是不均匀、不稳定的。库存消耗是间断的，这往往是由下道工序的批量要求引起的。③提前期是已知的与固定的。这是订货点法最主要的假设，但在现实中，情况并非如此。对一项指定了 6 周提前期的物料，其实际的提前期可以在 2~90 天的范围内变化。把如此大的时间范围浓缩成一个数字，用来作为提前期的已知数，显然是不合理的。④重新填货。库存消耗后应被重新填满，按照这种假定，当物料库存低于订货点时，则必须发出订货通知，以重新填满库存。但如果需求是间断的，那么这样做不但没有必要，而且也不合理。因为很可能因此造成库存积压。"何时订货"被认为是库存管理的一个大问题。这并不奇怪，因为库存管理正是订货并催货这一过程的自然产物。然而真正重要的问题却是"何时需要物料"。当这个问题解决以后，"何时订货"的问题也就迎刃而解了。订货点法通过触发订货点来确定订货时间，再通过提前期来确定需求日期，其实是本末倒置的。更大的问题还在于，若一项物料以后不再需求，按照订货点法，它仍会建议下达订单，这样就容易造成死库存。

针对订货点法的不足，许多管理专家都在探讨怎样才能使库存符合实际的生产计划这一问题。20世纪60年代，美国IBM公司的约瑟夫•奥列基博士（Dr.Joseph A.Orlicky）提出了分层式产品结构以及物料的独立需求（Independent Demand）和相关需求（Dependent Demand）的概念。所谓的独立需求是指需求量和需求时间由企业外部的需求来决定，例如，客户订购的产品、科研试制需要的样品、售后维修需要的备件等。相关需求是指工具物料之间的结构组成关系，它是由独立需求的物料所产生的需求，例如半产品、零部件、原材料等的需求。然后再根据独立需求的物料提前期的长短，计算出相关需求的物料，并将它们在时间上加以先后排列。这就是MRP方法形成的最初雏形，当时MRP的基本思想是根据所要生产的产品在正确的时间、地点、按照正确的数量得到所需的物料，以免造成库存积压或阻碍生产。

MRP针对订货点法的几项假设作了以下主要改进：①通过产品结构把所有物料的需求联系起来。考虑不同物料需求之间的相互匹配关系，从而使各种物料的库存在数量和时间上均趋于合理。②把所有物料按需求性质区分为独立需求项和非独立需求项。如果某项物料的需求量不依赖于企业内其他物料需求量而独立存在，则称为独立需求项目；如果某项物料的需求量可由企业内其他物料的需求量来确定，则称为非独立需求项目或相关需求项目。独立需求项目的需求量和需求时间通常由预测和客户订单等外在的因素来决定，而非独立需求项目的需求量和需求时间由MRP系统来决定。③对物料的库存状态数据引入时间分段的概念。所谓时间分段，就是给物料状态数据加上时间坐标，也就是按具体的日期或计划时区记录和存储库存状态数据，这样就可以准确地回答和时间有关的各种问题。

（二）从MRP发展为MRP II

MRP方法的出现，在当时对提高库存管理和生产计划的准确性确实起到了很大的作用，但随着MRP应用的不断扩展，MRP方法也逐渐显现出它的一些不足。MRP仅给出了物料的需求计划，没有考虑到生产企业现有的生产能力和采购有关的条件约束，因此计算出来的物料需求日期有可能因设备和工时的不足而没有能力生产，或者因原料的不足而无法生产，同时它也缺乏根据计划实施情况的反馈信息对计划进行调整的功能。针对这些不足，许多管理专家及现场管理人员认识到，物料计划必须与工厂的生产能力相结合，与生产能力相平衡，这样的计划才是可行的。20世纪70年代初期，能力管理（Capacity Management）概念被提了出来。首先，人们将执行计划的机器及人力定义为"工作中心"，引入到物料的范畴，作为广义的物料参与计划的运行。其次，给每一个工作中心制订一个能力的标准，这个标准即是某一个工作中心每天可以工作的小时数，然后用这个标准再去衡量MRP制订的计划是否与现有的工作中心能力相匹配，若不能匹配则再调整计划使其达到平衡，从而保证作出的计划是可执行的。最后，执行 MRP 时用派工单来控制加工的优先级，以平衡"工作中心"的工作能力。

除了上面说的工作中心以外，在实际的生产过程中，有时工具也是至关重要的，有些作业必须借助一些专门的工具才能完成，所以工具也必需纳入广义物料中加以处理。此外还有"参考"，当人们在生产某一订单产品时，有时会有一些特别的附加要求，这些附加要求通常会以变更联络书和特别注意事项的形式出现，这些参考有时也是必需的，故参考也必须作为一种广义的物料来处理。

这种考虑了工作中心、工具及参考的 MRP 系统，把能力需求计划和执行及控制计划的功能也包括进来，形成一个环形回路，称为闭环 MRP（Closed-loop MRP）。所谓闭环有两层意义：一把生产能力计划、车间计划和采购作业计划纳入 MRP，形成一个封闭系统；二是在计划执行过程中，必须有来自车间、供应商和计划人员的反馈信息，并利用这些反馈信息进行计划平衡调整，从而使生产计划方面的各个子系统得到协调统一，其工作过程是一个"计划—实施—评价—反馈—计划"的过程。闭环式 MRP 将物料需求按周甚至按天进行分解，使得 MRP 成为一个实际的计划系统和工具，而不仅仅是一个订货系统，这是企业物流管理的重大发展。闭环 MRP 系统的出现，使生产计划考虑了生产能力的因素，但这还不够，因为在企业的管理中，生产管理只是一个方面，它所涉及的不仅仅是物流，还有与物流密切相关的资金流。于是 20 世纪 70 年代末，又有人将会计中的资金概念引入到 MRP 中，要求 MRP 在处理实物流动的同时也同步地处理财务工作，这样就可以用资金来反映 MRP 的计划过程及执行结果。

1977 年 9 月美国著名的生产管理专家奥列佛·怀特（Oliver W.Wight）在《现代物料搬运》月刊上，首先倡议给这种新的 MRP 系统一个新的名称——制造资源计划（Manufactoring Resources Planning）。把生产、财务、销售、过程技术、采购等各个子系统结合成一体化的系统，称为制造资源计划，由于制造资源计划缩写与 MRP 相同，为了区别在其末尾加上 II，以表示它是第二代 MRP。但它包括了财务管理和模拟的能力，这就有了本质意义的区别。MRP II 可在周密的计划下有效地利用各种制造资源，控制资金占用，缩短生产周期，降低成本，但它仅局限于企业内部物流、资金流和信息流的管理，最显著的效果是减少库存量和减少物料短缺现象。MRP II 有如下特点：①管理系统性。MRP II 把企业中的子系统有机地结合起来，形成一个面向企业的一体化的系统，其中生产和财务两个子系统的关系尤为密切。②数据共享性。MRP II 的所有数据来源于企业的中央数据库，各子系统在统一的数据环境下工作。③模拟预见性。MRP II 具有模拟功能，能根据不同的决策方针模拟出各种未来将会发生的结果。④动态应变性。MRP II 是一个闭环系统，它要求跟踪、控制和反馈瞬息万变的实际情况，管理人员可随时根据企业内外环境条件的变化迅速作出响应。因此，它也是企业高层领导的决策工具。

（三）ERP 阶段

20 世纪 90 年代以来，由于经济全球化和市场国际化的发展趋势，制造业所面临的竞争更趋激烈。以客户为中心、基于时间、面向整个供应链在新的形势下成为制造业发展的基本动向。以客户为中心的经营战略是 20 世纪 90 年代企业在经营战略方面的重大转变。

以客户为中心的经营战略与传统经营战略的对比见表 13-1。

表 13-1　　　　　　　　　　传统经营战略与以客户为中心的经营战略的对比

项目	传统经营战略	以客户为中心的经营战略
组织结构	按职能划分的层次结构	动态的、可组合的弹性结构
管理方式	纵向的控制和优化	增值链的横向优化
生产过程	产品驱动	需求驱动
影响客户购买的因素	价格	交货期
生产目标	成本、质量、交货期	交货期、质量、成本

　　实施以客户为中心的经营战略就要对客户需求迅速作出相应的反应，并在最短的时间内向客户交付高质量和低成本的产品。这就要求企业能够根据客户需求迅速重组业务流程，消除业务流程中非增值的无效活动，变顺序作业为并行作业，在所有业务环节中追求高效率和及时响应，尽可能采用现代化技术手段，快速完成整个业务流程。

　　企业的再造工程是对传统管理概念的重大变革，在这种概念下，产品不再是定型的，而是根据客户需求选配的；业务流程和生产流程不再是一成不变的，而是针对客户需求，以减少非增值的无效活动为原则而重新组合的；企业的组织也必须是灵活的、动态可变的。显然，这种需求变化是传统 MRP II 所难以满足的，而必须转向以客户为中心、基于时间、面向整个供应链为基本特点的 ERP 系统。这就是 ERP 产生的客观需求背景。而面向整个对象的技术、计算机辅助软件工程以及开放的客户机/服务器环境又为实现这种转变提供技术基础。于是，ERP 应运而生了。

　　ERP 是在 MRP II 的基础上演变和发展而来的，最初它是基于企业内部供应链的管理，将企业内部生产经营的所有业务单元如订单、采购、库存、计划、生产、质量、运输、销售、服务及相应的财务活动等纳入一条供应链内进行管理。随着市场竞争的加剧，生产出的产品必须转化成利润，企业才能得以生存和发展，因而企业更加注重对资金的管理和动态利润的分析，即如何在供应链上更好地利用企业有限的资金实现利润最大化，如何使投资增值来维护股东的利益等。为此，ERP 在对整个供应链的管理过程中加入了企业理财的观念，更加强调了对资金流和信息流的控制。随后，由于全球经济的一体化，人们发现任何一个企业不可能在所有业务上都成为领先者，必需联合该行业中其他上下游企业，建立一条业务关系紧密、经济利益相连的行业供应链以实现优势互补，共同增强市场竞争实力。因此，ERP 从对企业内部供应链的管理延伸和发展为面向全行业的广义产业链管理，管理的资源对象从企业内部扩展到了外部。管理系统的发展早已超出了原来的 MRP II 范围，发展成为一个更为广阔的管理系统。

　　同时企业为了适应市场需求变化，不仅需要组织"大批量生产"，而且还要组织"多品种小批量生产"。当这两种情况并存时，需要用不同的方法来制订计划。20 世纪 90 年代初，美国的加特纳公司（Gartner Group Inc.）首先提出了企业资源计划（Enterprise Resources Planning，ERP）。由加特纳公司的定义：ERP 系统是一套将财务、分销制造和其他业务功能合理集成的应用软件系统。随着近十多年的发展，ERP 的思想也逐步丰富并成熟起来。

　　ERP 是信息时代企业向国际发展的管理模式，也代表了当时集成化企业管理软件系统的理论思想。ERP 技术及系统特点包括：①ERP 更加面向市场、经营、销售，能够对市场快速响应；它将供应链管理功能包含了进来，强调了供应商、制造商与分销商间的新的伙伴关系。②ERP 更加强调企业业务流程，通过工作过程流程化实现企业的采购、财务、制造与分销间的集成，支持企业过程重组。③ERP 更多地强调财务，具有较完善的企业财务管理体系；使价值管理理念得以实施，资金流与物流、信息流更加有机地结合。④ERP 较多地考虑人作为资源因素在生产经营规划中的作用，也考虑了人的培训成本等。⑤在生产制造计划中，ERP 支持 MRP II（Just-In-Time）的混合生产管理模式，也支持多种生产方式（离散制造、连续流程制造等）的管理模式。

此外，还有一些 ERP 系统包括了金融投资管理、质量管理、运输管理、项目管理、法规与标准、过程控制等补充功能。它能更好地支持企业经营管理各方面物流、信息流与资金流的集成，并将给企业带来更广泛、更长久的经济效益与社会效益。

目前的 ERP 概念及系统仍在不停地发展和完善之中，ERP 还在不断地吸收先进的管理思想和 IT 技术，如人工智能、精益生产、并行工程、Internet、数据库仓库等。人们预测，21 世纪的 ERP 将在动态性、集成性、优化性和广泛性等方面得到更大的发展，成为企业在 21 世纪竞争中的好帮手。

（四）ERP 的发展趋势

（1）管理范围继续扩大。ERP 的管理范围有继续扩大的趋势，继续扩充供应链管理（Supply Chain Management，SCM）。SCM 融合企业本身的所有经营业务——办公业务、企业之间的协同商务业务等，如电子商务（Electronic Commerce，EC）（B2B，B2C 等）、客户关系管理（Customer Relationship Management，CRM）、办公自动化（OA）等都不断融入 ERP 系统中。协同商务（Collaborative Commerce，缩写为 C-commerce），指企业内部人员，贯穿于贸易共同体的业务伙伴和客户之间的协作及电子化的业务交互过程。贸易共同体可以是一个行业或行业分支，也可以是供应链或供应链的一部分。此外，ERP 系统还日益和计算机辅助设计（Computer Aided Design，CAD）、计算机辅助制造（Computer Aided Manufacture，CAM）、计算机辅助工艺设计（Computer Aided Process Planning，CAPP）、产品数据管理（Product Data Management，PDM）、POP 系统以及自动货仓等系统融合，相互传递数据。这样就将企业管理人员在办公室中完成的全部业务都纳入到了管理范围中，实现了对企业的所有工作及相关外部环境的全面管理。

（2）继续支持与扩展企业的流程重组。企业的外部与内部环境变化是相当快的。企业要适应这种快节奏的变化，就要不断地调整组织机构和业务流程。因此，ERP 的发展必然要继续支持企业的这种变化，使企业的工作流程能够按照业务的要求进行组织，以便集中相关业务人员，用最少的环节、最快的速度和最经济的形式，完成某项业务的处理过程。

（3）运用最先进的计算机技术。信息是企业管理和决策的依据，计算机系统能够及时而准确地为企业提供必要的信息，因此 ERP 的发展是离不开先进的计算机技术的。Internet 和 Intranet 技术，使企业内部及企业之间的信息传递更加畅通。面向对象技术的发展使企业内部的重组变得更加快捷和容易。计算机在整个业务过程中产生信息的详尽记录与统计分析，使决策变得更加科学和有目的性。

三、ERP 系统原理

简要地说企业的所有资源包括三大流：物流、资金流和信息流。ERP 就是对这 3 种资源进行全面集成的管理信息系统。概括地说，ERP 是建立在信息技术基础上，利用现代企业的先进管理思想，全面地集成企业的所有信息资源，为企业提供决策、计划、控制与经营业绩评估的全方位和系统化的管理平台。ERP 系统是一种管理理论和管理思想，不仅仅是信息系统。它利用企业的所有资源，包括内部资源与外部资源，为企业制造产品和提供服务创造最优的解决方案，最终达到企业的经营目标。由于这种管理思想必须依附于计算机软件系统的运行，所以人们常把 ERP 系统当成一种软件，这是一种误解。要想理解与应用 ERP 系统，必须了解 ERP 的实际管理思想和理念，才能真正地掌握与利用 ERP。

ERP 理论与系统从 MRP II 发展而来，它除了继承 MRP II 的基本思想（制造、供销及财务）外，还大大地扩展了管理的模块，如工厂管理、质量管理、设备管理、运输管理、分销资源管理、过程控制接口、数据采集接口、电子通信等模块。它融合了离散型市场和流程型生产的特点，扩大了管理范围，更加灵活或"柔性"地开展业务活动，实时地响应市场需求。它还融合了多种现代管理思想，进一步提高了企业的管理水平和竞争力。因此 ERP 理论不是对 MRP II 的否认，而是继承与发展。MRP II 的核心是物流，主线是计划。伴随着物流的过程，同时考虑资金流和信息流。ERP 的主线也是计划，但 ERP 已将管理的重点转移到财务上，在企业整个经营运作过程中贯穿了财务成本控制的理念。总之，ERP 极大地扩展了 MRP II 业务管理的范围及深度，包括质量、设备、分销、运输、多工厂管理、数据采集接口等。ERP 的管理范围涉及企业的所有供需过程，是对供应链和企业运作的供需链结构的全面管理。

ERP 系统包含的模块有：销售管理、采购管理、库存管理、制造标准、MPS、物料需求计划、能力需求计划、车间管理、JIT 管理、质量管理、财务管理、成本管理、应收账管理、现金管理、固定资产管理、工资管理、人力资源管理、分销资源管理、设备管理、工作流管理、系统管理。下面仅对 ERP 中的主要模块进行简要介绍。

（一）销售管理

销售规划是 ERP 的第一个计划层次，属于决策层，其业务包含生产规划（和产品规划）。销售计划是根据市场的信息与情报，同时考虑企业的自身情况如生产能力、资金能力等制定的产品系统生产大纲。如果销售管理子系统连接分销资源计划子系统（DRP），则销售计划来源于销售资源计划子系统。销售计划在计划各层次之间的关系如图 13-1 所示。

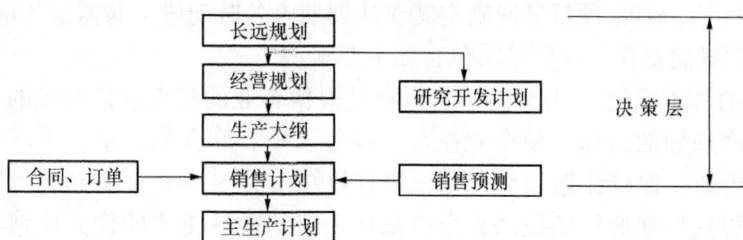

图 13-1　计划层次之间的关系

综合说来，ERP 的销售管理模块提供的销售预测、销售计划和销售合同（订单）是 MPS 的需求来源。销售管理子系统帮助企业的销售人员完成客户档案及信用管理、产品销售价格管理、销售订单（合同）管理、销售提货、服务管理及发票管理等一系列销售事务。为企业的销售人员提供客户的信用信息、产品的订货情况以及产品的销售情况和获利情况，指导企业生产经营活动顺利进行，提高企业的客户服务水平，使企业的市场适应能力加强，始终能在竞争中保持优势地位。

　　销售管理子系统与库存、成本、应收账管理和生产等子系统有着紧密的联系，销售管理子系统与其他子系统关系如图 13-2 所示。概要地说，销售的产品从产品库中发出，销售成本及利润由成本会计核算，销售产品的应收账款由财务管理模块来结算，销售订单（合同）为生产提供了各类产品的计划数据。

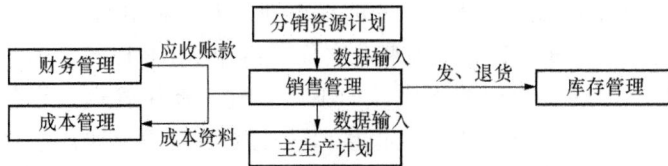

图 13-2　销售管理子系统与其他子系统的关系

（二）主生产计划

　　主生产计划（Master Production Schedule，MPS）是确定具体产品在具体时间段的生产计划。计划的对象一般是最终产品，即企业的销售产品，但有时也可能先考虑组件的 MPS 计划，然后再下达最终装配计划。这里的具体时间段通常是以周为单位，在有些情况下，也可以是日、旬、月。主生产计划详细规定生产什么、什么时段应该产出，它是独立需求计划。主生产计划根据客户合同和市场预测把经营计划或生产大纲中的产品系列具体化，使之成为开展物料需求计划的主要依据，起到了从综合计划向具体计划过渡的承上启下作用。MPS 是最重要的一个计划层次，可以说 ERP 系统计划的真正运行是从 MPS 开始的。MPS 的确定过程伴随粗能力计划的运行，即要对关键资源进行平衡。企业的物料需求计划、车间作业计划、采购计划等均来源于 MPS，即先由 MPS 驱动物料计划，再由物料需求生成车间作业计划与采购计划。所以，MPS 在 ERP 系统中起着承上启下的作用，实现从宏观计划到微观计划的过渡与连接。同时，MPS 又是联系客户与企业销售部门的桥梁，所处的位置非常重要。当然如果企业的产品生产周期很长，它的重要性就不是很突出了，如一些大型设备、船、飞机等，这些产品往往是一年做一次生产计划安排。

　　MPS 必须是可以执行、可以实现的，它应该符合企业的实际情况，其制订与执行的周期视企业的情况而言。MPS 项目还应确定其在计划期内各时间段上的需求数量。制定 MPS 策略是企业高层领导的责任。这些策略包含如下要求：

　　（1）MPS 的基本原则。MPS 的基本原则是根据企业的能力确定要做的事情，通过均衡地安排实现生产规划的目标，使企业在客户服务水平、库存周转率和生产率方面都能得到提高，并及时更新，保持计划的切实可行和有效性。MPS 中不能有超越可用物料和可用能力的项目。那种只反映愿望的做法将会打乱优先级，破坏正常的优先计划，破坏系统产生合理计划的能力。

　　（2）预测。MPS 策略应指出谁负责预测、预测的对象和技术；谁负责审查预测的精度以及主审查的频度；各部门如何就预测的结果进行交流等。

　　（3）MPS 的展望期和计划时区。多数企业以 12 个月作为计划展望期，每过一个月，增加一个新的月计划，也有的企业根据物料和能力的提高期，将计划展望期扩展到二至三年。MPS 的时区（即计划的最小时间单位）不应大于周，以便使得低层物料可以有比较好的相对优先级。

（4）交流。生产部门和采购部门有提供反馈信息的责任，他们应向计划员和 MPS 员提供关于预期延迟的信息，以使计划员和 MPS 员能在问题发生之前作好计划调整，并估计预期延迟的影响。

编制 MPS 一般要经过以下步骤。

（1）根据生产规划和计划清单对每个 MPS 对象即最终项目的生产进行预测。

（2）根据生产预测、已收到的客户订单、配件预测以及该最终项目作为非独立需求项的需求数量，计算总需求。

（3）根据总需求量和事先确定好的订货策略和批量，以及安全库存量和期初库存量，计算各时区的 MPS 量和预计可用量。这里可以使用如下公式从最初时区进行推算：第 K+1 时区的预计可用量＝第 K 时区预计可用量＋第 K+1 时区 MPS 量－第 K+1 时区的总需求量（K=0，1，…）；第 0 时区的预计可用量＝期初可用量。在计算过程中，如预计可用量为正值，表示可以满足需求量。不必再安排 MPS 量；如预计库存量为负值，则在本时区就计划一个批量作为 MPS 量，从而给出一份 MPS 的备选方案。

（4）用粗能力计划评价 MPS 备选方案的可行性，模拟选优，给出 MPS 报告。

（三）物料需求计划

物料需求计划（Material Requirement Planning，MRP），与 MPS 一样处于 ERP 系统计划层次的计划层，由 MPS 驱动 MRP 的运行。MRP 是对 MPS 的各个项目所需的全部制造件和全部采购件的网络支持计划和时间进度计划。MRP 的对象是最终产品，但产品的结构是多层次的，一个产品可能会包含成百上千种需制造的零配件与外购材料，而且所有物料的提前期（加工时间、准备时间、采购时间等）各不相同，各零配件的投产顺序也有差别，但是加工必须是均衡的，这样才能满足 MRP 的需求，这些就是 MRP 要解决的问题。MRP 系统要正确计算出物料需求下的时间和数量，特别是相关需求物料的数量和时间，首先要使系统能够知道企业所制造的产品结构和所有要使用的物料。产品结构列出构成成品或装配件的所有部件、组件、零件的组成、装配关系和数量要求。

MRP 主要解决以下 5 个问题：①要生产什么？生产多少？（来源于 MPS）②要用到什么？（根据 BOM 展开可知）③已知有什么？（根据物品库存信息、即将到货信息或产出信息获得）④还缺什么？（根据计算结果可知）⑤何时安排？（根据计算结果可知）

MRP 子系统是生产管理的核心（也是生产计划部分的核心），它将把 MPS 安排的产品分解成各个自制零部件的生产计划和采购件的采购计划。MRP 子系统能帮助企业摆脱旧的按台组织生产的管理方式，提供给企业一套全新的科学的管理模式。MRP 的计划时间单位为小时。

MRP 运算与制定的基本方法是：①由最终产品的主计划导出有关物料（组件、材料）的需求量与需求时间；②根据物料的提前期确定投产和订货时间。

制订 MRP 依据的关键信息有：库存信息、主生产计划（MPS）和物料清单（BOM）。后者由于最终产品结构中的各个子件加工周期不同，即对同一 BOM（同一产品）中的物料需求时间不同，因此，MRP 要根据产品的 BOM 对 MRP 进行需求展开（数量与提前期）。

（四）采购管理

运行 MRP 的结果一方面是生产计划的生产订单，另一方面是生产计划的采购订单。制造业的一个共同特点就是必需购进材料才能加工；必须购进配套件、标准件才能进行装配。生产订单的可行性在很大程度上要靠采购作业来保证。企业生产能力的发挥，在一定程度上要受采购工作的制约。为了按期交货满足客户需求，第一个保证环节就是采购作业。采购提前期在产品的累计提前期中占很大的比重，不可轻视。

外购物料的价值和费用在很大程度上影响着企业利润。在库存物料价值上，外购物料所占的比例也很高。因此，采购作业管理直接影响库存价值。采购管理包括以下主要工作内容。

（1）货源调查和供应商评审。建立供应商档案记录有关信息，其中包括：①供应商代码、名称、地址、电话、联系人；②商品名称、规格、供方物料代码；③价格、批量要求、折扣、付款条件、货币种类；④发货地点、运输方式；⑤供应商信誉记录，包括按时交货情况、质量及售后服务情况；⑥供应商技术水平、设备和能力。

（2）确定供应商。查询档案记录，选择适当的供应商，并就商品价格、技术和质量条件与供应商进行洽谈。现代企业管理者们意识到供应商对企业的重要影响，把建立和发展与供应商的关系作为企业整个经营战略的主要部分，与供应商共同分析成本与质量因素，并向供应商提供技术支持。

（3）核准并下达采购订单。根据 MRP 所产生的计划采购订单，核准采购的必要性和采购条件的正确性。与供应商签订供应协议、确定交货批量和交货日期；确定收货地点、运输和装卸方式、明确责任；确定付款方式、地点、银行账号。

（4）采购订单跟踪。抽检货品质量、控制进度、安排运输。

（5）货到验收入库。内容包括：验收报告登记、库存事务处理、退货、退款、补充货品、返工处理。

（6）采购订单完成。内容包括：费用结算、费用差异分析、供应商评价并登记、维修采购提前期数据、维修订货批量调整因素。

（五）车间管理

车间管理处于 ERP 的计划执行与控制层，其管理目标是按 MRP 的要求，按时、按质、按量与低成本地完成加工制造任务。车间管理的过程主要是依据 MRP、制造工艺路线和各工序的能力编排工序加工计划，下达车间生产任务，并控制计划进度，最终完成入库。车间管理的工作内容包括以下 5 个方面。

（1）核实 MRP 产生的计划订单。MRP 为计划订单规定了计划下达日期，虽然这个订单是需要的，并且作过能力计划，但这些订单在生产控制人员正式批准下达投产之前，还必须检查物料、能力、提前期和工具的可用性。

（2）执行生产订单。执行生产订单的工作包括下达生产订单和领料单、下达工作中心派工单和提供车间文档。

（3）收集信息，监督在制品生产。查询工序状态、完成工时、物料消耗、废品、投入/产出等各项报告；控制排队时间、分析投料批量、控制在制品库存、预计是否出现物料短缺和拖延现象。

（4）生产调整措施。如预计将出现物料短缺和拖延现象，则应采取措施，如通过加班、转包和分解生产订单来改变能力及负荷。如仍不能解决问题，则应给出反馈信息、修改 MRP，甚至修改 MPS。

（5）生产订单完成。统计实耗工时和物料、计算生产成本、分析差异、产品完工入库事务处理。

（六）成本管理

生产成本是生产过程中各种资源利用情况的货币表示，是衡量企业技术和管理水平的主要指标。ERP 为企业的成本管理提供了工具，把财务和成本管理纳入到系统中来，是 ERP 发展中的一个重要标志。

ERP 采用的是标准成本体系。标准成本体系是 20 世纪早期产生被广泛应用的一种成本管理制度。标准成本的特点是事前计划、事中控制、事后分析。在成本发生前，通过对历史资料的分析研究和反复测算，制订出未来某个时期内各种生产条件（如生产规模、技术水平、能力利用等）处于正常状态下的标准成本。标准成本是进行成本控制的依据和基础。在成本发生过程中，将实际发生的成本与标准成本进行对比，记录产生的差异，并作适当的控制和调整。在成本发生后，对实际成本与标准成本的差异进行全面地综合分析和研究，发现问题、解决问题，并制订新的标准成本。

ERP 成本计算的基本数据包括采购成本、材料定额、工时定额以及各种费率，它们分别记录在物料主文件、物料清单、工作中心和工艺路线等文件中。这些基本数据中有一些是数量性数据，如工时定额、材料定额；有一些是价格性数据，如材料价格和各种费率。这些基本数据的准确性是成本计算准确性的保证。ERP 成本计算采用滚加法，是按物料清单所规定的物料之间的层次、需求关系和制造过程，从产品结构的最低层次开始，从低层向高层累计。成本的发生和累计与生产制造过程同步，随着生产制造过程的进行，在材料信息和生产计划信息动态产生的同时，成本信息也随之产生，使得在计划、控制物流的同时，也控制了资金流，做到了物流、信息流和资金流的统一。采用滚加法进行成本计算时，滚加的结构和依据就是产品的物料清单。在物料清单中，处于各个不同层次的物料项目的成本都包含两部分，即本层发生的成本和低层累计的成本。

实际成本与标准成本之间的差异，称为成本差异，成本差异分析是 ERP 成本管理的主要内容。实际成本低于标准成本的差异，称为有利差异，即成本节约，用负数表示，记在有关差异账户的贷方；反之，称为不利差异，即成本超支，用正数表示，记在有关差异账户的借方。不论差异是正值还是负值，只要超过了规定的容差限度，就要进行差异分析。有时出现负值不一定是好事，因为在某项差异上出现负值可能导致另一项差异出现更大的正值。成本差异有 3 种基本类型——直接材料成本差异、直接人工成本差异、制造费用成本差异，其中，直接材料成本差异等于材料的实际用量与实际价格的乘积减去标准用量与标准价格的乘积所得的差；直接人工成本差异等于工人实际出勤工时与实际工资率的乘积减去标准工时与标准工资率乘积所得的差；制造费成本差异等于实际工时与实际制造费率的乘积减去标准工时与标准制造费率的乘积所得的差。

四、常见 ERP 系统产品

ERP 软件系统实现是从国外兴起然后传入我国的，近年在我国的发展势头良好。故此，下面分国外与国内两大方面介绍，国内的又分为台湾地区、香港特别行政区、大陆 3 个部分。

（一）国外 ERP 系统简介

主要的国外 ERP 产品如表 13-2 所示。

表 13-2   **国外主要 ERP 产品表**

产　品	产　品
SAP 的 R/3 系统	QAD ERP
Oracle 的 Oracle Application	FRONT STEP（原 SYMIX）的 Systrline ERP
J.D.Edwards 的 One World XE	People Soft ERP
Fourth Shift（四班）的 MSS	MAPICS 的 XA
SSA 的 BPCS	PLATINVM ERP
ERP-Scala	奥林岛（Grape City inc.）的 Intutive ERP
Baan	三星 SDS 的 UniERP

实施国外 ERP 软件产品具有以下优势：①国外 ERP 软件集中了国外几十年的管理经验，其中蕴涵了许多先进的管理思想，为规范我国企业的业务流程、重组管理模式提供了可借鉴的参考模型。②国外 ERP 软件一般来说具有全面集成、技术稳定、功能灵活、系统开放等诸多优势，为企业的不断发展与管理的持续改善提供了较大空间。③国外软件开发公司的发展较为稳定，财力、人力都有坚强的支撑，在实际维护方面的支持比较及时，有利于企业信息系统的更新。

不过，实施国外 ERP 软件产品也存在如下风险：①软件设计过于复杂。由于追求商品软件的通用性，系统可能内置多种配置功能和控制参数，造成系统过于庞杂，远远超过了企业合理需求范围，这既给用户造成使用上的困难，而且也带来居高不下的费用开支。②软件购置费用及年维护费用较高。国外软件的购置费用与年维护费用一般高于国内软件数倍到数十倍不等。如果企业在资金的持续投入上不能及时到位，则软件应用的效果势必大打折扣。③企业的管理水平不能适应国外软件的要求。国外软件一般蕴涵着一些先进的管理思想，起点比较高，设计比较复杂，而我国大多数企业无论是基础管理水平，还是信息化基础都比较薄弱。ERP 在企业的成功实施是有先决条件的，从基础数据的准确与完备、各部门的协同配合制度，到业务人员、IT 人员的素质，都会对 ERP 的应用效果产生直接的影响。④用户化二次开发的工作量大。国外 ERP 软件的开发是基于国外的文化和管理背景，不可能完全考虑到中国的国情和中国企业管理的特色。企业要把一个通用的国外软件用到位，需要对软件进行用户化甚至二次开发来修改或扩充系统的功能。而用户化或二次开发必然要占用一定时间和费用，延误项目进程，加大建设成本。⑤软件文档和资料汉化不彻底，企业人员学习与掌握起来难度大。国外会计软件的界面、文档以及其他支持资料存在一个汉化的问题。有些国外软件虽然有汉化的资料，但粗制滥造，行文令人不解。而企业人员要掌握软件精要，必须有内容翔实、逻辑清晰的文字资料，这也是对软件供应商的基本要求。

（二）国内 ERP 系统简介

台湾地区的 ERP 厂商主要有：鼎新、普扬、汉康、艾一、天心等公司。鼎新公司在大陆已与神州数码合资组建新的 ERP 公司——神州数码管理系统有限公司，其主打产品为易飞（Workflow ERP）。普扬公司的最大特点就是把自己定位于大中型企业，所以虽然客户不多，但销售收入还是相当可观的。汉康公司已在国内以汉邦的名义开展业务，今天还很少有人知道汉邦的根来自台湾。天心公司在台湾不算大厂商，但它的软件在国内中小企业中销售得不错。总体来讲，台湾厂商的服务都不错，在响应率方面是毫无问题的。

　　香港特别行政区 ERP 厂商进入大陆时间最短，有一定知名度的大致有盛创与佛氏两家公司。佛氏公司早年起源于财务及 MIS，盛创公司是当地一家专业公司，他们主要面向中小企业而且获得香港特别行政区政府的支持在中小企业中推广。盛创与佛氏两家公司基本上采取稳健的策略，除了参加一些展会外很少有大的市场活动。尽管如此，香港的国际背景使它们的目标市场明显比台湾厂商大，而且香港的非制造业特点也赋予了它们的产品更多的适用性。在盛创公司的系统中可以非常清晰地看到国际贸易的影子。两家企业都有资金支撑，在国内愿意投资，所以服务质量及人员素质都不错。

　　中国内地也有不少厂商从事 MRP、MRP II、ERP 软件的开发，较早从事 MRP II 软件开发的有北京的利玛公司和开恩公司、上海的启明公司，但过去一直是维持生存。自 1998 年国内掀起 ERP 热潮后，利玛、开恩公司的业绩虽然不如国外厂商，但也取得了飞速的增长。从相关渠道上收集来的国内厂商及其产品名单大致有如下 3 类：第一类是在国内较早从事 ERP 管理软件的公司。这类公司及其产品如表 13-3 所示；第二类是在财务软件领域取得成功后，转向 ERP 管理软件公司。这类公司及其产品如表 13-4 所示；第三类是后来起步不久的 ERP 厂商，但都具有相当的实力。2001 年神州数码和台湾地区第一 ERP 提供商鼎新电脑公司共同组建 ERP 内陆公司，推出高端产品易拓（TipTop ERP）、中高端产品易飞（Workflow ERP）、低端产品易助（Easyflow ERP）。这类公司及其产品如表 13-5 所示。

表 13-3　　　　　　　　　国内较早从事 ERP 管理软件的公司及其产品

公司及产品	产品及产品
北京利玛的 CAPMS 8	天津启星 ERP
北京开恩 ERP（2001 年 12 月被金蝶收购）	广州 MRP 高博士
北京金航联 AEPCS 生产管理系统	南京汉邦的合康 NETUP-MRP II
北京科希盟的 SJ-ERP	青岛金卫的上马 ERP
北方电脑的北极星 ERP	西安博通资讯 MRP II
北京和佳 ERP	西安协同软件
上海启明 CMRP II	山西经纬 JW-MIS

表 13-4　　　　　　　　　由财务管理向 ERP 转型的公司及其产品

公司及产品	产品及产品
用友的 U8 ERP	新中大的 Power ERP
金蝶的 K/3 ERP	北京富港 ERP
浪潮国强 ERP	广州华通 ERP
安易的 Anyi2000	上海华通商业 ERP

表 13-5　　　　　　　　　　　　　　ERP 厂商中的后起之秀及其产品

厂商及其产品	厂商及其产品
北京并捷的 EMIS	航天 204 所星桥公司的消费品制造资源计划系统
北京和利时 HS2000ERP	华中理工大学的 MRP/ERP
北京国富泰外贸业务软件	东南大学/江苏计算所的 ERP 软件
北京奇正的奇正 ERP	西安博通的 ERP
北京英克科技的 PM3.0	汉思
北京金航的金航 ERP	银河泰克的银河 ERP
广州天剑的 TJ_ERP	易通国际
上海申鼎的 Summit-ERP	西码
上海锐众的锐众 ERP	辽宁凯夫的凯夫 ERP
广东慧亚 MRP II	江苏金思维的 JSERP
深圳思诺	杭州优时的 AUtoERP
深圳融丰的 RongFeng ERP	今日升
深圳歌利来的 2001M3ERP	东洋网蓝的 TipCS-X
深圳傲鹏的 Open2000ERP	鼎太科技

　　以上的数据并不全面，同时由于软件业发展迅速，厂商情况经常会有变动，这里的资料仅作参考。

　　相比较而言，国内 ERP 软件产品具有如下优势：①国内 ERP 软件在设置和维护方面的费用相对较低，企业资金投入的压力小。②国内 ERP 软件复杂程度低，符合国人的使用习惯，在易学易用方面较为出色。③国内 ERP 软件的使用文档齐全，简明易懂。④国内 ERP 软件对企业管理的基础水平及人员素质等要求较低，对于基础相对薄弱的企业来讲最为适用。⑤国内 ERP 软件在适合我国企业管理规范与处理惯例方面有较多的考虑，因而用户化工作量会很少。⑥国内 ERP 软件的支持网点众多，企业可以得到当地服务机构的快速响应。

　　不过，国内 ERP 软件产品也存在如下不足：①功能有待进一步加强。国内管理软件的发展历史比较短，需要不断积累企业管理方面的经验，借鉴国外软件强大的管理功能。②软件功能的全面集成性、稳定性不能满足某些企业的需要。③随着 IT 技术的发展，软件也会面临更新换代问题。国内 ERP 软件在动态适应企业变化方面，有待于进一步提高。④供应商实力良莠不齐，某些开发商发展不是十分稳健，长期合作存在隐患。⑤缺乏成熟的行业解决方案，高端用户量少。

　　中国各类企业超过 1000 万家，国内大中型企业有 5000 家。ERP 市场潜力巨大，这一市场的竞争也会越来越激烈。只有那些支持多种平台、技术先进、性能价格比较好，符合中国企业文化的软件，才能获得市场的青睐。

第二节　ERP 系统实施

一、ERP 系统应用现状

（一）我国 ERP 实施的总体情况

ERP 在我国的发展已有 20 多年，中国对该类项目的投资已累计超过 100 亿元。随着 ERP

产品的不断发展与成熟，厂商和咨询公司服务能力的快速提升，以及中国企业的管理能力和信息技术应用水平的不断提高，ERP 系统逐渐被越来越多的企业所采纳。但中国企业的 ERP 应用总体仍处在初级阶段。

实事求是地说，无论从业务模块分析，还是从实施阶段来看，中国企业当前的 ERP 应用水平都不可一概而论。ERP 的财务管理模块是中国企业应用最为普遍的模块（约占 ERP 全部软件收入的一半），它在很大程度上驱动了中国 ERP 市场的迅速成长；制造企业大多青睐产品制造模块；设备资产管理模块则是大型电力、电信企业的偏爱；供应链管理模块是流通和零售业有效管理成本的工具。在 ERP 实施过程中，中国企业对 ERP 咨询服务的投入比例远远低于发达国家，很多企业直到实施阶段才寻求咨询服务。

国内外企业的经验表明，并非所有的 ERP 实施都以成功告终。特别是在中国，大多数企业的信息化基础远不如发达国家，企业尚处于建立现代企业制度的过渡时期，这些都可能阻碍 ERP 项目的实施。另外，某些企业把 ERP 视为单纯的技术项目而在业务方面未予以充分重视，有的企业虽然二者并重，却缺乏有效的实施方法来管理 ERP 这样范围大、涉及面广、程度复杂的综合项目。

（二）企业对 ERP 的不同认识

ERP 的管理思想与相关软件产品是如此迅速而又声势浩大地出现在我国管理界、信息界、企业界面前，成为议论焦点。企业还没有来得及系统地反思近二十年来 ERP 应用的经验教训，知识经济和信息时代的气息已经让我们感受到强烈的竞争感和紧迫感，企业资源的综合运营能力也已成为企业市场竞争力的重要标志。无论是来自国外还是国内的 ERP 供应商，都已经从产品开发、媒体宣传、市场拓展等各个方面展开了声势浩大的市场抢夺战，但是作为需求方的国内各大、中、小型企业却反应不一，总体上反应远没有供方热烈。综合起来，按企业对 ERP 系统认识的不同，可划分出 3 类典型企业：①以进为"上"型，这类企业关注企业管理新发展，采取"拿来主义"态度，积极地学习、借鉴，当条件成熟时及时上马。②盲目乐观型，这些企业对 ERP 认识模糊，混淆了"ERP 软件"与"ERP 系统"的概念。他们认为，只要投入一定的资金购置计算机硬件和某种 ERP 软件，就能解决企业这样那样的老大难问题；或者企业为上而上，追赶潮流，把钱花在外部包装上。③怀疑观望型，当前 ERP 软件市场大体"一头热"，说明了持这种想法的企业占到多数。他们认为，ERP 是舶来品，尚未经过中国国情的"改造"。另外，许多企业曾经上马的 MRP II 系统运行不利，更使得他们提出"ERP 究竟是否适合中国的企业"这种疑问。

（三）已实施 ERP 的企业的基本情况

按实施过程的不同阶段，可以把已经实施 ERP 的企业分为 3 类。第 I 阶段的企业，是指进行了系统总体规划，计划的编制已开始由手工完成向计算机辅助完成转变，对基础数据进行整理，开展了前期工作的企业；第 II 阶段的企业，指在第 I 阶段基础上，已经应用了系统的部分模块进行了库存管理、采购管理、订单管理、材料用量管理等，基本上形成时段式 MRP 的企业；第 III 阶段的企业，指向能力需求计划扩展，把车间作业计划、销售计划、财务计划导入系统，基本上形成闭环 MRP，或者已经形成 MRP II 或 ERP 的企业。

据统计，只有少数企业处于上述第 III 阶段，其中一些是国有大型企业，它们具有较强的技术开发能力，管理基础工作好，又是国家或部委计算机应用试点企业；另一些是中外合资企业，它们技术先进、生产现场布局合理、管理严格，受中国传统的计划型管理观念的影响较少，便于 ERP 的实施。

然而，真正实现了 ERP 系统的企业毕竟是少数，绝大多数企业是处于第 I、II 阶段。一般来讲，由手工管理向第 I、II 阶段的实现较为简单，企业注意力集中于购置硬件和软件，往往半年就能安装试行完毕。大部分企业都是停留在第 II 阶段的水平而停滞不前，因为从阶段 II 向阶段 III 的扩展特别强调企业各子系统之间的高度集成，所以这一过程成了触动传统生产管理方式最多、企业最难突破的"瓶颈"。其具体表现为：首先，子系统能够局部运行，子系统之间缺乏联系；其次，信息未在整个企业管理范围内共享，形成各个"信息孤岛"，价值流不能实现与物流、信息流的同步控制；再次，企业的弹性不足以适应生产的变化，系统实施中人工介入过多，导致 MPS 功能不能完全实现。分析可以发现，ERP 在某些企业的实施不利，其根源往往在于企业旧管理模式与 ERP 系统内涵的管理思想不一致，有的甚至存在严重的冲突。这个问题不解决，上马再先进的企业管理应用系统，也不能从根本上搞活企业。

二、ERP 系统实施失败的原因

当前，ERP 系统实施的成功率很低，这是毋庸置疑的。经常会在有关 ERP 系统实施状况的文章中看到这样的统计数字：ERP 项目 80%以上都不成功，安装周期平均超计划 200%，成本平均超预算 300%……。造成这种现象的原因很多，通过对国内外上百家已经实施或正在实施 ERP 系统的企业数据进行较深入地分析，可以把 ERP 系统实施失败的原因归为如下 6 大类。

（一）思想认识误区类原因

思想认识误区原因主要是指许多用户对企业信息化建设、ERP 系统的作用和特点理解不充分、认识不完整造成的。这些原因的主要表现形式如下所述：①信息化建设可以一步到位，对 ERP 系统实施的艰巨性、复杂性、长期性认识不足，缺乏信息化建设的战略规划；②信息化建设就是 ERP 系统的实施，缺乏对 ERP 系统本质的深入理解；③认为 ERP 系统是包治百病的灵丹妙药，对 ERP 系统的应用抱有过高的期望；④重视硬件建设，轻视软件建设，不理解信息化建设的真正含义；⑤自己拿钱去购买一个 ERP 系统软件，自己可以直接安装和使用，缺乏对 ERP 系统管理软件本质的理解；⑥借实施东风、树品牌形象、行捞钱之术，异化 ERP 系统实施；⑦一心求政绩，双目盯官帽，不顾企业实际经营状况，忽视 ERP 系统实施的客观规律；⑧虎头蛇尾，企业领导不能始终如一地支持 ERP 系统实施；⑨保护主义思潮泛滥，扼杀了市场经济的竞争活力。

（二）产品和技术不成熟类原因

产品和技术不成熟类原因是指 ERP 系统和产品相关的技术本身还存在着一些缺陷，无论是产品中的管理思想，还是系统本身的功能、用户接口等方面，都存在着许多不足。因此，在实际应用中一些问题难以解决，无法完全满足用户的需要。产品和技术不成熟原因的主要表现形式如下所述：①ERP 系统需求片面化，导致产品功能参差不齐。②实施企业 ERP 系统选型不合理，造成"大马拉小车"、"小马拉大车"、"南辕北辙"、"得陇望蜀"和"左顾右盼"等现象并存。③开发企业缺乏企业实际调研，采用"闭门造车"、"照猫画虎"等方法进行软件开发，导致软件功能的操作流程与企业流程差距较大，软件的实用性、可用性较低，界面操作缺乏人性化。④开发商"以不变应万变、一招走遍天下"造成 ERP 产品过于庞大和复杂，注重太多细枝末节而忽视子系统整体功能和质量，重视产品的普遍适用性而忽视了产品的安全性。⑤产品的可扩展性差，产品不能随着企业业务的发展壮大而增强，不同开发商之间缺乏统一标准，系统的用户操作界面风格、相关术语不一致，系统间的兼容性差。⑥各个模块之间的逻辑关系差，无法保证整体数据的一致性。这些现象最终导致 ERP 系统中数据质量低下，影响了 ERP 产品的声誉。

（三）企业管理基础薄弱类原因

企业管理基础薄弱类原因是指由于企业的基础管理不到位而影响 ERP 系统实施的效果的原因，主要包括企业的规章制度建设、计算机运营水平、资源编码、基础数据的积累和维护等。下面分析企业管理基础薄弱的主要表现形式：①企业规章制度不健全，业务流程管理混乱、业务流程设计不合理以及企业管理混乱，为 ERP 系统实施带来了管理障碍；②企业缺乏完整的、科学的资源编码体系，许多企业甚至没有统一的物料编码，企业资源管理混乱，给 ERP 系统实施带来了资源（特别是物料）标识和识别的阻力；③严重缺乏基础数据的积累和维护工作，数据设置的准确性和时效性较差，管理方式粗放，给 ERP 系统实施中基础数据采集带来了许多额外的分析和评价工作；④企业标准化工作管理薄弱，产品结构更改频繁，BOM 数据复杂且维护困难，造成作业计划的制订和维护工作频繁，计划工作失去准确性和权威性；⑤许多企业只是针对 ERP 产品的选型和操作技能开展培训工作，忽视了对 ERP 管理思想的培训，增大了 ERP 系统实施的消极情绪；⑥许多企业的计算机应用水平整体较低，缺乏对计算机基本操作的训练和规范，为 ERP 系统实施带来了额外的负担和风险。

（四）人员素质低下类原因

人员素质低下类原因是指许多企业的人员素质与 ERP 系统实施的客观要求还有相当大的差距。企业各层工作人员的素质高低直接影响 ERP 系统实施和应用的成败。下面分析人员素质低下类原因的主要表现形式：①缺乏既熟悉业务管理又掌握 ERP 系统技术的复合人才，造成 ERP 系统实施、使用和维护过于依赖外界力量。②大量人员计算机水平低下，或者不习惯使用计算机工作，使得 ERP 系统实施和应用缺乏人力资源基础。③某些企业领导随心所欲，不愿意受到 ERP 运行系统的制约，造成与 ERP 系统运行的有关规章制度形同虚设。④相关人员工作态度不认真，不能有效履行自己的职责，造成垃圾数据进，垃圾数据出。许多实施 ERP 系统的企业，在业务数据采集过程中由于缺乏有效的数据审察制度，许多无效数据被输入 ERP 系统中，结果造成 ERP 系统数据质量低下，由其提供的各种报告失去了指导工作的实际意义。

（五）项目管理不善类原因

项目管理不善类原因是指 ERP 系统实施项目没有很好地按照项目管理的基本要求去做，造成项目延期、费用超支、人员离开及项目计划没有实现等后果，甚至造成项目彻底的失败。研究 ERP 系统实施项目管理不善的原因，有利于在 ERP 系统实施过程中避免发生同样类型的错误，从而降低项目风险。下面分析项目管理不善原因的表现形式：①项目实施团队角色分工不清，责任不明，实施工作难以顺利地开展；②没有制订好阶段性目标和计划，工作盲目，造成资源浪费、实施过程无法控制，实施工作难以完成；③项目实施缺乏高层领导参与，各部门难以协调，各方资源支持不足，实施工作无力继续进行；④系统实施商和用户缺乏有效的沟通渠道和方式，实施中的问题不能及时发现和解决，最终实施商和用户之间的矛盾激化，实施过程被迫停止；⑤项目实施中缺乏监督机制造成项目不能按计划实施，项目实施范围脱离预期，最终导致项目停滞；⑥实施人员中途离职，实施项目被迫停工。

（六）市场环境不健全类原因

市场环境不健全主要是指当前 ERP 系统市场运行比较混乱，缺乏合理的、完善的和有效的运行机制。无论是 ERP 产品的市场准入，还是对 ERP 产品实施过程的监督；无论是 ERP 产品运行质量的认定，还是对 ERP 产品实施价格的确定等方面，都表现出了一种无序的混乱状态。下面对市场环境不健全类原因进行分析：①在 ERP 产品市场准入方面，缺乏权威的、合理的、规范的以及高效的市场准入和退出制度，造成 ERP 产品市场鱼龙混杂、良莠不齐；②在 ERP 产品质量认定方面，还缺乏合理的、规范的和高效的 ERP 产品质量标准和质量事故认定规范，由此造成 ERP 产品质量方面的许多法律纠纷；③ERP 产品及 ERP 系统实施，存在漫天要价现象，整个 ERP 产品市场缺乏合理的产品报价监督和制约机制；④对 ERP 系统的实施效果普遍以主观判断为主，缺乏科学的、权威的 ERP 系统实施结果评判方法；⑤目前，我国许多 ERP 系统的实施现场缺少相应的 ERP 系统实施项目监理人员，且目前监理工作不够规范和完善，这也是造成 ERP 系统实施风险过大的一个主要原因。

三、ERP 系统实施原则、战略与建议

ERP 系统实施是指将 ERP 功能系统合理地应用到客户的实际业务环境中，建立 ERP 运行系统的过程。ERP 系统实施的输入是 ERP 功能系统，输出则是 ERP 运行系统。ERP 系统实施过程即是在特定的科学原则和规律的指导和约束下，将 ERP 功能系统转变成 ERP 运行系统的过程，也是 ERP 系统使用权转移的过程，ERP 系统用户可以在软件销售许可范围内安装和使用 ERP 系统。在 ERP 系统实施中，应该遵循 ERP 系统实施的科学规律，根据实施 ERP 系统的企业的特点，按照一定的理论和方法，采用快捷有效的技术和工具。

（一）ERP 系统的实施原则

ERP 系统的实施原则是大量 ERP 系统项目实施的经验教训的知识结晶，是贯穿于整个实施过程的指导思想，是实施过程中应该遵循的行为规范，是降低实施项目的管理风险、提高实施结果质量和加快实施进度的有效工具。这里总结出 10 个 ERP 系统的实施原则。

（1）目标原则。不论工作如何艰辛和复杂，ERP 系统实施应该满足给定的目标，即按照预定的期限、在预定的预算内完成预定的任务。无论是项目延期，还是项目开支超过预算，都是项目实施失败的标志。如果在实施过程中，ERP 系统的实施计划、预算发生了重大失误，或者项目的实施范围发生了重大变化，那么应该及时调整项目原来的计划和预算并根据实际情况对目标进行适当调整，上述调整应通过协议来确认。目标原则本身是不能改变的，但是目标原则中的目标可以根据项目的进展情况通过协商进行适当地调整。

（2）计划原则。ERP 项目计划（Project Plan）要列出软件开发要做的主要工作和任务清单，要回答"软件工程项目做什么"。在 ERP 实施计划中要清楚地描述出以下几个方面的内容：①项目划分的各个实施阶段；②每个阶段的工作重点和任务是什么；③完成本阶段工作和任务的人力、资源需求，时间期限；④阶段工作和任务的成果形式；⑤项目实施过程中对风险、疑难、其他不可预见因素等的处理机制；⑥各任务组及开发人员之间的组织、协调关系等。

（3）个性化方案原则：通用实施方案的作用是指导性的，不具备普遍操作的意义，ERP 系统实施中应根据企业的领导风格、企业文化、业务流程及人员状况，制定个性化的 ERP 解决方案，即使是同一 ERP 系统也应如此。

（4）用户参与原则。ERP 系统实施过程中，应有企业的业务人员充分参与整个实施过程。用户方面的业务人员更加熟悉业务流程，有他们参与实施过程可以使实施团队制定的实施方案更贴近企业业务实际。但是，业务人员参与 ERP 系统实施的团队应该遵循这些基本要求：

第一，参与的人员数量不宜超过实施团队总人数的 10%；第二，参与的人员应该是有丰富经验的业务人员和技术人员；第三，参与的人员应该作为实施团队的正式成员，应遵照实施团队的管理标准。

（5）投入产出分析原则。ERP 系统实施项目不是"政绩工程"、"面子工程"和"样板工程"，而是实实在在的"效益工程"。既是"效益工程"，就应对其进行投入产出分析。如果投入小于产出，那么该 ERP 系统实施项目是值得做的事情。如果投入远远大于产出，对 ERP 系统实施项目就应该非常慎重。

（6）先进性原则。先进性原则包括两个方面，即 ERP 系统实施前制订方案的先进性和 ERP 系统实施过程中采用技术的先进性。在 ERP 系统实施前需要制订 ERP 系统实施方案。该方案包括业务流程设计方案、组织机构设计方案、岗位设置和岗位说明书编写方案、企业员工培训方案、ERP 系统安装调试方案以及基础数据整理方案等内容。该方案一定要达到先进性标准，能够对 ERP 系统实施过程中可能出现的各种问题进行预见，并在方案中给出相应的解决措施，如为了避免岗位说明中出现岗位遗漏或岗位间冲突，应在编写岗位说明书时充分考虑岗位之间的关联问题。

（7）最小化定制原则。在 ERP 系统实施过程中，系统的大幅度定制修改是不提倡的。这是因为这种修改在时间上总是比较仓促，修改后的 ERP 系统没有经过大量的测试和实践验证，再加上 ERP 系统本身的复杂性和关联性，常常是一处修改涉及和影响到系统中的其他多个模块，这种修改极易出现问题。一个稳定的 ERP 系统版本经常与规范的管理配置、严格的系统测试和大量的实践应用是分不开的。那么如何解决当前选定的 ERP 系统与企业的实际情况不相符的问题呢？有 3 种解决方案：第一，重新选择 ERP 系统，确保选定的 ERP 系统与企业的实际业务情况相符合；第二，修改企业的业务流程和组织设计，确保其适应当前选定的 ERP 系统；第三，对 ERP 系统进行适当地修改，但是这种修改需要在一定的条件下完成，即 ERP 系统厂商必须提供修改 ERP 系统的配置方案、适当地延长整个 ERP 系统的实施周期及制订修改后的 ERP 系统验收方案。第一种方案适用于系统与实际差距比较大的情景，第二种方案适用于差距主要是由非主要业务产生的情景，第三种方案则是最小化定制原则，适用于关键业务与 ERP 系统有差距的情景。

（8）控制项目范围潜伸原则。项目范围定义了项目的具体工作内容、约定了工作深度、明确了工作质量同时也划定了工作边界。项目范围是确定项目进度和资金预算的基础，是制订项目计划、项目实施团队成员任务分工的主要依据。如果项目范围发生了变化，但是这种变化没能在项目进度、资金预算、项目计划成员任务中表现出来，那么项目失败的风险将会加大。项目范围潜伸指项目范围通过项目调研、需求分析及问题协商等诸多形式变化悄然增大。因为这种变化是潜移默化的，并且在很多情况下是通过工作深度表现的。因此，项目实施双方很难及时地发现和协商解决。控制项目范围潜伸最有效的方式是明确定义项目范围和项目边界并坚守之。

（9）授权原则。从本质来看，ERP 系统实施既是一种技术应用项目，也是一种管理和知识创造项目。之所以说它是技术应用项目，这是因为 ERP 系统实施涉及大量的计算机软件、硬件，网络的安装、调试，这些工作都需要专业人员按照相应专业的业务操作规范来完成。之所以又说它是管理和知识创造项目，其主要的原因是 ERP 系统主要是作为管理工具提供给各级操作人员，实现信息的采集、传递、存储、加工、分析和使用等管理工作的精细化、规范化及标准化。在 ERP 系统实施过程中，会碰到诸多的管理问题，有些问题依靠既有的流程和标准就可以解决，但有些问题必须依靠专家或员工丰富的个人经验才能解决。授权原则表示对实施咨询顾问、经验丰富的员工赋予一定的权限，可以在出现问题时自行进行决策。授权原则体现了对实施工作要求的效率和效果，效率表示速度更快，效果表示结果更好。

（10）防范风险原则。在整个 ERP 系统实施过程中，实施风险无处不在。对这些实施风险必须采取严格的防范和控制措施，实施风险管理。通过风险因素识别、评估和管理对每一个风险因素的发生概率、破坏程度及对每一个风险因素的控制、转移及接受等制定明确的风险预案。风险管理是一项系统工作，应该从整个项目的角度出发，系统、完整地进行预防和控制。

（二）ERP 系统的实施战略

ERP 系统实施战略是 ERP 实施目标、实施工作原则和采取的操作方法的总称。不同的企业，即使实施同一个 ERP 系统，也可能采用不同的实施战略；同一个企业可能采用同一种实施战略实施不同的 ERP 系统。一般地，有 3 种不同的实施 ERP 系统的战略，即 Big Bang 实施战略、面向模块的实施战略和面向流程的实施战略。

（1）Big Bang 实施战略。该战略意味着企业外部的咨询公司将以企业最高层的名义实施项目，并在项目结束时向企业交付、作出解释。在这种战略中，ERP 系统的所有模块的安装是在整个企业范围内一次完成的。这种战略从理论上讲有利于帮助企业完成一个革命性的 ERP 工程，建筑一个高度集成的、优化的新 ERP 企业。该战略的主要缺点是：①实施费用高昂；②项目小组庞大难于管理；③高管支持力度不够。对于那些基础数据比较完整、管理制度比较健全、组织机构比较稳定、业务流程比较规范以及工作岗位职责定义比较明确，且有一定的计算机技术运行基础的企业，或者那些规模不是特别大的企业，适合采用这种类型的实施战略。

（2）面向模块的实施战略。面向模块的实施战略采用一次一个 ERP 系统模块的方式来实施 ERP 系统，在每一个单元安装一个独立的 ERP 系统的模块，在项目的后期阶段集成整个 ERP 系统的各个模块。一般情况下，这种实施战略把实施范围限制在一个职能部门，软件的实施分阶段进行。该战略的优点是：①更易发现实施中的问题并进行改进；②可以进行并行实施，提高实施效率；③有利于规范不同职能部门之间的信息接口；④实施团队规模较小，易于管理。面向模块的实施战略的缺点是：①太专注于某个职能模块的实施，容易忽略全局；②容易造成项目实施范围的潜伸。该战略适合于职能部门之间业务联系较小的通用业务流程的企业。面向模块的实施战略特别适合于大企业的 ERP 系统实施。在这些规模庞大的企业中，各个业务部门之间往往比较独立。

（3）面向流程的实施战略。这种实施方法重点放在支持一个或几个涉及多个业务单元的关键业务流程上。ERP 系统的初始化定制局限于与业务流程关联的功能方面。面向流程的实施战略可能最终导致一个不断膨胀的 ERP 系统。面向流程的实施战略适合于那些业务流程特别简单的中小企业。例如，银行的业务相对来说比较单一，储蓄管理业务流程、现代管理业务流程和结算管理业务流程是银行的关键业务流程。在这些业务流程比较单一的企业中，采用面向流程的实施战略极易获得成功。

（三）对我国 ERP 系统实施的建议

（1）ERP 不能解决企业管理的全部问题。不可否认，ERP 系统的引进确实为中国企业学习、运用国外先进生产管理方式提供了一个良好的途径。然而更应当清楚地看到这样一个现实：中国企业面临的包括企业体制改革、经营目标和战略制订等在内的综合性问题，ERP 系统作为一种管理工具，只有在企业解决了观念、机制等问题后，才能发挥效益。

（2）明确系统实施应具备的基本条件。准备引进 ERP 系统的企业应具备的条件主要有：高层领导，特别是"一把手"有决心，全力支持；企业管理基础工作较好，生产稳定，基础数据齐全准确；企业自身技术支持力量强，有一支集各方面人才的队伍，能够支持系统的实施及维护等；在实施 ERP 系统之前，企业已有使用计算机进行管理的经验，各子系统的应用已经较为成熟，基础好；特别应强调的是，企业已经解决了"吃饭问题"，有充足的资金保证，因为系统投资非一次性的，系统维护、设备更新所需的费用亦不菲。

（3）正确选择软件开发战略。常见的软件开发战略有三种，外包开发、自主开发、外包结合自主开发。软件开发属于高投资高风险行业，因此，软件开发社会化是大势所趋，企业应当结合自身的特点，综合考虑其经济性、可运行性及与企业环境的适应性，选择合适的软件开发战略。

（4）企业应组建好 ERP 实施队伍，培训骨干。建立以生产管理人员为主，计算机技术人员配合的实施队伍。并且，根据企业的实际要求，目标明确、有针对性、有步骤地培训骨干力量，分步进行系统实施。虽然 ERP 软件本身对系统成功实施有重要影响，但是更要注意实施过程中"人"的积极参与，努力消除执行中人为因素的干扰。ERP 系统的实施完全是一种"厂长工程"，要取得成功，最关键的还是企业从高层领导到具体操作人员的上下一致、统一思想，从企业政策规章、人员素质等多方面共同创造高度有效的实施软环境。另外，积极推行管理应用系统的主体应该是各层次管理人员，而不是 MIS 部门的技术人员。

（5）强化企业管理的社会支持体系的建立，大力发展服务中介机构。根据企业提高管理水平的迫切需要，目前，亟待建立起理论界与企业之间的桥梁，将先进的管理思想灌输给企业。为此，建议有关政府部门应积极组织和培育能够有效为企业服务的咨询队伍。其次，随着计算机技术分散网络化体系架构的形成，企业，特别是技术力量较弱的企业应使其系统的运行及维护等工作社会化，只有这样才能充分发挥各方面的资源优势。活跃的技术支持与咨询服务市场，将从以下方面促进 ERP 市场的发展：第一，培养和造就一批具有管理知识、熟悉企业运作机制、了解计算机技术的复合型人才，促进我国企业管理水平的提高；第二，这些相对独立的中介机构可以站在比较公平、公正的立场对企业需求和软件进行科学评估；第三，作为供应商和企业之间的桥梁，有利于促进 ERP 市场的有序合理竞争。

（6）供应商宜打"国际牌"，走"多元化、升级式、支持型"道路。首先，中国的开发者应该换一个角度来考虑问题：国外所有做资源管理软件的企业，在市场策略上从来不认为他们的产品仅适用于西方的制度，恰恰相反，他们毫不犹豫地要挤占中国市场这"最后一块领地"。他们从来不考虑国界，我们为什么要把我们的产品局限在一定要适合中国自己的企业这样的一个范围内呢？其次，避免几百家企业都聚焦于通用型 ERP 系统，进行重复劳动，落得个"处处开花，处处不结果"的局面。而应该进入不同行业的企业（如轻工、重工）、不同发展规模的企业（如大型、中小型）、不同侧重的系统功能（如预测、管理会计）等所对应的细分市场来寻找优势。再次，在企业原有系统的基础上，提供"搭积木"、"再包装"的系统服务，从"基础版"到"标准版"再到"高级版"。为企业省钱、省力、省时间，为自己赢得信誉、赢得客户、赢得市场。最后，充分利用"吾国吾民"相互交流准确、迅速的优势，大力扩展技术支持、咨询服务、人员培训等"软服务"。

（7）积极迎接新挑战。信息技术的迅速发展，特别是 Internet、Intranet 的出现和发展，深刻地改变着社会的生产方式及人们的生活方式，同时也对制造业提出了更高的要求，新的管理观念也随之产生，如强调以人为本的思想，以及以企业核心能力为基础的网络化生产体系的出现。这些都对 ERP 系统结构提出了新的挑战，中国实施 ERP 应注意到这些重要变化。

为促使 ERP 系统给中国企业带来更多良性的影响，只靠企业的冷静思考是不够的。一个健康的市场，还需要供应商、中介机构来共同培育。前车之鉴，后事之师。可以预见中国 ERP 的发展之路，将是光明而又艰辛的。但有广大企业界、管理界、信息界人士的积极探索和不懈努力，有理由相信，ERP 终将成为新世纪中国企业管理的又一块坚实基石。

案例　浪潮通软 ERP 在华泰集团中的应用

华泰集团有限公司坐落于山东省东营市，是集造纸、化工、印刷、热电、商贸服务、机械制造于一体的国家特大型工业企业，总资产逾 38 亿元。"华泰股份" 9000 万 A 股于 2000 年 9 月 28 日在上交所成功上市，是山东造纸行业第一家 A 股上市企业。1997 年年底，华泰集团通过了 ISO 9002 国际质量体系认证；随后相继通过 2008 版 ISO 9001 国际质量体系认证和 ISO 14001 国际环境体系认证。先后荣获全国就业先进企业、全国工人先锋号、全国五一劳动奖状、全国创先争优先进基层党组织、国家重点高新技术企业、中国上市公司百强、全国守合同重信用企业、全国质量管理先进企业、改革开放 30 年山东省功勋企业等多项荣誉称号，"华泰" 商标也被评为中国驰名商标，荣获山东省首届"省长质量奖"。2013 年集团公司实现销售收入 431 亿元、利税 45 亿元、利润 22.8 亿元，同比分别增长 43%、28% 和 10%，继续保持了稳健的发展势头。

随着改革步伐的加快，华泰集团有限公司（以下简称华泰）驶入了经济发展的快车道，成为国内规模较大的造纸企业之一。在这日新月异的知识经济时代，全球经济一体化已成为经济发展的必然趋势，企业面临着巨大的压力和挑战。华泰只有进一步深化改革，引入先进的管理思想，挖掘增效，提高企业的整体运作和管理水平，提高市场应变能力，才能在激烈的竞争中立于不败之地。随着企业经营规模的不断扩大，企业管理面临很多问题，具体表现在以下几个方面。

（1）传统的手工核算已无法满足财务管理的需要。华泰在财务管理、核算方面，采用分厂自主经营、独立财务核算的方法，即各个分厂及独立核算单位进行个人承包责任制，日常经营活动完全由各个分厂组织进行。集团考核产量、销售收入、利润等财务指标时，会定期对各个分厂进行考核核算，大量的数据需要及时地处理，财务数据的相关性增强了，传统的手工核算和工具无法满足财务管理的需要。

（2）仓库中物资品种繁多，物资管理工作困难，采购成本居高不下。华泰的采购工作由集团统一负责，再分配到各采购厂。仓库中物资种类繁多，管理人员不能及时准确掌握库存物料信息，导致物料采购、分配不及时或过量采购，造成了资源浪费，采购成本居高不下。

（3）无法准确及时地进行生产成本核算。成本管理永远是企业管理的主题，特别是现在面对多变的市场环境，如何及时满足用户的多品种需求，进行科学合理的成本预测、成本分析及成本控制，及时、准确地为企业管理者提供经营决策信息，显得尤为重要。而华泰采取的还是传统的成本核算方法，核算工具只是粗放地进行成本核算及成本管理。至于成本"核算到工序、核算到产品"的思路，在手工操作方式下更是无从谈起。

（4）管理信息相互独立，市场预测方法落后，严重影响企业科学决策。华泰采用的是手工财务数据管理，财务信息相互独立，传递也只是通过层层统计报表，常常出现数字不符、报表不详、事件滞后的情况。集团决策层、领导层很难及时把握来自市场的准确信息，也就无法快速对市场做出正确的预测和决策，市场反馈信息系统已严重滞后于企业管理的需要。

在清楚地意识到规范企业管理和提高管理水平的重要性之后，集团领导和信息中心经过多次考察、研究和论证，决定借助信息化技术和工具，全面实施 ERP 系统，给企业壮骨健肌。ERP 系统在国内外已被广泛应用，并对改善库存结构、降低生产成本、提高市场能力、提高资金周转率、提高劳动率和科学决策等都能起到良好的作用，但该系统在国内造纸行业中开发应用较少。针对该问题，集团主要领导、部门主管和信息中心人员了解和参观了多家 ERP 厂商，从软件公司的规模、技术实力、合作服务质量、开发产品的性能、服务价格等诸方面因素进行对比分析。最后决定选用浪潮集团山东通软有限公司研究开发的分行业 ERP 软件——Prolution，作为企业信息化建设的突破口。

为保证项目有效运作，华泰集团在 ERP 项目实施中主要做了以下几个方面的工作：

（1）重视管理系统从管理层做起。华泰集团专门成立 ERP 项目实施领导小组，小组由一名分管副总担任项目总指挥，由总裁办、企管办、信息中心主要负责同志任项目组长，并且在生产、销售、采购、财务、物资等部门成立了 5 个部门实施小组，全面负责项目的具体组织和实施。在此基础上，公司制定了严格的项目管理制度与考核细则。

公司建立了例会制度，每天早上召开班前会，结合工作实际，讨论解决遇到的问题，当天问题必须当天解决。由于保障措施到位，项目实施小组成员工作积极性空前高涨，从而保证了 ERP 思想及管理办法及时落到了实处。

做好领导培训是 ERP 项目实施的前提和基础。执行部门，特别是各车间基础数据、基础资料收集整理人员则是按照领导的意图具体执行者，通过他们保证基础信息的及时、准确和完整是成功的关键。为此，ERP 项目组对领导层及各类执行人员进行了培训。

（2）企业人员全面参与。企业基层基础数据是否准确完备，是 ERP 项目成功与否的另一个主要因素。为保证第一手数据的准确及时，ERP 项目小组进行了全面动员，组织各部门基层管理业务骨干、各车间技术员等具体操作人员全面参与，结合部门不同的特点对项目有效数据进行收集整理，最大限度保证了信息的完整有效，为项目的成功运行提供了信息基础。

（3）理论与实践相结合。为了使员工理解 ERP，理论与实践相结合是确保培训效果的有效途径。尽管 ERP 本身理论性较强，对员工而言结合公司内部销售、供应、库存、生产、财务等各环节存在哪些问题、采取哪些措施、想要达到什么效果等，只要 ERP 理论与实践业务相融合，转变角度，生硬枯燥的理论知识对于操作人员就变得易于理解和接受。

（4）强化措施，加大考核。为使项目培训落到实处，制定强有力的措施，加大考核力度是关键。为了保证培训工作的顺利开展，ERP 项目小组抽出专门人员负责落实培训工作，制订详细培训计划、考核方式。每次培训结束，都统一组织考核，并且在考核过程中严格要求，对达不到要求的员工进行二次培训，并将按照公司有关规定严肃处理，从而确保了培训工作的贯彻执行。

在实施 ERP 项目过程中，经历了从部分人员不理解、抵制到逐渐接受和依赖的过程。从运行情况看，效果很好。通过实施 ERP，公司在物料采购、库存管理、销售管理、生产管理等方面取得了显著的成效，取得了较大的经济效益，主要表现在以下几个方面。

（1）优化管理模式，规范管理，提高了企业管理水平。通过实施浪潮通软行业软件 Prolution，不仅能用计算机快速准确地处理大量信息，而且克服了许多手工管理随意性强、计划性差等无法克服的困难，改变了原有粗犷的、经验型的传统手工管理模式，实现了全公司资源的优化配置。例如：在优化库存方面，实行了 ABC 管理法和高低额库存限制与报警，第一季度库存资金占用比去年年底降低 2000 多万元，资金周转率提高 1.5 倍。既合理地降低了库存，减少了资金占用，把死钱变成了活钱，又保证了正常的生产经营需要，避免了因库存不足影响生产。库存保管通过设置仓库的货位、货位和物料的对应关系可以迅速、准确地找到物料的存放地点，从而一举解决了"有货找不到"的问题。

（2）实现了全公司信息资源共享，提高了工作效率。ERP 系统的建立实现了企业各部门之间信息的集成和共享，提高了反应速度，各项工作运行有条不紊。例如：集团以前产品销售计划管理混乱，生产与销售经常出现相互脱节、相互扯皮的现象，阻碍了有些工作的开展。实施 ERP 项目后，应用系统管理，将客户管理、合同管理、订单管理全部纳入计算机统一管理，生产技术部可以直接通过计算机网络接受销售订单及市场反馈信息，有效地提高了工作效率和效果。再如，对产品的销售及售后服务的跟踪，对每批产品根据规格型号不同建立发货批号，实行批号跟踪管理，只要从物资部输入信息，出现质量问题，销售部门可以及时准确地反馈到每一个生产车间、工段、班组，既提高了工作效率，又分清了责任，从而使公司管理更趋规范、完善。

（3）降低成本、节约资金、增加利润。通过对供应商信息的全面管理及采用比质比价的采购方法，节约了大量的采购资金，提高了采购物料的质量；通过对库存物料的货位管理，达到控制超储物资、积压物资的目的，节约大量库存资金，提高了仓库保管的工作效率；通过对客户信息和价格的管理，物价水平可以及时得到汇总，客户信息可迅速得以反馈，为及时调整销售策略提供了第一手资料；各有关办公人员的效率得到了极大提高，在实施后的 5 个月的时间里，公司各种加班共计减少 5432 个班次，以每个加班班次平均 30 元计，减少支出 16.30 万元。综合上述，在实施期间通过 ERP 管理实现的经济效益估计达 1077.51 万元。

（4）提高了人员素质。在实施和应用 ERP 的过程中，人员素质逐步得到提高，人员的竞争意识和学习意识得到了加强。在提高工作效率后，职工有更多机会和时间参加培训和自我学习。在企业中"人"是第一位的，企业有一支素质高、敬业爱岗的干部和职工队伍是保证企业长期发展的动力，这些间接的经济效益是无法估量的。

本 章 小 结

本章首先讲述 ERP 系统与 MIS 的关系，回顾 ERP 系统的发展历程，在此基础上分析 ERP 系统的原理，并简要介绍常见的 ERP 系统产品；然后分析 ERP 系统的实施，包括 ERP 系统应用现状、实施失败的原因、实施原则、战略与建议。最后应用具体案例说明 ERP 系统在实践中的应用。

习　题

1. 简述 ERP 系统与 MIS 的关系。

2. 简述 ERP 系统的发展历程。

3. ERP 是什么？它是软件还是一种管理理论？

4. ERP 与 MRP II 有何异同？

5. 你对 ERP 的未来发展有何看法？

6. 什么是 MPS？MPS 在计划中处于什么样的地位？

7. 什么是 MRP？它的作用是什么？

8. 什么是成本差异分析？它包括哪几种基本类型？

9. 简述 ERP 系统实施失败的原因。

10. 简述 ERP 系统实施的原则。

第十四章　CRM　系　统

企业运营的最终目的是为了满足客户的消费需求，并由此获得相应的利润。以客户为中心，切实有效地推行客户关系管理（CRM）已成为当今大多数企业的运营管理重点。本章将向大家介绍 CRM 的内涵、发展历程、CRM 系统基本构架、常见系统产品、重要功能模块以及 CRM 系统的发展趋势。

第一节　CRM 系 统 概 述

一、客户关系管理概念

从管理科学的角度来考察，客户关系管理（Customer Relationship Management, CRM）源于市场营销理论；从解决方案的角度考察，CRM 是将市场营销的科学管理理念通过信息技术的手段集成在软件上面，得以在全球大规模地普及和应用。

CRM 是一种不同于直接营销的客户联系方式，也不同于在网上进行的单纯销售活动。它需要新的方式和方法与客户进行联系。CRM 是一种连续的营销沟通、实时的营销活动，是早期数据库营销的一大飞跃。作为解决方案的 CRM，它集合了当今最新的信息技术，它们包括：因特网和电子商务、多媒体技术、数据仓库和数据挖掘、专家系统和人工智能、呼叫中心等。作为一个应用软件的 CRM，凝聚了市场营销的管理理念。市场营销、营销管理、客户关怀、服务和支持共同构成了 CRM 软件的基石。

关于 CRM 的含义，不同的研究机构有着不同的表述。下面给出关于 CRM 的一些十分经典的定义。Gartner Group 认为，所谓的 CRM 就是为企业提供全方位的管理视角，赋予企业更完善的客户交流能力，最大化客户的收益率。IBM 公司所理解的 CRM 包括企业识别、挑选、获得、发展和保持客户的整个商业过程。IBM 的 CRM 系统包括关系管理、流程管理和接入管理。Hurwitz Group 认为，CRM 的焦点是自动化并改善与销售、市场营销、客户服务与支持等领域的客户关系有关的商业流程。CRM 既是一套原则制度，也是一套软件技术。它的目标是缩减销售周期和销售成本、增加收入、寻找扩展业务所需的新的市场和渠道以及提高客户的价值、满意度和忠诚度。CRM 在整个客户生命周期中都以客户为中心，这意味着CRM 将当作企业运作的核心。CRM 应用还将多种与客户交流的渠道（如面对面、电话接洽以及 Web 访问）协调为一体，这样，企业就可以按客户的偏好使用适当的渠道与之进行交流。

关于 CRM 的定义可谓是众说纷纭，但不管从营销学的角度还是从管理学的角度，都离不开以客户为中心的思想。可以认为，CRM 是一种方法，它贯穿于企业内部与客户联系的经营和管理的各个方面。这种方法是以现有信息技术为实现手段，综合了企业各种非技术因素而形成的，它极大提升了掌握和运用客户信息的能力。

CRM 首先是一种管理理念，其核心思想是将企业的客户（包括最终客户、分销商和合作伙伴）作为最重要的企业资源，通过完善的客户服务和深入的客户分析来满足客户的需要，保证实现客户的终身价值。CRM 也是一种旨在改善与客户之间关系的新型管理机制，它实施于企业的市场营销、销售、技术支持等与客户相关的领域。通过向企业的销售市场和客户服务的专业人员提供全面、个性化的客户资料，并强化跟踪服务、信息服务能力，使他们能够协同建立和维护一系列与客户和收益伙伴之间卓有成效的一对一关系，从而使企业得以提供更快捷和周到的优质服务，提高客户满意度，吸引和保留更多客户，进而增加营业额。另外，通过信息共享和优化商业流程来有效地降低企业经营成本。CRM 的实施，要求以客户为中心来构架企业的业务流程，完善对客户需求的快速反应以及管理者的决策的组织形式，规范以客户为核心的工作流程，建立客户驱动的产品、服务设计，进而培养客户的品牌忠诚度，提高客户的保留价值，从而扩大盈利份额。CRM 又是一种管理软件和技术，它将最佳的商业实践与数据挖掘、数据仓库、一对一营销、销售自动化以及其他信息技术紧密结合一起，为企业的销售、客户服务和决策支持等领域提供一个业务自动化的解决方案。同时它也是一个基于电子商务的面向客户的系统，可顺利实现由传统企业模式到以电子商务为基础的现代企业模式的转化。

总之，CRM 的核心思想就是以客户为中心。CRM 的宗旨就是改善企业与客户之间的关系，使客户时时感觉到企业的存在，企业随时了解到客户的需求及其变化。CRM 要求企业从传统的"以产品为中心"的经营理念解放出来，确立"以客户为中心"的企业运作模式，从而提高客户的忠诚度，为企业带来丰厚的利润和上升空间。可见，CRM 就是指企业通过富有意义的交流沟通，理解并影响客户行为，最终实现客户保留、客户忠诚和客户创利的目的，是一个将客户信息转化成积极关系的反复循环过程。

二、CRM 的本质

CRM 不是新兴事物，只是信息技术与传统的营销、销售和服务管理整合的产物。作为一个体系的 CRM 将成为企业竞争战略的核心。CRM 的飞速发展与企业的内需和信息技术的发展都是密不可分的。CRM 正逐渐成为企业利润的"增长点"。如何吸引新客户和保留现有客户，成为企业经营者必须面对的重要课题，只有当企业真正了解和掌握客户后，才有可能最大限度满足客户需求，在激烈的市场竞争中获得优势。企业应用 CRM 的目的在于建立一个系统，使企业在客户服务、市场竞争、销售及支持方面形成彼此协调的全新的关系实体，为企业带来长久的竞争优势。

（一）CRM 的根本目的是使客户资源价值最大化

企业发展需要对自己的资源进行有效地组织与计划。随着人类社会的发展，企业资源的内涵也在不断扩展，早期的企业资源主要是指有形的资产，包括土地、设备、厂房、原材料、资金等。随后，企业资源概念扩展到无形资产，包括品牌、商标、专利、知识产权等。再后来，人们认识到人力资源成为企业发展最重要的资源。时至工业经济时代后期，信息又成为企业发展的一项重要资源，乃至人们将工业经济时代后期称之为"信息时代"。由于信息存在一个有效性问题，只有经过加工处理变为"知识"才能促进企业发展，为此，"知识"成为当前企业发展的一项重要资源。

在人类社会从"产品"导向时代转变为以"客户"导向的今天，客户的选择决定着一个企业的命运，因此，客户已成为当今企业最重要的资源之一。CRM 系统对客户信息的整合集中体现出将客户作为企业资源之一的管理思想。在很多行业中，完整的客户档案或数据库就是一个企业颇具价值的资产。

企业实施 CRM 就是以实现客户资源价值最大化为根本目的对企业与客户之间发生的各

种关系进行全面管理的过程。企业与客户之间发生的关系，不仅包括单纯的销售过程所发生的业务关系，如合同签订、订单处理、发货、收款等，而且还包括在企业营销及售后服务过程中发生的各种关系，如在企业市场活动、市场推广过程中与潜在客户发生的关系；在与目标客户接触过程中，内部销售人员的行为、各项活动与其客户全过程所发生的多对多关系。或企业根据客户需求，为客户提供定制化的产品所发生的一对一的关系；以及在售后服务过程中，企业服务人员对客户提供关怀活动、各种服务活动及服务效果的记录等，这也是企业与客户的售后服务关系。对企业与客户间可能发生的各种关系进行全面管理，将会显著提高企业营销能力，降低营销成本，控制营销过程中可能导致客户抱怨的各种行为；有利于企业实施目标营销、交叉销售和追加销售的策略，有利于提高客户的终身价值，有利于提高客户保留率，从而增加客户的利润贡献率。

（二）CRM 是企业与客户的一种博弈

CRM 在本质上是企业与客户的一种博弈。企业运用 CRM 的过程实质上是对"信息化企业盈利"与"个性化客户需求"进行权衡的过程。首先，社会的发展离不开企业的发展，而企业要想稳步发展，必须不断注入用于扩大再生产的资金，而想获得扩大再生产的资金，企业必须盈利。因此，企业必然会想方设法地获得更多的利润。互联网造就的"眼球经济"并没有因为眼球数量的增加而创造出"震撼性"的新经济，企业要树立最基本的目标——盈利，这在传统经济中是一个不需要任何解释的最基本的道理。企业要想盈利并将其用于扩大再生产，首先需要生产让客户满意的产品或服务，然后才能占取客户的钱袋中一定的份额，否则只会被竞争对手"一抢而空"。

其次，企业所处的环境决定了企业实施 CRM 是大势所趋。①IT 环境。信息技术的不断发展，创造了一种新环境、一种新的管理模式，而企业要在新环境下求生存，必须努力去适应 IT 环境对企业的需求。这便促使许多对信息技术敏感的企业不得不上信息化项目。②客户环境。因为社会是在不断发展的，按马斯洛的人的需求层次理论，当今客户的需求应该处于很高的层次。客户比较注重受到关注、尊重和自我实现，因此企业必须得给客户足够的个性化服务和客户关怀。③竞争对手环境。按照供应链的思想，企业间的竞争已经折射到企业运作的整条供应链间的竞争中。在这种环境下，企业要想战胜对手，必须要确保供应链上供应商、生产商、代理商、销售商、最终用户之间信息的沟通，建立整合供应链的 CRM 来取悦客户、留住客户、提高客户满意度并与之建立长期的合作关系。

再次，企业为了在这些环境中获得利润，必须寻求一种新的平衡点，而客户为实现自我高层次的需求，也必须寻找一种新的平衡。企业寻求的投入与收益的平衡点，客户寻找的需求满足与支出的平衡点，这都是一种局部平衡。更重要的是还存在一种全局平衡，即在信息完全与信息不完全的条件下，企业与客户之间需求的平衡，这可以从当今最流行的博弈论中获得答案，企业与客户之间是一种博弈。

如今，CRM 成为 IT 市场的一个新宠儿，业界人士对它褒贬不一，有的认为是媒体炒作以制造市场，有的认为是新经济下市场发展的必然产物，双方各执一词。但无论如何，国内 CRM 已走过十来个年头，历经销售能力自动化系统（SFA）、客户服务系统（CSS）、呼叫中心（Call Center）三次阶段性变革，许多企业意识到 CRM 的重要性。国内外 CRM 厂商是不少，但总有许多美中不足之处。实施 CRM 的案例很多，但成功的不多。不过从哲学的角度来看，这完全符合新生事物产生和发展的过程，事物总是在挫折和失败中慢慢成长、发展。

引用一句老话："前途是光明的，道路是曲折的"。因此，我们要有一种好的心态，既然认清了其发展的必然，就必须实实在在、静下心来迎接新环境、新经济挑战。

CRM 在管理理念上超前，客户和企业之间不再是供需矛盾的对立关系，而是一种合作博弈，是"学习关系"，客户关系管理通过企业资源计划实现了客户和企业双赢。它把"双赢"作为关系存在和发展的基础，供方提供优良的服务、优质的产品，需方回报以合适的价格，供需双方是长期稳定互惠互利的关系，显然这样的结果是"大家都满意"。而且，在 CRM 里面，利润是 CRM 追求的非常明确的目标，是良好客户的最佳"衡量指标"。"客户满意"只是企业和客户建立和发展长期的可盈利关系的口号和手段，是"双赢"的一个方面而已。那么，CRM 如何提高企业利润率，增加附加值呢？其策略主要有：①通过对用户信息资源的整合，在全公司内部达到资源共享，从而为客户提供更快速周到的优质服务，吸引和保留更多的客户；②通过对业务流程的重新设计，更有效地管理客户关系，降低企业成本。因此 CRM 的建立，不是为了展示技术或者跟随潮流，它不仅应该真正促进企业的实际业务，提高企业的客户服务水平，而且能够主动出击寻找客户并且留住客户使其成为利润发动机。

三、CRM 的兴起

CRM 开始于销售能力自动化（SFA），销售自动化又源于提供销售人员记录和跟踪潜在客户信息的工具的销售对象管理。销售人员希望记录其与潜在客户交流要点以便进一步沟通。通过把这些信息和他们的个人日志集成，能使他们更有效地管理自己的时间并安排与客户的交流。后来有些企业开始考虑如何把这样的信息应用于整个销售组织，而不仅仅是销售人员个人。利用销售人员输入到 SFA 的信息来辅助销售预测，便可以更好地控制整体业务，这样便产生了 CRM。在 1990 年左右，为了满足市场的需要，许多公司开始开发 SFA，随后又着力于客户服务系统（CSS）的开发和推广。到了 1996 年一些公司把 SFA 和 CSS 两个系统综合并起来，并加上市场营销（Marketing）和现场服务。在这个基础上再结合计算机电话集成技术（CTI），形成集销售（Sales）与服务（Service）为一体的呼叫中心（Call Center），这样就形成了今天的 CRM 系统。

（一）客户关系管理的产生

从 1999 年年中开始，客户关系管理得到了诸多媒体的关注，国内外很多软件商推出了以客户关系管理命名的软件系统，有一些企业开始实施以客户关系管理命名的信息系统。这是有一定必然性的。总的来说，客户关系管理的兴起与下述三个方面的因素有难以割舍的关系。

（1）需求的拉动。放眼看去，一方面，很多企业在信息化方面已经做了大量工作，收到了很好的经济效益。另一方面，一个普遍的现象是，在很多企业，销售、营销和服务部门的信息化程度越来越不能适应业务发展的需要，越来越多的企业要求提高销售、营销和服务的日常业务的自动化和科学化。这是客户关系管理应运而生的需求基础。

（2）技术的推动。计算机、通信技术、网络应用的飞速发展使得这些想法不再停留在梦想阶段。办公自动化程度、员工计算机应用能力、企业信息化水平、企业管理水平的提高都有利于客户关系管理的实现。现在，信息化、网络化的理念在我国很多企业已经深入人心，很多企业有了相当的信息化基础。电子商务在全球范围内正开展得如火如荼，正在改变着企业的运营方式。通过 Internet，可开展营销活动，向客户销售产品、提供售后服务、收集客户信息。客户信息是客户关系管理的基础。数据仓库、商业智能、知识发现等技术的发展，使得收集、整理、加工和利用客户信息的质量大大提高。在可以预期的将来，我国企业的通信成本将会降低。这将推动互联网、电话的发展，进而推动呼叫中心的发展。网络和电话的结合，使得企业以统一的平台面对客户。

（3）管理理念的更新。经过二十多年的发展，市场经济的概念已经深入人心。当前，一些先进企业的重点正在经历着从"以产品为中心"向"以客户为中心"的转移。有人提出了客户联盟的概念，也就是与客户建立共同获胜的关系，达到双赢的结果，而不是千方百计地从客户身上谋取自身的利益。现在是变革的时代、创新的时代，比竞争对手领先一步，而且仅仅一步，就可能意味着成功。业务流程的重新设计为企业的管理创新提供了工具。在引入客户关系管理的理念和技术时，不可避免地要对企业原来的管理方式进行改变，变革、创新的思想将有利于企业员工接受变革，而业务流程重组则提供了具体的思路和方法。

（二）客户关系管理为企业带来的价值

根据对那些成功地实施客户关系管理的企业的调查表明，每个销售员的销售额增加51%，顾客的满意度增加20%，销售和服务的成本降低21%，销售周期减少了三分之一，利润增加2%。归纳起来，客户关系管理的目标是3个方面：①提高效率。通过采用信息技术，可以提高业务处理流程的自动化程度，实现企业范围内的信息共享，提高企业员工的工作能力，并有效减少培训需求，使企业内部能够更高效地运转。②拓展市场。通过新的业务模式（电话、网络）扩大企业经营活动范围，及时把握新的市场机会，占领更多的市场份额。③培养忠诚客户。客户可以自己选择喜欢的方式，同企业进行交流，方便地获得所需信息，得到更好的服务。客户的满意度得到提高，可帮助企业保留更多的老客户，提升顾客忠诚度并更好地吸引新客户。

CRM 的功能可以归纳为3个方面：对销售、营销和客户三部分流程的信息化；与客户进行沟通所需要的手段（如电话、传真、网络、E-mail 等）的集成和自动化处理；对上面两部分功能所积累下的信息进行的加工处理产生客户智能，为企业的战略战术决策作支持。

四、CRM 系统的基本架构

客户关系管理系统的目标，是本着对客户进行系统化研究的指导思想，完整地认识整个客户生命周期、管理与客户之间的所有交互关系、提供与客户沟通的统一平台、改进对客户的服务水平、提高员工与客户接触的效率和客户忠诚度，并因此为企业带来更多的利益。对CRM 基本架构的认识，在产业界和理论界虽备受关注，但迄今尚未达成统一的观点。在全面、系统地研究了目前业内众多的客户关系管理解决方案的思路、结构和体系，从而综合各种不同认识之后，对客户关系管理应用系统的基本架构做出如下的阐述。

一个完整、有效的 CRM 应用系统，由如下4个子系统组成，分别是：①业务操作管理子系统；②客户合作管理子系统；③数据分析管理子系统；④信息技术管理子系统。

在业务操作管理子系统中，客户关系管理应用主要是为了实现基本商务活动的优化和自动化，涉及3个基本的业务流程：市场营销、销售实现、客户服务与支持，因此 CRM 的业务操作管理子系统的主要内容包括：营销自动化（Marketing Automation，MA）、销售自动化（Sales Automation，SA）客户服务与支持（Customer Service&Support，CS&S）和商业智能。

在客户合作管理子系统中，客户关系管理的应用主要是为了实现客户接触点的完整管理，客户信息的获取、传递、共享和利用以及渠道的管理，具体涉及企业不同职能部门的管理信息体系、联络中心（电话中心）、移动设备、Web 渠道的信息集成与处理等问题。因此主要的内容有业务信息系统（Operational Information System，OIS）、联络中心管理（Contact Center

Management，CCM）和 Web 集成管理（Web Integration Management，WIM）三个方面。

在数据分析管理子系统中，客户关系管理的应用主要涉及为实现商业决策分析智能建设的客户数据库的建设、数据挖掘、知识库建设等工作，因此其内容包括数据仓库（Data Base/Warehouse，DB）、知识仓库建设（Knowledge-Base，KB）及依托管理信息系统（Management Information System，MIS）的商业决策智能（Business Intelligence，BI）等。

在信息技术管理子系统中，由于客户关系管理的各功能模块和相关系统运行都必须有先进的技术、设备、软件来保障，因此，对信息技术的管理也成为 CRM 的有机组成部分。在整个子系统中，主要的内容可以分为以下 4 类：①其他子系统应用软件管理，如数据管理系统（Data Base Management System，DBMS）、电子软件分发系统（Electronic Software Distribution，ESD）等；②中间软件和系统工具的管理，如数据库管理系统（Data Base Management System）、系统执行管理工具（System Administration Management）等；③企业级系统的集成管理，如 CRM 与企业管理信息系统的集成，乃至整个的企业应用集成（Enterprise Application Integration，EAI）方案，以实现将企业的 CRM 应用与 ERP、SCM 等其他系统紧密集成；④电子商务技术和标准管理，如 Internet 技术及应用、EDI 技术及标准、通信标准管理等。

五、常见 CRM 产品

当前，国内 CRM 市场正处于高速发展期，虽然国内的软件商也看到了 CRM 管理系统的市场潜力，但是国内企业对 CRM 类管理软件的需求依然停留在萌芽阶段，国内企业在生产工作中使用 CRM 的频率还远不及国外，这样也造就了国内 CRM 软件多样化有余先进性不足，所以国外的 CRM 软件仍旧占据中国市场的半壁江山。下面按照市场情况对国内 CRM 产品进行简要介绍。

（1）高端市场的 CRM 产品。

ORACLE（Siebel）CRM。2005 年 12 月 Oracle 收购了 Siebel，Oracle 主要是面向高端客户，定位于大型企业集团，如银行、证券、保险、电信、医药、石油、烟草、大型零售和品牌快速消费品行业。Oracle CRM 以产品灵活和行业解决方案众多著称，在大型国有企业和上市公司中有一定的影响力，不过其动辄几百万元、上千万元的项目费用和较长的项目实施周期，将大部分中小型企业都挡在了门外。Oracle On Demand CRM Release 20 是 Oracle CRM 当前最新版本，主要分为五个模块：销售管理、营销管理、客户服务管理、呼叫中心、电子贸易模块。Oracle CRM On Demand Release 20 丰富的效能可针对各行各业独特的客户体验和联系要求，为企业解决关键问题，尤其可为生命科学、保险、金融服务和汽车行业增添商业价值。Oracle CRM On Demand Release 20 透过加强支持流动浏览器，为 iPad、iPhone、Blackberry 和 Microsoft Outlook 提供更大的流动兼容性。它同时改进了联机和脱机流动应用，还为 CRM On Demand Desktop 添上新功能，以实现 CRM On Demand 与 Microsoft Outlook 的同步运作。

SAP CRM。SAP 在中国 CRM 的高端市场中也是一个有力的竞争者。因为企业要构建一个前端和后端一体化的信息系统解决方案势必要求 CRM 和后端的 ERP 系统进行集成。而在中国的 ERP 高端市场中 SAP ERP 占据了大量的市场份额 SAP CRM 作为 SAP 企业 IT 解决方案的衍生品可以和 SAP ERP 实现无缝集成。这样的局面使得 SAP 可以在 CRM 高端市场占有很大一部分的份额。

（2）中端市场的 CRM 产品。

Sage CRM。产品用户群比较广泛，主要是面向中高端客户已经有 30 年的企业管理软件应用，目前在中国已经拥有了相当多的成功案例，形成了良好的口碑。SageCRM 有两个版本可供机构内部部署选择的有 SageCRM100 及 SageCRM 200。软件安装方便，且易与后台财务应用程序整合起来。该版本在客户化平台、产品延展和产品功能上都有全新的提升，无论客户、合作伙伴和潜在客户在何时何地、选择何种方式与某公司进行合作，Sage CRM 都能通过易于操作的综合系统，为其提供决定性的优势，以实现成功的客户关系管理。特别是在消费品分销领域、会员制营销和制造性行业外贸管理等方面，Sage 针对性的推出了解决方案并成功建立了国内成功案例典范，在市场上占据了很大的优势。另外，由于 Sage CRM 能够与移动商务实现无缝集成，在一定程度上也帮助其扩大了 CRM 市场的占有率。

微软 CRM。微软将自身的 Microsoft Dynamics CRM 产品定位于中小型企业市场。该产品基于 Net 平台具有较高的灵活性和开放性，但用户自定义方面相对比较弱，需要专业的技术顾问，根据用户的需求定义出报表系统。该产品最大特色在于和微软 Office 系列提供完美集成，用户可以通过微软 Out look 直接使用 CRM。但美中不足的是系统中弹出页面过多操作感觉略显繁琐，影响了部分企业使用 Microsoft Dynamics 的积极性，但是凭借微软系列产品及公司的整体实力，微软 CRM 在市场上声音也愈加响亮。2013 年第四季度微软推出了 Dynamics CRM Online 的"13 秋季基于云计算的 CRM 服务"，其动态 CRM 2013 内部部署的补充和新的 CRM 应用程序为 Windows 8 和 iPad。微软与业界领先的社交智能提供商 InsideView 展开战略合作，其中的第一步是在 Microsoft Dynamics CRM Online 中嵌入 Social Insights 功能，Social Insights 可将来自 30,000 个来源的公司与联系人实时信息导入 Microsoft Dynamics CRM，帮助市场营销人员、销售人员和客户管理人员更高效地挖掘潜在客户，将节省下来的时间用于更多的研究与销售工作，从而赢得更多的生意。同时新版 Microsoft Dynamics CRM 为客户提供了预先定义好、并可以配置的流程，流程中的每个步骤都有清楚的描述和定义，用户按照推荐步骤就能准确地完成整个流程。

（3）面向中小企业的 CRM 产品。

金蝶 CRM。金蝶 EAS CRM 的定位，主要是为成长型、成熟型和稳定型的中小企业提供完整的客户关系管理解决方案。因为市场策略问题，金蝶曾经放弃 EAS CRM 两年，而主推 K3 ERP 中的 K3 CRM。到目前为止，其客户群主要是中小企业市场份额并不是很大。这主要是因为金蝶的优势在于 ERP 与财务管理软件这两方面，而 CRM 是金蝶多元化、转型化的产品，并不是其发展的重点方向。金蝶 CRM 侧重于运营型、分析型 CRM，并可以和协作型 CRM 良好地集成运作。

SalesForce。SalesForce 推出的系统包括客户和联系人管理模块、销售机会模块、合同模块、服务模块、市场模块、费用模块和分析模块等。企业在购买服务之后，销售人员或管理者通过各自的账号，分别使用不同的权限来管理个人或整个企业的客户关系，这就使得中小企业很难按照自己的想法定制满意的系统，但若是利用 Salesforce 专门的咨询实施团队进行培训、定制又无法避免地使成本提高。在线 CRM 瞄准的目标是中小企业市场，salesforce 为了进入中国市场，也与国内的软件服务商达成合作伙伴的关系，希望通过二次实施定制和开发，能带来适合中国企业的 salesforce 版本。目前，国内最大的 salesforce 合作伙伴是北京神州云动科技有限公司，通过对 salesforce 的版本开发，已经可以为企业量身订造系统，以低廉的价格提供 salesforce 世界级的服务。这也是中国 salesforce 的发展必然之路。

用友 Turbo CRM。用友 Turbo CRM 的定位主要是为中小型企业进行简单的客户资源管理系统建设，尤其是那些区域分支机构比较多、需要集中管理客户资源的企业。用友是目前国内拥有较强分析能力的少数的 CRM 厂商之一。目前使用最广最先进的是用友 U8-TurboCRM 客户关系管理系统，它以客户为中心，基于完整客户生命周期的发生、发展过程，采用"一对一营销"和"精细营销"的模式量化管理企业市场、销售及服务过程，实现员工、业务部门、分支机构及合作伙伴的协同工作，建立企业科学的知识管理、价值管理及决策支持体系，帮助企业更好的获取客户、保有客户及提升客户价值，从而全面提升企业竞争能力和盈利能力。

第二节　CRM 系统功能模块

CRM 的理念要求企业完整认识整个客户生命周期，提供与客户沟通的统一平台，提高员工与客户接触的效率和客户反馈率。CRM 产品专注于销售、营销、客户服务和支持等方面，在这些方面比 ERP 更进一步。ERP 的运用可带来企业运作效率的提高，CRM 则通过与客户间的互动，努力减少销售环节，降低销售成本，发现新市场和新营销渠道，提高客户价值、客户满意度、客户利润贡献度、客户忠诚度，实现最终效果的最优。实际上，CRM 的价值在于突出了销售管理、营销管理、客户服务与支持等方面的重要性，可以看成广义的 ERP 的一部分，二者能够形成无缝的闭环系统。

成功的客户关系管理系统至少应该包括如下功能：①企业的客户可通过电话、传真、网络等访问企业，进行业务往来。②任何与客户打交道的员工都能全面了解客户关系、根据客户需求进行交易、了解如何对客户进行纵向和横向销售、记录自己获得的客户信息。③能够对市场活动进行规划、评估，对整个活动进行透视。④能够对各种销售活动进行追踪。⑤系统用户可不受地域限制，随时访问企业的业务处理系统，获得客户信息。⑥拥有对市场活动、销售活动的分析能力。⑦能够从不同角度提供成本、利润、生产率、风险率等信息，并对客户、产品、职能部门、地理区域等进行多维分析。

CRM 在产品的功能方面，实现了销售、营销、服务、电子商务和呼叫中心等应用的集成。它有 3 个很重要的策略：①客户职能。指的是跨越系统功能和不同业务对客户信息进行分析。把营销活动（如活动的执行）与财务结果联系起来，使得企业提高其营销活动的有效性。②统一渠道。这使得多渠道的客户服务能协同起来，特别地，客户关系管理的功能模块能胜任多渠道应用。③基于互联网的应用框架。用来支持 Internet 环境下的计算模型，这种模型把应用程序逻辑放在集中化的服务器上，从而使得应用程序的维护和更新变得简单，并节省费用，用户通过标准化的网络浏览器来使用这些应用程序。

CRM 软件的基本功能包括客户管理、联系人管理、时间管理、潜在客户管理、销售管理、营销管理、电话销售、电话营销、客户服务等，有的软件还包括呼叫中心、合作伙伴关系管理、商业智能、知识管理、电子商务等。下面简要介绍其中几个主要的功能模块。

一、销售模块

在采用 CRM 解决方案时，销售能力自动化（Sales Force Automation，SFA）在国外已经发展了二十来年，近十年在国内也获得长足的发展。早期的 SFA 主要针对客户应用软件，但从 20 世纪 90 年代初开始，其范围已经大大地扩展，以整体的视野，提供集成性的方法来管理客户关系。

就像字面含义所表明的，SFA 主要提高专业人员的大部分活动的自动化程度。它包含一系列的功能，提高销售过程的自动化程度，并为销售人员提供管理和分析工具，提高其工作效率。它的功能一般包括日历和日程安排、联系和客户管理、佣金管理、商业机会和传递渠道管理、销售预测、建议的产生和管理、定价、区域划分、费用报告等。

（1）客户管理。主要包括：客户基本信息的搜集；与此客户相关的基本活动和活动历史；联系人的选择；订单的输入和跟踪；建议书和销售合同的生成。

（2）联系人管理。主要作用包括：联系人概况的记录、存储和检索；跟踪同客户的联系，如时间、类型、简单的描述、任务等，并可以把相关的文件作为附件；客户的内部机构的设置概况。

（3）时间管理。主要功能有：日历；设计约会、活动计划，有冲突时，系统会提示；进行事件安排，如 To-dos、约会、会议、电话、电子邮件、传真；备忘录；进行团队事件安排；查看团队中其他人的安排，以免发生冲突；把时间的安排通知相关的人；任务表；预告/提示；记录本；电子邮件；传真。

（4）潜在客户管理。主要功能包括：业务线索的记录、升级和分配；销售机会的升级和分配；潜在客户的跟踪。

（5）销售管理。主要功能包括：组织和浏览销售信息，如客户、业务描述、联系人、时间、销售阶段、业务额、可能结束时间等；产生各销售业务的阶段报告，并给出业务所处阶段、还需要的时间、成功的可能性、历史销售状况评价等信息；对销售业务给出战术、策略上的支持；对地域（省市、邮编、地区、行业、相关客户、联系人等）进行维护；把销售员归入某一地域并授权；地域的重新设置；根据利润、领域、优先级、时间、状态等指标，用户可定制关于将要进行的活动、业务、客户、联系人等方面的报告；提供类似 BBS 的功能，用户可把销售秘诀贴在系统上，还可以进行某一方面销售技能的查询；销售费用管理；销售佣金管理。

（6）电话营销和电话销售。主要功能包括：电话本；生成电话列表，并把它们与客户、联系人和业务建立关联；把电话号码分配到销售员；记录电话细节，并安排回电；电话录音，同时给出书写器，用户可做记录；电话统计和报告；自动拨号。

二、服务支持模块

服务支持模块主要功能包括：服务项目的快速录入；服务项目的安排、调度和重新分配；时间的设计；搜索和跟踪某一业务的事件；生成时间报告；服务协议和合同；订单管理和跟踪；问题及其解决方法的数据库。

在很多情况下，客户的保持和提高客户利润贡献度依赖于企业提供优质的服务，否则客户只需轻点鼠标和打一个电话就可以转向企业的竞争对手。因此，客户服务和支持对很多公司是极为重要的。在 CRM 中，客户服务与支持主要是通过呼叫中心、互联网和现代通信手段（手机 APP 等）实现的。在满足客户的个性化要求方面，他们的速度、准确性和效率都令人满意。CRM 系统中的强有力的客户数据使得通过多种渠道（入互联网、呼叫中心）的纵、横向销售成为可能，当把客户服务与支持功能同销售、营销功能较好地结合起来时，就能为企业提供很多机会，向已有的客户销售更多的产品。客户服务与支持的典型应用包括：客户关怀；纠纷、次货、订单跟踪；现场服务；问题及其解决方法的数据库；维修行为安排和调度；服务协议和合同；服务请求管理。

三、呼叫中心模块

呼叫中心的主要功能包括：呼入电话处理；互联网回呼；呼叫中心运行管理；软电话；电话转移；路由选择；报表统计分析；管理分析工具；通过传真、电话、电子邮件、打印机等自动进行资料发送；呼入呼出调度管理。

企业有许多与客户沟通的途径，如面对面的接触、电话、呼叫中心、电子邮件、互联网、通过合作伙伴进行的间接联系等。CRM 应用必须为各种渠道的客户沟通提供一致的数据和客户信息。客户经常根据自己的喜好和沟通渠道的方便与否，掌握着沟通渠道的最终选择权。例如，有的客户或潜在的客户不喜欢那些不请自来的电子邮件，但对企业偶尔打来的电话却不介意。对这样的客户，企业应尽量避免向其主动发送电子邮件，而多利用电话。

统一的渠道能给企业带来效率和利益，这些收益主要从内部技术框架和外部关系管理方面表现出来。就内部来讲，建立在集中的数据模型的基础上，统一的渠道方法能改进前台系统，增强多渠道的客户互动。集成和维持上述多系统间界面的费用和技术要求，经常使得项目的开展阻力重重，而且，如果缺少一定水平的自动化，在多系统间传递数据也是很困难的。就外部来讲，企业可从多渠道间的良好的客户互动中获益。如客户在与企业接触时，不希望向不同的职能部门或人员反复提供相同的信息，而统一的渠道方法则从各渠道间收集数据，这样客户的问题或抱怨能更快、更有效地被解决，提高客户满意度。

四、电子商务模块

电子商务模块主要功能包括：个性化界面、定制服务；网站内容管理；店面管理；订单和业务处理；销售空间拓展；客户自助服务；网站运行情况的分析和报告；电子支付。除此之外，在电子商务的环境下，企业尤其要注重以下几方面的工作。

（1）合作伙伴关系管理。主要功能包括：对公司数据库信息设置存取权限，合作伙伴通过标准的 Web 浏览器以密码登录的方式对客户信息、公司数据库、与渠道活动相关的文档进行存取和更新；合作伙伴可以方便地存取与销售渠道有关的销售机会信息；合作伙伴通过浏览器使用销售管理工具和销售机会管理工具，如销售方法、销售流程等，并使用预定义的和自定义的报告；产品和价格配置器。

（2）知识管理。主要功能包括：在站点上显示个性化信息；把一些文件作为附件贴到联系人、客户、事件概况等内容上；文档管理；对竞争对手的 Web 站点进行检测，如果发现变化的话，会向用户报告；根据用户定义的关键词对 Web 站点进行监视。

（3）商业智能。BI（Business Intelligence）商业智能软件是一种帮助企业进行自动化集成管理的决策支持软件。通过它背后的数据仓库，整个公司将更加"聪明"和顺畅地运作在一个数字化的环境中。BI 可以把公司的销售情况、财务情况、客户情况和仓库情况等所有数据，做相应处理并送入数据仓库，再进行不同层次的数据挖掘来提取决策支持信息，把数据变成一个多维魔方，在多维空间通过各个角度去观察。比如，每个产品经理都会针对自己的透视表，分析自己的产品一天卖出多少、净利润是多少、用户从哪儿来，等等。高层决策领导更可以通过整个系统随时了解企业的"健康状况"，扬长补短。

"了解你的客户"这一问题又掀起使用数据知识解决方案的热潮。数据知识解决方案包括数据挖掘、数据仓库和决策支持工具，它使企业能够收集统计数据和客户的支出模式及购买行为，并从多方面收集客户的其他信息，然后加以统一分析，这一切努力能够得到的结果包括为市场活动指明目标、指引销售方向等。CRM 方面的数据知识工具主要涉及商业策略、市场战术和客户支持等方面。主要功能包括：预定义查询和报告；用户定制查询报告；可看到查询和报告的 SQL 代码；以报告和图标形式查看潜在客户和业务可能带来的收入；通过预定义的图表工具进行潜在客户和业务的传递途径分析；将数据转移到第三方的预测和计划工具；柱状图和饼图工具；系统运行状态显示器；能力预警。

　　CRM 如此强大的功能，来源于管理思想集成以及 IT 技术的应用。正因为如此，CRM 的实现被认为是一个社会系统工程。它既需要数据仓库和数据挖掘工具，还需要专门的 CRM 厂商提供软件，同时也需要呼叫中心与 ERP 的厂商提供产品，以及系统集成商来进行整个系统的集成和调试。在整个 CRM 的实施历程中，还需要有经验丰富的咨询公司来提供全程的协调。CRM 不仅是一个 IT 项目，更是一个包含业务在内的管理项目。

第三节　CRM 系统的发展趋势

一、CRM 技术发展趋势

　　随着市场环境的日益成熟、竞争日趋激烈，客户资源日显重要。现代企业管理的重心从传统的生产、物流、财务等内部管理转向全面的客户关系管理，CRM 系统因而成为企业的核心管理系统之一。企业的应用需求和信息技术的发展是推动 CRM 系统发展方向的重要因素，目前 CRM 系统的技术架构发展呈现以下几种趋势。

　　（1）CRM 系统将全面采用 B/S 架构。为了满足移动办公和分布式管理的需求，CRM 系统将更多采用基于 Browser/Server 架构的多层结构。B/S 架构的特点是在客户端使用标准的 Web 页面浏览器（如 Internet Explorer 等），不需安装特殊的应用程序，减少了升级和维护的难度；所有的业务数据都保存在 Server 端，确保了数据的安全；在通信方面，由于使用标准的 HTTP 协议，使得系统可以轻松地实现移动办公和分布式管理。另外为了系统功能的可扩展性，应该采用将数据库、应用层及表现层分离的多层结构。独立的数据库层便于支持多种数据库系统，将实现企业逻辑的应用层独立，使业务逻辑的更新和扩展更为方便，而当需要支持手机、PDA 等新的客户端设备时只要对表现层进行扩充就可以实现。同时，这种多层结构也可以采用负载均衡与集群等技术实现系统的高可用性和性能的平滑扩展。

　　（2）CRM 系统将全面集成各种信息交流技术。随着 Internet 的发展，新的信息交流技术不断发展。作为企业的前端业务系统，CRM 系统需要支持客户可能倾向采用的各种交流方式。除了支持传统的电话和电子邮件以外，CRM 系统也应该集成对手机短信息、手机 APP 反馈、企业即时消息（EIM）和网络会议等新的沟通方式的支持。在一个客户服务中心，客户代表既可以接听客户的普通电话和网络电话、查看客户的 E-mail，也可以看到客户通过手机发来的短信息、与客户通过即时消息谈话，或者与客户开始一个视频网络会议，实时解决客户问题，大大提高服务响应速度和客户满意度。对于企业的市场和销售业务，多媒体短信促销、在线导购、远程演示等全新的沟通技术在降低营销成本的同时也可扩展传播途径、提高沟通效率、缩短交易周期，从而提高企业的盈利能力。

　　集成是一项关键而复杂的任务，是企业在实施 CRM 的过程中所遇到的最困难的任务之一。CRM 系统不仅反映企业的业务流程和信息结构，它也需要与企业内部和外部的业务系统进行集成，也就是说 CRM 应当提供一种集成的客户视图，收集不同来源的客户信息，并能够提供对所有应用系统的统一访问。这将涉及以下几个主要问题。其一，CRM 与 DW、DM 的融合。实施 CRM 的基础是客户数据，没有较多的信息资源，CRM 就成了无源之水、无本之木。在 CRM 中，数据仓库（Data Warehouse，DW）的目标就是决策支持。随着数据仓库技术的应用，越来越多的企业拥有了大量的客户数据。当这些数据的规模成为海量数据时，怎样从数据的"矿山"中挖掘出潜在的、有价值的信息，这就需要在 CRM 中使用数据挖掘（Data Mining，DM）技术，从而使企业能更好地进行客户关系管理。其二，CRM 与 ERP、SCM 的集成。CRM 注重改进企业和客户关系，ERP 注重企业的内部作业流程，SCM 注重协调企业和上下游的供应链关系，三者的结合将会更有利于提高企业的核心竞争力。CRM 与 ERP 通过不同途径去实现客户的价值，所以能把企业前台管理与后台管理完全融合在一起的公司才将最终取得成功。CRM 与 SCM 的集成范围一般包括销售管理、采购管理、客户管理等多方面，能使企业更有效地管理供应链，从而实现成本的节约和服务的改善，进而使大规模定制成为可能，实现需求和供应链上的资源的最优化配置，获得长久的竞争优势。有西方学者提出，继 ERP、CRM、SCM 之后，EPM（企业绩效管理）将成为未来企业管理的主要发展方向。其三，CRM 与电子商务的结合。电子商务是建立在现代信息技术之上的"非接触经济"，"虚拟经济"，交易双方越是非接触，客户关系管理就越显得重要。所以，电子商务的发展将客户关系管理推到了一个新的高度，产生了基于 Internet 平台和电子商务战略下的电子客户关系管理系统（eCRM）。从某种意义上讲，在那些成功的电子商务企业的背后，客户关系管理的作用要大于电子商务模式自身的作用。

（3）CRM 系统将更多地采用数据仓库和数据挖掘技术。随着全球经济一体化的进程和技术的发展，企业比以往任何时候都面临着更为复杂的生存环境。市场竞争的压力对企业决策的质量和速度都提出了更高的要求。作为管理客户资源这一企业核心资源的信息系统，CRM 系统必须具备强大的数据分析和挖掘功能，为管理者作出正确的决策提供及时而准确的依据。数据仓库、数据挖掘和联机分析处理技术（OLAP）已成为 CRM 系统提供决策支持的关键技术。CRM 系统可以利用这些技术为企业建立完善的、量化的客户价值评估体系，以销售额、利润等原始数据为指标建立评估模型，找出对企业最有价值的客户群体并分析其特征，帮助企业制定更合理的经营策略。通过应用数据仓库和数据挖掘技术，一个 CRM 系统还能够透视企业的销售、市场和服务等各个业务环节，按照组织机构、时间、产品线和客户群特征等各种维度进行多维数据分析和数据挖掘，从而帮助企业及时发现市场环境的细微变化和自身业务流程中的潜在问题，迅速采取相应的应对措施。

以上是目前 CRM 系统的一些技术发展趋势。我们相信，随着 CRM 管理理念的进一步完善、客户关系管理手段的变革和 IT 新技术的飞速发展，CRM 系统也将不断实现技术和应用的最优结合，发展为企业最重要的前端业务支撑系统。

二、CRM 应用的未来趋势

客户关系管理从概念、方案的提出发展至今，已在各种行业中得到较为广泛的应用。随着企业对市场和竞争的认识进一步深化、对客户关系的系统认识和对发展思路的深入探索，相信越来越多的企业会采用客户关系管理系统来增强自身的竞争能力。作为一个新兴的高成长市场，推动行业应用和纵深发展几乎成为 CRM 唯一的选择，其特点包括：

（1）重点行业应用将向纵深发展。未来 CRM 在银行、证券、保险、电信、IT 等重点行业应用将持续朝纵深发展。这些行业的 CRM 需求将不再是单独从企业前端业务出发，而是能够结合更多的行业特殊需求、结合业务与管理实际需求、吻合决策支持需求等，总体上对产品和方案的要求更为务实。

（2）行业应用更为广泛，涌现更多典型案例。随着对 CRM 认知程度的提高，CRM 系统将逐渐被越来越多的企业所接受。未来将有更多的行业和企业在竞争的驱动下，为扩大市场占有率及提高客户满意度，对 CRM 产品应用产生大量需求。行业应用的普及化和广泛化特征将有所体现，在更多的传统行业以及当前没有涉足的领域，都会出现 CRM 应用的需求。未来 CRM 应用会呈现出以下特点：①客户密集性的企业将首先广泛应用 CRM，例如金融、房地产等，且应用范围会不断拓宽；②实施"差异化战略"的企业将会更容易应用好 CRM；③中端企业将会成为 CRM 应用的"主流"；④企业将广泛应用"分析型 CRM"来支撑"运营型 CRM"。同时，在多个行业都将出现具有标杆意义的典型案例。

（3）增值和集成解决方案更受欢迎。通用型软件可能进入成熟期，行业最终用户对标准化产品的需求逐渐稳定。因此企业用户对增值类产品和方案会有更强的需求。而随着 ERP 等信息化系统在企业应用的日益广泛，未来对 CRM 产品和方案中的集成功能会有迫切要求，即以 CRM 为主，整合企业前后端业务系统的趋势会越来越明显。

（4）中小企业应用渐成气候。中国拥有数量极为可观的中小企业，它们成长性极强、市场潜力巨大，面向中小企业的 CRM 专业厂商的市场广阔。这使得我们有充分理由相信，未来中国 CRM 应用市场，将远远超出目前的水平，甚至可能超出人们的想象。

三、决定未来 CRM 市场发展的关键因素

CRM 尽管在中国市场已经获得了一些阶段性的发展，但距其发展到成熟阶段仍然还需要一定的过程。国内严酷的市场竞争环境和技术储备力量的不足，使得本土厂商的发展一直不太顺利。但我们也应该看到，CRM 本身还处于一个动态的发展过程中，这为肯于下力气搞创新的厂商提供了发展机会，同时，北美厂商近期内不会投入太大力量关注中国市场，也为中国本土厂商提供了巨大的市场空间。决定未来 CRM 市场发展的关键因素很多，从软件厂商来看：①CRM 软件厂商进一步提高产品的功能水平和应用能力，尤其是产品的分析能力，以及与其他主流应用系统的集成能力；②CRM 厂商深入开发服务行业的 CRM 应用，并且进一步关注中低端市场的 CRM 应用。从用户角度来看，应该进一步加强对 CRM 项目的理解；加大对分析型 CRM 项目的投资；确定详细需求，制定投资目标；加强对数据的管理。从项目实施角度来看，CRM 项目实施的方法论和流程需要进一步规范；CRM 项目推进需要更多专业化的 CRM 实施咨询企业的参与。

CRM 软件市场非常庞大，原因很简单，客户是企业的生存之本，谁也无法忽视这个问题。在技术的应用上它也不像 ERP 那样非得"休克式的"或"连根拔起式"的实施，它的技术应用的阶段性、模块的选择性等都灵活得多。这就使得任何一个企业都可以是 CRM 系统实施的对象。尽管功能的优劣、实施的范围差别很大，CRM 系统应用的广泛性是 ERP 和其他管理软件无法比拟的。

案例 博福－益普生（天津）制药有限公司的 CRM 系统

博福－益普生有限公司 1929 年由亨利博福先生创建，是一家专注于肿瘤、血液、神经、内分泌和消化（肝病）五大主要治疗领域的全球制药厂商。博福—益普生（天津）制药有限

公司（简称 BITP）成立于 1992 年，总投资额 2 亿人民币。BITP 推广管理部（Promotion Administration Department，PAD）的主要工作职责是为公司医院的推广人员提供科学的管理系统工具。自 2001 年 PAD 成立后的 1 年多时间里，PAD 为推广人员设计制作了客户资料专用卡片，以期建立公司客户资料数据库。PAD 的成员在与一线推广人员的日常工作接触中发现，大量的纸面工作占用了推广人员较多的工作时间；由于缺少一些最基本的数据，公司对推广人员的工作进程无法实现有效跟踪和指导，更无法实现对高层决策的信息支持。

为了解决实际问题、有效提高客户关系管理水平，公司决定实施 CRM。2002 年 11 月 4 日，BITP 与 TurboCRM（北京）信息科技有限公司正式签约，请对方帮助 BITP 开展 CRM 实施工作。很快，TurboCRM 公司的两位咨询顾问立即进驻 BITP，他们的工作就是从业务访谈开始，访谈对象从一线推广人员到各级推广经理，再到总部几个部门的负责人，最后是总经理。

在客户化设计过程中，由于医药行业的学术推广与其他行业普遍意义上的"销售"有着较大的区别，咨询顾问与 BITP 项目组及其他人员进行了大量沟通以了解行业特征，在两周时间内，顾问们完成了与 BITP 推广管理部、市场部管理人员及北京、深圳、武汉、沈阳等地的区域经理近 30 人的访谈和大量原始资料的采集和分析，对 BITP 的医生管理、医院管理、医生拜访流程以及医药推广流程等做了详细调研。BITP 的业务模式决定了其客户关系管理系统首先要收集目标客户群——全国各地几千家医院和医生的基础信息。另外，由于推广活动的一线人员是全国各地的医药代表，而分析决策人员是总部的推广管理人员，这就要求信息收集要及时并快速传递。过去，这些信息是以手工的方式将制药的业务信息填写、传真到总部，然后手工汇总，无论是效率还是准确性方面都不能保证。BITP 的客户群相对固定，市场上的主要竞争产品也比较明确，对于已经建立起关系的销售终端——医院、医生和患者，治疗观念的推广工作最为重要。通过服务和关怀，准确了解药品的消费情况，可以在最及时的时间提供医院、医生和患者最需要的服务，延长客户生命周期。这要求对医药代表的工作过程有事先的计划，并且根据计划进行过程跟踪和最终的效果评估。在没有实施 CRM 之前，由于现行统计工具的不足，仅能向管理决策层提供所需要的部分分析数据，无法实现向一线推广人员的分析数据传递，导致他们忽略了对这些重要的基础信息的收集，从而失去了数据依据，只能基于工作经验对价值客户做出判断。

期间，BITP 的推广经理对系统设计的思路提出了非常重要的建议，TurboCRM 的咨询顾问在综合了 PAD、推广经理和总经理的意见后，于 2002 年 11 月 28 日提出了 BITP CRM 解决方案，具体内容如下（部分）。

（1）建立一线人员推广工作的过程化管理。通过任务、日程和进程管理，大区经理及地区经理可以对医药代表当前的工作制订周期性的详细拜访计划，改变工作协调不确定的现状；可以统计不同的拜访行为，例如一段时间内召开小型学术推广会的次数，以此判断医药代表的工作强度和力度；推广任务的制定和执行，很大程度上降低了各地区经理的管理难度。除了常规的推广活动之外，博福公司经常举办全国和区域范围内的学术交流活动，将国际上最先进成果与国内各大医院的专家进行探讨。这种有时间限制的推广活动通过 TurboCRM 的任务进行信息共享和传递，可以迅速组织各地的医药代表参与到项目中来，推动会议的有效跟踪。

（2）建立一线人员对竞争产品的信息收集渠道。系统使得一线推广人员在客户拜访过程中对重要信息的收集可以规范地进行，医药代表可以定期对不同类型的客户以及竞争产品的情况进行收集，并进行统计和分析。一旦获取了完整的数据，公司即可以进行客户消费特征趋势的多维分析，以丰富的数据支持，建立"客户价值金字塔"，找到最有价值的客户，对其销量分布及构成做到心中有数。

（3）通过过程化管理的量化推动质量管理。了解医药代表及地区经理的学术拜访、小型学术会以及地区推广会等的开展情况，为中短期的工作制定一个明确的目标，在提高医生对适应症的理解、对医药的接受程度，解决医生面临的困难等方面提供指导。在长期工作中，可以将推广活动和实际的销售结果进行对比，将量化的过程管理和实际效果挂钩。

实施过程中完成的文档还有需求报告和阶段性工作总结等。随后，TurboCRM 实施项目组对 E-Tool 项目的几位主管经理做了"里程碑汇报"。客户化设计、初始化以及系统在运行地区的安装和调试终于在 2002 年底全部完成。

BITP 的 CRM 系统培训分 3 个阶段：第一阶段，利用大区销售会议进行基础培训；第二阶段，对一线销售经理进行一对一的培训；第三阶段，在推广人员的基础业务培训中增加 E-Tool 培训，并从应用人员中选出优秀者做强化培训，培养成各地区的"内部 E-Tool 应用培训师"。E-Tool 的使用，基本消除了推广人员排斥工作报告的两大因素：纸面汇报工作没有了；管理人员能实时查看一线推广信息，及时分析并给予政策指导，提高人员业绩。人员也能从业绩的实际提高中体会到 E-Tool 是个有用的工具。

本 章 小 结

本章首先综述 CRM 的概念及其本质，回顾 CRM 系统的发展历史及兴起历程，在此基础上分析了 CRM 的基本架构，并简要介绍常见的 CRM 系统产品；然后重点介绍了 CRM 系统的功能模块，并进而分析 CRM 系统技术、市场及应用三方面的发展趋势。最后应用具体案例说明 CRM 系统在实践中的应用。

习 题

1. 简述 CRM 的定义。
2. 简述 CRM 的本质。
3. 简述 CRM 的兴起过程。
4. 简述 CRM 系统的架构。
5. 简要介绍目前市场上常见的 CRM 系统产品。
6. 论述 CRM 系统的几个基本功能模块的内容，以及对企业管理客户关系的意义。

第十五章 知识管理系统

随着知识经济的来临，知识正逐步取代劳动力和资本而上升为组织的核心生产资料和价值创造的核心来源，理论界和产业界都在谋求通过知识管理（Knowledge Management，KM）来塑造企业在知识经济时代的新型核心竞争力。知识管理系统（Knowledge Management System，KMS）是将 KM 从理念导入实践的依托平台，在企业 KM 实施中具有举足轻重的地位。本书第二章"后现代管理方法简介"一节，已经对 KM 缘起、内涵与特征等进行了介绍。本章将介绍有关 KMS 的基础知识，帮助大家进一步走近 KM、认识 KMS。

第一节 知识管理系统概述

一、KMS 与 MIS 间关系

（一）KMS 内涵

一般认为，KMS 是实施 KM 的依托平台，有狭义与广义之分。狭义 KMS 是指支持企业借以对各知识活动进行有效管理的软件系统，是企业实施 KM 的工具，亦是企业进行知识沉淀与处理的技术平台。广义 KMS 则被视为对企业模型的抽象，是企业在 KM 维度的方面视图；它是一个"社会—技术"系统，从企业整体的各方面、各层次因素来考虑对 KM 实施的全方位支持。显然，狭义 KMS 可以看作广义 KMS 的技术子系统。

KMS 是个复杂的有机系统，系统中的各个要素之间以及系统与环境之间具有不可分割的联系，必须给予综合考虑。如果不顾系统要素间的有机联系而仅仅从技术层面出发考虑狭义 KMS，其结果将很难保证所构建出来的技术子系统与系统其他要素之间能够较好协调。如此，这个技术子系统将像一块异物嵌入在企业 KMS 的有机体系中，迟早会断送企业整个 KM 的实施前程。因此，为确保企业 KM 的有效实施，必须在广义 KMS 概念框架下逐步营建与完善企业 KM 赖以实施的平台系统。这就需要全面、深入分析系统各个要素的特征以及系统要素之间的结构、系统与环境间的相互关系，从而营建具有"社会—技术"双重属性的 KMS。

KMS 是"知识经济"这一新型经济形态下的新型管理理念与先进信息技术、网络技术和人工智能技术等相融合而成的有机整合体。一般而言，KMS 应具有如下特征：

- KMS 集先进的管理理念与有效的信息技术于一体，实现 KM 实施主体与客体之间以及 KMS 与环境之间的集成与协同；
- KMS 能够增强企业员工的能动性，克服知识交流与共享的障碍，有助于培育一种信任、奉献、学习与创新的积极的企业文化和工作氛围；
- 作为企业 KM 实施的依托平台，KMS 所支持的知识链节点（知识处理活动）要与企业物理业务活动相协调，同时应能够支持对知识链各节点的集成化与协同化管理；
- KMS 要能够使人们利用其所熟悉的工具开展顺畅的知识交流与共享活动，并与组织现有信息化成果实现无缝集成；

- KMS 应具有有效的知识安全机制，能灵活定制知识访问控制策略，既要对内实现知识共享，也要对外实施知识保护；
- KMS 要能够支持对企业不同类型、不同粒度、不同结构的信息和知识的集成与管理；
- KMS 应支持跨平台操作，具有良好的通信能力，支持多种格式的数据通信；
- KMS 应具有高度的系统柔性、开放性和可扩展性；
- KMS 要具有操作方便、互动友好的人机交互界面。

（二）KMS 与 MIS 间关系

在讨论 KMS 与 MIS 之间关系时，我们首先来分析 KM 与 IM（Information Management，信息管理）之间的关系。著名学者乌家培先生对此进行综合分析后指出，当前关于 KM 和 IM 之间关系大致有 5 种不同的看法：①并列关系，即 KM 和 IM 是各自独立发展的两个并行领域；②转化关系，即"阶段说"，该观点认为 IM 是 KM 的基础，KM 是 IM 发展的更高阶段；③包含关系，该观点认为 KM 与 IM 之间具有包含关系，具体而言又分为 KM 包含 IM、IM 包含 KM 两种观点；④等同关系，持该观点的学者认为 KM 和 IM 之间没有本质的区别，彼此之间在某种意义上讲具有等同关系，是可以相互替代的。

可见，在当前的理论界和产业界，对于 KM 与 IM 两者之间的关系还没有形成统一的观点，尚存一定争议。不过，持"转化关系"的观点逐渐趋于主流。美国著名信息管理专家弗利斯特·霍顿（Forest Woody Horton）就将 IM 的发展划分为 5 个阶段：对物的控制、对自动化技术的管理、对信息资源的管理、商业竞争分析与智能以及对知识的管理。

通过前面的学习，我们知道，如果将 KM 看做是 IM 的延伸与发展，那么这种延伸与发展的幅度将是巨大的，具有质的升华特征。KM 是在知识经济背景下对传统管理理念与模式的补充与完善，是一种新型管理理念与模式，而不仅仅是一种对知识资源进行管理的方法与技术；当然，作为先进的管理理念与模式，其必须要在先进的生产力支撑下才能达成生产实效，即需要先进的信息技术支持。可见，从"社会"维度或管理属性上讲，KM 的内涵要比 IM 丰富得多；不过，从"技术"维度观之，KM 仍然需要传统 IM 领域成熟的技术方法、实施经验以及基础设施支持。

KMS 与 MIS 分别是支撑 KM 与 IM 实施的平台系统，KM 与 IM 之间的关系奠定了 KMS 与 MIS 之间的关系基础，表 15-1 对两者进行了详细比较。

表 15-1　　　　　　　　　　　　MIS 与 KMS 间对比分析

对比方面	MIS	KMS
管理对象	数据、信息、显性知识	数据、信息、显性知识和隐性知识
目标功能	对显性知识的搜集、加工与共享	对显性与隐性知识的共享、应用、发现与创新
支持层次	直接支持企业战术性目标的实现	支持企业战术性目标和战略性目标的实现
经济环境	变革相对较慢、以预期为基础的经济	快速变化、非线性、非连续、跳跃式的经济形态
系统角色	人类肢体的延伸	知识管理主体大脑的延伸、主体的脑外系统
人的地位	核心地位，但能动性发挥受限	核心地位，能充分发挥其能动性
建设方向	缺乏明确的服务方向性和外在目标	以知识有效共享、应用和创新为导向
核心资源	以"信息"为本	以"人"为本

对比方面	MIS	KMS
主管职责	CIO 负责技术与信息的开发和利用	CKO 工作重点是推动创新和提升组织智商
业务范围	信息收集、加工、存储、检索和传播	知识辨识、获取、表示、求精、编辑、存储、集成、传播、发现与创新、共享和使用、评估、淘汰与更新
支撑基础	管理理论、信息技术、系统科学	管理理论、信息技术、系统科学、价值理论、伦理理论、产权理论、交流理论、学习理论等

二、KMS 的常见模型

模型（Model）是指人们按照某种特定目的，对认知对象的内在特征与规律所作的一种简化和抽象，并用物质或思维的形式对原型进行模拟所形成的特定样态。通过对 KMS 进行建模（Modeling），实现对其所涉及的各要素的特点以及诸要素之间、系统与环境之间的相互关系的抽象化描述，从而构建支持企业 KM 实施的完整的系统结构与方案，一直是 KMS 研究的热点和主要方向。

从 KM 理念诞生时起，对 KMS 模型的研究也同时起步了。但作为一门新兴学科，由于还没有形成一个清晰的、统一的、为各方广泛接受的 KM 理论体系，以至于在不同视角和侧重点的 KM 理论指导下的 KMS 模型仍处于各抒己见、百家争鸣的探讨过程之中，尚未形成统一的、被各方所认同和接受并能够全面支持 KM 各个活动的 KMS 整体解决方案。尽管如此，KMS 建模研究这些年来还是取得了一些成果的，现将当前主流 KMS 模型加以概括，分类综述如下。

（一）基于 MAS 的 KMS 模型

单 Agent 系统具有自主性、应激性、能动性、社会性和开放性特征，具有一定的问题求解能力；多 Agent 系统（Multi Agent System，MAS）则具有更强的智能性与复杂问题求解能力。基于 MAS 的 KMS 模型如图 15-1 所示，该类模型主要面向企业知识共享及分布式协作目标，在分布式人工智能（Artificial Intelligence，AI）技术、网络技术及多媒体技术的支持下实现。系统中的每个 Agent 被认为是一个物理的或抽象的实体，不仅能作用于其自身，同

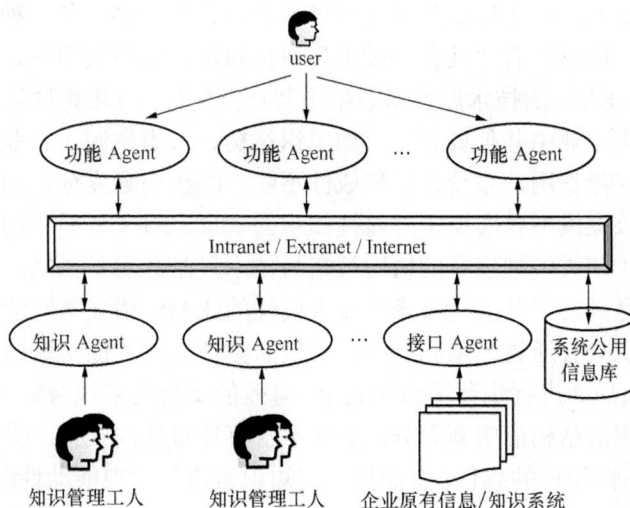

图 15-1 基于 MAS 的 KMS 模型

时还可影响环境、操纵环境的部分表示，并且能够与其他 Agent 通信。为此，每个 Agent 具备一定知识和能力来决定其自身的行为，并且能够使自己更好地适应环境。在非常复杂的情况下，由于单个 Agent 的功能有限或者和其他 Agent 会有冲突，它必须能够基于所观察到的信息，有效地感知外界环境的影响，进而有能力对其他 Agent 的行为作出合理的预测，并以此来决定自己的动作。

从模型的层次看，其主要包括两层，即 Agent 之间进行协作的层次及 Agent 内通过组件合作形成能力的层次。Agent 间的协作层是通过共享本体论和相互协商，结成动态的、开放的 Agent 协作联盟来实现。这是在语义基础上的高层协作，面向跨部门的联合目标，强调大范围、大粒度软构件的松耦合集成，并以 Intranet、Extranet 或 Internet 作为集成平台。在 Agent 内部，通过应用组件/软总线技术将不同的组件进行合成，实现 Agent 的一种特定功能，这是面向 Agent 的某一项专门目标，强调小范围内小粒度软构件的紧耦合集成。

在模型中，Agent 可分为 3 类：知识 Agent、功能 Agent 和接口 Agent。其中，知识 Agent 负责对某个特定领域或类别的知识进行组织管理、存储积累和提取应用；功能 Agent 面向用户的功能需求，将诸多领域知识进行整合后提供给用户；接口 Agent 负责与企业原有的各种信息系统与知识系统进行集成，从而方便地从已有系统中提取知识。整个系统的知识是分层次、分布存储的。Agent 之间的协作和通信可以通过知识查询和处理语言（Knowledge Query and Manipulation Language，KQML）来完成。KQML 是基于语言行为理论的消息格式和消息管理协议，已成为定义 Agent 间通信语法和语义规范的主体通信语言的事实标准。模型中的系统公用信息库存储各 Agent 的注册信息和相关参数，对所有 Agent 开放。系统中的各个 Agent 能够在应用实践中不断地获取知识以持续提高自己的能力，从而使系统整体智能和反应速度逐步得到改善与提高。

该类模型的特点在于：①以智能体 Agent 作为系统基元，突出了 AI 技术在系统中的作用，将智能性定格为 KMS 的一个基本目标特性；②秉承传统 MAS 研究特点，强调了 KMS 所应具有的协同性，注重提高 KMS 的整体序；③具有良好的结构性，使系统的营建与维护相对容易；④面向分布协作环境，能够满足主流企业物理业务结构需求；⑤提供 KMS 与企业原有信息/知识系统相集成的接口，提高了 KMS 的集成特性，降低了 KM 的实施成本。

该类模型的不足在于：①KM 是理念和技术相融合的产物，是一种新型管理模式，作为其实施平台的 KMS 应该具有"社会—技术"双重属性；而该类模型延续了传统信息管理的思维定势，仅强调了 KMS 的技术属性却忽略了其社会属性，因此其只是 KMS 的技术子系统。②该类模型没有考虑企业中其他要素（诸如组织结构、人力资源、企业文化、激励机制等）对 KMS 的影响与支撑作用，系统性、集成性不够。③按明晰度分，知识包括显性知识和隐性知识两种类型。该类模型仅实现了对显性知识的管理，对未外显化的隐性知识缺乏明确、有效的管理策略。④该类模型现有的协同策略与技术只是针对于 MAS 中的各个智能体的交互与协同，不能满足具有"社会—技术"双重属性的 KMS 诸要素间的协同要求，因此只是有限的协同。⑤知识只有通过一系列有序、有效的处理活动才能实现向价值的转化，才能实现知识增值；对知识活动进行规范并给予完全、有效的支持是实现 KM 实施目标的基本前提。该类模型缺乏对知识链结构的明晰划分，更谈不上有针对性的支持。⑥人是所有知识活动的施动者，同时也是隐性知识的载体；企业员工的知识素质与主观能动性制约 KM 的实施效果。因此，KM 实施中人应处于核心地位。该类模型没有突出人在 KMS 中的核心地位，并且主体结构单一（只限于 KM 专职人员），未能对广泛的知识主体给予有效的知识支持与管理。

（二）基于 B/S 模式的 KMS 模型

基于 B/S 模式的 KMS 模型主要是针对知识经济的网络化趋势以及由此导致的组织边界的扩大与模糊而提出的，其模型结构如图 15-2 所示。与其类似的称呼还有基于 Internet 的 KMS 模型、基于 XML 的 KMS 模型等。

B/S 模式将所有的系统开发、维护和升级工作集中在服务器端，客户端应用只需浏览器作为运行平台，简化了客户端软件。用户通过浏览器向 Web 服务器发出请求，Web 服务器处理请求，将结果发送给用户并在浏览器上显示，大大方便了系统的应用。过去，超文本标记语言（Hyper Text Markup Language，HTML）是组织页面进行网络传输的主要工具，然其固有的缺陷（缺乏可扩展性、结构性、合法性验证等）使其得到了另一种语言——可扩展标记语言（eXtensible Markup Language，XML）有效补充。良好

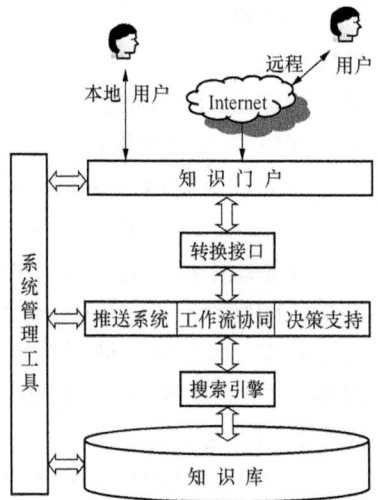

图 15-2　基于 B/S 模式的 KMS 模型

的数据存储格式、可扩展性、高度结构化和便于网络传输是 XML 的四大特点，决定了其卓越的性能表现。通过 XML 来表达知识、传递数据，不仅跨越了平台（XML 具有天然的平台无关性），还跨越了空间（通过 Intranet/Extranet/ Internet），更跨越了设备（XML 的内容与表现的分离可以成为不同的终端间交换信息的载体）。因此，XML 对 KMS 中知识的表达、集成与传播很适用。

如图 15-2 所示，该类模型结构一般包括以下几个关键部分：知识库、文档转换接口、知识门户、知识推送系统、系统管理工具、知识搜索引擎、工作流协同、决策支持系统。知识库是一种抽象化表述，由许多分布的、异质的子库组成。文档转换接口负责把各种格式的初始文档转换成 XML 文档。知识门户是实现知识发布与共享的重要渠道，它使得企业的员工、客户和供应链上其他相关人员能够很容易地从单一的访问入口查询、共享和传递知识；通常知识以两种方式传播，即拉动式和推动式的知识传播。知识推送系统是在推动式知识传播理论的指导下提出的用于提高知识传播效率的子系统。它通过对知识用户资料的收集、分析，对知识用户的长期兴趣、短期兴趣和不同兴趣的相关性利用马尔科夫转移概率来分析用户兴趣的转移程度，然后将用户可能感兴趣的知识通过 Web 推送给知识用户。系统管理工具负责管理系统资源，保持系统整体的活力和有效性，以满足系统适应环境的要求。知识搜索引擎封装多种搜索策略与检索算法，满足知识用户对知识高效检索的需求。工作流协同支持知识工作者在工作流过程中相互支持与协作，做到充分的知识共享与交流。决策支持处在知识链的最上层，是知识创新、产生价值的关键环节。

该类模型具有以下特点：①强调了 KMS 网络化的建模特点，与知识经济的网络化趋势相适应。②良好、统一的文档格式。数据通过 XML 来传递和显示，以数据库来存储，从而解决了 KM 对半结构化和非结构化文档知识的统一存储、管理和浏览等一系列问题。③在 Web 上发布与共享知识，知识的内容与表现分离，形式开放、效果充分。④提供更细化的知识搜索，通过 XQL 技术可以实现对元数据——XML 的节点内容和属性进行搜索。⑤支持远程、异构系统之间的知识传输。⑥采用知识推送技术来增强企业内知识传播的效果，利于知识充分共享。⑦提供工作流层级的系统协同策略。⑧对知识的高端应用——知识决策给予支持。

该类模型的不足在于：①只突出了 KMS 的技术属性而对其社会属性支持不够，因此仍然归属于 KMS 的技术子系统。②类似于基于 MAS 的 KMS 模型，它没有涵盖 KMS 全部系统要素，而 KMS 除技术外的诸多要素，如企业的组织结构、企业文化、激励机制等直接决定着 KM 的实施效果；它只对知识表示、存储、传播、应用、维护给予有限程度的支持，没有对知识全生命周期的各过程给予完备支持；它没有考虑对企业现有信息化成果的有效利用。因此，模型的系统性、集成性不够。③强调了对一般知识用户的支持，但知识管理团队在系统中的位置模糊。④只对可编码并能存入知识库的显性知识进行管理，缺乏对隐性知识的管理支持。⑤单一的知识表示与存储策略势必导致频繁的知识格式转化，影响了系统效率，同时亦束缚了系统的表达能力。⑥知识门户是知识用户与系统交互的唯一通道，需要强大 AI 技术的支撑以确保系统的智能性、健壮性和有效性。⑦Web 发布的开放性，提高了对知识安全的要求。

（三）基于 UML 的 KMS 模型

元数据联盟（Meta Data Coalition，MDC）在其开放信息模型（Open Information Model，OIM）中将 KMS 作为一个子系统。为了利于模型的推广和消除对特定技术的依赖，MDC 采用统一建模语言（the Unified Modeling Language，UML）来描述模型。而后，Microsoft 和 IBM 公司 Lotus 事业部在各自的研究项目 Table 和 Raven 中提出了具有一定集成度的 KMS 系统模型框架，如图 15-3 所示。

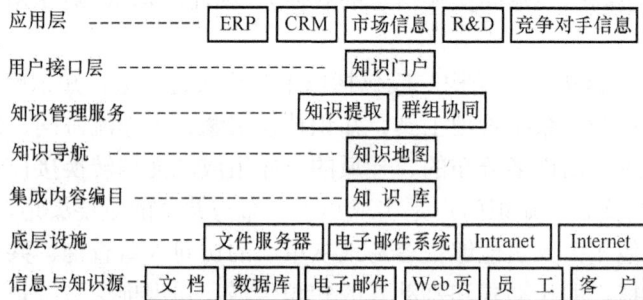

图 15-3　基于 UML 的 KMS 模型

该类模型具有 7 层结构，自下向上依次为：信息与知识源、底层设施、集成内容编目、知识导航、KM 服务、用户接口层和应用层。其中，信息与知识源层作为系统的基础，规定了 KMS 的管理对象，涵盖企业内各种文档、数据库、电子邮件、Web 页、员工和客户信息等广泛内容；底层设施层包括电子邮件系统、文件服务器、Intranet、Internet 等，该层为 KMS 提供平台支持；集成内容编目层对知识库中的知识进行集成、分类与再组织操作，以提高 KMS 运行的效率和有效性；知识导航层相当于 KMS 的索引层，它借助知识地图（Knowledge Map）使系统能够快速定位用户所需的知识；KM 服务层主要包括知识提取和群组协同两部分，按要求为知识门户提供相关知识并实现系统群组间协同，维持 KMS 的整体序；用户接口层主要通过知识门户来实现，它是所有知识用户查询、共享和传递知识的单一入口；应用层包括企业资源计划（ERP）、客户关系管理（CRM）、市场信息与竞争对手信息的收集与管理、产品研发（R&D）等，实现 KMS 对企业各种具体物理业务的有效支持。

该类模型具有以下特点：①对 KMS 的体系结构进行了清晰、详细的层次划分，有利于系统的实施与维护。②对企业广泛的信息与知识源予以管理，尤其将客户与员工信息纳入知识源范畴，增强了该类模型的适用性与有效性。③在一定程度上回答了 KMS 与企业现有信息化成果之间的关系，将 KMS 定格为企业信息与知识的集成平台，将企业现有信息化成果或应用（CRM、ERP、R&D 等）视为基于该平台的应用实例。④突出了 KMS 的网络化趋势，强调了对网络设施与技术（底层设施与用户接口层）的应用。

　　该类模型的不足在于：①类似于前两类模型，其仍然仅从技术维度探讨 KMS 的体系架构，没有与 KM 理念维度相适应的企业内部环境（组织结构、激励机制、人力资源、企业文化等）的营建策略；没有对企业知识链进行整体规划与有效整合，也没有对各知识活动有针对性的支持机制。因此，它依然停留在 KMS 的技术子系统层次，系统性、集成性不够。②模型虽然将员工和客户纳入知识源范畴，但仅限于对由其提供和产生的编码知识（显性知识和经过外显化的隐性知识）的提取与管理，对深藏于员工头脑中的隐性知识（经验、能力等）仍缺乏相应的管理措施；同时亦缺乏隐性知识外显化的策略与机制。③从某种意义上讲，模型只是对企业现有信息化成果或传统企业信息化解决方案的再整合，缺乏对 KM 特质（如提高企业知识应用效率和有效性、促进企业知识创新等）的深层思考与有力支持。④智能化是 KMS 发展的大趋势，同时也是其整体效率和有效性的重要保证。模型未在系统的智能化方面作出相应规划，没有对 AI 策略与技术的引入作出设计，缺乏系统自适应、自学习机制。⑤人是 KM 的实施主体，主体间的协同策略与效果直接决定了 KMS 的整体序；然而，模型仅在知识源层次关注到人的意义，在模型的其他层次则忽略主体存在，缺乏对主体施动作用的认识与规划，缺乏对主体间协同策略的规划。

　　（四）基于"社会—技术"双视角的 KMS 模型

　　基于"社会—技术"双视角的 KMS 模型超越了传统技术观，认为 KMS 应是一个"社会—技术"系统。如图 15-4 所示，该类模型将 KMS 划分为 4 个部分。

　　（1）知识社区。这是企业内知识传播与共享的组织平台，涵盖物理社区和虚拟社区；它试图跨组织边界实现"最佳实践网络"，使企业中各个领域的知识（包括员工的经验）能够在知识社区内顺畅交流，从而实现企业内知识的广泛共享。

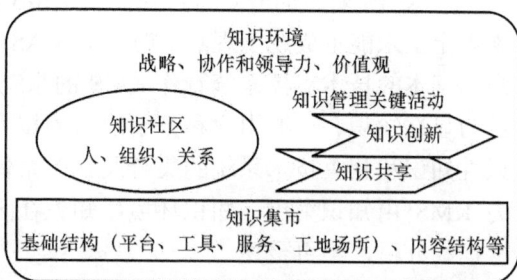

图 15-4　基于"社会—技术"双视角的 KMS 模型

　　（2）知识集市。知识社区建立了人和人、人和组织以及组织和组织之间的联系，知识集市则提供了有关 KM 的基础设施，是实现知识交流与共享的物理平台；它通过提供知识地图、企业 Intranet 以及电话、电视系统来支持最佳实践传输，以保证所有员工能够访问最佳实践资源。

　　（3）知识环境。知识环境主要从"软"环境方面（如企业战略及价值观等）对企业 KM 实施提供支持，在组织中形成知识交流的气氛和知识共享的文化环境，使员工能够有效开展"干中学"、"分布学习"以及"虚拟团队学习"。

　　（4）知识管理关键活动。建设知识社区、知识集市以及知识环境的最终目的就是为了实现对企业知识链的有效管理，KMS 应该对实现知识自身增值以及知识向价值转化的关键知识活动（如知识共享与创新等）给予关注，并给予有效支持与管理，从而能够持续提高企业的知识共享、应用与创新能力，进而提升企业的核心竞争力。

该类模型具有以下特点：①模型在规划企业 KM 物理基础设施的基础上，既考虑到企业知识环境和主体结构对 KM 实施的重要意义，亦对 KM 关键活动给予关注，在一定程度上实现了对 KMS "社会—技术" 双重属性的整合，体现了 KM "理念与技术相融合" 的本质。②与前述模型相比较，它涵盖 KMS 更多要素，具有较高的系统性。③模型将企业知识共享与创新作为 KM 关键活动给予重点关注，符合 KM 主要实施目标的要求。

该类模型的不足在于：①作为企业 KM 实施的内部环境，模型中的知识环境（战略、协作和领导力、价值观）与知识社区（人、组织、关系）还不够完备、具体，尤其缺乏对相关激励机制这一制约 KM 实施效果的重要因素的探讨与设计。②KM 首先需要对企业知识链结构进行清晰划分，并与企业的物理业务流程相集成，各知识活动的优化与协调是系统整体效率和有效性的保证；模型只关注企业 KM 的关键活动，忽视了一般知识活动对系统的根基作用。③没有指明模型中 KMS 四部分要素（知识环境、知识社区、关键活动、知识集市）之间的深层次关系，缺乏要素间的集成与协调机制。④KM 需要理念变革和技术创新的双重支持。该类模型对技术维度重视不够，作为技术支撑体系的知识集市基本停留在企业现有的信息化成果水平，缺乏一个创新的、整体的知识管理技术解决方案，缺乏 AI 技术与策略的有效支持。⑤没有对企业的知识源以及 KM 的具体管理范畴做明确界定，容易使企业 KM 因过分追求管理的广泛性而难以深入实施，从而影响实施效果。

第二节　KMS 要 素 与 结 构

一、KMS 要素

对 KMS 要素的界定直接决定了 KMS 模型特征与结构。当前主流 KMS 模型在 KMS 要素界定上未能形成统一观点，如基于 MAS 的 KMS 模型把显性知识、知识管理工人和一般用户、基本的技术支撑系统看作 KMS 的系统要素；基于 B/S 模式的 KMS 模型将 KMS 要素归结为显性知识、一般用户和基于网络的技术系统；基于 UML 的 KMS 模型则将 KMS 看作是显性知识和相关技术系统的集合及其关系体现；基于 "社会—技术" 双视角的 KMS 模型认为 KMS 由知识集市、知识环境、知识社区和关键活动构成。这些观点导致的模型问题，前文已经分析，不再赘述。

基于对广义 KMS 概念的完备界定，KMS 的系统要素应该包括知识、人、知识链、技术工具和系统环境，KMS 模型即这些要素及其间关系的集合。

（一）KMS 客体——知识

知识是 KMS 的管理对象，对其概念界定第一章已经给出，在此不再赘述。按不同标准可对知识作不同分类，如表 15-2 所示。

表 15-2　　　　　　　　　　　　知识的分类标准与内容

分类标准	知 识 类 别
成熟度	例常知识和例外知识
适用范围	局部知识和全局知识
知识来源	内源知识和外源知识

续表

分类标准	知 识 类 别
知识状态	静态知识和动态知识
明晰程度	显性知识和隐性知识
确定性程度	确定性知识和非确定性知识
所处层级	个体知识、团队知识和组织知识
知识作用	事实知识、过程知识、控制知识和元知识
内容属性	命题知识、原理知识、技能知识和人力知识
主观解释	实用知识、学术知识、闲谈和消遣知识、精神知识和不需要的知识

在对知识的诸多分类中，世界经合组织（Organization for Economic Cooperation and Development，OECD）以及迈克尔·波兰尼（Michael Polanyi）对知识的分类是最具权威性和流行性的两种。OECD 在其报告《Knowledge-based Economy》中将知识按其内容属性分为 4 种，即命题知识（Know-what）、原理知识（Know-why）、技能知识（Know-how）和人力知识（Know-who）。匈牙利著名学者迈克尔·波兰尼按明晰程度将知识分为明晰知识（Articulated Knowledge）和默会知识（Tacit Knowledge），亦称为显性知识和隐性知识。前者是可编码、容易被计算机处理和量度的形式化的知识，它能够很容易地在个人和团体之间传递；后者是难于形式化、难于编码和交流的知识，表现为个人的经验、感觉、习惯、洞察力、爱好和潜意识等。OECD 报告中的前两种知识大多属于显性知识，后两种则大多属于隐性知识。

KMS 知识要素既包括传统意义上的显性知识，也包括被传统 KMS 模型忽视的隐性知识。在人类的知识结构中隐性知识占据了大部分，而且对于知识的转化和创新意义重大。有人用知识冰山比作人类知识整体，冰山的水面以上部分是显性知识，水面以下的绝大部分则是隐性知识。日本学者野中郁茨郎（Ikujiro Nonaka）和竹内广隆（Hirotaka Takeuchi）指出，知识在隐性知识和显性知识的相互转化中形成了一个不断成长的知识螺旋，隐性知识是知识生产和创新过程中的必要组分。如此，缺少对隐性知识有效管理的 KMS 模型难以实现预期目标。

（二）KM 主体——人

人不仅是显性知识的来源之一，也是隐性知识的主要载体，还是企业 KM 项目的施动者。企业中人的素质与结构直接决定了 KMS 的工作效率和有效性。因此，人不仅是 KMS 要素之一，而且还是核心要素。

按企业员工在 KM 实施中所处角色的不同，可将企业中的人力资源划分为 4 层结构，如图 15-5 所示。企业知识主管（Chief Knowledge Officer，CKO）、知识项目经理和知识管理工人是专门从事 KM 工作的人员，一般员工指非专门从事 KM 工作的各层物理业务人员。CKO 拥有"硬"的技术能力和"软"的领导与人际交流能力，负责推动 KM 的实施进程，是高层协调与决策者，直接向企业的总经理或首席执行官汇报工作。具体讲，CKO 主要职责包括：帮助企业变革和培育适合 KM 的内部环境；设计、构建企业的 KM 基础设施；管理知识资本；设计企业的知识编纂方法；制定企业的知识发展战略；选择并管理知识项目经理；了解外部信息并加强与外界知识提供者的联系。曾任英国石油公司（British Petroleum，BP）CKO 的肯特·格林斯（Kent Greenes）通过有效实施 KM，在企业利润和市场共享方面取得了显著成效。1998 年，他为 BP 账面节约资金 2 亿 6 千万美元，在账面以外可能还产生了 4 亿美元资金，总计接近 7 亿美元。他的成功为 CKO 赢得了声誉。

知识项目经理是企业 KM 的中层管理者，负责在特定的项目中管理特定形式的知识或提高与知识相关的特定活动技能，整合知识管理工人、组织并管理知识项目团队、管理和控制项目预算和进度。知识项目经理之间要充分合作，交流信息与知识，同时接受 CKO 的领导和监督。知识管理专家、美国巴布森学院（Babson college）教授托马斯·H.达文波特（Thomas H. Davenport）曾指出，知识经济与知识工作的兴起促使传统中层管理人员向知识项目经理转变，同时指出了相应的转变途径，如图 15-6 所示。该图从侧面直观、简洁地描述了知识项目经理所应具备的素质。

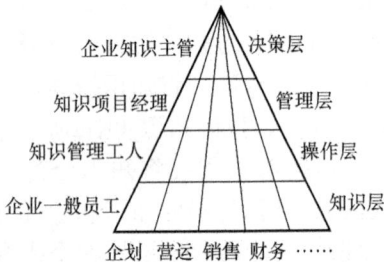

图 15-5　KMS 中人力资源结构

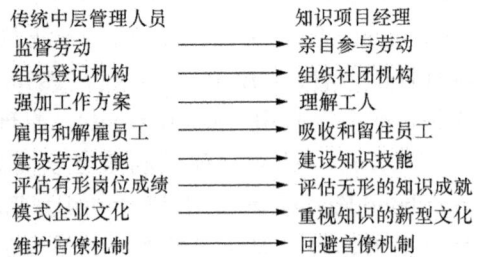

图 15-6　知识项目经理培育途径

知识管理工人指专门供职于 KM 部门，把 KM 作为日常工作的基层工作者，其主要职责包括：在既定策略与技术的基础上获取、表示并存储知识；结构化或重构企业知识库；安装和维护 KMS 技术支撑系统；协助一般员工共享、应用和开发企业知识资源，并促进其知识创新等。国外一些成功实施 KM 的企业均配备了一定数量的知识管理工人，如世界 500 强、全球最大的管理咨询公司——埃森哲（Accenture）公司每 5 名员工中就有 2 名知识管理工人，可口可乐公司本部也拥有相当数量的知识管理工人。

企业一般员工指企业中从事各种物理业务（如企划、营运、销售等）的人员，其是企业具体业务知识的实际生产者、传播者、应用者和创新者，是 KMS 的主体基础。在 KM 实施过程中，一般员工负责总结工作经验并在知识管理工人的帮助下将其尽量转换为显性知识，有效应用知识进行生产，传播、共享和创新知识等。KM 只有一般员工的积极参与才能发挥最大效能。在美国 Chaparral 钢铁公司，一般员工积极参与企业的 KM 实施，钢铁生产线上的一线工人也知晓客户需求，也要参加技术研讨会和编写生产经验。依靠一般员工的积极参与，公司的 KM 实施取得巨大成功，多次创造了行业内的世界纪录。如早在 1990 年，它生产一吨钢材用 1.5 人时，而当时美国的平均水平是 5.3 人时、日本是 5.6 人时、德国是 5.7 人时。

（三）知识链

知识的价值实现、增值与创新都必须通过相应知识过程（亦称知识链）得以完成。企业内部各业务点上的人所掌握的各种不同形态的知识因各种物理业务流程结合在一起，各种业务流程的处理过程伴随着相关知识的处理过程，从而形成知识链。知识链使得原来分散在企业内部无序的知识，为了共同的目标——知识共享、创新与价值实现，实现了有序化。

在 KM 研究领域，因对 KM 实施目的和内容的理解差异而形成了对知识链的不同观点。

例如，Wiig 认为知识链包括 4 个环节：知识的创新与来源、知识的编辑与传播、知识的吸收、知识的应用与价值实现；Dibella 认为知识链是一系列组织学习阶段的循环，它包括：知识获取、吸收和利用；Marquardt 主张知识过程应包括以下几个步骤：获取、创造、传播、利用与存储等；Prost 将知识链分为对知识的获取、开发与创新、共享与传播、使用和保存等环节。类似的观点还有很多，不再一一列举。

显然，知识链应该基于知识的全生命周期理论，研究知识在一个完整生命周期内所经历的各种处理环节。就一般性而言，它应该能够反映知识流转的普遍流程；它需要对企业 KM 实施的完整目标（提高企业知识共享、应用和创新能力）给予全面考虑，即要具有系统性和完备性；同时也要突出关键环节（如知识应用与创新）。基于前人观点，我们提出了如图 15-7 所示的知识链结构，它包括知识的辨识、获取、表示、求精、编辑、存储、集成、传播、内化、应用、创新、价值评估和知识进化（知识更新与完善、淘汰与休眠）等环节，这些环节构成一个闭合回路，形成一个循环往复的过程。一个实施 KM 的企业正是在这一循环往复的过程中实现对知识的积累、应用、创新与增值，不断增强自己的应变能力和创新能力，进而提高其核心竞争力。

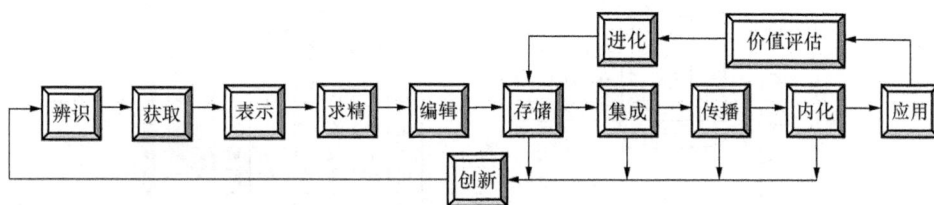

图 15-7　知识链

该知识链结构在知识链的首端增加了"知识辨识"节点；摒弃了以往只关注个别关键环节的不足，将基础与关键环节一并纳入知识链结构，从而使整条知识链覆盖知识全生命周期，具有清晰、完备的特点；它不仅给出了各知识链环节，还描述了各环节间的顺承与反馈关系，从而具有更高的指导意义。

（四）技术工具

技术工具指协助企业 KM 主体实现知识链各节点功能所需要的各种物理设施与技术系统。它包括企业现有的各种信息化设施与系统，亦包括规划中尚未建立的设施与系统。从更广泛的意义上讲，它指 KMS 完备的技术子系统，也是 KMS 与企业现有信息化成果相集成的结合点。现有 KMS 模型（如基于 MAS 的 KMS 模型、基于 B/S 模式的 KMS 模型、基于 UML 的 KMS 模型和基于"社会—技术"双视角的 KMS 模型等）对技术工具都有涉及，所存在的问题是：智能性不够、缺乏系统性和整合性、未能对完备的知识链予以支持。这是 KMS 建设过程中需要重点关注的问题。

（五）系统环境

马尔霍特拉（Yogesh Malhotra）博士指出，KM 是企业面对日益增长的非连续的环境变化，针对组织的适应性、生存和竞争能力等重要方面而作出的一种迎合性措施。可见，环境变化是催生 KM 的因素之一，并作为重要的因素继续影响着 KM 的实施效果。诺贝尔经济学奖获得者哈耶克（Friedrich August von Hayek）认为，某些知识是与特定地点、特定时间相关联的，即知识本身具有环境依赖性；知识必须应用在一个与其相适应的系统环境中，否则可能毫无价值。故此, KMS 建模必须对系统环境给予充分关注。

　　一般而言, 系统环境包括两部分: 企业内环境和企业外环境, 分别对应哈耶克和马尔霍特拉的环境论, 如图 15-8 所示。企业内环境是相对于 KMS 技术子系统而言的环境, 包括企业文化、经营战略、价值观念、激励机制、组织结构和人力资源等。拓展狭义 KMS 的系统边界, 直至涵盖上述企业内环境要素时, 就得到广义上的 KMS。此时, 企业内环境成为 KMS 组成部分, 即系统的要素。作为理念和技术相融合的产物, KM 的实施需要机械方法与生态方法的同步实施, 需要技术子系统和生态子系统的共同营建。如果将 KMS 比作生命有机体, 企业内环境就是其体液环境(血液和淋巴), 亦是其生态环境。为了保障和维持其整体效率和有效性, 必须对企业内环境做相应的调整与培育。

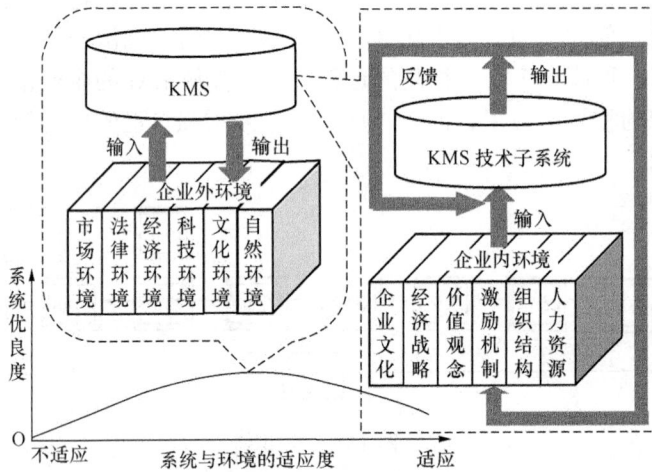

图 15-8　KMS 系统环境

　　企业外环境指企业所处的市场环境、经济环境、科技环境、文化环境、法律环境和自然环境等, 相对于企业内环境, 它位于 KMS 边界之外, 是广义 KMS 的系统环境, 简称 KMS 环境。当今企业外环境最突出的特点是: 知识经济时代商业循环加速与经济全球化趋势、组织网络化趋势以及知识生命周期缩短; 变化日益快速、竞争日益激烈、知识日益重要等。KMS 要设置边界通道, 使其能够及时识别、收集和处理环境信号来更新和创造知识, 在企业内部实现快速知识循环, 使企业能够快速更新产品与服务, 对经营环境和市场变化作出快速响应, 从而提高企业绩效和核心竞争力。

　　系统总是产生于一定的环境, 继而适应这一环境。系统和环境又都是不断变化的, 这种变化又常常破坏其先前的适应关系。如此, 系统与环境之间只是准适应关系。系统适应环境的一面使得它能在环境中生存, 其不适应环境的一面却又迫使它不断进化, 以便适应变化了的环境, 即实现系统的演进过程。系统和环境之间有一个最佳适应点, 处在该点上的系统即为最优系统。如果系统过于适应环境, 就会丧失进化动力从而限制其发展; 如果系统过于不适应环境, 就会被环境淘汰。KMS 模型需要具有一定柔性, 寻找与环境间的最佳适应点, 同时也应具有较强的应变能力和自适应能力, 以便达成动态的最优系统。

　　二、KMS 功能结构

　　具有"社会—技术"双重属性的广义 KMS, 其功能结构如图 15-9 所示。

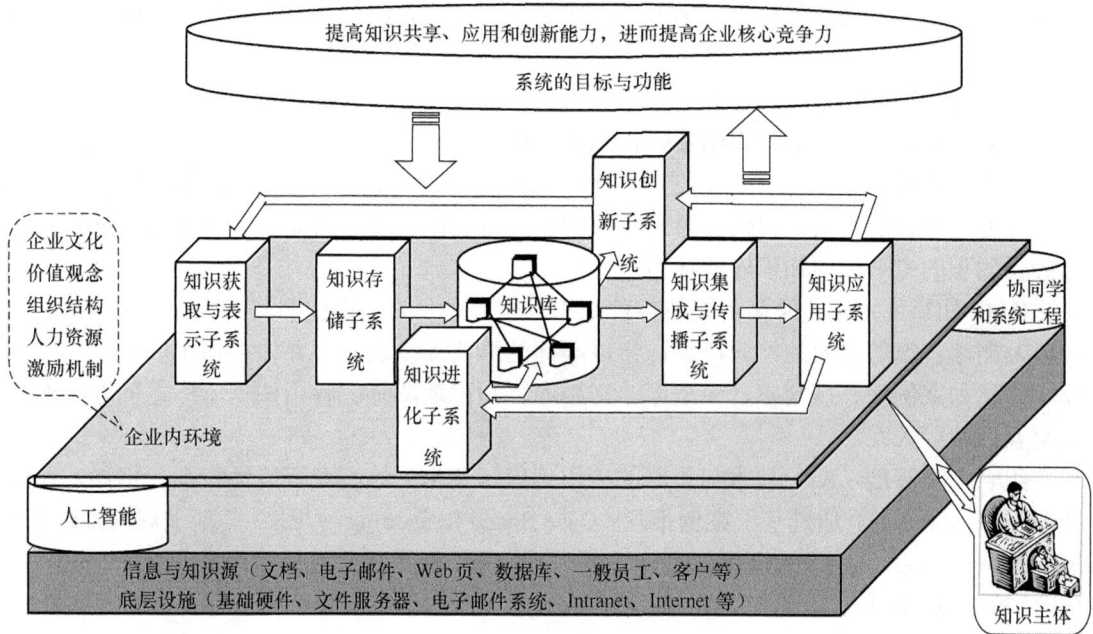

图 15-9　KMS 功能结构

　　KMS 依托企业软硬件基础设施和经过辨识的明确、合理、完备的信息与知识源，以系统工程和协同学的理论与方法为方法论支撑，以先进的人工智能（AI）技术与策略为技术支撑，将经过变革和培育的企业内环境（企业文化、价值观念、组织结构、人力资源和激励机制等）作为系统得以扎根的基板。在此基础上，它以清晰、完备的知识链为中心主线，依据霍尔三维指导结构建立 KMS 的相应 6 个功能子系统，即知识获取与表示子系统、知识存储子系统、知识集成与传播子系统、知识应用子系统、知识创新子系统和知识进化子系统。每一个功能子系统对应一个或多个知识链节点。其中，知识的获取与表示子系统内嵌了"知识辨识"和"知识求精"两个知识链节点，知识进化子系统内嵌了"知识价值评估"这一知识链节点。

　　系统的结构与功能之间存在着相互依赖和制约的关系。相对固定的 KMS 目标与功能（即提高企业知识获取、共享、应用与创新能力，增值企业知识资本，提高企业的环境适应能力与应变能力，从而提高企业的核心竞争力）与系统结构之间呈现相互指导与支持的关系。

　　KMS 各功能子系统的主要功能如下。

　　（1）知识获取与表示子系统。它通过知识辨识确立 KMS 明确、合理、完备的知识范畴，然后实施知识获取操作并选取或设计合适的知识表示方法，以此实现对所获取知识的整理与表示，必要时进行知识求精操作。

　　（2）知识存储子系统。它在综合运用多种知识表示方法的基础上，设计各自适宜的知识存储结构，实现对各种知识（如文档知识、规则知识、案例知识等）的有效存储与组织。

　　（3）知识集成和传播子系统。它实现对企业内部分散、孤立的小粒度知识的整合与集成，确保适当的知识在适当的时间以适当的方式传递给需要这些知识的人，从而实现知识在企业内的有效传播与充分共享。

　　（4）知识应用子系统。它满足知识用户对知识的检索要求，辅助用户实现知识适配与修正操作，并提供知识决策功能，从而帮助知识用户提高知识应用的效率和有效性及知识资产的回报率；同时，通过系统自动学习过程实现 KMS 的自组织，并对知识的进化过程提供反馈支持。

（5）知识创新子系统。它基于知识创新机理模型，确立影响企业知识创新的要素及其间关系，对企业持续、有效知识创新提供系统支持。

（6）知识进化子系统。它依据知识全生命周期原理，建立知识活性测度模型并对 KMS 知识库原有知识进行价值评估，对低价值知识进行及时的更新与完善或淘汰与休眠操作，从而确保知识的有效性和知识库的活力。

KMS 知识库汇总、保存企业的各种知识。一个企业的知识按照其特点、作用、知识元构成以及明晰程度等方面的不同特征，将以不同的形式加以表示，并保存在不同类型的知识子库中，比如案例库、规则库、模型库、文档库、知识地图等。各个知识子库之间存在着相应的交互或映射关系。

组合人工智能（AI）技术与策略的应用确保了 KMS 的高度智能性特征。例如，在知识获取与表示子系统，通过基于案例推理（Case Based Reasoning，CBR）与基于规则推理（Rule Based Reasoning，RBR）实现案例型知识的自动获取，通过基于统计推理和粗集（Rough Sets，RS）等方法实现对规则知识的自动获取，以 AI 领域传统知识表示方法——产生式（Production）、语义网络（Semantic Network）、框架（Frame）、面向对象（Object-Oriented）技术来表示一般符号型知识和模型化知识；在知识存储子系统，通过人工神经网络（ANN）实现样本型知识存储，借鉴决策支持系统（Decision Support System，DSS）成果建立系统模型库存储结构；在知识集成与传播子系统，借鉴 AI 领域智能体（Agent）思想与方法实现面向对象层次的知识集成策略，引入向量空间模型（Vector Space Model，VSM）建立知识主体需求模型，以知识本体（Ontology）和共同通信语言作为间接知识集成技术；在知识应用子系统，引入、完善 AI 领域先进知识搜索算法：最近邻法（Nearest Neighbor）、启发式（Heuristic）算法（如"Fish-and-Sink" & "Fish-and-Shrink"）、基于模糊集（Fuzzy/Vague Sets）的检索算法、归纳检索（Inductive Retrieval）算法（ID3）等，引入虚拟现实（Virtual Reality）与计算机仿真（Computer Simulation）实现知识修正；在知识创新子系统，综合运用决策树 ID3、聚类分析、粗集（Rough Sets）理论、人工神经网络（ANN）、遗传算法（GA）等为知识创新 SECI 模型的知识外显化过程提供支持；在知识进化子系统，借鉴 VSM 思想，设计知识进化过程中知识活性测度的时效分析模型。

KMS 的集成化特性体现在宏观与微观两个层次。在宏观层面，表现在从"社会—技术"双视角出发，基于系统学观点，将 KMS 诸多系统要素：KM 客体——知识、KM 主体——人、完备的知识链、KM 技术工具和企业内环境等纳入 KMS 范围，探讨其间关系与整合策略，实现系统层次的集成效果；在微观层面，KMS 的集成性将体现在 KM 理念与先进信息技术（包括 AI）相集成，KM 理念与企业内环境相集成，知识过程与企业物理业务流程相集成，分散的、不同粒度与结构的知识间相集成，知识链各环节以及 KMS 的各子系统之间相集成，KMS 与企业现有信息化成果相集成，知识应用过程中知识主体间实现协同等。

需要指出的是：①KMS 每一个功能子系统都是"社会—技术"系统。每个子系统（"大厦"）都根植于企业内环境（或生态环境）这块"基板"之中，离开或缺乏"基板"的支撑，任何子系统都将面临"坍塌"的危险。显然，需要把每个子系统"脚下"影射到的那块"基板"归入该子系统一并研究，即要将"机械方法"与"生态方法"相结合。②KMS 各子系统

之间不是孤立存在的。如图 15-7 所示的 KMS 知识链是贯穿 KMS 各个功能子系统的中心主
线，知识链各节点之间的顺承与反馈关系决定了 KMS 各功能子系统之间的相互依赖与制约
关系，如知识获取与表示子系统对不同知识类型采取的不同表示方法决定了知识存储子系统
的相应知识子库类型，而具体知识存储与组织策略还要依赖于知识应用子系统的反向要求；
如果将 KMS 每个功能子系统看作一座结构合理、功能优良的大厦，则可将整个 KMS 模型体
系看作由诸多大厦组成的建筑群（智能小区）；其整体性能不仅决定于单座大厦的结构与功能，
还受到各座大厦之间的协同与整合机制的影响。③KMS 是开放的复杂巨系统，系统要素与结
构的多样性与复杂性决定了其解决方案的多样性。KMS 要实现对企业知识过程的完备支持，
从而真正成为企业 KM 赖以实施的依托平台，就需要针对不同要素类型与结构特征设计相应
的解决方案，并通过方案间的互补与协同实现 KMS 的系统目标。④人是 KM 的实施主体，
知识主体活动贯穿于整条知识链的各个环节，KMS 每个功能子系统的功能实现都离不开知识
主体的有效参与，KMS 应对此给予关注与支持。⑤对信息与知识源中的"一般员工"与"客
户"，KMS 不仅要获取其所提供的显性知识，更要关注其所拥有的隐性知识，并对此进行有
效管理。⑥企业外环境位于 KMS 边界之外，作为开放系统，KMS 应在边界上提供环境侦听
接口以及负熵流（主要表现为信息流、知识流）摄入通道，以维持并强化系统自适应性和自
组织特征。

第三节　KMS 产品及其发展趋势

一、KMS 产品介绍

当前，KM 理论体系尚需一个持续发展与完善的过程。KMS 作为将 KM 理念与模式导入
应用实践的系统平台，具有要素众多、结构复杂、功能丰富等特点。KMS 产品系统的发展与
完善是以 KM 理论体系的发展与完善为前提的，并且鉴于系统实施的复杂性，它的发展与完
善过程还要远远长于 KM 理念与模式的发展与完善过程。

如此，在当前乃至未来相当长的时期内，完备意义上的 KMS 产品只是一种理想化的构
想；确切一点讲，我们只能将市场上的那些 KMS 产品称为"萌芽"状态的准 KMS。目前，
市场上的 KMS 产品纷繁复杂，KM 软件、KMS、KM 平台、KM 工具、KM 解决方案……，
不一而足。自然，对于处于萌芽与起步阶段的 KMS 产品市场，上述局面是可以理解的。

概括而言，当前市场上的 KMS 产品主要包括如下类型。

（1）传统广义 MIS 系统中附着的"知识管理"模块。当 KM 在业界逐步兴起、持续升温
后，一些传统管理软件（如财务软件、ERP、OA 等）供应商为了"抢占地盘"、"分一杯羹"，
便在自己原有系统产品中追加一个"知识管理"模块，并给自己的产品贴上了 KMS 标签。
从 KMS 功能角度看，这类系统产品华而不实、其功能远不够完备。

（2）从内容管理系统（Content Management System，CMS）改造、发展成为 KMS。TRS、
TurboCMS 以及 Hummingbird 的 KMS 都是这样发展而来。CMS 在内容管理方法、技术与应
用上均已比较成熟，由其发展来的 KMS 性能相对较高，但在系统功能上仍需要一个不断转
型、丰富与完善的过程。

（3）从行业管理软件发展而来的行业 KMS。一家系统提供商如果能够"吃透"一个行业，
那么它就"衣食无忧"了。因此，有很多系统供应商并不是做"普适化"的系统产品，而是

专注于某一具体行业（如金融业、化工业、旅游业、电信业等）的管理软件研发。当 KM 持续升温后，这些系统提供商会将新型 KM 管理理念与模式融入到原有的行业管理软件，结合其丰富的行业知识与实施经验，打造具有明显行业特征的 KMS 产品。这类 KMS 产品因开发商对行业知识掌握全面、需求把握较准，系统功能对业务需求的满足程度较高。不过，该类 KMS 的普适化程度低；如果对 KM 理念与模式掌握不深，加之容易受到原有系统影响，最终开发出来的可能是一个"四不像"的 KMS。

（4）从无到有、专业化研发的 KMS。一些认准 KMS 市场前景而又具有强大系统研发能力的企业，会将 KMS 研发作为战略重点，投入巨大人力、物力、财力等资源全力打造具有强大功能和较高普适性的 KMS 产品。这代表了 KMS 发展的一个主流方向。不过，缘于 KMS 的复杂性，当前的 KMS 仍然存在着功能不完整、集成性不高、协同性不够和可重构性差等缺点，需要一个较为漫长的改进与完善过程。

在国外，KM 理论研究起步相对比较早，发展也比较快，积累了将 KM 理念导入实践的相对丰富的实施经验。许多著名的企业（如 Booz 公司、BP、Buckman 实验室、Microsoft 等）已经建立了自己的知识管理平台环境，通过有效的 KM 实践进一步巩固其行业领先地位；同时，一些专业化的系统提供商也开发了各种形态的 KMS 及其系统组分。国内的情况相对要差些，无论是在 KM 理论研究还是在 KMS 的研发与实施方面，与国外都有不小的差距。国内 KMS 市场尚处于起步阶段，用户普遍接受的还只是简单的全文检索、搜索引擎等概念，对于真正的 KM 精髓知之甚少。可喜的是，自 2000 年以后，国内 KM 研究与应用持续升温，不同厂商的 KMS 产品呈现出百花齐放的态势。

（一）国外 KMS 产品

1. Autonomy 公司的 KMS

在对知识源进行搜索、分析方面，Autonomy System 公司（2011 年 10 月，被惠普收购）具有强大的系统研发与实施优势。迅速准确地检索到所需要的信息与知识是进一步处理、应用乃至创新知识的前提和基础，直接影响到企业 KM 实施效益。凭借在 KM 领域多年的实践经验，Autonomy 不断发展和完善搜索技术，其核心应用模块 IDOL 提供的智能搜索技术已经得到了广泛应用。该搜索技术可以完成对各种类型尤其是非结构化知识源的全面搜索，并支持上百种文件格式。我们知道，企业内部 80% 的信息与知识是存储在 E-mail、Word 文档、Web 页面等非结构化文档中的。在"信息爆炸"的今天，很多人慨叹置身于信息的海洋，被各种各样的信息与知识源包裹着，但自己所需要的知识却越来越难以快速找寻和精准定位。美国 Ovum Report 在对全球软件市场所做的研究报告中也指出，企业内部对知识源的检索需求与 Google、Yahoo 式的 Web 检索需求是相当的，且呈现稳步增长趋势，全球企业检索技术的市场规模到 2006 年已达 15.13 亿美元。Autonomy 提供功能强大的企业级搜索产品，能够帮助企业迅速找到并有效应用隐藏、蕴含于各种非结构化知识源中的知识，从而提高企业知识应用的效率和有效性。Autonomy 致力于为用户提供合宜的、安全稳定的、高可用性的信息/知识分析、分类、检索与个性化推送等服务及系统实施服务，支持用户高效分析、深度挖掘知识源，迅速准确检索、定位所需知识，提高 KM 实施效能。

Autonomy 公司成立于 1996 年，总部位于美国旧金山，拥有遍布世界各地的分支机构，在纳斯达克和伦敦交易所两地上市。目前全球有 1 万多家机构和公司在使用 Autonomy 的技术，世界 500 强企业都在使用 Autonomy 的技术或产品。无论是技术、市场占有率还是销售额增长情况，Autonomy 在企业级搜索市场里都远超过 Google 而排名第一位。2004 年 3 月 22 日，Autonomy 公司在北京宣布全面进入中国市场，通过与本地合作伙伴的有效联合，快速建立销售、培训、认证、技术支持等平台，弥补了中国 KM 实施环境的不足，有助于推动 KM 在中国市场的快速发展。2006 年初，在 KM World 杂志主办的"对 KM 发展起到重要推动作用的技术厂商"的评选活动，作为世界企业级搜索领导厂商的 Autonomy，再次入围全球 KM 百强企业，这已经是它连续六年获此殊荣。

当关键词不确定或存在疏漏甚至错误时，传统的"关键词"搜索用户往往得不到所需的搜索结果。为此，Autonomy 提出将知识"搜索（Search）"升级到知识"发现（Discover）"，基于贝叶斯概率和申农信息论设计"模式识别"算法，通过判别相关识别度的高低实现对所需知识的模糊搜索与发现。Autonomy 系统产品采用内容理解、概念匹配等先进技术实现了对 Web 页面、Word 文档、E-mail 甚至音频、视频等非结构化知识源的自动分析和处理。Autonomy 系统产品在基于 KM 的企业级搜索应用中得到了广泛应用，取得了良好效益。公益医疗机构 Sutter Health 利用 Autonomy 的智能搜索技术自动搜索并分析市场信息。虽然医学技术日新月异，但这个拥有 26 家医院的公益医疗机构仍能够高效地管理相关研究资料、及时满足患者需求；同时，它还可以高效检索、分析与使用者相匹配的信息与知识，显著提高了工作效率。Autonomy 对非结构性知识源的搜索技术满足了用户对于搜索智能性、快捷性方面的需求。

除提供企业级搜索产品以支持 KM 知识检索应用外，Autonomy 还研发了功能更为完备的专门化的 KMS 产品——Active Knowledge。感兴趣的读者可通过 Autonomy 公司的官方网站 http://www.autonomy.com/获得更详尽的信息。

2. Open Text 公司的 KMS

企业内容管理（Enterprise Content Management，ECM）包括记录管理、集成内容管理、工作流管理、网页内容管理等，与 KM 有着千丝万缕的联系，在功能上涵盖了 KM 的诸多领域。一些 ECM 系统与 KMS 在功能上具有较高的重合度，也有一些系统提供商就在 ECM 系统基础上研发 KMS。2004 年 6 月 Gartner Dataquest 发布的 ECM 市场报告显示，这一新兴市场估计将超过 100 亿美元（软件市场&服务市场），并且正处于不断增长的状态。在 ECM 行业，IBM、FileNet、Documentum（现今的 EMC）与 OpenText 公司是目前的市场领导者。

作为当今世界上先进的文档和知识管理系统，Hummingbird 公司（2006 年被 Open Text 公司收购）发布的 Livelink ECM 向企业提供了一种虚拟的工作环境，使用户能够存取、查找、处理、保护、分析和共享商业内容，并且突破了组织和地理限制。Hummingbird Enterprise 曾是 Hummingbird 推出的受到广泛好评的第二代 ECM 解决方案，现已被纳入 Open Text 公司的 Open Text ECM Suite。该系统向用户提供创建、管理、传输及归档用于驱动业务运作的相关内容与知识服务，包括电子邮件、Web 页面、实时短信、记录和媒体等。此外，该系统还具有如下特征：内置高效工作流引擎，使用户可通过直观、图形化的方式方便地在所有组件中定义、应用及重用业务逻辑；整合商务智能，用户可对结构化和非结构化的企业知识源进行处理；系统具有强大的查询与报表功能，提供企业全局范围内的报表平台，并预建了 40 个报表；内置基于规则的专家系统，能够高效捕捉、分类和管理电子邮件；支持各种无线设备与系统的无缝连接，等等。感兴趣的读者可通过 Open Text 公司的官方网站 http://www.Opentext.com 获得更详尽的信息。

3. Verity 的 KMS

在全球 1000 余家 KMS 提供商中,美国 Verity 公司曾是其中的佼佼者(2005 年被 Autonomy 公司收购,现为惠普旗下子公司)。Verity 公司创建于 1988 年,是业界公认的全文检索软件的创始者。自成立以来,Verity 公司一直专注于全文检索、搜索引擎和智力资产管理技术的研发工作,拥有覆盖广泛、功能强大的知识管理产品和解决方案,为用户提供知识源检索、分析、管理与加工等服务。有数据表明,全球 500 强企业中,曾有 66%的企业采用了 Verity 的产品。其中,在排名前 100 家的企业中,80%采用了 Verity 的产品;而在前 10 名中,更是有 9 家是 Verity 的忠实客户。

Verity 公司的 KMS 提供全面、灵活、高度集成化的 KM 解决方案,系统集成了对整个企业或机构各种知识源进行操控与管理的各种功能模块,帮助企业或事业机构有效管理其知识资源,提高其知识资源的应用效益。在 KMS 领域,Verity 拥有功能相当齐备的 4 条产品线。

(1)Verity K2 Enterprise。这是 Verity 公司的旗舰产品,集成了知识源汇聚、分析与评估、监控与警示、分类、检索、推送以及安全控制等各种功能模块,提供功能完备的 KM 解决方案。

(2)Verity Ultraseek。这是一款高级全文检索引擎,通过其能使用户快速检索知识源、定位所需知识。该系统易于安装使用,具有高性能的管理工具和良好的人机界面。

(3)Verity Federator。该系统将 Verity K2 Enterprise 和 Ultraseek 的检索功能扩展到组织内部和外部的知识源,包括非 Verity 的检索引擎。

(4)Verity K2 Catalog。该系统集成了知识源汇聚、监控与警示、分类、检索、推送等功能模块,帮助企业电子商务网站更有效地进行网上销售。

Verity 的 KMS 产品使得企业员工、合作伙伴与客户能够准确及时地找到已知的、存在的知识资源,发现未知的知识,快速准确地对问题做出响应,有效分析评估各种信息并做出科学决策,从而切实提高企业的 KM 实施能力与实施效益。感兴趣的读者可通过 Verity 官方网站 http://verity.com 获得进一步详细的信息。

4. IBM 公司的 KMS

企业 KM 实施初期的大部分知识是以文档形式存放的,如 Word 文档、E-mail、Web 页面等。然而,由于这些知识的半结构或非结构化特点,对其进行有效存储、搜索和管理一直是个难点。当 IBM 公司的 Lotus Notes 系列产品问世后,使很多人看到了希望,纷纷提出基于 Notes 的文档管理系统甚至是基于 Notes 的 KMS 模型。

IBM 公司的 Lotus Notes 系列产品围绕着 KM 包含的"人、场所和事件"三要素,建立专家网络(专家地图或知识地图之专家定位器)和内容管理,方便用户和员工获得所需的知识,设立企业社区供员工共享知识和相互协作,开展企业培训,帮助员工自主学习,以提高企业的整体素质。IBM 提出了从总体上分为企业应用集成层、协同工作/发现层、KM 应用层和知识门户层的 KMS 框架。

在上述 KMS 框架体系中,涉及的技术与工具包括文档管理技术、群件技术、Lotus Notes、Lotus K-station、Lotus Discovery Server 和 IBM Domino 等。其中,Lotus K-station、Lotus Discovery Server 分别是知识门户服务器与知识发现服务器,两者共同组成了功能强大的 Lotus 知识发现系统。它们与 IBM Domino 服务器相结合,成为当前市场上功能最强大的 KM 解决方案。

5. Microsoft 公司的 KMS

Microsoft 的 KMS 解决方案由 5 个主要部分构成：知识桌面系统、知识服务、服务器系统、通信平台、联合解决方案。

（1）知识桌面系统。Microsoft Office 提供了访问企业所有知识资源的门户，它与微软的其他服务器产品（如 Exchange Server、SQL Server）紧密集成在一起，引入相关 Internet 技术将企业文档知识发送到内联网（Intranet）上；同时，它还支持企业内多人协同编辑内联网上的文档。此外，Microsoft Office 2000 以上版本还提供动态地、直接地连接到数据仓库（Data Warehouse，DW）的功能，这使得它可作为 DW 的前端系统从而提供决策支持。

（2）知识服务。知识服务对企业的核心知识提供功能强大的集中管理功能，包括对核心知识及时准确地发送与跟踪；通过协作与跟踪支持知识主体之间的沟通与交流，以实现对隐性知识的共享与创新；通过有效实施企业内容管理（ECM），收集、检索、推送知识给企业各层主体；通过商业智能，将商业数据转化为企业知识，提高知识的应用效能。

Microsoft Office、Microsoft NetMeeting 和 Microsoft Exchange Server 联合提供了强大的主体协作功能。例如，Microsoft Office 和 Microsoft Exchange Server 支持共享的日历和任务、在线讨论以及主页文件夹以方便小组间的合作；Microsoft NetMeeting 提供了公共白板、视频交谈以及共享应用软件等工具，极大地方便了系统用户之间的沟通，提高了他们对共同知识的协同操作与管理能力；Exchange Folder Agents 和 Routing Objects 联合起来提供一个使用形式灵活、功能强大的系统来支持用户建立工作流应用。这使得企业内不同用户能够基于该平台一起协同工作、解决问题、完成知识创新。

Microsoft Site Server、Microsoft Exchange Server 与 Microsoft Office 相结合为企业提供了功能强大的内容管理（ECM）平台，包括企业知识分类、发布以及相关管理功能。Microsoft Site Server 3.0 以上版本提供在企业各个数据库、公共文件夹、Web 站点以及文档共享库中的联合检索功能，同时它也能将个性化知识推送到企业虚拟社区入口，或者直接推送到用户桌面。

Microsoft OLAP Services、PivotTable 的动态视图以及 Office Web Components 使系统用户能够在各种 Office 文档以及 Web 页面中进行深入的数据分析、发现有益于商业运营的相关知识，从而形成有效的商业智能平台，辅助企业决策者准确把握潮流趋势、做出科学策略。

（3）服务器系统。Microsoft Windows NT Server 系列产品提供一套可伸缩的服务，用来管理任何解决方案中的所有核心元素。它通过 Windows NT Directory 服务提供一套中心化的基于标准的目录，以有效管理员工技能和竞争力等方面的信息。此外，该系列产品还通过 Microsoft Management Console，提供了一套管理应用软件的标准方法，从而使用户能够以十分低廉的价格拥有对整个微软服务器产品家族的使用权。

（4）通信平台。凭借 Microsoft Windows CE 操作系统以及在自然界面领域内的先进性，通过与通信公司的密切合作，Microsoft 能够向知识用户提供功能强大的通信平台，使他们通过手机、掌上电脑、Venus 产品等设备，在任何时间、任何地点都能够访问到所在企业的全部知识资源。

（5）联合解决方案。随着 KM 实践不断推进深入，KM 应用日趋复杂、系统规模日益庞大。这需要多个系统供应商的联合行动、共同应对。Microsoft 很早就注意到了对合作伙伴的选择与培育，选择那些最了解微软具体业务要求的合作伙伴，并与其进行充分互动与合作，从而确保了以微软作为核心企业的企业联盟能够向任何用户提供最好的 KMS 联合解决方案。

此外，Microsoft 的 Sharepoint 在国外也有一些不错的知识管理应用。

（二）国内 KMS 产品

国内的 KMS 产品无论是在系统功能还是在实施效益方面，与国外相比尚存在较大差距。大多数产品还处于炒概念的阶段，系统供应商为了迎合知识经济的发展趋势，急于分得 KM 市场的一杯羹，将一些并未较好融入 KM 理念的产品系统贴上了"知识管理"标签。如此，知识管理软件、知识管理系统、知识管理平台、知识管理工具、知识管理解决方案等就"遍地开花"了。这些系统产品往往只关注 KMS 的技术属性，对其深刻的管理内涵与社会属性领会、关注得不够。

当前，国内 KMS 产品提供商有北京的中数互动、用友致远、西部世纪、深蓝海域、雷速科技以及北京远方等，在上海有上海群萃、源天软件、开始软件、AMT 咨询、泛微软件等，此外还有深圳的蓝凌公司、天津的摩卡 OA 以及苏州的明基逐鹿等。这些企业的产品只是提供 KM 实施的部分功能，准确讲属于 KMS 子系统，功能完备的 KMS 产品尚未出现。例如，用友致远与摩卡 OA 的 KMS 本质上是协同 OAS，开始软件与上海群萃的 KMS 本质上是文档管理系统。

北京深蓝海域信息科技有限公司 KM 平台 KMPRO 是一套基于网络架构、面向业务流程的知识管理平台。该平台包括企业 KM 门户网站、个人知识管理系统、知识搜索引擎、知识学习计划系统、知识交换系统、知识订阅系统、知识资产评估系统、用户权限管理系统、知识地图创建系统、知识发布系统、知识版本管理系统、文档存储管理系统、知识备份与还原系统以及知识信息采集系统，实现对企业知识采集、整理、分类、存储、检索、共享、评估乃至进化与创新等全方位管理，增值企业知识资本、提高企业核心竞争力。不过，要实现对 KM 实施的有效、完备支持，KMPRO 还需要一个不断发展与完善的过程。

二、KMS 发展趋势

纵观国内外 KMS 的发展历程与现状特征，可将 KMS 未来发展趋势归纳如下。

（1）进一步增强 KMS 的系统性、集成性、协同性，通过科学的方法论指导形成业内统一的标准。KM 是在知识经济背景下新型管理理念和先进信息技术相融合的产物，KM 的实施需要将"机械方法"与"生态方法"相结合。如此，作为 KM 支撑平台的 KMS，其模型需要从"社会—技术"双重视角来探讨要素组成、要素特征及其间关系。现有的 KMS 模型与系统往往侧重单一视角，尤其侧重技术系统的体系架构，忽视 KMS 其他要素的存在及其对系统的作用；即便出现基于"社会—技术"双视角的 KMS 模型，其对系统要素的界定也是不完备的。在当前的产业界，很多企业把 KM 看做是信息管理的简单延伸，从而在现有的信息化成果基础上开展 KM，没有进行整体上、系统化的 KMS 体系规划。如此即使作为 KMS 技术子系统，其所提供的功能也是有限的。如此情况下，KMS 的集成特性受到制约，要素间的协同关系要么被忽视，要么即使被考虑到也是片面的、缺乏完备性。之所以出现这种局面，缺乏科学的方法论指导是主要原因。如今，越来越多的 KM 研究人员主张，KMS 研发应以系统工程学以及协同学的理论与方法作为方法论指导，同时应逐步建立 KMS 建设与实施的统一标准与规范。

（2）明确 KM 实施的知识范畴，强化对隐性知识的有效管理。明确管理对象是 KM 实施的基本前提，然而许多 KMS 模型与系统对其所管理的知识范畴要么未予界定，要么只对信息与知识源进行宽泛的说明。如此，很容易陷入"KMS 对企业所有知识都要进行管理"

的迷局。事实上，无论功能多么完备、规模多么宏大，KMS 仍然具有一定的负荷限度，超过限度其结果便是"什么都管，什么都管不好"。此外，在没有界定知识范畴的情况下，可能管理的知识类型、特征、来源等便难以明确，这样任何管理策略与技术都将失去针对性。如今，已经有 KMS 研发人员与系统提供商开始关注对企业知识范畴的明确界定。

同时，受传统信息管理思维惯性的影响，现有的 KMS 模型与系统往往只关注对编码知识（显性知识和经过外显化的隐性知识）的管理，对未经外显化的隐性知识未予重视，缺乏有效的管理机制。事实上，隐性知识不仅占据了个体知识的大部分，而且对知识创新意义重大。组织知识的生产涉及显性知识与隐性知识相互间的转化和充实、个体知识和团队知识、组织知识的相互转化与生成。通过这种转化过程，个人知识逐步聚集并转化为组织知识以实现组织知识的增值，同时又丰富和深化了个体知识，推动了知识的产生和创新活动。显然，对隐性知识缺乏重视、管理不善的 KM 达不到预期目标。诚然，对隐性知识进行有效管理难度较大。不过，近年来在 KM 理论研究与系统研发领域，对隐性知识进行有效管理的讨论逐渐升温，一些思想与方法被相继提出。

（3）强化对知识链进行清晰、合理界定，并使其作为贯穿和整合 KMS 各要素的中心主线。作为 KM 实施平台，绝大多数 KMS 模型与系统是以知识本身为中心展开建模与研发过程的。这导致各类模型与系统对知识链缺乏关注或思考不深，未能给出清晰、合理、完备的知识链界定。事实上，知识本身并不能自动实现向价值的转化，知识的价值实现、增值与创新都必须通过知识链得以完成。因此，对知识链及其节点关系进行合理、清晰界定，并以其为中心主线来贯穿和整合 KMS 各要素，将成为 KMS 发展的一个必然趋势。

（4）强化对企业内部环境的变革与培育，建立健全知识贡献激励机制。许多 KMS 模型与系统只关注对 KMS 技术子系统的营建，忽略了对企业内部环境的有效变革与培育；即便在模型中涉及企业内部环境，但相关变革与培育机制依然不够具体、完备和有效。理念和技术相融合的 KM 在实施上需要"生态方法"与"机械方法"的有机结合，结合 KM 的实施目标对企业相关内部环境（如组织结构、人力资源、企业文化、激励机制等）做相应调整与培育，是"生态方法"的集中体现；与 KM 理念相适应的企业内部环境是 KM 在企业得以生根、发芽和成长的土壤。

在企业内部环境诸要素中，建立健全知识贡献激励机制尤为重要。据报道，国外不少公司的 KM 项目都以失败告终，Booz-Allen 公司所做的调查表明失败的比例至少达到 1/3，而英国电信 PLC 组织研究负责人 Daniel Morehead 甚至称失败率接近于 70%。如此高的 KM 项目失败率，激励机制陈旧和不健全是主要原因之一。因为，在传统企业内部存在着诸多观念、文化和制度上的问题，制约着知识的共享与创新。本书在第一章讨论信息的"共享"性时，曾探讨过类似问题，不再赘述。

增强企业知识共享、应用和创新能力是其 KM 实施的主要目标之一，而传统企业内却存在大量与该目标相冲突的制约因素。因此，建立健全知识贡献激励机制，尽量降低或消除企业内部诸多传统因素对员工知识贡献的制约作用，是确保 KM 实施效果的重要举措，也是KMS 发展的重点与方向。

（5）通过智能化策略与技术支持，进一步提高 KMS 的智能性。数量众多的要素与要素间的复杂关系决定了 KMS 系统的复杂性，较高的智能性是未来 KMS 运行的有效性和维护效率的重要保证。从技术维度讲，智能性是 KMS 的重要目标特性之一。现有的 KMS 模型与系统的整体智能特性仍然有限，进一步增强系统的智能特性将一直是 KMS 研发的重点与方向。KMS 的智能特性应该体现于对企业各知识过程的良好、完备的智能支持，各知识过程的具体特征决定了相应智能技术与策略的引入，即 KMS 的整体智能需要通过将多种 AI 技术与策略进行有机组合得以实现。

随着知识经济的逐步发展，KM 逐渐成为企业管理的基础，KMS 已成为知识经济背景下企业管理的基础平台。随着 KM 研究与人才培养工作的进一步深入以及各类 KM 项目实践广泛推进，KMS 必将迅速发展并逐步走向成熟。此外，KMS 不仅是组织层面的企业与事业单位进行有效知识管理的实施平台，同时随着个人知识管理的逐步兴起，面向个人与家庭知识管理的 KMS 亦展现出了广阔的市场前景。

📖 案例　知识管理系统实施使 IBM 深受其益

通过有效实施 KM，将 KM 深刻地融入公司运营的方方面面，IBM 实现了对全球范围内各分支机构的知识集成，从而将 IBM 全球 32 万员工有机地整合在一起。如此，IBM 世界各地的竞争对手所面对的压力远远超出他们所能看到的。

在 IBM，大约 40% 的员工加入公司不超过 5 年。他们能否迅速、有效地融入 IBM 大家庭，直接决定着企业运营实效。IBM 基于 Lotus Notes 系列产品开发了功能强大的企业知识门户。该知识门户能够依据员工的职位、所从事的项目以及个人喜好等提供订制化的知识（包括公司内部新闻）推送服务；同时，它也是 IBM 全球范畴上的知识整合平台。此外，该知识门户还整合基本的邮件平台及高效的即时通信工具 My Quickplace、电子会议中心（E-meeting Center）以及 IBM Global Campus（全球校园）之 Learning Center（学习中心）等，向 IBM 全体员工提供高效的知识互动功能。新员工通过该知识门户可以迅速了解企业，有效融入到企业中。

IBM 知识门户的后台是一个内容丰富、高效组织的企业知识库。该知识库可在知识门户的运行过程中实现自组织与自学习，从而确保知识库的有效性与知识活性，并且使员工的最佳实践能够在全局范围内的 IBM 员工之间实现高效交流与共享。

在企业知识门户中，IBM 通过知识地图之专家定位器将公司在全球范围内的各领域、各层次专家进行准确描述与定位。位于世界任何地点上的任何 IBM 员工在遇到业务疑难时，都可以通过该专家定位器在全球范围内寻找问题领域内的专家以寻求帮助。即便是"超级问题"，获得专家响应与帮助的时间延滞也不会超过一两天，绝大多数问题则可在数小时内得到帮助与解决。

有效的 KM 实施给 IBM 带来了巨大的收益。在实施知识门户之前，IBM 在全球拥有 155 个数据中心、31 个独立的网络、上百种客户端以及 16000 多个应用；实施企业知识门户后，上述情况则精简到 16 个数据中心、全球唯一的网络、4 种标准客户端和 7500 个应用，极大地节约了企业的运营成本。早在 2001 年，IBM 就将 33% 的培训课程搬到了企业知识门户上，仅此一项就为企业节约培训成本 37500 万美元；知识门户中的客户自服务子系统处理了超过 4000 万美元的交易，为企业节约服务成本超过 700 万美元；与此同时，集中的新闻资源管理、E-meetings 等也节约了可观的费用。此外，通过知识门户中的专家定位器，IBM 极大提高了服务能力，较好地维系了老客户，并使新客户慕名而来，由此给 IBM 带来的效益则是难以通过货币形式计算的。

本 章 小 结

随着知识经济的发展，知识管理与知识管理系统逐渐成为企业塑造基于知识的新型核心竞争力的有效途径。本章首先对知识管理系统进行了基础性介绍，内容包括 KMS 概念、KMS 的主要特征等，同时分析了 KMS 与 MIS 间关系，归纳并介绍了 KMS 的常见模型（基于 MAS 的 KMS 模型、基于 B/S 模式的 KMS 模型、基于 UML 的 KMS 模型、基于"社会—技术"双视角的 KMS 模型），并对每一种模型的具体特点进行了深入剖析。接下来，本章基于对广义 KMS 概念的完备界定，对 KMS 要素与结构进行了广泛而深入的讨论。在 KMS 的系统要素方面，对 KM 客体——知识、KM 主体——人、知识链、技术工具以及系统环境等进行了深入分析与阐释；而后，提出并分析了具有"社会—技术"双重属性的广义 KMS 功能结构。本章最后对当前市场上的 KMS 产品的主要类型与特征进行了归纳，详细介绍了国内外典型的 KMS 供应商及其产品；在研究国内外 KMS 的发展历程与现状特征的基础上，对 KMS 未来发展趋势进行了分析与归纳。

习 题

1．什么是 KMS？其广义与狭义界定的主要区别何在？哪一种界定更有意义，为什么？

2．一般而言，KMS 具有哪些特征？

3．请简要阐释 KMS 与 MIS 之间的关系。

4．KMS 的常见模型有哪些？各自具有怎样的优点与不足？

5．仔细研读本章对典型 KMS 模型的分析，谈谈你对 KMS 模型的认识与体会。

6．广义 KMS 包括哪些系统要素？各要素在 KMS 中的地位与作用怎样？

7．你如何理解 KMS 功能结构？

8．当前市场上的 KMS 产品主要包括哪些类型？查阅相关资料，进一步了解国内外典型 KMS 产品，并对其进行汇总与评说。

第十六章 电子商务与电子政务系统

信息技术特别是现代通信技术和计算机技术的迅猛发展，使信息的收集、处理、存储和传输突破了时间与空间的限制，对世界政治、经济、文化、生活产生了深刻的影响。

信息技术的发展也使商务活动从形式到内容都区别于以往的经济活动，人们不再是面对面地看着实实在在的货物，靠纸介质单据和现金进行买卖交易，而是通过网络，基于网上琳琅满目的商品信息、完善的物流配送系统和方便安全的资金结算系统进行交易。以电子技术为手段的商务活动，被称作"电子商务"。

政府机构运用现代通信技术与计算机技术，积极推进电子政务的建设，将政府管理和服务职能通过精简、优化、整合、重组后在网络上实现，以打破时间、空间以及条块分割的制约，从而加强对政府的有效监督，提高政府的办公效率，并为社会公众提供高效、优质、廉洁的一体化管理和服务。

当今社会，电子商务和电子政务已在很大程度上变更着人们原有的思维方式、传统的商业模式和政府运作机制。电子商务和电子政务的概念已深入人心，并成为商务和政务活动发展的大势所趋。

第一节 电 子 商 务 系 统

一、电子商务系统与 MIS 关系

（一）电子商务

关于"电子商务"这个术语的由来有多种说法，一般认为是由 IBM 公司在 20 世纪 90 年代末首先提出的。到目前为止，尽管"电子商务"这一术语已经被人们广泛使用，但是电子商务作为一个新生事物，由于时间短，国际上还没有一个统一的、权威性的定义。世人众说纷纭，各国政府、学者、企业界人士都根据自己所处的地位和对电子商务的参与程度，给出了许多不同的表述，下面就是几个比较有代表性的定义。

1997 年 11 月 6 日至 7 日在法国首都巴黎，国际商会举行了世界电子商务会议，其中关于电子商务概念的阐述是：电子商务是指对整个贸易活动实现电子化。交易各方以电子交易方式而不是通过当面交换或直接面谈方式进行的任何形式的商业交易活动，都属于电子商务涵盖的范围。

美国政府在其《全球电子商务纲要》中简明扼要地给出了电子商务的定义：通过 Internet 进行的各项商务活动，包括广告、交易、支付、服务等活动。

联合国经济合作与发展组织对电子商务定义为：电子商务是利用电子化手段从事的商业活动，它基于电子处理信息技术，如文本、声音和图像等数据传输。其主要遵循 TCP/IP 协议、通信传输标准、Web 信息交换标准，提供安全保密技术。

美国学者瑞维·卡拉科塔和安德鲁·B·惠斯顿提出：电子商务是一种现代商业方法。这种方法通过改善产品和服务质量，提高服务传递速度，满足政府组织、厂商和消费者降

低成本的需求。

IBM 公司认为，电子商务是指采用数字化、电子化的方式进行商务数据交换和开展商务业务的活动，是在 Internet 的广阔联系与传统信息技术系统的丰富资源相互结合的背景下应运而生的一种相互关联的动态商务活动。

其实，各种定义的差异主要是由于对电子商务中的"电子"和"商务"这两个词的外延理解不同所造成的。

由于电子商务中的"电子"一词既可以宽泛到包括通信技术、计算机技术和电子收银机等所有电子工具和电子技术，也可以只限于通信技术和计算机技术相结合的产物——计算机网络，甚至可以进一步缩小到计算机网络的一种——因特网（Internet）。"商务"一词也可做不同的理解，可以涵盖商品生产和商品交易在内的所有商务活动，也可以只限于商品交易。因此，对电子商务的定义也有"广义"和"狭义"之分。

广义的电子商务（Electronic Business，EB）指，将运用一切电子工具和电子技术进行的所有与商务有关的活动，如商品生产和商品交易，都称为电子商务。

狭义的电子商务（Electronic Commerce，EC）指，仅指依托网络平台，按照一定标准或规则进行的各种商品交易活动，内容包括商品交易活动的各个环节，例如售前的广告、商务谈判，售中的签约、订单、支付结算，售后的供给、配送、服务等。后面的讨论就以此定义为基础。

电子商务与传统的商务活动方式相比，具有以下几个主要特点。

（1）交易虚拟化。通过以 Internet 和移动通信网为代表的互联网络进行的贸易，贸易双方从开始洽谈、签订合同到订货、支付等，无须当面进行，均通过互联网络完成，整个交易完全虚拟化。

（2）交易快捷化。由于电子商务是利用通信网络传递信息，利用计算机和移动通信终端产品处理数据，清除了诸如时间、空间等限制市场交易的障碍，能在全球各地瞬间完成传递与自动处理，而且无须人员干预，加快了交易速度，比手工处理和机械处理快捷得多。

（3）交易准确化。电子商务将贸易中的商业报文标准化，克服了传统贸易方式单据多、数据重复输入且易出错等缺点。利用电子商务系统，70%的数据来自其他计算机和设备的输出，绝大多数据只需一次输入，避免了重复输入引起的不一致性。

（4）交易成本低。由于通过网络进行商务活动，搜索商务信息的成本低。商务人员足不出户就能进行电子商务交易，再也不用到处跑，可节省大量的交通费。电子商务实行"无纸贸易"，可减少 90%的文件处理费用。电子商务销售商可通过互联网进行产品介绍、宣传，节省了在传统方式下做广告、发印刷产品等大量费用。电子商务通过互联网络把其公司总部、代理商以及分布在其他国家的子公司、分公司联系在一起，能在第一时间了解市场供需的情况，及时对各地市场情况作出反应，实时调整库存，减少不必要的库存和资源的积压，降低经营成本。

（二）电子商务系统

在电子商务的各个环节中，需要不同的技术手段加以支持。例如，需要依靠网络与合作伙伴进行沟通，需要依靠系统进行企业形象宣传、订单管理、支付管理，等等。如果离开这些技术手段，电子商务将不复存在。

广义上看，支持商务活动的电子技术手段的集合就是电子商务系统。狭义上看，电子商务系统则是指在 Internet 和其他网络的基础上，以实现企业电子商务活动为目标，满足企业生产、销售、服务等生产和管理的需要，支持企业的对外业务协作，从运作、管理和决策等层次全面提高企业信息化水平，为企业提供商业智能的计算机系统。

电子商务系统与电子商务一样，发展的时间并不很长，所以对这一系统的体系结构及设计开发方面也有不同的看法。例如，某些文献将电子商务系统称为网络商务系统或网络商务处理系统，也有人将其称为电子商务应用系统，甚至有看法将其作为系统建设的一部分。本书中，将帮助企业完成电子商务活动的信息系统（包括门户站点、与电子商务相关的企业内部系统等）统称为电子商务系统。

根据使用电子商务系统的主要对象来分，可以将电子商务系统分为 3 种类型：企业对企业的电子商务系统（Business-to-Business，即 B2B）、企业对消费者的电子商务系统（Business-to-Consumer，即 B2C）、消费者对消费者的电子商务系统（Consumer-to-Consumer，即 C2C）。

（1）企业对企业的电子商务。该类型主要是在企业与其商业伙伴之间进行具有较为严格形式的商务处理。目前 B2B 的主要形式以企业间的产品批发业务为主，因此 B2B 也称为批发电子商务。参与 B2B 类应用的实体通常是企业、银行和各种政府代理。潜在客户、合作伙伴可以在全球任何一个角落一天 24 小时，一周 7 天随时在 B2B 系统上订购产品。他们将得到最新的产品信息、相应的优惠、快速生成订单、随时查询订单处理情况和发货情况的服务。系统可以随后生成采购订单、审批订单、自动发给选定的供应商、产品接收入库并跟踪供应商的发货情况。系统的主要功能包括顾客需求信息管理、采购预测、客户数据库管理、物流的跟踪和库存控制、连续补货系统、购买流程管理、卖方流程管理等，如阿里巴巴电子商务系统。

（2）企业对消费者的电子商务。这类电子商务主要是指在线式网上购物。一般的消费者使用浏览器通过网络查询/订购该公司的商品或取得服务，最后再通过安全交易及支付机制付款便完成交易。所购买的物品可直接下载（例如音乐、病毒码等），或经由实体物流通路取得商品。系统主要功能有：按照客户的要求对系统数据库进行全方位的分类检索、在线订货（购物车）、在线支付、消费者信息管理与分析，如 Amazon.com、Chinapub.com 等电子商务系统。

（3）消费者对消费者的电子商务。消费者之间的电子商务是指消费者在网络环境下，通过服务商提供的平台所进行的信息传递和相互交易的行为。如利用中介服务平台进行旧货交易，或采用 C2C 个人竞价的方式借助网络的力量使商品以合理的价格达成交易，完成个人之间的商品调剂。系统主要功能有：开店、拍卖、支付、交流、诚信评价等，如 eBay、淘宝网、易趣网等电子商务系统。

（三）电子商务系统与 MIS 关系

电子商务系统本质上是一套完整的网络商务经营及管理的信息系统。具体来说，它是利用计算机硬件设备、软件和网络基础设施，通过一定的协议连接起来的能够进行各种各样商务活动的信息系统。电子商务系统不是要废弃企业既有的信息资源，而是试图使信息资源整合，提高其共享程度、发挥其效益。所以，除非新创的电子商务企业，一般地，电子商务系统与企业既有的信息系统之间在硬件与网络资源、数据、应用之间存在密切的联系，两者之间通过数据共享、应用的互操作形成紧密联系的整体。

电子商务系统与传统的 MIS 比较而言，尽管在某些开发技术上有一定的共同之处，但是还有很多差异。

从信息系统服务的范围及对象看，传统信息系统主要服务于企业内部特定的客户，例如 MIS 主要用以满足企业管理人员管理的需要。但是，电子商务系统服务的对象不仅包括企业内部管理人员，而且包括企业的客户和合作伙伴。

从技术角度看，电子商务系统基本上是一种基于浏览器/服务器（B/S）结构的系统，它的构造技术还包括一些原有信息系统未曾使用的新技术，例如多层结构、站点动态负荷均衡技术、安全与认证技术等。

此外，从信息系统组成来看，网站被视为企业电子商务系统的一个重要组成部分，传统信息系统却没有包含网站这一构件。网站是发布商务信息、实现商务管理和交易的重要手段，是电子商务系统的"窗口"。企业的电子商务系统因企业的规模、服务方式不同而使其功能差异很大，但绝大多数的电子商务系统都是利用网站与客户进行交互的。另一方面，一些企业电子商务系统的规模较小且商务处理功能很弱，例如，仅仅实现企业形象宣传功能。因此，这时期电子商务系统从外部就表现为网站的形式。但是，将企业电子商务系统等同于企业网站是不够全面的，电子商务系统作为一个整体，不仅包括企业与客户进行交互的网站，而且包括支持企业内部商务活动的内部电子商务系统。

二、电子商务系统的发展历程

（一）以 EDI 技术为核心的电子商务系统

电子数据交换（Electronic Data Interchange，EDI）是指按照同一规定的一套通用标准格式，将标准的经济信息，通过通信网络传输，在合作伙伴的电子计算机系统之间进行数据交换和自动处理，有效地减少由于重复输入而产生的错误和时间、资源的浪费，从而提高企业对市场的应变能力、加快贸易循环。

20 世纪 70 年代，美国银行家协会（American Bankers Association）提出的无纸金融信息传递的行业标准，以及美国运输数据协调委员会（Transportation Data Coordinating Committee，TDCC）发表的第一个 EDI 标准，开始了美国信息的电子交换。

随着美国政府的推动和各行业的加入，美国全国性的 EDI 委员会于 20 世纪 80 年代初公布了第一套全国性的 EDI 标准。接着，20 世纪 80 年代末期联合国公布了 EDI 运作标准 UN/EDIFACT（United Nations Rules for Electronic Data Interchange for Administration，Commerce and Transport），并于 20 世纪 90 年代由国际标准化组织正式接受为国际标准 IDO9735。随着这一系列的 EDI 标准的推出，人们开始通过网络进行诸如产品交换、订购等活动，EDI 也得到广泛的使用和认可。

（二）以 Internet 技术为核心的电子商务系统

不过，EDI 始终是一种为满足企业需要而发展起来的先进技术手段，必须遵循统一标准，与普通老百姓一直无缘。而且由于网络在那时仍没有得到充分发展，这使很多商务活动的电子化仅仅处于一种想法阶段。

直到 20 世纪 90 年代，随着基于 WWW 的 Internet 技术的飞速发展，这些想法逐步成熟，Internet 网络开始真正应用于商业交易，这时电子商务才日益蓬勃起来，并成为 20 世纪 90 年代初期美国、加拿大等发达国家的一种崭新的企业经营方式。因此可以说电子商务在今天成为继电子出版和电子邮件之后出现在 Internet 上的又一焦点的主要原因就是 Internet 技术的成熟、个人计算机互联性的增强和能力的提高。

（三）以移动通信技术为核心的电子商务系统

互联网的使用方式已经发生了变化。人们除了继续使用计算机访问有线网络外，也开始通过手机、平板电脑、掌上电脑、小灵通等移动设备获得互联网信息。越来越多的人因为职业或生活的需要，希望能随时随地收发电子邮件、查阅新闻、订购各种商品，即实现移动互联。由于移动设备本身尺寸较小，容易随身携带，人们几乎可以在任何时间、任何地点与任何人进行通话、发送短信，还可以移动上网、移动办公、移动支付、移动游戏、移动聊天、移动定位，等等。显然，这种新型的沟通和商务系统与基于 Internet 的电子商务系统有所不同。为区别于基于 Internet 的电子商务系统，人们称这种新型的通过移动网络或终端实现的商务系统为移动电子商务系统。

移动电子商务系统的兴起并非偶然。移动通信技术的成熟和商业化为移动电子商务系统提供了通信技术基础，而功能强大、价格便宜的移动通信终端的普及为移动电子商务系统的发展提供了有利条件。移动商务借助于短信、WAP（GPRS，CDMA，3G，4G）和 RFID 等方式实现，彻底克服了现代商务在时间、空间上的局限性，与商务主体最为贴近。

电子商务移动化是大势所趋。移动通信给电子商务带来了许多新的变化。在用户层面，移动通信的庞大用户基础、安全性、唯一对应性的特点有利于电子商务的发展；在技术层面，固定与移动的融合、传输与内容的融合，产生了新的业务与发展模式；在市场层面，在网络、终端、浏览器、应用、内容等发展基础上，整合创新的基础得以奠定；在商业模式层面，移动通信预付费的方式以及手机、信用卡捆绑的模式，有利于移动电子商务的发展。总之，相对于基于固网的电子商务而言，移动电子商务有助于突破原有的支撑体系层面的瓶颈，尤其在安全、信用方面，对支付的发展具有积极影响，也将带动技术标准的发展，同时能够在交易、支付、经营、管理等方面给用户带来重要的新价值。

（四）以泛在网络技术为核心的泛在电子商务系统

随着硬件和软件等技术的日益创新和不断扩散，信息技术几乎已经延伸到国民经济的所有领域和人们生活的各个方面。物联网、互联网、移动网、广播电视网等网络的互通互联形成了泛在网络，使得物与物、人与人、人与物之间的通信成为现实，电子商务活动无处不在，初步形成了所谓的泛在电子商务系统。

三、电子商务系统的功能结构

电子商务系统的功能结构必须以满足用户的需求为出发点来进行设计，任何两个不同用户类型的电子商务系统，在形式和内容上就会不尽相同，但同一类型的电子商务系统其主要的功能和服务模块，还是具有一定的共性的。下面给出一个典型的 B2C 电子商务系统的功能结构。

该系统主要由客户信息管理、电子交易与支付、售后服务 3 个子系统组成，每个子系统又可以划分为更小的模块。系统主要功能结构如图 16-1 所示。

（一）用户信息管理子系统

（1）用户信息处理模块，包括用户注册、订单查询、购买记录管理等；

（2）用户信息维护模块，包括用户档案管理、用户资信等级评估等；

（3）用户交流 BBS 模块。

（二）电子交易与支付子系统

（1）订单管理模块，包括购物车/订单输入、订单修改/查询、订单状态跟踪等；

（2）商品展示模块，包括商品信息发布、商品信息修改、商品销售记录等；

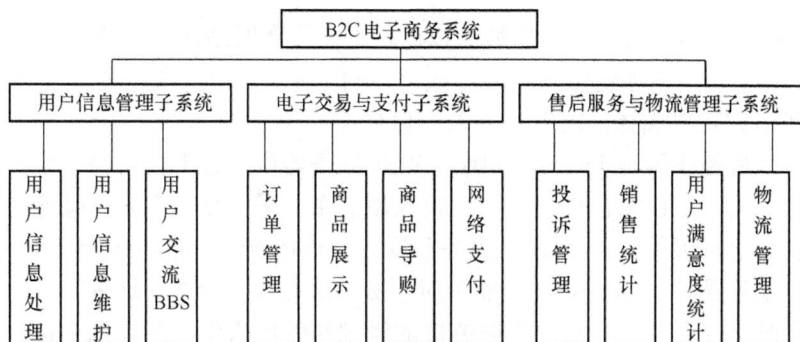

图 16-1　B2C 电子商务系统的功能结构图

（3）商品导购模块，包括购物导航、商品搜索等；

（4）网络支付模块。

（三）售后服务与物流管理子系统

（1）投诉管理模块；

（2）销售统计模块；

（3）用户满意度统计模块；

（4）物流管理模块。

四、电子商务系统的实施方案

明确电子商务系统的功能结构，使我们可以掌握未来电子商务系统的系统组成和功能，为系统的实施奠定了基础。其后，建造电子商务系统的下一步工作目标是完成系统的实施，确定实施方案，将纸面上的设计蓝图转变为物理的电子商务系统。

电子商务系统的实施方案说明电子商务系统实施的基本过程及相关的保障措施，包括电子商务系统实施的主要任务、实施进度安排、实施过程的分阶段目标、实施人员组织等。其主要内容如下。

（一）电子商务系统开发与集成

主要包括：①选择编程模式；②应用程序编码与网页页面制作；③内部系统集成，包括网络集成、数据集成、应用集成等。

（二）电子商务系统测试

（1）用户界面测试。主要测试站点地图、导航条、内容、颜色/背景、图像、表格等。

（2）功能测试。包括：①链接测试。检查各个 URL 所链接的页面是否正确。②表单测试。检查每个表单与 CGI 程序是否正确联结，能够正确地发送用户请求。③数据校验。检查非法数据或者错误数据输入后，系统能否正常工作。④Cookies 测试。检查 Cookies 内容是否正确、安全。

（3）接口测试。检查本系统能否正确调用外部服务接口。

（4）兼容性测试。主要检验系统能否在不同的客户端使用。

（5）权限与登录测试。包括：①目录权限设置，检测各个目录的存取是否得到授权。②用户登录测试。测试服务器的日志能否正常工作、是否可以正确地记录每次登录及用户请求过程。

（三）电子商务系统上线运行与维护

（1）设计和申请理想的域名。

（2）选择网站的接入方式。注册域名以后，必须为本网站建立一个 Web 服务器，用此服务器完成域名的解释，才能使访问者通过域名访问到企业网站。服务器如何接入 Internet，一般有下面 3 种方式可以选择：①专线接入。自行安装 Web 服务器所需软硬件后，租用 DDN 专线，经由专线使服务器与 Internet 相连。Web 服务器可放置于任何易于维护的位置。这种方式费用较高，用户工作量也较大，一般较大型的企业采用这种方式。②服务器托管。企业按网站的需要自己购买并配置好 Web 服务器后，整机托管给 ISP（Internet Service Provider），由 ISP 负责将服务器接入 Internet，企业可对服务器进行远程维护。这种方式的费用比专线接入方式低，同时又保证了用户对专用服务器的管理与使用权限。③虚拟主机。在 ISP 的一台服务器内，将其硬盘分块，每块硬盘空间相当于一台虚拟主机，它具有独立的域名和 IP 地址的 3W、E-mail、FTP 等服务器的功能，与其他虚拟主机共享一台主机的资源，虚拟主机之间完全独立，租用虚拟主机的企业可以通过远程控制技术控制主机的运行。显然，这种接入方式用户的花费最低，用户的主要任务就是负责网站内容的维护。

（3）系统正式上线。将系统内部资源与进出口、海关通关、售后服务等系统进行整合，解决电子支付、物流配送等问题。

（4）将网站中主要页面向全球各大搜索引擎和国内主要的搜索引擎登记注册，并使搜索结果排名进入国内外搜索引擎的前列。

（5）提供多语言的网站版本，便于全球范围的网站推广。

（6）系统维护和网页更新。

第二节　电子政务系统

一、电子政务与电子政务系统

（一）电子政务

"电子政务"一词和"电子商务"类似，在国内和国外有很多定义，目前仍没有一个统一的权威性的定义。下面列出几种比较有代表性的定义。

联合国公共事务与财政在线对电子政务的定义是：电子政务是政府为公众提供强大的、低成本的高效服务以及信息和知识的持久的行为，目的是改善政府和公众的关系、政府向公众提供最好的服务承诺的具体实践。

纽约州档案局对电子政务的定义是：电子政务是指政府通过电子化的手段（通常指Internet）开展业务和事务，同时也包括所有相关的现实世界的处理流程。

全球最具权威的 IT 研究与顾问咨询公司 Gartner 对电子政务的定义是：电子政务是指政府等公共部门利用 Internet 和信息通信技术来改善其对内和对外的关系，从而实现政府服务的优化和连贯性，增加公众的参与程度，达到改善治理的目的。

其实，电子政务是政务的一种形式。所以，要想准确地理解电子政务的概念，首先必须明确什么是政务。

所谓政务，是与政权有关的公共事务。政务有狭义和广义之分，狭义的政务仅指政府及其组成部门的业务、事务、会务等具体政府工作，通过这些具体工作，政府得以履行其对社会及公众所承担的各项公共行政管理和服务职能；广义政务泛指各类公共管理活动，不仅包括政府及其组成部门的活动，还包括党委、人大、政协与军队，甚至是一些非盈利组织的公共管理活动。

　　电子政务是借助信息技术而进行的政务活动，也有狭义和广义之分。狭义的电子政务就是政府机构应用现代信息和通信技术，将管理和服务通过网络技术进行集成，在网络上实现政府组织结构和工作流程的优化重组，突破时间、空间的限制，全方位地向社会提供优质、规范、透明的管理和服务。为了与狭义的电子政务相区别，人们将引入信息化建设的党委、人大、政协与军队等的工作，分别称为电子党务、电子人大、电子政协、电子军务等。广义的电子政务不仅包括狭义的电子政务，还包括电子党务、电子人大、电子政协、电子军务等。下面在讨论电子政务这一概念的时候，更多的是指狭义的电子政务。

　　电子政府是最容易与电子政务混淆的概念。电子政务是从政府业务角度上界定的概念，而电子政府则是全面实现了电子政务之后的政府，是现有政府机构在开展电子政务的过程中，对现有的政府组织结构和工作流程进行优化重组之后构建的新的政府形态。因此，电子政府是电子政务建设的目标，而电子政务建设是实现电子政府的手段和途径。

　　（二）电子政务系统

　　政府部门的政务活动，很大程度上是一种信息处理活动，政府信息化水平和信息处理能力的高低既是衡量政府综合实力的指标，也是决定工作效率的重要因素。在各种政务活动中，需要不同的技术手段加以支持。如在政府网站上公布政务信息、网上政府采购、电子报税、民意调查、公民投票和投诉等。

　　广义上看，支持政务活动的电子技术手段的集合就是电子政务系统。狭义上看，电子政务系统则是指在 Internet 和其他网络的基础上，以实现政府电子政务活动为目标，满足政府管理决策及服务社会公众需要的信息系统。这里的社会公众包括企业与公民。

　　根据使用电子政务系统的主要对象来分，可以将电子政务系统分为 3 种类型：政府对政府的电子政务系统（Government-to-Government，即 G2G）、政府对企业的电子政务系统（Government-to-Business，即 G2B）、政府对公民的电子政务系统（Government-to-Citizen，即 G2C）。

　　1. 政府对政府的电子政务

　　政府与政府之间的互动包括中央政府与各级地区政府之间、政府的各个部门之间、政府与公务员和其他政府工作人员之间的互动。这个领域涉及的主要是政府内部的政务活动，如公务员日常管理、电子法规与政策、电子公文、电子司法、电子档案、电子财政管理等。

　　2. 政府对企业的电子政务

　　政府对企业的电子政务是指政府通过电子网络系统，精简管理业务流程，快捷迅速地为企业提供各种信息服务。主要包括：电子采购与招标、电子税务、电子证照办理、信息咨询服务等开办和经营企业的服务。

　　3. 政府对公民的电子政务

　　政府对公民的电子政务是指政府通过电子网络系统为公民提供各种服务。政府对公民的服务首先是政府信息公开，让社会公众知道政府的规定是什么、办事程序是什么、主管部门在哪里，以及教育培训服务、就业服务、电子医疗服务、社会保险网络服务、公民信息服务、交通管理服务、公民电子税务、电子证件服务等公民工作、学习、生活相关的服务内容。

　　（三）电子政务系统与电子商务系统的关系

　　电子政务系统实质上是一套完整的支持网络政务管理与决策的信息系统。具体来说，它是利用现有的计算机硬件、软件和网络基础设施，通过一定的协议连接起来进行各级公共管理活动的信息系统。电子政务是在电子商务浪潮中产生的，电子政务系统与电子商务系统比较，尽管在开发技术上有许多共同之处，但是还有很多差异。

一是实施主体不同。这是电子政务和电子商务的最根本区别。电子政务的实施主体是以服务为宗旨的政府部门，而电子商务的实施主体是以盈利为主体的经济实体。尽管两者都倡导"以客户为中心"，提供优质服务，但本质上是有区别的。

二是主导思想和目标不同。电子政务的重点是利用信息技术手段实现政务的创新、实现政府职能转变、实现政府的管理机制和服务模式的优化和变革，提高政府的公众形象，实现服务型政府，最大限度满足社会公众的需要，以实现公共利益最大化为目标。电子商务的重点在于寻求信息技术与企业经营模式、盈利模式的有机结合，通过加强内部管理来降低内部运营成本，通过对外部供应链管理来优化企业的商务环境，提高企业核心竞争力，最大限度地吸引有价值的客户、提高现有客户的满意度、保持客户忠诚度，以实现企业利润最大化的目标。

三是服务内容和面对的用户不同。电子商务是只提供本企业的相关产品和服务，用户只是与本企业有关的、对产品和服务感兴趣的组织和个人，涉及的领域相对狭窄。而电子政务提供的是一个区域范围内的公共产品和服务，包括政府方方面面的服务，用户群体是社会中的每一个组织和成员，电子政务所涉及的领域和范围要远远大于电子商务。

二、电子政务系统的发展历程

（一）以办公自动化技术为核心的电子政务系统

电子政务的雏形是办公自动化。办公自动化（Office Automation，OA），是指借助技术手段，将人的部分业务转交给各种设备来处理，并且由这些设备和办公人员共同完成办公任务。办公自动化系统与后来出现的信息系统、决策支持系统等相比，较少地应用管理模型，而是强调技术的应用和自动化办公设备的使用。

办公自动化起始于20世纪50年代的美国、日本，最初被应用于会计部门，只具有电子数据处理（EDP）的簿记功能。20世纪60年代，随着信息技术的不断发展，办公自动化技术进一步成熟；20世纪70年代后期，形成了综合多种技术、真正意义上的自动化。

我国政府的办公自动化自20世纪70年代开始发展至今，虽然取得了巨大的进展，但是也存在着一定的不足，尤其是大家对于办公自动化这一概念的理解，存在着一定程度上的差异。有的单位对于办公自动化的理解还处于初级阶段，认为在政府的公文处理和档案管理中使用一些办公软件如Word、Excel等就是实现了办公自动化，有的单位已经开始将电子邮件、文档数据库管理、目录服务和群组协同工作纳入办公自动化的范畴之内，而认识到现代办公自动化概念是一个综合的信息平台的单位则不是很多。

电子政务是由政务办公自动化发展而来的，而且直到今天，办公自动化仍然是电子政务系统一个非常重要的组成部分。进一步推行办公自动化，是建设电子政务的前提和基础，只有打下坚实的办公自动化基础，才能够在其上建立产生成熟完善的电子政务系统。

（二）以Internet/Intranet技术为核心的电子政务系统

20世纪90年代，随着国际互联网技术的迅速发展及其在政府公共管理中的应用，出现了电子政务、电子政府等一些新的概念，其含义是指在政府内部办公自动化的基础之上，利用计算机技术、通信技术、网络技术，建立网络化的政府信息系统，同时通过不同的信息服务设施，例如网络、电话等工具，为企业、社会乃至公民个人提供政府信息和其他公共服务，从而改变了政府管理的方式，打破了传统政府管理受时间、空间控制的局限。

（三）以移动通信技术为核心的电子政务系统

移动电子政务就是基于无线网络技术的新型电子政务模式。移动电子政务具有不受网线、网络接口的限制，配置简单，应用灵活等特点，开始引起许多政府部门的浓厚兴趣。

随着移动因特网技术的飞速发展，无线上网越来越普遍。办公人员可以随意改变办公地址，而不再考虑调整布线，可以随时随地地通过短信接收政府快报、公文提要以及重要文件到达提示等。过去政府领导在外出差时往往会耽误许多重要文件的审批，领导们也常常会感慨分身乏术，现在有了移动电子政务平台，无论领导在哪儿都可以通过移动终端随时审阅文件，走到哪里都可以办公，极大地提高了工作效率，减轻了领导的负担。移动电子政务使政府与企业、公众等联系更为密切，提高了整个政府的办公效率和政府的形象。

三、电子政务系统的功能结构

电子政务系统的功能结构必须以满足用户的需求为出发点来进行设计，任何两个不同用户类型的电子政务系统，在形式和内容上就会不尽相同，但同一类型的电子政务系统其主要的功能和服务模块，还是具有一定的共性的。下面给出一个典型的 G2C 电子政务系统的功能结构。

该系统主要由政府内部办公自动化子系统、政务信息发布子系统、公民网上办事子系统 3 个子系统组成，每个子系统又可以划分为更小的模块。系统主要功能结构如图 16-2 所示。

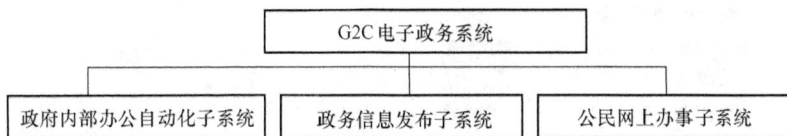

图 16-2　G2C 电子政务系统的功能结构图

（1）政府内部办公自动化子系统，包括公文处理模块、会议管理模块、档案管理模块、领导活动安排模块、决策支持模块等。

（2）政务信息发布子系统，包括政府部门主要职责查询模块、政策法规查询模块、政务公开发布模块以及办事流程查询模块等。

（3）公民网上办事子系统，包括教育服务模块、就业服务模块、医疗服务模块、社会保险服务模块、信息服务模块、交通服务模块、税务服务模块、证件服务模块以及电子举报模块等。

四、电子政务系统的实施方案

明确电子政务系统的功能结构，使我们可以掌握未来电子政务系统的系统组成和功能，为系统的实施奠定基础。其后，建造电子政务系统的下一步工作目标是完成系统的实施，确定实施方案，将纸面上的设计蓝图转变为物理的电子政务系统。

电子政务系统的实施方案与电子商务系统实施方案类似。主要不同之处在于：为适应业务发展和安全保密的要求，电子政务网络由政务内网和外网构成，两网之间物理隔离，政务外网与互联网之间用逻辑隔离。政务内网主要是省级以上政务部门的办公网，与副省级以下政务部门的办公部门的办公网物理隔离。政务外网是政府的业务专网，主要运行政务部门面向社会的专业化服务业务和不需要在内网上运行的业务。

案例　IBM 公司的电子商务

一、IBM 公司的基本情况

IBM 是全球最大的信息技术和业务方案解决公司，业务遍及 160 多个国家和地区，拥有近 30 万名员工。在过去的 90 多年里，全球经济不断发展，现代科学日新月异，IBM 始终以超前的技术、出色的管理和独树一帜的产品领导着全球信息工业的发展，保证了世界范围内几乎所有行业用户对信息处理的全方位需求。IBM 中国的主页如图 16-3 所示。

图 16-3　IBM 中国的主页

自 2004 年赋予"创新"新的定义之后，2006 年 IBM 进一步将创新的内涵延伸到 6 个层面，即"产品创新"、"服务创新"、"业务流程创新"、"业务模式创新"、"管理和文化创新"以及"政策与社会创新"。2006 年，IBM 公司的全球营业收入达到 914 亿美元。IBM 公司是最早开展电子商务的公司之一。1994 年，IBM 前 CEO 郭士纳对华尔街的一个分析家小组做了一次公开演讲，展示了 IBM 未来的网络化战略构想，并强调了 IBM 要在未来郭士纳所谓的"以网络为中心的世界"中充当领导者。"电子商务"概念于 1995 年正式形成，其雏形即是郭士纳的"以网络为中心"。十多年里，IBM 不断赋予电子商务以新的含义和动力，推动着电子商务前行。目前，它不仅为客户提供电子商务应用平台，而且对本企业内部的管理也是用电子商务机制将顾客、雇员、业务伙伴连接在一起。有资料显示，已有 2000 多个供应商和公司与 IBM 建立电子商务关系，IBM 电子商务收入目前已高达 200 多亿美元，在该公司的总销售额中约占 25%。

二、IBM 的电子商务理论

在 IBM 看来，电子商务出现至今经历了 3 个阶段。

第一个阶段被称为新奇阶段（Cool Phase）。本阶段内，电子商务在互联网的温床中开始孕育，公司开始提供网站上的简单信息访问服务。但多数情况下，网站内容只是将印刷品上的信息复制过来。互联网在商业上的简单使用，如电子邮件和静态画面等，成为后来电子商务的雏形。

第二个阶段被称为机会阶段（Chance Phase）。传统企业开始转向互联网，企业在网上进行商品的宣传及订单的确认，这是一个架构在传统设备上的网络时代。本阶段，互联网成为商业交易的媒介。公司将内部系统与幕后的业务流程有机地结合起来，使得处理各种事务成为可能。信息开始发挥更大的作用。

第三个阶段是正规的电子商务时代（Serious-Business Phase）。至此，电子商务不再是一个试验品和简单工具，而成为企业商务的核心。企业已到了实现其长期目标的时候了，那就是要从根本上提高公司效率。传统企业需要一种技术来帮助他们在整个企业范围内整合公司端到端的流程，以及与关键合作伙伴、供应商和客户之间的流程。电子商务的主体需要一种技术来帮助他们对客户需求上的变化、市场机遇以及外来威胁做出快速灵活的反应。

三、IBM 公司电子商务的商业模式

IBM 公司电子商务的商业模式特点表现在以下方面（摘自胡志军《电子政务原理与实务》）。

1. 战略目标

"IBM 就是服务"，这是 IBM 公司一直追求的战略目标，IBM 公司的电子商务是面向供应商、合作伙伴、客户、公司员工和其他重要影响团体的，其电子商务战略目标与公司的战略目标高度一致，IBM 公司的电子商务就是要开发、维护一个以客户为中心的世界级网站，其全球服务部是电子商务的核心。通过电子商务为全球的上述 5 个方面的参与方提供服务，改善与他们的关系，提高客户的忠诚度，减少开支，提高效率并增加商业回报。

2. 目标客户群

IBM 公司电子商务的目标客户就是与 IBM 发生各种业务联系的企业等用户，尤其是大型企业，大型企业可以通过个性化的专用入口获得相关服务。当然，中小企业也是 IBM 公司电子商务的目标客户，不过中小企业进入 IBM 网站的方法有两种：一是通过公共网站的专用入口；二是通过特定的"区域"网站，这类网站可以把与特定客户群相关的产品、资源和服务集中到一个地址上。

3. 产品与方案

IBM 的产品和服务主要有以下几个方面。

（1）IBM 的电子商务产品。IBM 的电子商务产品包括以各种服务器为主的硬件产品以及 Commerce Point 系列软件、Registry for Set（认证中心软件包）、Lotus Notes 和 Domino（应用程序和服务器软件）、电子商务 Java 开发技术、电子商务通信管理软件 MQ Series、电子商务网络和系统管理软件 Tivoli 等产品。

（2）IBM 的电子商务解决方案。IBM 针对不同的行业、不同规模的企业提供不同的电子商务解决方案（如图 16-4 所示）主要包括电子商城解决方案、ASP（应用服务提供商）解决方案、企业电子商务解决方案等。

4. 关键活动

IBM 公司在涉足 Internet 初期，创建了大量网站以服务于全球范围内的客户、供应商、员工。这是 IBM 成功转型电子商务的基础，但是，也是电子商务转型带来难题，因为这些网站存在着内容重复、组织混乱等问题。为了更好地实施电子商务，IBM 公司专门成立了企业

Web 管理（Enterprise Web Management，EWM）组织统筹管理公司的一切网络活动，对 IBM 的 Web 网站体系进行合理化的组织和改进，进一步提高其商业价值及回报。同时，还建立了 5 个专门机构，负责 Web 信息的统筹管理，使公司的 Web 资源得到充分利用，有效保证了电子商务的成功实施。

图 16-4　IBM 电子商务解决方案主页

本 章 小 结

　　电子商务就是指依托网络平台，按照一定标准或规则进行的各种商品交易活动，内容包括商品交易活动的各个环节，例如售前的广告、商务谈判，售中的签约、订单、支付结算，售后的供给、配送、服务等。电子商务与传统的商务活动方式相比，具有交易虚拟化、快捷化、准确化和成本低的特点。

　　电子商务系统实质上是一套完整的网络商务经营及管理的信息系统。根据使用电子商务系统的主要对象来分，可以将电子商务系统分为企业对企业的电子商务系统（B2B）、企业对消费者的电子商务系统（B2C）和消费者对消费者的电子商务系统（C2C）3 种类型。电子商务系统经历了从以 EDI 技术为核心的电子商务系统到以 Internet 技术为核心的电子商务系统，直至目前以移动通信技术为核心的电子商务系统这样一个发展历程。

　　电子商务系统的功能结构必须以满足用户的需求为出发点来进行设计，任何两个不同用户类型的电子商务系统，在形式和内容上就会不尽相同，但同一类型的电子商务系统其主要的功能和服务模块，还是具有一定的共性的。电子商务系统的实施方案说明电子商务系统实施的基本过程及相关的保障措施，包括电子商务系统实施的主要任务、实施进度安排、实施过程的分阶段目标、实施人员组织等。

　　电子政务就是政府机构应用现代信息和通信技术，将管理和服务通过网络技术进行集成，在网络上实现政府组织结构和工作流程的优化重组，跨越时间、空间的限制，全方位地向社会提供优质、规范、透明的管理和服务。

电子政务系统是指在 Internet 和其他网络的基础上，以实现政府电子政务活动为目标，满足政府管理决策及服务社会公众需要的信息系统。根据使用电子政务系统的主要对象来分，可以将电子政务系统分为政府对政府的电子政务系统（G2G）、政府对企业的电子政务系统（G2B）和政府对公民的电子政务系统（G2C）3 种类型。电子政务系统经历了从以办公自动化技术为核心的电子政务系统到以 Internet/Intranet 技术为核心的电子政务系统，直至目前以移动通信技术为核心的电子政务系统这样一个发展历程。

电子政务系统的实施方案与电子商务系统实施方案类似。主要不同之处在于：为适应业务发展和安全保密的要求，电子政务网络由政务内网和外网构成，两网之间物理隔离，政务外网与互联网之间用逻辑隔离。

总而言之，电子政务系统注重的是社会效益，电子商务系统注重的是经济效益。

习　题

1. 什么是电子商务？电子商务与传统的商务活动方式相比，有何特点？
2. 如何理解电子商务系统与传统信息系统、企业网站的关系？
3. 简述电子商务系统的类型和发展历程。
4. 调查一个实际电子商务系统，画出其功能结构图。
5. 什么是电子政务？电子政务系统有哪些类型？
6. 简述电子政务系统与电子商务系统的关系。

第五篇 系统选型篇

第十七章 MIS 选型

随着企业管理信息化的持续推进，MIS 已经成为提高企业运营效率和有效性的基础平台。在当今社会，很难想象一个没有 MIS 支撑的企业该如何应对市场竞争、满足客户需求。前面几章向大家介绍了如何规划、分析、设计与实施 MIS。不过，大多数企业并非直接参与 MIS 的实际开发活动，而是通过"外购"的方式，直接向相关领域的 MIS 提供商选择并购买企业运营所需要的 MIS。作为复杂系统，MIS 的开发过程需要一套系统化的科学理论与方法作为指导，MIS 外购过程同样也需要科学有效的方法与策略作为支撑，以便从众多供应商所提供的诸多系统中选择一款适合于企业运营实践的 MIS 产品，从而确保企业最终所选择的 MIS 的运行效益。

第一节 MIS 选型概述

一、MIS 选型的概念

MIS 选型指在 MIS 需求企业的运营目标与信息化战略的指引下，基于企业运营管理现状、对 MIS 的真实需求以及信息化预算情况，采用科学的方法与策略，对市场上相关 MIS 产品及其供应商进行全面深入调查、比较、分析和评估，最终选择一套与企业具体情况和实际需求最适合的 MIS 产品（包括相关服务）的过程。

MIS 选型是一个调查、分析、比较、评估与选择的过程，需要相应的时间投入，不能期望它一蹴而就式的完成。MIS 选型的操作对象是在企业业务需求领域内，市场上所存在的相关 MIS 产品及其供应商。选型主体的市场视野决定了候选 MIS 产品及其供应商的数量，并进一步影响到 MIS 选型的最终质量；另一方面，选型主体的市场视野与选型活动所确定的市场宽度有时并不是重合的，在预算投入不足、时间相对紧迫的情况下，后者会在前者的基础上缩小一些。

MIS 选型的具体内容（选型活动）如下：首先，对企业运营目标、信息化战略及其运营管理现状、对 MIS 的真实需求等的深入调研与分析，从而确立 MIS 选型的明确目标、制订选型计划；而后，结合预算情况与选型时域限制，基于选型主体的市场视野确立选型活动的市场宽度，即明确候选 MIS 产品及其供应商；进而，对候选 MIS 产品及其供应商进行全面深入调查、分析、比较和评估，并最终选择一套最优系统。对 MIS 产品及其供应商的调查内容将是十分广泛的，该部分内容将在"MIS 选型要素"一节作详细介绍。在全面调查、深入分析以后，制定统一的评测指标体系并对候选 MIS 产品及其供应商分别进行数据采集，完成对评测指标树叶节点指标的打分过程；而后，选择或设计合适的评估算法，完成对各候选产品及其供应商的最终评测结果计算；最后，基于计算结果选择最优系统产品，并基于该产品与供应商特征制定相应的 MIS 购买与实施方案。

MIS 选型需要科学有效的方法指导。其中，既需要一般化系统选型的方法与策略的指导，同时也需要结合企业具体运营管理的实践特征（包括企业的运营目标、信息化战略以及具体业务需求），具体问题具体分析，制定切实可行的选型策略与方法。此外，系统选型主体需要具备客观中立的选型立场，对各候选 MIS 产品及其供应商进行调研与评测时，不能融入主观偏好与私利成分；否则，耗费人力、物力、财力与时间的 MIS 选型过程将会失去意义。

二、MIS 选型主体

MIS 选型主体指既定 MIS 选型项目的实施人员。对于企业而言，无论其所要外购的 MIS 期望功能怎样、结构如何，都应将 MIS 选型视为"项目"，依据项目管理的理论与方法运作。如此，才能确保 MIS 选型过程的科学性、选型结果的有效性。确定 MIS 选型主体是 MIS 选型项目有效运作的基础和前提。

一般而言，MIS 选型主体的构成依 MIS 需求企业的人力资源结构、欲购 MIS 的结构与功能以及企业的相关预算状况而定。总体而言，MIS 选型项目组应该包括如下人员。

（1）企业高层领导。MIS 选型项目应该而且必须是"一把手"工程，即由企业的总经理或副总经理亲自挂帅。"一把手"拥有较高的权限与平衡决策能力，能够对系统选型过程中出现的各种决策问题做出准确判断与果断抉择。如此，不仅提高了系统选型实施过程的效率和有效性，也避免了选型结果不为企业决策层所理解和支持、甚至被否定的现象发生。

（2）企业业务需求领域的领域专家。所谓领域专家，指企业欲实施 MIS 的物理业务领域内的业务骨干以及主要管理控制人员。所选择的 MIS 最终是要应用于企业内的相关业务领域，其性能如何、能否满足企业需求，业务需求领域的领域专家最有发言权。领域专家深谙具体业务领域内的需求状况与特征，对所需 MIS 的目标功能有着全面准确地理解与掌握，能够从业务运作与管理视角对候选 MIS 的系统功能做出科学评判；与此同时，他们也是未来 MIS 的典型用户，系统能否发挥其应有的效能取决于领域专家对所选购的 MIS 的接受程度与掌握水平。

（3）相关信息技术人员。对候选 MIS 的技术性能评价，需要企业信息技术部门相关人员的直接参与。他们基于自己的领域经验与对信息技术的深入理解，能够对候选 MIS 的各项技术指标做出准确评价。此外，任何 MIS 上线运行后，都不可避免地会产生这样或那样的问题，需要相关信息技术人员的日常维护甚至二次开发。相关信息技术人员可以从系统维护与二次开发的难易程度以及所需成本、工作量等角度对候选 MIS 做出评价，从而确保最终所选择的 MIS 实现较低的运行与维护成本。

（4）其他辅助人员。对于相对复杂的 MIS 选型项目，还需要外聘专业咨询人员，依托其在 MIS 选型、管理业务运作以及系统实施等领域内的专业知识和丰富的实践经验，进一步增强 MIS 选型团队的综合实力。此外，有些时候，也会将企业内与 MIS 应用领域间接相关的人员（如财务人员、后勤保障人员等）纳入 MIS 选型项目团队。毕竟，企业是一个有机整体，即便所要外购的 MIS 应用于某一具体业务领域，但它依然会对企业内其他部门与人员的业务运作产生间接影响。因此，必要时需要将那些间接相关人员纳入到 MIS 选型团队，这对于大型 MIS 选型以及跨部门业务的 MIS 选型尤为重要。

以上四方面人员是 MIS 选型主体的基本来源，其比例结构随 MIS 选型项目复杂程度、预算状况、实施方式等的不同而有所差异。一般情况下，当企业对相关 MIS 有较为全面和深入的掌握时，会选择自行组建选型团队开展自主选型；当 MIS 产品相对复杂、企业依据自身的力量难以做出科学选型时，则应加大选型团队中外聘咨询人员的比例，通过"外脑"弥补自身能力的不足；此外，当企业对欲购买的 MIS 知之甚少且在自身物理业务以外无暇他顾时，可选择合适的咨询公司将 MIS 选型工作完全外包出去。显然，MIS 选型的自主实施、联合实施与外包实施 3 种方式的实施成本是不一样的，每一种方式都有其优点和不足，最终选用哪一种方式要视具体情况而定。

三、MIS 选型的意义

"良好的开端是成功的一半"，科学有效的 MIS 选型对企业 MIS 实施具有重要意义，概括而言，主要表现在如下方面。

（1）MIS 选型过程的科学性和有效性将直接决定未来 MIS 的实施效益。随着国内 MIS 研发市场的持续发展与完善，同时随着改革开放的持续推进，国外 MIS 供应商大举进入中国市场。当前对于企业运营与管理的绝大多数领域，都有许多系统供应商提供相应的 MIS 产品。显然，即便是针对同一业务领域，不同供应商的 MIS 产品之间仍然存在功能、结构等方面的差异。任何一家供应商的产品都不是十全十美的，都有其优点和不足。只有通过科学有效的 MIS 选型过程，从诸多候选 MIS 产品中选择一套与企业物理业务需求最适合的产品，才能确保未来 MIS 的实施效益，达到提高企业运营管理效率和有效性的目的。这里的"最适合"是相对意义上的，主要表现在产品功能对企业需求的满足程度，功能冗余与不足都是不可取的。

（2）合理的 MIS 选型在满足企业需求的前提下，能够帮助企业有效节约成本。可能节约的成本组分包括：①采取科学的选型方法与策略，可有效节省 MIS 选型过程中的不必要支出。②选择最合适的 MIS 产品，可以避免企业信息化过程中的不必要的浪费与损失。显然，选择系统功能过于强大、脱离企业运营实践的 MIS 产品，将导致不必要的浪费；选择系统功能不足、不能满足企业运营实践需要的 MIS 产品，将导致潜在的间接损失。③选择易于维护与二次开发的 MIS 产品，可以有效节约 MIS 的运行与维护成本。

（3）有效的 MIS 选型过程可以降低 MIS 实施的难度、提高企业相关人员的业务素质。通过科学、严谨的 MIS 选型过程，尤其是其中的 MIS 市场调研与系统试用过程，企业参与 MIS 选型的人员能够深化对相关领域 MIS 产品的认识，准确掌握市场特征、动态与趋势，并在与系统供应商及"外脑"咨询人员的沟通与交流过程中获得新知、提高其业务技能水平。此外，MIS 选型的过程不仅是对软件系统的选择，也是对系统供应商及其服务水平的选择。通过有效的 MIS 选型过程，在确定系统功能的基础上选择能够提供更好服务支持的系统供应商，其强大的系统实施能力与服务支持能力能够有效降低 MIS 实施的难度，切实提高系统实施的效率和有效性。

（4）有效的 MIS 选型过程能够为企业引入新思路、新认识。作为开放的人造系统，企业的发展需要不断引入新思路、新思维，MIS 选型过程则为此提供了机会与途径。MIS 选型的过程也是企业系统与外部环境进行交互的过程。对于任何一套 MIS 而言，其背后都蕴含有先进的管理思想与方法。通过对相关领域诸多候选 MIS 产品的市场调查与分析，有助于企业了解、吸收新的管理理念与方法。此外，在 MIS 选型过程中，企业将有机会接触到相关业务领域内理论界与实践界的专家学者及业务精英，在与其交流和交往的过程中，企业管理者将会获得新的认识、新的思维角度。

第二节　MIS 选型的基本要素

对 MIS 选型基本要素的确定是 MIS 选型工作的首要任务，也是对各候选系统产品进行调查进而完成相关分析与评测的基础和前提。一般而言，MIS 选型的基本要素包括如下方面：软件系统性能、系统运行环境、系统供应商资质，每一方面要素还可做进一步详细划分，如表 17-1 所示。

表 17-1　　　　　　　　　　　　MIS 选 型 要 素

大类要素	亚类要素	调查与分析要点	
软件系统性能	MIS 主体性能水平	功能模块的适宜性 管理理念的先进性 软件算法的科学性	系统的模块性能 系统的开放性能 系统的集成特性等
	MIS 辅助性能水平	系统的可维护性 系统界面的友好程度 例外处理能力 数据备份机制	系统安全性能 系统输出方式 二次开发工具等
系统运行环境	硬件设施	计算机硬件系统（CPU、内存、硬盘、显示器等）	辅助设施，如打印机、绘图仪、数字化仪、扫描仪、读卡器等
	操作系统	操作系统性能特点 OS 对业务需求特征的满足程度 项目投入预算规模	企业人员业务素质 系统集成与整合的需要等
	配套软件	企业业务需求实况 已有配套软件状况	项目投入预算规模 行业内主流实施状况等
	网络环境	业务需求特征与未来发展趋势 已有计算机网络结构与性能 未来网络建设成本	项目投入预算规模 业务高峰期网络流量 业务数据安全等级等
系统供应商资质	研发实力	系统供应商的专业化程度 人力资源素质与结构 在既定领域内的系统研发经验	已拥有的系统实施的成功案例 系统供应商的可持续发展能力 在既定 MIS 市场内所处地位等
	价格策略	MIS 实施项目自身特征	各供应商实际提供的性价比等
	服务水平	服务支持人员的业务素质与服务态度 服务提供方式 客户培训机制	服务响应速度 信息发布机制等

一、软件系统性能

虽然完备意义上的 MIS 应该具备"社会—技术"双重属性，但系统的"社会"属性与管理理念都是依附于技术系统——MIS 软件系统以发挥效能。因此，对软件系统性能的全面考察与深入分析将是 MIS 选型的中心工作。MIS 软件系统是企业待购系统的核心，系统功能状况与运行效益将直接决定企业 MIS 实施的效率和有效性。

对 MIS 软件系统性能的考察与分析，首先应从对软件系统的分类与定位着手。市场上销售的 MIS 产品按不同的分类标准可划分为不同的类型，如表 17-2 所示。通过对 MIS 进行分类并将候选系统进行类别定位，则可粗略地掌握系统特征，进而将与企业需求特征不相符的系统产品过滤掉。例如，企业需要实施 B/S 结构的 MIS，则所有被归入 H/T 结构或 C/S 结构的候选系统产品就被初筛掉了，从而有效减轻了后续选型工作的负荷。需要指出的是，有些

MIS 产品是很难进行类型定位的，为了增加市场机会，开发商往往将 MIS 设计成兼具不同类型特征与功能的复合型产品。例如，很多系统都兼具企业基层业务运作、中层管理控制和高层决策指挥等功能，从而表现出明显的复合系统特征。

表 17-2　　　　　　　　　　　　　MIS 产品分类

分类标准	分类内容
系统结构	H/T 结构 & C/S 结构 & B/S 结构
普适程度	通用型系统 & 专用型系统
各部分间关系	集中式 MIS & 分布式 MIS
功能完备程度	单功能系统软件包 & 集成化 MIS
系统所属层次	业务运作系统、管理控制系统和决策支持系统

对 MIS 性能的调查与分析，工作的焦点是 MIS 对企业业务需求的满足程度，然后考查 MIS 的辅助功能状况。

1. MIS 主体性能水平

企业外购 MIS 软件是为满足其业务运作与管理需求、提高企业运营与管理的效率和有效性的。MIS 主体性能水平决定了其对企业业务需求的满足程度，是选购 MIS 所要考察和评估的最基本因素。为此，MIS 选型主体就必须对候选 MIS 产品功能模块的适宜性及系统功能特性的优良程度进行深入调查与分析。

功能模块的适宜性与否不是绝对的，而是基于企业对 MIS 的业务需求状况相对而言的，即候选 MIS 产品的基本功能对企业业务需求的覆盖程度。显然，基本功能不能覆盖企业全部业务需求的系统产品不是最优选择，这将会导致"小马拉大车，力不从心"的局面；而基本功能相对于企业当前业务需求甚至未来发展需要仍然过于强大的系统产品也不是最优选择，这会导致"大马拉小车，难以物尽其用"的结果。前者将会制约企业 MIS 实施目标的实现程度，后者则会导致不必要的浪费，并增加日后系统运行与维护的工作负荷。我们选型的宗旨是：不求最好，但求最适用。因此，系统选型主体应从企业基本业务需求出发，确定目标系统功能模块的内容与数量，并以此为标准对各候选 MIS 进行考察与评估。

系统功能特性是制约 MIS 功能发挥的重要属性，内涵上主要包括如下组分：管理理念的先进性、软件算法的科学性、系统的模块性能、系统的开放性能、系统的集成特性等。

作为信息维度上的管理子系统，MIS 所依托和所融入的管理理念与模式直接决定了它的应用前景和效益发挥程度。MIS 不应仅仅是对传统业务流程的自动化与简单"直译"，而是在对其深入分析与合理优化的基础上实现的优化系统。对具体业务领域内的业务流程进行全面深入调研，进而分析所存在的问题并做出合理优化，就必须要以该业务实施领域内的先进管理理念与模式（主流的或代表未来发展方向的）为依托。

MIS 系统的运行效益一方面取决于其所依赖的管理理念与模式的先进程度，另一方面也决定于软件算法的科学性与有效性水平。算法设计是系统程序设计的核心工作，算法的有效性与科学性决定了系统运行的效率和有效性。通常而言，算法应包含有限的操作步骤，其中的每一步骤都应该是确定的、非模糊的，每一个步骤都应能够被有效地执行并得到确定的结果，所得结果应对应于一个或多个系统输出。

具体的 MIS 产品要能够解决所对应的业务领域内相对复杂的运营与管理问题，系统结构复杂、规模较大。系统的模块化设计与实施提高了系统的易用性，影响到系统的应用性能。MIS 的功能模块设计与划分应确保模块内部要素的相关性和聚合性，功能模块之间应具有较高的相对独立性。如此，便于 MIS 的应用与维护。

系统的开放性指 MIS 功能拓展及其二次开发的难易程度。MIS 上线以后，在相当长的一段时间内，其系统结构与功能是不会变化的，然而系统的外部环境却处于永不停息的持续变化之中。如此，当 MIS 应用一段时间后，系统用户便有对原有 MIS 进行功能完善与拓展的愿望。如果系统的开放性良好，上述工作将变得十分容易；否则，实施困难且需巨大投入的系统功能拓展与二次开发，不仅会束缚系统正常运营效益，还会极大地增加系统用户负担，甚至使其被迫放弃原有 MIS、重新开发或外购新系统。可见，系统的开放性能在一定意义上决定了 MIS 的生命周期时域。

系统的集成特性指 MIS 各组分之间的协同与整合程度以及该 MIS 对企业原有信息化成果的兼容程度。MIS 一般包括诸多功能组分，各组分之间的信息沟通程度、协同处理水平决定了系统整体性能的优劣程度。通常，一个 MIS 要由诸多系统开发人员分成若干小组共同开发而成。如果系统的总体规划、分析与设计工作没有做到位，就会出现系统个别功能模块性能优良但系统整体性能不佳的情况。系统供应商在演示其产品功能时，往往逐个模块分别演示，系统选型主体不仅要关注具体功能模块的模拟演示性能，还要从系统全局视角出发进一步考察 MIS 各模块之间的协同与整合特性。另一方面，在经过相对漫长的企业信息化过程后，企业内部一般都已建立并实施了各种业务管理系统。此时，所选购的 MIS 与企业原有各种信息系统之间的兼容程度，也决定了企业全局层次的信息化水平。只有提供了与周边系统的接口、对企业原有信息系统给予较好兼容的 MIS，其实施后才能使企业内各种信息系统形成有机的整体系统，削弱"信息孤岛"效应，从而切实提高企业整体的运营效益。

2. MIS 辅助性能水平

MIS 主体性能的核心在于"功能"特性，它直接决定了其对企业业务需求的满足程度；MIS 辅助性能则集中体现了系统的"交互"特性，它决定了系统的易用程度，并间接影响到系统的应用效益。一般而言，MIS 辅助性能主要包括系统的可维护性、系统界面的友好程度、例外处理能力、数据备份机制、系统安全性能、系统输出方式、二次开发工具等。

系统的可维护性指，为确保 MIS 正常运行所需的维护工作量以及维护工作的难易程度。由于系统自身设计方面的问题、系统用户的误操作、计算机病毒破坏以及破坏分子的非法入侵等原因，任何 MIS 在实际运行过程中，都会出现这样或那样的问题。良好的系统可维护性可有效降低系统维护的难度、缩短系统维护的时间，不仅有效节约维护成本，还可有效延长系统正常运行时域，充分发挥系统的运行效能；否则，不仅增加企业的系统维护成本，还会使企业因系统未能被及时完成相应的维护而延误正常的运营管理工作，后者的损失有时会是十分惨重的。

界面友好程度指 MIS 界面相对用户而言的操作便利性与舒适性。一套 MIS 无论其管理思想多么先进、软件算法多么科学，最终与用户直接交互的都是系统界面。系统界面的友好程度直接影响到用户对 MIS 的印象与评价。一般而言，界面的友好主要体现在界面形状、色调配置、元素布局、字体特征、帮助与提示等方面。在评价 MIS 的界面友好性程度时，既要考虑到一般情况，也要针对系统实际用户的具体情况进行评价。例如，国内很多企业员工对微软公司的系统产品都很熟悉，那么与微软产品界面风格相似的 MIS 产品，用户就会感到亲切、比较容易接受；反之，如果一套 MIS 与微软的界面风格大相径庭，用户就会感到陌生甚至排斥。基于用户具体情况对系统界面友好程度进行评估也是十分必要的。例如，如果用户文化程度不高、外语水平较低，则系统是否汉化以及汉化水平如何将是评价系统界面友好程度的重要方面；用列表框将有限输入范围内的各种输入情况列出供用户鼠标点选，显然要比直接用输入框要求用户键盘输入的方式"友好"一些。

例外处理能力指 MIS 对运行过程中所遇到的例外（错误）情况的应对能力，它直接决定了系统的鲁棒性与运行效益。系统的运行环境复杂多变，系统用户的素质参差不齐，各种类型的例外情况时有发生。此时，系统的例外监测、捕获与处理能力直接决定了系统能否正常运行、决定了系统的运行效益、也决定了用户对系统的满意程度。一个例外处理能力较差的 MIS，用户的一个误操作都会导致系统在无任何信息提示的情况下完全退出，并造成用户数据丢失、业务处理中断。这样的系统产品会对企业的正常运营与管理构成威胁，同时也会增加用户操作该系统时的心理负荷，是不可取的。

系统安全性能指 MIS 对企业业务运营与管理数据的保护能力。对系统安全性能的考察与评估，系统评估主体应首先关注 MIS 产品在数据输入环节上的安全把关水平。本书前面章节曾引用同济大学刘仲英教授的忠告，"对计算机系统而言，输入的是垃圾，输出来的还是垃圾"，来说明把好输入关的重要性。MIS 对系统输入数据应具备较强的安全检测能力，包括数据输入人员的资质检验以及输入数据的格式检验、长度检验、完整性检验等。当检验出问题时，系统应能够及时告知用户相应的错误信息，并请用户重新输入。一个缺乏有效的数据输入检验机制的 MIS，将会在源头上降低系统的数据安全性能。此外，在系统运行过程中，系统也应具备较强的安全检测与控制能力，及时拒绝对系统数据的非授权访问与编辑，确保数据安全。最后，一套安全性能良好的 MIS 还应具备良好的数据备份机制。数据备份是应对数据安全威胁的最后防线，也是最有效的防线。MIS 应该向系统用户与管理员提供功能完备、高度智能化的数据备份功能，方便用户及时做好数据备份工作。

系统输出方式指 MIS 将处理结果向系统用户呈现的形式。一般而言，系统向用户提供的可供选择的输出方式越多，表明系统的输出功能越强大。常见的系统输出方式包括文字描述、图形图像、统计报表甚至多媒体信息等。具体采用哪种输出方式比较合适，应视 MIS 的应用领域、应用层次以及用户的素质、偏好等方面的具体情况进行评估。其中，MIS 的文字描述能力、图形绘制能力、报表输出功能是衡量其输出性能的重要评价方面。

通过前面的分析，我们知道任何 MIS 在实际运行过程中都免不了实施二次开发的过程。这是延长 MIS 生命周期时域、提高 MIS 环境适应性的必要措施。二次开发工具是对 MIS 进行功能拓展与升级的基础保障，它获得的便利程度、应用的难易程度、功能的完备程度等是衡量 MIS 二次开发性能的重要指标。如果 MIS 产品是在主流通用系统开发平台上开发而成，或者系统本身就附带二次开发工具，则该系统具有良好的二次开发工具获得的便利性。此外，与 MIS 相配套的二次开发工具的易用水平及其功能的完备程度，也是影响系统二次开发成本、效率和有效性的重要因素。系统选型主体要对各候选 MIS 在上述方面进行深入调研并给予准确评估。

二、系统运行环境

任何 MIS 不会独自发挥效能，都需要配套环境支持。随着企业信息化的持续推进，MIS

功能日渐拓展、结构日趋复杂，对运行环境的要求也越来越高、依赖程度也在增强。如果MIS 产品对运行环境要求过于苛刻，不仅会增加系统的实施成本，同时也会增加系统的运行维护负担。因此，在 MIS 选型过程中，一定要对各候选 MIS 产品的运行环境要求进行全面调研与深入评估。

一般而言，MIS 运行环境包括 MIS 运行所依赖的硬件设施、操作系统、配套软件以及网络环境等。

1. 硬件设施

MIS 运行所依赖的硬件设施既包括计算机硬件系统（CPU、内存、硬盘、显示器等），也包括一些辅助设施，如打印机、绘图仪、数字化仪、扫描仪、读卡器等。硬件设施状况直接决定了 MIS 软件功能的发挥程度，然而 MIS 选型过程中对系统硬件设施要求的评估并不能单独以软硬系统之间的匹配程度为依据，还应充分考虑到企业具体 MIS 实施领域内的数据处理与信息管理的实际特征与要求，以及企业 MIS 实施项目的预算规模等。

2. 操作系统

作为管理信息化领域内的应用软件，MIS 的正常运行离不开操作系统（OS）的支持。一般而言，广大 MIS 用户对微软视窗系列操作系统（Windows 95/98/ME/NT/2000/XP/Vista/7/8等）比较熟悉。如果候选 MIS 产品要求上述操作系统支持，则对于广大系统用户而言，对系统的学习与应用将变得相对容易；对 MIS 实施方而言，系统实施过程中的培训成本也可降低些。然而，任何操作系统都有其优点和不足，Windows 系列操作系统也不例外。于是，要求其他操作系统（如 OS2、Unix/Linux 等）支持的 MIS 产品层出不穷。其中，好多 MIS 产品就要求 Unix 操作系统支持，该操作系统能够良好支持多用户、多任务且具有强大数据管理能力和网络支持功能。不过，要求非 Windows 系列操作系统支持的 MIS 产品，其实施过程中的培训成本要相对高些。

在对候选 MIS 产品所需的操作系统环境进行评估时，系统选型主体要综合考虑企业业务需求特征、所需操作系统性能特点、项目投入预算规模、企业人员业务素质等因素；同时，也要兼顾企业其他 MIS 组分对操作系统的要求，最好能够保持一致，这样既有利于企业全局范围内的系统集成与整合，也可有效降低企业信息化的总体实施成本。

3. 配套软件

企业业务运作与管理是一个有机整体，需要各部门、各业务流程与活动间的有效沟通和协作，然而通常的 MIS 产品往往是针对企业业务运作与管理的某一领域开发的。因此，大多数 MIS 产品的有效实施都需要其他相关业务领域内的 MIS 组分的配套与支持。此外，MIS 产品还可能需要其他一些应用软件的支持，如电子表格系统、统计分析系统、分析预测系统、电子邮件系统、实时沟通系统等。

系统选型主体在对候选 MIS 产品的配套软件需求特征进行考察与评估时，要兼顾企业业务需求实况、已有配套软件状况、项目投入预算规模、行业内主流实施状况等因素，给予综合分析与评价。

4. 网络环境

如今的 MIS 大多是基于计算机网络平台设计的，结构上表现为客户机/服务器（C/S）架构以及浏览器/服务器架构（B/S）两种，后者已经发展成为主流。在 MIS 运行环境中，网络环境已成为一种主体环境，网络环境的优劣程度影响到 MIS 的运行状况。一般而言，MIS 对网络环境的要求主要表现为网络带宽、稳定性、安全性等外在性能，这些性能决定于网络拓扑结构、网络操作系统、通信介质以及网络服务器等的方面特性。

系统选型主体在对候选 MIS 产品的网络环境需求特征进行考察与评估时，要兼顾企业业务需求特征与未来发展趋势、已有计算机网络结构与性能、网络建设成本、项目投入预算规模、业务高峰期网络流量以及业务数据安全等级等多方面因素，并给予综合分析与评价。

三、系统供应商资质

企业的 MIS 实施绝不仅仅是"购买一套软件"这么简单，在购买前需要一个相对漫长的市场调研、分析、评价与选择的过程，在购买后需要一个更为重要的系统上线、运行维护与二次开发的过程。在购买前，MIS 需求企业具体到代表其利益的 MIS 选型主体拥有绝对的主导权；然而，在选定 MIS 产品之后的购买过程及其后的系统运行、维护与二次开发过程中，系统供应商状况将起到举足轻重的作用。系统供应商的价格策略及其服务支持水平将会决定 MIS 实施企业成本投入状况以及 MIS 的应用效益。

（一）系统供应商的研发实力

MIS 性能直接影响着企业未来具体实施领域业务运作与管理改进的效率和有效性；另一方面，作为有机整体的企业，如果其某一业务领域由于 MIS 性能不佳而导致低效，则会触发木桶原理中的"短板效应"，从而束缚整个企业运营效益的发挥。如此，对 MIS 产品的选择必须慎之又慎。

具体 MIS 产品的系统性能高低，主要取决于该系统产品供应商的研发实力。MIS 选型主体在对各候选系统供应商进行研发实力考察与评估时，应充分调研如下因素：系统供应商的专业化程度、人力资源素质与结构、在既定领域内的系统研发经验、已拥有的系统实施的成功案例、在既定 MIS 业务领域内的市场地位等。那些具有明确而稳定的研发方向、深厚的行业背景、对既定行业具有较高专注度、专业化程度高、拥有强大综合实力（技术/产品/管理），同时又在既定业务领域内具备长期从业经验与丰富的研发阅历、已经在业内拥有了许多系统实施的成功案例的 MIS 供应商，将是系统选型主体重点考察的对象。这些供应商往往在既定业务领域的 MIS 市场中处于主导地位。

雄厚研发实力的积聚离不开丰富的系统实施实践。选择具有强大系统研发实力的供应商，一方面可确保所选购的 MIS 性能，另一方面也使后续的 MIS 实施过程有了良好保障。考察供应商的系统实施能力与经验，应兼顾其系统实施客户的数量、分布地域以及客户的行业代表性等因素，同时还要特别关注其近年来新客户的系统实施情况。此外，研发实力雄厚的系统供应商如果运作良好，将具有较强的可持续发展能力，可确保其 MIS 产品能够在未来较长时期内被及时升级与完善，这对于 MIS 实施企业很重要。

自然，系统供应商的研发实力越雄厚，其 MIS 产品的价格也就越高。此时，MIS 选型主体还要兼顾各候选供应商的价格策略。

（二）系统供应商的价格策略

MIS 选型主体通过对 MIS 目标市场调研、分析、评价与选择过程，逐步缩小对 MIS 产品的选择范围，直至锁定目标。当具体的选型方案被确定下来以后，接下来的工作就是要与目标系统供应商深入接洽，开展商务谈判，直至签订商务合同。在商务谈判的过程中，MIS（包括相关服务）的价格将直接决定谈判的顺利程度以及最终结果。因此，MIS 选型主体要在此前与各候选系统供应商的接洽过程中，逐步了解、掌握其价格策略，并将其作为一个重要的选型参考点。

　　MIS 选型主体在对各候选系统供应商价格策略进行分析与评估时，应从己方 MIS 实施项目的具体特征着手。一般而言，如果企业所需 MIS 规模不大、功能相对简单且短期内再无后续项目跟进，则供应商的获利空间与回旋余地相对较小，系统选型主体很难在候选系统供应商之间发现较大的价格策略差异。然而，如果企业所需 MIS 规模较大、功能相对丰富且短期内还会有其他后续项目跟进，则供应商的获利空间相对较大，并且还有日后继续合作的预期收益。此时，企业的 MIS 实施项目将会成为业内诸多系统供应商竞争的热点。在这种情况下，系统选型主体则要充分考察、分析和比较各候选系统供应商之间的价格策略差异，有效利用各系统供应商之间的竞争心态，选择能够着眼于长期合作、提供较高综合性价比产品与服务的供应商，从而有效节约系统实施成本。

　　MIS 选型主体在对各候选系统供应商价格策略进行分析与评估时，要能够透过现象看到本质，不要被表面上的低价所迷惑。MIS 实施不仅要购买高质量的软件系统，还要附带购进高水平、配套完善的相应服务。有些系统供应商的价格策略非常灵活，系统价格能够在较大范围内浮动，虽然从软件系统上看不出不同价格水平下的差异，但后续的服务保障内容与水平却大相径庭。以低服务换取的低价格将会导致系统实施效益方面"质"的滑坡，MIS 选型主体必须对此有清醒的认识。MIS 选型关注的核心应是性价比，而非单纯意义上的系统价格。

　　（三）系统供应商的服务支持水平

　　MIS 的上线与导入、运行维护与二次开发工作的效率和有效性决定了系统的应用效益和生命周期时域。上述工作相对复杂，需要系统供应商的积极参与、有效辅助与支持。从这个意义上讲，完整的 MIS 产品不仅包括 MIS 软件系统，还应包括相应的内容丰富、功能强大、及时准确的服务支持。因此，完备意义上的 MIS 选型离不开对各候选 MIS 供应商所能够提供的服务支持水平的考察与评估。在 MIS 实施过程中，企业只有同步获得系统供应商的良好服务支持，才能真正将 MIS 融入企业，使之成为企业有机的组成部分并最大可能地发挥其效益。

　　MIS 选型主体对各候选系统供应商服务支持水平的考察与分析，一般包括如下内容。

　　（1）服务支持人员的业务素质与服务态度。系统供应商的服务支持人员包括提供系统上线与导入支持的业务运作与管理领域的专家以及系统实施与配置专家，还包括提供系统日常维护与二次开发服务的信息技术人员。前者辅助企业相关人员完成与 MIS 相配套的企业软环境营建与调整，将系统导入企业的业务需求领域并做好系统的参数配置与初始化工作，从而使 MIS 满足企业的物理业务需求并交付使用；后者则负责或辅助企业内相关人员完成对 MIS 运行期内的日常维护、错误排除、功能完善与二次开发等工作。

　　服务支持人员直接与企业相关业务人员打交道，是联系企业与系统供应商的桥梁和纽带，是确保 MIS 成功导入与有效运行的重要力量。这些人员的业务素质与服务态度将直接影响 MIS 实施与运行的效率和有效性。如果供应商方面所提供的相关服务支持人员的业务素质较低，即便他们态度很好，仍然会严重制约 MIS 实施与运行的实际效果，同时还会增加系统导入、故障排除或者系统升级的时间延迟，束缚 MIS 运行效益的发挥水平；另一方面，如果供应商方面所提供的相关服务支持人员的业务素质较高但服务态度较差，则会增加企业相关人员与之沟通和交流的难度，也会影响 MIS 实施与运行效益。因此，

MIS 选型主体一定要对候选 MIS 供应商方面的服务支持人员的业务素质与服务态度给予全面调查、准确评估。

（2）服务提供方式。MIS 供应商向其客户（MIS 需求企业）以何种方式提供服务支持，直接影响着服务支持的效率和有效性。一般而言，服务提供方式包括现场服务与远程服务两种。前者指来自系统供应商方面的服务支持人员亲临 MIS 实施现场，采取现场办公的方式指导用户的 MIS 实施、排除问题以及完善系统等；后者则指系统供应商方面的服务支持人员并未亲临 MIS 实施现场，而是通过电话、E-mail、论坛、留言板、视频交流工具等向客户提供服务支持。

对服务提供方式如何评价，要视企业的具体业务需求状况以及 MIS 实施进程等因素而定。例如，在 MIS 实施初期，客户方对新的 MIS 很不熟悉，有太多的疑问需要解答，此时就需要系统供应商提供现场服务；而对于系统实施后期遇到的不会直接导致业务处理中断的小型、非重要问题，则可通过远程服务方式解决，如此既可解决问题，又免去了企业人员接待的麻烦。

（3）服务响应速度。服务响应速度描述了 MIS 实施企业内的相关人员从提交服务申请到获得相应的服务支持之间的时域间隔。显然，服务响应速度越快越好。通常，服务响应速度与服务支持人员的素质、工作态度以及服务提供方式有关。服务支持人员的业务能力越强，其单位时间内的服务输出量就越大，对服务等待的响应速度就越快。是否树立"以客户为中心"的服务理念并养成良好的服务意识与态度，也是影响服务响应速度的一个主要方面。如果服务态度不端正，服务支持人员可能消极怠工，从而增大服务响应的时滞。另一方面，基于现代化通信平台的远程服务支持，其服务响应速度要远快于传统现场服务方式。

此外，对于现场服务方式，系统选型主体还要关注服务支持人员驻地与企业之间的路程、路况以及交通便利情况。如果企业非常重视现场服务的响应速度，系统选型主体在对各候选 MIS 产品进行评估时，则要采用"就近"原则，对拥有良好交通保障的候选 MIS 供应商在该指标上赋予较大的评估分值。

（4）客户培训机制。客户培训是 MIS 供应商服务支持体系中的基础内容。通过完整的客户培训过程，MIS 实施企业内的相关人员逐步了解、认识新的 MIS，理解其管理内涵、掌握其操作要领。客户培训的内容与质量将会影响到 MIS 导入与运行的效率和有效性。MIS 选型主体在对各候选 MIS 供应商进行资质评估时，对其客户培训机制的考察与评价是不可缺少的重要环节。

考察与评价 MIS 供应商的客户培训机制，一般要兼顾以下因素：培训对象、培训进度、培训内容、培训教材、培训教员、培训方式、培训地点、培训时间、用机安排、实习题例等。此外，从培训层次上讲，系统供应商应该能够提供入门培训、应用培训、高级培训等体系完整的培训服务支持。

（5）信息发布机制。MIS 选型主体在进行产品调研与分析时，还要对系统供应商的信息发布机制给予关注。系统供应商对客户的服务支持一方面通过合同关系提供一对一的服务，另一方面则向所有客户甚至潜在客户提供信息发布服务。信息发布的内容主要是对企业研究成果、产品升级信息、产品修正补丁、产品应用技巧等进行宣传与发布。显然，上述信息对 MIS 实施企业很重要，它有助于企业掌握产品升级动态、改善系统应用效果。

系统供应商的信息发布机制是否完善，主要决定于如下方面：①信息内容的完备性与价值度。客户关注的核心在于产品信息，如果供应商仅通过信息发布平台进行企业形象宣传，对 MIS 实施企业而言价值不大。②信息发布的方式与渠道。一般而言，信息发布的方式越多、渠道越丰富，客户获得信息的成本就越低、时滞也越小。常见的信息发布渠道有 Web 主页信息发布以及通过报刊杂志、信件（含 E-mail）、客户年会、用户协会等平台发布信息。③信息发布频率。显然，在确保信息内容充实、有价值、不重复的前提下，信息发布的频率越高越好。有些供应商承诺通过公司 Web 主页发布有关产品的信息，然而其 Web 页面内容几个月才更新一次，显然无法满足广大用户的信息需求。

第三节　MIS 选型的策略与步骤

一、MIS 选型策略与原则

随着 MIS 产品市场的高速发展，可供选择的系统产品数量急剧增长，系统功能日渐完备、规模日趋庞大，MIS 选型难度也日渐增大。如此，MIS 选型主体必须采取适宜的选型策略、坚守基本原则，才能切实做好 MIS 选型工作。

按不同的分类标准，可划分出不同的 MIS 选型策略，如表 17-3 所示。

表 17-3　　　　　　　　　　不同分类标准下的 MIS 选型策略

分类标准	MIS 选型策略
系统选型主导对象	MIS 需求企业主导型、第三方咨询机构主导型、系统集成商主导型以及合作主导型
目标对象确立方式	市场招标型、定向调研型、专家咨询型等
规划与实施间关系	整体规划一次选型、整体规划分期选型、各自规划独立选型

在具体的 MIS 选型项目中采用何种选型策略，MIS 选型主体应视企业自身情况、欲购系统的复杂性程度等因素进行综合分析。一般而言，从系统选型主导对象角度讲，MIS 需求企业一方如果不是无暇他顾，则应主导或合作主导选型过程。毕竟，让别人帮你选衣服，即便对方非常了解你的身段，还是不如自己亲自去试穿、挑选；并且，在参与系统选型的过程中，MIS 需求企业可以获得新知、增进对欲购 MIS 的了解。从目标对象的确立方式角度看，市场招标可以让更多的候选 MIS 产品进入选型主体视野，拓宽选择面，有利于获得更广范围内的最优系统；通过定向调研和专家咨询方式确立目标对象，能够有效缩小目标市场范围，减少不必要的工作浪费，从而节约选型成本。不过，如果定向调研的目标系统未确立好或者专家未能提供高质量的咨询服务，将会严重影响最终的选型效果。从 MIS 规划与实施之间的关系来看，早先的 MIS 实施往往以企业部门为单位，各自规划、独立选型，最终导致企业内各部门系统间不能较好兼容，形成"信息孤岛"。如今，从企业全局层面进行统一规划，已成为业内共识。完成整体规划后，如何展开具体实施过程，要看企业的业务运作与管理的实际需求情况和财务支撑状况。如果各业务领域对 MIS 需求都非常迫切，同时企业又拥有良好的财务状况，则可采用整体规划一次实施策略；反之，则应采用整体规划分期实施策略。

此外，在 MIS 选型过程中，系统选型主体一般还要坚守如下基本原则。

（1）掌握主流，顺应潮流。企业各部门之间、各业务领域之间是有机地联系在一起的，同时企业与其他经济实体之间的联系也日益紧密。完成上述联系过程的媒介就是信息流，信息流能否畅通和高效取决于各 MIS 之间的兼容性与整合性。MIS 选型主体在系统选型过程中，要在既定业务领域 MIS 功能特征、运行环境等方面准确地掌握主流，选择主流产品。这样既可以有效确保系统实施质量、降低系统实施与运行成本，还可确保新导入的 MIS 能够与企业内已有的其他 MIS 以及合作伙伴的 MIS 有效兼容与整合，提高信息流的效率和有效性。

另一方面，"主流"也是处于动态发展过程中的，要在时间维度上不失主流，MIS 选型主体还要分析、预测趋势，顺应潮流。随着人们生活、生产节奏加快，各种信息系统更新换代的步伐也在加快。很多时下非常流行的系统，如果不能掌握趋势、顺应潮流，并相应地做出有效调整与及时升级，可能在不久的将来就会被市场无情淘汰。如果系统选型过程中未能准确掌握趋势，MIS 实施不久系统供应商就可能放弃该产品的后继研发，那么 MIS 实施企业日后的系统维护、功能拓展与系统升级都将失去保障。

因此，掌握 MIS 的发展趋势对选型工作是非常重要的。可以从以下方面入手：①系统所依托的管理理念与方法。管理理念与方法是 MIS 的灵魂所在，处于动态演进过程中的管理理念与方法的每一次改进和变革都会引发相应 MIS 的升级换代。②程序算法策略与技术。算法思想与实现技术的改进能够推动系统运行效率"质"的提高，尤其对于内嵌复杂计算过程的 MIS 更为明显；此外，算法思想与实现技术的改进和完善还可以进一步提高系统优化求解的效率。③系统的集成与整合特性。随着信息化步伐的进一步前进，企业的信息化建设都已经取得了一定成果，相继建立了各种信息系统。与企业现有信息化成果进行无缝集成、有效整合企业内各种信息资源，已经成为信息系统发展的主要方向。④系统运行环境。包括计算机硬件设施、操作系统及其他配套软件、网络基础环境在内的系统运行环境也是处于不断发展变化中的，系统选型要确保目标系统所依赖的运行环境符合发展趋势，以规避将来系统运行费用骤增、维护难度增大的危险。⑤系统开发方法与技术。系统开发方法与技术的变革和提高也会对 MIS 性能产生一定影响，甚至影响到 MIS 的生命周期，因此必须给予关注。

（2）区分差异，合理配置。MIS 选型主体在对市场上各种候选系统产品进行调查与分析时，既要通过共性分析定位市场主流方向，同时也要明确每一候选系统的独有特征、区分不同系统之间的性能差异。在此过程中，选型主体要能够对各系统供应商的产品宣传与资料介绍进行理性分析和判断。供应商在宣传其产品时，自然会鼓吹优点、掩饰不足，同时也会对系统功能描述进行浮夸处理，称自家系统无所不能，拥有其他供应商的所有优点。此时，系统选型主体要能够对供应商的宣传与介绍作出自己的判断、去伪存真，并深入分析每家系统产品所具有的优点与不足。只有理清差异，才有可能做出科学、合理的选择。

此外，系统选型还应立足企业具体业务运作与管理需求，量体裁衣、选择合适的系统产品，不求最好，但求最适用。在实际运作中，选型主体往往会依据企业所确定的预算规模，选择系统价格和预算规模相当的 MIS 产品。如此，在性价比恒定的情况下，当预算规模偏小时，就会导致所选购的系统功能模块与系统性能不能满足企业运作与管理的实际需求，形成"半吊子"工程；当预算规模偏大时，则会导致所选购的系统功能模块数量与系统性能远超过企业的实际需求，造成不必要的资金浪费并增加日后系统维护负担。在实际运作中，后一种情况更为常见。对此，MIS 选型主体应该坚持以下原则：如果资金预算不足，则暂缓项目实施；如果资金预算宽裕，则一定要从企业的实际业务需求特征出发，选择与之最优匹配的系统即可，不可一味追求系统的高档次、多功能。

（3）立足现状，兼顾发展。由一般系统论获得启示，系统选型应基于企业的业务运作与管理现状，分析并确定企业 MIS 实施的具体目标，进而进一步明确所需选购 MIS 的性能特征与功能要求。另一方面，一般系统论中的历史方法也启示人们，要以变化发展的眼光思考、分析与解决问题。如此，MIS 选型既要基于企业业务运作与管理的现实特征，也要准确掌握趋势、预测企业既定业务领域的未来发展方向与演进幅度，从而确保所选购的系统既能满足企业当前需要，又能适当地满足企业未来发展的新需求。这是确保 MIS 实施效益、有效延长系统全生命周期时域的基础保障。

二、MIS 选型步骤

对于 MIS 实施企业而言，其 MIS 选型过程是一个按部就班、循序渐进的过程。可将该过程划分为需求调研、市场调研、方案测试、方案评估以及方案实施 5 个阶段，每一阶段又可进一步细化为若干工作步骤。系统选型对 MIS 实施企业不是一次完成终身受用的，当系统生命周期终结则会启动新的 MIS 选型过程；此外，更多企业会采用"整体规划、分期实施"的选型策略，这就意味着 MIS 选型工作在企业内要反复进行。如果我们将单次 MIS 选型的完备过程（5 个阶段）称为 MIS 选型的生命周期，参考本书第四章 MIS 开发生命周期理论，则可将 MIS 选型的基本步骤绘制成如图 17-1 所示的直观图件。

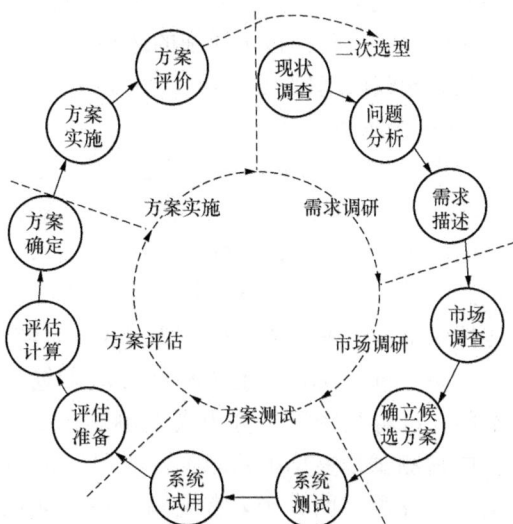

图 17-1　MIS 选型基本步骤

（一）需求调研

MIS 选型的目的就是为了选购一套与企业业务运作与管理需求相吻合的 MIS 产品，对企业需求的全面调查、深入分析与准确描述是 MIS 选型工作的基础和前提。首先，MIS 选型主体要对企业的运营管理现状展开全面调查，包括组织结构、企业文化、人力资源状况、企业运营的相关经济指标的完成情况、所采取的主要管理模式与方法、硬件基础设施状况、网络建设情况以及现有的各种管理软件系统的名称、功能、结构、应用效益等；而后，深入分析企业既定业务领域当前所存在的主要问题，并进一步分析归纳问题产生的主要成因；最后，基于企业运营管理现状、目标以及当前所存在的问题及其成因，确立未来所要实施的 MIS 应具备的目标功能及其他相关的性能特征，全面准确地完成企业 MIS 需求报告的撰写工作。将该报告提交企业相关管理人员、业务操作人员以及咨询专家讨论和审议，广泛征求意见和建议，尽可能地将其完善。

（二）市场调研

完成需求调研且撰写并完善需求报告后，MIS 选型主体接下来的工作就是对市场上与既定业务领域相关的 MIS 产品展开深入调查与分析。首先，要确定进行初步调查与分析的对象系统。MIS 选型主体可通过查阅相关报刊杂志、搜集市场上各系统供应商发放的产品宣传资料以及收看各种媒体上的产品广告等渠道获得相关信息；同时，也可通过向咨询机构咨询、走访行业内相关业务领域 MIS 实施企业、参加各 MIS 供应商的产品演示会或新产品发布会等方式，定位目前市场上存在的相关 MIS 产品。通过上述渠道与方式对 MIS 市场进行广泛调查以后，选型主体可以获得几个、十几个甚至几十个候选 MIS 产品。接下来，MIS 选型主体要依据本章第二节列出的 MIS 选型基本要素，对各候选 MIS 进行详细调查。一边开展调查一边进行比较分析，随着调查的深入，有些候选系统在调研的过程中就被淘汰了。

在市场调研结束的时候，系统选型主体一般要基于企业需求并依据不同的选型视角或侧重点，最终确定 2~4 个 MIS 产品作为进一步重点评估与选择的对象。这些 MIS 产品应该在基本选型要素方面各有侧重，且彼此之间的重合度不大。例如，有的候选系统在系统对外性能方面比较突出，拥有良好的系统兼容性和开放性，具有广阔发展前景；有的候选系统功能完备、界面友好，虽技术略显陈旧，但系统成熟可靠；有的候选系统在业内具有诸多客户，拥有许多典型的成功实施案例；有的候选系统的供应商具有雄厚实力和良好商誉，具有很强的系统实施与服务支持能力。在确立进一步重点评估的 2~4 个候选系统后，选型主体应依据各系统的特点分别拟定详细的选型方案，并提交企业相关人员与咨询专家审议，在所征求的意见和建议的基础上对其进一步修正与完善。

（三）方案测试

当 2~4 个选型方案被确定以后，选型主体要对各方案下的候选 MIS 系统展开测试与试用的过程。测试过程不同于系统供应商对客户进行的主动演示过程。演示往往是系统供应方的销售人员按事先设计好的数据与流程，将系统的基本功能与优良特性展示给客户或潜在客户；测试则是由 MIS 选型主体组织专业的系统测试人员，对所要考察的 MIS 系统功能、主要技术指标等进行考察与评估，找出系统中可能存在的错误与不足。

按不同的标准，系统测试方法可划分为不同的类型。按测试过程中人的角色与地位的不同，可将系统测试分为人工测试（如个人复查、走审和会审）和机器测试（如黑盒测试和白盒测试，参见第八章）两大类；按测试内容的侧重点不同，可将系统测试分为常规测试和特殊测试两大类。常规测试主要测试候选系统的基本功能是否完备、运行是否稳定可靠、操作是否方便等，它反复执行系统最基本、最常用的功能并考察执行效果是否达到测试目的。特殊测试则对候选系统在特殊情况下的性能表现进行测试与评估，如峰值负载测试、容量测试、不同时间测试以及恢复能力测试等。此外，测试用例的设计也很有讲究，常用的测试用例设计方法有边值分析法、逻辑覆盖法、错误猜测法、综合测试法、等价类划分法等。

系统试用是系统测试的特殊形式。它将候选系统交给企业内相应的业务操作与管理人员开展试用过程，基于企业物理业务流程以实际生产运营数据对候选系统的性能展开实践调查与评估。在系统试用过程中，未来系统用户亲自操作系统，体验系统的各项性能，深知企业 MIS 需求的他们会对系统提出一些基础的、关键的问题和建议。这对客观评估系统非常重要。

需要指出的是，在整个方案测试的过程中，对各方案系统的测试与试用不仅要关注系统的最终输出，还要重点考察系统的处理过程，即不仅要关注结果的有效性，还要重视处理过程的效率；此外，要基于前面所提出的 MIS 选型基本要素，对候选系统进行全方位测试、综合考察，不能只对个别重要方面进行测试并以此做出对候选系统有欠完整的测试结论。

（四）方案评估

在经过市场调研与方案测试后，MIS 选型主体已经对所确定的 2~4 个候选系统有了较为深入的了解和掌握。接下来的工作，就是对各候选方案进行评估，并依据评估结果确立一个最优方案。

　　MIS 选型的方案评估过程一般包括 3 个步骤：第一步，做好评估前的准备工作。在该阶段，系统选型主体基于系统选型基本要素，确立对各候选系统进行评估打分的指标体系，并完成同级各指标间以及评估主体间权重的合理配置工作；而后，基于市场调研与方案测试数据，由 MIS 选型主体对各候选系统在评估指标体系中相应叶节点指标上打分赋值。第二步，选择合适的评估算法，完成对各候选系统的最终评估结果的量化计算。第三步，基于上述计算结果，选择最优 MIS 系统，确定最终的选型方案并交付企业实施。有关评估方法的介绍见本章第四节。

　　（五）方案实施

　　当最优的 MIS 选型方案被确定并交付 MIS 需求企业后，MIS 选型主体的工作并没有就此结束。通过企业需求调研、MIS 市场调研、方案测试以及方案评估等过程，MIS 选型主体对既定业务领域内的 MIS 已经具有了较为全面、深入的了解和认识。这是宝贵的知识财富，对确保 MIS 顺利实施具有举足轻重的作用。因此，在提交最终选型方案后，MIS 选型主体还要参与到具体的方案实施过程中，并基于自己已获得的有关 MIS 的知识，指导 MIS 实施过程，并对实施过程中出现的问题给予及时发现、纠正和解决。

　　此外，当系统实施顺利度过过渡期、系统被成功导入企业后，MIS 选型主体还要对 MIS 实施过程的效率和有效性进行分析与总结，对 MIS 的实施效益做出客观科学的评估；同时，进一步反观整个 MIS 选型过程，对 MIS 选型工作做出客观公正评价，总结经验、归纳不足。毕竟，在管理信息化持续推进、不断深入的今天，企业内的 MIS 选型工作还会继续。对前一阶段 MIS 选型工作的评价与总结，可以为日后的 MIS 选型工作提供很有价值的借鉴与指导。

第四节　MIS 选型评估方法

一、评估方法概述

　　通常，评估方法可分为定性评估和定量评估两大类，如表 17-4 所示。

表 17-4　　　　　　　　　　常 见 评 估 方 法

定性评估		集体判断法、专家会议法、德尔菲（Delphi）法等
定量评估	经济分析法	价值分析法、成本效益分析、可行性分析等
	多指标综合评估	常规多指标综合评估、模糊综合评估、多元统计分析等

　　定性评估法也称判断分析评估法，它凭借评估主体的知识储备、直觉、经验及对评估对象的调查与比较分析，从而对评估对象的性能表现做出主观估计。定性评估的输入信息往往是非量化的、模糊的、主观的。定性评估具有简便易行、综合性强等优点，一般不需要先进的计算设备和高深的数理知识，易于普及和推广。不过，定性评估以定性判断为主，评估结论相对粗糙，且该方法缺乏客观标准；评估结果受限于评估主体的经验与认知水平，具有主观片面性。常见的定性评估方法有集体判断法、专家会议法、德尔菲（Delphi）法等，其中集体判断法和德尔菲（Delphi）法应用得较为普遍。

　　定量评估法是依据市场调查所得的比较完备的数据资料，运用数理方法建立相应模型，设计高效的计算方法，对评估对象性能表现做出量化评价。定量评估方法主要有经济分析法和多指标综合评价法。其中，经济分析法主要是对评估对象所导致的经济属性变化进行量化测度，如对其造成的成本、预算负荷以及所产生的价值等进行计算，并基于评估环境对计算结果进行深入分析与评价。多指标综合评价法把描述评估对象不同属性且量纲不同的多个统计指标，转化成无量纲的相对评价值，综合这些评价值得到对评估对象的一个整体评价量值。

多指标综合评价方法的每一个评价指标对应于评估对象的一个属性方面，它能够将评估对象在不同时（空）间的综合特性进行比较和排序，且这种排序不是简单的实数排序，而是对多维向量的排序。如果将每一个评价指标看作是一个评价维度，则多指标综合评价方法所要评价的对象是一个多维空间中的点；如果将每一个评价指标看作为一个属性方面，则多指标综合评价方法所要评价的对象就是一个多面体。多指标综合评价的结果是对评估对象综合特性抽象程度较高的数量描述，这种描述具有良好的整体性和全面性。

多指标综合评价方法又可进一步细分为常规多指标综合评估、模糊综合评估以及多元统计分析等，其中模糊综合评估正在得到越来越广泛的应用。被评估事物的现象通常可分为确定性现象和不确定性现象，不确定现象又可进一步分为模糊不确定性现象和随机不确定性现象。其中，随机不确定性现象涉及事物发生与否，而评估对象则是既有的、已发生的。因此，在评估过程中用到的通常是确定性评价和模糊评价。在 MIS 选型的评估过程中，对各候选系统进行考察与评价通常采用主观性较强的定性化指标，如界面友好程度、系统可维护性等。这些指标往往具有较强的模糊特性。因此，一般采用模糊综合评估方法实现对各候选 MIS 产品的整体评估。

下一节将对定量评估方法中的模糊综合评估进行详细介绍，本节首先对典型定性评估方法给予简单介绍。

（一）集体判断法

MIS 选型主体通过长期、全面、深入的市场调研过程，基于各自的知识储备、经验积累和业务技能，能够对各候选 MIS 产品的性能做出理性判断。集体判断法就是将各 MIS 选型主体的判断结论按一定方法进行综合后，得出对各候选 MIS 的评估结论。

该方法的一般步骤如下。

（1）组织者向参加集体判断的全体人员提供整合后的完备资料，并明确评估目的和期限。

（2）组织者将参与集体判断的人员按其对评估结果的影响程度（如不同的工作岗位）划分为 m 个小组，并赋予各小组的权重值 α_i，满足 $\sum_{i=1}^{m} \alpha_i = 1$；同时，对每一小组内的各评估人员，也依据其对需求判断权威程度的不同，赋予不同的权重值 β_k，满足 $\sum_{k=1}^{L_i} \beta_k = 1$，其中 L_i 为第 i 小组内的成员数目。

（3）各小组评估人员分析、消化资料数据，并结合自己所掌握的经验知识，对候选系统的综合特性给出一个评估值 v_j。

（4）计算第 i 个小组内全部评估人员对候选系统评估的加权平均值 $V_i = \sum_{k=1}^{L_i} v_k \beta_k$；在此基础上，进一步计算 MIS 选型主体对候选系统评估的加权平均值 $V = \sum_{i=1}^{m} V_i \alpha_i$，从而得到 MIS 选型主体最终的集体判断结果。

（二）专家会议法

专家会议法与集体判断法相似。该方法邀请相关专家参加会议，会议组织者向专家提供完整的相关数据资料并提出系统评估问题，要求在场专家充分发表意见，并提出各自的评估结论。组织者在会议结束后，对专家们提出的各种结论进行比较、分析，最后确定评估结果。其处理方法可参照集体判断法。

不过，专家会议法通常具有如下缺陷：①选择与会专家比较困难，或者由于人数有限导致代表性不够；②个别能言善辩的"学霸"可能左右会场，影响甚至打压其他专家看法；③面对面讨论，由于自尊心与虚荣心作祟，可能导致某些专家不愿意当面对自己有欠完善的结论进行修正，从而影响评估结论的准确性。

为了避免专家会议法的上述缺陷，人们建立并发展了德尔菲法。

（三）德尔菲法

德尔菲（Delphi）法，又称专家小组法，它由著名的决策咨询机构——美国兰德（Rand）公司首创，是目前在全球使用比例最高的一种预测与评估方法。德尔菲是阿波罗神殿所在地的希腊古城。传说阿波罗是预言神，众神每年集会于德尔菲以预测未来。兰德公司被西方公认为是阿波罗神的化身，此法因此得名。该方法最先用于军事、科技预测，20 世纪 60 年代以来在市场预测以及相关领域的评估活动中也得到广泛应用。

德尔菲法采用通信方式征询、汇集相关专家的预测或评估意见，并经过几轮综合与反馈，使专家们的意见逐渐趋同，最终得出结论。相对于专家会议法中专家们"面对面"现场讨论，德尔菲法则要求各位专家彼此不直接交流，甚至不知晓其他专家的姓名，完全靠组织者在中间协调。这是一种专家"背靠背"的讨论与交流方式，避免了传统专家会议法中的突出问题。

采用德尔菲法进行系统评估的一般步骤如下。

（1）明确评估目的和对象，选定专家小组；准备充足的项目背景资料以及各候选 MIS 的相关数据，制定评估项目函询表格以及相应说明与要求。

（2）组织者将相关数据资料、函询表格和相应的说明与要求分别邮寄给各位专家，请其做出评估并回寄结果。

（3）组织者将各位专家的评估结果进行汇总与权衡，必要时补充相应背景资料与要求，甚至他人（匿名）意见，再将其邮寄给各位专家。

（4）每位专家接到信函后，在了解到他人意见以及进一步完善的背景资料的基础上，通过理性判断可能仍然坚持自己原有的结论；也可能在对原有结论做出调整后，给出新的评估结论，并将其再次邮寄给组织者，然后再转入第三步。如此反复，每一个轮回都会使专家们整体评估结论的相容性有所提高，直至一定程度上的趋同。

（5）运用统计分析方法（如最简单的平均数或中位数法）对最后一轮评估结论加以处理，得到最终的评估结果。

德尔菲法以其匿名性、反馈性和统计性，既能让各位专家独立思考、充分发挥自己的聪明才智，也能使他们彼此借鉴、不断改进，从而得出相当准确的评估结论。该方法的主要缺点是：循环反复的征询与反馈延长了评估时间；专家依旧主观判断，缺乏客观标准。

二、模糊综合评估

一般而言，采用模糊综合评估方法完成 MIS 评估需要建立有效的系统评估模型，以实现对各候选 MIS 综合特性进行定量测度。

系统评估模型由指标体系和评估算法两部分组成。指标体系往往具有分层树状结构，视 MIS 选型的不同具体情况，其在层次深度、各层节点个数与内容方面存有差异。一般而言，MIS 选型评估指标体系的构建可依据企业具体的 MIS 需求，并参照本章第二节所列举的 MIS 选型基本要素（见表 17-1）进行。

在完成 MIS 选型评估指标体系构建与修正后，MIS 评估主体应依据前期调研所收集到的有关 MIS 产品的详细资料，对每一候选 MIS 产品均按照指标体系中各叶节点指标进行量化评分。指标体系的各叶节点表征了对 MIS 产品的具体考核方面，可能具有不同的量纲，MIS 评估主体在对其赋值时，应取归一化的指标评分值域 [0，D]。对指标体系中的各叶节点指标（如功能模块的适宜性、管理理念的先进性、软件算法的科学性、系统开放性等），往往很难进行统一的客观化测度，应代之以主观评估。由 MIS 评估主体根据候选 MIS 产品在具体叶节点指标上性能表现，给出一个在 [0，D] 上的评分值 d。

为尽可能减少主观影响，要确保所组建的 MIS 评估团队能够代表企业不同层次、不同部门、不同岗位的观点，即要有代表性；并且，将不同评估主体按一定原则归类编入不同的评估小组，各组以及组内各评估主体均被赋予相应权重以表征其评估能力（客观性与权威性）。从这个意义上讲，MIS 评估虽然要在 MIS 选型主体的组织与管理下实现，但系统评估主体范围比系统选型主体范围要广泛些。它不仅包括选型主体成员，还应涵盖相关业务运作与管理领域内的广泛主体。当然，评估主体的选择并不是要将所有相关主体都纳入，而是要有代表性，即在各类型人员中选择最有代表性的几人进入评估团队，组成评估小组并获得相应的评估权重。

MIS 评估指标体系呈现出复杂层次性结构，是一个主观多指标评判体系，各叶节点指标定性量值的确定以及指标体系中每一层次指标权重的确定都具有明显的模糊性。因此，采用模糊综合评估方法实现对每一候选 MIS 综合性能的量化测度比较合适。

将 MIS 综合性能等级设定为 $g = 1，2，\cdots，G$，级别越高表明其整体性能越优秀。设指标体系中一级指标（如软件系统性能、系统运行环境、系统供应商资质）的权重向量为 $\overrightarrow{\alpha} = (\alpha_1，\alpha_2，\cdots，\alpha_n)$，$n$ 为一级指标数。将第 i 个一级指标 C_i 下属第 j 个二级指标记为 C_{ij}，且各二级指标权重所组成的权重向量为 $\overrightarrow{\beta_i} = (\beta_{i1}，\beta_{i2}，\cdots，\beta_{im})$，$m$ 为第 i 个一级指标下属二级指标数。设二级指标 C_{ij} 下的各叶节点指标为 C_{ijk}，且各叶节点指标权重所组成的权重向量记为 $\overrightarrow{\omega_{ij}} = (\omega_{ij1}，\omega_{ij2}，\cdots，\omega_{ijt})$，$t$ 为 C_{ij} 下的各叶节点指标数。权重向量的各元素均在 (0，1) 上取值，且满足：$\sum \alpha_i = \sum \beta_{ij} = \sum \omega_{ijk} = 1$。

以上各权重向量可以由各评估主体通过协商直接确定，也可以通过层次分析法（AHP）确定。首先确定相对同一父节点的 n 个兄弟节点指标间两两比较的相对重要性，得到 $n \cdot n$ 阶比较矩阵。元素 O_{ij} 取正的实数值，当取值等于或大于 1 时，表示指标 O_i 相对指标 O_j 同等重要或更加重要，并且数值越大，表明指标 O_i 相对指标 O_j 的重要程度就越大。显然，比较矩阵对角线元素 O_{ii} 恒为 1，且 $O_{ji} = 1/O_{ij}$。此时，指标 O_i 的归一化权重为

$$\omega_i = \sqrt[n]{\prod_{j=1}^{n} O_{ij}} \left/ \sum_{i=1}^{n} \sqrt[n]{\prod_{j=1}^{n} O_{ij}} \right.$$

将 MIS 评估主体按其知识结构、所属层次和业务部门等分成 k 组，将第 i 组评估主体记为 P_i，并设其评估人员数目为 n_i，则有：$P_i = (P_{i1}，P_{i2}，\cdots，P_{in_i})$。设各评估小组的权重向

量为 $\vec{\delta}=(\delta_1, \delta_2, \cdots, \delta_k)$，第 i 组各评估主体的权重向量为 $\vec{\delta_i}=(\delta_{i1}, \delta_{i2}, \cdots, \delta_{in_i})$。权重向量的各元素均在 $(0, 1)$ 上取值，可直接给出或通过 AHP 法确定，且须满足 $\sum \delta_i = \sum \delta_{ij} = 1$。

设第 i 组第 j 个评估主体对某一叶节点指标 C_μ 的归一化评分为 d_μ^{ij}，则第 i 组全部评价主体对指标 C_μ 的评分组成向量 $d_\mu^i=(d_\mu^{i1}, d_\mu^{i2}, \cdots, d_\mu^{in})$。如此，全部 k 组评价主体对指标 C_μ 的评分组成向量 $d_\mu=(d_\mu^1, d_\mu^2, \cdots, d_\mu^k)$，某一被评估 MIS 在全部叶节点指标所获评分构成 $N \times \sum n_i$ 维的总评分值矩阵 D（N 为叶节点指标数）。

在 MIS 综合性能等级设定为 $g=1, 2, \cdots, G$ 的前提下，取各等级的评分标准值 d_g 作为其隶属度函数的阈值，建立相应隶属度函数 $f_g(d_\mu^{kl})$ 并分为如下 3 种情况讨论。

（1）系统综合性能等级达到最优（即 $g=G$）时，当评分值 $d_\mu^{ij} \in [d_G, \infty)$，$f_G(d_\mu^{ij})=1$；当 $d_\mu^{ij} \in [0, d_G]$，$f_G(d_\mu^{ij})=d_\mu^{ij}/d_G$；当 $d_\mu^{ij} \notin [0, \infty)$，$f_G(d_\mu^{ij})=0$。

（2）系统综合性能等级 $g=2, 3, \cdots, G-1$ 时，当 $d_\mu^{ij} \in [0, d_g]$，$f_g(d_\mu^{ij})=d_\mu^{ij}/d_g$；当 $d_\mu^{ij} \in [d_g, 2d_g]$，$f_g(d_\mu^{ij})=(2d_g-d_\mu^{ij})/d_g$；当 $d_\mu^{ij} \notin [0, 2d_g]$，$f_g(d_\mu^{ij})=0$。

（3）系统综合性能最差（即 $g=1$）时，当 $d_\mu^{ij} \in [0, d_1]$，$f_1(d_\mu^{ij})=1$；当 $d_\mu^{ij} \in [d_1, 2d_1]$ 时，$f_1(d_\mu^{ij})=(2d_1-d_\mu^{ij})/d_1$；当 $d_\mu^{ij} \notin [0, 2d_1]$，$f_1(d_\mu^{ij})=0$。

对于每一个叶节点指标 C_μ，根据某一评分值 d_μ^{ij} 和隶属度函数 $f_g(d_\mu^{ij})$ 计算得到其 G 维隶属度向量，由第 i 小组全部 n_i 个评估主体对该指标的全部评分值计算得到 $n_i \times G$ 维隶属度矩阵 A，将第 i 组 n_i 个评价主体权重向量 $\vec{\delta_i}$ 乘矩阵 A 得到该叶节点指标的 G 维综合隶属度向量 $F_{\mu g}^i = \vec{\delta_i} \times A$。全部 K 个组评价主体的综合隶属度构成 $K \times G$ 维矩阵 B，将评估小组的权重向量 $\vec{\delta}$ 乘矩阵 B 得到该叶节点指标的 G 维再综合隶属度：$F_{\mu g} = \vec{\delta} \times B$。同一父节点（二级节点）下的各兄弟叶节点指标（设数目为 M_{ij}）上的 G 维再综合隶属度构成 $M_{ij} \times G$ 维矩阵，分别用向量 $\vec{\omega_{ij}}$ 去乘上述矩阵，得到被评估系统在二级指标 C_{ij} 上的 m 个 G 维隶属度向量，并组成 $m \times G$ 维矩阵。用权重向量 $\vec{\beta}$ 乘该矩阵得到被考核员工在一级指标 C_i 上的 G 维隶属度向量 $\vec{F_i}$，n 个 G 维隶属度向量组成 $n \times G$ 维矩阵 F，并用权重向量 $\vec{\alpha}$ 乘该矩阵得到被评估 MIS 在根节点指标上的 G 维隶属度向量，即系统综合性能测度结果 $\vec{F} = \vec{\alpha} \times F = (f_1, f_2, \cdots, f_G)$。$\vec{F}$ 中各元素的值表征被评估 MIS 综合性能隶属于从 1 到 G 的各个等级的隶属程度，取 $\{\max(f_i) | i=1, 2, \cdots, G\}$ 所得到的 i 值即为该被评估 MIS 综合性能等级。

模糊综合评估方法的计算过程较为复杂，本书主编张建华老师基于其算法原理设计并开发了用于自动完成模糊综合评估计算过程的 FES 系统，如图 17-2 所示。该系统主要功能包括：辅助用户根据实际需要灵活构建指标体系；提供基于层次分析法（AHP）的权重计算功能（在"工具"主菜单下）；提供评分主体打分表录入接口，并具有自动检验相应数据合法性功能；自动生成模型文件，自动完成模糊综合评估的计算过程，并以柱状图的方式呈现计算结果；自动计算在某一叶节点上各被评估对象的平均性能水平（在"工具"主菜单下）。

MIS 选型主体根据候选 MIS 具体特征确立其综合性能等级划分阈，同时基于 MIS 选型基本要素确定用于评估的指标体系，并通过上述系统将指标体系录入；而后，通过主观赋权法或层次分析法等方法确定指标树中每一层亲兄弟指标之间的权重分配方案、每一评估小组内的各评估主体之间的权重分配方案以及各评估小组间的权重分配方案。完成上述工作后，即可对各候选 MIS 在既定指标树叶节点进行评分取值，并填入相应的主体打分表。通过上述系统的"打分表录入"模块将打分主体的小组号及其权重、小组内打分主体识别码及其权重以及对被评估系统的打分表内容录入系统。

图 17-2　FES 系统主界面

　　此时，就可以通过"计算操作"主菜单实现对被评估系统综合性能等级的模糊计算。系统会首先提示用户输入系统评估的等级阈，进而要求用户选择已录入的用于计算的被评估系统的打分表文件，而后便会自行计算并将结果以图形化方式呈现给用户。如图 17-3 所示，该

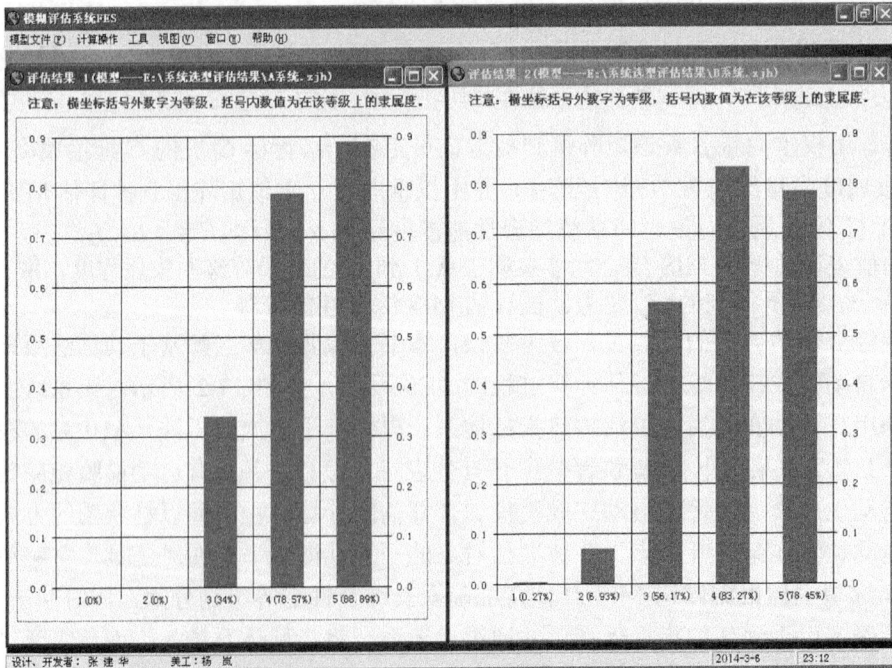

图 17-3　FES 系统计算结果

图给出了对两套候选系统综合性能评估的模糊计算结果。在设定被评估系统综合性能等级阈为 5 时，A 系统的综合性能等级为 5 级，B 系统的综合性能等级为 4 级，显然 A 系统的综合性能要优于 B 系统。

✎案例　××公司营销管理系统选型过程介绍

　　××公司是一家从事小家电生产的企业，其营销部为适应市场环境发展的新需求、有效提高其营销管理水平，决定外购一套营销管理系统。首先，营销部将项目计划上报公司，在公司管理信息化战略指导下，将营销管理系统实施项目纳入公司统一的信息化发展规划。而后，公司成立了由主管人事和信息化工作的副总经理亲自挂帅的营销管理系统选型项目团队，团队成员包括公司信息技术部相关人员、营销部经理和业务骨干，还包括运输部、财务部以及客服部等部门的相关人员，同时又从本地大学中外聘了 1 名 MIS 专家和 2 名营销专家。

　　项目团队历时一个半月，对公司产品市场进行了深入分析，同时也对公司内部需求进行了全面调研，撰写了公司营销管理系统的需求报告。该报告提交公司内部各层次、各部门相关人员传阅、审议半月，针对所提出的意见和建议进行了及时的补充和完善后，系统需求报告最终定稿。

　　而后，项目团队对国内市场上的 7 家 MIS 供应商提供的营销管理系统进行了全面调研。通过收集各系统供应商的产品宣传资料、走访相关系统实施单位等渠道，历时两个月对 7 家供应商各自的营销管理系统进行了全面、深入的对比分析，最终确定 A、B、C 三家供应商的营销管理系统为候选系统。其中，A 公司从研发营销管理系统起家，在该领域拥有 13 年的系统研发与实施经验，产品功能完备、性能优良，具有较高的市场占有率，不过价格也是三者之间最高的。B 公司从事营销管理系统研发工作时间相对短些（4 年多），然而该公司产品聚焦于家电企业的营销管理业务，其营销管理系统完全基于家电市场营销特征研发而成，行业吻合度较高。C 公司是一家大型 MIS 研发企业，在 MIS 开发与实施领域具有雄厚实力，然而完备意义上的营销管理系统研发是其新兴业务，产品推向市场不足 2 年。不过，C 公司的营销管理系统是三者之间价格最低的，功能虽还不够强大，但能够满足××公司目前营销管理需求，并且该公司强大的系统研发实力以及优质的客户服务在业内是非常突出的。

　　在上述 3 个候选方案确定以后，系统选型项目团队与各家供应商进行了广泛深入的接触。选型团队组织专业系统测试工程师对 3 套营销管理系统分别进行了测试，得到了详尽的系统测试报告；而后，又组织营销管理部门的相关业务人员对上述系统分别进行了试用，获得了具体的试用体验和一手数据。

　　在完成对各候选系统测试与试用后，系统选型主体建立了用于系统评估的指标体系、确定了同级各指标间的相应权重；同时，选择并组建了 4 个系统评估小组，即管理人员小组、信息技术人员小组、营销业务人员小组以及咨询人员小组，同时在各评估小组之间以及各小组内部成员之间合理地设置了相应的权重。选型主体将前期市场调研资料以及系统测试、试用阶段获得的相关数据提供给评估人员参考，各评估小组成员分别对 3 套系统在评估指标体系中的相应叶节点指标上打分赋值。系统选型团队将营销管理系统综合性能划分为 5 级，级别越高，表明系统综合性能越优秀。

　　最后，采用模糊综合评估方法对各系统的综合性能等级进行计算，得到结果如下：A

公司提供的系统最高隶属度 max (f_i) = $f(4)$ = 0.812，B 公司提供的系统最高隶属度 max (f_i) = $f(5)$ = 0.926，C 公司提供的系统最高隶属度 max (f_i) = $f(3)$ = 0.903。于是，系统选型项目团队最终决定选购 B 公司提供的市场营销管理系统，果断与 B 公司签订了系统购买合同，并与该公司人员一道制定了相应的系统实施方案。如今，该系统已经在××公司成功实施，有效提高了公司营销管理工作的效率和有效性。

本 章 小 结

在企业信息化过程中，其 MIS 实施可以通过自行研发、合作研发方式完成，但相当一部分企业则是通过外购方式获得 MIS 并实施。面对日益完善、产品日益丰富的 MIS 供应市场，企业外购系统必须要做好 MIS 选型工作。本章首先对 MIS 选型的基本内涵、MIS 选型主体的构成以及 MIS 选型的重要意义等进行了分析与介绍，而后对 MIS 选型的基本要素按照软件系统性能、系统运行环境、系统供应商资质三大方面分别展开讨论，从而建立了包括 3 个大类要素、9 个亚类要素以及 40 多个要素细目的 MIS 选型基本要素体系；接下来，本章对 MIS 选型过程中可以采取的策略以及应该遵循的原则进行了介绍，并详细分析了 MIS 选型过程中的各个基本步骤；最后，对 MIS 选型过程中的系统评估进行了补充说明，对一般系统评估方法进行了概要介绍，并重点分析了模糊综合评估的基本原理与计算方法。

习　题

1. 什么是 MIS 选型？它包括哪些具体内容？
2. 结构完整的 MIS 选型团队一般应包括哪些人员？为什么？
3. MIS 选型通常可采取自主实施、联合实施与外包实施三种方式，请基于你的认识与理解，谈谈每一种方式具有哪些优点和不足，如何确定具体的 MIS 选型方式？
4. 有效实施 MIS 选型有何积极意义？
5. 对软件系统性能的全面考察与深入分析是 MIS 选型的中心工作，对此你如何理解？
6. 按不同的分类标准，通常可将 MIS 划分为哪些类型？
7. 软件系统性能涵盖 MIS 主体性能水平和辅助性能水平两方面内容，你如何理解？
8. 系统运行环境包括哪些组分？在对各环境组分进行评估时，通常需要兼顾哪些因素？
9. 系统供应商资质包括哪些内容？你认为其中最重要的组分是什么？并请说明理由。
10. 在 MIS 选型过程中可采取哪些策略？通常应该遵守哪些原则？
11. MIS 选型包括哪些基本步骤？每一步骤要完成哪些工作？
12. 常见的系统评估方法有哪些？如何对其进行类别划分？
13. 德尔菲法在定性评估中占有重要地位，请说明该方法的主要特点及其实施步骤。
14. 常见的权重配置方法除直接赋权与 AHP 法还有哪些？请查阅资料，予以说明。
15. 模糊综合评估方法的基本实施步骤有哪些？该方法的难点何在？
16. 模糊综合评估方法中的隶属度函数如何确定？评估指标与评估主体权重怎样设置？

参 考 文 献

［1］薛华成. 管理信息系统. 6版. 北京：清华大学出版社，2012.

［2］刘仲英. 管理信息系统. 北京：高等教育出版社，2006.

［3］王垒. 组织管理心理学. 北京：北京大学出版社，2004.

［4］尤建新. 管理学概论. 上海：同济大学出版社，1995.

［5］Evans G. N., Towill D.R., Naim M.M..Business Process Re-engineering the Supply China[J]. Production Planning and Control, 1995,6(3)：227-327.

［6］斯蒂芬·哈格等著，严建援等译. 信息时代的管理信息系统. 机械工业出版社，2005.

［7］萨师煊，王珊. 数据库系统概论. 3版. 北京：高等教育出版社，2000.

［8］黄志华. 管理信息系统. 北京：机械工业出版社，2006.

［9］王欣. 管理信息系统. 北京：中国水利水电出版社，2004.

［10］张月玲，卢潇. 管理信息系统. 北京：清华大学出版社，北京交通大学出版社，2005.

［11］田村坦之著，李平译. 系统工程. 北京：科学出版社，2001.

［12］郝杰忠. 管理信息系统的开发与应用. 北京：机械工业出版社，2006.

［13］左美云. 信息系统开发与管理教程. 3版. 北京：清华大学出版社，2013.

［14］郭东强. 现代管理信息系统. 北京：清华大学出版社，2006.

［15］汪孝宜，胡海璐，米海生. 信息系统开发实例精粹. 北京：电子工业出版社，2006.

［16］姜旭平. 信息系统开发方法. 2版. 北京：清华大学出版社，2004.

［17］陈禹. 信息系统分析与设计. 北京：电子工业出版社，1986.

［18］肯尼斯C.劳顿，简P.劳顿著，薛华成编译. 管理信息系统. 北京：机械工业出版社，2007.

［19］Ralph M.Stair,George W.Reynolds. 张靖，蒋传海译. 信息系统原理. 北京：机械工业出版社，2002.

［20］Kenneth C.Laudon, Jane P.Laudon.Management Information Systems（第六版　影印版）. 高等教育出版社，2005.

［21］邝孔武，王晓敏. 信息系统分析与设计. 北京：清华大学出版社，2006.

［22］陈晓红，罗新星. 信息系统教程. 北京：清华大学出版社，2003.

［23］刘瑞挺，王成钧. 信息管理实用技术教程. 北京：清华大学出版社，2006.

［24］陆惠恩. 实用软件工程. 北京：清华大学出版社，2006.

［25］胡运机. 管理信息系统. 北京：清华大学出版社，2006.

［26］陈京民. 管理信息系统. 北京：清华大学出版社，2006.

［27］谢冉东. 信息工程监理案例分析. 北京：清华大学出版社，2006.

［28］黄梯云，李一军. 管理信息系统. 4版. 北京：高等教育出版社，2009.

［29］王国华，梁樑. 决策理论与方法. 合肥：中国科学技术大学出版社，2006.

［30］张维名，肖卫东，杨强等. 信息系统工程. 北京：电子工业出版社，2003.

［31］王宜贵. 软件工程. 2版. 北京：机械工业出版社，2008.

［32］张志清，郑小玲，杨中华. 管理信息系统实用教程. 北京：电子工业出版社，2005.

［33］秦铁辉. 企业信息资源管理. 北京：北京大学出版社，2006.

［34］朱红，王素荣．信息资源管理导论．北京：国防工业出版社，2006.

［35］易荣华，王立强．管理信息系统．北京：高等教育出版社，2001.

［36］梅珠娥，陈伟达．管理信息系统．北京：石油工业出版社，2003.

［37］李近东，姜遇姬，吕辉．管理信息系统原理．西安：西安电子科技大学出版社，2003.

［38］林杰斌，刘明德．MIS 管理信息系统．北京：清华大学出版社，2006.

［39］启用工作室．MIS 系统开发与应用：Visual C++ SQL Server 版．北京：人民邮电出版社，2005.

［40］闪四清．管理信息系统教程．北京：清华大学出版社，2007.

［41］陈国青，李一军．管理信息系统．北京：高等教育出版社，2006.

［42］陈国青，郭迅华．信息系统管理．北京：中国人民大学出版社，2005.

［43］杨善林．智能决策方法与智能决策支持系统．北京：科学出版社，2005.

［44］李东，蔡剑．决策支持系统与知识管理系统．北京：中国人民大学出版社，2005.

［45］倪庆萍．管理信息系统原理．北京：清华大学出版社，北京交通大学出版社，2006.

［46］王红，刘建辉．人工智能在决策支持系统中的应用与研究．微计算机信息．2005.03.

［47］闪四清．ERP 系统原理和实施．北京：清华大学出版社，2006.

［48］金蝶软件（中国）有限公司．ERP 系统的集成应用——企业管理信息化的必由之路．北京：清华大学出版社，2005.

［49］罗鸿．ERP 原理设计实施．北京：电子工业出版社，2005.

［50］王东迪．ERP 原理应用与实践——Eastlight ERP．北京：人民邮电出版社，2004.

［51］周玉清．ERP 原理与应用．北京：机械工业出版社，2003.

［52］张文．ERP、CRM 企业实施案例．北京：清华大学出版社，2003.

［53］修文群．ERP/CRM/SCM/BI 协同商务建设指南．北京：科学出版社，2004.

［54］张世润．ERP 精髓与实施．北京：电子工业出版社，2005.

［55］杨东龙．客户关系管理　加速利润和优势提升．北京：中国经济出版社，2001.

［56］王广宇．客户关系管理方法论．北京：清华大学出版社，2004.

［57］朱爱群．客户关系管理与数据挖掘．北京：中国财政经济出版社，2001.

［58］杨永恒．客户关系管理——价值导向及使能技术．大连：东北财经大学出版社，2002.

［59］管政．中国企业 CRM 实施．北京：人民邮电出版社，2003.

［60］张建华，刘仲英．当前知识管理系统模型问题与对策分析．情报学报．2004，23(1)：73-77.

［61］张建华．知识管理系统模型新探．商业研究．2006(16)：82-85.

［62］张建华．基于 AI 的集成化知识管理系统模型．情报杂志．2005，24(10)：49-51.

［63］张建华．电子政务和知识管理．北京：科学出版社，2010.

［64］张建华．知识管理中的知识进化绩效评价机制研究．科学学与科学技术管理．2013，34（7）：28-37.

［65］刘军，董宝田．电子商务系统的分析与设计．北京：高等教育出版社，2003.

［66］司林胜，周宏．电子商务案例分析．重庆：重庆大学出版社，2004.

［67］胡志军．电子政务原理与实务．北京：中国铁道出版社，2006.

［68］王乐鹏．电子商务原理及应用．北京：中国电力出版社，2007.